TRAINING

十四五经管类规划教材

员工培训与开发
理论、方法、应用

蒋翠珍　万　金　主编

厦门大学出版社 XIAMEN UNIVERSITY PRESS
国家一级出版社
全国百佳图书出版单位

图书在版编目(CIP)数据

员工培训与开发:理论、方法与应用/蒋翠珍,万金主编.—厦门:厦门大学出版社,2020.7

(十四五经管类规划教材)

ISBN 978-7-5615-4793-9

Ⅰ.①员… Ⅱ.①蒋… ②万… Ⅲ.①企业管理—职工培训—高等学校—教材 Ⅳ.①F272.92

中国版本图书馆CIP数据核字(2020)第097808号

出 版 人 郑文礼
责任编辑 吴兴友
封面设计 李嘉彬
技术编辑 朱 楷

出版发行 厦门大学出版社
社　　址 厦门市软件园二期望海路39号
邮政编码 361008
总　　机 0592-2181111 0592-2181406(传真)
营销中心 0592-2184458 0592-2181365
网　　址 http://www.xmupress.com
邮　　箱 xmup@xmupress.com
印　　刷 厦门集大印刷厂

开本 787 mm×1 092 mm 1/16
印张 26.75
字数 619千字
印数 1～3 000册
版次 2020年7月第1版
印次 2020年7月第1次印刷
定价 58.00元

本书如有印装质量问题请直接寄承印厂调换

前 言

改革开放40多年来，中国经济高速增长，不仅成了世界经济增长的奇迹，而且也重塑了世界经济增长的格局。然而随着经济的高速增长，市场竞争越发激烈。在不确定的市场经济环境中，人才竞争已成为企业生存发展的关键因素，引发了人力资源管理变革。谁拥有充足的高素质的后备人才，谁就能够在竞争激烈的环境中占据优势，成为行业的引领者。企业要想在激烈的市场经济环境中获得竞争优势，已越来越依赖于人力资本——员工的知识、技能和能力等“无形资产”。因此，企业需要结合经营战略、发展目标制定相应的员工培训与开发策略，为企业战略调整和组织能力变革提供人才储备，确保企业在市场竞争中持续发展。

鉴于知识经济和互联网时代背景下，企业的创新进程不断加快，激烈的市场竞争环境激发了企业对人力资源管理中培训与开发这一重要职能的巨大需求。培训与开发领域的理论在不断发展和丰富，培训与开发教材也将随着实践的发展而与时俱进。因此，我们在借鉴已有的著作和教材的基础上，参阅了大量的国内外相关领域文献和我国一大批优秀企业的实践成果，编写了《员工培训与开发：理论、方法与应用》，供人力资源专业的教师和学生阅读，希望对其教学和学习有所启迪，以利于人才的快速成长，提高人才的竞争力。

本教材力求用互联网新时代培训与开发的理论来指导实践。与其他类教材相比，本教材所研究的问题除了包括人员培训与开发理论外，还增加了大量的操作实务与案例分析，更加强调了创新性和实践性。本教材有以下四方面的特色。

一、创新“理论＋案例”编写模式，强化指导作用。本教材的一大鲜明特点和亮点是以“理论＋案例”的方式进行编写，其中案例占50％以上的篇幅。每个章节以开篇案例作为本章内容的导入，章末案例总结了本章知识要点，以及在中间部分穿插多个案例帮助读者更全面深入地理解各知识点。

二、精选科技创新企业案例，拓展读者视野。本教材中案例基本上选取的是本土上市高科技企业，尽量选择典型企业近5年内在人力资源培训与开发方面的新举措，意在契合本土科技创新企业实际，以切实帮助读者拓宽视野，与时俱进。

三、强化应用性和操作性，让读者受益。书中所阐述的理论与案例深度结合，能够帮助读者加深对理论和方法的理解，并用于指导实践。该教材有较强的应用性、可操作性。该书可作为人力资源的本科生和研究生上课用的教材，也可作为企业人力资源管理实践者的参考用书。

四、内容和观点新颖，为读者贡献新知。相对于国内其他教材，我们增加了教练技术与导师管理、任职资格管理、数字化培训、学习型组织与能力提升等内容，紧跟培训实践需求和时代发展。

本教材由华东交通大学经济管理学院蒋翠珍副教授、万金博士主编，两人承担了项目策划、大纲及各章节写作思路拟定、内容审定、提出具体修改意见与执笔修订、定稿等工作。华东交通大学经济管理学院教师陈璐博士、高莺讲师、易魁博士、万科博士，研究生吴佳明、陈萌、潘堃婷、罗帆、陈烨冰等参与了本教材相关章节的资料收集与整理等工作。具体编写分工为：第一章"员工培训与开发概论"（蒋翠珍、陈璐）；第二章"学习与培训相关理论"（万科）；第三章"培训与开发需求分析"（陈璐）；第四章"培训计划与课程体系开发"（易魁）；第五章"培训方法与实施"（易魁）；第六章"培训成果转化与培训效果评估"（万金）；第七章"教练技术与师资管理"（万科）；第八章"职业发展与职业生涯管理"（蒋翠珍）；第九章"数字化培训"（高莺）；第十章"学习型组织与能力提升"（高莺）。本教材中所有的插图均由华东交通大学信息学院黄德昌老师完成。

感谢厦门大学出版社吴兴友老师，在编写本教材的过程中给予了大力的支持和帮助。

特别需要说明的是，在编写过程中，本教材借鉴、吸收和参考了国内外众多专家学者的研究成果及大量相关文献资料，并引用了一些书籍、报刊、网站的部分数据和资料内容，我们尽可能地在"参考文献"中列出。也有部分由于时间紧迫，未能与有关作者一一联系，敬请见谅。在此，向这些成果的作者深表谢意！

限于编写者的学识水平，书中错漏之处在所难免，恳请各位同仁及读者指正。如您希望与作者进行沟通、交流，发表您的意见，请与我们联系。联系方式：331235008@qq.com。

华东交通大学　蒋翠珍

2020 年 6 月

目 录

第一章　培训与开发概论

☆ 理解培训与开发的含义。
☆ 掌握培训与开发的流程。
☆ 熟悉国内外培训与开发的起源与发展。
☆ 了解战略性培训与开发体系的构建。
☆ 理解组织中培训与开发所面临的挑战。

A 研究所创新型设计师队伍的建设

A 研究所创建于 1970 年，隶属于某工业集团公司，主要从事飞行器设计和航空航天多学科综合性研究。

随着科技水平的提高和国家综合国力的增强，建设具有超级创造活力、专业度高、忠诚度高的设计师队伍是 A 研究所人的使命。近几年，A 研究所从管理体系转型升级、人力资源规划和配置、培训价值链的延伸、人才成长通道和环境营造、激励系统设计优化等方面在创新型设计师队伍的建设中取得了宝贵经验。

一、确定人力资源战略与规划

A 研究所深化“非对称超越、无边界创造”的文化理念对目标和战略的支撑和引领（如图 1-1 所示），并明确了报国为先、创新为魂、以人为本“三‘为’一体”的价值导向。同时，不断通过改进业绩导向、用人导向和奖励导向，结合组织调整优化、设计师体系完善、精益研发推进等，进一步营造“才尽其用”的机制环境，从而形成价值创造中的文化、管理、技术的三轮驱动。

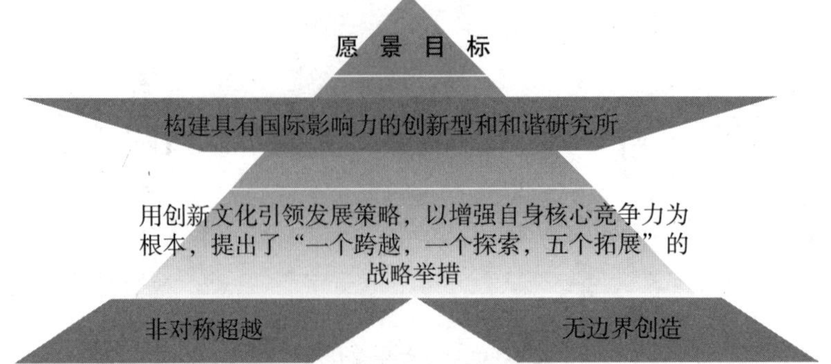

图 1-1 创新文化引领战略实现

二、做好现状分析和需求分析,确定顶层目标和改进方向

通过分析,找出存在的问题和短板,梳理了四大任务。一是特色文化塑造、人才理念贯彻、价值观引领必须加强;二是人才队伍建设和专业能力建设必须有机结合,夯实基础,强化支撑;三是基于价值创造的人力资源开发体系要持续改进,使选、育、用、留等更加科学合理;四是多头并举,进一步完善配套机制。目标是形成一套行之有效的设计师队伍创造力激发的模型或方法,建立开放共赢、成就大家、以文化塑造人、以机制激励人、以机会锻炼人的设计师队伍建设新模式。

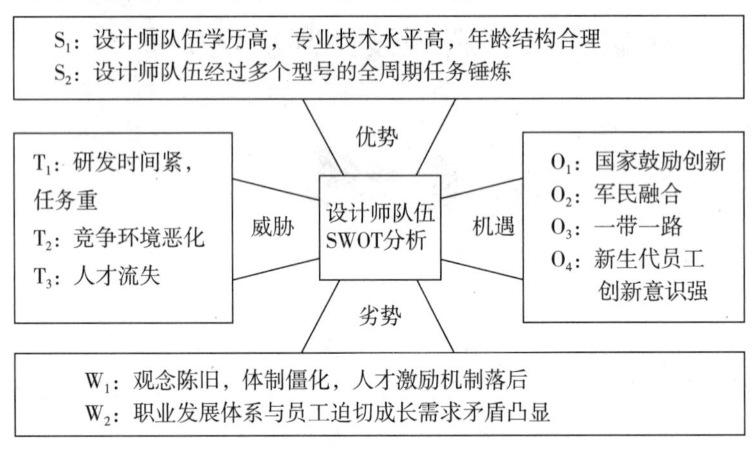

图 1-2 A 研究所设计师队伍 SWOT 分析图

三、创新人才引进机制,树立高品质的雇主品牌

A 研究所提出和修正人才招聘的核心素质模型(见图 1-3),将价值观、创造力放到了核心位置。根据工作性质和特点,A 研究所差异化地确定了对智商和情商的要求。智商包括快速学习能力、扎实的专业知识和解决问题的实践能力;情商包含良好的人际关系和主动沟通协调的能力。要成为优秀设计师,四个要素缺一不可。

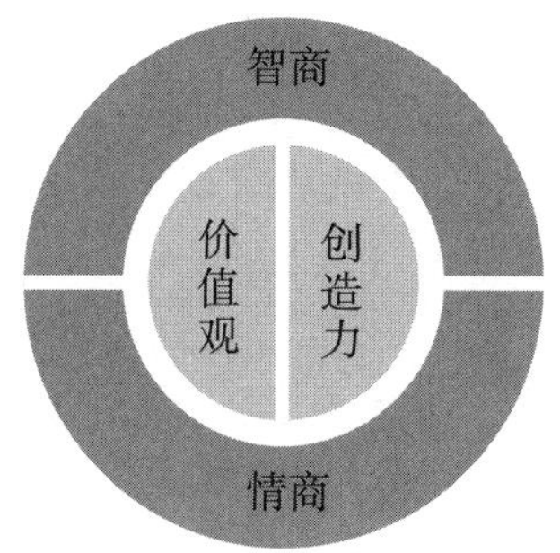

图 1-3　人才招聘核心素质模型

A 研究所多年来一直非常重视雇主品牌营销和建设，通过设立高校奖学金，赞助设计大赛和学术活动，形成“优秀人才的蓄水池”。

四、多维度地创建设计师队伍培训体系，提升创造活力

A 研究所将培训视为知识管理的重要组成部分，根据设计师成长不同阶段的需求特点，开展有针对性、差异化、个人化定制的培养模式。

第一，培养内训师团队。将各级专家作为内训师，将技术讲授、分享交流和工程经验的传承以及师带徒作为考核的 KPI（关键绩效指标）要素和指标，将内部专家讲坛作为单位培训品牌来打造。

第二，尝试和推广对新生代员工实行双导师（专业导师＋生活导师）培养，引导新人尽快融入工作，完成角色转变，成为一名合格的设计师，直至成为优秀的某研究所人。

第三，多路径培养领军人才。从设计师队伍中多批次选派人员参加“国际系统工程师认证（SEP）培训”，让新方法、新工具助力研发能力提升和研发模式的创新；试点开展了面向设计师的全职业生涯管理导师制，在覆盖全所的 120 余个专业近 400 个专业方向中，选取少量重点专业的重点人员，实施本专业、跨专业、跨部门的多导师培养。

第四，高度重视人才国际化培养和新技术培训。一方面，利用多方资源和渠道走出去，培养出了一批具备国际视野、把握前沿方向、能够与国际接轨的设计人才。另一方面，积极开展智力引进，在新技术方面邀请国际专家学者来所交流，效果突出。

此外，某研究所积极推进培训价值链的延伸。利用产业牵引、技术优势及品牌效应，将培训工作向产业链两端延伸，对客户、制造厂、成品厂、修理厂开展培训，旨在传递和统一研制理念、思想、方法、流程和标准，达到有效配套、同步研制、同步使用、同步维护保障，促进新产品研制、生产、使用、维护的一体化和全产业链技术升级。

五、完善设计师队伍创造活力的绩效管理、薪酬、激励

A 研究所经过长期的摸索实践，逐步建立了一套基于平衡计分卡思想、引入 360 度综合评价的绩效管理体系。通过考核情况的分析，及时发现个人、部门以及管理中的各种问题，制定相应的改进措施。

基于绩效考核的结果,某研究所建立了相对灵活和多元的薪酬分配制度,已逐步形成了个人薪酬与岗位、能力、业绩和所的效益密切挂钩、与劳动力市场价位相衔接的内部分配模式,最大限度地激发了设计师们的创造力,良好的福利和具有激励性的薪酬体系增强了员工对研究所的信任和忠诚度。

此外,A 研究所进一步构建了多元化激励机制,通过多种价值分配要素满足不同层次设计师的需求。对解决重大关键技术难题、创新能力突出的科技人才和团队给予重大奖励,最高额度达到 150 万元。同时探索建立员工岗位分红等更具活力的激励机制和创新创业新模式,力求进一步激发设计师队伍的工作激情。

六、打造设计师职位体系,构建职业发展通道

A 研究所搭建了完整的职位体系和设计师成长通道(如表 1-1 所示),通过专业能力建设的全面梳理和人才盘点,及时发现运行中的问题和不足,并逐步加以完善。

表 1-1 某研究所科研职位体系框架表

<table>
<tr><th>职级</th><th colspan="5">科研技术 T</th></tr>
<tr><td>特级</td><td colspan="2" rowspan="2">—</td><td colspan="3" rowspan="3">—</td></tr>
<tr><td>一级</td></tr>
<tr><td>二级</td><td colspan="2">总设计师</td></tr>
<tr><td>三级</td><td colspan="4">副总设计师、总质量师、总信息师</td><td>—</td></tr>
<tr><td>四级</td><td>主任设计师</td><td>主任设计师</td><td>主任计量师</td><td>主任信息师</td><td>主任情报师</td></tr>
<tr><td>五级</td><td>副主任
设计师</td><td>副主任
设计师</td><td>副主任
计量师</td><td>副主任
信息师</td><td>副主任
情报师</td></tr>
<tr><td>六级</td><td>主管设计师</td><td>主管设计师</td><td>主管计量师</td><td>主管信息师</td><td>主管情报师</td></tr>
<tr><td>七级</td><td>设计师</td><td>设计师</td><td>计量师</td><td>信息师</td><td>情报师</td></tr>
<tr><td>八级</td><td>助理设计师</td><td>助理设计师</td><td>助理计量师</td><td>助理信息师</td><td>助理情报师</td></tr>
<tr><td>九级</td><td>设计员</td><td>设计员</td><td>计量员</td><td>信息员</td><td>情报员</td></tr>
</table>

一方面,积极建立新员工和核心骨干能力素质模型,借助专业化分析工具扩大个人对自身性格特质和成就因子的认知,找准个人发展方向,尽可能做到知人善任,实现人岗匹配。另一方面,坚决贯彻“能上能下”的动态管理思想,鼓励竞争,鼓励“长家分离”,使年轻的设计师们不再去挤管理通道的独木桥。

A 研究所经过多年在设计师队伍建设上的不断探索、总结、研究和实践,逐步树立了科学的设计师队伍管理体制,各类人才和创新团队不断涌现。人才队伍的稳定和成长有效支撑了研究所各项重点任务的顺利推进,多款产品惊艳亮相,创新团队不断涌现,设计师人才结构优化,品牌影响力全面提升。

资料来源:作者根据企业内部资料有调整。

第一节　培训与开发内涵

随着经济的全球化、新技术革命和全球性的产业结构调整，中国的发展面临着全新的挑战。人力资源作为组织最重要的资源，越来越受到认可和关注。对于组织而言，如何运用科学的管理方法，培养人才和开发人力资源的潜力，充分发挥人力资源的作用，是组织发展和获取竞争优势的关键。

一、培训与开发概念的提出

组织的培训活动被列入研究主题，最早出现于科学管理运动和工业心理学研究中。科学管理之父泰勒（F.Taylor）在《科学管理原理》中就阐述了选拔与培训员工等问题。心理学家闵斯特伯格（H.Munsterberg）在其 1913 年出版的《心理学与工业效率》中，从心理学的角度探讨公共部门人员的培训及选拔等问题。对培训或培训与开发进行系统的研究，是从 20 世纪 60 年代开始的。麦吉（McGehee）与赛耶（Thayer）1961 年出版了《工商业的培训》（*Training in Business and Industry*），系统地探讨了培训的内容，包括从组织分析、操作分析及个人分析三个层面探讨培训需求。

培训与开发（training and development，T&D）概念出现在 20 世纪 60 年代初，由美国培训与开发协会（American Society for Training and Development，ASTD）首先将培训与开发联系起来。当时的社会背景是，二战后由于培训受到企业的重视以及社会环境、员工需求的变化，企业的培训内容、形式和培训对象也发生了深刻的变化，企业对员工的培训不仅仅关注知识和技能，而且重视员工的能力、态度以及员工未来的发展，并且还把企业的培训与战略联系起来，而“培训”一词已经难以反映企业培训活动的内涵，于是“培训与开发”这一概念开始流行。

二、“培训与开发”的定义

在国外，克雷曼（L.S.Kleiman，1999）认为，培训与开发是教会雇员怎样去有效地完成其目前或未来工作有计划的学习经历，培训与开发的实践旨在通过增进和提高雇员的知识和技能以提高组织的绩效。诺伊（Raymond A.Noe，2015）认为，培训与开发的目的就是学习。学习是指雇员获取知识、技能和竞争力，端正态度、塑造行为习惯的行为。具体来说，要能提高雇员绩效，促进企业策略的贯彻。另外，通过学习要达到提高质量和生产力，促进新产品开发和留住员工的目的。韦恩·卡西欧（Wayne F.Cascio，2017）和赫尔曼·阿吉斯（Herman Aguinis，2017）则指出培训和开发是组织进行改进的有计划的项目，通过这些活动为员工的知识、技能、态度或社会行为带来相对长久的改变。

在国内，王淑珍（2015）认为，培训与开发关注员工个体层面，是指由组织设计实施的，旨在给其成员提供与当前或未来工作有关的知识、技能，以满足员工和组织当前或未来工作需要的一系列有计划的、系统性和规划性的活动。通过组织的这些努力可以有效地提高员工的工作绩效，并帮助员工为组织的战略目标做出贡献。时勘（2017）指出，企业进行员工培训，其目的是使员工能够获得工作岗位所需的知识、技能和态度，从而为企业创造出更大的价值；而员工寻求培训与发展机会，则是为了使自己的潜能得到更充分的发挥。彭剑锋（2018）认为，培训与开发是企业向员工提供工作所必需的或未来工作中所需要用到的知识和技能,并依据员工需求与组织发展要求对员工的潜能开发与职业发展进行系统设计与规划的过程。

实际上,培训一般是指获得知识、技能和态度的系列活动,并且这些要素应该在近期或者即刻投入应用(例如对新程序的介绍)。开发指的是特质或能力的获得,可能不会有即时的应用,但是将有助于个人及组织未来发展。

本书将培训与开发界定为,组织综合实施员工学习与培训、职业发展、职业开发等系列活动,使员工具备完成现在或将来工作岗位所需要的知识、技能,并改变或塑造员工的工作态度和胜任力,激发其潜在的创造力,提高员工工作满意度及组织归属感,从而提高员工个人绩效及组织整体绩效,实现组织人力资本增值和预期社会经济效益,并最终服务于组织战略实现的一种计划性、连续性和系统性的人力资源管理活动。

三、培训与开发的区别

培训与开发在组织的实践中经常不做严格的区分,但培训与开发的侧重点各不相同。培训主要是组织针对员工的工作现状与组织要求之间的差距,有计划地帮助员工获得知识、技能、能力,以便其更好地胜任工作;而开发主要是指组织为帮助员工为未来工作做好准备,更好地适应工作场所、新技术、产品市场的新变化,促进员工职业生涯发展而开展的正规教育、在职体验、人际互动等各种活动。二者之间的区别参照表 1-2。

表 1-2　培训与开发工作的区别

不同点	培　训	开　发
着眼点	着眼于当前工作	着眼于未来
目标	获得与工作能力相关的知识和技能	有益于未来职业发展
效用	提高员工和组织绩效	提高工作满意度,获得成就感,实现组织战略目标
时间性	时间较短	时间较长
阶段性	较清晰	较模糊
内涵	较窄	较宽

四、培训与开发的流程

在实践中,培训与开发的内容可以分为需求确认、培训计划、培训设计、培训实施、培训评估及反馈五部分。图 1-4 为培训系统流程图。

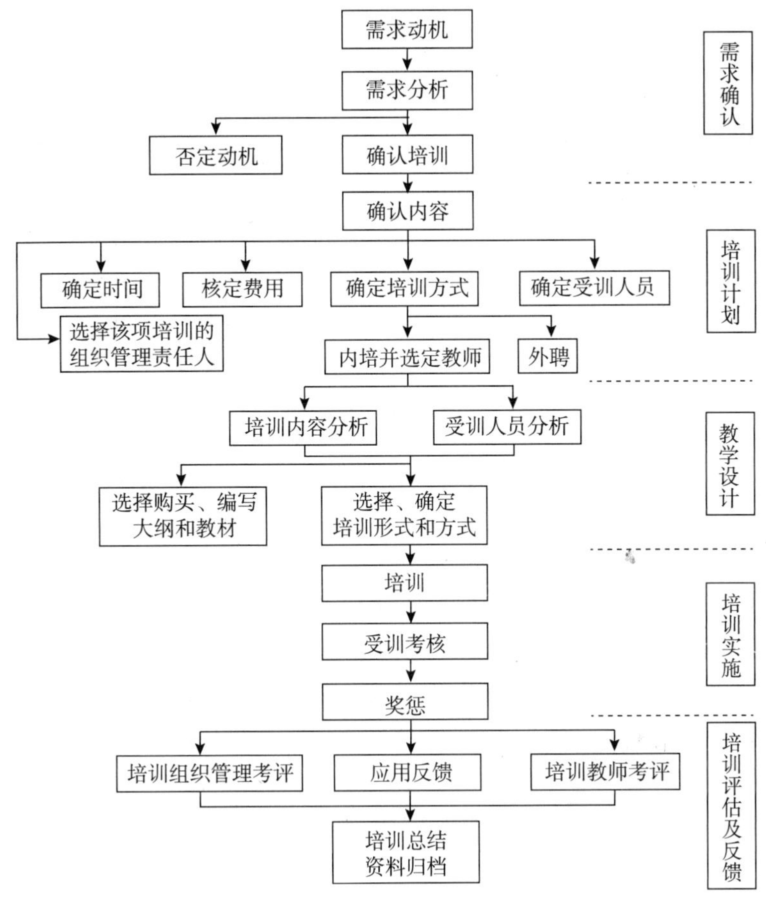

图 1-4 培训与开发流程图

（一）需求确认

1.明确需求动机

企业管理人员根据企业理想需求与现实需求、预测需求与现实需求的差距，提出培训的需求动机，并报告给企业的培训组织管理部门。这是需求确认的第一步，也是整个培训过程的前提。

2.需求识别分析

培训需求分析，就是在进行培训活动之前，由培训组织管理部门对组织的任务及成员的知识、技能等进行识别分析，以确定是否需要进行培训的过程。培训需求分析包括组织分析、任务分析和个人分析等内容，其目的是确定是否真的需要培训，哪方面需要培训。培训需求分析要从组织、任务和个人三方面进行。有许多需求分析方法，如问卷调查法、观察分析法、访谈法、关键事件法等。

（二）培训计划

通过上述分析，企业可以确定培训需求，下一步便是确定培训的计划。企业可以自己设计、制订培训计划，也可以通过外面的专门机构设计培训计划。一般来说，企业在制订培训计划时，会考虑外部资源和内部资源因素。制订培训计划的内容包括：确定培训内容、确定培训时间、确认培训方式、确定受训人员、选择培训教师、选择组织管理负责人、费用核算与控制等。

(三)培训设计

培训设计是进入实质性培训工作的第一步。该阶段工作的好坏将直接影响受训人员对培训内容的接受程度。培训设计的主要内容包括培训内容分析、选择、开发或购买大纲和教材、确定培训形式与方式等。

(四)培训实施

培训实施是指在企业培训组织管理部门或相关人员的组织下,由培训教师实施培训,并由该培训项目的管理责任人进行考核。培训实施的内容有培训、受训考核、培训奖惩等。

(五)培训评估及反馈

培训效果评估是指系统地搜集培训有关的信息,运用测量工具评价培训目标的达成度,以判断培训的有效性及成本收益的过程。培训组织者在完成评估报告后及时将报告反馈给相关人员,有利于对培训进行修正和完善。

1.员工学习考评

对员工的考评是由培训教师进行考评,主要是考评受训员工对培训内容的理解和掌握程度,便于对本次培训效果进行直接评估,优化下一次的培训内容。

2.培训教师考评

对培训教师的考评是由培训的管理责任人及组织受训人员对培训教师进行考评,便于为下一次选择相同内容的培训教师做准备。这种考评一般采用不记名问卷调查的形式。

3.培训组织管理考评

培训组织管理考评是由培训的组织管理人员实施,由受训人员对培训内容、培训时间、培训形式、培训的后勤保障等进行评价,目的是改进企业的培训组织管理工作。

五、培训与开发的实践领域

组织有义务最大限度地发挥员工的能力,并为每位员工提供不断成长,以及挖掘个人最大潜力和创建职业成功的机会。

(一)职业开发

职业开发(career development,CD)是培训与开发的组成部分。它是在确保个人职业目标与整个组织目标一致的基础上,以期实现个人与组织需求之间的最佳匹配。职业开发和培训有所不同,它不是直接针对员工个人和他们的工作;职业开发与组织发展也不同,它不研究个体或团队之间的相互关系。

职业开发包含职业规划、职业管理两个不同的过程。职业规划包含由个人所实施的各项活动,通过实施这些活动,个人可评价他人的技术和能力,从而制定比较现实的职业规划。职业管理包括采取必要步骤来实现职业规划,且更加关注组织为员工的职业发展能够做些什么。职业开发与培训、开发活动之间有着密切的联系。职业规划主要通过组织的培训计划实施。

职业规划与职业管理是整个培训与开发的一个重要的组成部分,它为培训与开发活动提供了一个未来的工作方向，为应对环境变化的挑战、组织目标的实现以及与之相适应的人力资源开发提供了科学的依据与思路。对于组织来说，职业开发的作用，具体表现在以下三方面：把个人发展需要与组织发展需要联系在一起，形成培训与开发的合力；在双赢中让员工个人能够获得发展；对组织而言，职业开发有助于留住人才。

（二）组织发展

组织发展(organization development，OD)，通过运用行为科学理论对组织中的成员进行团队式的而非个人式的影响，改变他们的知识、技能，尤其是要改变他们对组织的态度、积极性及行为的活动。

组织开发主要完成以下两个方面的任务：一方面，让组织准备好以面对复杂多变的环境；另一方面，它需要改变的不是一个人的态度和行为，而是一个群体的态度和行为。这里所说的群体，可以是一个小的团队，也可以是一个部门。组织发展既强调宏观的组织变革也强调微观的组织变革。宏观变革的目的在于最终提升组织的有效性，而微观变革则针对个人、小群体和团队。

（三）新学习与绩效轮

2004 年，ASTD 资助了一项有关影响培训与开发趋势的研究，在这项研究中，保罗·伯恩索尔(Paul Bernthal)和他的同事开发了“新学习与绩效轮”(见图 1-5)。

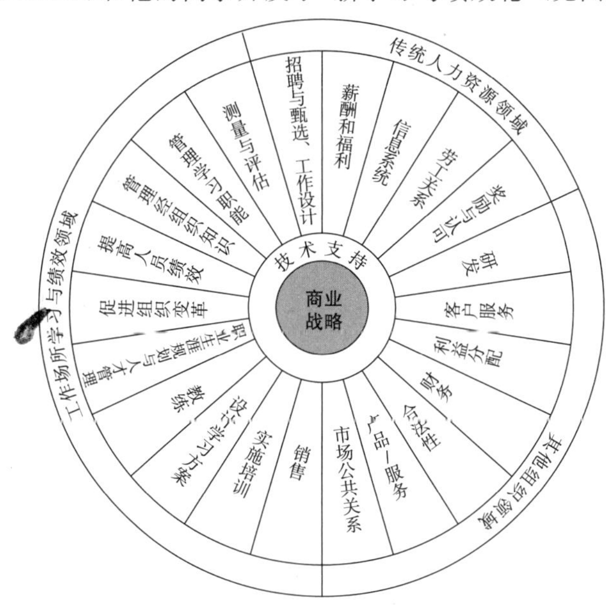

图 1-5　新学习与绩效轮

资料来源：Davis, P., Naughton, J. &. Rothwell, W. (2004). New roles and new competencies for the profession. T&D, 58(4), 26-36.

从新学习与绩效轮的图当中，可以看到以下变化。

首先，整个培训与开发，尤其是培训与开发成果的中心是商业战略，相当于车轮的“轮毂”。这说明无论是传统的人力资源领域，还是工作场所的学习与绩效领域，以及企业的其他组织领域，职能的发挥和工作的开展都是以战略目标为中心。

其次,在这个新绩效轮中,右上方的是传统的人力资源功能,这方面的内容并没有太多的拓展,主要还是由招聘甄选、薪酬福利、信息系统、劳动关系和奖励认可构成。此外,右下方辐条描绘了组织的其他部门,例如销售、生产、财务等部门同样也是组织绩效的有力推动者。

值得注意的是,关于培训与开发研究重要的一点,即图 1-5 的左半部分描述了培训与开发的广阔画面,其中不仅包括培训和开发、职业生涯管理、组织变革和发展等,这个新的"轮"不仅仅是培训与开发,更强调知识与绩效。事实上,管理组织变革以及管理组织知识所涵盖的领域要比传统认为的仅仅属于培训与开发的范畴宽广得多。这个扩展的新"轮"清晰地体现了什么是培训与开发,以及培训与开发如何与组织的其他职能相契合。

第二节　培训与开发、人力资源与企业竞争优势

企业的成功取决于其竞争优势,即强于竞争对手的核心知识及能力的集合。企业要想长久获得竞争优势,必须能有效释放出人力资源的潜能,发挥出其创造性的价值。培训与开发在培育和强化企业竞争优势中占据着中心地位。

一、企业竞争优势的含义

竞争优势的概念,最早是由英国经济学家张伯伦(Chamberlin)于 1939 年提出的,随后又被霍弗(Hofer)和申德尔(Schendel)引入了战略管理领域。霍弗和申德尔认为,竞争优势是组织通过配置资源而获得相对于其竞争对手的独特市场地位。直到 20 世纪 80 年代,哈佛商学院的迈克尔·波特(Michael Porter)在他的《竞争战略》一书中对竞争优势做了以下解释:竞争优势是源自企业为其买方创造超越成本价值的能力。依据资源基础观,本书将企业持续竞争优势定义为,企业拥有的独特的、有价值的、不易被复制的并且组织化的资源带来的能够在市场竞争中获得优势的产品、服务及声誉。

随着全球化竞争和知识经济时代的到来,人力资源日益成为企业的第一资源和竞争优势的基础。这一观点已得到管理学者、管理实践者的普遍认同,而人力资源推动企业竞争优势的获取和维系,是通过人力资源成为企业的核心能力要素来实现的。换而言之,企业的竞争优势越来越取决于其组织和员工的素质和学习能力。

二、人力资源与企业竞争优势

在当今的商业环境中,技术和工作方式正在迅速变化。对此,人力资源所应具备的必要技能和能力也需要持续改进。当今的组织渴望获取人力资源,并对员工的技能和能力进行投资,即通过培训与开发的方式。大量的实践与理论都证明,培训与开发是旨在促进组织中的人员学习知识、态度和技能以提高其当前工作绩效并为实现组织目标做出贡献的一系列活动。培训与开发的目的是帮助员工获得与工作相关的能力,并最终将所学知识应用并转移到工作中。

全球化、经济和社会变革的影响以及向知识型社会的快速演变,要求员工的知识和技能不断发展,以适应变化、信息流和新技术的发展。因此,培训与开发为企业建立学习型组织,创建动态的学习文化和环境以充分支持其员工的成长与发展。这些培训机会为员工提供足够的知识和技能,使员工的个人潜力和能力进一步增强。他们可以更高效地工作,并为整体组织价值和业务发展做出贡献。

现在随着企业创新进程的不断加快，知识更新换代的加速，企业之间的竞争本质是人力资源的竞争，培训与开发对企业生存与发展起着举足轻重的作用。人力资本是企业最主要的无形资产，是最主要的生产要素，是经济增长和社会财富的源泉，也是推动企业战略执行，获得可持续竞争优势的动力源，见图1-6。根据《培训行业报告》，2015年美国企业培训总费用(包括内部相关薪资和外部产品与服务的花费)呈上升趋势，达到706亿美元，较2014年增长了14.2%。2017年美国企业培训费用继续增加至906亿美元，较2016年增长了32.5%。

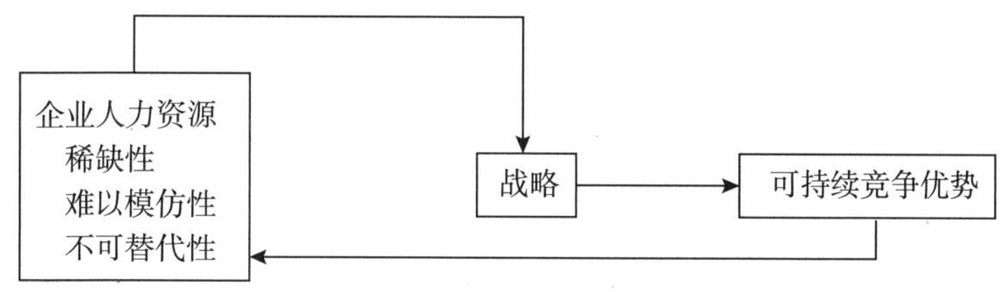

图1-6　企业人力资源、战略与可持续发展竞争优势的关系

三、培训与开发对企业保持竞争优势的作用

随着企业竞争的加剧，人力资本的重要性不断提高，作为人力资源的增值方式，培训与开发显得越来越重要。

(一)培训与开发能提高员工个人能力

组织培训与开发的首要目的，就是要发展员工的职业能力，使其更好地胜任日常及未来的工作任务。未来的任务要求员工拥有更广泛的知识，培训员工学会知识分享，能够运用所学知识创造性地思考企业的产品和服务。同时，培训可提高员工的工作能力，取得良好的工作绩效，并为员工提供更多晋升的机会和更高收入。组织的培训投资不仅能够使业绩的增长成为可能，也强化了员工对组织的忠诚度和满意度。

(二)培训与开发可以满足员工实现自我价值的需要

对于企业而言，培训与开发是一个连续不断的过程，与员工的个人发展密切相关。学习是一种自我决定性的活动，组织层面的培训与开发与员工个人发展计划相结合，能够使员工意识到培训是与自己未来发展息息相关的。实现组织和员工的共同发展，增强员工使命感。企业制订系统的培训计划，不仅能使员工适应或接受具有挑战性的工作与任务，也能帮助员工为自己的未来投资，使员工既获得物质上的满足又得到精神上的成就感。在知识经济时代，组织中员工的核心价值在于他们的知识资本，个人成长是自我实现的途径，自我价值实现是个人最高层次的需求。培训与开发使员工自我成长和实现自我价值变成可能，并与组织携手一起成长。

(三)培训与开发能提升产品的差异化优势

产品的价值是在企业一系列的经营活动中产生的，因此理解企业的竞争优势不仅要把企业作为一个整体看待，还要深入企业的具体经营活动中。企业在运营过程中，在产生价值的同时也消耗一定的成本，当最终价值超过其总成本时，企业就会获得利润，从而进入发展壮大的良性循环。如果企业以较低的成本生产了与竞争对手相同的价值或者企业生产了买方认可的与竞争对手存在差异的价值，那么企业就获得了竞争优势。

产品的价值，关键在于产品质量。广义的产品质量源于生产过程质量、产品本身的质量与客户服务质量等。毫无疑问，员工素质和能力通过培训能够提升，继而直接提升产品质量。培训不仅能提高员工的劳动技能水平，降低生产成本，还可以增加员工的安全操作知识，增加员工的责任感，规范生产安全规程，继而提升生产过程的质量。此外，培训还能够提升员工对顾客的服务意识。因此，通过培训与开发，企业产品的差异化优势逐渐显现。

（四）培训与开发有利于提升组织绩效

组织通过培训与开发提高人力资本被认为是组织实施其追求的竞争战略的最重要手段之一。此外，培训还为个人提供了提高绩效的机会，从而使他们在工作中获得成功。国内外的战略人力资源领域的研究人员在许多研究中均证实，培训对不同类型的组织绩效具有积极影响。

（五）培训与开发能推动组织创新

组织学习理论认为，通过学习能促进组织集体反思、挖掘、学习和总结经验，调整行为方式，以降低未来事故发生率和创新风险，从而提升组织活力和创新力。可见，组织学习与组织创新紧密相关，是影响组织创新行为的一个不可忽视的重要因素。众多学者的理论研究已证实，员工的培训学习是促进组织人力资本积累的重要方式，对组织技术创新的推动作用更为明显。组织创新本质上是一种交互式学习过程，组织成员通过正式或非正式的交互学习，整合、交流、传递、利用并创造信息和知识，进而促进组织创新。

中车株洲电力机车有限公司为保持竞争优势着力培养国际化人才

中车株洲电力机车有限公司
CRRC ZHUZHOU LOCOMOTIVE CO., LTD.

中车株洲电力机车有限公司（以下简称：中车株机）是中国中车核心子公司、湖南千亿轨道交通产业集群龙头企业。自 1936 年创建以来，始终保持快速健康发展，创造了中国轨道交通装备领域的诸多纪录。公司业务集中在电力机车、城轨车辆、动车组、轨道工程车、磁悬浮列车、储能式电车等新技术公共交通车辆、重要零部件、专有技术延伸产品、维保及机电总包服务等领域。目前，公司总资产 287 亿元，在国内外设有 22 家子公司。

近年来，随着海外扩张速度的不断加快，多个海外基地相继成立。国际化人才作为组织参与国际市场竞争的重要资本，也逐步成为海外生产基地能否顺利投产的重要因素。中车株机为保持竞争优势，对国际化人才的需求也日益迫切。公司高度重视国际化人才的培育，对国际化人才队伍建设也提出了更高的要求：一方面，海外业务需要大量既有精湛技术、良好职业道德，又懂外语、适应国际协作的国际化人才；另一方面，部分海外项目需要聘用大量外籍技能操作人员，使他们具备相关知识技能，认同公司文化，更好地胜任本职工作。这些是培训工作必须面对和解决的问题。因此，中车株机搭建了国际化人才培养模型，并据此对国际化人才进行了全方位、多层次的培养。

以两级培训管理体系为基础的分层组织培训，是中车株机人才培养的一大特色。一级培养注重前瞻性，侧重于国际化人才综合素质与能力的提升，主要包括跨文化沟通、国际商务谈判、国际应急处理等课程；二级培养注重时效性和实用性，侧重于国际化人才能力的实际应用，安排学员提前参与具体的国际项目，培养其国际项目运作能力和国际团队协作精神。针对尖端技术人才，采用与国外学校项目合作及进修等方式，鼓励他们继续深造，并在薪资待遇、岗位晋升等方面给予政策倾斜。同时，针对部分技术岗位，如国际焊接工程师、国际粘接工程师、国际焊接质检人员等，中车株机会组织专业岗位的职业技能认证，培养满足 EN15085 及 DIN6701 等国际标准体系要求的专业人才。

对标学习是企业在人才培养过程中，持续改进、超越自我的最好方式之一。为此，中车株机组织国际化人才去西门子、三星、华为、中兴等优秀企业交流学习，了解众多跨国公司在国际化经营过程中，对于国际化人才体系建设和人才培养的做法，拓展员工视野，并帮助公司建立有效的外派人员培养和承接机制。

重视国际化过程中的文化融合工作，是提升组织跨文化竞争力的重要因素。很多企业经常会发生因“海龟”与“土鳖”难以融合而出现的“文化休克”现象，其根本原因在于未能实现人才的本土化，导致引进的人才不能为己所用，输出的人才难以发挥作用。为此，中车株机打破传统思维，在公司内部倡导国际文化。国际化人才培养离不开良好的软环境，而这个软环境中的关键就是精耕细作的制造文化。因此，中车株机在培养国际化人才的过程中，非常重视国际先进制造文化的宣传和贯彻，严格把控“一步一到位和精益求精的工业制造标准”，将国际标准贯彻到人才培养中，实现国际职业化素养的全面提升。

中车株机在国际化人才培养中，不仅注重培养国际化人才所需的综合素质与能力，也重视培养员工团体的和谐发展和国际文化的有效融合，这都成为提升公司跨文化竞争力的重要支撑力量。

案例改编自：欧阳黎健．中车株机培育“接地气”的国际化人才[J]．培训，2017(1)：96-98.

第三节 培训与开发的起源与发展

培训与开发的实践，最早可以追溯到 18 世纪。300 多年来，西方的企业培训主要经历了四个阶段，即学徒培训阶段、早期的职业技术教育阶段、工厂学校阶段以及培训的职业化阶段。“培训与开发”在中国最早出现于封建社会时期，经过了数百年的发展，也呈现出自己的特色。

一、国外培训与开发的起源与发展

西方企业培训最早可以追溯至 18 世纪,社会化大生产逐步取代手工作坊而成为生产的基本形式。

(一)学徒培训

培训与开发的起源可以追溯到 18 世纪的学徒培训计划。当时,由熟练的技术工人经营的小店铺主要生产家庭用品,比如家具、衣服和鞋等。为了满足顾客对商品的需求,店主不得不额外雇用工人。由于没有职业技术学校,店主们不得不自己培训他们的工人。这种情况不仅仅限于手工行业,内科医生、教师和律师等行业也采用学徒培训模式。在这段时期进行的培训与开发活动,大部分是一对一的师傅带徒弟式培训。

(二)早期的职业技术教育

1809 年,德威特・克林顿(Dewitt Clinton)在纽约城建立了第一所公认的私人职业学校,也是一所手工技能培训学校。建立这所学校的目的是想给失业或有犯罪记录的、无熟练技术的年轻人提供职业培训的机会。手工技能培训学校在美国非常流行,尤其在中西部各州,这种早期职业培训是技能职业教育的雏形。1917 年,美国国会通过了《史密斯一休斯法案》。该法案认可了职业教育的价值,并同意设立基金用于农业贸易、本国经济发展、工业和教师培训项目。现今,职业技术教育已经成为各国教育系统中的重要组成部分。

(三)工厂学校

进入工业革命时期,机器开始取代技术工人的手工劳动。“科学管理”理论认为在更先进、更有效的生产系统中机器的使用有着重要的作用,可以让使用机器的半熟练工人比在小工艺店铺的熟练工人生产出更多的产品,由此出现了工厂。

由于工厂数量迅速增加,对熟练技术工人的需求很快超过了职业教育学校对毕业生的供给。为了满足需求,工厂制定了被称作“工厂学校”的机修和机械培训班计划。第一个有文字记载的工厂学校于 1872 年在厚和公司(一个纽约的印刷机制造商)成立。之后,1888 年威斯汀豪斯、1901 年通用电气和包德文机车、1907 年国际收割者,以及后来的福特、西部电力、固特异等公司都建立了自己的工厂学校。

学徒计划和工厂学校培训大量的熟练工人,但当时几乎没有公司为半熟练和不熟练工人提供培训。这一状况随着 1913 年福特公司引进 T 型汽车,得到改观。这是历史上第一种使用装配线大规模生产的汽车,装配线的生产只需要培训半熟练工人完成少量手工操作任务。随着对 T 型汽车需求的不断增长,福特公司扩大了生产线,提供了更多的培训机会。随后,其他进入市场的汽车制造商也使用了装配线流程,使得半熟练工人培训计划得到迅速发展。另一关键事件是第一次世界大战的爆发,为了满足对军用产品的巨大需求,许多生产非军用产品的工厂不得不重新装配机器并培训工人,其中就包括对半熟练工人的培训。比如,美国海运委员会负责对造船工人进行建造战船的培训。为了增强培训效果,主管查尔斯・艾伦为海运委员会的培训计划创建了“演示、讲解、操作、检验”四步骤指导方法。这一方法后来被称为工作指导培训(job instruction training,JIT),至今仍沿用于员工在职培训。

（四）培训的职业化

在二战爆发时，人们又开始依赖普通工厂生产军需产品。像一战时一样，这需要在大型的组织和工会中建立新型的培训计划。美国联邦政府为此建立了行业内部培训服务机构（TWI）来组织和协调这些培训计划，而这些培训项目涉及了与国防领域相关的各个工业领域。TWI 同时还培训公司的指导员，指导如何在各自的工厂里进行培训。到二战结束的时候，TWI 已经培训了 23000 多名指导员，还对约 16000 家工厂、工会、培训服务机构的 200 多万名主管经理进行了培训资格认证。

许多生产国防用品的企业利用受过 TWI 培训的指导员建立了自己的培训部门。这些部门设计、组织并协调组织内部的各项培训。1942 年美国成立了培训指导协会（American Society for Training Directors），为这个正在兴起的行业确立了一些标准，具体包括：要成为的全职会员要求具有大学学位及 2 年以上培训或相关领域工作经验，或者具有 5 年的培训经验；在培训职能部门工作或正在读书的人有资格获得准会员身份。

（五）培训与开发的发展

20 世纪 60 年代至 70 年代，专业培训人员认识到他们的角色应当延伸到教室以外，许多组织要求他们对其员工进行培训。培训和开发能力也因此扩展到人际关系技巧，比如训练、集体作业促进以及解决问题的能力等。组织对员工发展的需求，也促使美国培训指导协会更名为美国培训与开发协会（American Society for Training and Development，简称 ASTD）。20 世纪 80 年代，组织的变革使培训和开发领域发生了更加巨大的变化。在这一时期，ASTD 召开了一些国家级别的专门会议来讨论这一迅速蓬勃发展的行业。ASTD 对“培训与开发”这一术语的确定进一步促进了该领域的发展和变化。20 世纪 90 年代开始强调培训与开发战略功能，即培训与开发如何与组织目标相联系，又如何支持组织目标。在 ASTD 内部（以及其他地方）还强调了绩效提升作为大多数培训以及培训与开发的特殊目标，并把组织视为高绩效工作系统。在 2014 年 5 月 6 日美国培训与开发协会宣布更名为“人才发展协会”（Association for Talent Development，简称 ATD）。此次更名透露出，一方面，学习与发展行业的全球化进程在不断加快；另一方面也代表行业发展趋势从专注培训到专注“人才发展”（talent development）的转变。目前，全球的培训与开发不再仅限于学习的过程和手段，即“培训业务”本身，而是更多地聚焦于学习的结果，包括企业绩效的改进与人才管理体系的构建。毫无疑问，为了实现这些目标，仅仅依靠培训是不够的，要综合运用包括培训在内的各种技术与方法，包括近年来行业关注的绩效改进、领导力、知识管理、企业教练等。

二、国内培训与开发的起源与发展

西方社会的企业培训系统形成得比较早，而我国的组织培训由于历史原因，形成的阶段与西方社会并不相同。

按照不同的社会历史阶段，我国的组织培训大致可以分为四个时期，它们分别是封建社会时期、鸦片战争后到新中国成立之前、改革开放之前与改革开放之后。

（一）封建社会时期

中国的学徒制兴起于奴隶社会，于封建社会发展完善。自给自足的封建小农经济，伴生的是作坊手工业。隋唐时期中央政府到地方政府机构中，均设有管理公营手工业的机构,而这些公营手工业作坊都是采用学徒制的教育形式。明朝中期,随着资本主义萌芽的出现,学徒制得到进一步发展,无论是工种还是规模都有明显的扩大。

(二)鸦片战争后到新中国成立之前

近代随着生产技术的进步和生产规模的扩大,传统的学徒培训模式已不能适应新的变化和要求。鸦片战争之后,中国沦为半殖民地半封建社会,此时的企业人事管理具有两个基本特点:(1)带有浓厚的封建色彩。此时的企业多是家族性质的小型私人企业。这些企业实行包工制,即把工作承包给工头,然后由工头负责招收工人,组织生产并进行监督。(2)尝试引进西方资本主义国家的科学管理。有一些规模较大的企业引进了泰勒科学管理的方法,开始进行人员规范管理。

(三)改革开放之前

中华人民共和国成立初期,中国处于百废待兴的时期。当时的企业以公私合营为主。20 世纪 50 年代,国家派遣了大量知识分子前往苏联进行学习和培训,所学习和培训的知识和技能涵盖工业、医学、电信、铁道等关乎国计民生的领域。其中,苏联的高等院校、科研机构和企业为中国工业培训了大量的技术干部和熟练的技术工人。

1966—1976 年,我国的企业管理和生产进入一个特殊的时期,社会生产受到很大冲击。企业的培训发展实质上处于停滞期。

(四)改革开放之后

改革开放后,我国员工培训与开发可分为以下五个主要发展阶段。

第一阶段:党的十一届三中全会以后,国家各部委和各省、市通过建立继续教育中心、科技进修学院和继续教育协会等服务于继续教育的专门机构,担负起培训本地区、本系统中级以上科技人员、初级科技骨干以及国有企业高层的任务。它们以短期培训为主要形式,课程内容以共同性学科和新学科为主,辅以初级补缺课程,以提高学员的知识水平和实际工作能力为目的。

第二阶段:我国的高等院校、科研单位发挥自身的优势开办继续教育。1985 年,经国家教委批准,清华大学率先成立了继续教育学院,随后西北工业大学、北京航空航天大学、华中理工大学等也相继成立了继续教育学院,这一阶段出现了高等院校与工矿企业、协会等联合办学的现象,如上海交通大学与上海高压油泵厂等企业合办管理进修班。

第三阶段:伴随继续教育在我国的不断发展和企业自身深化改革的要求,众多大型企业开始重视员工的继续教育,也就是员工培训。这些企业主要是通过建立本单位的职工大学、职工中专、技校,开设培训教育的课程,解决员工知识补缺、更新和提高等问题,最终为本组织的发展提供服务。

第四阶段:培训的职业化。继续教育专业机构的建立和发展在继续教育研究和成果的传播方面发挥着巨大作用。社会上已经出现许多继续教育专业机构,有的是国际性的,有的是全国性的,也有的是地方性的,它们的培训基本遵循市场化的运作机制,在市场上提供极具专业特色和针对性的培训项目。因此,高校继续教育只有凭借高校的优质资源,加强继续教育理论研究,转变观念,规范办学管理,向规范化发展,并且逐步走向专业化,才能有强劲的竞争力。

第五阶段:企业大学的兴起。中国首家企业大学是在 1993 年由摩托罗拉公司引入的。1998 年，国内海信、海尔等家电企业也相继筹建企业大学，这标志着中国企业培训领域踏上了新征程。近年来，企业大学（如华为大学、腾讯学院、平安金融学院、京东大学等）作为上承战略下接业务、直面绩效的学习发展部门越来越多地出现在众多企业的组织架构当中。企业大学不仅承担着员工继续教育和终身教育培养的责任，还日益成为企业智慧的源泉、中高层人才的摇篮，推动和引领着企业可持续发展；同时，企业大学正在成为高等教育体系中一种重要的新生力量，成为高等教育、终身教育甚至整个国民教育系统创新发展中的重要推动力量。

新希望地产求实学院

Newhope 新希望地产

新希望集团创业于 1982 年，其前身是南方希望集团，是中国农业产业化国家级重点龙头企业。新希望集团现有农牧与食品、化工与资源、地产与基础设施、金融与投资四大产业集群，成为农、工、贸、科一体化发展的大型农牧业民营集团企业。

人才供应是决胜产品和赢得客户的关键。在此背景下，2019 年 5 月 17 日，新希望地产求实学院正式挂牌成立。用学习成就未来，学院创新人才培养模式，并融合各专业学习资源，为企业经营发展源源不断地输出一流人才。

新希望地产求实学院业务架构（图 1-7）可以概括为两分院、三个中心。分院为城市分院与专业分院，以专业知识和实践场景赋能专业分院，绘制人才成长地图，沉淀技术成果，推动人才专业化发展进程。三个中心分别为专业发展中心、领导力发展中心、基础建设中心。

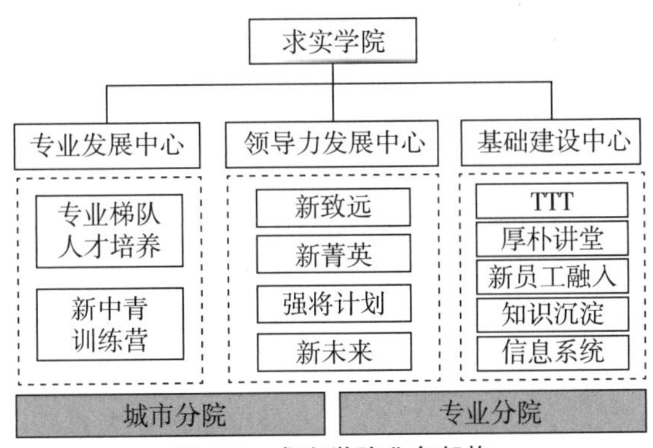

图 1-7 求实学院业务架构

求实学院专业发展中心负责参照专业序列人才发展体系，与公司各个分院有重点地对接各条线骨干培养工作。重点项目是专业梯队人才培养与新中青训练营，其主要培养对象为公司的基层干部和骨干员工。

领导力发展中心是基于公司战略需要储备有新希望烙印的子弟兵,目的是为培养公司年轻干部添砖加瓦。匹配干部管理与发展领导力体系,培养各层级梯队干部,重点项目是针对中层干部培训需求的新菁英、强将计划。

基础建设中心专注知识沉淀标准化,学习管理与建立完善的讲师课程体系,以实现培训在线化、智能化、规范化,并不断推动员工学习效率提升和质量优化。该中心搭建学院持续发展的制度基础、学习资源与运营、信息化建设;其中的重点项目是TTT培训、知识沉淀与信息系统。其中,TTT培训即"培训师培训"。作为企业内训的重要成果,新希望地产的城市经理已经基本实现由总部培养。故新希望地产十分重视内训师的管理与培训,并建立了完善的内训师选拔与晋升机制,而求实学院的TTT培训则在这一体系中扮演着重要角色。

在实干、实践、实创的院训指导下,新希望地产求实学院秉持"严进严出,训战结合,最优秀的人培养更优秀的人"的教学方针,以"为公司培养具备务实与创新精神,专业与管理能力优秀的职业经理人"为宗旨使命,使企业高速发展阶段的人才供给实现内部化,使得公司在行业竞争中保持优势地位。

资料来源:作者根据企业内部资料有调整。

第四节 战略性培训与开发

战略性人力资源管理的最终目标,是通过整合组织的人力资源驱动组织核心竞争能力的形成。因此,人力资源管理系统能否成功的关键,在于其能否有效激发并依靠人力资源整体效能的发挥来支撑组织的使命与愿景,其中,战略性培训与开发子系统承担着有效训练和发掘人力资源潜能的职能。

相对于传统人力资源管理,战略性人力资源管理(strategic human resources management)主要定位于支持组织战略的人力资源管理的作用和职能。战略性人力资源管理是根据组织战略发展和个人职业发展的需要,将人力资源视为组织的核心能力的源泉,通过具有战略意义的人力资源管理活动形成组织竞争优势并支撑组织战略目标实现的过程。

一、战略性人力资源管理体系

根据现代组织人力资源管理理论研究和实践经验,将战略人力资源管理体系总结为:一个牵引系统——人力资源战略规划系统;两个基础系统——职位管理系统和胜任力系统;六个职能模块系统——人员招聘与配置系统、战略绩效管理系统、薪酬设计与管理系统、培训与开发系统、员工关系管理系统、人员再配置与退出系统;一个平台系统——知识与信息管理系统。具体如图1-8所示。通过这十个人力资源管理系统模块的有机运行,实现组织选人、用人、育人、留人的功能。

(一)人力资源战略规划系统

人力资源战略规划的源头是对组织的战略分析,通过分析组织的产业环境、战略能力、愿景与使命目标以及业务发展目标等，确定人力资源管理如何支撑战略目标的实现，组织需要什么样的人才结构来实现组织的战略目标。

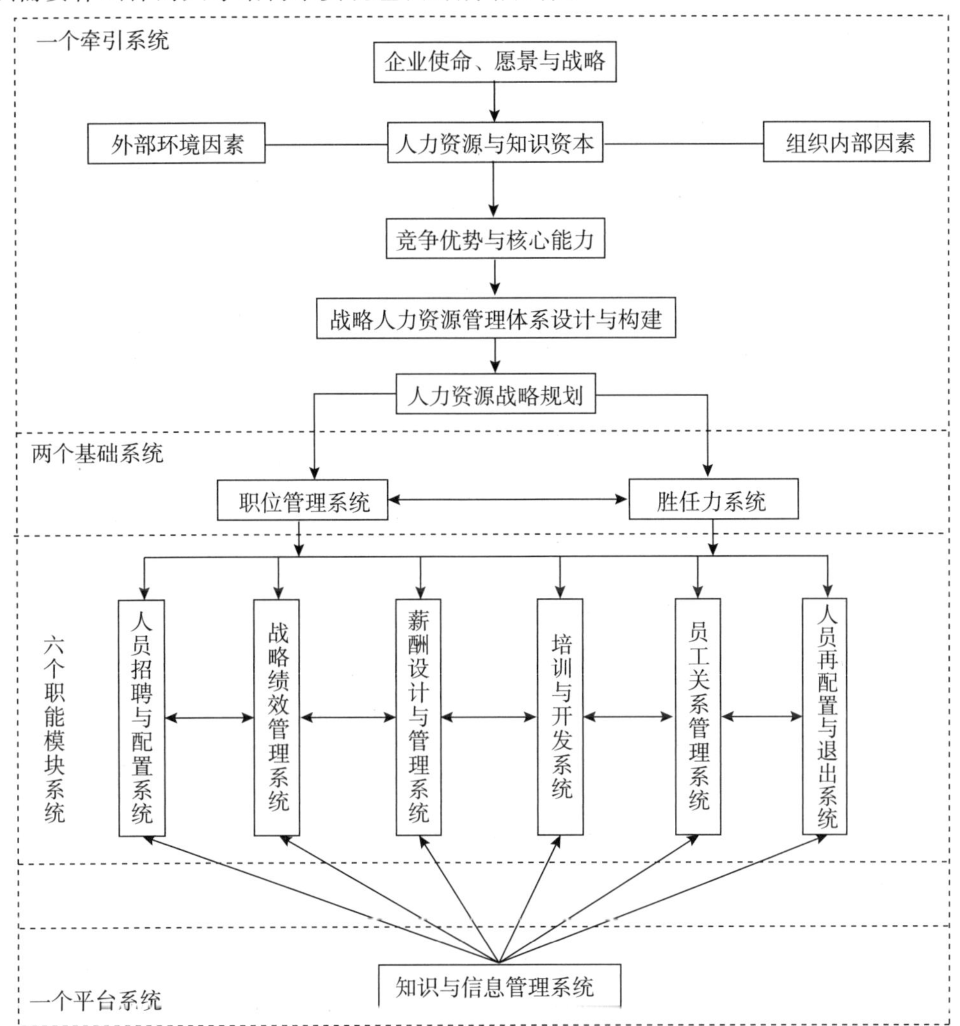

图 1-8 战略人力资源管理体系

资料来源：彭剑锋.人力资源管理概论[M].上海：复旦大学出版社，2018.

（二）职位管理系统与胜任力系统

1.职位管理系统

职位管理系统是战略人力资源管理系统的两大基础之一，对其他的人力资源模块发挥着重要的支撑作用，传统观点认为，为人力资源管理奠定基础的职位说明主要是通过职位分析形成的。但是，随着现代组织的不断发展，单一的职位分析已经不能满足组织人力资源管理的需要，因此组织关注的要点要从单一的职位转向整体职位进行职位筹划、职位分析和职位评价，从而建立完整的职位管理系统。

2.胜任力系统

胜任力系统是战略人力资源管理体系的另一个基础要素，该系统的建立为组织的人力资源管理效率提升找到了新的基点，相应的组织人力资源管理实践的其他各个环节也因此发生了巨大的变化。

（三）人力资源管理的六个职能模块系统

1.人员招聘与配置系统

人员招聘与配置，包括在组织战略指导下人员招募、甄选及配置等一系列人力资源管理职能活动。

2.战略绩效管理系统

以战略为导向的绩效管理体系在组织战略明晰、组织结构确定的前提下，将战略规划转化成组织的阶段性目标和计划，据此形成各个部门的目标和计划，继而形成员工个人的目标和计划(称之为目标体系)。一旦明确目标和计划，组织便进入了工作状态，此时组织通过各个系统对组织部门乃至个人的绩效状态进行监控，并定期向各级反馈监控结果。

3.薪酬设计与管理系统

薪酬是组织向员工提供的，用以吸引、保留和激励员工的报酬，具体包括工资、奖金、福利、股票期权等。在薪酬设计模式中，以职位为基础和以能力为基础的薪酬体系是最基本的薪酬体系。

4.培训与开发系统

组织以战略和核心能力为导向的培训与开发系统，将对培养和提升员工的核心专长与技能提供重要的支持。现代组织的培训与开发体系设计必须考虑：(1)两大核心，既要考虑组织战略与经营目标对人力资源的要求，又要切实考虑员工的职业生涯发展要求；(2)三个层面，分为制度层、资源层和运营层三个不同的层面；(3)四大环节，包括培训需求分析、培训计划制定、培训活动组织实施以及培训效果评估。

5.员工关系管理系统

员工关系管理是指管理者通过拟定和实施各项人力资源政策和管理规范，调节组织的所有者、经营者、员工等群体之间的相互联系和影响，以实现组织的发展目标。

6.人员再配置与退出系统

人力资源再配置是组织根据实际工作中员工与职位的匹配程度，或者员工个人因素，对员工重新评价、重新配置的过程。人力资源退出是组织人力资源管理职能的一个重要方面，合理的人员退出途径会对员工形成适当的压力，从而激发员工潜能的发挥。

（四）知识与信息管理系统

随着知识经济的发展，知识已经成为组织的重要战略性资源。人力资源管理不仅要解决人与组织之间的关系问题，还要解决组织中知识获取、共享、应用和创新的问题。通过实现员工和组织的知识创造，不断提升组织的核心竞争优势。

二、战略性培训与开发体系

（一）战略性培训与开发的内涵

战略性培训与开发，是指与组织经营战略目标相关联，对保持市场竞争力和长期发展具有决定性影响的一种培训与开发体系。培训体系要求员工树立“整体一盘棋”的意识，明确组织战略及目标，通过培训与开发的实践活动，获得持续学习的能力，并能够不断运用新知识、新技术，积极主动地进行创造性的工作，与组织其他成员分享知识、共通信息、互相合作，以实现个人绩效及组织绩效的提升，并最终实现组织战略及发展目标。

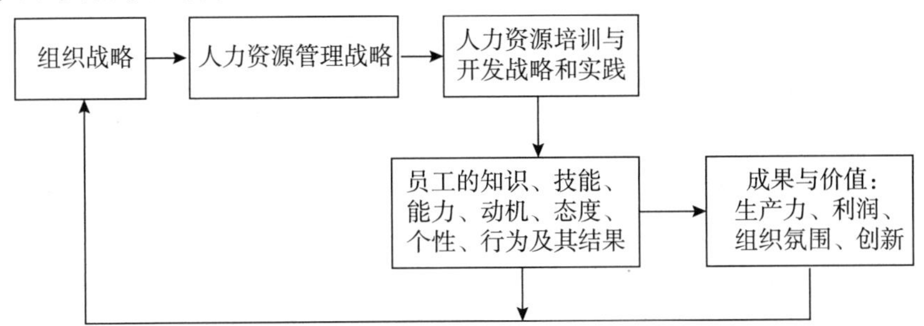

图 1-9　组织战略、人力资源管理战略与培训和开发的关系

（二）战略性培训与开发的系统模型

目前学者们的普遍共识是，培训与开发是人力资源管理系统的一个组成部分，组织战略决定人力资源管理战略，人力资源管理战略决定并影响培训与开发战略，而培训与开发战略会通过提升员工和组织的胜任素质而影响组织竞争优势，进而影响组织绩效和组织战略目标的实现，如图 1-10 所示。

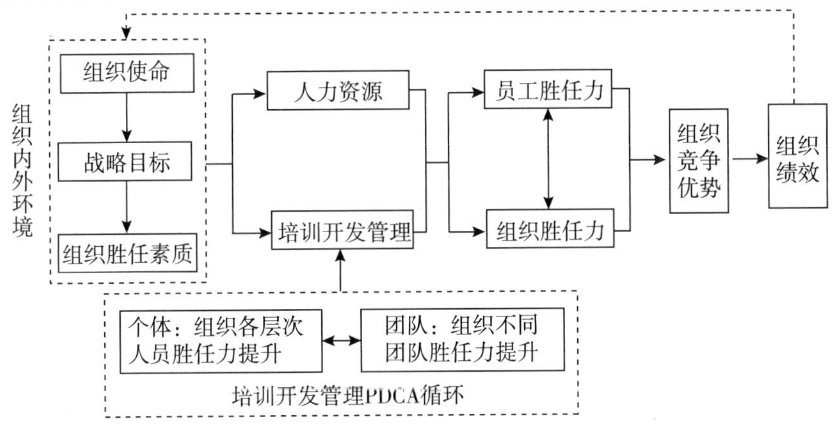

图 1-10　基于胜任力的战略性培训与开发系统模型

组织的培训与开发活动，要将组织战略培训目标分解，这种分解可以从两个视角展开。其一，从团队的视角，将组织胜任力提升或跃迁目标分解为组织内部不同团队的胜任力的提升或跃迁目标，然后制订团队培训计划加以实施；其二，从个体的视角，将组织胜任力提升或跃迁目标分解为高层、中层及普通员工的胜任力提升或跃迁目标，并制订各层次人员的培训计划并加以实施。

（三）战略性培训与开发的流程框架

战略性培训与开发系统，是组织人力资源管理的重要支持系统，主要发挥着从数量和质量上保持组织人力资源供求平衡，最大限度地开发、利用组织现有人力资源的潜力，增强组织人力资源核心竞争力，为组织获得竞争优势等作用。下面简要介绍下战略性培训与开发体系的流程框架，如图 1-11 所示。

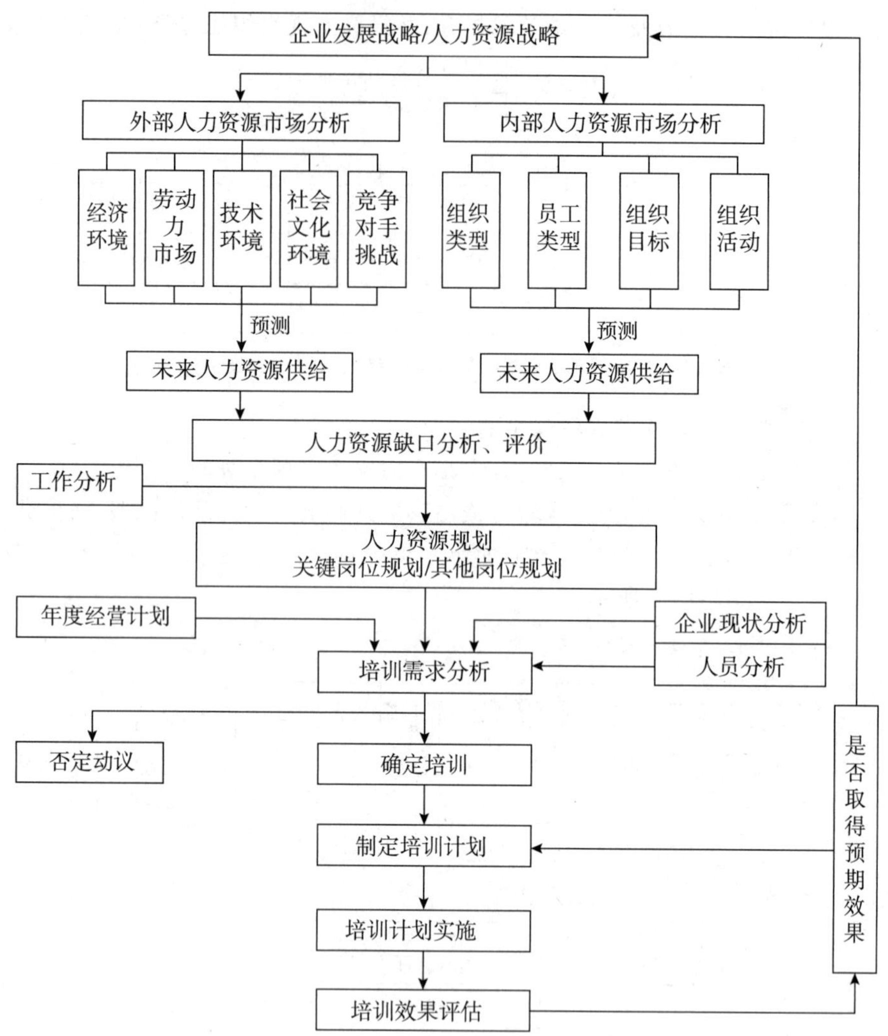

图 1-11　战略性培训与开发流程

战略性培训与开发,首先要根据组织战略需求和现有人员的差距识别培训需求;其次要确定组织的培训重点,设计相应的培训课程,从而形成相应的培训计划;再次要实施培训计划,投入相应的人、财、物,以确保培训计划的有效实施;最后要评估培训的效果,反思培训与组织战略之间的联系。

加尔文(Garavan)提出的战略性培训与开发的动态模型(图 1-12)强调战略性培训与开发系统的构建受外部环境和内部因素两大方面的影响。外部环境包括三个层面,分别是当地的、国家的和国际的环境,包括经济和政治因素、技术变革、劳动力市场特点、跨文化差异以及国际法律和法规等;内部因素则包括组织战略、结构及文化等。

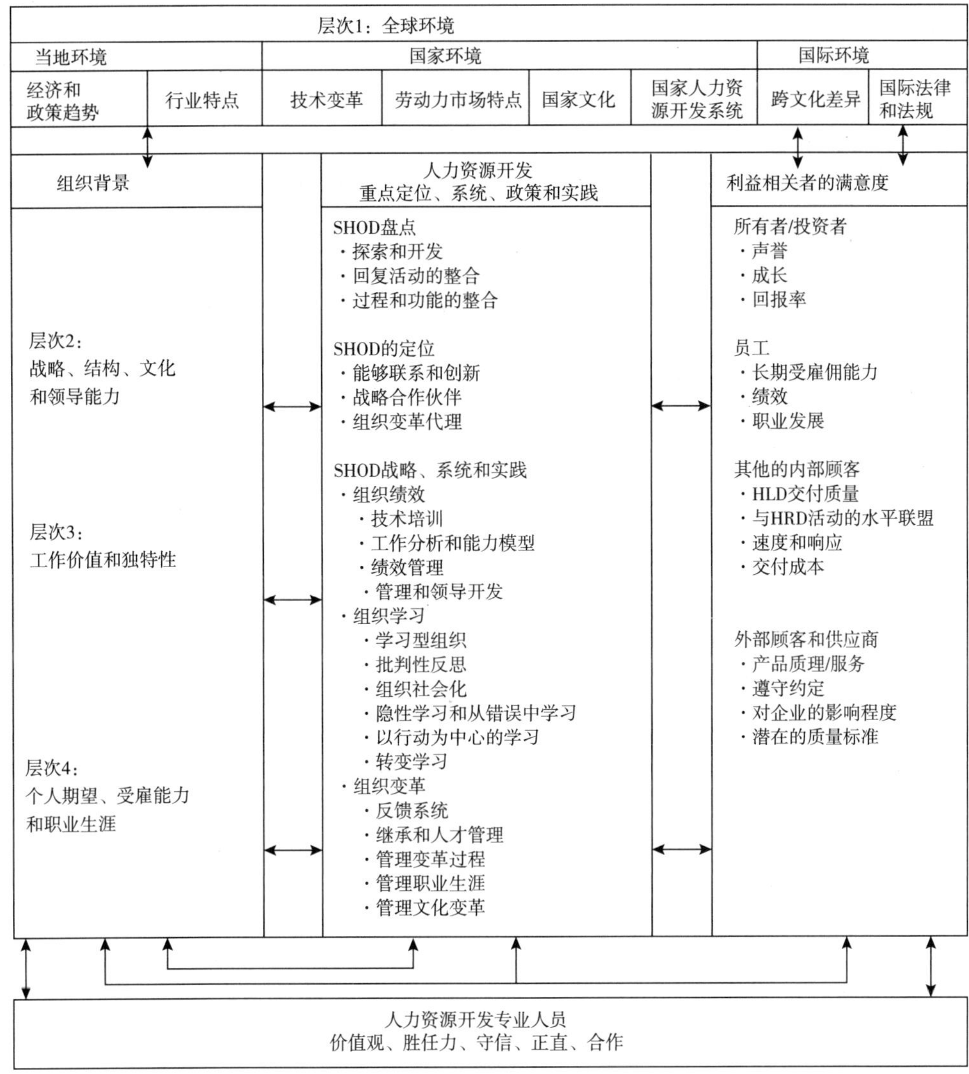

图 1-12　战略人力资源开发的动态框架

资料来源：Thomas N.Garavan，A Strategic Perspective on Human Resource Development，Advances in Developing Human Resources.9，(1)，2007：17.

（四）战略性培训与开发的特点

1.以总体战略目标为出发点，满足组织发展需求

经营战略是组织的行动指南，组织的一切管理活动都要围绕经营战略展开。战略性培训与开发管理体系从组织战略的高度出发，是通过与组织长期的战略目标、短期的年度经营目标有机结合构建形成的，以此确保培训与开发同组织的总体目标紧密结合；通过科学化、具体化、操作化的需求分析，保证培训内容、方式、课程与组织总目标紧密联系，始终以组织发展战略为导向，避免培训流于形式。

2.以人力资源规划为指导,应对组织面临变化的环境

培训与开发的目的是满足组织目前和未来的经营管理对员工的要求,只有清楚地认识到组织内部和外部环境的变化,才能解决面临的问题。人力资源规划就是对这些环境变化进行科学的预测和分析,以此制定出正确、可靠、清晰、有效的人力资源策略,保证组织对人力资源的需求如期实现。同时,培训与开发也是为了使员工满足组织战略目标的需要,调整与组织目标所要达到的要求之间的差距。

人力资源规划作为对组织战略目标的人力资源保障和配置,即在人力资源供需方面进行了详细的分解,是战略与详细计划之间的中间环节,也是应对组织内外部环境变化的有力举措。因此,培训与开发管理体系将人力资源规划作为指导性纲领来确定需要培训的岗位、岗位所需要的人力资源,然后通过工作分析、任务分析明确岗位的职责,将现有人员的素质与组织规定的标准进行对比,找到差距所在,据此明确培训的需要。这也是以战略为导向的组织培训与开发体系不同于传统培训体系的关键所在。

3.注重关键岗位人员、稀缺人才的培训与开发

关键岗位人员、稀缺人才是组织可持续发展的主要原动力。根据组织的人力资源规划,组织要以培养自己的优势人才和提高自身的竞争力为目标,确保培训系统的有效运行。在建构全员培训体系的基础上,建立以关键岗位人员、稀缺人才为核心的培训体系,避免在组织的发展过程中遇到人力资源瓶颈问题。

4.满足多样化、层次化的培训需求

通过人力资源规划对组织发展战略的直接支撑,对年度经营计划、短期目标和组织现阶段存在的问题进行分析,制订满足组织发展需求的各个阶段的培训计划,满足组织、岗位、人员各方面需求的培训体系,从而满足组织多样化、层次化的培训需求。

5.培训开发长远化

人力资源的长期规划通常是三年及以上的规划,组织在制定规划的初期阶段,应该预见到其长期的发展方向,要提前根据欲达到的中长期目标及早进行培训,在其需要用人的时候能够顺利补充人力资源,保障组织的整体发展,从而避免“头痛医头,脚痛医脚”的短视行为。

6.重视培训效果的评估及反馈

培训效果的评估及反馈是培训工作承上启下的关键环节,也是不能缺失的一个环节。当评估结果显示培训取得预期效果时,培训效果会为下一年度的培训计划提供有价值的信息。如果培训没有取得预期效果,就可以与组织的经营目标相比对,找出存在差距的原因。在这个环节中,需要构建一个兼顾软硬双重指标的评估体系,作为培训体系是否达到了预期目标的检测方式。

蒙牛集团:基于战略思考的特殊培训

蒙牛集团对于员工培训有着独特而深刻的理解,为了能够最大限度地提高集团员工的技能与综合素质,蒙牛集团根据集团长远发展制定培训内容。

蒙牛集团在传统必要的培训内容的基础上,增添了危机教育培训和企业文化与思想道德教育这两项内容。蒙牛集团深知危机教育的重要性,在企业里面实行全员危机教育。蒙牛集团能走到今日,全员的危机意识起了基石的功用。蒙牛集团注重日常积累资源,要求员工在日常生活和工作中善于观察身边的事物,还要善于总结自己的工作,善于对外学习。几乎所有的告急风险都会对企业形成危害,无危机管理战略的企业也许能逃过一两次危机,但唯有制定并施行危机管理战略的企业,才可以削减或渡过全部危机,令企业变得更加成熟和强大。

除了危机教育,蒙牛集团还重视企业文化和道德教育。蒙牛集团中上下皆知的用人原则是"有德有才破格重用,有德无才培养使用,无德有才限制使用,无德无才坚决不用"。由此可以看出蒙牛集团对员工的任用与培训教育最注重"德"与"才"。自创业以来,蒙牛集团就一直以此理念作为经营和思想教育的根蒂,培训活动也牢牢与其相符合,树立"企业人"观念,以培育员工的使命感和责任感,保证对企业的忠诚度。

除此之外,蒙牛集团也在摸索企业创建和谐社区、融入和谐社会方面迈出了一大步。蒙牛集团认为,没有和谐的家庭就没有和谐的企业,没有和谐的企业就没有和谐的社会。所以,由蒙牛集团董事长牛根生先生个人出资,创办了为期 3 个月的"和谐家庭特训营"。特训营开设蒙牛家属班和子女班,60 名位蒙牛家属和 20 多个 13～23 岁的蒙牛孩子参加了培训。培训以"补习传统文化,寻找和谐之根;增加生命意义,建设和谐家庭"为主题。培训用《论语》《道德经》《孙子兵法》《西点军校》等中国传统文化和西方现代文化培训企业员工家属及子女,还安排了社交礼仪、学习型家庭、教子之道、沟通技巧等内容。另外,蒙牛集团还积极建立各种渠道以方便员工之间及员工与管理者之间的沟通,提出"天上一张网,地上一张纸"的说法,即以公司基于互联网的智能办公信息系统和《蒙牛足迹报》作为载体,与员工互动沟通。蒙牛集团的高管们在智能办公信息系统中都设有专用邮箱,专门接收和回复员工的来信;并在《蒙牛足迹报》中有《观点》专栏,保证及时向员工传递公司文化等内容。目前,《蒙牛足迹报》每月 4 期,蒙牛集团要求员工人手一份,这也是资源最大化利用的保障。

资料来源:作者根据企业内部资料有调整。

第五节　培训与开发面临的挑战

现代企业的培训与开发系统正面临着经济的全球化、信息技术的迅猛发展等一系列因素的挑战。同样,这些因素也必然对培训与开发专业人员的职能定位、专业知识、技能和能力提出了新的要求。

一、第四次工业革命

世界经济论坛创始人克劳斯·施瓦布(Klaus Schwab)在《第四次工业革命:变革的力量》中指出,所谓的第四次工业革命的特征之一是:新兴技术和创新的传播速度和广度将远远大于以往。尽管这场技术革命才刚刚开始,但它已经开始改变甚至破坏我们原有的工作和生活方式。信息技术对现代组织的人力资源管理产生了十分重要的影响,它使得人力资源管理开始出现了电子化、信息化,组织的人力资源培训和开发体系已经取得了许多突破性进展。比如计算机辅助教学、虚拟教学、网络教学、移动学习、虚拟现实(VR)等技术逐步运用到现代组织的培训之中,这些前沿技术对于提高培训质量、降低培训成本具有十分重要的作用。

纵观近年来人力资源领域与新技术的"混搭"演变过程,从"E"时代的各类大型人力资源信息系统建设,到移动互联网时代基于智能终端设备的各类轻型应用,新技术对人力资源管理模式的更新和流程的再造起到了重要的催化作用。据统计,我国云计算市场总体保持快速发展态势,2016 年中国企业云服务市场规模超过 500 亿元,整体增速32.2%,预计未来几年仍保持约 30%的年复合增长率如图 1-13 所示。

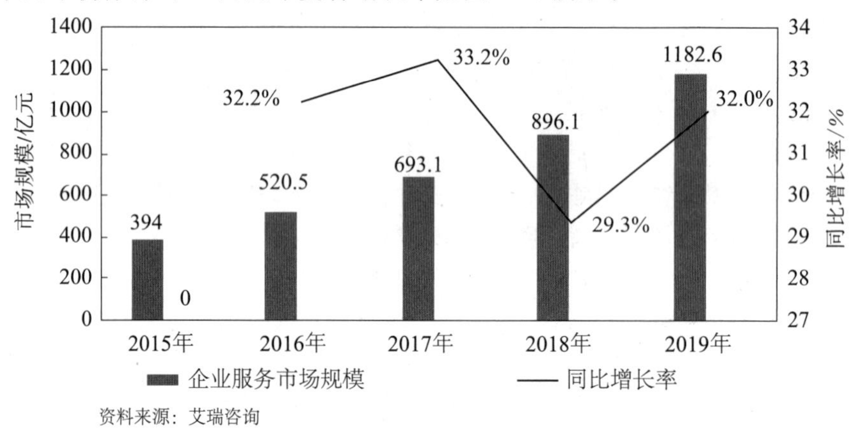

图 1-13　2016 年中国企业云服务整体市场规模

在新一轮的技术革命浪潮中,组织中最重要的资源——人力资源正迎来新的转移和重组。互联网产业化、工业智能化的发展,互联网、物联网、大数据、云计算、人工智能等技术的逐渐成熟,也将对组织人力资本的提升产生巨大冲击。

培训与开发职能部门及专业人员着力建设与第四次工业革命发展相匹配的人力资源队伍以迎接第四次工业革命的新挑战。亟待着力开发与产业发展战略、科技创新战略配套的培训与开发规划及政策,与组织员工一道积极拥抱外部变化。

与此同时,数据云端化的时代已经来到,这使得培训与开发专业人员需要不断提高自己的新技术能力，包括软件的操作能力、基本的编程能力等。此外，人工智能、大数据等先进的技术，在简历筛选、人才画像、语音交互方面使得培训与开发等一系列工作的效率得到了极大提高，准确率也是人工所不能相比的。部分简单任务的从业者将被人工智能替代，行业竞争更加激烈。

二、全球竞争与技术差距

员工们必须学会在不同的文化中和其他国家的人进行交流，以及在商业活动中具有文化敏锐性。组织面临的最主要挑战是如何把管理者培养成具有全球性、前瞻性的领导者。中国人才发展社群（CSTD）发布的《2018 年中国企业培训市场前景调查》报告显示，超过 50％的受访专家认为 2018 年企业对中高管领导力和内训师培养的项目需要都明显增加。在外购培训项目中，管理者培训预算的比例为 41.5％。

2015 年，习近平总书记在第二届世界互联网大会开幕式上的讲话中，首次提出要促进世界范围内投资和贸易发展，推动全球数字经济发展。2017 年 7 月，习近平总书记在二十国集团领导人汉堡峰会上就世界经济形势发表讲话时指出，全球 95％的工商业同互联网密切相关，世界经济正在向数字化转型。在全球范围内信息技术革命的大背景下，以习近平同志为核心的党中央对数字经济这一经济社会的革命性变革有着十分深刻和超前的认识。

事实上，在全球竞争背景下，面对技术差距，组织必须雇用那些具备特殊知识的员工，这些知识可使员工在快速增长的复杂市场中获取竞争优势。以中国大数据行业人才情况举例，大数据行业就业市场较为活跃的城市主要集中在京津冀、长三角、珠三角、成渝等区域，深圳、南京、大连、南昌、贵阳、合肥、天津等地大数据就业市场虽较为活跃，但人才供给相对不足。从各地人才流动情况看，信息化基础较好、占据数据资源优势或产业政策扶持力度较大的省区（如上海、浙江、贵州、四川等）是大数据人才的主要集聚地，而中西部省区（如西藏、内蒙古、甘肃、山西等）及东北地区人才流出意向则较为明显。为了缩小与国内外竞争对手的技术差距，组织需要给员工组织更多的培训和教育，使其应对新的挑战。除了对劳动力进行再培训外，成功的公司将建立质量提升流程，并实施组织变革（比如高度参与计划）。

三、中国经济进入新常态

自 1978 年改革开放以来，我国经济持续增长，随着知识经济时代发展，我国已进入经济发展新常态，这体现在速度、结构和动力三方面。它们分别是从高速增长转为中高速，结构则更为优化和升级，经济增长方式转变为创新驱动。这些方面的新常态影响和改变着经济发展的最终目标——人力资源。中共十九大报告中指出，人力资源已成为高质量发展中产业体系建设的四大支柱之一。我国经济发展的新常态阶段性特征，对企业人力资源管理既是机遇也是挑战，实现人力资本增值和获得高潜力人才成为企业的重要需求。

另一方面的现实思考是，在经济增速减缓的局势下，如何让培训与开发活动成为企业的战略目标之一，既能够在短期内满足企业成本控制与利润水平要求，又能够为企业长期价值增值提供帮助，是培训与开发专业人员的挑战之一。同时，宏观经济转型要求企业自身能力不断升级，培训与开发如何配合企业转型升级，为企业战略方向选择提供充足的人力资源支撑，保持企业竞争优势，也是培训与开发专业人员面临的巨大挑战。

四、劳动力结构变化

2018 年底中国老年人口 2.5 亿,占总人口的 17.9%,中国已经进入深度老龄化社会;预计到 2030 年左右,中国将成为超级老龄化社会,人口老龄化形势严峻。我国人口老龄化逐渐加速,"人口红利"恐将消失,劳动力供给的结构性矛盾日益凸显,现实人力资源总数将进一步减少。劳动力资源不断减少,劳动力成本也将逐步提升。面对这种情况,培训与开发专业人员面临大幅提升人力资源效率、增加与提高人力资源知识、技能与能力的需求。

随着我国人口结构的更新换代,20 世纪 80 年代和 90 年代出生的员工逐渐成为企业人力资源的中坚力量,新生代员工中大部分具有知识型员工的特性。同时,新生代员工与他们的父辈具有不同的工作价值观,给组织的管理带来了前所未有的挑战。知识型员工更具有工作自主性,有自我尊重的需求,看重自我实现,其需求更具复合性。培训与开发成为激励员工的重要方面之一。培训与开发的项目与规划,将直接影响组织人才队伍的稳定。

五、人力资源管理外包

人力资源成本对组织而言意义重大,与此同时人力资源成本历来被看作重大的成本,人力资源管理中的事务性工作也在制约其战略角色的扮演,繁杂的工作无形中增加了人力资源部的运营成本。人力资源外包的出现,在很大程度上解决了这些问题,对人力资源管理的运作产生了巨大影响。人力资源外包是指依据双方签订的服务协议,将企业人力资源部分业务的管理责任转包给第三方服务商进行管理。服务商按照合约管理某项特定人力资源活动,提供预定的服务并收取既定的服务费用。

组织选择人力资源外包,一般是基于服务质量和成本方面的考虑。人力资源外包在相对长期保持有效的情况下,能够转化为组织的一种竞争优势。

组织人力资源职能的执行可以被认为是一个活动或者任务链,可以称之为人力资源价值链,如图 1-14 所示。一般来说,如果企业对价值链上的某一环节做得不是最好的,或者如果能做好但是必须花费高额成本的,而它又不能形成企业的竞争优势,通常就可以把它外包给做得更好的专业公司。因此,人力资源的外包往往集中在那些与企业的核心能力与竞争优势关系不大的职能上,这些职能在不同企业之间具有很大的相似性和通用性。

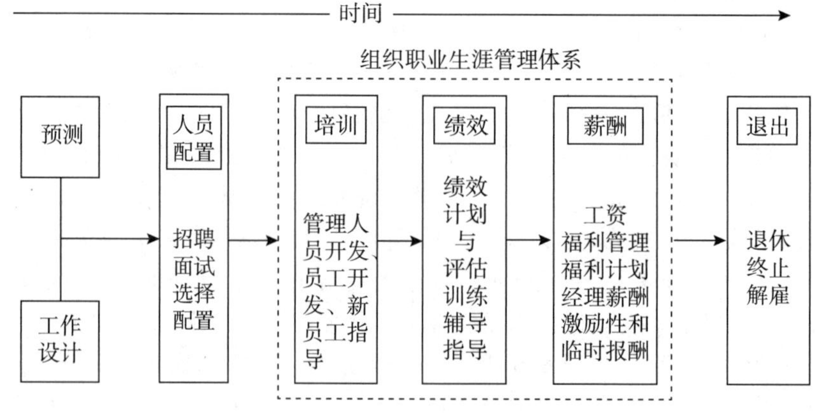

图 1-14 人力资源价值链

截至2017年年底，我国人力资源服务业全年营业总收入为1.44万亿元，同比增长22%。2017年全国各类人力资源服务机构累计服务各类人员8.08亿人次，同比增长16.3%。全国共设立各类人力资源服务机构3.02万家，同比增加13%；行业从业人员数量在逐年增加，截至2017年年底，从业人员58.4万人。2017年各类人力资源服务业务继续保持迅速发展态势，其中人力资源培训服务举办培训班32万次，同比增长14.3%；人力资源培训服务培训人员费用1362万元，同比增长12.8%；各类人力资源服务机构为258万家用人单位提供人力资源外包服务，同比增长7.6%。

随着国内外经济社会形势的变化，企业生存发展和转型升级压力的不断增大，对人力资源培训的需求日益迫切，这为人力资源培训服务行业带来了巨大的发展机遇。人力资源培训服务的新变化集中体现在以下两方面。一是培训服务进一步细分，趋于个性化和多样化，网络直播、云学习、O2O模式开始与人力资源培训相关联，形成各种不同模式的培训服务；此外培训服务在服务内容和服务对象上也进一步细分。二是领先的培训企业加快地域及目标群体的拓展，市场格局面临变化，在一线城市获得成功的领先的培训企业通过网络课程输出和并购的方式，开始向二、三线甚至四线城市拓展和布局，同时在个人培训市场获得成功的领先的培训企业，也在向企业培训市场渗透。

人力资源服务外包要求培训与开发专业人员能够全面掌握外部专业培训机构的情况，包括各专业培训机构的培训内容、课程体系、课程特点、培训质量、品牌声誉等。根据培训内容，进行外部专业培训服务的招标和筛选，以确保组织能够以最低的成本获取最适合的培训服务。

中移互联网严选培训供应商及导师

中移互联网有限公司（以下简称“公司”）是中国移动负责全网互联网业务集中运营的专业子公司，其前身为中国移动互联网基地，已经成功打造了MM、飞信、139邮箱等面向个人和企业的互联网产品，建设并运营互联网计费、统一认证、大数据等开放能力。目前，公司总体用户规模已经达到4.5亿，年收入规模达数十亿元，业务发展已初具规模且保持着持续增长的势头。公司将致力成为移动互联网特色产品的引领者、互联网优质平台服务的提供者和公司可持续增长价值的创造者，助力中国移动实现战略转型。

为了有效地解决现有问题，帮助员工拓展思路、突破瓶颈，公司组织了“微咨询”式标杆学习培训项目，全年共35天，分成24个主题，包括数据挖掘/处理工具学习、用户运营方法、社交产品竞品分析等，具体见表1-3。公司的培训部门将培训供应商与事业部领导、一线员工连接，引导整个项目流程，促进三方对话，监控并保证培训质量。在整个学习项目设计中，对导师的挑选尤为严格。

表 1-3　四个事业部对应的培训内容

事业部及项目	需培训内容
应用商场事业部:应用商店运营子项目	产品经理定位、能力模型与培养方法,用户运营方法,内容分发领域行业发展情况,内容型业务的运营分析模型,应用商店如何更好地开展商业化推广
融合通信事业部:和飞信子项目	产品设计架构的理念、如何洞察用户、竞品分析方法、构建产品运营体系等
云事业部:云储类产品子项目	云产品的商业模式、用户行为分析的方法、网盘客户端和服务端的技术架构搭建、智能硬件的发展等
能力平台事业部:大数据子项目	平台技术、数据挖掘技术、深度学习、信用模型、精准推荐、大数据产品的设计和维护的方法等

由于互联网行业的快速发展与变化,公司对培训供应商提供的讲师要进行严格筛选,要求所有讲师不得离开一线工作 1 年以上。同时,要求讲师必须有互联网头部公司[以 BAT(指中国互联网公司三巨头百度、阿里巴巴、腾讯)为主]经验,以及实际操刀标杆产品的经验。例如针对公司应用商场事业部需求,挑选的讲师就应当有应用宝、豌豆荚操作经验的导师,融合通信事业部的讲师需要的则是有微信、QQ、钉钉等经验的导师。

在此基础上,结合调研需求,培训部门会综合考虑候选导师的资历背景、行业经验、讲课经验等。以"和飞信产品运营"为例,课程需求集中表现为 2B 企业类产品的运营体系构建,同时兼顾方法论和互动性强的实战案例分享。本次课程也会优先选择有 2B 企业类产品运营经验和授课经验的导师(见表 1-4)。

表 1-4　"和飞信产品运营"课程导师选择

导师素质要求	1.有 5 年以上工作经验,且授课经验丰富 2.具有 BAT 等知名互联网公司 2B 企业类产品运营经验 3.擅长内容运营、用户运营、渠道运营、运营中的数据分析等
拟邀导师情况	A 导师 1.前腾讯高级产品经理(微信和 QQMail),主导微信企业号的产品规划、设计及运营,以及腾讯企业邮箱的产品规划、设计、运营和推广工作 2.擅长产品的运营和数据分析
	B 导师 1.前腾讯高级产品经理,10 年互联网一线实战经验,集产品规划、策划、用户运营及营收挖掘等闭环经验于一身 2.擅长从 0 到 1 的产品规划及项目管理,运营数据体系、VIP 数据体系的搭建

根据表 1-4,由培训供应商提供的 A 导师有企业微信的经验,作为主推;B 导师作为备选,最终由提出需求的学员代表确认师资。该次培训共邀请 22 位导师,围绕 24 个

主题展开分享与探讨，培训覆盖人数达 200 多人，导师的平均满意度得分为 9 分。

课后复盘过程中，根据导师在课堂的表现和受欢迎程度，公司还会定向邀请这些"外包"的导师们和学员参与后续的企业走访环节，对培训内容做更多的探讨，也方便导师帮助学员将所学知识切实地运用到工作中。

案例节选自：饶朝鑫.中移互联网用 BFEM 法则设计对标学习项目[J].培训，2018(9):88-92.

六、建立学习型组织

《财富》杂志中有一文曾明确指出："20 世纪 90 年代最成功的公司，是那些建立在学习型组织基础上的公司。"世界变化速度的不断加快，要求组织不再像过去那样一味地被动适应周围的环境。1970 年列名于《财富》"世界 500 强"排行榜的公司，到了 20 世纪 80 年代却有 1/3 销声匿迹了。因此，组织只有通过不断学习，才能在日益激烈的市场中求得生存和发展。

随着知识经济的到来，信息与知识成为重要的战略资源，并于 20 世纪 90 年代诞生了学习型组织理论。学习型组织理论是美国麻省理工学院教授彼得 · 圣吉(Peter M. Senge)在其著作《第五项修炼》中提出来的，他认为未来真正出色的企业，将是能够设法使各阶层人员全心投入，并有能力不断学习的组织。学习型组织正是人们从工作中获得生命意义、实现共同愿望和获取竞争优势的组织蓝图。学习型组织是更适合人性的组织模式。这种组织由一些学习团队组成，有崇高而正确的核心价值、信心和使命，具有强韧的生命力与实现共同目标的动力，能不断创新，持续蜕变，从而保持长久的竞争优势。

虽然在组织层面上强调了这些原则，但学习型组织在群体和个人层面也有要求。学习型组织对于培训与开发专业人员的一个挑战，就是促进从传统的培训计划向强调学习原则和策略、强调学习与绩效过渡，更重要的是强调学习和基础性变革之间的过渡。为了实现这种过渡，培训与开发专业人员必须加强对学习理论的理解，并能够为强化个人学习开发工具。培训与开发专业人员从一般意义上的培训师变成了组织变革的倡导者、组织者和促进者。

七、员工终身学习需要

我国当前人力资源现状主要表现在：劳动者受教育程度不高，现阶段教育资源还不均衡，高层次复合型人才极为短缺，技术工人技术等级结构不优，高级技能工人严重不足，继续教育与培训人口比例较低，劳动力整体素质和职业技能亟须提高。虽然人力资源数量丰富，但人力资源质量亟待提高，人力资源内部结构不均衡。终身学习是我国人力资源发展现状的必然要求。

随着知识经济时代的到来，知识型组织正在兴起，而知识型员工也正日益成为现代组织价值创造的主体。知识不是一劳永逸的，面对行业的千变万化、职业发展的不同需求，知识型员工要适应社会的需求和发展，随组织的变革和发展不断成长，终身学习的理念是有效解决职业能力匮乏的手段途径。

终身学习贯穿于每位员工的职业生涯各阶段,这就要求培训与开发专业人员把握不同职业生涯阶段员工的特征,分析其学习和发展需求,为员工尽可能地提供多样化、个性化的培训开发和职业开发计划,构建和完善人力资源支持系统,能够达到有效吸引、留住关键和核心人才、提高培训与开发效能的目的,进一步促进人力资本增值,获取和维持组织经济效益增长和核心竞争优势。

现代组织的培训与开发专业人员必须转变观念,掌握先进的管理理念,熟悉科学的管理知识,不断提升自身的专业综合素质和能力,发挥培训与开发职能,应对各种可能会面临的挑战,为组织获得并保持竞争优势贡献自己应尽的力量。

八、新挑战下培训与开发人员的能力要求

21 世纪的培训与开发所涉及的能力素质较之过去已有很大的不同。图 1-15 与图 1-16分别展示了 2004 年与 2013 年由 ASTD 绘制的培训与开发专业人员能力素质要求。

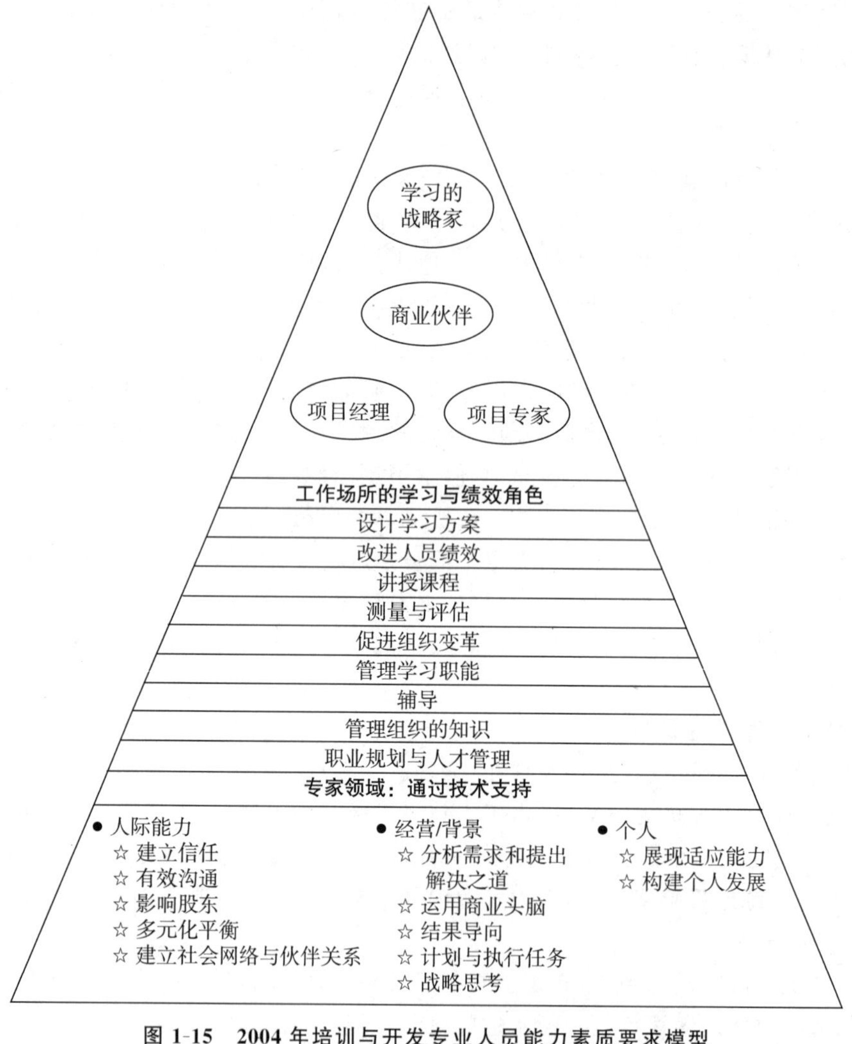

图 1-15　2004 年培训与开发专业人员能力素质要求模型

从 2004 年的能力素质要求模型中(图 1-15)可以看到,培训与开发专业人员需要掌握的基本能力分为个人的、人际的、经营/背景的三个方面。培训与开发专业人员利用列在金字塔的中部的这些基本能力积累在独特领域的经验，包括设计学习方案、改进人员绩效、讲授课程、促进组织变革、管理学习、职业规划与人才管理等。金字塔的顶部列出了培训与开发专业人员的四个关键角色——学习的战略家、商业伙伴、项目经理和项目专家。

而到 2013 年，ASTD 关于培训与开发专业人员能力素质要求的模型(图 1-16)有较大的变化，该模型包括基础能力和专业领域两个组成部分。基础能力构成了许多任务成功完成的基础，因此位于该模型的基础部分。该模型定义了 19 种基础能力，并提供了每种基础能力包含的关键行动的例子。这 19 种基础能力被分为以下六组：业务技能、全局观念、行业知识、人际技能、个人技能、技术素养。专业领域能力的十个方面包括：绩效提升、课程设计、培训实施、学习技术、学习效果评估、学习方案管理、人才综合管理、教练、知识管理和变革管理。

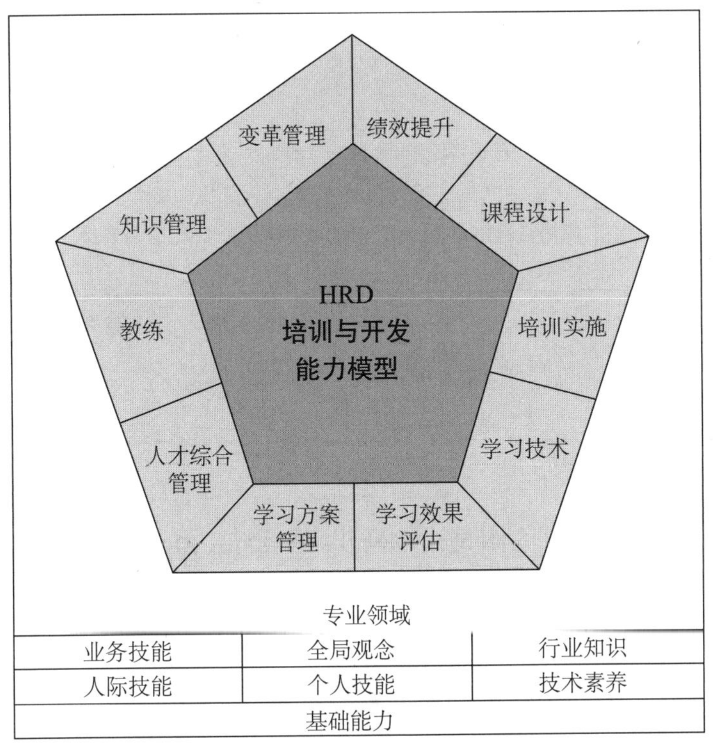

图 1-16 2013 年 HRD 培训与开发专业人员能力素质要求模型

资料来源：J. Ameson, W. Rothwell & J. Naughton. Training and Development Competencies Redefined to Create Competitive Advantage [J]. Training and Development Journal, 2013, 67(1):42-47.

此外，ASTD 总结出培训与开发人员的五大关键角色以及成功扮演每一种角色所必备的能力要求(表 1-5)。

表 1-5　培训与开发人员角色与能力要求

角　色	能　力
分析/评估角色 研究者 需求分析家 评估者	了解行业知识,应用计算机能力,数据分析能力,研究能力
开发角色 项目设计者 培训教材开发者 评价者	了解成人教育的特点,具有信息反馈、协作、应用电子系统和设定目标的能力
战略角色 管理者 市场营销人员 变革顾问 职业咨询师	精通职业生涯设计与发展理论、培训与开发理论,具有一定的经营理念、管理能力、计算机应用能力
指导教师/辅助者角色	了解成人教育原则;具有一定的讲授、指导、反馈、应用电子设备和组织团队的能力
行政管理角色	应用计算机能力;选择和确定所需设备能力;进行成本—收益分析;项目管理;档案管理的能力

航利集团培训管理体系

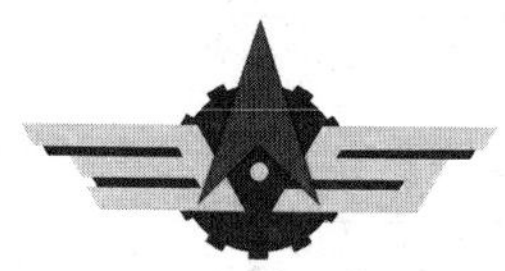

成都航利科技集团有限责任公司(以下简称"航利集团")成立于 2004 年 6 月,是成都航利(集团)实业有限公司投资成立的国有大型高新科技集团公司,注册资本2.618亿元,资产总额超 16 亿元,在四川省成都市高新区、彭州市、双流区建有三个工业园区;是国家级高新技术企业、四川省"制造业百强"企业、建设创新型企业培育企业、优秀诚信企业;获得中华全国总工会颁发的"工人先锋号"等荣誉称号。航利集团着眼于航空航天和高端制造产业,开拓以泛航空类产品为核心的新产业布局,为飞机心脏创造新的生命,为航空发展贡献不竭动力。集团现有员工 2200 余人,平均年龄 38 岁,本科以上人员占比 76%,硕士、博士 176 人。

一、培训体系建设情况

(一)管理体系

以人力资源任职资格管理要求作为培训体系建设和培训活动实施的重要依据。通过“ISO 10015培训管理体系”“空军航空装备修理系统合格维修培训机构”“民航147培训机构”三体系的融合互促，实现对“培训需求分析、培训设计策划、培训实施、效果评价”四大过程的闭环管理，全面规范培训机构中体系文件、培训师、培训/课程大纲、培训设施等要素的管理。

(二)体系要素构建

按照工程技术、工程管理、素质素养三大类别，建立覆盖航空发动机维修工程管理全领域的课程体系。以课程为牵引，拉动师资队伍、教学设施、教材及教学技术文件三大分体系建设。

1.师资队伍

按照“两类三级”的架构对培训师队伍进行配置和优化。一是设置专职培训师和兼职培训师“两类”培训师；二是设置初级、中级、高级(含首席)“三级”培训师。同时，秉承“不为我有，但为我用”的理念，聘请包括航空发动机领域著名专家、中国工程院院士在内的多名国内知名院士、专家、教授组成“不在册的专家”队伍，拓展培训领域和深度。

2.教学设施

以航空发动机全工序培训能力建设为牵引，依据教学设施管理制度要求，建成集技能实训和理论教学为一体的多功能培训基地，配置理论教学相关基础设施和实训教学所需各类型号发动机、航空发动机零部件/组件及工具、工装、设备等。具备航空发动机修理基本技能及通用修理技能实训功能，满足各类人员的差异化实训需求。

3.教材及教学技术文件

围绕课程体系开发形成培训大纲、培训工卡、教材/课件、题库、考试工卡及考试评估单等全套教学技术文件(附件1-2)。运用数字仿真及虚拟现实技术(VR技术)对发动机三维模型进行二次开发技术处理，开发三维数字化交互式教学资源。

二、资格授权培训体系

针对传统任职资格培训体系中专业性、规范性不足(表现在采用生产现场师傅带徒弟的方式进行，员工的培训效果很大程度上依赖于师傅的个人能力素质，学习范围往往只局限于师傅的工作内容，欠缺对所在专业/系统/产品模块知识技能的了解掌握，同时缺少规范的教学要求，学习不够系统)及过程管控不足(表现在实作科目考试由各单位自行实施，在监考人员资格管控、考评标准要求及执考过程监管等方面相对薄弱，不利于熟手上岗培训要求的贯彻落地)等问题，结合航空装备多品种、小批量、修理深度及复杂性等特点，综合民航147及军航培训体系的优劣势，融合互补，将航空修理从业人员培训分为以下三个层级。

第一层为基础培训。主要包括修理有关基础理论、适航法规、基本技能，与现行军航培训体系的准入资格培训及民航147基础培训内容相似。

第二层为部附件项目专业化/模块化培训。主要包括航空部附件子项目或专业模块有关理论、技能，与民航147项目培训内容（如燃油附件修理MEC03、压气机与涡轮修理PWT042）类似，强化员工对于某个专业/产品模块知识技能的掌握，突出在基础培训与项目产品培训之间的承接作用，达到"强腰"的效果，促进"熟手上岗"。拉动"授权项目清册"中二级项目培训大纲、考试大纲的规范化、标准化建设，从而形成适用于航修系统的顶层法规文件（标准），弥补现行体系在这方面的缺陷。

第三层为部附件项目产品培训。主要包括航空部附件具体到型号产品的有关理论、技能，属于最末端的具体操作授权培训，与现行军航培训体系中岗位资格授权培训内容相似。上述第二、三层级培训须与"维修操作授权项目清册"相结合，在"维修操作授权项目清册"中根据飞机或发动机部附件的系统/专业由粗到细、由大到小划分等级，培训中根据不同的等级需求实施不同层次、深度的培训内容，确保培训合格人员达到"熟手"水平。必要时，可根据产品特点，基于零组件件号进行授权培训。

资料来源：作者根据企业内部资料有调整。

附件1

项目培训大纲（模板）

编号	项目名称及子项目名称		学时	参训人员类别	
附件＊＊	××发动机飞机附件机匣修理				
附件＊＊1	××发动机飞机附件机匣修理——理论				
编号	知识点	培训内容	学时	修理人员	放行人员
1	飞机附件机匣的概述	①飞机附件机匣的构成 ②飞机附件机匣的功用 ③飞机附件机匣的基本工作原理 ④飞机附件机匣的修理工艺流程		√	√
2	工艺技术文件的使用	飞机附件机匣的修理工艺技术文件		√	√
3	飞机附件机匣的修理中常见典型故障及解决方法	飞机附件机匣的修理中常见典型故障及解决方法		√	√

续表

4	专用工具、量具和设备的使用	①专用工具的使用 ②专用量具的使用 ③试验设备的使用		√	√
5	修理中的安全注意事项	①人员、设备及工具的安全保护 ②化工品的使用及安全注意事项		√	√
6	与其他机型的主要差异	①结构差异 ②功能差异 ③修理差异		√	√

附件 2

培训工卡和考试工卡(模板)

模块编号:

实训项目	主燃油散热器的分解和装配		计划学时	××H	共　页
培训开始时间			培训结束时间		
一、准备工作					
人员准备(在符合项中画"√")	情绪状态	稳定□欠佳□	身体状况	良好□欠佳□	
技术(学习)资料准备	序号	名称	编号	数量	备注
	1				
器(耗)材准备	序号	名称	型号(规格)	状态	数量
	1				
工具准备	序号	名称	型号规格	状态	数量
	1				
	2				
劳动保护用品准备	序号	名称	数量	备注	
	1				
	2				
二、应急处置					
三、注意事项					
四、工作内容					

续表

工序	操作内容	技术要求	执行情况	工作者	互检	培训师
1	分解					
1.1	用斜嘴钳去除管路保险丝,用榔头锁片錾子将锁尖敲平					
1.2	将滑油附件向燃滑油散热器供滑油导管从发动机上分下					
1.3	……					

本章小结

培训与开发是组织综合实施员工学习与培训、职业发展、职业开发等系列活动,使员工具备完成现在或将来工作岗位所需要的知识、技能,并改变或塑造员工的工作态度和胜任力,激发其潜在的创造力,增强员工工作满意度及组织归属感,从而提高其个人绩效及组织整体绩效,实现组织人力资本增值和预期社会经济效益,并最终服务于组织战略实现的一种计划性、连续性和系统性的人力资源管理活动。

培训与开发对组织保持竞争优势的重要作用包括:提高员工个人能力、满足员工实现自我价值的需要、提升产品的差异化优势、提升组织绩效以及推动组织创新绩效。

西方的企业培训主要经历了四个阶段,即学徒培训阶段、早期的职业技术教育阶段、工厂学校阶段以及培训的职业化阶段。"培训与开发"在中国最早出现于封建社会时期,经过了数百年的发展,也呈现出自己的特色。

战略性培训与开发是指与组织经营战略目标相关联,对保持市场竞争力和长期发展具有决定性影响的一种培训与开发体系。这种培训体系要求员工树立"整体一盘棋"的意识,明确组织战略及目标,通过培训与开发的实践活动,获得持续学习的能力,并能够不断运用新知识、新技术,积极主动地去进行创造性的工作,与组织其他成员分享知识,共通信息,互相合作,以实现个人绩效及组织绩效的提升,并最终实现组织战略及发展目标。

培训与开发正面临着七个方面的挑战,包括第四次工业革命、全球竞争与技术差距、中国经济进入新常态、劳动力结构变化、人力资源管理外包、建立学习型组织以及员工终身学习需要。培训与开发专业人员的能力素质较过去已有很大的不同。

问题思考

1.什么是培训与开发?请说明两者之间的区别。

2.组织为什么需要重视培训与开发?

3.培训与开发的流程具体是怎样的?

4.谈谈你对战略性培训与开发内涵的理解。

5.联系实践简述组织中培训与开发活动所面临的一系列的挑战。

参考文献

[1] 雷蒙德·诺伊.雇员培训与开发[M].北京:中国人民大学出版社,2015.

[2] 颜世富.培训与开发[M].北京:北京师范大学出版社,2017.

[3] 王淑珍,王铜安.现代人力资源培训与开发[M].北京:清华大学出版社,2015.

[4] 陈胜军.培训与开发:提高·融合·绩效·发展[M].北京:中国市场出版社,2010.

[5] 石金涛.培训与开发[M].北京:中国人民大学出版社,2019.

[6] 徐芳.培训与开发理论及技术[M].上海:复旦大学出版社,2019.

[7] 郗亚坤,曲孝民.员工培训与开发[M].大连:东北财经大学出版社,2019.

[8] 胡蓓,陈芳.员工培训与开发[M].北京:高等教育出版社,2017.

[9] 赵曙明,赵宜萱.人员培训与开发:理论、方法、工具、实务[M].北京:人民邮电出版社,2019.

[10] 刘建华.人力资源培训与开发[M].北京:中国电力出版社,2014.

[11] 胡欣,袁秋菊.培训与开发[M].重庆:重庆大学出版社,2017.

[12] 赵耀.员工培训与开发[M].北京:首都经济贸易大学出版社,2016.

[13] 张春虎.从传统培训到学习的转变:简评国外人力资源开发理论的研究进展[J].人力资源管理,2010(8):76-79.

[14] 李坚.关于终身学习与人力资源开发思考[J].继续教育,2014,28(7):34-36.

[15] 杨潞.美国培训与发展协会(ASTD)更名佐证了培训职能两段论[J].北京石油管理干部学院学报,2015,22(3):72-74.

[16] 邓海毅.新常态经济下人力资源管理的创新及突破[J].现代商业,2015(23):131-132.

[17] 江文,刘昕.直线经理的人力资源管理职能研究述评及其启示[J].现代管理科学,2013(6):6-8,57.

[18] 吴颖群,姜英来.人力资源培训与开发[M].北京:中国人民大学出版社,2019.

[19] 喻红莲.培训与开发[M].成都:西南财经大学出版社,2014.

[20] 张大成,林俊.让企业培训更加有效:首席培训官的第一堂课[M].北京:中国财富出版社,2016.

[21] 金延平.人员培训与开发[M].大连:东北财经大学出版社,2016.

[22] 王忠.培训与开发[M].北京:科学出版社,2015.

[23] 彭剑锋.人力资源管理概论[M].上海:复旦大学出版社,2018.

[24] 时勘,时雨.人力资源管理:心理学的理论基础与方法[M].北京:高等教育出版社,2017.

[25] 韦恩·卡西欧,赫尔曼·阿吉斯.心理学与人力资源管理[M].北京:中国人民大学出版

社,2017.

[26] 王娟.互联网企业知识型员工激励策略研究[J].技术经济与管理研究,2018(3):78-82.

[27] 王建冬,童楠楠,易成岐.数字经济发展相关政策系列评估[J].2019(5).

[28] 理查德·斯旺森,埃尔伍德·霍尔顿.人力资源开发[M].北京:清华大学出版社,2008.

[29] Berry L L. The Employee as Customer[J]. Journal of Retail Banking,1981(3).

[30] Argyris, C.(1994) . The future of workplace learning and performance[J]. Training & development, 48 (5):S36-S47.

[31] Miller,V. A. (1987). The history of training[M]//R.L. Craig (Ed.), Training and development handbook. New York: McGraw-Hill.

[32] Nadler, L. , &. Nadler, Z. (1989) . Developing human resources [M]. San Franacisco: Jossey-Bass.Pace,

[33]R. W. , Smith, P. C. , &. Mills, G. E. (1991) . Human resource development[M]. Englewood Cliffs, NJ: Prentice Hall.

[34] Harbison, F. H., &Myers, C. A.. Education, manpower, and economic growth: strategies of human resource development[M]. New York:McGraw-Hill,1964:2.

[35] CERA Elona, KUSAKU Anri. (2020). Factors influencing organizational performance: work environment, training-development, management and organizational culture[J]. European Journal of economics and business studies, [S. l.], 6(1):16-27.

[36] Darmasetiawan, N.K.& Winarto, H. & Mutiara, F. & Christy, Dessy. (2020). Tiered small medium enterprise training model: achieving SME's competitive advantage in Industrial Revolution 4.0 Era[J]. Advances in economics, business and management research, 2020(115):278-282.

[37] Andrés A. Osorio-Londoño1, Julia C. Naranjo-Valencia, Gregorio Calderón — Hernández. (2019). Training and its influence on competitive strategy implementation[J]. Human resource development quarterly,2019:1-24.

[38] Osly Usman, M.Busl, Riki Tedi Setiawan.(2020).Effect of recruitment, selection, training, and placement on performance of employee(in Era Industry 4.0)[EB/OL]. https:/ssrn.com/abstract=3521793.

[39] Soni Agrawal, Saroda Chatterjee. (2020). Recent training trends: learning and effectiveness[EB/OL]. https://easychair.org/publications/preprint/2cvH.

[40] 程博,熊婷. 在职培训、儒家文化影响与企业创新[J].广东财经大学学报,2018,33(1):72-85.

[41] 张立富.人力资源开发[M].天津:南开大学出版社.2009.

[42] 乔恩·M.沃纳,兰迪·L.德西蒙. 人力资源开发[M].4 版,北京:中国人民大学出版社,2009.

[43] Thomas N. Garavan. A strategic perspective on human resource development[J], Advances in developing human resources,2007,9(1):17.

第二章　学习与培训相关理论

☆ 理解学习的过程、策略与风格。
☆ 掌握基本的学习理论，并运用于培训设计。
☆ 掌握成人的学习特点，理解相关理论内容。
☆ 灵活运用相关学习成果转化理论。

华为的场景化训战

场景化训战是在培训中构建类似实战的场景，让学员研讨或练习在该场景下的处理方式，并通过即时反馈促使学员改变，最终学会“如何战”，即所谓的“训对准战，训战结合”。其目标是形成一套标准的作战方式和工作指导，让所有学员工作更高效，业绩更显性，行为更稳定。

华为强调场景化训战，力求在课堂中搭建和工作环境几乎完全一致的场景实施培训，并建立了三个标准。第一，将业务场景嵌入培训内容；第二，培训过程中使用的案例必须从工作实际中来；第三，从所有场景中抽离相关技能，形成标准化行为，让学员接收并加强训练，使学员在工作中遇到类似的场景时，能够第一时间做出标准化行动。

一、关键成功因素精准聚焦工作场景

华为在设计场景化训练时，首先看工作产出成果，从这个结果倒推，拆解业务流，寻找影响业绩达成的关键成功因素，分析与这些关键因素相关的人群，并确认哪些行为会对业绩产生影响，这些行为需要哪些能力支撑。例如，作为一名项目经理，最需要把握的是合同的范围、验收标准、概算和风险管理，否则就会在交付的过程中无法应对

客户的超范围要求。这便被视为此阶段最重要的影响因素。

提炼出关键成功要素之后,必须找到其背后的赋能关键点,即通过培训提升学员在此方面的能力。例如,作为一名项目管理人员,要知道怎样去制定交付策略、风险识别和概算,这就是一个赋能关键点。

整个场景化培训项目设计的重点和难点是场景的选择。如果最初场景的抓取出现偏差,那么整个培训结束之后依然不能解决实际问题。

因此,为客户做场景抓取的过程中,华为需要业务专家的深度参与,和业务专家一同识别业务流中的场景,并让业务专家针对各个场景制作出标准化的行动准则,然后以此来培训学员。

二、实施场景化培训

以项目管理培训为例,通过以下三个步骤开展场景化培训。

第一步,通过慕课(MOOC)向学员传递项目管理的基础知识,让学员通过自学实现知识的输入。

第二步,在课堂中将学员们分为不同的小组,为每个小组发放大量真实的项目背景信息,让学员识别这些信息中对项目成败的各类影响因素,并分析原因。

第三步,学员们基于前期知识的输入、对市场的洞察、对大量项目的鉴别,通过小组合作的形式,制作出一份真实的项目实施计划和实施方案。

同时,邀请项目管理领域的资深专家,让他们站在客户的角度评判学员拟定的计划实施方案。这时,专家以提问的形式,引发学员反思项目和实施方案的价值、风险和问题。

最后,修改完成后的项目计划和实施方案便可真正投入到执行中,再对整个过程进行复盘,发现其中的问题,找到原因,并将其抽离出来与学员之前学到的知识和自身的经验相融合,形成最终的标准化行为。

目前,华为主要是通过构建云学习平台,让学员将自己80%的能力提升利用碎片化时间放在云学习平台上完成。华为将云学习平台称为"三朵云":第一朵是知识云,里面包含大量的标准化知识内容;第二朵云是方案云,包含各场景下的解决方案;第三朵云是体验云,集中体验最新的产品。

针对剩下20%通过线上平台解决不了的问题,华为创造一种线下的团队学习形式。在这种学习形式中,学员们共创出属于他们自己的解决方案。

基于此形式,老师的角色向教练转变,更多是辅助学员,起到牵引作用。因此,老师需要不断地丰富自己的知识面,尽可能让知识面与学员的工作场景重合。

随着时代和科技的发展,互联网基本改变了人们传统的行为习惯,自主性越来越高,不再是教育1.0时代的权威讲授。现在的年轻人更愿意相信自己的判断,更喜欢通过虚拟社区找到一群志同道合的人,大家一起讨论、创造和产出属于自己的知识体系。

在这种情况下,如果培训方式不能满足学员的需求,依然以单向讲授为主,那么学员一定不会为之"买单"。因此,场景化训战是非常适合这个时代的一种学习方式——

通过一套场景化学习和体验的教学设计，学员能够在其中发现问题，并创造出解决方案，从而提升成就感。未来，场景化训战将会更加普及。

资料来源：作者根据企业内部资料有调整。

第一节　学习的定义与过程

从受训者的角度，参与培训就是学习的过程。本小节将介绍学习的定义、学习过程、个体的学习策略和学习风格。

一、"学习"的定义

何为学习？不同学者提出了不同的定义。行为主义学派把学习看作刺激与反应之间联结的建立，是尝试错误的过程。认知主义学派认为学习是对情境的理解或顿悟，是认知结构的变化。建构主义学派认为，学习是一个主动建构和生成意义的过程。

诺伊(Raymond A. Noe)认为，学习是指个体相对长久且不属于自然成长过程结果的能力变化。加涅(Robert M. Gagné)认为，学习是人的倾向或能力的变化，这种变化能够保持且不能单纯归因于生长过程。金布尔(G. Kimble)认为，学习是由强化练习引起的潜在反应能力的较为持久的改变。

潘菽认为，学习是人及动物获得个体的行为经验的过程。张春兴和陈崎则指出，学习是因经验而使个体行为或思维发生较持久的变化。皮连生指出，学习是主体与环境相互作用导致能力或行为倾向相对稳定、持久变化的过程。

学习具体包括以下内涵：(1)学习是一种活动。学习者从不理解一个概念到明白再到实践应用，是一个活动过程。(2)学习是从外到内的变化，不仅仅是行为上的改变，也包括思维模式等内在变化。(3)学习的结果是学习者在知识、技能、行为等方面发生改变，并且这种改变是持久的。(4)学习需要强化练习。没有强化，就不可能使学习者发生较为持久的改变，反复练习就是一种强化。

二、学习的过程

美国心理学家加涅利用认知心理学的信息加工观点解释学习过程。学习是个体的一整套内部信息加工过程，任何一个学习过程是由八个学习阶段构成，见图 2-1。

动机阶段：一定的学习情境成为学习行为的诱因，激发学习活动，在此阶段要引发学习者对达到学习目标的心理预期。

知觉阶段：知觉是指学习者对从环境当中获取的信息进行组织整理，使其经过加工处理能作为行为指南。在此阶段要引导注意和指导知觉选择，使其知觉到刺激的具体特点。

加工存储阶段：学习者对选择的信息进行加工，将短时记忆转化为长久记忆的持久状态。每次存储的信息不宜超过五条。

保持阶段：获得的信息经过复述、强化之后，以一定的形式保持在长久记忆中。练习就是一种巩固知识最常用的方法。

回忆阶段：检索储存的知识，使其复活的过程。这一过程依赖提示线索，因此，在教学中要设计可供学习者用来恢复的线索。

概括阶段:将已获得的知识与技能应用于新的情境,实现学习迁移。

操作阶段:提供应用知识的时机,使学生显示出学习效果,并为下阶段反馈做好准备。

反馈阶段:学习者因完成了新的作业并意识到已达到了预期目标,反馈能够使学习者采取更加切实可行的行动,学习动机得到强化。

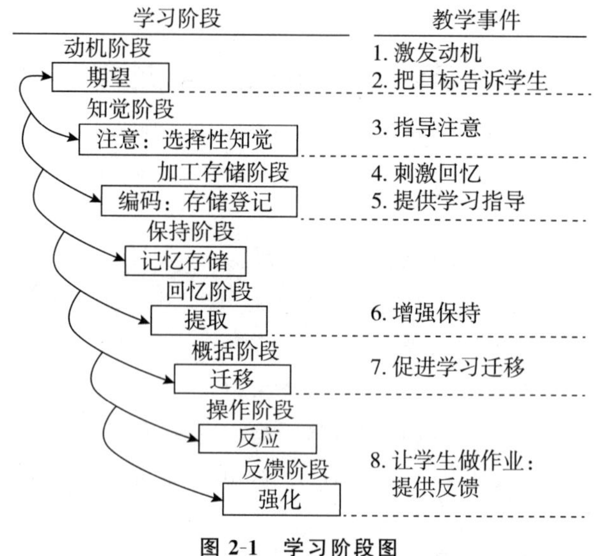

图 2-1 学习阶段图

加涅认为,教学活动旨在影响学习者内部心理过程的外部刺激,因此教学程序应当与学习者的内部心理过程相吻合。学习过程见表 2-1(该过程与上图学习阶段划分略有差别),培训者要首先激发学员的学习兴趣和动机,将培训内容与学习者原有的认知结构有机地联系起来,使其主动对外界刺激提供的信息进行选择性加工。

表 2-1 学习的过程

学习过程	外部指导事项	指导形式
1.动机	1. 将学习目的告知学习者	1a.说明预期绩效 1b.指出需要口头回答的问题
2.知觉	2. 展现具有不同特征的刺激物	2a.强调感知到的事物特征 2b.利用图表和文中的数字强调这些特征
3.加工存储	3. 限制学习量	3a.将较长的资料分段 3b.提供学习资料的视觉图像 3c.提供实践和重复学习的机会,以帮助受训者获得自觉性
4.语义编码	4. 提供学习指导	4a.提供语言线索以形成正确顺序 4b.为较长的、有意义的上下文提供语义联系 4c.利用图表和模型解释概念之间的联系

续表

学习过程	外部指导事项	指导形式
5.长期存储	5. 对学习内容进行精加工	5a.为资料的展示及回忆提供不同的上下文的背景设置 5b.将新学习的资料与以前掌握的信息联系在一起 5c.在实践过程中提供不同的背景情况
6.提取	6. 提供用于恢复记忆的线索	6a.提供能够引发对于资料的回忆的线索 6b.使用熟悉的声音或节奏作为线索
7.迁移	7. 促进记忆和学习成果的转化	7a.设计与工作环境一致的学习环境 7b.为复杂的信息提供语义联系
8.反馈	8. 为绩效改进提供反馈	8a.对行为的准确性与适时性提供反馈 8b.确认是否达到最初的预期

三、学习的策略

学习策略是指学习者在学习活动中，为了达到有效的学习目的而采用的规则、方法、技巧及其调控方式的综合。学习策略分为三种类型：认知策略、元认知策略和资源管理策略。

（一）认知策略

认知策略是指学习者调节自己的注意、记忆和思维等内部过程的技能。学习过程中的认知策略包括复述策略、精细加工策略及组织策略。

复述策略是指在工作记忆中为了保持信息，运用内部语言在大脑中重现学习材料，以便将注意力维持在学习材料之上的策略。

精加工策略是指通过形成新旧知识之间的联系，使新信息更有意义，从而促进对新信息的理解和记忆的深层加工策略。

组织策略是指整合所学新知识之间、新旧知识之间的内在联系，形成新的知识结构的策略。

（二）元认知策略

元认知策略可分为计划策略、监控策略和调节策略。

元认知计划策略是指根据认知活动的特定目标，在一项认知活动之前计划各种活动、预计结果、选择策略、想出各种解决问题的方法，并预估其有效性。

元认知监控策略是指在认知活动进行的实际过程中，根据认知目标及时评价、反馈认知活动的结果与不足，正确估计自己达到认知目标的程度、水平，并根据有效性标准评价各种认知策略的效果。

元认知调节策略是指根据对认知活动结果的检查，如发现问题，则采取相应的补救措施；根据对认知策略效果的检查，及时修正、调整认知策略。

（三）资源管理策略

资源管理策略是指管理可用的环境和资源的策略，具体包括时间管理策略、学习环境管理策略、努力管理策略、资源利用策略。

时间管理策略主要指学习时间的安排，如统筹安排学习时间、高效利用最佳时间、灵活利用零碎时间。

学习环境管理策略主要指学习环境的控制,选择安静、干扰较小的地方学习,设计好学习空间范围、室内布置、用具摆放等因素,注意调节空气、温度、光线等条件,充分利用学习情境的相似性等。

努力管理策略主要是指意志力问题,掌握一些方法来排除学习干扰,激发内在学习动机,使精力有效集中在学习任务上,树立良好信念,正确认识成败的原因,自我奖励等。

资源利用策略是指学习过程中应精选适合自己、具有权威性的学习资料,善于利用字典、词典、百科全书、年鉴以及索引等工具,或请教老师,或与他人讨论。

各种学习策略的具体分类与方法见表 2-2。

表 2-2　学习的策略

学习策略	分类	内容和方法
认知策略	复述策略	利用无意识记忆和有意识记忆;排除抑制干扰;整体记忆和分段记忆;多种感官参与;画线、圈点批注等
	精细加工策略	记忆术(如位置记忆法、缩减与编歌诀、谐音联想法、关键词法、视觉联想法);做笔记;提问;生成性学习;利用背景知识,联系实际等
	组织策略	列提纲;利用图形(系统结构图、流程图、模型图、网络关系图等);利用表格(一览表、双向表)等
元认知策略	计划策略	包括设置学习目标、浏览阅读材料、产生待回答的问题以及分析如何完成学习任务
	监控策略	包括阅读时对注意加以追踪、对材料进行自行提问、考试时监视自己的速度和时间
	调节策略	根据对认知活动结果的检查,如发现问题,则采取相应的补救措施
资源管理策略	时间管理策略	统筹安排学习时间;高效利用最佳时间;灵活利用零碎时间
	环境管理策略	注意调节自然条件,如流通的空气、适宜的温度、明亮的光等;设计好学习空间,如空间范围、室内布置、用具摆放等因素
	努力管理策略	激发内在动机;树立良好信念;选择有挑战性的任务;调整成败标准;正确认识成败的原因;自我奖励
	资源利用策略	参考资料、学习工具、社会性人力资源的利用(老师的帮助,同学间探讨等)

四、学习的风格

库伯(David Kolb) 认为学习过程存在个人差异和个人偏好。他通过分析人们如何学习打台球来说明学习风格，有些人只是走上前，击球，并不仔细看看球击到了哪儿，除非它滚进袋里；另一些人则事先要做大量分析和测量，而真正做起来却又有些犹豫。学习风格的不同，会使得学习者倾向于某些特定培训方法。

库伯认为，学习过程有两个基本结构维度，即领悟维度和改造维度。(1)领悟维度包括两个对立的掌握经验的模式：直接领悟具体经验和间接理解抽象概念代表的经验。前者偏好通过直接经验学习，更重视人际关系和感觉而非理性思考，后者偏好通过用理论术语思考问题进行学习。(2)改造维度包括两个对立的经验改造模式：通过内在的思考观察和通过外在的主动实验。前者偏好通过观察、检验不同的观念以达到理解来学习。后者偏好通过实际动手来学习，并且判断其实用价值。

每个学习者在掌握和信息改造两个维度上分别处于某个特定位置，表现出个人独特的风格。学习风格类型可以通过抽象概念、具体经验、主动实验和思考性观察来系统地安排在二维的学习空间上。具体学习风格见图 2-2。

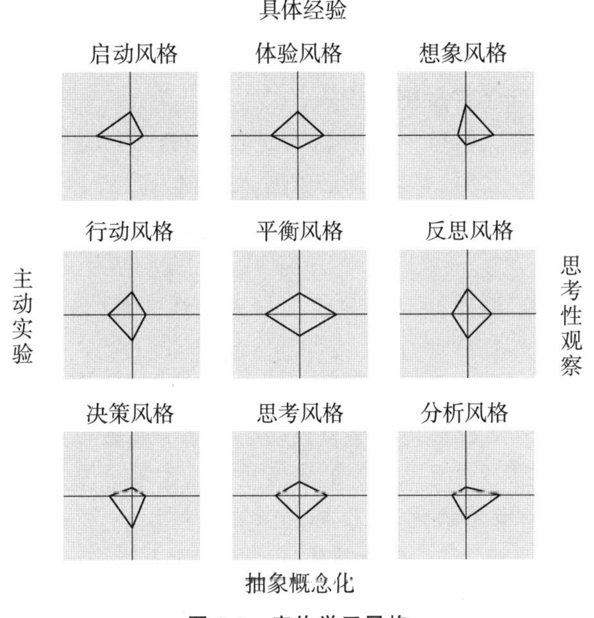

图 2-2　库伯学习风格

(1)启动风格：特点是有能力采取行动，以获得处理各种情况的经验。它包括主动实验和具体经验。

(2)体验风格：特点是能够从深度参与中找到意义。它在平衡主动实验和思考性观察的同时吸取了具体经验的长处。

(3)想象风格：特点是通过观察和反思经验来想象可能性。它结合了具体经验和思考性观察的学习步骤。

(4)反思风格：特点是能够通过持续反思将经验和想法联系起来。它在平衡具体经验和抽象概念化的同时吸取了思考性观察的长处。

(5)分析风格：特点是能够通过反思将想法整合与系统化，它结合了思考性观察和抽象概念化。

(6)思考风格:特点是有能力对抽象推理和逻辑推理进行严格的干预。它在平衡主动实验和思考性观察的同时借鉴了抽象概念化的学习方法。

(7)决策风格:特点是能够运用理论和模型来确定问题的解决方案和行动方案。它结合了抽象概念化和主动实验。

(8)行动风格:特点是具有强烈的动机,指向以整合人与任务为目标的行动。它在平衡具体经验和抽象概念化的同时吸取了主动实验的长处。

(9)平衡风格:特点是适应能力,即权衡行事与反思、体验与思考的利弊。它平衡了具体经验、抽象概念化、主动实验和思考性观察。

第二节　基本学习理论

个体如何学习?许多理论学者一直关注这一问题,不同学者形成了不同的学习理论。本节主要介绍行为主义、认知主义、建构主义、人本主义和联通主义的基本学习理论及其在员工培训中的启示意义。

一、行为主义学习理论

(一)巴甫洛夫的经典条件反射理论

俄国生理学家巴甫洛夫(Pavlov)在研究狗进食时发现,狗吃到食物时会分泌唾液,这是自然生理反应,叫无条件反射。但在狗进食时人为地发出铃声,经过一段时间后,狗听到铃声也会分泌唾液,这是由于铃声与无条件刺激联结而形成了条件刺激,由此导致的唾液分泌是条件反射。

在狗建立条件反射后,继续同时呈现铃声与无条件刺激(食物),狗的条件反射行为(唾液分泌)会持续保持下去。但当多次条件刺激物(铃声)出现而不给予食物时,狗的唾液分泌量减少甚至不再分泌,这就是反应的消退。

在条件反射形成之后,有机体对与条件反射物类似的刺激也做出反应叫作泛化,如狗对铃声产生唾液分泌反应后,对近似铃声的声音也产生唾液分泌。此外,分化则是有机体对条件刺激物的反应进一步精确化,对目标刺激物保持反应,而对非条件刺激物反应消退,如狗只对某种铃声产生唾液分泌,对其他近似铃声没有反应。

(二)桑代克的联结学说

美国心理学家桑代克(Edward Lee Thorndike)认为学习就是通过不断地尝试形成刺激—反应联结,从而不断减少错误的过程。其学习理论基于一系列的动物学习的实验,其中最著名的是饿猫如何学习逃出笼子获得食物的实验。

桑代克将饿猫关入笼中,猫可通过按钮等动作逃出笼子,得到食物,记录猫打开笼门的时间。猫第一次被关进笼子后,只会东抓西咬。一段时间后,它可能偶然打开笼门。桑代克把猫重新关进笼子。随着实验重复,猫做出正确动作的时间持续缩短。他认为经过多次尝试错误,猫学会了如何打开笼门。他推论,动物通过反复尝试错误而获得经验,学习的本质就是在刺激和反应间形成联结。桑代克提出了三条学习定律来解释这一现象,见表 2-3。

表 2-3　桑代克提出的三条学习定律

准备律	学习者具有相应的需要和能力准备,就能较自如地掌握学习内容
练习律	在实践中重复应用,可有效增强学习者已经形成的联结
效果律	学习者得到各种正向或负向反馈意见,会加强或减弱已形成的联结

(三)斯金纳的强化学说

美国行为主义心理学家斯金纳(Burrhus Frederic Skinner)用白鼠作为实验对象,发展了桑代克的学说。斯金纳设计了"斯金纳箱",内部有一个操纵杆,饥饿的白鼠按动操纵杆,就可以吃到一颗食丸。开始时,白鼠无意中按下了操纵杆,吃到食丸,经过几次尝试,白鼠"发现"按操纵杆与吃到食丸间的关系,于是不断地按动操纵杆,直到吃饱。桑代克侧重于研究学习的刺激—反应联结,而斯金纳则在此基础上探讨白鼠不停按动操纵杆的原因:每次按动都能吃到食丸。他把这种会进一步激发有机体采取某种行为的程序称为强化,能增强有机体反应行为的刺激叫作强化物。因此,学习是经历体验的结果。个体通过发现上一次学习效果的好坏,及为什么会出现这种结果,来改进学习计划,以取得更好的学习效果。

斯金纳将有关成果推广到人类的学习活动中,主张在操作性条件反射和积极强化原理基础上设计程序化教学,对学习者的正确反应做出强化。他提出了正强化、负强化、惩罚和自然消退四种强化方式,见表 2-4。

表 2-4　斯金纳的强化方式

正强化	预期行为发生后予以奖励
负强化	预期行为发生后消除令其不愉快的因素
惩罚	拟消除的行为发生后,给予其讨厌的东西或撤销其喜欢的东西
自然消退	拟消除的行为发生后,漠视、不理睬

(四)班杜拉的社会学习理论

美国心理学家班杜拉(Albert Bandura)提出人在社会中学习,强调个体行为和环境的相互作用,应该研究学习者头脑中发生的反应过程,并且提出了直接强化、替代强化和自我强化三种强化方式,见表 2-5。

班杜拉的社会学习理论主要强调观察学习,即个体通过对他人的行为及其强化性结果的观察,获得某些新的反应或矫正现有的行为。他将观察学习分成四个阶段:(1)注意阶段:学习者通过观察所处的环境的特征,注意到可以为他所知觉的线索;(2)保持阶段:学习者通过表象和言语两种表征系统记住观察到的榜样行为,并用言语编码的方式存储于信息加工系统中;(3)复制阶段:学习者从信息加工系统中提取从榜样情景中习得的行为,在特定的环境中模仿,使其成为熟练技能;(4)动机阶段:学习者通过前三个阶段基本掌握了有关行为,但并不一定做出此行为,这取决外界对此行为的强化程度。

表 2-5 班杜拉提出的强化方式

直接强化	对学习者的行为反应给予正或负的刺激
替代强化	通过观察他人实施某行为后得到的结果来决定自身行为指向
自我强化	学习者根据社会传递的行为标准,结合自身理解对行为给予正或负的强化

二、认知主义学习理论

(一)科勒的顿悟学习理论

格式塔心理学家科勒(Wolfgang Kohler)率先反对行为主义的学习理论。他观察黑猩猩是怎样通过学习获取食物。他将大猩猩带到一间房子,房顶上悬挂香蕉,房内有几个箱子。大猩猩刚进入房间看见香蕉时直接用手够香蕉,或跳起来抓香蕉,但都没成功。于是,它开始观察房间内摆放的东西。一段时间后,它突然走到箱子边,将箱子挪到香蕉下面,站上去够香蕉,甚至会将几个箱子叠起来,直到拿到香蕉。科勒认为黑猩猩在几次尝试后安静下来,实际上是在理解事物间的关系,这种对关系的认识使其能迅速找到解决方法,他把这称为顿悟学习。

顿悟学习的实质是在主体内部构建一种心理完形。完形是一种心理结构,是对事物的关系的认知。学习过程中问题的解决,都是通过对情境中事物关系的理解而构成一种完形来实现的。

面对问题,个体并不是盲目的尝试,而是基于以往的经验对情境及情境与自身关系进行类似于"验证假说"的思索,在清楚地认识到整个问题情境中各种成分之间的关系后,出现顿悟。学习的过程,就是顿悟的过程。

(二)托尔曼的认知地图与潜在学习

新行为主义者托尔曼(Edward Chace Tolman)提出了认知地图和潜在学习的观点。

托尔曼以走迷宫的实验观察老鼠的学习行为,发现当迷宫中最初的目标通路受阻时,先前走过迷宫的老鼠会选择最短路径以绕过障碍,即使这种特定的反应以前从未被强化过。因此,老鼠的行为不是通过盲目尝试以探索迷宫的不同路径,而是脑内形成了认知地图,根据认知地图选择最优路径。该结果显示,条件反射不仅涉及刺激情境间或反应与强化物间形成简单的联结,还包含着对全部行为背景的其他各方面的学习与表征。

托尔曼的另一种实验证明了学习并非必须强化才能产生。他将白鼠分为三组,训练它们走一个复杂的迷宫。A 组走完迷宫后得到食物、B 组始终无食物、C 组在第 11 天给予食物。结果表明,A 组操作水平逐渐提高,B 组始终没有提高,C 组在前 10 天与 B 组一样差,但在第 11 天得到食物后骤然上升。尽管 C 组和其他两组一样都得到了关于迷宫的认知地图,即学习已经产生,但学习结果只有在得到强化后才表现出来。这表明学习不仅需要知识,还需要目标(如获得食物)。如果没有目标,学习结果可能不会外显出来,而以内隐的形式存在。

(三)布鲁纳的认知发现学习理论

美国认知心理学家布鲁纳(Jerome Seymour Bruner)主张,学习不是由强化导致刺激与反应联结,是学习者主动更新认知结构,用新的认知方式感知外界。

认知结构(cognitive structure)是个体感知、概括外界事物的一般方式所组成的经验、观念结构。其核心是一套类别及类别编码系统。所有类别的概括水平是不同的,有些是具体类别,包含对象的范围较小,能描绘事物的具体属性,如燕子、麻雀等;有些是一般类别,概括水平较高,范围广泛,能描绘事物的一般属性,如鸟类。类别与类别之间还含有一定的联系,根据这些联系,可对类别作出层次和关系的结构化安排,这就是对类别的编码。经过编码的许多类别构成类别编码系统,如麻雀属于鸟类。在一个编码系统中,越是较高级的类别,越具有更大的普遍适用性。

学习过程本质上是类别化过程。个体认识客观世界时,不是去发现各类事物的分类方式,而是创建分类方式。知觉某一事物,实质上是主动地将其划归某一特定类别,如将麻雀划归鸟类,并根据已有分类系统中该类事物的属性,预测该物体的特征,如以鸟类特征预测麻雀的特征。这种相互关系的编码系统能够使个体超越给定的信息,深化对事物的认知。

布鲁纳提倡发现学习法。类别化过程是自下而上的,类别编码系统的形成也是由低层次往高层次的类别。因此向学习者提供低层次的、具体的、特殊的类别或事物,由其通过类别化活动正确地对该类别或事物归类,并根据该类别的属性做出推理,将新知识与原有类别编码系统联系起来,发展新的更高层次的类别编码系统。这种自行思考与发现知识、掌握原理和规律的过程,与科学家的科学探索本质是一样的。学习的结果就是形成与发展类别编码系统,即更新认知结构。

因此,布鲁纳提出了动机原则、结构原则、程序原则和强化原则四项教学原则,见表2-6。

表 2-6　布鲁纳的四项教学原则

动机原则	促进学习者的好奇心等内在动机
结构原则	使学习者掌握学科知识的结构
程序原则	结合学习者学习阶段、个性特点,设计最佳教学程序
强化原则	注意反馈,使学习者了解学习结果,具有自我检查、矫正与强化的能力

三、建构主义学习理论

(一)皮亚杰的发生认识论

心理学家皮亚杰(Jean Piaget)认为,个体在与环境相互作用的过程中,逐步建构起关于外部世界的知识,使自身图式(或认知结构)得到发展。认知发展的实质就是图式的形成和发展。学习是一种能动建构的过程。学习并不是个体获得越来越多的外部信息的过程,而是建构了新的认识图式。

图式是指个体对世界的知觉、理解和思考的方式。个体与环境的相互作用涉及两个基本过程:同化与顺应。同化是指把外部环境中的有关信息吸收并整合到已有图式中,即把外界刺激提供的信息整合到自身原有认知结构的过程。顺应是指外部环境发生变化,原有认知结构无法同化新环境提供的信息时,图式发生重组与改造的过程。即同化是图式扩充,顺应则是图式改变。

当个体能用现有图式去同化新信息时,其处于一种平衡的认知状态;当现有图式不能同化新信息时,平衡被破坏,而修改或创造新图式的过程就是寻找新的平衡的过程。个体的认知结构就是通过同化与顺应过程逐步建构起来,在“平衡－不平衡－新的平衡”的循环中不断丰富和发展的。学习本身就是一种通过反复思考招致错误的缘由、逐渐消除错误的过程。错误会引起个体理顺自身的知识结构,把观察到的结果同化到修正过的知识结构中。

(二)威特罗克的生成学习理论

心理学家威特罗克(Merlin C.Wittrock)认为,学习的实质就是一个主动建构和生成意义的过程。任何学科的学习总会涉及学习者原有的认知结构,学习者并不是被动地学习和记录输入的信息,而是以其自身的经验主动地、有选择地去注意、知觉、组织和存储所面对的信息,并主动构建对输入信息的解释,并对原有经验进行改造和重组。只有当新信息被纳入学习者已有的模式并获得了具体的意义,学习才真正发生。威特罗克将学习过程分三个阶段,见图 2-3。

1.注意和选择性知觉阶段。学习者长时记忆中影响知觉和注意的内容以及特定信息加工的倾向进入短时记忆,形成个体的学习动机,使学习者对感觉信息产生选择性注意,选择所关心的感觉信息。

2.主动建构意义阶段。为达到对所选择信息的理解,需建构该信息的意义,即在该信息与长时记忆中储存的有关信息间建立某种联系。对刚建立的试验性联系进行检验,以确定建构意义是否成功。检验包括与当前的感觉信息对照和与长时记忆中的已有信息对照。如果建构意义不成功,则返回去检查选择性信息,看该信息与长时记忆中的试验性联系策略是否适当。如果建构意义成功,则达到了意义理解的目的。

3.建构完成和意义生成阶段。达到对新信息的意义理解后,将这种意义按一定类属从短时记忆加入长时记忆中,以实现同化或顺应。

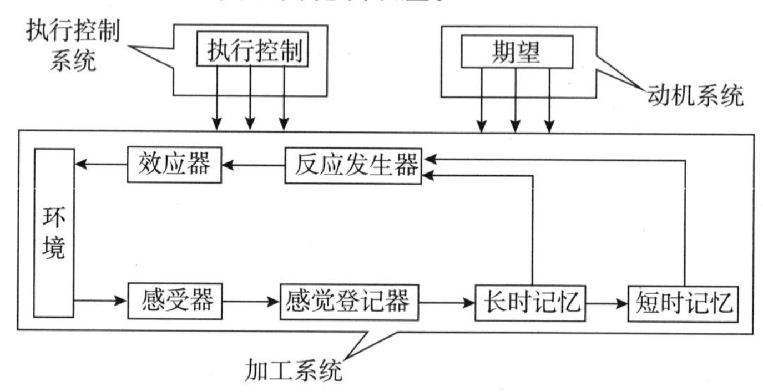

图 2-3 威特罗克学习过程图

(三)凯利的个人建构学说

美国心理学家凯利(George Kelly)认为,人即科学家,都拥有自己独特的个人建构,持续地把关于经验的复杂信息纳入个人建构之中。

首先,个人建构是不断发展、变化和完善的;其次,个人建构因人而异,面对同一现实,不同的人会有不同的反应;再次,当人们总用已有的建构去预测未来事件时,不可避免地要遇到一些困难和麻烦，新的信息和元素需要加入至原有的建构之中；最后，个体要获得一种同现实十分一致的建构体系绝非易事，而要经过大量的探索和试错过程。

建构主义学习理论强调学员是学习的主体，是意义的主动建构者。要取得好的培训效果，就必须充分了解学习者的特征，要尊重学员的主动精神，从学习者的兴趣出发，从解决实际的问题出发。教师的作用在于为学习者提供丰富的学习情境，帮助学习者建构自己的经验并从直接经验中学习。

建构主义在用友

用友集团成立于1988年，是亚太地区大型的企业管理软件、企业互联网服务和企业金融服务提供商，是中国大型的ERP、CRM、人力资源管理、商业分析、内审、小微企业管理软件和财政、汽车、烟草等行业应用解决方案提供商。

用友大学是用友集团全资创办的直属教育机构，其前身是用友学院。用友大学以“上接战略、下接绩效”为核心指导思想，运用建构主义教育思想，组织各种行动学习项目，与公司的战略愿景、业务策略、流程制度、文化训导紧密结合，极大地支持了公司的业务目标。

建构主义可以说是用友大学的共同信仰，这个信仰背后蕴含着巨大的能量，成为用友大学壮大自己、发展联盟的共同纲领。

一、应用建构主义指导精品课程开发

用友大学每年都会根据公司的战略需求开发一系列精品课程。在建构主义的指导下，精品课程的开发非常强调课程情境设计，注重学员的参与性，引导学员在学习过程中去建构。

比如，用友大学开发过一门名为“策略销售”的精品课，采用沙盘模拟的形式，将学员分为几个相互竞争的销售团队，模拟一个大项目的竞争，每个销售团队通过沙盘模拟的形式制定销售策略，每一组的销售策略都可以输入专用的分析软件进行行为有效性分析评价。每个阶段结束时，展示各组的销售策略，进行集中分析点评。

一张沙盘、一套PPT、一个策略分析工具，整个培训以案例贯穿始终，课程的情境非常接近真实的竞争，用场景模拟对抗，抛出问题，引导讨论，使学员深度参与。

二、应用建构主义实施高管人员培训

用友集团每年都会从基层经理中选拔优秀的人员培养成为后备总经理并应用建构主义教育思想对他们进行培训，采用案例研讨式学习。

在教室后面架上摄像头,几位集团部门领导坐在后排观察,把二十多个学员分为四组,全程录像,录制学员课程表现的视频可能会作为领导选派决策的依据。

接下来分别抛出几个具体的管理案例要求大家讨论并汇报,比如销售合同签订过程中销售和服务出现矛盾,作为总经理如何决断;手下的资深销售总监因提拔问题不在状态,作为总经理如何与之沟通,等等。

为期三天的培训没有给学员讲任何知识,PPT加起来不足20页,但培训效果却出奇的好。因为培训相当于提前让大家体验了一下新任总经理将要面对的挑战性场景,极大地激发了学员的主观能动性和学习热情。

资料来源:作者根据企业内部资料有调整。

四、人本主义学习理论

人本主义学习理论以美国心理学家罗杰斯(Carl Ransom Rogers)提倡的意义学习为代表。他认为:学习以自我主动学为特征,以自主选择的自认为有意义的知识经验为内容;学习不是事实经验的积累,而是个体行为、态度与个性发生改变。

罗杰斯认为意义学习有四个特征:(1)学习具有个人参与的性质,即整个人都投入到学习之中;(2)学习是自我发起的,学习活动发生在学习者内部;(3)学习是渗透性的,即学习者通过学习可改变行为、态度,甚至个性;(4)学习是学习者自我评价的,只有学习者清楚学习是否真正地满足了自身需要。

罗杰斯倡导学生自由地学习,形成适应自己风格的学习方法。他总结了十个学习的理论观点:(1)人生来就有学习的潜力;(2)学习者觉察到材料有意义而且与自身目的相关时,意义学习就发生了;(3)涉及改变自我组织(自我看法)的学习往往受到抵制;(4)当外部的威胁降到最低时,就比较容易察觉并同化威胁到自我的学习内容;(5)对自我的威胁小时,学习者就会用辨别的方式来知觉经验,学习就会取得进展;(6)大多数意义学习都是从做中学;(7)主动、自发并全身心投入的学习,才会产生良好的学习效果;(8)涉及学习者整个人的自发学习才是最持久、最深刻的;(9)当学生以自我批判和自我评价为主要依据时,才能促进其独立性和自主性;(10)现代社会中,最有用的学习是了解学习过程、对经验持开放态度,并将自己结合进变化过程的学习。

罗杰斯提出了十种有助于自由学习的方法:(1)创设真实情境,面对与自身有意义的问题时,学习者会全身心投入学习;(2)提供学习资源,有助于学习者学习投入和兴趣培养;(3)使用合约,有助于学习者对学习承担责任;(4)利用社区中的资源,与人交流,进行社区研究项目等,成为知识的探索者;(5)同伴教学,学员间的指导与被指导,使双方都有更强的自信和学习动机;(6)分组学习,采用促进者—学习小组形式,分成若干自我驱动的小组;(7)探究训练,使学员自主发现,寻找问题答案,掌握"探究—发现"式研究方法;(8)程序教学,有助学习者体验到满足感,掌握学习内容;(9)交流小组,形成意义学习的气氛,促进自由的、直接的和自发的沟通;(10)自我评价,促使学习者感觉有责任追求特定的学习目标。总之,教学过程要以学生为中心,教师只是提供指导,而学员最终要知道如何成为完美的学习者。

五、联通主义学习理论

联通主义学习理论的核心代表人物是西蒙斯(George Siemens)和唐斯(Stephen Downes),他们也是MOOC(大型开放式网络课程)的核心推动者。在开放、复杂、快速变化的信息大爆炸时代学习如何发生?西蒙斯等认为,网络时代人们的学习方式与学习目的发生了变化,传统的学习理论对此难以提供合理的解答。

联通主义学习理论认为,知识是一个动态变化的过程,以片段的方式散布在网络中,每个人都拥有其中一部分。学习不再是内化的个人活动,而是连接专门节点和信息源的过程,是一个连续的、知识网络形成的过程,强调人与外部关系的建立和知识网络的构建。个人的知识组成了一个网络,这种网络被编入各种组织,各组织的知识又被回馈给个人网络。由于知识不断增长,获得所需知识的网络更重要,强调在网络中学习。

西蒙斯等概括了联通主义学习理论最基本的八个观点,指出了联通主义学习的目的是让知识流通,强调学习和知识的网络分布性,学习的联通性、多样性和过程性特征,概括了网络时代学习者应具备的能力。

他们后来又补充了五条原则:考虑认知思维、情感的影响;将最终学习目标定位为发展学员"做事情"的能力;与学习多样性的观点相比,学习发生在不同方式中的观点体现了非正式学习中强调的学习的泛在性;再次强调了组织学习的重要性,指出了个人学习和组织学习间的关系;最重要的是,除了强调学习是建立连接和形成网络外,还强调知识创新。联通主义学习理论基本观点见表2-7。

表2-7　联通主义学习理论基本观点

联通主义学习理论基本观点
1.学习和知识存在多样性的观点
2.学习是与特定的节点和信息资源建立连接的过程
3.学习也可能存在于物化的应用中
4.学习能力比掌握知识更重要
5.为促进学习,需要培养和维护连接
6.发现知识、观点和概念之间关系的能力是核心的能力
7.流通(准确、最新的知识)是所有联通主义学习的目的
8.决策本身是学习的过程
9.在理解中将认知和情感加以整合非常重要
10.学习的最终目标:发展做事情的能力
11.课程不是学习的主要渠道,学习发生在多种渠道中,如电子邮件、网络社区、博客等
12.个人学习和组织学习是相互整合的过程
13.学习不仅是消化知识的过程,也是创造知识的过程

六、基本学习理论的应用

为优化培训效果,使企业的培训投入获得最大的产出,需要在培训中有效运用学习基本理论。

(一)利用 ARCS 动机模型,增强员工培训动机

凯勒提出了“ARCS”动机模型,其中,A(Attention)代表注意——培训前应先引起员工的注意;R(Relevance)代表相关——告诉员工培训的知识、技能与实际工作、已有知识和技能之间的关联性;C(Confidence)代表信心——根据培训目标制定出合理的培训计划,增强员工达成培训目标的信心;S代表满足(Satisfaction)——让员工体验培训带来的成效和满足感。

(二)利用 SMART 原则,设定合理的培训目标

培训目标应符合“SMART”原则,其中,S(Specific)代表具体——目标必须是具体、明确;M(Measurable)代表可衡量——目标必须是可以衡量的;A(Achievable)代表可达到——培训目标不可太难或太简单;R(Relative)代表相关——培训效果与哪些因素有关;T(Time-based)代表时间限制——实现培训目标的期限。

(三)循序渐进,综合采用多种培训方法

按照小步子原则设计培训教材,将培训教材分成若干个具有逻辑性的小单元,并按螺旋式上升的方式逐渐增加难度,使员工可轻松地掌握新知识、新技能,同时增强员工的成就感和培训动机。在培训过程中给员工以示范操作、参与讲授、体验式操练、角色扮演、游戏等多种方式对培训内容进行理解和记忆,调动员工的积极性。

(四)因材施教,坚持差异化原则

注重员工知识结构、理解能力和学习方式的差异性,因材施教。以员工为中心,鼓励员工按照其节奏学习,并通过不断强化获得稳步前进。

(五)坚持反馈,及时给予强化

培训应该是双向的互动交流。培训师要注意学员的互动反应,并给予及时反馈,反馈越及时、准确,效果越好。当员工完成一个单元的培训,培训师就适当地给予激励。强化可以让员工更好地掌握参与培训的内容。

(六)加强联结,促进实践转化

培训中要重视新知识与技能和已有知识与技能之间的联系,将培训内容与员工的工作、生活实践结合起来,训练内容越真实,培训效果越好。培训结束后,尽早让员工将新知识新技能运用到工作中,学以致用。

万达学院:培养人才的摇篮

万达集团创建于1988年,秉承“汇聚科技精华,缔造百年万达”的企业愿景,经过30多年的发展,走过了“科技促腾飞、品牌创优势、合作促发展”三部曲。为了能真正地让学员学到知识和技能,帮助他们解决工作中遇到的实际问题,万达学院在培训方式、

方法上都进行了大胆的尝试和创新。

（一）“11130 教学法”

“11130”指的是 1 个业务问题、1 个典型案例、1 个解决方法工具、30 分钟讲解。

在万达快速发展的过程中，很多“高手”解决问题的经验、方法并没有及时得到沉淀，没能转化为企业的“知识资产”。而培训就是把个人的“隐性知识资产”转化为企业的“显性知识资产”，把个人经验智慧转化为组织经验智慧，让所有人都可以快速学习，让二流的人也可以干一流的事。

1 个业务问题：可以解决培训中经常遇到的核心问题，解决了培训内容大而全、不聚焦、无重点、内容太多导致学员根本记不住的问题。强调聚焦一个或一类业务问题，把问题分析透，彻底解决问题。

1 个典型案例：解决了理念多、概念多、空洞说教的问题，用工作中实际发生的案例来呈现问题，呈现解决方法。这样问题实、方法实、有价值。

1 个解决方法工具：解决了培训效果“不落地”的问题，针对问题，给到大家实用的工具，可落地操作的方法，让每个人都能解决问题。这个工具可以是表格、流程、思路、方法，但必须有具体的表现形式，如 Word 文档、Excel 表、PPT 或 OA 流程。

30 分钟讲解：解决培训学习员工感觉“时间紧”“没时间参加培训”的问题，强调培训授课必须“短平快”。30 分钟只是一个概念，如果一个问题可以讲透，可以缩短到 15 分钟甚至 10 分钟。30 分钟讲解，让培训可以灵活安排在部门例会后或问题发生的现场，实现随时随地“万达式快分享”。

（二）精品案例微课程

从 2016 年起，万达学院一直在进行“精品案例微课程”的研究，采取的主要教学形式是视频案例片和舞台案例剧。一部案例片或舞台剧的时长在 10 分钟左右，集中解决一个类问题，是典型的“微课程”。

精品案例课程解决的问题也分为两类。一类是针对业务问题，比如微视频《百货合同续约谈判 36 计之“算计”》。针对业务问题的案例视频突出“智慧点”，课程开发过程中加入“情境还原，以擂守擂，巅峰对决”等真实体验环节，确保汲取和呈现的是众人之“智”，具备普遍的学习价值。精品案例课程解决的另一类问题，是对学员心智模式的影响和重建。这是培训界一个普遍的难题，万达学院经过大量的调研和跟踪访谈，发现优秀的精品案例课程确实具有“穿越思想屏障，直达潜意识深处，重整心灵源代码，再建心智模式”的作用。这一类精品案例微课程的开发过程分为五步。

1.故事。小组成员在一起，讲述亲身经历的真实故事，选出让人印象最深刻的、最有典型意义的故事作为基础素材。例如，有学员讲述了公司某管理者在领导面前酒后失控被辞退的故事。

2.参悟。参悟故事背后的心智模式，参悟要透彻，可以通过三个步骤：观象、学术、问道。

“观象”就是看表面现象。上述学员讲述的故事，从表面看，就是管理者酒后没控制好自己。随后，学员在“学术”过程中各抒己见，有人说“领导 24 小时都是领导，时时都在考验你";有人说"场合意识、分寸意识",这些都是告诉你如何避免类似错误的方法,属于"术"的层面。但如果只学"术",这个错误避免了,却还有可能犯其他的错误,所以还要"问道"。"道"是最深层次的动机,即心智模式。比如在这个故事中,一旦引导学员进入"道"的层面,树立起"敬畏之心",才能做到"慎独",在任何场合都能够"自律",这才是对自己最好的保护。

3.立意。将第二步参悟到的"道"精准地表达出来,传递给观众学员,就是立意。对于上个故事,通过"观象、学术、问道",最终确定的立意是"要有敬畏之心"。于是,在案例呈现的结尾,设计了一段歌曲"陷阱陷阱,无处不在,陷阱陷阱,你要躲开,陷阱陷阱,谁在使坏,陷阱陷阱,自己活该。人在做,天在看,不要不相信,就在那一天,预言会出现……"。根据学员实际反馈,这个案例故事配合这段歌曲,对他们的触动非常大。如果没有"问道",而只停留在"观象"和"学术"的阶段,对于这些管理层级比较高的学员,是不可能产生这样的触动的。

4.呈现。关于舞台呈现,我们的标准是"为灵魂画像"。让故事中人物的灵魂和学员的灵魂直接对话,穿越思想屏障,一切影响和改变都在潜意识层面完成。

5.包装。在服装、道具、灯光等外在形式方面尽可能精细化,让灵魂画像的呈现更加清晰深刻。

资料来源:作者根据企业内部资料有调整。

第三节　成人学习与相关学习理论

成人学习理论认为,成人与儿童具有不同的学习风格和特点。自诺尔斯(M.S. Knowles)创建成人教育学以来,该理论得到广泛的实践。了解成人学习理论,掌握成人学习的一般特征,有助于改善员工培训效果。

一、成人学习理论

(一)诺尔斯的成人学习者特点

诺尔斯认为成人学习者有以下特点,在员工培训时应予以考虑。

(1)成人学习目的明确,大多带着工作中要解决的问题,强调学习内容能否提高职业能力和职业发展。

(2)成人自我概念清晰,学习自主性和独立性强,希望参与确定学习内容,教师能够对其学习给予引导和帮助,而不是以权威的姿态出现。

(3)成人具有丰富的学习经验和工作经验,这些经验是其学习的基础。

(4)成人学习以问题或任务为导向,关注学习效率,对直接与工作或生活相关的主题最感兴趣,学习效果最好。

(5)成人学习动机主要来自内部,自尊需求、成就需求是其学习的最重要驱动力。

(6)成人具有更强的学习能力,如语言、决策、分析和判断能力,但视力、听力、记忆力、动作反应速度等不及未成年人。

（二）戈特的成人学习原理

美国管理学家戈特(Tom W.Goad)总结了关于成人学习的16条原理，被各组织在员工培训中广泛采用。

(1)通过干中学。

(2)习惯于利用自己熟悉的案例促进学习。

(3)通过与原有知识的联系、比较来学习，并倾向于注意其了解最多的东西。

(4)喜欢在一种自由、轻松、有趣的环境中学习，在非正式的环境氛围中培训效果更好。

(5)增添多样性。通过灵活多样的培训方式帮助学员增加学习兴趣，以便取得良好的培训效果。

(6)学习的自信心不足。学员有时会担心学习成绩与个人前途直接联系，因此要给予学员学习信息反馈，鼓励其学到更多的知识。

(7)喜欢在学习中发表观点和看法等，讨论、互动等方式更能提高学习激情。

(8)学习的目的性较强，必须在开始就清楚地了解学习目的。

(9)实践是帮助学员完成学习目标的有效手段，可以将理论转化为学员实际工作中能运用自如的工具。

(10)通过启发式学习，使成人自己找出结果，完成所期望的任务。一方面提高学习热情和主动性，另一方面提高学员实践能力，加深记忆。

(11)及时不断的学习信息反馈，能够使学员准确知道其进步和不足。

(12)循序渐进，交叉训练。学习要有阶段性，加强各个阶段学习内容的衔接和匹配。

(13)培训活动应紧扣学习目标。学习目标要被学员了解和认同，并在学习过程中予以反复强调。

(14)良好的初始印象能吸引学员的注意力。培训准备工作要充分，要引起学员对培训的充分重视。

(15)培训师的表现对学习氛围具有决定性影响，充满激情的培训师能引起学员的共鸣，并投入学习中。

(16)重复学习，加深记忆。通过不同方式重复学习，使重复学习变得更加有趣与富有吸引力，有利于加深记忆。

成人学习理论对培训的指导启示，见表2-8。

表2-8　成人学习特点对培训的启示

项目	启　示
自我观念	相互启发和合作指导
经验	将学员的经验作为范例和应用材料
准备	根据学员兴趣和能力进行指导
时间	立即应用培训内容
学习定位	以问题为中心，不以培训主题为中心

(三)转化学习理论

美国教育学家麦基罗(Jack Mezirow)提出转化学习理论(transformative learning theory)。转化学习,也称质变学习或嬗变学习,是指个体在经历一些对自身产生转折性影响的真实境遇后,对原有的假设、期待等进行批判性反思,并做出评估性解释的学习过程。

转化学习不是任何时候都会发生的,它只有在个体开始自我觉醒并对自身困境、原有假设进行质疑、追问时才产生。因此,所有行为和陈述都要公开质疑和讨论,这是转化学习的假设条件之一。没有批判反思,就没有转化学习。为此,成人学习者必须对曾经影响经验解释的假设和看法进行批判性的自我反思和修正。麦基罗将转化学习分为十个阶段,见表 2-9。

表 2-9 麦基罗转化学习的阶段

1.遭遇一个迷惘的困境
2.进行带有恐惧、气愤、内疚或羞耻感的自我检验
3.对假设进行批判性评估
4.认识到自己的不足,转化过程可以和其他人分享并一起进行剖析
5.为新的角色、关系和行动探索提供备选方案
6.规划行动方针
7.为实施计划获取知识与技能
8.临时尝试新的角色
9.在新角色与关系中培养能力与自信
10.在新观点的支撑下重新融入生活

此外,克兰顿(Craton)提出成人转化学习可以被促进,具体要经历四个阶段,见图 2-4。

第一阶段:刺激性事件出现,触发个体自我分析和检验。触发事件是生活中引起个体情感、态度、行为、价值观发生转变的情绪体验或事件。新境遇已经无法用之前的旧观念做出合理的解释。

第二阶段:对原有观念的质疑与反省。个体经历复杂的情绪体验后,对先前的认知或思维模式展开质疑和反省,发现先前思想观念的不合理,以新的假设解释应用于当前情境。

第三阶段:对新观点的假设或修正。理性交谈是个体进行理性探索和与他人进行交谈、沟通的过程。他人类似的境遇会使个体对一些客观存在的、现实的观点或看法豁然开朗,发现自身观念的不合理之处。

第四阶段:重新整合,达到均衡状态。重新整合既是对反思后繁杂观念的系统梳理,也是对理性交谈后形成的观念的实践应用,是促成质变的重要环节。

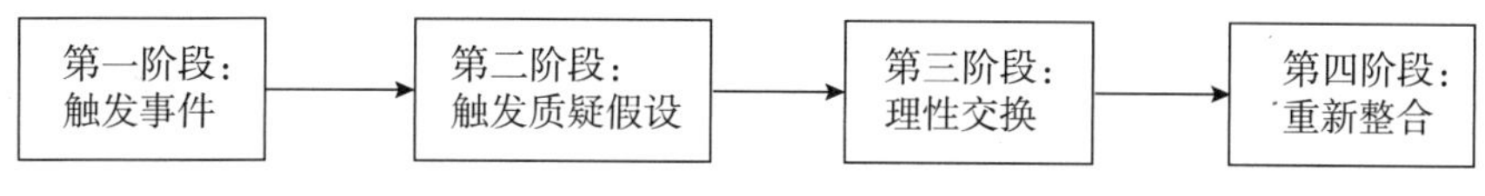

图 2-4　克兰顿成人转化学习阶段

（四）非正式和偶发学习

正式学习是由学习机构发起的、基于课堂的、组织严密的学习。非正式学习的掌握权主要在于学习者，其特征见表 2-10。偶发学习则是各类学习的副产品。

表 2-10　非正式学习的特征

1.与日常生活结为一体
2.由内在或外在的触动引起
3.通常不是有意识的
4.受偶然因素影响
5.反思和行动的归纳过程
6.与其他学习相关联

沃特金斯（Watkins）的研究表明，非正式和偶发学习与许多文化和情境中的实践相关联。他认为，"搭桥"学习（受不同文化熏陶和情境影响的人的相互学习）有助于不同背景的人们相互理解，并更有效地一起工作。所以可通过提供交流和互动的机会，激发学习者的学习热情，使他们相互学习技术和知识并进行运用。只要人们有需求、有动力、有机会学习，非正式学习和偶发学习就会发生。当学习者激发或增强了自我意识时，非正式和偶发学习就可以得到增强，那么正式学习也可以得到加强。

沃特金斯提出的非正式和偶发学习的模型（见图 2-5），描述了一个意义建构的过程，新知识的获得是不断回顾并质疑早期对事情理解的循环过程。这个模式虽然是循环式的，但是步骤之间既不是不断循环的，也不是线性的。

组织可以利用非正式和偶发学习帮助成人学习者学习。企业利用微信、微博等社交平台展开的碎片化学习越来越受到青睐，众多的企业大学也相继开发了为员工提供正式学习与非正式学习的社区平台。

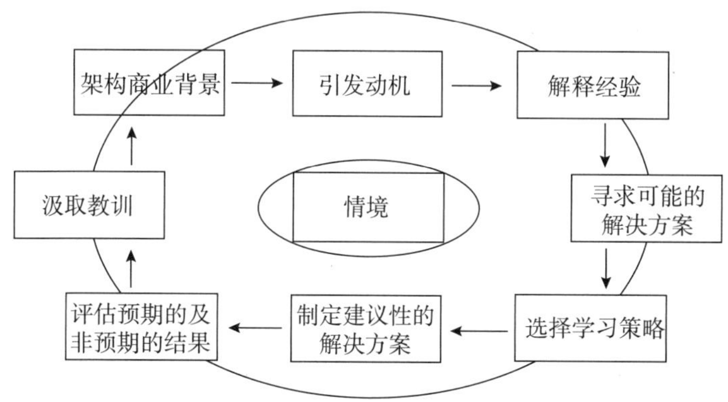

图 2-5　非正式和偶发学习模型

海信:场景化真人秀直播与案例研讨

Hisense

海信集团成立于1969年,旗下包括海信、科龙、容声等多个品牌。始终坚持"诚实正直、务实创新、用户至上、永续经营"的价值观和"技术立企、稳健经营"的发展战略,以优化产业结构为基础、技术创新为动力、资本运营为杠杆,持续健康发展。海信千亿业绩的背后离不开人力资源的支撑,离不开企业对于人才的重视与培养。

为配合海信国际化布局,提高员工培训的覆盖率和培训的效率,满足员工自主进行碎片化学习的需求,多方式赋能于人。海信搭建了系统化可参与的移动学习平台,员工可以随时随地完成知识学习、经验分享和与专家的交流。

除此之外,2018年开始海信利用场景化真人秀直播方式《海信直播大咖秀》,将优秀案例与实践经验第一时间传递给万余名海信各地区导购员工,帮助他们有效地推广海信品牌并快速成单。

海信在培训上做得最多的是案例式内部培训,将这种内部培训制度化并坚持不懈地完成,形成了一种学习文化。海信的内部培训分为正式的定期培训、临时或突发的沟通会,一般都以实际案例为导向。比如,一个由生产部门发起的质量研讨会可能源于市场反馈的高返修率,或是从生产线下来后出现的问题等,会由生产部门牵头,会同研发、采购、工艺、技术等环节的人员参与讨论,找出出现问题的原因,规范以后的工作并达成共识。这种案例式的讨论就是一种内部培训,更能解决问题,促进不同部门间的工作协调。

资料来源:作者根据企业内部资料有调整。

二、体验式学习理论

(一)体验式学习理论

美国管理学家教授库伯(David Kolb)于20世纪80年代初提出了体验式学习理论。他认为有效的学习应从体验开始,进而发表看法,然后进行反思,再总结形成理论,最后将理论应用于实践。体验式培训形式广泛,比较流行的主要有户外拓展训练、行动学习、沙盘模拟、教练等方式。

他构建了一种体验式学习模式——体验学习圈(见图2-6)。经验活动是让学习者经历一种新的体验,强调由情感体验和实际经验组成的学习;交流发表则要求与学习伙伴沟通和交流;反思观察是学习者对经历的体验加以思考;理论概括是学习者理解所观察内容的程度，并吸收它们使之成为合乎逻辑的概念；实践应用强调注重实践并关注所学内容产生的实际效果。

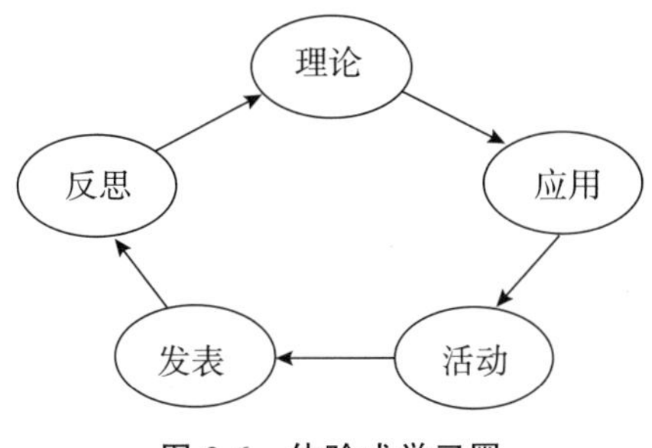

图 2-6　体验式学习圈

（二）体验式学习的特点

在体验式培训过程中，"教"旨在通过提供学习情境、信息、游戏等方式，为学习者创造适合学习的外部条件和环境。在体验式培训中，学习者通过具体情景中的活动获得体验，同时也体验到了学习的乐趣，有效促进了学习者高级认知能力的发展。

体验式培训项目一般以团队形式完成。通过精心设计的活动，使团队成员在解决问题、应对挑战和相互交流过程中，激发潜能，这对于培养团队精神、合作意识、改善人际关系、形成积极向上的组织氛围和改进组织内部沟通等都大有裨益。传统学习与体验式学习的区别见表 2-11。

表 2-11　体验式学习与传统学习的区别

传统学习	体验式学习
学习过去的知识	即时的感受
讲究记忆	讲究领悟和体会
以接受程式化的知识为导向	以分享总结经验、解决问题为导向
注重知识、技能	注重观念、态度
以教师为中心	以学习者为中心
在课堂中学习知识	在具体的学习情境中通过体验来学习

（三）体验式学习的主要形式：行动学习

1."行动学习"的定义

瑞文斯(Reg Ravens)指出，行动学习是个体、团队和组织学习的方法，是一个"行动—反省—理解—行动"不断循环的过程。它需要专业化知识，有见地的问题，质疑与反思，实施行动。

2.行动学习的步骤

行动学习一般包含以下七个步骤(见图 2-7)：

(1)问题选择：针对确确实实能够对业绩的成长和公司发展有重大影响的问题，制定行动学习计划。

(2)成立行动学习小组：行动学习小组成员可能来自不同的业务部门，它能够给大家带来新的视角。

(3)行动学习启动会:通过一个会议,把项目背景、意义以及安排告知,并告知推进计划及要求员工的配合,以便今后顺利实施。

(4)澄清问题并制定方案:利用催化师,在行动学习过程中催化师要制定行动学习的方案,掌控行动学习过程,把大家讨论的问题进行澄清,并且引导大家制定好行动方案。

(5)执行行动学习方案。

(6)总结评估:对行动结果进行总结评估,对行动方案进行修订,并最终解决问题。

(7)固化并分享:将行动学习的成果予以固化和分享,形成解决问题的系统方案,并用于指导类似问题的解决。

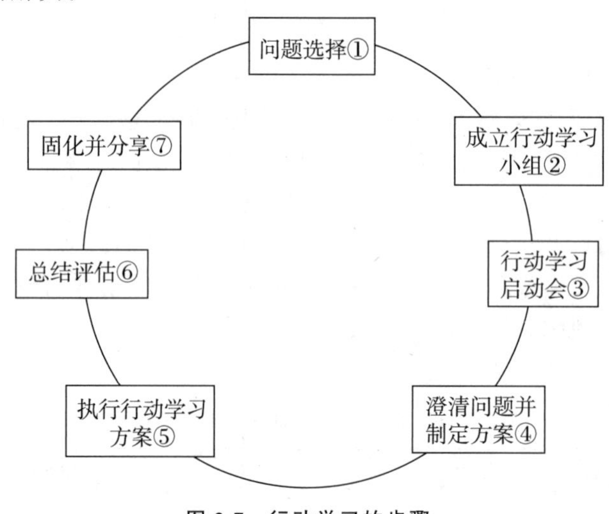

图 2-7　行动学习的步骤

3.行动学习的特点

第一,与“行动”密切结合。只有通过“做”才有真正的理解。行动学习克服了传统培训中的“学用脱节”,将“学”和“用”整合在一起,实现了在解决问题的过程中提升能力的目标。

第二,学习者承担解决问题的责任。学习者是解决问题、突破困境的责任人,学习的结果是产生能够提供他所面临困难的可行解决方案。

第三,教练作为一个过程专家,主要通过提问引导思考。学习者成为学习过程的主角,教练只是引导他以更有效的方式思考与对话,从而激发起内在潜能,找到突破性解决方案。

第四,拥有反思的机会。行动学习让个体有机会反思:自己在做什么?为什么这样做?结果怎样?这种反思提供了纠正错误和弥补认识偏差的机会。

第五,面临的困境。不是一个已经解决了的或其他人已经有正确答案的问题,而是一个真实的、迫切需要解决的、但直到目前还没有清晰解决思路的问题,为有效探索提供了充分的空间。

第六,问题难度具有挑战性,但在当事人可控范围内。如果问题太简单,就不能唤起当事人足够的动力;如果问题难度太大,远远超出当事人能力,也会让学习者面临因无奈而引发挫折。

第七,学习是社会性的。意义或是理解的形成是一个不断对话的过程。学习的质量受到学习环境的极大影响。一个情感上相互支持,而思维上相互质疑的学习团队最有利于学习的深化。

第八,学习与所在工作环境的要求相一致。行动学习摒弃了传统培训中“应用围绕理论转”,提倡“理论围绕应用转”,探索的问题或内容必须是组织最为关注的,并且能为组织带来实际价值。

第九,行动学习倡导“提出问题—反思—总结—计划—行动—发现新问题—再反思”的有机循环,保证了学习过程的连续性,使得各次学习之间环环相扣,步步深入,克服了传统学习中对学习过程的割裂。

4.行动学习的作用

行动学习是学习知识、分享经验、创造性研究解决问题和实际行动四位一体的方法,是企业发展中的重要工具。

首先,组织面临着很多全局性问题,行动学习通过对问题深层次原因进行系统分析,将复杂问题分解为一个个相互联系的子问题,并通过行动学习小组的形式解决。这有利于组织成员广泛参与到问题的解决,提高组织解决问题的信心和能力。其次,通过行动学习,学员可以掌握团队工作的技巧及形成团队工作的习惯,密切团队成员之间的关系。最后,行动学习以解决实际问题为导向,在解决问题的过程中使参与者的领导能力得到提升。行动学习已经成为世界范围内组织培养管理和领导人才的重要途径。

自提出以来,行动学习在国内外众多企业中得到应用,GE“成果轮培训计划”、美国西南航空“企业行动学习实践先驱”,中粮集团、华润、腾讯等企业也使用行动学习加强员工培训,解决企业问题。

中粮集团的行动学习项目

中粮集团有限公司(以下简称“中粮集团”)成立于1949年,经过多年的努力,从最初的粮油食品贸易公司发展成为中国领先的农产品、食品领域多元化产品和服务供应商,为人们提供营养健康的食品、高品质的生活空间及生活服务,贡献于民众生活的富足和社会的繁荣稳定。

20世纪90年代,中粮集团跟中国大多数国企一样,什么赚钱投资什么,整个公司的管理复杂而混乱。2005年,宁高宁加盟中粮集团后,致力于实现产业化经营,并且进一步提出“全产业链”的发展战略,将业务再进一步整合,以此确定“全产业链”的核心竞争力。整合过程中不仅面临业务调整,还有整个商业模式、组织架构、管控模式的调整和人的思维方式、企业文化的巨大转变,难度巨大。

对于这样的变化,宁高宁认为最有效的落实方法是将培训作为推动整个企业转型的切入点,他所强调的培训并不是传统意义上的培训,他将培训当成一种工作方法,旨在培训团队的决策方法和团队建设的方法。

整体的逻辑框架如图 2-8 所示,团队成员共同反思,分析问题产生的根源,制定解决方案和行动计划,然后实施行动计划。通过激发团队成员的智慧,转变心智模式来达成共识,旨在解决团队发展的重大问题,提升团队能力,实现团队融合,塑造团队文化。

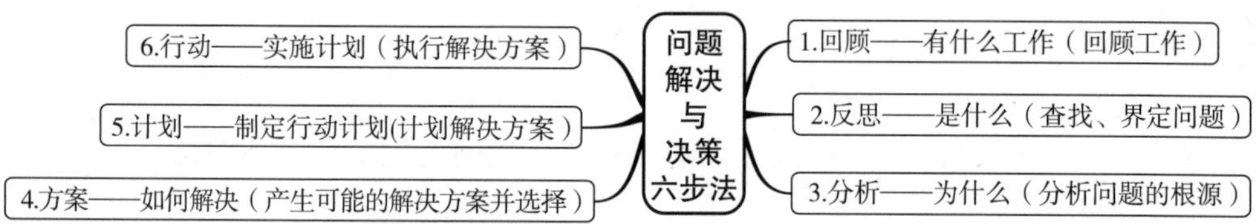

图 2-8 团队学习思维逻辑

基于这一逻辑,中粮集团培训采用"结构化会议"的方式,即将培训和会议结合在一起,分阶段进行。首先是热身阶段,调动员工热情;紧接着通过理论理念、领导讲话、方法工具、经验教训等方式导入;之后整个团队在一起进行研讨,通过凝聚大家的智慧和共识来提升认识水平,领导则对研讨起催化作用。研讨中,大家需要根据现象找出组织需要解决的问题,准确认识问题,在经历改变思维模式创新的阶段后,进行反思整合,并且提交下一步的行动计划。

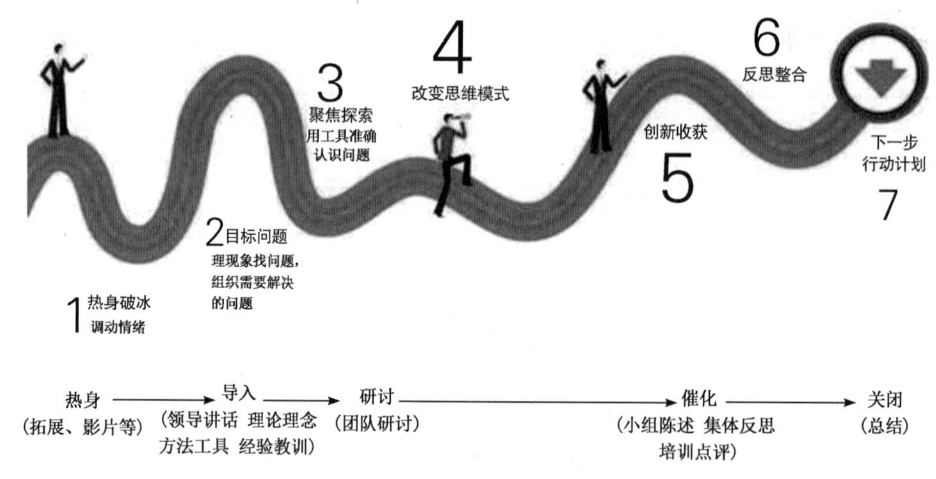

图 2-9 团队学习基本形式

结构化会议实际是研讨工作的过程。以训代会,既是一个工作的过程,也是一个解决问题的过程。中粮集团很多的培训、会议,甚至于很多研究工作都采用这一行动学习的结构。在会议中还引入一些重要的行动学习的工具,比如头脑风暴、活动挂图法、团队列名法、鱼骨图、结构树、帕累托分析、系统思考等。同时将人员参与者的角色进行了划分：组长（引导师）负责明确团队工作目标，保证全体参与、充分发表意见，引导研讨过程；纠偏员协助组长控制议程和方向，防止研讨跑题，同时提醒使用工具；书记员记录团队研讨的过程和成果；时间控制员协助组长分配研讨时间；陈述人如实向大会陈述集体研讨的结论及理由。

在行动学习的基础上，中粮集团还建立了一个领导力开发中心——"忠良书院"，使得在行动学习的基础上，培训变得更有体系，更有理论指导。中粮集团行动学习项目达成了良好的效果，一是造就了氛围，二是开阔了视野，提升了系统思考的能力，避免领导的一言堂或者避免某个人或某个部门的利益主导整个组织的规划。

资料来源：作者根据企业内部资料有调整。

三、情境学习理论

在成人学习的研究中，社会情境对于学习的重要性受到了重视。成人学习是很注重经验和合作的一种学习，通过共同参与学习活动，了解方法和内容，获得所需要的技能。

（一）基本观点

莱夫（Jean Lave）教授和独立研究者爱丁纳·温格（Etienne Wenger）提出的情境认知论认为：学习的本质是社会性的，学习是交往、交往工具、活动本身以及活动所发生的背景的综合。成人在社会环境中活动并与其相互作用，存在社会关系以及工具的现实社会情境是最好的学习环境。情境学习是个体参与真实情境与实践，与他人及环境相互作用的过程，是培养参与实践活动能力、社交能力的过程，是一种文化适应及获得特定实践共同体成员身份的过程。情境学习是个体与情境互动，是在真实活动中主动探索，是共同参与的社会化历程。

情境学习强调两条学习原理：

第一，在知识实际应用的真实情境中呈现知识，把学与用结合起来，让学习者像专家、师傅一样进行思考和实践；学习是通过情境学习而不是通过学科学习。学习和思维都是基于情境的，完整的知识是在真实的学习情境中获得的。传统的知识传授教学不能提供实际情境所具有的生动性和丰富性，影响了学习者对知识意义的建构和知识的成果转化。

第二，通过社会性互动和协作进行学习。学习的本质是社会性的，是在与别人合作时发生的。当人们参与并密切地介入一个社群或者某种学习文化，与社群中的其他成员进行交流，并开始学会理解和参与形成社群的历史、文化价值观和规则的时候，人们就是在学习。因此，学习就是处在意义社群里的外围参与者与全程参与者的相互交流。这些相互交流发生在实践环境中，并以模仿掌控实践的能力和模仿获得掌控能力的过程为特征。

情境学习的实施途径与方法主要是认知学徒制和实践共同体。通过创设真实的实习、建立实习共同体等，为学习者提供完整的、真实的问题情境，还原知识的背景，恢复其主动性和丰富性，并以此为出发点支撑学习环境，启动学习和教学，使学习者产生学习的真实需要，驱动学习者进行自主学习和合作学习，从而达到主动建构知识的目的。

海尔的员工互动培训和即时培训

Haier

海尔集团(以下简称“海尔”)创建于1984年,是全球大型家电品牌,已从传统制造家电产品的企业转型为面向全社会孵化创客平台。海尔一直秉承“以人为本”提高人员素质的培训思路,建立了能够充分激发员工活力的人才培训机制,最大限度地激发每个人的活力,充分开发利用人力资源,从而使企业保持了高速稳定发展。

一、员工价值观的互动培训

海尔培训的原则是“干什么学什么,缺什么补什么,急用先学,立竿见影”。在此前提下首先是价值观的培训,这是每个员工在工作中必须首先明确的内容。除了通过海尔的报纸《海尔人》进行大力宣传以及通过上下灌输、上级的表率作用之外,重要的是由员工互动培训。海尔在员工文化培训方面进行了丰富多彩的、形式多样的培训及文化氛围建设,如通过员工的“画与话”、灯谜、文艺表演、找案例等用员工自己的画、话、人物、案例来诠释海尔理念,从而达成理念上的共识。

二、技能的即时培训

技能培训是海尔培训工作的重点。海尔在进行技能培训时重点是通过案例、到现场进行的“即时培训”模式来进行。具体说,是抓住实际工作中随时出现的案例,当日利用班后的时间立即在现场进行案例剖析,针对案例中反映出的问题或模式,来统一人员的动作、观念、技能。然后利用现场看板的形式在区域内进行培训学习,并通过提炼在集团内部的报纸《海尔人》上进行公开发表、讨论,形成共识。员工能从案例中学到分析问题、解决问题的思路及观念,提高员工的技能。这种培训方式已在集团内全面实施。

对于管理人员则以日常工作中发生的鲜活案例进行剖析培训,且将培训的管理考核单变为培训单,利用每月8日的例会、每日的日清会、专业例会等各种形式进行培训。

资料来源:作者根据多方资料有调整。

(二)认知学徒制

认知学徒制试图借鉴某种行业中师傅带徒弟的传艺模式,来使学习者参与真实的情境性活动。简而言之,认知学徒制是指知识经验较少的学习者在专家的指导下参与某种真实性的活动，从而获得与该活动有关的知识和技能。在这种学习活动中任务是真实的，环境是真实的，知识和技能是蕴含在真实活动之中的，徒弟学到的是可以解决实际问题的本领。

认知学徒制的基本步骤有五个，即模仿、接近、渐退、自我导向学习和概括，这五个阶段按照一定的顺序进行。其中，模仿分为行为模仿和认知模仿两个部分，行为模仿即学习者观察团体中有经验的成员在活动时的行为；认知模仿即共享有经验成员的工作秘诀；接近即在教练的辅导下学员尝试进行这种活动；渐退即随着活动的进行，外部支持、引导逐渐减少；自我导向学习是学习者对自己所学到的知识以及技能、策略进行思考，用语言进行总结；概括即学习者对自己的学习过程及进展进行反思，将自己的活动表现和最初表现进行对比，并与教练的做法进行比较。最后学习者将会尝试用学到的新知识和技能来解决他们所遇到的问题或面临的任务。

香格里拉的“老带新”与“导师制”

Shangri-La hotel

经过四十多年的发展，香格里拉酒店集团已经成为亚洲乃至全世界著名的酒店管理集团之一。香格里拉集团非常重视员工的培训工作，要求每年至少投资员工工资总额的2%用于员工的培训与发展。集团还在企业内部打造了一套全方位的培训体系，无论你是新员工、普通员工或是中高层管理人员，都有针对性的培训方案。

新员工入职后，首先安排入职培训，后期会根据员工在酒店内的工作状况和实际工作需要安排不同阶段的培训课程。香格里拉酒店集团在员工培训方面提出独具特色的Shang Care Ⅰ～Ⅳ四阶段培训。Shang Care Ⅰ为服务意识和企业理念的培训；Shang CareⅡ仍为服务理念及技能培训，包括关注客人旅途劳顿、客人期望管理等内容；Shang Care Ⅲ包括如何处理客人投诉，及时做出反应，赢得客人的忠诚；Shang Care Ⅳ包括倾听客人感受、道歉、如何当场处理无法解决的问题等方面。新员工在进行以上四个阶段培训的同时，也在进行着各部门的岗位培训，理论知识与服务技能同时受训，从而能更快地适应岗位要求。

一、老带新

酒店还为新员工指派所在部门的一名老员工来帮助新员工，并与之结成工作伙伴关系。这两位员工要满足两个条件：第一是职级接近，第二是能融洽相处。这种伙伴式的“老带新”称为“Buddy Trainer”。

Buddy Trainer是香格里拉集团员工初到岗位时最普遍的一种培训机制。Buddy Trainer首先强调“带领”，即老员工带领新员工在实践中逐渐适应新的环境，融入新的组织文化,了解所在行业的特点等。Buddy Trainer 强调的另一方面是“伙伴”。安排与新员工职级相近、在职时间稍久一点的员工做搭档,使两个人都会觉得非常亲切。如果让上级或者是导师制里所说的“导师”指导新员工,难免带有上下级的色彩,而“伙伴”之间,无论在工作上还是生活上,都会给对方提出一些具有平级色彩的建议,更容易被对方接受。对新员工来说,一个亲切的伙伴能够帮助他们更快速地融入新环境。

Buddy Trainer 中的两个人一定是属于同一部门的,如果员工被调转到另外一个部门或另一个岗位,那么该部门还会给他安排新的“伙伴”。比如咖啡厅新来了一个员工,部门就会为其选择一个已经在咖啡厅就职一年左右的“伙伴”。如果他被调到前台,还会在前台指派一个“伙伴”帮助他适应新岗位。

二、导师制

与基层员工伙伴式的“老带新”相比,香格里拉为中层管理人员提供的则是较为复杂的“导师制”。目前,香格里拉集团已形成了一系列针对中高层人员的培训方案。如集团行政培训生(cooperate management trainee,CMT),还有集团行政管理培训生(corporate executive trainee,CET)和集团高级行政管理培训生(corporate senior executive trainee,CSET)。这些培训的目的基本上都是将三级经理培养为二级经理,将二级经理培养为一级总监,将一级总监培养成为未来的总经理或驻店经理。

中高级员工一旦被总部选中为 CMT、CET、CSET 候选人,就要接受为期约 16 个月的专项培训。培训分轮岗培训(3～4 个月)、重点职能培训(6 个月)和执行培训(6 个月)。培训期间,员工要在不同的酒店里接受特定训练,培训后总部会对其作出评价,判断其是否能够顺利“毕业”,然后再到其他酒店去担任新职务。比如,香格里拉在青岛确定了一个三级厨师做 CMT 人员,在轮岗培训阶段,他要在酒店转岗熟悉不同部门的情况;在重点职能培训阶段,可能要被派往其他酒店加强重点技能的训练;在执行培训阶段,他将作为二级行政副主厨在另一家酒店工作任职。这期间,各个酒店的总经理将作为他的导师,每隔一段时间(1～2 个月)找他进行一次面谈,了解他在学习过程中遇到的困难,给予指导,并在每个阶段完成后对其进行培训效果评估。所有培训结束并评估合格后,他才有可能正式被晋升为行政主厨,派驻到酒店任职。

与此同时,部门总监承担副导师的责任和角色。刚才例子里的行政副主厨,每到一家酒店工作,行政主厨就成为他的“副导师”。在每一个员工接受培训之前,先由他的上司、老总进行能力评估,然后总结出其在能力素质方面还有哪些欠缺,并上报总部形成培训计划。派驻到酒店时,该酒店会提前收到总部下发的培训计划,并根据培训要求,制定相应培训方案。在执行培训阶段,员工通过直接上岗,在实践中接受训练和导师指导,导师也会对其提出具针对性的反馈意见。在培训结束时,导师会对他的领导力、执行力和辅导能力进行综合打分。

资料来源:作者根据多方资料有调整。

（三）实践社群

温格（Wenger）将实践社群中的关系维度描述为以下三个概念。

（1）成员的相互约定。允许这些参与者做他们需要做的，并把所有的成员联结为个社会实体。

（2）共同的事业。源于集体的协商过程，这种集体的协商反映了相互约定的复杂性。

（3）公共资源的全部共享。实践社群的公共资源包括方针、语言、工具、做事方法、故事、手势、符号、风格、行动或概念等，它们是在生存过程中形成或被认可的，并成为社群的一部分。

真实的环境文化背景、工具以及在自身领域进行学习，这三个因素将会促进成人学习者的社会交流，发现知识，形成知识并使自己的知识显性化。认知学徒制和实践社群的观点为成人教育工作者提供了重新设计工作场所和学习工具的指导。

四、心智模式理论

（一）心智模式的概念

心智模式（mental model）是由心理学家克雷克（Kenneth Craik）提出来的，指个体长期记忆中隐含着的关于世界的心灵地图。彼得·圣吉（Peter Senge）将此概念引入管理领域。他认为，“心智模式”是对于周围世界如何运作的认知，及如何采取行动的许多假设，深受定势思维局限，影响个体对各种事件的认知和自身行为方式。

心智模式是一种思维方式和心理定式，一旦形成就会指导人们对外界的看法，对员工的工作行为起显著的指导和预测作用；同时员工行为的结果经反馈和积累，会对原有心智模式进行检验，从而修正、扩展或强化原有的心智模式。

（二）心智模式的形成机制

根据社会观察学习理论，个体不仅通过直接的行为实践来获得知识、技能和社会规范，还可以观察他人的行为及相应后果进行间接经验的学习。心智模式的形成亦是如此。个体接受外界环境的信息刺激，经由个人运用或观察得到进一步的信息回馈。若主观认为是好的回馈，就会保留下来成为心智模式，不好的回馈就会放弃。心智模式不断地接受新信息的刺激，这种刺激的过程可通过“强化”或“修正”来加固或修正已有心智模式。心智模式的形成机制见图 2-10。

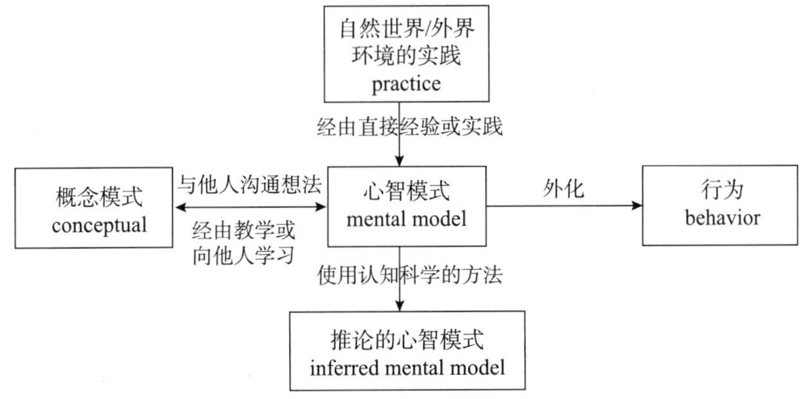

图 2-10　心智模式的形成机制

个体的心智模式的形成是先天因素和后天因素共同作用的结果。它不仅会受到个体本身先天素质比如信息加工方式、学习能力、感知力的影响,还会受到后天外界环境、教育、工作实践和他人的影响。

(三)心智模式的察觉与重塑

每个人的心智模式都不是完美的,个体需要改善心智模式以获取更好的绩效。个体改善心智模式的方法主要有两种:一是反思自己的心智模式,通过反思与学习改善心智模式;二是探询他人的心智模式,从与他人心智模式的比较中完善自己的心智模式。心智模式不易被察觉与检视,必须通过一些方法让把隐藏于内心深处的假设、规则、成见等"浮现"出来,才能对心智模式进行检验和改善。

彼得·圣吉提出了左手栏技术。具体做法是:针对不满意的一次沟通、合作或专业操作等事件,将现实中实际上说的或做的写在纸的右边,想说的及其目的或想做的及其目的写在左边,左右对比以洞察内心的假设,发现交流、合作或专业操作等失败的原因。通过在对话与共享左手栏的过程中了解自己及对方的假设,进行有意义的对话与探询,以此"看见"自身心智模式在某种状况下是怎样运作的,暴露原始的心智模式。

情境策划法通过设计一些未来情境,让参与者发表在这种情境下要采取什么样的做法。这些情境要反映未来的状况,或未来可能遇到的情境。诱导出参与者的心智模式,迫使其认真对待这个情境,做好行为上的准备。同左手栏技术一样,情境策划可以诱导参与者的心智模式。

通过上述方式使员工对其心智模式有了比较全面的认识,对存在的缺陷也进行了一定的反思。在此基础上,可以专家心智模式为基础,对员工进行卓越心智模式重塑。专家具有坚实的知识基础,这些知识以某种逻辑思路或者方式联系在一起,表现出结构性和层级性。他们能够看到表面问题的内部联系和因果关系,对知识活学活用。他们有突出的信息加工能力,能够对情境中的信息进行重新组织和分析,打破思维定式,创造性地解决问题。

这个训练过程包括专家心智模式学习、内化和分享讨论三个环节,见图 2-11。

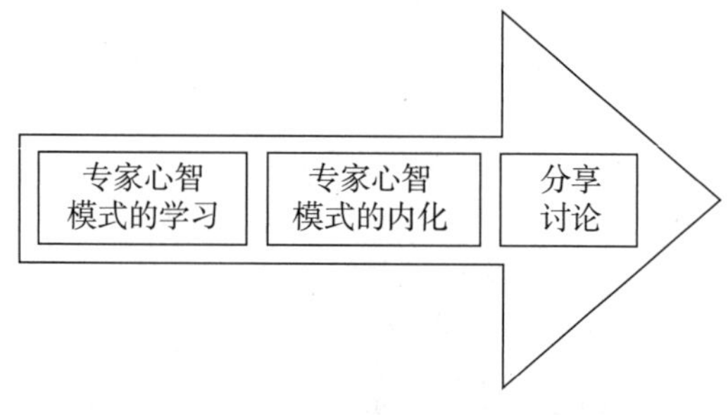

图 2-11　心智重塑的一般过程

专家心智模式的学习阶段。通过开展各种生动的学习内容,使员工在头脑中形成更清晰的专家心智模式。在这一阶段要注意以连续多次能正确地完成有关学习内容及程序为标准。只有达到了这一标准,才能转向内化阶段。

专家心智模式是借助于内部语言默默进行的,而外部语言作为心智模式的标志及执行工具,在"内化"过程中具有重要作用。因而在"内化"阶段,采用说与做相结合、情景再现等方法加强对专家心智模式的内化，使员工在工作实操中，即使离开了模拟的培训情景，也能对专家心智模式进行内化。

培训目的不仅仅在于专家心智模式的“达成”，更在于巩固加强该模式。因此，在分享阶段采取更加丰富的形式来促进员工交流，巩固专家心智模式的培训成果。

五、成人学习理论的应用

为了提高培训的效果，应充分应用成人学习原理。在企业培训的实践中，要遵循以下学习原理。

(1) 培训组织者应通过调查和沟通，识别学员的现实需求，设计相关的培训内容，选择适合的培训方案，并将培训目标准确地传递给学员。只有他们学习目的明确，且与工作紧密相关，学习针对性强，才能激发其内在学习动机。

(2)扎根工作中的真实问题情境，促进学员将学习内容模拟运用。成人强调知识的可操作性和实践性，追求学习内容能够指导工作。培训要以问题为中心，不能以主题为中心，要不断地联系未来工作情境，强调培训中所学东西有利于今后的工作和职业发展，并给予其模拟实践机会。

(3)注重员工的自我概念和个体经验，启发其自我反思。培训中不断引导员工对以往经验进行反思和领悟，发现其理念、思维方式、知识和技能的不足。

(4)创设问题情境，引发学习兴趣。成人对其已经知道的内容容易失去耐心。培训者应在教学中注意创设问题情境，巧妙地置疑设难，引导员工积极参与。

(5)因材施教，鼓励员工参与学习。由于员工人格特点及面临的工作问题各异，培训者要因材施教。成人学习者是一个异类的群体，需要根据不同的个体特征采取不同的培训方法。设计培训项目时应从以下十个维度来考虑学员的差异，见表 2-12。

表 2-12　成人学习时应考虑的差异维度

工具性	学员对所学概念和技能直接应用的关系程度
怀疑性	学员显示出质疑、要求逻辑、证据和实例的程度
抵制变革	学员害怕过程转向未知，或害怕过程对个人影响的程度
注意力跨度	学员能够保持注意力的时长
期望水平	学员对培训师及学习要求的质量和数量水平
主导需求	对学员的内在动机和外在需求排序
吸收水平	学员希望的学习速度、效率和节奏
主题兴趣	学员对主题的兴趣
自信	学员的独立性和自我关注强度，及要求的反馈、强化和成功经验水平
控制点	学员自认培训内容能在工作中成功应用的程度

资料来源：Newstrom，Lengnick-Hall. One size does not fit all[J].Training and Development Journal，1991，45(6)：46.

(6)成人形成了相对固定的思维模式和见解，需要采用多种形式的互动教学方法改善效果。培训师可以采取参与讲授、分组讨论、体验性操练、示范操作、角色扮演、游戏和户外拓展训练等社会性的形式和途径。

第四节　培训成果转化理论

培训成果转化(又称“迁移”),是指受训者将培训所学知识和技能有效地、持续地运用于工作之中,能够帮助个人利用先前的经验解决新的问题。培训成果转化是如何产生的,如何促进转化?国内外学者提出了一系列理论。

一、同因素理论

心理学家桑代克(Thorndike)和伍德沃斯(Woodworth)提出的同因素理论(identical element theory)认为,培训成果转化容易发生在两个具有相同因素的任务之间,即任务、材料、设备和其学习环境特点与工作环境越相似,培训成果转化效果就越明显。

该理论被广泛应用于培训项目的开发,简单的运用包括案例学习、商业游戏、角色扮演等的模拟培训;复杂的运用主要是高级的行为模拟和器械模拟两种。例如,在对新飞行员的训练中创造与真正飞机高度一致的“模拟驾驶室”。

然而,相似性要求越高,复杂性和成本就会越高。此外,该理论没有指出工作环境与培训环境不相同时应该如何进行转化,对于人际关系等技能的培训,不具有指导意义。

二、产生式成果转化理论

认知心理学家安德森(J. R. Anderson)提出的产生式成果转化理论认为,两项技能学习之所以能产生成果转化是由于这两项技能之间的重叠,重叠越多,成果转化效果越好。如掌握了“1/2+1/3”的算法,可对解答“1/4+1/5”起到促进作用,原因是这两个算式之间有共同的产生式。产生式是指形如“如果……,那么……”的规则。

知识分为陈述性知识和程序性知识。前者对应于“是什么”,后者对应于“怎么做”。技能学习分为两个阶段:首先,规则以陈述性知识的形式进入学习者的命题网络;然后经过变式练习转化为以产生式表征的程序性知识。当两项任务有共同的产生式或产生式的重叠时,转化就会发生。

根据该理论,首先,培训教材的选编必须遵循循序渐进的原则,先后两个单元应有适当重叠,使先前的学习作为后继学习的准备。其次,技能之间产生成果转化的本质是共同的产生式,共同的产生式也就是共同的规则,规则又必须以概念和原理为基础,所以教学或培训必须注重概念和原理的学习。最后,先前学习的内容,必须有充分的练习,才能易于成果转化,否则先后两项任务因有共同成分而会导致混淆。

李宁公司的培训成果转化

“推动中国体育事业,让运动改变我们的生活”,是李宁有限公司独特的企业文化,是李宁公司的每个部门紧密协作、奋力向前的接力棒,使所有的供应商、经销商、服务

商成为合作伙伴，让所有的员工合力同心。

李宁公司做出战略选择是确立了走体育专业化的发展道路。要实现这个战略，最重要的资源便是人才。体育用品行业是一个快速发展的新兴行业，缺少大量的专业管理人才。公司从长远出发，决定在企业内部快速培养人才，以保障企业战略的实现。李宁公司成立了“学习与发展中心”(Learning/Development Center)，通过塑造鲜明的企业文化，将提拔和培养核心人才、培养国际化的经营管理团队作为工作的重中之重。

在人才培养的过程中，培训是其中非常重要的手段。李宁公司非常注重培训后的成果转化，主要从两个方面来提升成效。

第一，推动部门经理加强对员工后期的行为改进。主要采取以下措施：

A.参加培训的人员都要经过上级推荐，上级知道他培训的内容；

B.培训结束后，立刻公布学员的成绩；

C.每个学员根据一天的学习写火花集。

这些火花都是学员听课之后联想到的工作突破点，根据这个数量进行小组成绩和学员成绩的打分。培训结束后，把学员的承诺行动和学习成绩汇总出来，整理打包发给上级，让上级知道学员在课程中有哪些收获。

第二，采用DDI的培训模式。在课堂上加强学员的管理语言练习，增加实战练习，让学员说出、做出标准的管理动作，养成习惯。

另外，李宁公司还采用Mini-EMBA的模式，全面系统地培养未来的领导团队。在设计这个项目的过程中，公司摸索出一套让学员进行自我管理、自我督促的培训模式。其中一个好办法是实行收费制，每个接受培训的员工要从工资中拿出1万块钱，作为培训基金在培训之后进行奖励，有的人能拿到1.2万，有的拿到0.8万，也有人一分钱都拿不到。这个机制有效地协助了培训管理。以往培训学员不太珍惜学习机会，缺席和迟交作业现象严重，这套方法实施后，此类现象明显减少，如有发生也会积极主动地解释原因。

李宁公司的人才培养体系持续提升了公司的核心能力，培育国际化的经营管理团队，提升和发展了员工能力，帮助企业实现战略目标，为公司成为中国体育用品行业管理的标杆打下坚实的基础。

资料来源：作者根据多方资料有调整。

三、经验类化理论

贾德(Judd)提出的经验类化理论(stimulus generalization approach)认为，转化发生的主要原因，不在于任务之间的表面相似性，而在于是否获得对有关知识的概括化的理解。两个学习活动之间存在的共同成分，只是产生迁移的必要前提，而产生迁移的关键是学习者在两种活动中概括出它们间的共同原理，即在于主体所获得经验的类化。只要一个人对其经验进行了概括，概括化的原理就可以应用于不同的情境中。概括化的原理和经验是转化得以产生的关键。

经验类化理论强调概括化的经验或原理在迁移中的作用。概括化的过程不是自动化的,与教学方法密切相关。增强培训效果的方法是注重培训中的重点特征和一般原理,同时明确这些一般原则的使用范围;鼓励学员将培训中强调的要点与实际工作经验结合起来,学员之间共享在不同情境中这些原则得以应用的成功经验;鼓励学员设想在不同环境下如何使用新技能;鼓励学员将所学技能应用于与培训环境不同的工作环境中。

管理技能培训项目的理论依据就是经验类化理论。商学院培养 MBA 时,通常共同讨论若干案例,并以此训练学员对市场研判能力、战略策划能力、高效执行能力以及领导能力等。运用经验类化理论最大的难点是如何对培训中各种项目内容的共同原理进行总结和概括。

四、认知转换理论

奥苏伯尔(David Ausubel)的认知转换理论(cognitive theory of transfer),强调信息的储存和恢复是学习的关键因素。通过向受训者提供有意义的材料,增加受训者将工作中遇到的情况与所学的知识技能结合的机会,可强化记忆效果,增加成果转化的可能性。同时,应向受训者提供对所学信息进行编码记忆的技能,以帮助受训者恢复培训习得中的知识与技能。

奥苏伯尔提出,如果原有的认知结构能为新的学习提供固着点或者关系,而且原有知识和技能越稳定和清晰,就越有利于学习成果转化的发生。此外,如果学习者能意识到新旧知识间的异同点,能利用旧知识同化新知识时,就有利于学习成果转化的发生。设计恰当的"先行组织者"可以促进学习的成果转化。所谓先行组织者是指在学习新材料之前呈现的一种引导性材料,它能将要学习的材料抽象、概括、综合起来,能清晰地与认知结构中原来的观念和新学习材料联系起来。先前的学习不仅包括某个具体材料的学习,还包括对过去经验的学习,可以让培训者积极利用学习者的经验进行分享。

基于认知转换理论,培训中要鼓励学员思考培训内容在实际工作中的可能性应用,帮助受训者理解所学信息与现实应用之间的联系,在需要时更快地回忆起所学习过的知识与技能。

五、学习转化立方体模型

欧洲学者费奥(Feio)和博迈森(Beomson)提出学习转化立方体模型(见图 2-12),该模型有三个轴。

横轴为实践性:沿此轴原点越远,则学习内容越具体化、可操作化,越具有应用导向性。

纵轴为交往性:沿此轴离原点越远,则学习中与同事、同学间相互交往讨论越多。采用形式必须是有组织的,如建立班组制学习。

立轴为自主性:沿此轴离原点越远,则无教师乃至书本指导而由学生自己去独立摸索。

八个点是自主性、实践性和交往性三种因素的不同学习方式的组合点,代表八种不同的学习方式。A 点和 F 点则表示两种截然不同的学习方式。

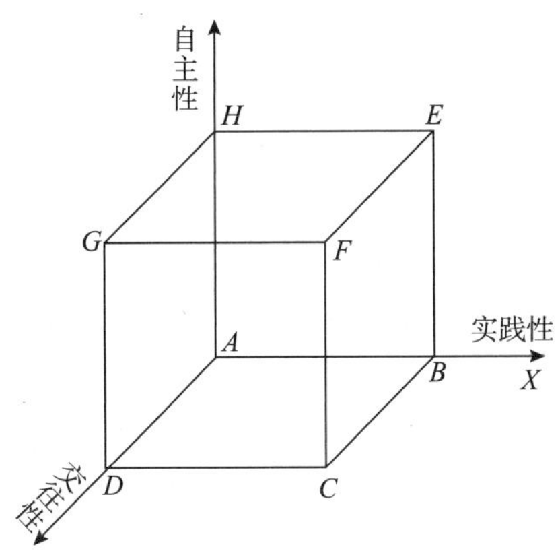

图 2-12　学习转化立方体模型

员工培训多以 F 点学习模型为主，学习方式是个体积极参与，共同讨论和相互学习，强调实践性，使学员能较快地将所学到的知识技能运用到工作中去。在学员积极参与、互动式的学习方式中，学习的阶段构成一个循环，具体循环阶段见图 2-13。

在接触期，学员在学习交流中接触新信息、新知识、新观点和新技能；在反应期，学员讨论各自所学的东西，进行互动式学习；在交战期，学员在互动学习中提升，新旧知识、经验等的碰撞或冲突，在碰撞中经过培训师的指导和学员的思考获得新知识、新经验；然后进入学习的归纳期，学习归纳所学到的新知识、新经验、新原则等；最后进入行动期，随着时间的推移、工作的变化，学员可能会遇到新问题，发现已有的知识、技能不能解决出现的新难题，又进入新一轮的培训，重复前面各阶段。

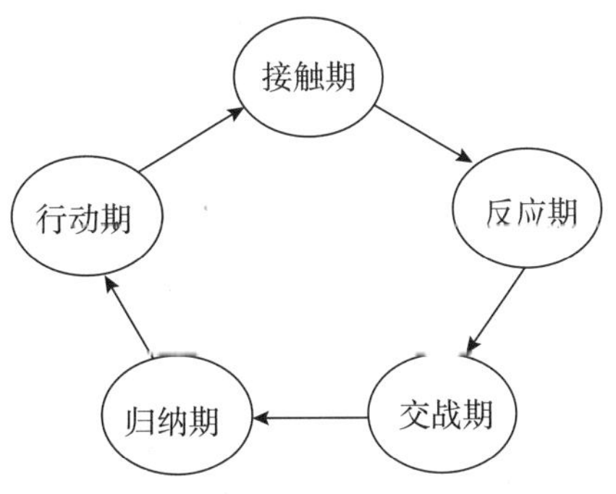

图 2-13　学习的循环阶段

六、学习迁移 PPEE 模型

中国管理学家陈国权和吴凡构建的学习迁移的 PPEE 模型认为，学习迁移是一个系统，人（Person）的因素、问题（Problem）因素、人和问题的交互作用及环境（Environment）的调节作用，共同影响迁移效果（Effectiveness）。该模型从五个方面论述迁移的机制。

第一，从不同层面、不同阶数来探究人的因素及其相互作用对迁移的影响，包括后端基本能力（记忆、判断、思考、归纳、演绎等）、中端心理过程（对问题基本原理、整体关系、学习方法的理解和思考、元认知）、前端知识结构（已有的知识及其组织和存储的形式）三个层面,及各层面中不同阶数的因素,高阶因素更为本质。

第二,问题因素包括形象相似性和抽象相似性。前者指问题的现象、外形等容易表现出来的相似性,后者是更为本质的相似性。基于形象相似性和抽象相似性,将问题间关系分为四个类型。(1)抽象形象相似性均高,称为“甜点”型,个体能准确识别新旧问题,将相同的内容迁移。(2)抽象形象相似性均低,这时新问题的解决就是一块“硬骨头”,个体难以将从以往问题获得有用的信息迁移到新问题上。(3)抽象相似性高、形象相似性低,称为“新瓶旧酒”型,个体必须透过形象特征发觉抽象特征之间的相似性,新旧问题之间共同的特征相对难以被发现,个体容易被形象的差异误导,迁移较难发生。(4)抽象相似性低、形象相似性高的新旧问题,则是一种“陷阱”,个体易受到形象相似性的误导,对于抽象特征产生错误判断,迁移效果不好。

第三,迁移效果取决于人的因素和问题因素的互动程度和结果。一方面,问题因素对人的因素和迁移之间的关系产生影响。当面对新旧问题间两种相似性都高的“甜点”型问题时,人的因素最能够促进学习迁移,而另外的其他三种情况,个体主观能动性都会受到制约,且“陷阱”问题对人的误导作用最强,会使人错误地进行迁移。另一方面,人的因素会对问题和迁移之间的关系产生影响。当个体具有良好的记忆、判断和归纳演绎等能力,或能够概括问题的基本原理,或曾遇到过类似问题,具有相关知识,更容易发现新旧问题的相似性,使“甜点”型问题对迁移的促进作用更强,并准确识别出不相似或相似性不一致的困难情况,使“硬骨头”“新瓶旧酒”“陷阱”型问题对迁移的抑制作用减弱。

第四,环境因素会影响迁移效果。环境因素可分为时间紧迫性和空间重要性两个维度。一方面,当可利用时间很短,且其影响涉及较高的层次和重要的维度时,个体往往能充分发挥各方面的能力,迅速思考,调用已有的知识,以较高的效率和效果实现迁移。但当时间紧迫性和空间重要性超过一定范围后,压力过大,反而不利于迁移。另一方面,当时间紧迫、空间重要时,“甜点”型问题可能会更好地实现迁移,而“硬骨头”型问题则可能更难以迁移,容易造成误导的“陷阱”型问题和相似性较隐蔽的“新瓶旧酒”型问题也可能会更难以迁移。

第五,人的因素、问题因素、环境因素共同作用影响迁移效果。一方面,在适当环境中,时间较为紧迫、空间比较重要,但又未超过一定的范围,个体会感到适当压力,较高的基本能力、心理过程、知识结构能发现并利用问题之间的相似性,促进迁移效果。另一方面,在时间紧迫、空间重要的情况下,问题越相似,个体越能迅速、准确地将以往的知识和经验等运用于解决当前问题,强化迁移效果。

迁移的 PPEE 模型见图 2-14。

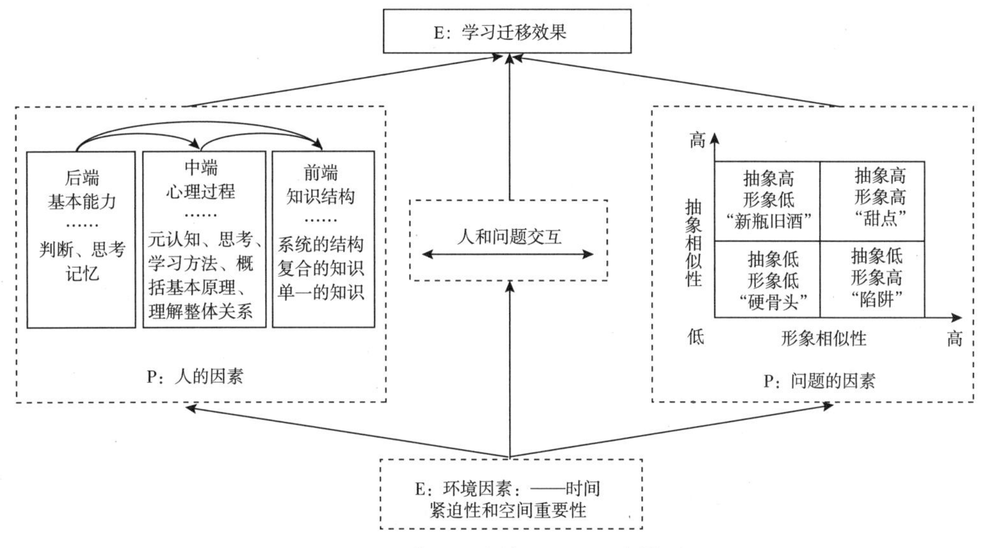

图 2-14 学习迁移的 PPEE 理论模型

"私人订制"培训重塑安全心智模式

山东能源肥城矿业集团有限责任公司
SHANDONG ENERGY FEICHENG MINING GROUP CO.,LTD.

掘进工刘景因为井下支护不到位、违章作业，被送进山东能源肥矿集团安全文化学院进行"心智重塑"。借助心理量表测试、深度会谈等方式，老师发现刘景有激情但工作方法简单，有干劲但鲁莽，为其制定了侧重反例体验、心理疏导、规程对标和风险辨识的培训方案。

为期 10 天的安全心智模式培训，他体验了模拟腿部骨折伤残，去食堂买饭、到开水间提水、拄拐上下楼梯等日常生活，感受伤残带来的不便和痛苦。"坐在轮椅上，我想到了父母妻儿，如果自己身体伤残了，谁来照顾他们。说什么我也不违章了。"刘景说。

在网络和信息化时代，煤矿员工思想比较活跃，安全教育单靠"一个活动来回搞，一个模式上下套"，难以收到预期效果。

山东能源集团按照"双基"建设要求，以理念人性化、覆盖全员化、教育分众化、帮扶亲情化、互动智能化"五化"为目标，大力推进实施了群团监督、实景培训、安全体感、结对帮扶、心理疏导、心智模式培训、人体生物节律监测、网络互动等安全宣教"十六法"。

刘景参加的就是其中的心智模式培训。该培训模式包括目标定向、情境体验、心理疏导、规程对标、心智重塑、现场践行和综合评审“七步法”，以“重塑魂”“改变人”，最终“受教一次、净化心灵、管用一生”。

在安全文化学院培训室，拐杖、轮椅、担架等模拟煤矿各类伤残用具一应俱全。他们共设置反例体验项目13个，根据学员专业、违章性质及容易造成的伤害，组织学员进行相应的体验，解决了浅表式教育对事故伤害认知不强的问题。安全心智模式培训塑造了员工科学的安全心智，使员工过去给违章找借口、怨别人，转变为反思自己，深刻剖析问题原因。

山能肥矿区队违章积分月均下降62.1%，班组违章积分月均下降66.5%，个人违章积分月均下降96.6%。国家煤监局专门下发文件，在全国煤炭行业推广其安全心智培训模式。

争相观看安全“双示”教育片，成为山能枣矿柴里煤矿职工的新时尚和基层班前会新议程。“双示”教育片主要包括安全案例警示、矿井安全隐患公示。前者以各地矿井发生的安全事故为主，后者则以本矿井前一天现场存在的安全隐患为主。该矿共制作安全警示教育短片1360余个，公示日常安全隐患9800余条，公示各类典型事故案例5900余个。“双示”教育片每天都更新，像电视连续剧一样。时刻警示遵章守纪、安全生产。“双示”教育片改变了以前班前会一味念文件填鸭式说教，让职工在入井前感受到家人对他们的牵挂和事故的震撼，触发心底共鸣，达到入脑入心。

此外，山东能源枣矿七五煤矿自编自导自演的微视频《杜小五历险记》，在职工微信朋友圈内也被刷爆了，主演杜岸洗成为矿山家喻户晓的明星，并被称为“矿山卓别林”。该矿选取发生的“三惯三乎”小故事，采取默剧形式，用日常工作车间和“杜小五”诙谐夸张的肢体语言、面部表情来展现，使职工们感同身受。该矿已经拍摄《电工杜小五》《酒闹杜小五》《叉车司机杜小五》等7集，观看达数万人次。

山东能源集团突破传统安全教育相对单一、手段过时的状态，用好互联网、人工智能等信息化手段，推广VR，开发E课堂、手机APP，制作动画动漫等多媒体教材，让安全宣传教育更有感染力、吸引力，使职工产生强烈的视听冲击，增强自主安全意识。

山东能源临矿集团郭屯煤矿组织开展“身边隐患随手拍”，“抖除隐患”抖音视频万余人次点赞。山东能源新矿孙村煤矿组织拍摄安全主题微电影《差不多》《假如》等，职工看完后深深地感受生命的宝贵和安全的重要性，违章人数、典型“三违”、破皮工伤人数大幅下降。山东能源龙矿梁家煤矿综采队推出快餐式“指尖课堂”，让职工结合亲身经历，撰写“发生在我身边的危险镜头”案例，在班前会上朗读、谈体会，“一人念、大家听、众人议”，让“不安全不生产”理念渗透到员工灵魂。通过推行“双示”警示教育，山能枣矿柴里煤矿2019年现场隐患条数、“三违”人数同比分别下降15%、12%。

“以前对高空坠物的伤害只停留在概念上，这次体验让我真实感受到了它的威力，内心很受触动。”为提高全员安全防范意识，让安全教育更直观，更丰富形象，2018年，唐口煤业公司启动建设了全国煤炭行业首个“安全体感中心”。该中心共有VR体验、个体防护、人体触电、机械伤害、应急救援、消防安全6个区域20多项体感项目，员工通过观看、亲身体验高空坠物、突发火灾等各种事故带来的“不安全感”，对安全事故的危险性和后果有更深刻的认识，增强安全意识和安全技能。

山东能源巴彦高勒煤矿“违章行为矫正中心”又迎来新一批的违章学员。自违章者到矫正中心报到起，根据违章类型，为其量身打造培训计划，有针对性地帮助他们增强安全意识，提升业务素质。自实施“违章行为体验式矫正”管理法，违章人次环比下降 56%，被矫正者返岗后没有出现重复违章现象。

山东能源翟镇煤矿在全国煤矿企业率先将 VR 引入安全培训教学，自主研发手机培训 APP 和“闯关夺牌”软件，采用 VR 虚拟仿真技术，整合形成手指口述正规操作、风险管控、隐患处置、虚拟事故教育的素质闯关系统，打造“线上能练兵、线下能实践、闯关能晋级、学习能出彩”的教学新模式，为促进矿井安全生产发挥积极作用。截至 2019 年 10 月底，矿井已连续安全生产 6000 多天。

资料来源：作者根据多方资料有调整。

本章小结

学习的结果是学习者在知识、技能、行为等方面发生改变，并且这种改变是持久的。学习是个体的一整套内部信息加工过程，由八个学习阶段构成，教学程序应当与学习者的内部心理过程相吻合。为了达到有效的学习目的，可以采用认知策略、元认知策略和资源管理策略。库伯认为存在九种不同的学习风格，学习者学习风格的不同会使他们倾向于某些特定培训方法。

行为主义学派把学习看作刺激与反应之间联结的建立，是尝试错误的过程。认知主义学派认为学习是对情境的理解或顿悟，是认知结构的变化。人本主义学派认为，学习是个体行为、态度与个性发生改变。建构主义学派认为，学习是主动建构和生成意义的过程。联通主义学习理论认为，学习是一个连续的、知识网络形成的过程。

成人学习理论认为，成人与儿童具有不同的学习风格和特点。掌握成人学习的一般特征，有助于改进员工培训效果。如库伯的体验式学习理论认为，有效的学习应从体验开始，进而发表看法，然后反思，再总结形成理论，最后将理论应用于实践。情境学习理论则强调，成人学习注重经验和合作，通过共同参与学习活动，获得其所需要的技能。培训的最终目的是改善员工的心智模式。

同因素理论认为，学习成果转化容易发生在具有相同因素的任务之间。产生式成果转化理论认为，成果转化是由于两项技能之间的重叠，重叠越多，成果转化效果越好。经验类化理论认为，转化发生的主要原因在于获得对有关知识的概括化的理解。认知转换理论强调信息的储存和恢复是学习的关键因素。学习转化立方模型以自主性、实践性和交往性的不同组合形成了八种不同的学习方式，揭示不同学习方式都转化的影响。

PPEE模型认为,人的因素、问题因素、人和问题的交互作用及环境的调节作用共同影响转化效果。

问题思考

1.简要陈述基本的学习策略。
2.简述建构主义学习理论的主要观点。
3.简述联通主义学习理论的主要观点。
4.谈一谈对戈特提出的成人学习十六条原理的理解。
5.简述体验式学习的特点。
6.如何识别和改善员工心智模式?
7.根据学习成果转化理论,论述如何提高培训成果转化的效果。

参考文献

[1] 雷蒙德·诺伊.雇员培训与开发[M].北京:中国人民大学出版社,2015.
[2] 颜世富.培训与开发[M].北京:北京师范大学出版社,2017.
[3] 王淑珍,王铜安.现代人力资源培训与开发[M].北京:清华大学出版社,2015 .
[4] 陈胜军.培训与开发:提高·融合·绩效·发展[M].北京:中国市场出版社,2010.
[5] 石金涛.培训与开发[M].北京:中国人民大学出版社,2019.
[6] 徐芳.培训与开发理论及技术[M].北京:复旦大学出版社,2019.
[7] 陈国海.员工培训与开发[M].北京:清华大学出版社,2019.
[8] 胡蓓,陈芳.员工培训与开发[M].北京:高等教育出版社,2017.
[9] 赵曙明,赵宜萱.人员培训与开发:理论、方法、工具、实务[M].北京:人民邮电出版社,2019.
[10] 刘建华.人力资源培训与开发[M].北京:中国电力出版社,2014.
[11] 胡欣,袁秋菊.培训与开发[M].重庆:重庆大学出版社,2017.
[12] 赵耀.员工培训与开发[M].北京:首都经济贸易大学出版社,2016.
[13] 唐莉蓉.美国成人转化学习理论发展研究[D].重庆:西南大学. 2015.
[14] 王志军,陈丽.联通主义学习理论及其最新进展[J].开放教育研究,2014(5):11-28.
[15] 梁社红,刘晔,时勘.基于安全心智培训的抗逆力干预研究[J].心理与行为研究,2017,15(6):115-120.
[16] 李艳庆,杨华.论麦基罗转化学习理论及其对成人教育发展创新的指引[J].中国成人教育, 2017(2):18-20.
[17] 张伟,刘征.质变学习理论基础、建构及对成人教育的启示[J].中国成人教育, 2016(16):16-18.

[18] 姬昂.基于体验式学习理论的成人教育发展再探索[J].继续教育研究,2017(4).
[19] 耿娟娟.基于成人学习理论的教师培训有效性研究[J].中国成人教育,2017(5):135-138.
[20] 李晓丽.布鲁纳学习理论及其对教学工作的启示[J].教育探索,2015(11):5-8.
[21] 项丽娜.体验式学习理论及其对成人教育的启示[J].中国成人教育,2017(3).
[22] 陈国权,吴凡.学习迁移的系统理论:PPEE理论模型的建构和意义[J].中国管理科学,2018,26(9).

第三章　培训与开发需求分析

☆ 理解培训与开发需求分析的含义、类型。
☆ 了解培训与开发需求分析的影响因素。
☆ 熟悉组织培训与开发需求分析的流程。
☆ 掌握战略/组织、任务、人员层面培训需求分析步骤。
☆ 理解基于胜任力的培训需求分析。
☆ 能够撰写培训需求分析报告。

新乡航空工业(集团)员工与企业共同发展的企业培训需求设计

新乡航空工业(集团)有限公司(以下简称“新航集团”)是隶属于中国航空工业的大型现代化企业集团,拥有10000多名员工,其中包括3600多名专业技术人员。该公司主要从事航空机载设备和汽车零部件的研发,是中国航空工业机载设备的重点企业,中国汽车零部件百强企业和供应商百强之一。

新航集团秉承企业与员工之间“共同发展,共同超越”的人才理念,实施人才强企战略。除了扩大吸引人才的渠道外,它还把构建“科学,高效,具有新航特色”的教育和培训体系,并培养出结构合理、专业配套、适应市场竞争需要的高素质员工队伍”作为实施人才强企战略的重要课题。

一、新航集团培训体系开发指导思想

站在人才管理的高度,新航集团积极贯彻企业与员工之间“同发展,共超越”的人才

理念，将无意识的“人才自然成长”转变为有意识的“人才牵引成长”，实施基于胜任力模型的培训课程以提高员工在新航集团不同发展阶段的能力要求。新航集团的课程体系主要分管理人员领导力提升和各类别专业人才培养两个主要课程模块，如图 3-1 所示。

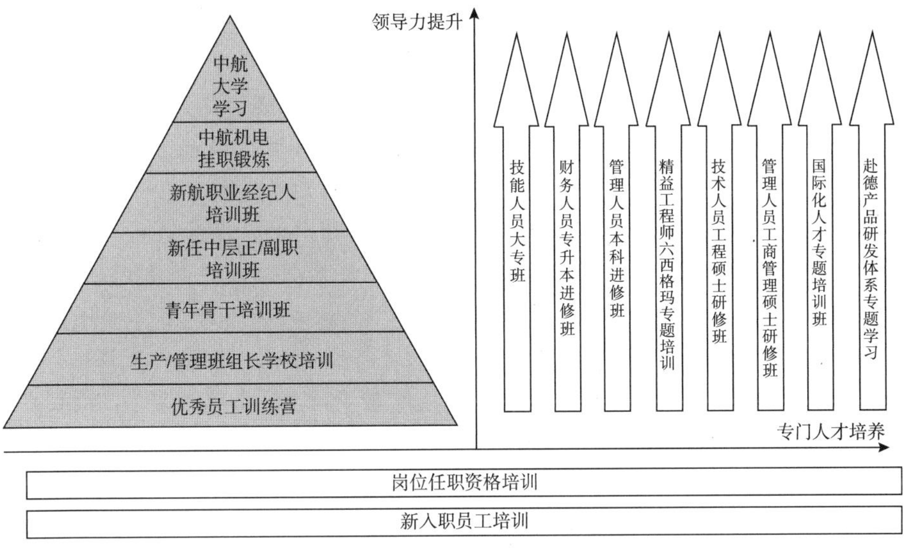

图 3-1　新航集团课程体系各模块构成

二、新航集团培训体系建设的思路

（一）课程体系开发的原则

一是服务企业发展的原则。培训课程的设计开发应密切关注集团的经济发展战略和集团的人力资源开发战略，紧密结合企业改革和发展的实际需求。二是总体规划，循序渐进的原则。员工教育培训是一项长期而系统的项目，要求培训者制定统筹规划，关注关键员工和关键工作类型，并循序渐进实施。三是实用性原则。课程开发应根据本集团当前和未来的培训需求，强调知识和能力的实际应用，在员工职业成长过程中实现理论知识能力和实际操作能力的协调式增长。

（二）培训需求要超前谋划、系统设计

在开发和设计课程系统时，培训师必须提前计划，系统地设计，注意每门课程的前瞻性、科学性以及课程的系统性。

首先，课程开发应提前计划，要体现出课程的前瞻性。超前计划课程体系要求培训部门以企业发展战略的核心竞争力为起点。具体而言，培训部门通常会首先支持公司未来五年的战略发展和核心能力提升的相关培训项目，从公司多维度能力、企业文化、员工学习能力等维度进行超前思考与计划，设计开发一些前瞻性课程。

其次，应系统地开发设计课程，每个模块阶梯形课程的培训目标要形成完整的能力提升目标链。这就要求企业在设计和开发课程体系时，不仅要考虑同级别人员的管理知识和技能之间的协同关系，而且要根据不同类别执业素质能力考虑其岗位和专业的特性关系。既要考虑不同层级的各类管理人员知识和技能的管理渐进关系,又要考虑知识与技能之间的互补关系。

再次,要科学地开发课程,必须符合成人的学习特点,并遵循人才成长的规律。这就要求在设计和开发课程系统时,要关注各类员工的职业成长的特点,科学地遵循人才成长的规律。

(三)建立协同高效的培训组织机构,服务培训需求

为了实现发展员工和企业课程体系的总体目标,新航集团建立了协同高效的“三部、一校、一办”的培训管理组织架构(如图 3-2 所示)。培训组织系统由集团干部培训部、集团员工素养培训部、集团员工技能培训部、集团班组长学校和集团培训中心办公室等部门组成。在新航集团的培训组织系统中,由集团总部及各子公司高层职业经理人、各基层单位经理为第一责任人;党委书记、人事教育副总经理任培训中心副主任;培训中心教务长总体协调“三部、一校、一办”的教育培训相关工作;各子公司及直属单位领导班子成员组成各自的培训领导小组;此外各单位指派一至两名兼职培训管理员保障培训工作的协同和培训资源的共享。这种“协同高效、资源共享”的培训组织架构,不仅保证了组织体系对培训活动的影响,而且还有助于完成培训职能深度转化,形成了积极上进的学习氛围。

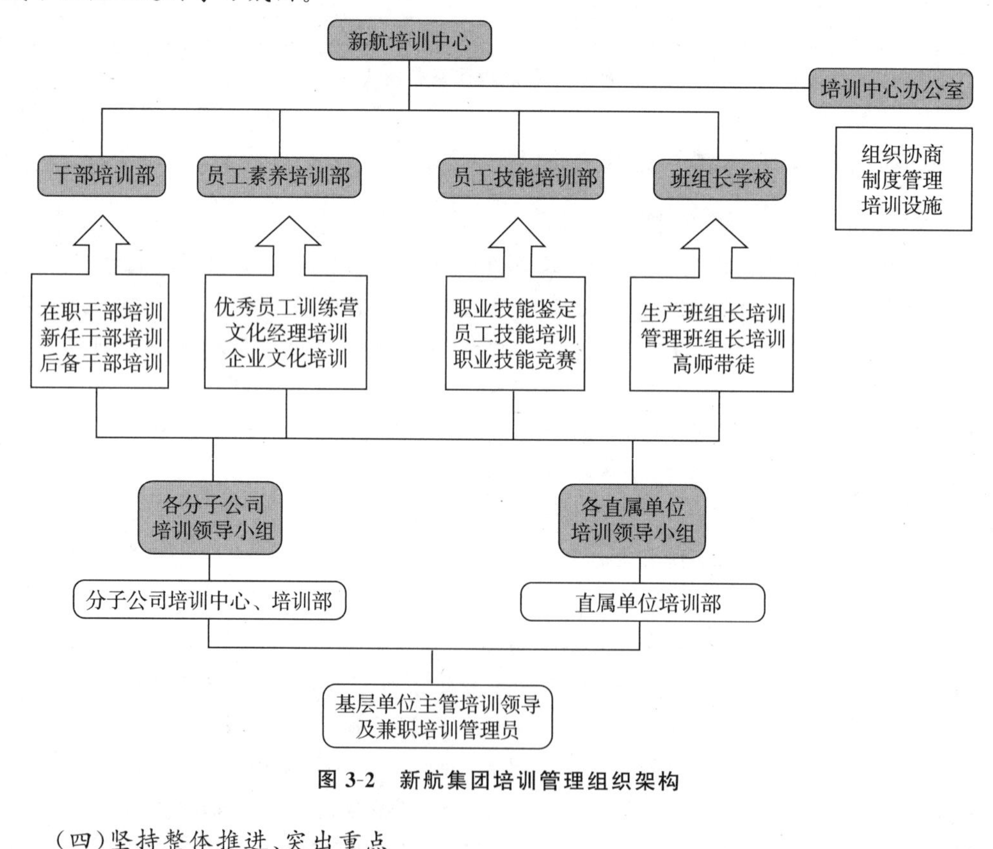

图 3-2 新航集团培训管理组织架构

(四)坚持整体推进、突出重点

在统筹推进各级各类人员教育培训的基础上,重点抓好关键岗位,关键培训内容

和关键培训对象。在培训课程开发工作推进过程中，新航集团将领导力和专业能力的培养作为重点工作同步开展。这两类重点课程模块，一方面能够支撑企业领导干部人才和各专业骨干人才两支队伍梯队建设的要求，另一方面当两个课程有交叉衔接的课程内容时也可以同时满足专业人才快速成长的需求。

三、新航集团课程体系开发的关键——双维导向分析培训需求

将员工与企业共同发展的理念融入教育培训的每个环节，是现代企业培训的关键所在。在课程开发过程中必须关注“培训需求分析”“甄选培训师”“选择培训方法”“审定课程内容与结构”“评估成果转化”五个关键点。新航集团运用双维导向的培训需求分析技术路径进行培训需求分析(见图 3-3)。考虑到员工个人的培训需求多种多样，新航集团的 HRD 坚持服务企业发展大局和学以致用的原则，甄选融合企业发展和员工成长的需求信息，使培训更有针对性，调动员工参与培训的积极性，提高培训效率，从而达到与企业战略的高度契合，与员工职业发展相匹配，从而能够真正实现员工与企业共同发展。

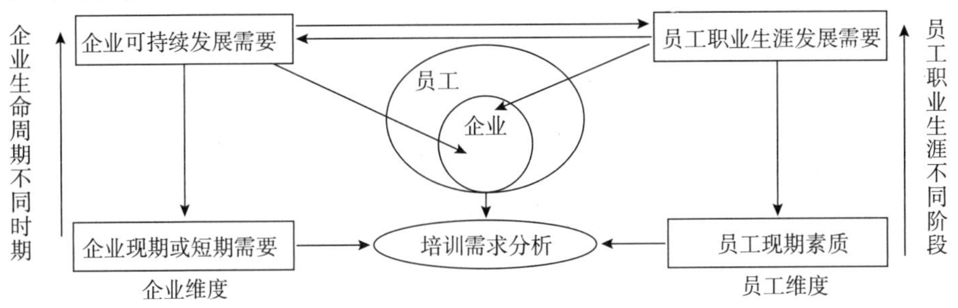

图 3-3 新航集团双维导向的培训需求分析路径

由于处在企业不同的生命周期阶段，员工职业生涯阶段不同时期会产生不同类型的培训需求信息。因此，相应的各模块中企业的高层职业经理人、部门经理、基层员工、人力资源部和专家所对应的人员角色职责与分工也会发生变化，并且采集的内容和方法也有所不同。集团采用的“双维导向的培训需求分析技术路径”，培训管理者及培训师可以使新航集团培训课程体系开发达到事半功倍的效果，这一般包含了以下三个具体的步骤。

首先，收集并分析集团组织层面培训需求信息。采集组织层面培训需求信息时，采用的方法是档案资料分析法。主要参考资料包括公司经营管理评审报告、公司发展规划文件、人力资源规划文件、人力资源信息系统的数据等。在整个过程中，培训需求分析不再仅仅是人力资源部的成员和各部门经理的任务，还有来自企业外部的全方位参与和协作。这也是培训需求分析过程的系统性、全面性的需要。

其次，收集并分析集团任务分析模块的培训需求信息。企业任务分析模块不仅必须从员工的工作分析，确定绩效标准，明确资格和资格中收集的关键信息，还要进行可行性分析。由于培训不是万能的，因此并非所有不足都适合通过培训完善。另外，为了充分考虑未来工作的变化，减少或避免企业在未来发展中衔接或改善难等问题，任

务分析模块的培训需求分析需要具有前瞻性。在整个任务分析过程中,被分析任务的任职者及其上级直接主管领导发挥着重要作用。

再次,收集并分析个人培训需求信息。运用档案资料法、访谈法、问卷调查法、观察法等采集个人层面的培训需求,通过查阅员工个人绩效考核结果、员工职业生涯规划、员工个人档案等,了解员工的知识、技术、能力、态度等方面的差距。在寻找差距时不仅关注现状差距,更重要的是考虑企业生命周期阶段发展战略目标、公司生产经营目标、年度重点推进工作等组织要素的影响,紧密联系员工自身职业生涯规划来确定前瞻差距。此模块是一个多层次人员参与的模块,需要企业内部各层次、全方位参与和协作,充分体现出培训需求分析过程的系统性、全面性。

资料来源:冯新文,李国栋,宋玉芬.基于员工与企业共同发展的企业培训课程体系开发探索:以中航工业新航集团为例[J].中国人力资源开发,2015(8):72-82.

第一节　培训与开发需求分析概述

培训与开发需求分析作为培训的首要环节,不仅是实施培训的前提条件,而且是培训准确性和有效性的重要保证。科学地确定培训与开发的需求,将直接关系培训与开发的各项后续工作的平稳运行。

一、"培训与开发需求分析"的定义

为了深入了解"培训与开发需求分析"的定义,我们首先从国外文献中比较有代表性意义的定义进行检验回顾。

(一)国外学者的定义

斯蒂夫·库克(Steve Cook,1994)等人的定义:培训需求分析主要是寻找理想的绩效标准与实际绩效表现之间的差距,它是人力资源开发的基础工作,是进行有效培训的前提条件。它有助于培训计划的顺利实施,同时是衡量培训方案的标准。

切斯特·德莱尼等人(Chester Delaney et al.,2002)的定义:培训需求分析是指寻找和发现组织中谁需要学习什么,以帮助其更好地完成工作;它有助于提升组织绩效,并排列出培训需求的优先顺序。培训需求分析的焦点不是学习本身、培训计划本身或培训部门必须提供什么,而是根据绩效的标准,关注员工学习的需求,即员工需要学习到的知识、技术、能力、态度等。

戴维·哈里斯(David M. Harris,2002)和兰迪·迪西(Randy L. De Simone,2002)的定义:培训需求分析是确认一个组织人力资源开发需求的过程,它是企业人力资源开发与培训的起点。通过需求分析能够明确:①组织的目标及达到这些目标的效率;②员工实际具备的技能和业绩优秀的员工所需具备的技能之间的差距;③现有技能和未来使工作获得更好绩效所需的技能之间的差距;④企业人力资源开发活动的情况。

(二)国内学者的定义

王淑珍(2015)指出,培训需求分析是运用科学方法收集多方面的信息,通过以下三个方面分析,以期为培训活动提供依据:①定位问题——现有绩效水平与理想绩效水平之间

是否存在差距；②描述问题——员工在知识、技能/能力和胜任能力方面差距的具体表现；③找出解决问题的方案——现有的不佳绩效是否能够通过培训得到提高。

徐芳(2019)指出，培训需求分析是通过收集组织及其成员现有绩效的有关信息，确定现有的绩效水平与应有的绩效水平的差距，从而找出组织及其成员在知识、技术和能力方面的不足，为培训活动提供依据。

赵曙明(2019)指出，培训需求是指特定工作的实际需求与任职者现有知识、能力之间的距离，即理想的工作绩效—实际工作绩效—培训与开发需求。培训与开发需求是培训计划中的一个必要环节，它回答的问题是培训活动要达到什么样的目标。

（三）本书的定义

综合上述各位学者的观点，我们认为培训与开发需求分析是指，运用合理的方法和技术，对组织战略目标及内外环境，组织各项工作特性、标准及其所要求的知识技能，对员工的知识、技术和个人特质等，进行科学的、系统的鉴别与分析，以确定组织是否需要培训及培训内容的过程。

培训与开发需求分析是开展完整的培训与开发活动的首要环节，同时也是进行培训与开发活动的重要基础，不仅是确定培训目标、设计培训规划的前提，也是进行培训评估的基础。因而，培训与开发需求是关乎组织成长、员工培训成功的关键一步。

二、培训与开发需求分析的作用

培训与开发需求分析作为组织培训的首要和必经环节，是培训工作的前提和基础，甚至关乎培训的成败。归纳起来，培训与开发需求分析的作用如图 3-4。

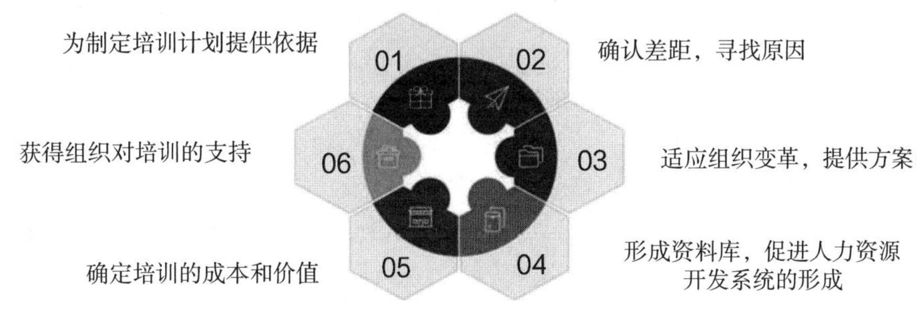

图 3-4　培训与开发需求分析的作用

（一）为制定培训计划提供依据

培训与开发需求分析实际是一个通过科学的方法、技术搜集与培训有关的各种信息资料的过程，真实有效的培训与开发需求分析的结果是科学合理制定培训计划的事实依据。通过培训与开发需求分析，可以使有关人员明晰组织改进的方向，了解员工现实绩效与理想绩效差距的原因，根据员工实际情况，以及特殊要求设计培训内容，从而为获得组织内部上下的支持创造条件。

（二）寻找个人绩效问题产生的原因

培训与开发需求分析的基本目标是确认差距。差距确认主要来源两个方面：一是绩效差距，即组织及其成员绩效的实际水平与绩效应有水平之间的差距，主要通过绩效评估的方式加以完成；二是完成一定绩效所需的知识、技能、能力的差距。这包括对所需的知识、技能、能力、个性特质等进行分析，明确理想的标准和模型；对实践中或现实中所缺少的知识、技能、能力、个性特质进行分析,并对理想的、所需的与实际的差距进行分析。

(三)为组织发展提供可供选择的解决方案

组织总是处于一个不断变革的环境之中,因此,培训部门不能仅仅考虑现在的需求,它必须具有前瞻性的,即必须决定未来的需求并为之做准备,尽管这些需求同现在的需求可能完全不同。这就迫使培训部门在制定合适的培训规划前要迅速地把握住这种变革与需求,对培训与开发进行多角度分析和透视,以适应组织变革。当组织面临着持续动态的变革和挑战时,改变原有分析对培训显得尤为重要。

(四)促进人事系统向人力资源开发系统的转变

科学系统的培训与开发需求分析,能够指出最有效的培训战略,可以形成人力资源培训与开发的信息资料库。人事分类系统作为组织的信息资料库,在制定关于新员工录用、预算、职位升降、工资待遇等政策方面非常重要,但在工作人员开发计划、培训、解决问题等方面作用有限。因此,当培训部门的信息资料与人事分类系统密切整合时,这种系统就会变得更加具有综合性和培训开发的导向性。

(五)确定培训的成本和价值

有效的培训与开发需求分析可以使管理人员把成本因素引入培训与开发中去,即考虑不进行培训与开发的损失与进行培训与开发的成本之差别是多少。如果不进行开发的损失大于进行培训与开发的成本,那么培训与开发便是必需的;反之,则目前还不需要培训与开发或者还不具备培训与开发的条件。

培训与开发可行性分析,一方面可以为组织培养出高素质的人力资源,进而大大降低生产成本和管理成本,另一方面也可以提升组织的竞争力。因此,培训与开发需求能够帮助组织厘清获取并保持成本优先的控制因素,避免盲目的培训计划所带来的资源浪费。

(六)为获得组织对培训的支持创造有利条件

组织支持是指在培训过程中,组织中成员及组织外利益相关者对培训活动的支持,以保证培训活动的顺利进行。因此,培训部门必须想方设法获得组织支持,而获得组织支持的重要途径之一便是让大家都参与培训与开发需求分析。组织中的成员只有认识到培训与他们的切身利益相关时,才会大力支持。

三、培训与开发需求的四种类型

绩效差距引起的培训与开发需求是组织管理需求派生出的最基本的需求。除此之外,由组织的一般管理需求还可以派生出另外三种培训与开发需求:员工 KSA(指知识、技能、态度)差距需求、合规强制性需求和员工偏好需求(见表 3-1)。

表 3-1 培训与开发需求的四种类型

需求类型	描 述	时效性
绩效差距需求	当前绩效与目标绩效之间的差距	当前
员工 KSA 差距需求	人员实际知识、技术和能力与工作胜任能力的差距	当前和未来
合规强制性需求	健康和安全、环境保护、社会责任等国际和国内法规要求	当前和未来
员工偏好需求	鼓励人员参与、获得培训和开发活动的支持	当前

（一）绩效差距需求

常规性的绩效评估为绩效差距分析提供了可靠的信息，并为培训实施提供了依据（图3-5）。但是，分析评价结果和数据不能直接为培训和开发操作提供指导。只有在对绩效差距的信息进行“深度解读”之后获得的 KSA 差距，才能够揭示隐藏的原因，从而为培训与开发操作所利用。

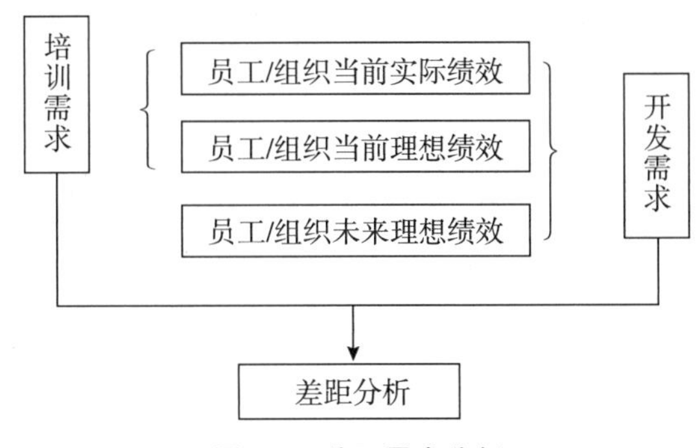

图 3-5　差距需求分析

（二）员工 KSA 差距需求

KSA（K—Knowledge 知识；S—Skill，技能；A—Attitude，态度）差距分析是培训与开发需求分析中最有价值的方法（图 3-6）。该方法通过直接对员工在实际工作中表现出的 KSA 的细致分析，对照职位的 KSA 标准，找出员工的实际 KSA 情况与当前期望或未来理想的 KSA 的差距，为培训与开发提供第一手操作性支持。

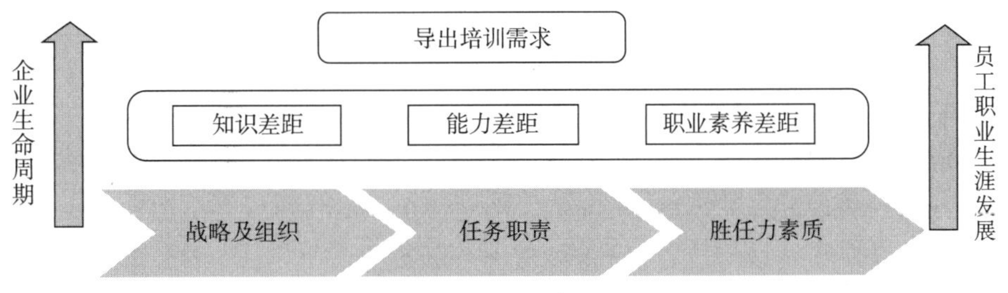

图 3-6　KSA 差距分析

（三）合规强制性需求

合规性强制性需求，通常来源于企业受国际和国内的法律以及制度的约束。企业在一定的国家和地区内从事经营活动，就必然受到当地法规的约束。随着经济全球化的深入发展，国际通行的健康和安全、环境保护、新能源政策，尤其是 21 世纪初的全球金融危机引发的国际社会对投资和风险的监管要求，都对企业提出了相应的强制性的培训与开发需求。

（四）员工偏好需求

在组织提供的培训和开发项目中，普通员工和管理者有时会特别喜欢或不喜欢某些项目，会有个体性的偏好现象存在。组织的培训与开发管理是对组织的战略支持，同样离不开所有员工的参与和支持，需要体现出“民主性”的一面。作为一种激励的内核力量，培训与开发的需求分析必须充分考虑员工个人职业生涯发展规划。

四、培训与开发需求的影响因素

培训与开发需求的影响因素可以总结为两个大方面:一是常规性影响因素,二是突发性影响因素。

常规性影响因素主要是指组织在日常经营活动中经常涉及的一些问题,这些问题要在确定培训与开发需求时作为一般因素考虑;突发性影响因素则是指一些偶发的、非经常性的事件,要在确定培训与开发需求时作为补充来加以考虑。培训与开发需求的影响因素见表 3-2。

表 3-2 培训与开发需求的影响因素具体事件举例

常规性影响因素	突发性影响因素
组织发展目标	新员工的加入
组织发展战略	员工职位的调整
员工个人职业生涯规划	顾客的投诉、抱怨
岗位胜任能力	生产意外事故的发生
社会环境、法律法规、规章制度	产品生产质量下降
员工行为评估、员工考核	产品销售量下降
竞争对手的发展变化	企业内部损耗升高
新技术应用、新产品开发	员工工作效率下降、士气低落
客户偏好的变化	应对特殊事件的能力
组织培训资源状况的限制	世界或国内偶发的重大事件

五、培训与开发需求分析的过程模型

培训需求分析就好比医生为患者照 CT,初衷是"对症下药",即运用科学的工具与评估方法研究培训活动是否必要,以及采用何种培训方式更容易产生预期的效果。下面介绍的培训与开发需求分析过程模型能够很好地说明需求分析的全过程(见图 3-7)。

(一)组织支持

进行培训与开发的需求分析一般会对员工的日常工作行为产生一定的影响。赢得组织的支持是整个培训需求分析过程中第一个关键环节(图 3-7 所示)。

组织支持包括三个方面内容:一是要赢得高层管理者的支持,二是要与组织中的其他关键成员建立密切的联系,三是要组建对外联络小组。如果组织的高层管理者不认同培训需求分析的重要性,那么在推进这项工作的过程中就会遇到阻力。此外,组织中的其他关键人物也会对需求分析过程产生影响。因此,可以通过选拔沟通能力强并且有较强解决问题能力的合适人员,组建对外联络小组,加强与这些人的沟通,赢得组织所有成员对这项工作的配合。

(二)组织分析

组织的战略导向是组织所有工作的基础,因此培训的策略需要根据组织的发展战略来确定。组织是由人组成的,组织的发展目标就是全体员工的共同目标。如果组织的目标不明确,就容易产生个人的行为与组织目标相背离的状况,即使员工在培训中获得了大量的知识、技术和能力，在工作中也会无用武之地。因此，在进行培训需求分析时应该首先进行组织分析。

组织分析是指必须关注组织中影响培训有效性的系统要素，包括了解组织中的资源、影响培训成果转化的环境、组织内外的限制条件等。只有设计一个与组织目标和规划相适应的培训系统才能获得大家的认同。

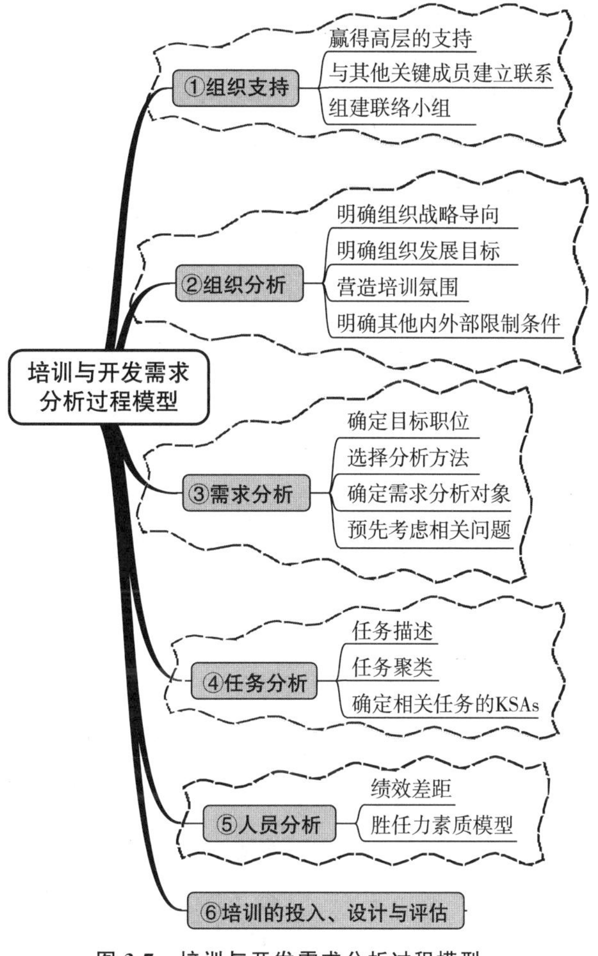

图 3-7　培训与开发需求分析过程模型

（三）需求分析

需求分析是指在收集与工作任务相关的知识、技能、能力之前必须要做的工作。它首先需要明确重点分析的目标职位，然后选择需求分析的具体方法。需求分析的主要目的是获取准确、有效和可靠的信息，因此，如何设计和选取收集信息的方法至关重要。在需求分析中，还有一个很重要的步骤就是确定需求分析的对象，即重点对哪些人群进行培训的需求分析，以及需要预先考虑的问题。

（四）任务分析

任务分析是完成工作所需的重要任务环节和知识、技术、能力要素，这些因素将被纳入培训系统设计之中。具体包括通过填写任务清单等方式对任务进行描述，然后对任务进行聚类分析，并在此基础上分析执行该任务应该具备的知识、技术和能力等。

（五）人员分析

人员分析主要是考察组织中的成员在实际执行工作的过程中所表现出来的技术、知识与能力，通过分析员工实际的工作绩效与理想的、规范化的工作绩效的差距，确定需要对组织中哪些具体的人员进行培训，在培训中重点关注哪些能力素质方面的提高。在绩效差距分析基础上，人员分析还可以结合胜任力素质模型。

上述五个步骤之间层层递进又紧密关联，只有在科学、系统、统筹规划的培训与开发需求分析完成的基础上，才能进行培训项目的投入、设计和评估。

需要注意的是，高层领导、中层领导和一般专业培训人员在对组织层面、任务层面和人员层面的需求分析中所关注的重点是不一样的。比如，高层领导关注培训对实现组织目标的重要性等；中层领导考虑的是培训的成本如何、重点对哪些人进行培训等；具体的专业人员则关注如何确定具体的培训对象和人员名单、需要培训的任务和任务所要具备的知识技能特点等。因此，在征询不同层次领导关于培训需求与开发的意见，或呈现培训需求分析结果报告时，侧重点有所不同。

认为培训与开发需求分析的目的就是通过培训与开发解决组织及其成员存在的问题的看法，是一种片面的认识，并不是所有的问题通过培训与开发都能够解决。例如，美国学者米歇尔把通过需求分析获得的问题分为体制问题、组织问题、技能问题、动机问题，培训与开发需求分析可以提供一些与培训无关的选择，如员工流动、工资增长、新员工吸收、组织变革，或是几个方法的综合。

六、培训与开发需求的优先顺序

在组织中，培训与开发部门可以利用的资源是有限的。培训与开发需求分析得出的是一份需求清单，这就要求培训与开发管理者对这份清单分出轻重缓急，列出其优先顺序。最终实施某项培训与开发项目的决定还必须考虑所需要使用的资源，如培训设备、场地、培训材料、差旅费、师资、咨询费用等。因此，在考虑培训与开发需求优先顺序时，需要回答一个本质问题——投入产出。投资该培训项目对组织绩效的贡献是什么？收益是多少？对这一问题的回答是确定培训与开发需求优先级的首要标准，也是未来进行培训项目效果评估的基准点。

中铁四局：校企合作满足培训需求

中国中铁四局集团有限公司（以下简称“中铁四局”）是具有综合施工能力的大型建筑企业，是“世界500强”企业——中国中铁股份有限公司的标杆企业。公司作为国家级高新技术企业，建有国家级企业技术中心和博士后工作站，现有员工23000余名。公司拥有铁路工程、建筑工程、市政公用、公路工程四项特级资质，是全国为数不多的以及中国中铁系统首家“四特五甲”企业。同时，公司还拥有国外工程承包资质和对外经营权，在20多个国家和地区完成或正在进行的工程百余项。

1.需求＋实用，选课之原则

投入到中国高铁建设与世界级特大桥梁隧道建设过程中，中铁四局亟须培养一批高端技术人才，尤其是桥梁隧道专业能力突出的人才。为满足这一培训需求，中铁四局选择与西南交通大学合作举办了“雄鹰人才——桥隧专业专项能力提升研修班”，培训涵盖隧道建造技术、高铁建造技术，运营维修技术等领域，中铁四局与大学为了确保所学即可应用于实践工作，双方结合雄鹰人才的特点及人才培养计划，培训课程内容及编排上反复打磨。

2.育＋招，扩增“国际军师团”

在“境外做大”的战略需求下，中铁四局需要储备“精技术、通商务、懂外语、会管理”

的高潜国际化人才。中铁四局不仅与高校合作学习项目，通过“训战结合”的方式，培养出在全球化竞争中善于把握机遇和争取主动权的高层次人才；更将触角延伸到学校，从“订单班”中直接招聘相关人才，投入实际工作中。

在校企合作的多层次、多方向的人才培养中，学员不断拓展发展空间，获得了更多成长路径，为中铁四局未来五年规划战略提供了充足的人才支撑和智力保障。

案例节选自：储文生.中铁四局：校企合作激发企业与人才“双升级”[J].培训，2019(10)：67-72.

第二节　战略/组织层面分析

大量的实践经验告诉我们，组织进行的战略/组织分析为正确地制定培训项目以及成功地进行人力资源开发工作奠定了坚实的基础。

一、战略/组织层面分析的内涵

有许多培训与开发领域的专家学者曾对培训与开发需求分析中战略/组织层面的分析做过详细的阐述。

1961年，麦吉(McGehee)和塞耶(Thayer)首次提出组织层面的需求分析应该重点考察组织战略、组织中的资源及资源配置状况。之后的戈尔茨坦(Goldstein)认为组织分析是指分析组织整体的系统性要素，除了需要考察组织目标与组织资源之外，还需要对组织的培训氛围和组织内外的环境限制条件等进行分析。

1992年，坦纳鲍姆(Tannenbaum)与尤克尔(Yukl)认为组织分析必须考察组织结构、政策程序、工作设计与流程等因素，凡是会影响员工工作能力与工作业绩的因素都应该归入组织分析的范畴。

2003年，卡维塔·古普塔(Kavita Gupta)又提出，组织分析也是一种战略分析，他认为组织战略的内部和外部环境都影响着员工绩效，并且提出了评估的五个步骤：评估当前情况、检查外部环境、检查内部环境、描绘未来环境、制订绩效改善计划。

王淑珍(2015)指出，组织层面的需求分析也叫战略分析，是指通过对组织经营发展战略的分析，确定相应的培训，并为培训提供相应的资源以及获得管理者和员工对培训活动的支持。对组织层面的需求分析通常由组织来完成，其目的是根据组织的目标、结构、内部文化、政策、绩效及未来的发展等因素，分析并找出组织中存在的问题及问题产生的根源，以确定培训是不是解决这类问题的有效方法，确定培训与整个组织绩效的关系、培训费用及可得到的支持等。

石金涛(2019)指出，培训与开发需求的组织分析依据组织目标、结构、内部文化、政策、绩效及未来发展等因素，分析和找出组织存在的问题与问题产生的根源，以确定培训是不是解决这类问题的有效方法，以及在整个组织中哪个部门、哪些业务需要实施培训，哪些人需要加强培训或储备培训。

徐芳(2019)指出，战略/组织层面的需求分析是指通过对组织经营发展战略的分析，确定相应的培训，为培训提供相应的资源以及管理者和同事对培训与开发活动的支持。

可见,对组织层面的需求分析通常由组织分析来完成,其目的是更好地认识组织的特征,以确定哪些部门、岗位需要培训,以及这些工作完成的背景条件。

综上所述,我们将培训与开发需求的战略/组织分析定义为,在组织经营战略的指导下,通过检查组织目标、评估组织资源、分析组织特质以及组织环境等方面,准确地找出组织存在的问题与问题的根源,即现有状况与应有状况的差距和产生差距的原因,以确定培训是否是解决这类问题的最有效的方法,判断组织中哪些部门需要培训,以保证培训计划符合组织的整体目标与战略要求,保证为培训提供可利用的资源及获得管理者和同事对培训活动的支持。

同方大学基于战略的高管培训实践

清华同方
TSINGHUA TONGFANG

同方股份有限公司(以下简称“同方公司”)作为清华大学的校办企业,一直致力于企业核心人才及组织核心能力的培养,坚持高管团队的打造,不断探索和创新组织学习方式。自 2014 年初,同方公司成立了同方大学至今,公司每年都针对高管人员开设不同的培训项目,不仅覆盖了管理体系,还涉及业务体系,主要聚焦于领导力的提升与能力的培养。

为了保证同方大学能够承担起高管培训的重任,并且学习项目的开发与公司战略要保持一致,公司在培训组织形式与运行机制上进行创新并给予保障。同方大学的组织架构借鉴上市公司的治理架构,将同方大学的管理分成校务委员会和管理委员会 2 个层级,校务委员会类似于上市公司的董事会,对同方大学的发展和规划做出决策,管理委员会类似于上市公司的管理层,负责同方大学的日常运营与管理。校务委员会吸收尽可能多的集团高管层进来,获得最广泛的支持,对培训项目进行审阅并建言献策,有助于对公司发展战略的把握以及企业高管培训与公司战略的结合。同方大学的管理委员会则由集团公司主要领导挂帅,从顶层设计规划并推动实施,以保证培训的战略方向。具体组织架构如图 3-8 所示。

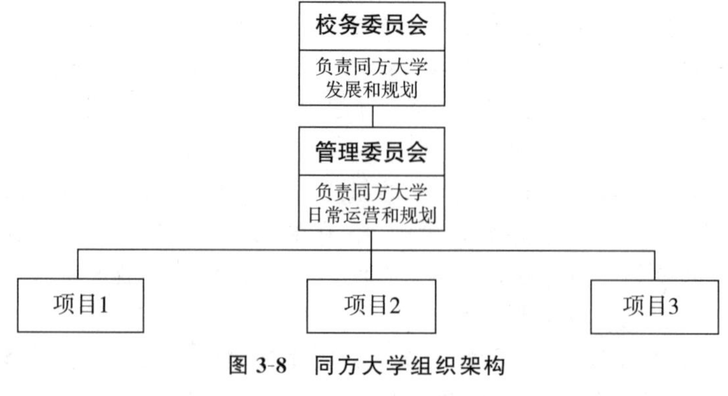

图 3-8　同方大学组织架构

以同方大学兼并收购业务能力提升高管培训为例，2015 年初，同方大学原本计划开展商业通识与领导力方面的高管培训，提升高管人员的综合素质。在公司召开战略沟通会后，战略规划有所调整，为突破公司发展瓶颈，将“兼并收购”作为 2015 年的战略重点，实现公司的跨越式发展。为配合公司这项战略任务的实现，同方大学充分发挥校务委员会的优势，与集团主管财务、投资和运营的副总裁进行了战略分析，结合之前同方的兼并收购经验，评估了高管现有能力的不足与经验的欠缺，为了确保集团各产业单位高管团队快速具备战备执行能力，提出了按照兼并收购全流程进行的培训开发理念。

案例改编自：马二恩，聂保民，梁璞.基于战略的高管培训实践：以同方大学兼并收购能力提升培训为例[J].中国人力资源开发，2016(10)：71-77，96.

二、战略/组织层面分析的内容

从战略/组织分析的定义可以看出，进行战略/组织分析时应该着重关注以下五个方面，如图 3-9。

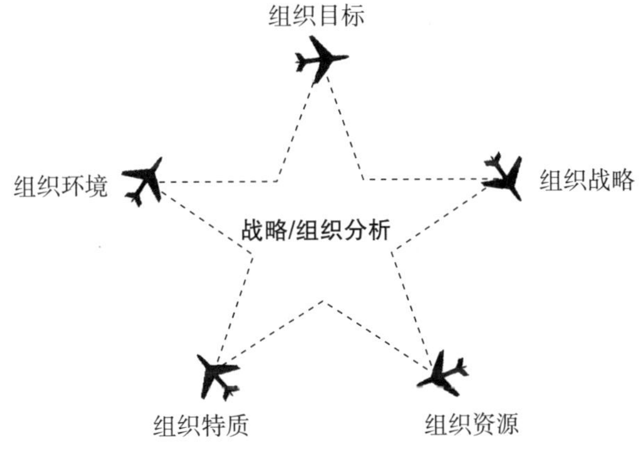

图 3-9　战略/组织分析的内容

（一）组织目标

组织目标是组织一切活动的导向，组织目标贯穿于整个培训活动过程中。组织目标可以帮助组织更好地确立培训目标，使培训部门明确组织要实现目标所必需的知识、技能和能力。把握组织目标是鉴别组织培训有效性的起点。在制订培训计划时，首先需要深入分析组织的长期和短期规划，明晰组织的优势、劣势、风险和挑战，在此基础上制订科学可行的培训与开发需求计划，避免培训无效，浪费组织资源。

（二）组织战略

培训最终是为实现组织战略和经营目标服务的。从组织经营战略到年度经营计划，从年度经营计划到人力资源开发计划，应分析并制定相应的培训与开发需求计划。需求计划还必须随组织业务的变化而调整，以真正满足组织发展的需求。培训与开发需求分析就是为了满足组织对人力资源的需求，以实现组织的战略目标。

组织战略可分为集中战略、内部成长战略、外部成长战略和收回投资战略。每一种战略对培训都有不同的要求,组织的战略定位极大地影响着组织的培训类型、数量,也影响着培训的频率和方式。将组织战略作为影响培训与开发需求的重要因素,突出了员工培训的战略导向,展现了战略性人力资源管理的特点。

表 3-3 组织战略与培训关联对应表

战略	重点	达成途径	关键点	培训内容
集中策略	·增加市场份额 ·降低运营成本 ·维护市场地位	·改善产品质量 ·提高生产率或创新技术流程 ·产品和服务客户化	·技能的先进性 ·现有劳动力队伍开发	·团队建设 ·跨职能培训 ·专业化培训 ·人际关系培训 ·在职培训
内部成长策略	·市场开发 ·产品开发 ·创新 ·合资	·加大对现有产品的营销或者增加分销渠道 ·全球市场扩张 ·修正现有的产品 ·通过合资进行扩张	·创造新的工作和任务 ·创新	·支持或促进高质量的产品价值沟通 ·文化培训 ·帮助建立一种鼓励创造性的思考和分析问题的组织文化 ·工作中的技术能力 ·反馈和沟通方面的管理者培训 ·冲突谈判技能
外部成长策略(兼并)	·横向一体化 ·纵向一体化 ·集中多元化	·兼并产品市场链条上与本企业处于相同阶段的企业 ·兼并能够为企业供应原材料或购买企业产品的企业 ·兼并与企业毫无关系的其他企业	·一体化 ·人员富余 ·重组	·确定被兼并企业的员工能力 ·使两家企业的培训体系一体化 ·兼并后企业的各种工作方法和流程 ·团队培训
收回投资策略	·精简规模 ·转向 ·剥离 ·清算	·降低成本 ·减少资产规模 ·获取收入 ·重新确定目标 ·出售所有资产	·效率	·激励、目标设定、时间管理、压力管理、跨职能培训 ·领导能力培训 ·人际沟通培训 ·重新求职帮助 ·工作搜寻技巧培训

资料来源:笔者多方资料整理

(三)组织资源

组织资源分析包括对组织的资金、时间和人力等资源的详细分析(图 3-10)。组织内的人力、物力和财力是有限的。如何利用这些有限的资源创造最大价值是组织的最终目标。只有了解,才能准确地评估组织是否有适当的资金、时间和人力等资源来支持培训活动的开展。

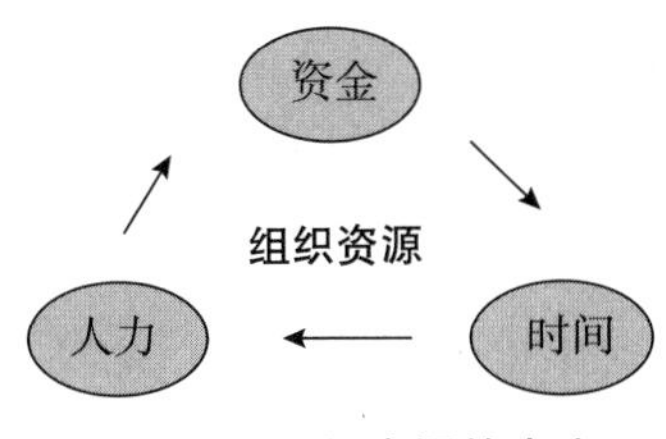

图 3-10　组织资源的内容

通常在管理实践中可以针对下列问题展开分析，以便了解组织资源的大致情况。

（1）资金。资金主要是指组织支持培训工作开展所能提供的经费，经费额度将影响培训的规划与设计。

（2）时间。是否能够投入足够的培训时间，是影响培训效果的重要因素。对组织而言，时间就是金钱，培训需要时间投入，如果时间紧迫或安排不当，极有可能影响培训效果。

（3）人力。对组织人力状况的了解非常重要，它是决定是否培训的关键因素。人力资源包括两个层面：第一，分析组织目前的人力资源状况，包括组织能够提供的培训讲师的数量及特点、能够担任的培训课程、工作人员的数量、工作人员的技能水平和知识水平、工作人员的工作绩效等；第二，分析组织未来的人力资源需求，通过对组织人力资源状况的了解，结合组织发展目标，决定是否需要培训及培训内容。

可利用的资源数量会在一定条件上限制人力资源培训工作的开展，同时还会影响各种培训与开发需求的优先次序。例如，预算紧张时则只能开展很有限的培训活动，只能部分满足培训与开发需求，时间上的制约则与脱产培训还是在职培训的选择相关，专业培训人员素质则与自行开发/实施培训项目还是外部购买培训项目/聘请外部培训师相关。

（四）组织特质

正如彼得·德鲁克（Peter F. Drucker）所述，在公司的各项要素中，劳动力、技术和资源都有可能失去优势，只有有管理的组织才是公司各项要素中最为重要的。吉姆·柯林斯（James C. Collins）在实证研究基础上进行了优秀组织发展的深层原因的研究。组织特质在建立及保持组织优势方面具有关键性作用，而深刻理解组织特质的内涵尤为重要。

组织特质可以界定为组织所特有的、据其可以与其他组织区分开来的特殊性质。可以肯定的是，组织特质对培训的成功与否有着重要的影响。培训需求的组织特质分析可以从业务流程、氛围特质等方面进行了解。

1.业务流程

培训与开发需求的组织分析要求人力资源管理工作者可根据组织当前业务、未来发展战略、员工和组织文化等角度界定核心业务流程，继而从核心业务流程中梳理并分解出异质性能力（行业技能、流程操作技能等），据此创建与核心业务流程运行相配套的培训与开发需求分析机制，包括从适应流程需要的必要业务技能中找到培训与开发需求点、以流程重要性设计考核指标与方法等。

2.氛围特质

组织氛围对人力资源培训的影响是通过上级与员工的支持实现的。同事和上级管理者的支持对于员工的培训成果转化非常关键。培训的成功取决于：受训者的上级管理者及同事对受训者参加培训活动持有一种积极态度；愿意向受训者提供信息；积极创建培训成果转化的环境条件；让受训者有机会并且知道应当如何将培训中所学到的知识、技能以及行为有效运用到工作实践中去。若缺少这种来自上级管理者和同事的支持，培训成果转化的可能性较小。

（五）组织环境

组织环境可分为外部环境与内部环境。外部环境包括组织面对的法律、社会、政治、经济问题。这些外界因素会影响对某些培训的需求。同样，市场竞争的激烈程度，也可能对人力资源开发产生影响，因为组织有时必须精简部分员工以节约人工成本。为此，组织就有可能需要对在职员工进行培训，使之完成那些被精简下来的员工的工作。

内部环境则指组织结构和组织文化。

1.组织结构

组织结构对于需求分析的影响，体现在战略/组织层面需求分析要从组织战略、外部市场环境变化，对人力资源数量和质量的需求状况进行掌握，从而确定适应组织发展需要的员工能力，再通过预测未来的组织结构是否稳定，最终确定需要通过怎样的内部培训提供稳定的人才供给或者为未来的新设置组织机构储备人才。例如，组织内部的业务调整会对人力资源开发产生影响，因为当组织由于新业务的开展，需要增加能够胜任该任务的人员，但同时组织又想保持精简的人员结构，这时，组织不是去市场上招聘人员，而是在内部开发人员。假设因为业务的调整需要对组织内部进行裁员，则需要对在职员工进行跨职能的培训，使之能够完成那些被精简员工先前承担的工作，以应对组织突发的员工减少带来的冲击。

2.组织文化

组织文化是一个组织的软实力，对组织有着“外塑形象，内聚人心”的作用。以组织文化为导向进行人力资源培训，能为培训打下更为坚实的基础，促进培训在人力资源管理中的作用。组织文化应当作为组织分析的一个重要部分，它是培训与开发需求分析的一个重要方面。如果培训内容同组织目标与文化不一致，会使员工产生不知所措或工作满意度较低的状况。

组织文化是组织的灵魂，是推动组织发展的不竭动力。组织文化一旦形成，对组织的发展方向起极大的推动作用，同时对组织员工培训起指导作用。以组织文化为基础的培训与开发需求分析在国内外理论及管理实践领域都是新的研究趋势，该思路是从梳理组织文化入手，明确组织目标，进而明确组织培训的目标。围绕组织文化实施员工培训能够使员工成功地融合到组织文化中去，将组织目标和员工的个人目标统一起来，对员工的工作动力和对组织价值观的认同有非常直接的影响。

以企业文化为基础的培训与开发需求分析模型如图 3-11 所示。

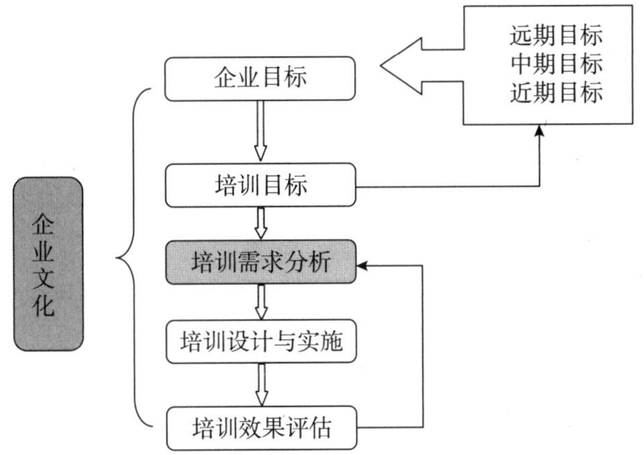

图 3-11 以企业文化为基础的培训与开发需求分析模型

基于企业文化的常州恐龙园培训与开发需求分析

常州恐龙园股份有限公司是一家专业从事主题公园经营管理、动漫影视作品制作、衍生商品研发销售以及演艺演出事业的综合性文化企业。公司始终致力于"文化、科技、创意"的相互融合，通过市场化运作，实施科普推广、旅游发展与动漫文化相结合，走出了一条文化产业化发展之路。

公司有一套坚持不懈的核心价值观，有着独特的、不断丰富和发展的优秀企业文化，并矢志不渝地以共同的价值观、目标和信念把来自不同地域、文化背景、经历的员工凝聚起来，体现了一个优秀企业长远的眼光和卓越的作为。基于该公司的企业文化和发展目标，在制定和实施公司培训计划时，力求既贴近营运目标需要又考虑到员工的职业发展需要。

培训目标是培训方案实施的导航灯，它一般包括了解企业的文化和经营理念，熟悉企业的各种通用的政策、规章制度等。为此，公司在制定培训目标时，将企业核心价值观定位为：追求理想，规划职业生涯；快乐工作，和谐创业；强化责任，发挥潜能；共尊共荣，业缘升华。公司的经营理念与远景，则是打造东方的侏罗纪，演绎世界恐龙王国，成为"世界性的恐龙文化体验基地"。公司在培训过程中，将这些都与员工共享，让他们知道企业的定位，企业要做什么，企业的目标是什么，如此明确的核心价值观既体现了企业文化的内涵，也彰显了公司"以人为本"的理念。例如，在第一天破冰之旅中，主要设置中华恐龙园简介、景区公园简介、参观园区（应知应会介绍）三项内容，使员工从一开始就对公司有相对全面的了解，再以调查问卷、座谈的形式，汇总员工的需求，在培训过程中予以解答或进行沟通，如此做法，使得员工能尽快地融入公司，并获得一种认同感和归属感。

资料来源：作者根据多方资料有调整。

三、战略/组织层面分析的信息来源与分析工具

(一)信息来源

战略/组织层面分析的信息来源因组织不同而有所不同,组织可以根据实际情况选择不同的信息进行分析。表 3-4 描述了可用于战略/组织层面培训与开发需求分析的信息来源。

表 3-4 战略/组织层面培训与开发需求分析的信息来源

需求分析内容	信息来源	对人力资源培训/开发的意义
组织目标	组织目标、目的和预算	通过评价组织目标和实际绩效的差距,确定培训重点,培训方向及经费预算
组织战略	目标管理或工作规划与述职报告	获得工作绩效总结、潜力评价和长期经营目标方面的信息。以不断循环发展的观点了解实际的工作绩效,分析绩效问题,并力求改进
组织资源	人力资源储备库	人力资源培训/开发需要弥补因退休、离职等引起的人力资源储备不足,确定培训与开发需求的大致范围
	技能储备库	每一技能群体包含的员工数量、知识和技能水平的级别,每项工作所需的培训时间等。可以由此估算出对人力资源培训/开发的特定需求量,并有助于人力资源开发项目的成本收益分析
	效率指数分析(包括劳动力成本、物料成本、产品质量、设备利用率、运输成本、浪费、交货延迟等)	这些成本会计概念在一定程度上可以代表实际绩效与期望绩效或标准绩效之间的差距
组织特质	组织氛围指数(包括不满情绪、缺勤率、离职率、生产率、态度调查、顾客投诉等)	反映组织层面的“工作环境质量”,有助于发现可能与人力资源培训/开发有关的问题,也有助于帮助管理者分析实际工作绩效和理想工作绩效之间的差距,从而设计出所需的培训方案,以及如何影响员工工作态度和行为方式
	管理层的要求或指示	这是最常用的分析人力资源培训/开发需求的指标之一
	离职面谈	一些从其他途径无法得到的信息常常可以从离职面谈中取得,尤其是可从中发现组织在哪些方面出现了问题及需要对管理层进行的培训是什么
组织环境	系统或子系统的变化	设备的更新换代可能对人力资源培训与开发工作提出新的要求

资料来源:笔者综合多方资料编写

（二）工具

由表 3-4 可知，组织可以通过很多渠道和方法收集到需求分析所需要的参考资料。有的资料可以很快获得，例如效率指标；有的资料则可能需要进行调查，例如组织氛围指数，调查工具可以由组织自行设计或从组织外部获得。此外，还可以采用一些组织诊断的工具，如"7S"诊断工具，从组织外部获得可以采用征询建议书"RFP"。

1.麦肯锡 7S 模型

麦肯锡 7S 模型（Mckinsey 7S Model），简称 7S 模型，是麦肯锡顾问公司研究中心设计的企业组织七要素，指出了企业在发展过程中必须全面考虑各方面的情况，包括战略（Strategy）、结构（Structure）、制度（System）、风格（Style）、员工（Staff）、技能（Skill）、共同价值观（Shared values）。7S 模型能够用于分析各种情境下的组织，帮助管理者从提高组织的整体表现、分析组织未来变革可能会造成的影响、在实施并购后更好地融合相关部门和高效地实施目标战略等方面提升组织有效性。

（1）模型包含的内容

在模型中，战略、结构和制度被认为是企业成功的"硬件"。

①战略：建立、保持、加强组织竞争优势的整体规划；

②结构：企业是如何组织的，人员是如何分工与管理的；

③制度：日常的活动和各项流程以及员工参与工作的方式。

风格、员工、技能和共同价值观被认为是企业成功经营的"软件"，其中，风格是管理者的管理方式，员工就是指组织内的员工及他们的综合能力；技能是指组织工作中所需要的实际技能和能力；共同价值观是模型的"崇高目标"，即贯彻在组织文化和日常工作中的核心价值观。

7S 模型的基本原理是，组织要想成功，组织内的七大要素必须协同匹配。7S 模型可以用来帮助更好地融合相关部门，提高组织的整体表现，分析组织未来变革可能会造成的影响，高效地实施目标战略。

（2）7S 评估问题清单

7S 模型能够有效地帮助理解组织的各要素是如何联系的，从而全盘考虑某个领域变革的整体影响。管理者可以运用 7S 模型分析组织的现状以及未来希望达到的水平，并发现其中的差距和不协调之处。7S 评估的具体问题可参考表 3-5。

表 3-5　7S 评估问题清单列表

战略	我们的战略是什么？
	组织计划如何达到目标？组织如何应对竞争压力？
	组织如何应对消费者需求变化？
	组织如何根据外部环境的变化调整战略？

续表

结构	组织各部门/团队是如何划分的?
	组织的等级结构是怎样的?
	组织各部门/团队如何协同工作?
	组织各部门/团队内的人员如何组织?
	决策权和控制权是集中的还是分散的,符合当前的需求吗?
	组织内部的沟通渠道是什么? 有哪些显性的和隐性的沟通渠道?
制度	组织运行的主要制度是什么(既要考虑财务制度、人力资源制度,也要考虑沟通制度等)?
	这些制度如何被监管和评估?
	通过哪些内部规则和流程来确保团队不发生偏离?
风格	管理/领导风格的参与性有多高?
	领导的有效性如何?
	员工之间的关系趋向于竞争还是合作?
	组织内部的团队分工是不是真的在起作用,还是只是形式主义?
员工	组织人员目前展现出怎样的能力专长?
	哪些岗位存在空缺?
	员工的能力现状与目标是否存在差距?
技能	组织内展现出来的最强的技能是哪些?
	组织内是否存在技术缺口?
	组织因何而闻名?
	员工/团队当前的技能是否能应对所需完成的工作?
	技能如何被评估?
共同价值观	组织的核心价值观是什么?
	组织的文化是怎样的? 组织的价值观有多强大?
	组织赖以生存的基础价值观是怎样的?

资料来源:笔者翻译及整理

2.平衡计分卡

平衡计分卡(balanced score card,BSC)是美国学者罗伯特·卡普兰(Robert S. Kaplan)、大卫·诺顿(David P. Norton)于1992年提出的概念,是一种有效的绩效评价和战略管理工具,它与战略紧密结合,关注的是组织整体的运营过程和结果。它将企业愿景和战略转化成为一套连贯的、全方位的运作目标和指标体系,从财务、客户、内部流程、学习与成长四个层面，全面系统评价企业的整体经营状况。BSC 结构如图 3-12。

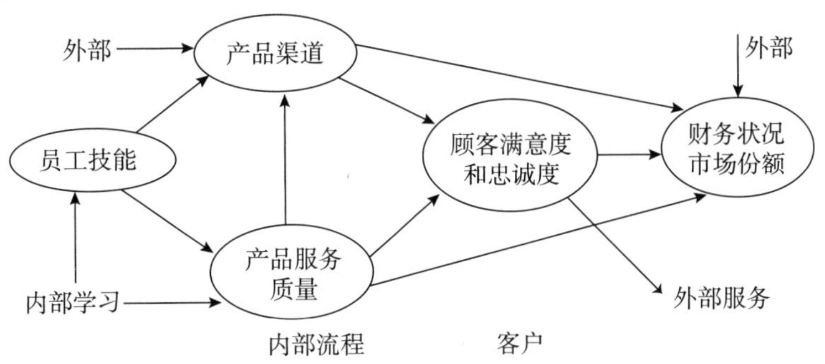

图 3-12　BSC 因果关系简略图

BSC 不仅考虑财务指标，还考虑客户、内部流程和学习成长维度指标，实现了财务指标和非财务指标之间的平衡。其次，BSC 除关注股东和客户两外部群体的满意度外，同时考察内部员工学习能力和内部业务流程状况，表明 BSC 追求的是组织内外部的平衡。最后，BSC 是从组织战略开始逐步分解出各部门、员工具体的短期的目标，使得组织战略规划和短期计划紧密结合，实现了长期性和短期目标的平衡。BSC 的四个维度是一个因果循环的整体，它们相互支撑、相互推动，共同促成长期目标的实现。

用 BSC 的思想，进行战略/组织层面的培训与开发需求分析，就是从宏观层面，为了保证培训战略、未来绩效目标和公司战略的协调一致，运用组织层级 BSC，实现培训与开发需求分析与战略目标分解、绩效目标制定、绩效差距分析的同步，紧扣公司实际需要，最大限度地实现培训与开发需求分析的有效性。

具体流程为：建立 BSC 绩效管理体系，分层次、分维度确定绩效目标，以及绩效衡量指标，然后在此基础上确定培训目标，同时也对应建立培训 BSC，进行现状差距分析，从而确定培训与开发需求。一项绩效目标的实现将会分解出多项培训目标和培训与开发需求内容，而一项培训目标和培训内容可能也对多项绩效目标的实现做出贡献。详细的思路框架见图 3-13 及图 3-14。

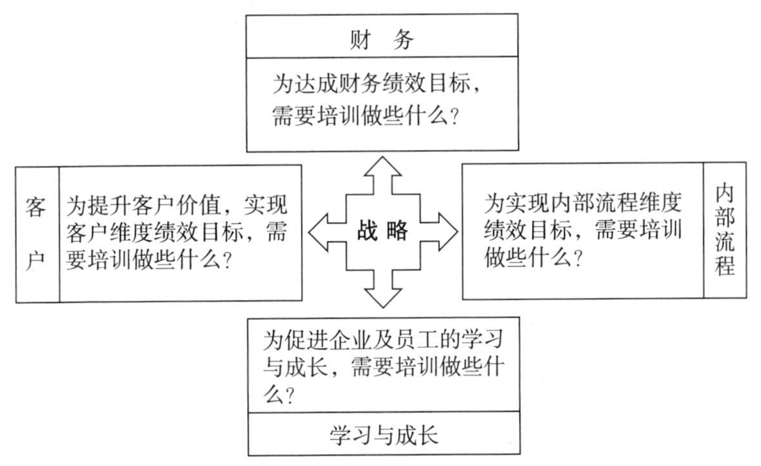

图 3-13　基于 BSC 思想的培训与开发需求分析思路

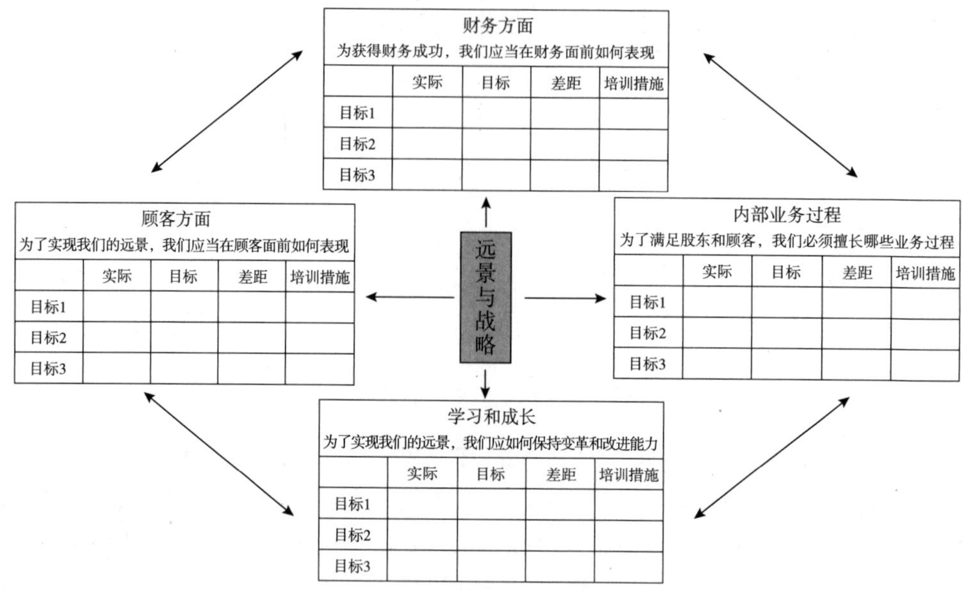

图 3-14 基于 BSC 思想的培训与开发需求分析的具体分解

图 3-14 是对图 3-13 战略/组织层面基于 BSC 思想的培训与开发需求分析具体操作过程的解释,两图充分说明了如何用 BSC 将战略、未来绩效和培训与开发需求分析结合起来。

另外,除上述分析工具外,分析行业环境及行业内情况的关键成功因素法、分析组织资源的 SWOT 分析法等均可作为战略/组织层面的分析工具。

浪潮集团人力资源培训管理研究

inspur 浪潮

浪潮集团有限公司是中国本土综合实力强大的大型 IT 企业之一。浪潮集团在"2018 中国企业 500 强"中排名第 207 位,拥有中国信息技术领域唯一设在企业内的国家重点实验室,自主研发的中国第一款关键应用主机浪潮 K1 使中国成为继美日之后第三个掌握高端服务器核心技术的国家。现阶段,浪潮集团业务遍布全球 85 个国家和地区,在美国、拉美、日本等地都设立了独立的研发中心和制造厂,在全球拥有超过 1000 家大中型渠道代理商,产品和方案广泛应用全球数据中心、超算中心,浪潮集团还建立了与微软、爱立信、IBM、SAP 等国际知名公司的战略合作伙伴关系。

浪潮集团人力资源培训管理优化的总体目标是为集团战略实现和员工个人成长服务的。根据集团发展规划以及现阶段浪潮集团人力资源培训管理中存在的问题,将该总体目标分为两部分。

1.短期目标。作为集团战略目标和管理理念的贯彻点,通过培训实现对高端管理人才、各岗位骨干人才和新生力量的培训,为集团的快速发展做好人才储备。

2.长期目标。实现员工与集团的协同发展和互赢。通过培训提升员工的各项素质,在实现集团战略目标的同时,达成员工个人的职业生涯目标。

浪潮集团人力资源培训与开发需求调查原则是,讲求集团发展和员工发展相结合,基于岗位胜任力的员工培训与开发需求分析仅仅站在了任务层面上,不能满足集团战略发展和员工自身发展的需求,必须综合这三个方面,才能满足对浪潮集团进行人力资源培训管理优化的目标和原则。

浪潮集团培训与开发需求的优先顺序的安排原则有以下三点。

1.急需原则。集团、职能部门或子公司迫切需要某些员工改进工作或掌握工作的新技术、新方法,从而提高其工作绩效、能力或素质。换句话说,选择最需要培训的员工进行培训。

2.关键性原则。针对员工在组织运营中的重要程度选择,优先考虑针对管理层人员和关键岗位技术人员的培训。

3.长远原则。根据集团战略发展对人力资源的需求,对企业未来发展起重要作用的人员(高级技工人员、子公司总经理等管理层)进行先期培训,充分体现员工个人发展和集团战略的结合,提高其工作技能和素质,以适应集团长期发展的需要。

资料来源:作者根据多方资料有调整。

第三节　任务层面分析

战略/组织层面需求分析主要用于确定组织的目标,任务层面培训需求分析,则主要用来确定与某种特别的活动或工作相关的培训目标。

一、任务层面分析的内涵

石金涛(2019)指出,培训需求的工作分析是通过查阅工作说明书或具体分析完成某一工作需要哪些技能,了解员工有效完成该项工作必须具备的条件,找出差距,确定培训需求,弥补不足。培训需求的工作分析的目的在于了解与绩效问题有关的工作的详细内容、标准,以及完成工作所应具备的知识和技能。

徐芳(2019)谈到,任务分析是指系统地收集关于某项工作或工作族的信息的方法,其目的是明确要达到最优的绩效,需要重点关注的工作任务以及从事此工作的员工需要学习的内容。

综上所述,任务分析是一种收集某项活动或工作完整信息的方法,用来确定与该工作相关的培训目标及内容。任务分析的目的,除了需要分析工作需要执行的具体任务外,还需要分析执行此工作的员工需要具备的知识、技能、态度和其他所需的特征,并且从中分析出影响员工工作绩效的阻碍因素。因此,任务分析的结果通常会包括:什么是恰当的工作绩效标准,要达到这些标准应该如何完成工作任务,员工又应该具备哪些知识、技术、能力和其他所需要的特征(KSAOs)。

二、任务层面分析的步骤和内容

学者们在任务分析的具体方法上仍然存在分歧。通过梳理,将其中共同的部分加以合并,梳理出如图 3-15 所示的五个环节,构成任务分析的主要步骤。

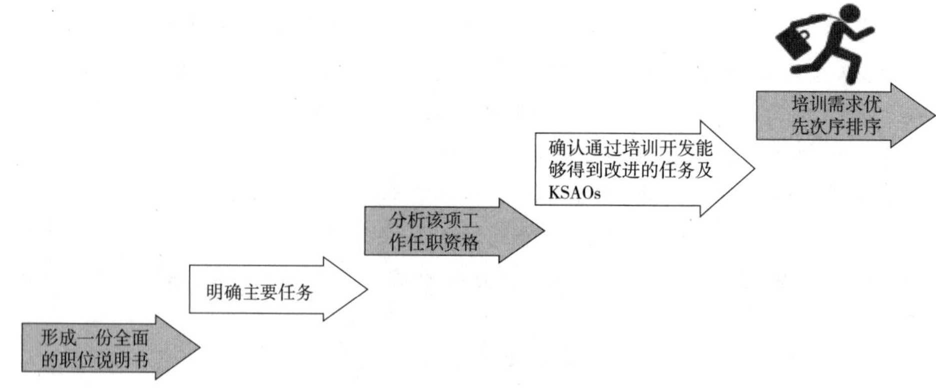

图 3-15 任务分析步骤

(1)通过职位分析,撰写详细的职位说明书。

(2)确定职位中包括的具体任务是什么:①描述工作中应该做的事;②描述工作中实际在做的事。

(3)分析职位所需的知识、技术、能力以及其他素质特征。

(4)指出哪些工作任务和知识、技术、能力等是可以通过培训与开发得到改进的。

(5)对这些可以由培训改进的领域进行培训的优先次序排列。

下面将详细描述每步所要完成的具体内容。

(一)职位分析并撰写职位说明书

职位分析指的是对一项工作进行系统分析,以确定它的主要构成成分。职位分析通常涉及以下内容:观察工作的实际操作过程;就工作、任务、工作条件以及 KSAOs 对在职者及其上级进行访谈;研究工作的结果;查阅关于该项工作的文献。有时人们把职位分析中有关任务的说明称为“职位说明”,把 KSAOs 部分称为“任职资格”。因此,职位说明书通常既包含对任务的说明,又包括对 KSAOs 的说明。

职位分析是一项为管理活动提供各种有关此工作的一系列信息的收集、分析和综合的基础的人力资源管理活动,是现代组织实现管理科学化、制度化的最基础的工作。

(二)明确工作中包含的具体任务

该步骤可以理解为是将任务细化的过程,任务细化关注的是在作业过程中表现出的行为,在明确工作任务的过程中,需要对以下有关工作的信息进行清晰的阐释:(1)工作的主要任务是什么;(2)如何执行每项任务,作业标准是什么;(3)作业行为的变动范围,即评价每日执行这些任务实际上是如何完成的。

作业标准和作业行为的变动范围对有效的需求分析而言是至关重要的。尽管作业标准指出了什么是应该做的,但有关作业行为变动范围的信息则揭示了实际发生的作业行为,在掌握了这些信息之后,培训与开发人员就可以确定哪些是需要弥补的作业缺陷以及受训者在培训结束时应该达到的作业水平。因此，在设定培训目标时，以上的信息都是重要的依据。

在确定一项工作包含的主要任务时常用的方法有如下五种。

1.刺激—反应—反馈法

米勒(Miller)将工作任务分解成了三个组成部分。第一是刺激，它提示员工在何时应该进行某项操作；第二是反应，指员工的反应或应该表现出的行为；第三是反馈，指员工获得的关于自己行为表现的反馈。

例如，目标对象是接听投诉电话的售后专员，当电话响起(外界刺激)是提示有电话咨询，应该在电话响铃三声后接听电话，有礼貌地回应，并如实记录投诉问题，将问题汇报上级。上级接到投诉意见，并转至涉事部门或员工，就是对售后专员这一系列操作究竟完成得如何的一种反馈。使用刺激—反应—反馈法可以得到构成每项任务的提示、行为和反馈。这种方法尤其适合用来分析只要直接观察就能了解的相对简单的工作任务。

2.时间抽样法

与刺激—反应—反馈法不同的是，采用时间抽样法进行任务分析需要一个受过专门训练的观察者，由他来观察和记录员工作业的性质和频率。在一定时期内对观察时间进行随机取样，在抽取的时间段内对作业进行观察和记录，这样就可以勾勒出工作的线条。

3.关键事件技术

美国学者约翰·弗拉纳根(John Flanagan)提出的关键事件技术(critical incident technique, CIT)也可以用来分析项目工作包含的主要任务。这项技术是建立在工作分析的主要任务就是评价工作的关键要求的观念基础上。

关键事件技术实质上是一种访谈法，访谈的对象是那些目睹过一段时间内发生在某项工作中的关键事件并熟悉这些事件背景的人。所谓关键事件，是指在工作中表现出的特别有效率或特别无效率的行为。访谈可以单独进行，也可以采取集体访谈的形式。访谈的时候，要求被访者说出每一关键事件发生的背景、涉及的具体行为、这些行为是有效的或无效的原因。

4.任务评价法

任务评价法，又叫工作量表法。其主要的步骤是：设计问卷，对熟悉某项工作的组织成员进行测试，让他们列出该项工作包含的所有任务，然后把任务列表交给在职者及其上级，让他们对每项任务的重要性和履行工作所需时间投入进行评定。这种方法的优点在于：一是可以从多方采集信息；二是可以将有关任务的信息进行量化，并且能够得到一些数据，进行统计分析。表 3-6 举例说明了某公司市场部经理岗位运用任务评价法所得结果。

表 3-6　运用任务评价法进行任务评价分析举例

市场部经理岗位工作任务清单		重要性(I) 1=很不重要 2=不太重要 3=一般 4=比较重要 5=非常重要	熟练程度(D) 1=很不熟练 2=不太熟练 3=一般 4=比较熟练 5=非常熟练	执行频率(F) 0=从未执行 1=不常执行 2=有时执行 3=较常执行 4=经常执行
工作职责 (1) 广告开发	任务 1:确定客户需要	1　2　3　4　5	1　2　3　4　5	0　1　2　3　4
	任务 2:撰写广告语	1　2　3　4　5	1　2　3　4　5	0　1　2　3　4
	任务 3:同媒体代表建立良好关系	1　2　3　4　5	1　2　3　4　5	0　1　2　3　4
	任务 4:跟踪广告并及时答复	1　2　3　4　5	1　2　3　4　5	0　1　2　3　4
	任务 5:管理广告预算	1　2　3　4　5	1　2　3　4　5	0　1　2　3　4
工作职责 (2) 直邮开发	任务 1:编写推广材料,实时通信及推广小册子	1　2　3　4　5	1　2　3　4　5	0　1　2　3　4
	任务 2:识别潜在客户	1　2　3　4　5	1　2　3　4　5	0　1　2　3　4
	任务 3:维护更新数据库	1　2　3　4　5	1　2　3　4　5	0　1　2　3　4
	任务 4:评估供应商的服务及价格水平	1　2　3　4　5	1　2　3　4　5	0　1　2　3　4

5.工作—职责—任务法

执行这一方法的操作思路是,要将一项工作进行层层分解,最后得到该项工作的子任务清单,每一项职责(包括构成每项职责的任务和子任务),以及与完成每一项子任务一一对应的所需具备的知识、技能、能力和其他特质。表 3-7 举例说明了人力资源培训与开发这一职位运用工作—职责—任务法的分析结果。

表 3-7　运用工作—职责—任务法进行任务分析举例

职位名称:人力资源培训与开发　　　　具体职责:任务分析

任务	子任务	所需知识和技能
列出此项工作的任务	1.观察行为	· 能够列出行为的特征 · 能够对行为进行分类
	2.选择动词	· 具备关于行为动词的知识 · 符合语法规范
	3.记录行为	· 能够用通俗易懂的语言叙述行为 · 能够有条理地进行记录

续表

任务	子任务	所需知识和技能
列出子任务	1.观察行为	· 能够列出除典型行为外所有的行为 · 能够对行为进行分类
	2.选择动词	· 能够正确地对行为进行描述 · 符合语法规范
	3.记录行为	· 有条理,通俗易懂
列出所需知识	1.说明哪些是必须了解的知识	· 能够对所有信息进行分类
	2.确定技能的复杂程度	· 能够确定某项技能是否代表了必须按一定顺序学习的系列行为

为了更全面地了解该项工作,在实际操作过程中,最好同时采用多种方法。当然,还需要综合衡量被研究的工作本身以及时间和资源条件。

在进行任务分析的时候,必须要注意以下几个问题。首先,要说明每一项任务对整体工作绩效的重要性;其次,要说明任务发生的频率;再次,要说明熟练地完成每项任务,其难易程度;最后,在掌握了这些信息之后,就可以着手分析完成工作任务要求员工应具备的特征。

(三)明确知识、技术、能力等任职资格条件

要出色地完成工作任务,员工必须具备相应的知识、技术、能力以及其他素质(KSAOs)特征,见表 3-8。培训与开发人员必须确定每项工作的任职资格条件,因为培训的目的就是要培养与提升员工的 KSAOs 以匹配工作任务的需要。

表 3-8　KSAOs 的定义

知识	对成功完成某项任务所需信息的掌握和了解,这些信息通常是陈述性的或者程序性的信息
技术	个人在某项作业上的熟练程度或胜任水平。胜任水平通常用量化的形式给出
能力	个人在执行任务之初拥有的更一般化、更持久的特质或能力,比如完成某项体力活动或脑力活动的能力
其他素质	包括人格、兴趣爱好、态度等

资料来源:R.D.Gatewood & H.S.Field.Human resource selection[M].5th ed.Fort Worth,TX:Harcourt College Publishers,2001.

职位分析应该在工作说明书中包含对员工 KASOs 的要求,如果组织缺乏这方面的资料或者说现有的职位说明书已经过时,那么应该考虑通过对员工、专家进行访谈或通过查阅相关文献来重新确定某项工作所需的 KSAOs。随后,必须以书面的形式对这些 KSAOs 进行清晰地描述,还要对每一项 KSAOs 就其对完成作业的重要程度、学习难度、是否能在工作中学会进行评定。了解完成一项工作所需的 KSAOs,不仅对确定培训与开发方案的设计师非常有价值,例如通过 KSAOs 分析之后,发现许多工作都需要相同的能力,对这些基本的、通识性的 KSAOs,就可以设计并实施一项广泛适用于不同员工的培训

项目;而且对员工职位发展与规划也非常有益,通过任职资格的描述,员工在获得培训的同时还可以了解相应的发展阶梯。

(四)确认能够通过培训与开发得到改进的任务作业和知识、技术、能力

这一步的重点是明确应该针对哪些任务和 KSAOs 来设计培训项目。在解决这个问题的时候,应该同时考虑对各项任务和各项 KSAOs 的评定。具体而言,在评定各项任务时,要考虑它对整体工作的重要性、所占的时间比例和掌握的难易程度;在评定各项 KSAOs 时,则需注意它对完成任务的重要程度、学习难度、是否可能在工作岗位上学会等问题进行评定。这一步的重点是明确应该针对哪些任务和胜任力来设计培训项目。在解决这个问题的时候,应该同时考虑对各项任务和各项 KSAOs 的评定,在设计人力资源培训与开发项目时,应该优先考虑在综合评定中排名靠前的任务和 KSAOs。

值得注意的是,对各种评定分数要进行综合平衡。如果一项任务占用的时间多、学习起来又很容易,那么就应该对这项任务进行培训。如果这项任务若是在重要性上的得分很低,也就是说它对作业绩效的影响不大,那么就应该考虑采用低成本的培训方法而不值得投入人力、物力进行专门的培训了。

(五)确认培训需求优先次序

由于资源的稀缺性,还必须考虑培训过程中需要的各项资源,包括设备、物资、培训专家、费用等。按照这样的需求排列设计出的培训方案才更具有可行性。

这里介绍维特克(Witkin)提出的需求优先指标(priority needs index)的测算方法,运用量表评定等级确定任务的重要性和任职者的熟练程度。计算公式为:$\text{PNI}=I\times(I-S)$。

其中,I 表示要素的重要性,S 表示任职者对该要素的熟练程度。重要性(I)和熟练程度(S)的考量,主要采用给任职者及其上级分别打分,计算平均分的方式。任务的重要性可以参考前面要素可行性分析的方法。熟练程度的分析根据不同的任务特征采用问卷、测试、观察等不同的方法进行评价,如果任职者与上级评分结果差异较大时,还需要进行访谈加以调整。PNI 越大就表示培训需求越大,在设计培训课程时上应该优先给予考虑。

三、任务层面分析的信息来源与分析方法

有关任务分析的信息资料可以从哪些方面获得呢?表 3-9 明确指出了任务需求分析的信息来源。

表 3-9　任务层面需求分析的信息来源及方法列表

任务需求分析的信息来源及方法	对人力资源培训与开发需求分析的意义
职位说明书	描述此项工作的典型职责，有助于明确绩效标准，发现绩效差距
人员的任职资格要求	列举出工作的特定任务，可以明确任职者所需要具备的知识、技术、能力以及其他素质特征
绩效标准	明确完成工作任务的目标及其衡量标准
执行实际的工作任务	这是确定具体任务最有效的方法，但是也有很大的局限性，因为通常职位要求的绩效水平越高，在实际作业和最终取得成果之间的时间差越大
对进行中的作业抽样观察	了解工作的实际情况
阅读关于该项工作的文献、其他行业的研究、专业杂志、档案资料、政府信息、硕博论文	在对工作结构进行比较分析时可能有用，但是无法由此了解在特定组织内工作结构的独特之处，无法了解具体的绩效要求
访谈（任职者、主管人员、高层管理者）	通过向组织成员询问和工作有关的问题充分了解培训需求问题
培训委员会或专题讨论会议	来自各方的不同观点常常可以揭示出培训需求或对培训与开发与培训的期望
分析工作中出现的问题（停工报告、浪费、维修、交货延迟、质量控制等）	明确工作中存在的影响工作绩效的阻碍因素和外在环境因素
分类卡片	用于培训研讨会，是基于培训重要性分类的关于“如何做”的陈述

资料来源：ACADEMY OF MANAGEMENT REVIEW by M. L Moore，P. Dutton. Copyright 2005 by ACAD OF MGMT. Reproduced with permission of ACAD of MGMT in the format Textbook via Copyright Clearance Center 翻译整理

第四节　人员层面的需求分析

战略/组织分析和任务分析描绘了组织以及组织运作过程中各项工作的清晰图景，有了这两方面的信息，在设计和开发培训项目的时候就有了坚实的基础。那么谁需要接受培训？他们又需要什么样的培训？

一、人员分析的内涵

刘建华(2014)指出，个人层次的培训需求分析可采用培训对象区域划分法。培训对象区域划分法先按照工作职能和工作态度两项指标，将员工归入四个不同的区域，再针对不同区域人员挖掘不同的培训需求。

王淑珍(2015)指出，人员分析一般是对照工作绩效标准，分析员工目前的绩效水平，找出员工现实绩效与理想绩效的差距，以确定培训对象、培训内容及培训后应达到的效果。人员需求分析过程中必须涉及的一项重要工作是针对员工个人的绩效评估，绩效评估是进行个人分析的一个非常有价值的信息来源。绩效评估并不是一项简单的工作，需要评估人员搜集多种有关绩效的信息并以此做出一系列复杂的分析与判断。

徐芳(2019)指出,人员分析指的是评估执行特定工作的员工对各项任务的执行情况。如果希望进一步改善员工的绩效情况,就必须分析他是否具备足够的知识、技术、能力,因此应着重分析组织成员目前所具备的知识、技术和能力。

综上,为了解员工对培训的需求,人员分析重点通常在于通过一定的信息来源了解每个员工在核心工作任务上的表现,继而发现员工对培训的普遍需求,又能找出不同的员工对培训的特殊需求。绩效评估是进行人员分析的一个有价值的信息来源,对照工作绩效标准,分析员工在行为和特质上与理想状态的差距,以确定培训对象、培训内容及培训后应达到的效果。

绩效差距背后的原因有很多,既有内部原因,包括员工的动机水平或知识、技能或能力不足,也外部原因,比如工作缺乏支持、设备陈旧等。因此,在寻找绩效差距背后的原因时,既要考虑从组织角度进行分析得到信息,又要考虑员工技能或能力测验反馈的结果。

二、人员分析的内容

人员层面的需求分析分为总体性的人员分析和诊断性的人员分析。

(一)总体性人员分析

总体性人员分析用来判断员工个人整体绩效的水平。通过从总体上评估个体员工的绩效,将员工划分为业绩优秀者和业绩不佳者(有的研究采用业绩一般者)两类。

例如,公司的客户服务部门对全体客服员工进行总体性人员分析,由人力资源管理部门及客户服务部门的主管组成的专家小组确定校标样本的选择标准,然后确定优秀组的员工和普通组的员工的具体条件。专家小组确定进入优秀绩效组的客服员工必须满足以下两条标准:(1)全年无被顾客或其他部门同事投诉记录;(2)根据业绩考核标准,评价考核为优秀的员工。普通绩效组的员工主要选取近一年内在岗且考核达标的客服员工。

(二)诊断性人员分析

诊断性人员分析用来寻找隐藏在个人绩效表现背后的原因。确认导致员工行为的因素,了解员工的知识、技术、能力以及其他个人与环境等因素怎样结合在一起对工作绩效产生影响,进而将可以通过培训达到绩效改进的员工与不能通过培训提高绩效的员工区分开,为改善员工绩效的培训或其他干预方式提供参考依据。

下面以一家广东制造工厂通过流程再造改善员工绩效的案例说明诊断性人员分析与选择相应绩效干预措施之间的关系。该工厂主要生产开关,实行了许多质量管理措施,但还是经常出现质量问题。经过对质量问题进行分析,发现产品质量问题多是因为在开关中没有装入弹簧。之后又到装配车间现场考察,发现其操作过程是:每次从装有许多弹簧的盒内取出两个安装到开关,然后再装上按钮。由于长时间工作,身心疲惫,总会有工人忘记将弹簧装入开关。显然,产生这一问题的原因,不是工人缺乏知识或工作技能不高,因此不是通过培训可以解决的,而是需要对操作流程稍加改动,即可杜绝此类错误的发生。

通过上述两方面的分析,可以区分出在工作中绩效表现优异及绩效不佳的员工,并了解导致表现良好或不达标的具体原因。由于当前的绩效差距只构成了培训需求的一部分,所以在进行人员分析的时候,建议还应当综合考虑员工未来自身发展的需要。

三、人员分析的步骤

绩效评价法通常会用于人员分析，通过确定员工的绩效问题，分析产生实际绩效与期望绩效或绩效标准之间差距的原因，便可帮助管理者确认员工培训线索、方向以及必要性和可行性。需要说明的是，绩效评价法是进行人员分析的一个非常有价值的信息来源，但它并不是也不应该被当作是唯一的信息来源，具体工作流程如图 3-16。

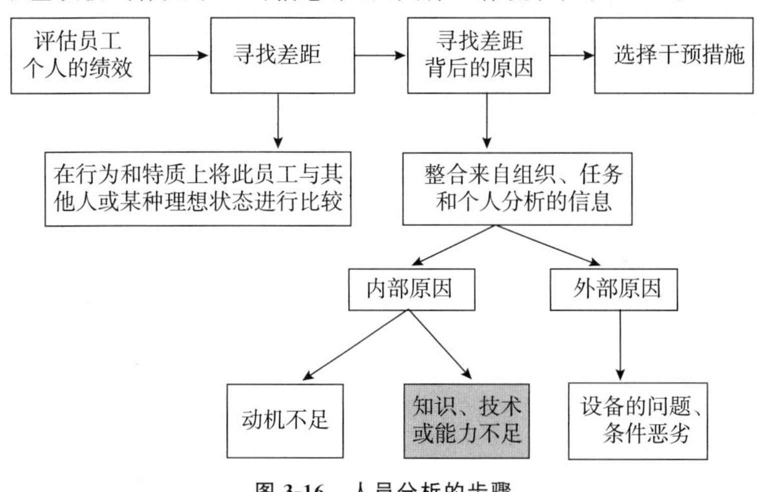

图 3-16　人员分析的步骤

（一）查找绩效差距

培训需求分析应从绩效差距入手，寻找工作岗位要求的绩效标准与员工实际工作绩效之间存在的差距，或者是包括组织战略或企业文化需要的员工能力与员工实际能力之间的差距。只有找出存在绩效差距的地方，才能明确改进的目标，进而确定能否通过培训手段减小差距，提高员工生产率。

（二）分析绩效差距产生的原因

发现了绩效差距的存在，并不等于完成了培训需求分析，还必须寻找产生差距的原因，因为不是所有的绩效差距都可以通过培训的方式减小。

培训的一个压力点是较差的或达不到标准的工作绩效，但这是由何种原因引起的，是否可采用培训的方法解决是首先要回答的问题。表 3-10 给出了影响绩效水平的因素。人员分析通过分析个体特征、工作输入、工作输出、工作结果、工作反馈对绩效的影响，来鉴别培训因素或非培训因素，即鉴别影响绩效的因素是否可以通过培训来改进。

表 3-10　影响员工绩效因素的分类

个体与工作特征	影响员工绩效的因素
个体特征	能力与技术；态度与动机
工作输入	对工作必要性的了解；必要资源（机器设备等）；其他工作要求的干预；执行机会
工作输出	判断优秀执行者的标准
工作结果	执行的积极结果/动力；执行的少量消极结果

续表

个体与工作特征	影响员工绩效的因素
工作反馈	有关工作执行情况的反馈

资料来源:笔者多方资料整理

1.个体特征

基本技能是指能使员工顺利地完成工作并且能够学习培训项目内容所需要的技能。基本技能包括认知能力和阅读写作能力。自我效能是员工对自己能够胜任一项工作或学习一项培训内容的一种自信。

2.工作输入

工作输入指的是工作环境,包括条件限制和社会支持。条件限制是指缺乏合适的工具设备、材料、资金和时间。社会支持指管理者和同事愿意提供信息反馈和帮助。如果员工具备完成工作所必需的知识、能力、态度和行为方式,但缺少合适的工具和设备,那么他们的绩效水平也不会很高。

3.工作输出

在工作中,员工经常出现较差的或达不到标准要求的业绩表任务的知识、技能和态度,但由于不知道绩效标准而使绩效不理想。对绩效标准缺乏认识属于沟通问题,不属于培训可“修补”的问题。

4.工作结果

良好的绩效是需要激励的。如果员工认为绩效奖不具有激励作用的话,那么即使他们具有必要的知识、技能、态度和行为方式,也不愿执行绩效标准,就会导致绩效不良的后果。

5.工作反馈

如果在工作中没有人向员工定期反馈他们的工作表现,也会产生绩效问题。对于“员工知道自己应该做什么(工作输出),但不知道做得怎么样”这类问题,培训不是最好的解决方法。理想的方法是向员工提供有针对性的、关于工作执行情况的详细反馈,让其明确自己的行为是有效的还是无效的。

总之,如果员工缺乏完成工作的知识和技能且在其他条件许可的情况下,培训是需要的;如果员工已经具备必要的知识、技能和其他条件,但工作输入、工作输出、工作结果或工作反馈不足等原因,培训就不是解决问题的最好方法了。

(三)确定解决方案

找出了差距原因,就能判断应该采用培训方法还是非培训方法去减小差距。可以提出若干问题来确定培训是否为解决绩效问题的最佳途径:

(1)该员工是否存在工作绩效问题,严重程度如何?

(2)该员工是否知道如何有效地工作?

(3)该员工是否掌握并正确运用了工作所要求的知识、技能和行为方式?

(4)该员工是否得到了恰当的激励和工作反馈?

(5)是否还存在其他可替代的解决方案?

如果员工缺乏完成工作的知识和技能，在其他条件许可的情况下，就要进行培训。如果员工具备需要的知识、技能和其他条件，但工作输入、工作输出、工作结果、工作反馈不足，就应当通过非培训手段(如改善环境、设备或激励制度等)，来提升员工绩效。

四、人员层面分析的信息来源与分析工具

(一)信息来源

表3-11描述了可用于培训与开发需求分析中人员分析环节的信息来源。

表3-11 人员分析的信息来源列表

人员分析的信息来源	对人力资源培训/开发的意义
1.绩效评估结果以及能够反映一定问题的历史数据(生产事故、缺勤或迟到次数、事故率、病假、不满情绪、浪费、交货延迟、产品质量、停工期、设备利用率、客户投诉)	可以看到员工在工作中的长处和短处以及有待改进的地方，发现绩效差距。这些信息容易量化，便于分析，对确定培训的内容和培训类型很有帮助
2.观察工作样本	比较主观，但其优点在于不仅能观察员工的行为，还能观察行为的结果
3.访谈	不仅可以了解他们自己的想法，还可以让他们参与到需求分析中来，从而增强他们的学习动机
4.问卷调查	问卷的编制可以根据组织的具体情况进行灵活安排。缺点是由于已经有了一定的结构，为此可能会产生一些偏差
5.测验(工作知识、技能、成就)	可以使用自行编制的测验或标准化的测验。需要注意的是，要确保测得的是与工作有关的素质
6.态度调查	针对个人进行。有助于了解每个员工的士气、动机水平和满意度
7.使用核查清单或培训进度表	这是不断更新的关于每个员工技能水平的清单，可以从中了解每项工作在未来需要哪些培训
8.评定量表	必须确保对员工的评定是客观的、有一定信度和效度的
9.关键事件法	观察到的、导致工作成功或失败的关键行为表现
10.工作日志	员工对自己工作的详细记录
11.情境模拟(角色扮演、个案研究、无领导小组讨论、培训会议、商业游戏、篮中练习)	某些知识、技能和态度可以在这些人为设置的情境中表现出来
12.诊断量表	对诊断量表进行因素分析，以获得诊断评分
13.评价中心	将上面提到的某些技术整合成一个综合性的评价方案
14.辅导	类似于一对一的访谈
15.目标管理或工作述职系统	按照组织规定和个人承诺，定期提供绩效反馈。这样可以将实际的绩效水平与理想标准进行比较，看绩效是上升还是下降了。这种绩效和潜能评价体系对实现组织大的目标来说非常关键

资料来源：笔者在文献基础上整理，参考包括 MOORE M L，DUTON P. Training needs analysis：review and critique[J]. Academic of Management Review，1978(3)：539-540

(二)分析工具

绩效评价可采用的测量工具及方法有很多,这里介绍几种培训与开发需求评估环节的常用工具。

1.行为锚定等级评价法

行为锚定等级评价法(behaviorally anchored rating scale,BARS)是建立在关键事件技术基础之上的,通过用一些特定的关于优良绩效和不良绩效的描述性事例来对行为量化的尺度加以解释或锚定,将描述性的关键事件评价法和量化的等级评价法的优点结合在一起。其倡导者宣称,它能比许多种绩效评价工具做出更好和更为公平的评价。

建立行为锚定等级评价法通常要求按照以下五个步骤来进行。

(1)获取关键事件。首先要求对某一职位比较了解的人(通常是职位承担者及其上级主管人员)对一些代表该职位上的优良绩效和不良绩效的关键事件进行描述。

(2)开发绩效维度。然后由第一步中的这些人将这些关键事件合并成为数不多的几个绩效维度(如 5 个或 10 个),并对其中的每一个绩效维度(例如"责任感")加以界定。

(3)重新分配关键事件。接下来,由另外一组同样对职位比较了解的人对原始的关键事件进行重新分类。他们会得到已经界定好的工作绩效维度以及所有的关键事件,然后所要做的就是将所有这些关键事件分别放入他们自己认为最合适的绩效维度之中。如果就同一关键事件而言,第二组中有一定比例(通常是 50%~80%)的人将其归入的绩效维度与第一组的结果相同,那么,这一关键事件的最后位置则可以确定在这一绩效维度之中。

(4)对这些关键事件进行评价。在用关键事件来描述行为之后,第二组人还要对这些行为在每一绩效维度方面所代表的有效和无效程度来加以评定(一般采用 7 点评价尺度或 9 点评价尺度)。

(5)建立最终的绩效评价工具。对于每一个工作绩效维度来说,选择 6~7 个关键事件作为其行为锚。

2.360 度绩效反馈

组织一直比较接受绩效评估是由员工的上级来完成的。然而,组织结构的扁平以及工作职能的交叉化,意味着自上而下的绩效评估已经不再是一种恰当的方法了。

360 度绩效反馈,是一种从多个评估者那里搜集绩效评估信息的方法。采用这种方法,可以从对员工绩效有所了解的重要信息源那里获得绩效评估的数据,这些信息来源包括上级、下属、同级、客户或组织内外的供应商和被评者本人。这些评估者观察被评估者的角度是不同的,他们可以提供其他人无法提供的信息,这种多元评估的方法能够互相验证不同来源的评估信息,使得绩效评估更加客观有效。

网易游戏:Spiderman 基层管理者的“华丽变身”

身处互联网,身处游戏业,网易游戏时刻在用互联网的创造精神,匠心打造属于每个人的转型之路。网易游戏培训团队(以下简称“培训团队”)从蜘蛛侠角色中汲取灵感,遵循贴合业务与满足用户需求的原则,设计灵活可变的定制化课程,加入场景化与游戏化体验的元素,定制开发了契合目标群体特点的学习项目——Spiderman 基层管理者培训计划,又称 Spiderman 新经理觉醒计划。

为了帮助企业员工提升个人工作技能,从而促进业务的发展与变革,培训团队扎根业务,持续调研,深挖痛点。“一期一调研,一课一迭代”,为定制化课程的开发打响了“第一枪”。

一、“三管齐下”深层调研

在调研阶段,培训团队以“开放式问卷+典型学员访谈+直属领导调研”递进式层次,“三管齐下”全方位保障培训内容贴近业务,解决痛点。

在问卷调研中,培训团队采用开放式问题,如“在现阶段团队管理中,最困扰你的问题是什么?你尝试采取什么样的措施解决?”不规定方向、不设置条款,关注学员真实的需求(见表 3-12);与典型学员访谈中,针对调研问卷里涉及的一些焦点问题,通过面谈、POPO 沟通(内部办公交流软件)等方式,深入了解学员在岗位中的具体工作困扰和实际案例;对学员直属领导调研时,培训团队通过结构化访谈形式,了解其对学员管理知识的要求及建议,据此对症下药。通过三层调研,收集有效数据,再深入分析数据样本,形成最后的调研结果。

二、深入部门挖掘业务痛点

培训团队紧贴业务需求,在业务立项时就深入学员所在部门,收集与业务强相关的案例。只有通过分析真实的案例,才能真正理解业务的痛点和成因。

首先,培训团队通过整理搜集到的业务信息,提炼框架,还原性编写案例情景;其次,针对案例情景中反映的管理性问题或要点,与业务部门负责人一起共创具体的思路与对应的解决方法,并将成果存入知识库(案例库)。这样,当讲师再有案例需求的时候,可以根据具体的培训方向,直接从案例库中提取合适的,编写课程或开展活动。

具有共同爱好的人自然能够坐在一起,成为朋友。所以,培训团队要求每个成员对各类游戏的玩法、术语、行业动态都非常了解,通过结识同喜好类型的玩家,与业务部门的同事切磋游戏技艺、给产品提供反馈意见等,让业务部门充分认识到培训部门不再是“第三方”,而是“自己人”;进而更真实地信任、支持培训,培训团队更能从中获取业务部门的想法,很多案例也都从中而来。

表 3-12　Spiderman 基层管理者培训计划调研问卷需求分析(节选)

基于课前问卷学员需求分析		
	需求与方向	典型情景案例
专业与管理之间的平衡问题	对“管理”的认知有限,更多采取自己以为合适的方法	·小 A 刚开始成为管理者时,管理上琐事很多,总是突然想到什么就做什么,没有计划性和前瞻性,疲于奔命 ·小 B 时间比较紧张,原先只需要负责客户端的美术与相关的需求,现在需要统筹、分配整个组的工作内容。同时,还需要处理项目组各个职位之间的琐事,时间真的不够用
	从专业人员转为管理人员,个人时间、精力分配不当	
	专业能力有限,难以服众	
	个人倾向于发展专业技术,对管理没有倾注全部心血	
工作分配、流程推进问题	需提高流程、管控技巧,使之更高效、合适	·项目中遇到比较复杂的模块时,不放心交给团队中不积极以及没有经验的同事。每次在团队中都担任“救火队长”的角色,真是力不从心 ·规范、流程一开始执行时很到位,慢慢地,态度松懈,后面开始执行不到位,甚至不执行了
	推进工作流程的常规化、制度化的经验方法	
	优化方式、技巧,提升团队工作效率与对接流程	
	工作分配后,如何顺畅地进行项目推进,并及时发现、解决问题	

案例节选自:陈立斌.网易游戏 Spiderman 基层管理者的“华丽变身”[J].培训,2019(1):104-110.

第五节　基于胜任力的培训需求分析

本节的重点是探讨如何将胜任力概念融入培训需求分析之中。

一、胜任力及胜任力模型

(一)胜任力

1.胜任力研究的起源与发展

胜任力也称素质,是当代心理学、人力资源管理、教育学等学科领域的热点之一。胜任力的概念可以追溯到 20 世纪 70 年代,以哈佛大学的麦克莱兰教授为首的研究小组,负责为美国信息管理局开发员工甄选方案。通过行为事件访谈,麦克莱兰(David McClelland)的研究小组发现,那些表现优异的员工具备一些别人缺少的东西。这一研究引发了一场革命,被称为“胜任力运动”。这也是胜任力模型发展过程中的里程碑。麦克莱兰教授于 1973 年发表的《测量胜任力而非智力》一文,标志着胜任力研究的正式起源。20 世纪 80 年代,胜任力开始在美国、英国、加拿大、日本等发达国家企业人力资源管理中广泛使用。

2.胜任力的定义

国内外众多学者对"胜任力"都提出了自己的定义。尽管对胜任力的界定众说纷纭，缺乏统一见解。但其中也有一些共识之处：都强调工作情境中员工的价值观、动机、个性或态度、技能和知识等特征；与工作任务和工作绩效密切相关，可以用来预测员工未来的工作绩效；具有动态性；能够区分业绩优秀者与一般者。

（二）胜任力模型

胜任力模型也称胜任素质模型，是指组织当中担任特定任务角色所要求的与高绩效相关的一系列胜任特征或胜任特征群，这些特征是可分级的、可被测评的，通常由 4～6 类胜任特征构成，每一类胜任特征可能是一簇胜任特征，这些胜任特征群和它们次一级的分类即具体的胜任特征共同构成完整的胜任力模型。

一个完整的胜任力模型体系，除了包括具体的胜任特征外，还应包括胜任特征的定义、核心问题、水平分级、行为描述、行为样例。胜任力模型为某一特定组织、工作或角色提供了一个成功模型，反映了某一既定工作岗位中影响个体成功的所有重要的行为、技能、知识及人格特征等。胜任力的可测量性使得评估过程更加标准化、培训的需求更加具体化。

胜任力理论模型主要有冰山模型（图 3-17）和洋葱模型（图 3-18）。

胜任力的冰山模型主张有五种类型的胜任力，分别为动机（motives）、特质（trait）、自我概念（self-concept）、知识（knowledge）和技能/技巧（skills）。知识和技能在水面以上，为看得见的冰山，最容易改变；动机和特质潜藏于水面以下，不易触及，也最难改变或发展，自我概念介于二者之间。

洋葱模型是从另一个角度对冰山模型的解释。它在描述胜任特征时由外层及内层，层层深入，表层的是基本的技巧和知识，里层核心内容即个体潜在的特征。

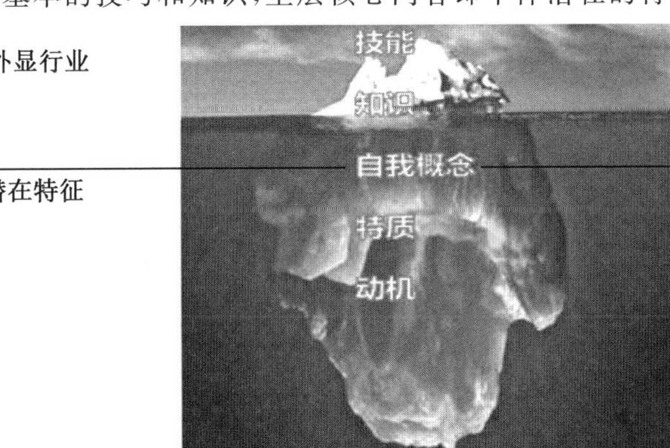

图 3-17　冰山模型

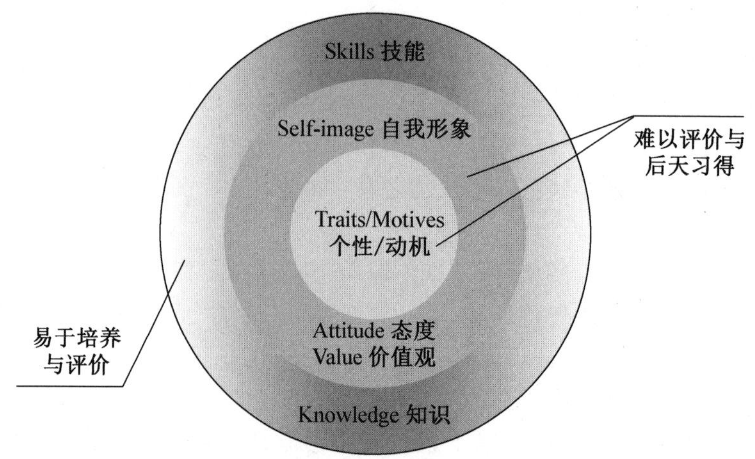

图 3-18 洋葱模型

(三)胜任力模型开发途径

纵观研究者对胜任特征模型开发途径的论述,基本思路和途径分为三种。

第一种思路,确定与组织核心价值观相一致的胜任力。这种思路确定的胜任特征更加关注塑造与所在组织文化相适应的员工。优点是能够揭示出"冰山模型"中的深层胜任特征,通常采用职业分析方法,基于对某一职业或专业及其必需的职责和任务的职能分析,产生一个广泛的胜任特征清单,同时需要建立绩效标准。目前,国内不少企业运用这种方式建立的胜任力模型。

第二种思路,源于麦克莱兰、McBer 咨询、哈佛商学院等的研究。这种思路通常使用关键行为事件访谈法(BEI),选择那些高绩效的岗位角色,并从中抽取其特征。

第三种思路,根据行业关键成功因素(key success factors,KSFs)开发胜任特征模型。这种方法的关键之一就是要识别并获取行业关键成功因素。其原理是"人—职—组织"匹配原理。国内目前相关研究尚不丰富。

二、以胜任力为基础的培训需求分析模型

自我概念、特质和动机等深层的胜任力特征往往是决定员工行为和表现的比较稳定的关键因素。

(一)以胜任力为基础的培训需求分析模型的构建思路

为了完成某项工作,以胜任力为基础,判断员工的哪些个人特点是工作所必需的,这一个过程被称为胜任力建模。

以胜任力为基础的培训需求分析模型,主要通过组织环境变化的判断,识别组织的核心胜任力,并在这个基础上确定关键岗位的胜任素质模型,同时对比员工的能力水平现状,找出培训需求所在。以胜任力为基础的培训需求分析模型如图 3-19 所示。

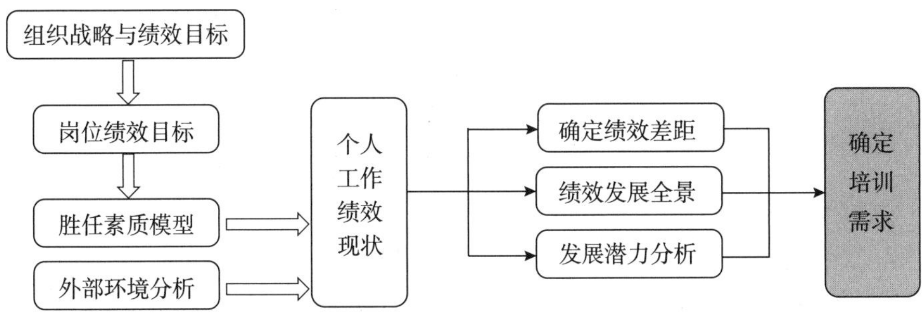

图 3-19　以胜任力为基础的培训需求分析模型

以胜任力为基础的培训需求分析模型有助于描述工作所需的行为表现，以确定员工现有的素质特征，发现员工需要学习和发展哪些技能。同时，模型中明确的能力标准，也使组织的绩效评估更加方便。另外，胜任力模型也使员工能容易理解组织对他的要求，并建立行动导向的学习。

此外，现代以胜任力为基础的培训体系对传统的培训体系已经做了很大的改进，然而也需要清醒地认识到外部环境及竞争日益激烈，组织的人力资源管理体系需要不断适应战略发展，并与之相匹配。因此，根据组织自身特点，以组织战略为导向，去开发设计基于胜任力的培训体系，将会得到越来越多组织的重视(图 3-20)。

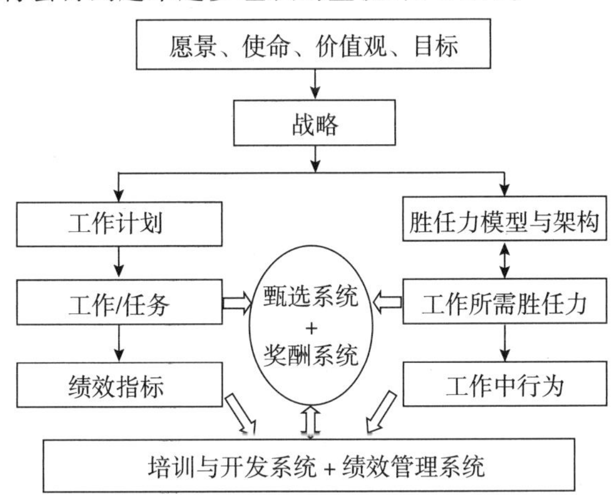

图 3-20　以组织战略为导向的基于胜任力模型的人力资源管理体系

(二)以胜任力为基础的培训需求模型的特点

(1)胜任力模型不仅包括知识、技能层面的能力，还包括自我认知、个性特质、工作动机等更深层次的特质，范围比较广，使培训体系更加全面；

(2)从分析优秀绩效者与一般绩效者的关键特征出发，使培训的内容针对性更强；

(3)把组织战略放在重要位置，在设定预期绩效的同时考虑了组织和岗位的潜在需要，将培训与整个组织的产出和绩效改进相联系；

(4)以受训者为中心，注重受训者的感受，多采用体验式的培训方法，区别对待外在的知识、技能与内隐的胜任力要素，使培训达到最佳的效果；

(5)在基于胜任力模型的培训体系中，受训者参与了整个过程，包括构建胜任力模型、培训需求分析、培训计划的制定、培训的实施以及培训的效果评估,共享了培训成果。

(三)以胜任力为基础的培训需求分析模型的构建步骤

传统的培训需求评估包括明确各项任务及其所需要的知识、技术和能力。然而,当前的培训趋势要求培训需求评估将重点放在胜任力水平上。

基于上述胜任力建模的操作要点,从总体上看,以胜任力为基础的培训需求分析过程包括如表 3-13 所示的五个关键阶段。

表 3-13　以胜任力为基础的培训需求分析步骤

阶段	工作内容
阶段一:制定项目计划	
1.设定参数	确定胜任力模型的目的、作用、拥有的时间和资源等
2.确定关键参与者	确定项目参与人员,如绩效突出的员工、项目决策者、专家、业内人士、专业培训人员等
3.制定工作计划	制定工作进度表,根据不同阶段的工作量合理分配时间
阶段二:进行行为面谈	
1.获得初步信息	营造访谈的良好氛围,包括建立友好关系、保持中立态度等
2.获得行为信息	收集用于建模的数据,如运用行为事件访谈法收集背景情况及与工作相关的信息、绩效突出员工的成功信息及绩效不佳员工的相关信息
阶段三:建立胜任力模型	
1.创建胜任力字典	・找出信息的相似之处,将信息整合成核心词组,如大部分信息表明口齿清晰是销售人员的一项重要技能,那么,"口齿清晰"则成为一个核心词组 ・创建核心字典就是不断重复这个过程,定义出所有的核心词组,并不断修改与优化,直到满意为止 ・对每一项胜任力进行全面描述
2.创建胜任力模型	・胜任力模型是对胜任力字典的核心因素进行深入描述,将不同的核心词组归纳到相应的定义范畴内,如"口齿清晰"只是人际关系范畴中的核心词组之一 ・提请高层经理和人力资源部批准,必要时对字典和模型进行修改,并确定最终版本 ・比较绩效突出与绩效不佳员工行为编码后的信息,筛选出高效行为指标
阶段四:评估差距	
1.确定差距	运用所建模型衡量同一工作岗位中的不同人员在业务方面的差距
2.分析结果	采用相关软件对收回的问卷数据进行分析
阶段五:实施模型	
模型的应用	・胜任力模型应用较广,可用于需求评估,即基于模型推出培训需求 ・实施模型过程中要监控其结果

资料来源:笔者改编整理自 古普塔.需求评估实施指南[M].闫晓珍,张杰,译,北京:北京大学出版社,2007:51-62.

进行以胜任力为基础的需求分析,必须开发出一套结合了对特定知识、技能和个人特质的描述的胜任力模型，作为评估个人目前能力和能力需要加强到什么程度的依据。通过对员工现有胜任力和工作需要的胜任力进行比较，可以知道应对哪些员工进行培训，应该培训哪些内容，采用怎样的行动更有效等。另外，胜任力模型还可用于员工开发。例如评估员工个人优势，确定发展机会；确定绩效改进所需的资料、措施及相应的支持；制订行动计划来更好地满足员工的学习需求；设定实施学习发展计划的时间表；讨论跟进计划。

组织根据胜任力模型寻找员工实际胜任力水平和理想胜任力水平的差距，确定培训需求并进行员工胜任力开发，对症下药，使培训与开发工作具有更强的针对性。当然，建立胜任力模型是一个非常困难的过程，不仅需要外脑的介入，还需要组织自上而下全员共同思考，共同努力，不断修正，才能最终形成科学实用的胜任力模型。

第六节 员工培训与开发需求分析的实施

一、做好培训需求分析的前期准备工作

在进行培训需求分析之前培训管理者需要做一些准备工作，为下一步的培训需求分析工作打好基础。准备工作包括三个方面。

（一）建立员工培训资料库

员工培训资料库可以帮助培训管理者很方便地寻找员工的背景资料，为员工的个人培训需求分析提供素材。员工的资料包括员工培训档案、人事变动情况、绩效考评资料、个人职业生涯规划以及其他相关资料等。

（二）掌握员工工作现状

培训部门要以“顾客为导向”，把培训对象看作是服务对象，及时掌握服务对象的动态才能更准确地提供有效培训。培训部门管理者及专业人员要和其他业务部门保持密切联系，及时更新和补充员工培训资料库。

（三）构建收集培训需求信息的通道

为及时、高效地掌握员工的培训需求，需要建立起通畅有效的培训信息交流通道。例如，可以利用互联网技术，通过公众号、QQ 群/微信群等方式与员工和部门及时交流培训信息。

二、制订培训需求分析的计划

在正式开展培训需求分析之前，培训管理者有必要制订分析计划。计划应当包括三方面的内容。

（一）制订工作计划

工作计划包括培训需求分析工作的时间进度，各项具体工作在执行时可能会遇到的问题，以及制定应对方案时应当注意的问题等。

（二）设立工作目标

培训需求有三个层次，即战略/组织层面的培训需求、任务层次的培训需求和人员层次的培训需求。在计划中应当明确培训需求分析在哪个层次上进行、应当达到什么目标。一方面，培训管理者要尽可能排除各种因素的影响，提高准确性；另一方面也没有必要过分追求精准，而加大了需求分析环节的成本。

(三)确定分析方法

培训需求分析常用的方法如前文所述,有观察法、访谈法、问卷调查法、绩效分析法、资料分析法和焦点团队调查法等。

培训需求分析方法和工具种类非常多。培训需求分析既可使用复杂方法,也可用简单方法,在实际应用时要根据具体情况来选择合适的分析工具。

三、具体实施培训需求分析步骤

培训需求分析的实施主要是按照事先制定好的工作计划依次展开,但在分析培训需求的时候,也要根据实际工作情况或遇到的突发情况,随时对计划进行调整。按照培训需求分析计划开展工作主要的程序如下。

(一)征求培训需求

培训管理者向各有关部门发出征求通知,要求现状与理想状况有差距的部门或员工提出培训需求。

(二)审核汇总培训需求

培训管理者将收集来的信息进行汇总、审核并向相关主管部门进行汇报。

(三)分析培训需求

对申报的培训需求进行分析,主要包括三方面:一是受训员工的现状,包括其在组织中的位置、是否受过培训、受过什么培训以及培训的形式;二是受训员工存在的问题,包括是否存在问题及问题的原因;三是员工的期望和真实想法,包括员工期望接受的培训内容和希望达到的培训效果,然后核实员工真实的想法,以确认培训需求。这一部分在本章前面几节已经详细介绍原理及方法,可翻阅查看。

(四)确认培训需求

1.结果确认

在培训需求分析结果的确认过程中需要参与的对象有员工、管理人员、培训顾问委员会等,确认过程中相关信息的搜集可采用类似于前面介绍过的培训需求信息搜集方法。此外,培训需求分析结果的确认要分部门进行,以便分清部门之间需求上的差异。最后,由人力资源部组织召开会议对最终的培训需求分析结果进行确认。培训管理者参考有关部门的意见,根据重要程度和迫切程度排列培训需求,为制定培训计划奠定基础。

为了使培训切合组织或员工的实际培训需求,需要进行培训需求的确认工作。培训需求确认的方法主要包括绩效面谈确认、主题会议确认、正式文件确认等三种。

2.结果调整

尽管培训需求信息的搜集过程非常客观,分析过程也很规范,得出的结果也符合实际,但是在培训的具体实施过程中,仍然需要对培训需求分析的结果进行调整。调整的原因有很多,可能是培训需求信息发生变化,或者是组织内外部环境发生改变而导致了新的培训需求出现。对培训需求分析结果的调整可以使得培训设计更加贴近实际情况。

四、分析和总结培训需求分析的数据

各部门或员工上报来的培训需求信息往往会受到外在或内在因素的影响而真伪共存,因此,培训管理者需要对收集来的培训需求信息进行数据分析并加以鉴别。同时,由于组织的培训资源有限,不可能满足所有的培训需求,因而也需要培训管理者对培训需求做优先程度排序,加以取舍。这一阶段的工作程序包括如下三步。

（一）培训需求信息归类与整理

分析的信息来源和渠道不同，信息的形式也有所不同，首先要把收集到的信息进行分类、归档。

（二）培训需求信息分析与总结

对收集上来的资料仔细分析，从中找出培训需求。注意处理好个别需求和普遍需求、当前需求和未来需求的关系。结合组织的实际情况，根据培训需求的重要程度和紧迫程度对各类培训需求排序。在数据分析时应做到准确、全面、保守人员信息和数据秘密，以及简单易行。

（三）培训需求结果的处理

将培训需求分析的结论形成书面报告，提供给各决策部门参考。可以公开的部分应当向部门或员工公开，并就一些结论与相关部门或人员进行交流，对不能满足的培训需求可以向相关人员作合理的解释。

五、撰写培训需求分析报告

培训需求分析报告是培训需求分析工作的成果，它的目的在于对各部门申报汇总上来的培训需求做出解释和评估结论，并最终确定是否需要培训和培训什么。因此，培训需求分析报告是确定培训目标、制订培训计划的重要依据和前提。其具体编制要点如图 3-21 所示。

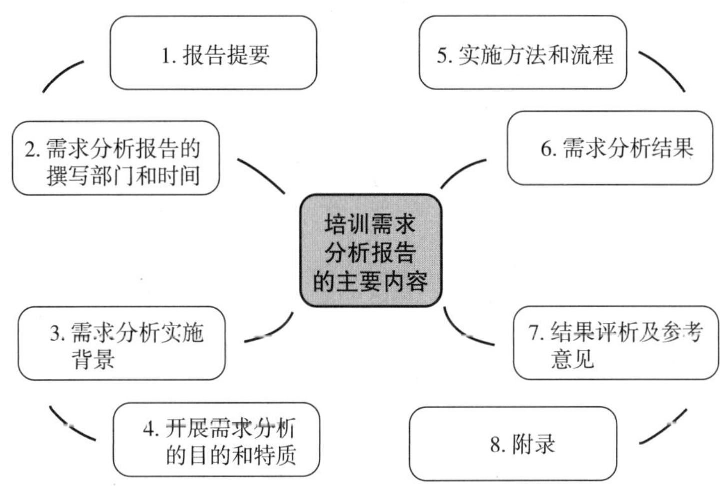

图 3-21　培训需求分析报告的编制要点

现将培训需求分析报告的参考结构整理如表 3-14 所示。

表 3-14　培训需求分析报告撰写的项目要点

序号	项　　目	内　　容
1	报告提要，即对报告要点的概括	* 简明扼要介绍报告的主要内容
2	明确培训需求分析报告的撰写部门及实践	* 在报告中需注明
3	需求分析实施的背景	* 阐明产生培训需求的原因 * 培训需求的意向

续表

序号	项目	内容
4	开展需求分析的目的和性质	* 说明培训需求分析的目的 * 以前是否有类似的培训分析 * 以前的培训分析的缺陷和错误
5	概述需求分析实施的方法和流程	* 介绍培训需求分析使用的方法 * 介绍培训需求分析的实施过程
6	培训需求分析的结果	* 阐明通过培训需求分析得到了什么结论
7	对分析结果的简要评析和参考意见	* 论述培训的理由 * 可以采取哪些措施改进培训 * 培训方案的经济性 * 培训是否充分满足了需求 * 提供参考意见
8	附录	* 分析中用到的图表、资料

注释:附录部分主要是记录培训调查时用到的相关图表、调查问卷、访谈录音、原始资料等,其目的在于保证收集和分析相关资料和信息时所采用的方法是合理的、科学的。

周黑鸭:基于领导力胜任评估的中层管理者培训需求分析

面对我国乃至世界食品工业和餐饮业高速发展的风口,湖北周黑鸭食品有限公司(以下简称"周黑鸭")敏锐地抓住市场发展机会,专业从事卤鸭、鸭副及其他卤制红肉、卤制蔬菜、卤制家禽产品等的生产和销售,致力于打造年轻、有活力并兼具文化底蕴、有生活品位的品牌,通过可口、卫生、方便的产品为消费者带来更大的乐趣和更好的体验。2013—2015 年,公司营业收入分别达到 12.17 亿元、18.09 亿元、24.32 亿元,同期净利润分别为 2.6 亿元、4.1 亿元、5.5 亿元,复合年增长率达 45.8%。到 2015 年年底,周黑鸭 715 家自营门店及网络渠道覆盖全国 12 省 38 市。2016 年 11 月 11 日,公司在香港联合交易所挂牌上市。

与其他卤制品企业不同,周黑鸭摒弃了传统加盟模式,坚守直营连锁经营,品牌直营门店遍布北京、上海、天津、重庆及武汉、广州、长沙、杭州等省会城市和湖北二级城市。公司在北京、上海等地设立 8 家全资子公司,建立 3 个产业基地,构建了"公司+农户+基地"的经营模式。从2012年起，公司还大力建设并维护品牌形象，申报专利43项，建立会员卡机制，开设电商平台及团购营销、构建与完善O2O经营体系等。但随着企业的快速成长和发展，员工年龄结构、学历结构与现代企业制度建设和发展的不适应性日益突出。截至2016年，公司员工从2009年430人发展到3705人，增长幅度达761.63%，近三年的新入职员工人数更高达2823人次；同期员工学历结构也仅从高中或中专学历以下员工占比92.09%降为77.03%。如何匹配企业发展战略，大力培育员工使其成为企业更具价值的人力资本，是周黑鸭面临的严峻挑战。

近年来，随着卤制品和休闲食品行业的快速发展，周黑鸭同时还面临来自竞争市场和行业环境带来的诸多不确定性。一方面，麦当劳、肯德基等外资企业从供应到生产、管理和营销都已经形成一套完整的科学管理体系，进入中国市场后又结合本土化情形进一步完善，占据市场绝对优势，而廖记棒棒鸡、绝味鸭脖、煌上煌、小胡鸭等本土企业的强势进入，更加剧了行业市场竞争；另一方面，熟卤制品、休闲食品行业进入门槛低，可复制性强，易假冒仿冒，缺乏行业规范。近年来我国接连发生的食品安全事故也使得社会各界对食品企业的舆论监督与关注越来越高，企业所受到的环保、健康、消防安全等多种法规的约束也日益增加。因此，面对如此复杂多变的市场环境，周黑鸭要应对来自市场、法律、食品安全等的诸多挑战，管理团队专业的领导能力和规范的职业能力决定了企业的生存和发展，人才队伍结构的先天不足更决定了公司开展中层管理培训的现实紧迫性。截至2016年12月，公司中层管理者(部门主管及以上人员)92人中，超过60%的学历处于大专及以下水平，硕士仅占到3.26%，高达73.91%的中层管理者在30岁以上，工作10年以上的中层管理者仅占5.43%。(表3-15)

表3-15　周黑鸭中层管理者基本情况

属性	分类	人数/人	百分比/%
1.性别	男	59	64.13
	女	33	35.87
2.年龄段	18～30岁	24	26.09
	31～40岁	49	53.26
	41～50岁	16	17.39
	50岁以上	3	3.26
3.最高学历	高中及以下	18	20.65
	大专	39	42.39
	本科	31	33.70
	硕士及以上	3	3.26
4.工作年限	0～3年	27	39.35
	4～10年	60	65.22
	10年以上	5	5.43

一、领导力胜任模型构建

领导力胜任评估的培训方案设计是通过建立领导力胜任力模型,测评管理者领导素质,针对性地设计培训内容和培训方式,进而用于企业培训实践,提高领导力和管理水平(如图 3-22)。与传统的单一基于培训需求分析的方案设计不同,基于岗位胜任评估的培训方案设计通过建立胜任力模型,培训者由“知识传播者”变为“知识创造者”,培训方式由“承袭式”变为“创新式”,培训内容由“补缺型”变为“挖潜型”,培训目标也由“关注组织发展”变为“注重组织与个人发展相结合”,既充分体现了培训的战略导向性,强化了企业价值理念,也凸显了培训需求分析的组织、岗位和个体绩效分析。

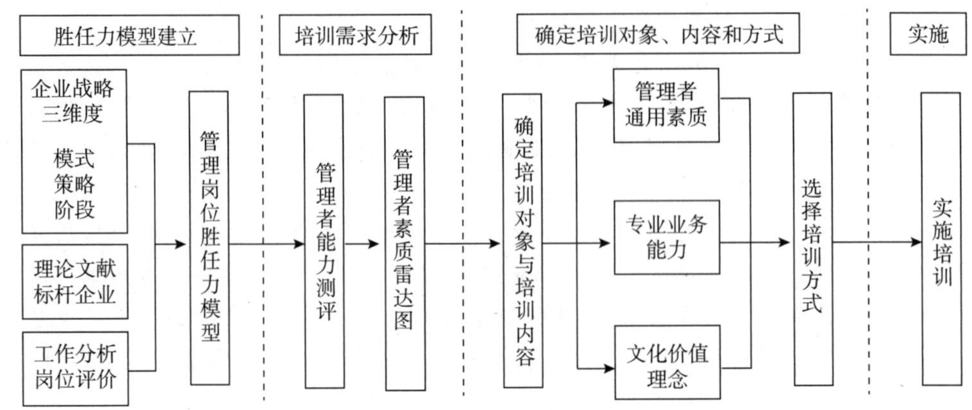

图 3-22 领导力胜任评估的管理培训方案设计体系

在公司发展战略维度,Forst&Sullivan 的资料显示,2015 年中国休闲卤制品行业的零售价值达到 521 亿元,预计到 2020 年该指标将达到 1201 亿元,年复合增长率为 18.2%。基于良好市场发展环境判断,周黑鸭致力于打造“百年品牌,走向世界”,成为与麦当劳具有同样价值的休闲食品企业,因此麦当劳最重视的沟通、执行与风险预估能力也成为周黑鸭领导力胜任素质的核心要素;秉承“顾客第一,团队第二,股东第三”的价值观,管理者必须洞察顾客需求,通过不断的产品开发和技术创新,增加顾客价值;为体现产品与服务的一致性,周黑鸭坚持“会娱乐,更快乐”的企业文化理念,营造和谐共处的组织氛围,但“90 后”甚至“00 后”新员工“独一代”“网一代”的鲜明个性大大提高了冲突发生的可能性(包括门店与顾客的冲突),对管理者的团队沟通与冲突管理能力提出了更高的要求;同时,随着移动互联网时代的到来,餐饮及食品加工行业正面临新一轮变革风口,管理者要时刻做好应对风险的准备,通过学习不断寻求自我突破和发展。利用归纳法和演绎法总结领导力素质,构建周黑鸭中层管理者领导力胜任素质模型,如表 3-16 所示。为更好地符合公司管理实践,周黑鸭还以构建领导力胜任素质模型为基础,通过管理者对领导力维度和各胜任素质重要性排序,了解其对领导力构成要素的意见,进一步对领导力维度和素质进行提炼。

表 3-16　周黑鸭中层管理者领导力胜任素质核心指标

一级指标	二级指标		
组织规划与执行能力	计划能力	执行能力	时间管理
员工授权与领导能力	激励能力	授权与指导	监督与控制
员工培养与自我发展	学习能力	尊重和培养人才	自我发展
管理知识与个人素质	管理知识	态度和价值观	情商
团队合作与协调能力	冲突管理	团队合作	协调能力
人际交往与沟通能力	沟通能力	倾听与反馈	人际感受能力
危机处理与应变能力	应变能力	适应力	风险预估能力
市场导向与商业意识	客户意识	商业意识	预期性思维

二、胜任评估与管理培训方案设计

考虑到企业的管理实践与时间成本，周黑鸭采用线上线下相结合的方式来完成对周黑鸭 92 名中层管理者领导力评估并构建相应管理培训体系。首先，通过将自我评估量表导入企业内部云平台实现在线测评，以集体考试形式进行理论测试，对管理者个体利用领导力测评问卷进行测评，建立中层管理者领导力雷达图，确定中层管理者的领导力胜任培训需求情况(如表 3-17)。其次，以领导力评估结果为依据，结合常规培训需求调查，进一步综合考虑受训人员的学历、岗位、自我感知能力与知识吸收能力，秉承周黑鸭的娱乐精神，选择合适高效的培训与授课方式，设计完整、个性化的培训方案。最后，以 2011 年成立的商学院为平台，借力产学研合作，构建“高校合作＋中介服务＋企业内训”相结合的“三支柱”培训模式，促进培训成果转化。经过 5 年时间的建设与发展，周黑鸭商学院已经构建了以支撑公司快速发展、服务公司一流品牌建设为目标，以员工人文需求和岗位胜任特征为核心，以中层管理者领导力胜任培训为主要内容的战略培训体系。

表 3-17　周黑鸭中层管理者培训需求统计表

管理岗位胜任力因子	需培训人数
组织规划与执行能力	65
团队合作与协调能力	33
管理知识与个人素质	54
危机处理与应变能力	37
人际交往与沟通能力	25
员工授权与领导能力	59

截至2016年6月30日,周黑鸭商学院通过全方位实施“会娱乐,更快乐”培训计划,累计完成各级各类培训学时4230.5学时,参加培训员工71425人次;其中精英店长培训15期,完成培训总学时432学时,参加培训店长1561人次,为公司快速发展和扩张奠定了雄厚的人才基础。

案例节选自:李永周,高楠鑫,李静芝.基于领导力胜任评估的中层管理者培训方案设计:以周黑鸭食品有限公司为例[J].中国人力资源开发,2017(12):89-98.

本章小结

培训与开发需求分析是指运用合理的方法和技术,对组织战略目标及内外环境,组织各项工作特性、标准及其所要求的知识技能,对员工的知识、技术和个人特质等,进行科学的、系统的鉴别与分析,以确定组织是否需要培训及培训内容的过程。

培训与开发需求的战略/组织分析是指在组织经营战略的指导下,通过检查组织目标、评估组织资源、分析组织特质以及组织环境等方面,准确地找出组织存在的问题与问题的根源,即现有状况与应有状况的差距和造成差距的原因,以确定培训是否是解决这类问题的最有效的方法。

任务需求除了需要分析工作需要执行的具体任务外,还需要分析执行此工作的员工需要具备的知识、技能、态度和其他所需的特征,并且从中分析出影响员工工作绩效的阻碍因素。

人员分析的目的在于了解员工在核心工作任务上的表现,继而发现员工对培训的普遍需求,同时找出不同的员工对培训的特殊需求。

以胜任力为基础的培训需求分析模型,主要通过组织环境变化的判断,识别组织的核心胜任力,并在这个基础上确定关键岗位的胜任素质模型,同时对比员工的能力水平现状,找出培训需求所在。

问题思考

1.为什么说培训与开发的需求分析对于组织设计并实施培训与开发项目非常重要?

2.请你谈谈组织战略规划与战略/组织层面培训需求分析之间的联系。

3.大环境在变化,公司战略在驱动,外部市场竞争激烈。面对这些变化,高管也释放了明确的商业意识提升信号。很多中高管仍然面临困惑,要为这样一家互联网即时通信企业的中高管设计一套商业意识能力开发与提升的培训计划,你首先需要进行什么工作?你打算如何着手完成这一项首要工作?

4.请分别阐述战略/组织分析、任务分析和人员分析获取资料的渠道。

5.简要叙述一份培训需求分析报告包括哪些方面的内容。

参考文献

[1] 雷蒙德·诺伊.雇员培训与开发[M].北京:中国人民大学出版社,2015.

[2] 颜世富.培训与开发[M].北京:北京师范大学出版社,2017.

[3] 王淑珍,王铜安.现代人力资源培训与开发[M].北京:清华大学出版社,2015.

[4] 陈胜军.培训与开发:提高·融合·绩效·发展[M].北京:中国市场出版社,2010.

[5] 石金涛.培训与开发[M].北京:中国人民大学出版社,2019.

[6] 徐芳.培训与开发理论及技术[M].上海:复旦大学出版社,2019.

[7] 郗亚坤,曲孝民.员工培训与开发[M].大连:东北财经大学出版社,2019.

[8] 胡蓓,陈芳.员工培训与开发[M].北京:高等教育出版社,2017.

[9] 赵曙明,赵宜萱.人员培训与开发:理论、方法、工具、实务[M].北京:人民邮电出版社,2019.

[10] 刘建华.人力资源培训与开发[M].北京:中国电力出版社,2014.

[11] 胡欣,袁秋菊.培训与开发[M].重庆:重庆大学出版社,2017.

[12] 赵耀.员工培训与开发[M].北京:首都经济贸易大学出版社,2016.

[13] 乔恩·M.沃纳,兰迪·L.德西蒙. 人力资源开发[M]4 版.北京:中国人民大学出版社.2009.

[14] 冯新文,李国栋,宋玉芬.基于员工与企业共同发展的企业培训课程体系开发探索:以中航工业新航集团为例[J].中国人力资源开发,2015(8):72-82.

[15] 陈立斌.网易游戏 Spiderman 基层管理者的“华丽变身”[J].培训,2019(1):104-110.

[16] 夏子杰,蔡近文.唯品会“数聚力量”推动技术人才学以致用[J].培训,2019(6):90-97.

[17] 周瑞刚. 从组织特质角度考察企业优势的构筑[J]. 技术经济与管理研究,2004(1):83-84.

[18] 孙雯雯. 当代产业工人职业培训需求与供给研究[D].河北科技师范学院,2017.

[19] 叶碧. 基于大数据的企业培训需求分析方法探索[J]. 企业管理,2017(S1):14-15.

[20] 曾华鹏,邢媛,汤莉,等. 基于能力本位与 CDIO 的应用型本科实践类课程改革:以“工业控制网络集成”课程为例[J]. 高等工程教育研究,2020(1):182-188.

[21] 马二恩,聂保民,梁璞. 基于战略的高管培训实践:以同方大学兼并收购能力提升培训为例[J]. 中国人力资源开发,2016(10):71-77,96.

[22] 胡星. 培训需求分析:成人教育质量提升的新路径[N]. 东北师范大学学报(哲学社会科学版),2017(4):216-220.

[23] 刘羚先,王相平,张权林. 以企业文化为导向的人力资源培训研究[J]. 企业活力,2011(11):54-56.

[24] Anderson, G. (1994), “A Proactive model for training needs analysis”[J]. Journal of

european industrial training, 1993,18(3):23-28.

[25] Guan, X. and Frenkel, S. (2019), How perceptions of training impact employee performance: evidence from two Chinese manufacturing firms[J]. Personnel review, 2019,48(1):163-188. https://doi.org/10.1108/PR—05—2017—0141

[26] Debra J. Cohen. (2015), HR past, present and future: a call for consistent practices and a focus on competencies[J]. Human resource management review, 2015,25(2): 205-215.

[27] Cekada, T. L. (2011). Need training? Conducting an effective needs assessment[Z]. American Society of Safety Engineers.

[28] Zahid Iqbal, M. and Khan, R. (2011), The growing concept and uses of training needs assessment: a review with proposed model[J]. Journal of european industrial training, 2011,35(15):439-466.

[29] Jha, Ajeya & Sunita, Dahiya. (2010). Training need assessment: a critical study[J]. Advances in management,2010.

[30] Ferreira, Rodrigo & Abbad, G.. (2013). Training needs assessment: Where we are and where we should go[J]. Brazilian administration review,2013:77-99.

[31] Dinah Gould, Daniel Kelly, Isabel White, Jayne Chidgey. (2004), Training needs analysis: a literature review and reappraisal[J]. International journal of nursing studies, 2014,41(5):471-486.

[32] 张立富.人力资源开发[M].天津:南开大学出版社,2009.

第四章　培训计划与课程体系开发

☆ 了解培训计划编制的内容及分类。
☆ 掌握培训计划编制的原则及步骤。
☆ 掌握培训项目管理的内容及流程。
☆ 熟记培训课程设计的常用模型。
☆ 掌握培训课程设计的基本过程。

阿里巴巴公司员工培训计划与课程开发

阿里巴巴网络技术有限公司(以下简称“阿里”)是国际享有盛誉的企业间(B2B)电子商务的著名品牌,业务囊括了电子商务服务、蚂蚁金融服务、菜鸟物流服务、大数据云计算服务、广告服务、跨境贸易服务以及各式互联网服务,多元化发展使得企业日久常新。自成立以来,阿里巴巴集团屡创佳绩,全球的400多家著名新闻媒体对阿里的追踪报道一直未曾间断。至2014年,阿里在纽约证券交易所正式挂牌上市,创造了史上最高IPO记录。2019年,阿里港股上市,总市值超过4万亿,登顶港股成为港股“新股王”。由于互联网服务行业创新发展道路曲折,市场环境复杂多变,阿里针对不同业务方向,组成了享有“世界精英”之称的梦幻组合团队,奠定了阿里大厦的基石,使“让天下没有难做的生意”宗旨得以践行。本质上看,阿里的快速发展和卓有成就都离不开夯实的人力资源基础。那么阿里是如何进行员工团队建设,使平均年龄仅有31岁的年轻队伍推动阿里巴巴这艘互联网行业“航空巨舰”砥砺前行的呢?独树一帜的培训计划与课程设计告诉了我们其中缘由。

一、不分层级的全员培训

阿里培训计划由新员工入职培训、在职员工岗位技能培训和管理层技能培训三部分共同组成(图 4-1)。

在新员工入职培训方面,阿里的目标非常明确,即帮助新员工摒弃旧理念、适应新环境,以便快速融入新团队。阿里研发了三个“百年”系列课程,有针对性地为新员工能力培育塑型。其中,针对国际营销新员工,给予其“百年大计”系列学习课程,综合文化价值观塑造、产品知识传授以及销售技能指导三方面全方位的培训和学习。国内销售的新员工则给予“百年诚信”系列课程培训,为国内销售新员工打造“诚信”理念,使得企业文化植根基层;非营销岗位的新进员工则被设定接受“百年阿里”系列课程,这也是阿里巴巴新员工入职试用期内必须参加的一场“洗礼”,能有效提升新人的素质,增加对阿里的深度了解,增强凝聚力和团队意识。此外,阿里还有每周一次的严格考试,旨在考核新员工的业绩和价值观。

完成新人培训流程后,阿里员工仍旧会持续受到来自“政委体系”带来的压力和动力。阿里对于 HR 部门有个专门的称呼,叫作“政委”。该部门权力较大,是员工情绪的调节剂。如若员工出现思想或文化上的偏差,“政委”就将予以专门化交流。强大的“政委”体系使得阿里的所有员工能够保持“狼性”精神状态和较高的执行效率。同时阿里还重视“拥抱变化”价值观的分享,阿里设有三个月“师傅带徒弟”的“关怀期”,新员工入职 6～12 个月后还有选择“回炉”接受再培训的权利。

在职员工岗位技能培训方面,阿里进行基础技能培训,包括基本技能、沟通技能、项目管理、问题解决、工作精简和行业知识等项目。而针对差异化的技能,则分别对员工进行专门化技能培训,包括计算机技术、市场营销、PD/网络、客户服务、人力资源等项目。通过分门别类的培训实施,员工能较快学习到工作所需技能,从而有效提升工作效率。

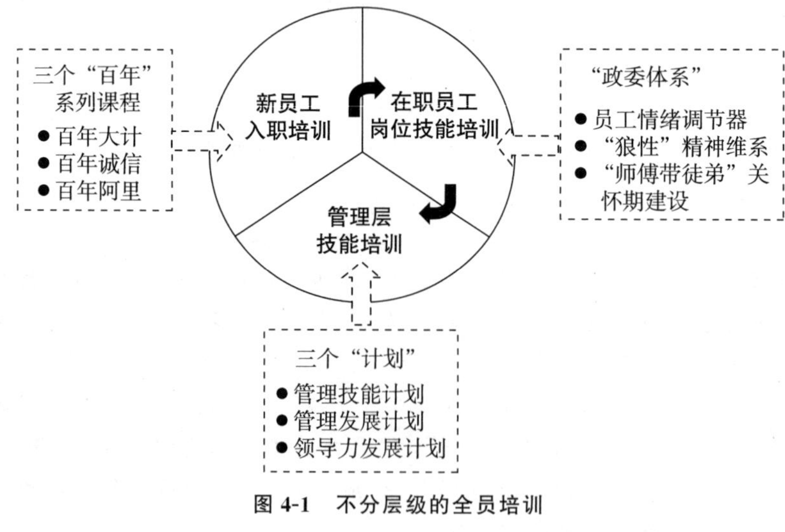

图 4-1　不分层级的全员培训

在管理层培训方面，阿里将该内容分为了三个计划，即管理技能计划、管理发展计划和领导力发展计划，简称3A课程。每个计划皆由3～4门核心课程组成，有利于不同层级的管理人员进行系统、配套的培训和学习；每个计划都充分结合实际工作现状，伴随着课前的沟通、调研以及课后任务的安排，由业务主管、人力资源部和培训部协力塑造管理层人员的综合能力。

二、多样化的培训形式

如今，阿里的HR团队正试图为所有企业员工打造一个集理论知识与趣味感官于一体的立体式培训环境(图4-2)。在此环境中，阿里在细致划分员工层级和职能的基础上，构建了阿里党校、阿里夜校、阿里课堂、阿里夜谈和组织部。其中，阿里党校是为公司高层人员，即总监级别以上的管理者所专门开设的额外强化培训。聘请的专家诸如中欧商学院和长江商学院的一线教授、专家、学者。学员们能够通过与这些教授在战略上的探讨与交流，拓展管理思路，更好地做出公司战略决策；阿里夜校是针对管理人员的培训组织，培训课程的讲师一般都是公司的高层管理人员，课程包括谈判技巧、领导艺术等，旨在让员工在短时间内掌握工作技巧，提高领导能力；阿里课堂是知识体系相对完整、培训时间集中的课程集合，一般要求授课时间在7小时以上，让员工能够系统地学到工作相关的知识与技能；阿里夜谈是以员工兴趣爱好或生活常识为核心而开设的课程，让员工能够通过交流获取一些生活小窍门，从而愉快生活、快乐工作；组织部旨在负责培养后备力量，在界定每一个重要岗位上人员必须具备的素质基础上，设立一套针对性较强的培训课程，从而将这些培训课程提前提供给该重要岗位下一层次的员工进行学习。

除了五类常规形式外，各个子公司也根据实际情况开发了适用的培训形式。例如淘宝所推行的师徒制，由经验丰富的员工在工作中一对一地指导徒弟；又如支付宝采用管理论坛，针对存在的问题，采用大家分享讨论的形式。

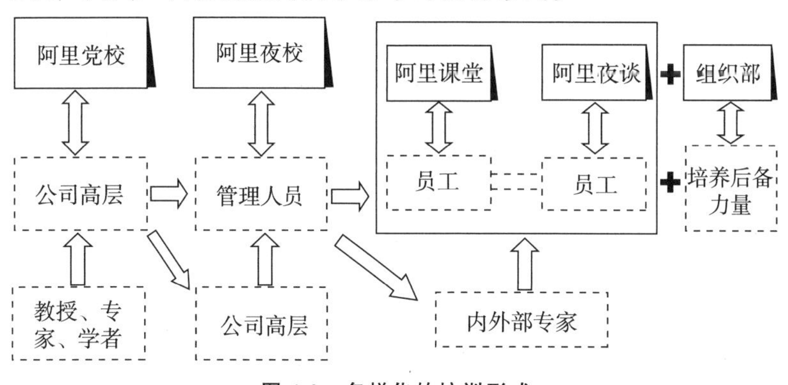

图4-2　多样化的培训形式

三、专业化的教师甄选

阿里的人才培训体系可以分为文化、全球化、专业、领导力四个领域(图4-3)。培训师选拔来源广泛,既包括企业外部的专业培训师,也有企业内部经验丰富的管理人员,还包括众多工作在一线的基层员工。阿里极度重视内部讲师的长效培育,企业针对不同层次的讲师开设了各种提升班,即兴趣班、提高班和专业班等,以此全方位培育出优秀且能独当一面的讲师。

为进一步激励更多员工加入内部讲师团队中,阿里还应用层次划分与证书肯定的方式鼓励员工。在此制度促进下,涌现人带人、人学人的现象,阿里内部"相互滋养",企业培训师团队规模日渐扩大,师资团队质量不断提升,在负责阿里培训的湖畔学院中,已创建了 4 线 13 类共 600 多门课程。2019 年 3 月 12 日,在集团"讲师大会"上,1154 名阿里讲师首度获得认证成为公司首批"传橙官",标志着阿里人才文化体系再度完善升级。

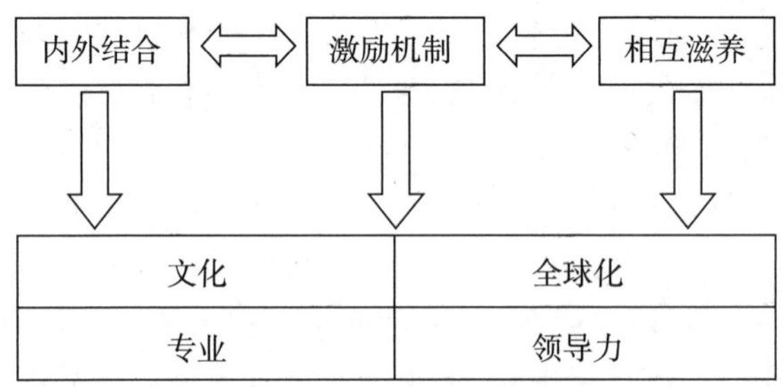

图 4-3　专业化的教师甄选过程

四、规范化的培训管理

为了切实提升培训的效果,阿里制定了规范的培训管理程序。首先,在培训项目开发阶段,相关业务部门以了解培训需求为基础,通过内外部沟通、调研,选取并开设培训课程,制定周密的培训计划。其次,广大员工根据所公布的课程项目,综合自身的需求与时间规划,选择适宜的课程报名。再次,员工根据指定要求参加具体培训。最后,在培训期间,员工必须严格遵守培训管理的规范化组织纪律和学习纪律,对违规或没能按要求完成任务者,将给予一定的批评和惩罚。在阿里,近乎每周都有类似培训。众多场次的培训针对差异化对象,辅以不同内容的课程,覆盖率达到 70%,使每个员工都有机会学习进步。

资料来源:作者根据多方资料整理。

第一节　培训计划概述

1911 年,泰勒(Frederick W.Taylor)出版了《科学管理原理》,提出科学管理的原则之一是"科学地挑选工人,并对其进行培训、教育和使之成长"。他认为,一流的工人是通过严格挑选和科学培训获得的,首次从理论上说明了培训对组织绩效的作用。

理想的培训项目能够提升员工对岗位的熟悉度和综合素质,培养员工对组织的认同感，提高组织效率，增强竞争优势，促进组织发展。培训计划作为培训管理体系的主要内容之一，是培训实施工作的“指南针”。科学严谨地制订培训计划，可为组织培养人才及组织未来发展提供坚实有力的后盾。

一、“培训计划”的定义

培训计划是基于组织战略，在客观、全面地进行培训需求分析的前提下，对培训对象、培训内容、培训者、培训方式、培训时间和培训地点等系统性预先安排。作为名词，培训计划是指按照一定的逻辑顺序将以上内容进行安排并记录而形成的文件。

首先，制订培训计划不能仅考虑培训本身，还要与组织战略、组织环境、组织文化和组织总体人力资源战略等因素相结合。其次，制订培训计划必须满足组织和员工的需求，将员工个人发展与组织需求相契合，兼顾组织资源基础及员工素质条件。最后，制订培训计划应考虑人才培养的超前性及培训结果的不确定性。

二、培训计划的类型

按照培训时间跨度、横向跨度和培训对象的不同，培训可分为不同类型。

（一）时间跨度分类

按照时间跨度长短，可将培训计划分为长期、中期和短期三类。

(1)长期培训计划

长期培训计划跨度为 3～5 年，其优势特征在于与组织的长期目标和员工个人发展相结合、现实与目标的合理协调和配置，这些也是组织长效发展的决定性因素。

长期培训计划一般包括组织长远目标的规划、员工长远目标的规划与外部环境发展相结合、目标与现实差距的分析、人力资源开发策略的拟定、培训策略的设计、培训资源的需求与配置、培训内容的整合、培训行动步骤的安排、培训效益的预测和培训效果的预测等。

(2)中期培训计划

中期培训计划跨度为 1～3 年，是长期培训与短期培训计划的承接部分。培训计划一方面是长期培训计划的细化，对长期战略给予补充；另一方面是短期培训计划的参考，为短期培训提供指引。

中期培训计划一般包括培训中期需求、培训中期目标、培训策略、培训资源的需求与配置、培训内容的整合、培训行动步骤的安排、培训效益的预测、培训效果的预测等。

(3)短期培训计划

短期培训计划跨度为 1 年以下，制订短期培训计划时需要重点考虑培训计划的可操作性。

短期培训计划一般包括培训的目的与目标、培训持续时间、培训地点的选择、培训对象与培训讲师、培训方式、培训工作分工、培训资源获取、培训效果的评估。

（二）横向跨度分类

按照横向的跨度类型，可分为组织、部门和个人培训计划三类。

(1)组织培训计划

组织培训计划可以明确组织整体培训的目标与方向，有效促进组织整体战略的实施与执行。组织培训计划包括岗前管理培训、岗前技术培训、质量管理培训和组织管理培训等。

(2)部门培训计划

部门培训计划是各部门以自身需求为导向制定的内部培训计划,不同部门的职责决定了计划的侧重方向。如信息部门进行最新网络技术培训,人力资源部门的新劳动法规培训。

在部门培训计划拟定之后,培训部门需要与部门负责人进行协商,分析培训内容的安排的合理性、培训过程的分工和职责及整个计划的可行性,并且根据分析结果进行培训计划修订。

(3)个人培训计划

个人培训计划是组织培训计划和部门培训计划的基础,个人培训计划的关键在于将整体的培训计划和宏观的培训目标有效分解,真正落实到员工,以提高员工个人素质,从而实现部门培训和组织培训计划。

中微公司的人才培养计划

中微半导体设备股份有限公司(以下简称"中微公司")是一家具有自主研发能力的科研企业,研发了多款具有自主知识产权的芯片设备,并在全球范围内申请了1200余项专利。

半导体设备行业企业属技术密集型企业,其长远发展离不开专业技术研发团队的支持。为此,中微公司意识到优秀的人才是进一步实现企业战略的基础,更是企业持续发展的动力,要想在半导体设备行业中更具有竞争力,使公司的发展更上一层楼,必须加强企业的人才建设。中微公司根据企业未来技术发展规划和现有人才储备状况,提出不断加强人才队伍的建设工作,并制定相关的人才培养措施。公司根据业务发展的需求,制定短期、中期和长期相结合的人力资源规划及具体实施办法,建立、健全公司科学化、规范化的人力资源管理系统,注重国内外高端专业技术人才的引进。同时,公司组织并实施年度培训需求调查,制定培训计划,组织实施培训和培训评估等工作。

在员工培训方面,中微公司从新员工职业素养、技术、管理层三个层次进行展开。

职业素养类培训:对在职人员开展素养类培训,计划开展的培训课程包括沟通课程、新员工融入课程、时间管理课程等。

技术类培训:面对技术的不断革新,产品不断迭代,公司计划在技术上也开展相应的培训,激发技术人员在工作中的创新潜能,提高员工的技能水平,培训内容包括核心技术的分享课程、外界新知识分享课程等。

管理层培训:公司近年来取得快速发展,领导层管理理念需要不断革新以适应公司发展的需求，公司计划在内部对管理层进行系列培训，计划开展的培训内容包括目标达成、执行力、管理能力等课程。

公司通过人才培养计划，很大程度上满足了公司发展的人力资源需求，强化了员工对公司的忠诚度，增强了公司的凝聚力，确保了核心经营和技术人员的稳定，为公司健康发展提供了有力的保障。

资料来源：作者根据多方资料整理。

（三）培训对象分类

按照培训对象，可以将培训计划分为管理开发培训计划、专业职能培训计划、骨干员工培训计划和新员工培训计划四类。

(1)管理开发培训计划

管理开发培训计划是为提升管理人员管理能力而设立，主要包括工作轮换计划培训、职业生涯规划培训、管理者继任与选派培训、高潜力人才培训和其他发展咨询培训等。

(2)专业职能培训计划

专业职能培训计划是为提升专门人才业务水平而设立，帮助培训对象及时了解各领域新动态和前沿知识，提升业务能力。

(3)骨干员工培训计划

骨干员工培训计划是以重点培养为导向、为组织持续发展而设计，应根据环境特征及员工层次结构的变化而相应调整，为组织未来储备核心人才。

(4)新员工培训计划

新员工培训计划是为帮助新进员工更好地了解组织内外部现状、明确自身职责、快速融入新环境而设计，主要包括组织概况、组织规章制度、组织文化、产品知识、业务知识技能和工作流程等内容。

三、培训计划的内容

培训计划应该涵盖的主要内容应包括 5W1H。所谓 5W1H 是指 Why、Who、What、When、Where 和 How 六个英文单词的首字母，即培训计划要求明确：组织培训的目的是什么，拟实现何种目标；培训对象、项目负责人及授课讲师分别是谁；培训的内容是什么；什么时候培训，期限为多长；培训的场地、地点选在何处；培训实施步骤，采用什么技术和方式。

（一）培训目的

在制订培训计划时，首先，应该明确培训要达到的目的，并将培训目的用简洁、明了的语言描述出来。培训的纲领和后续所有内容应紧紧围绕这一目标而展开。其次，培训目的要紧密结合组织发展及员工的职业发展，以提高培训的针对性和员工的参与积极性。

（二）培训对象、负责人和讲师

制订培训计划时应该先确定培训对象，然后再决定培训内容、授课讲师和时间期限等。培训对象可按照层级或业务类别区分。层级大致可分为普通员工级、主管级与中高层管理级;而业务类别可以分为生产、行政、营销、财务系统等。培训对象可由各部门根据业务需要和人员素质情况选定,或由员工报名后经甄选决定。

为顺利推进培训,在筹划培训项目时,应明确培训负责人,赋予其相应的职责和权限。根据组织所处的行业、规模、结构,尤其是培训内容的不同,培训负责人员归属的部门各有不同。

在遴选培训讲师时,应该考虑讲师是否具有丰富的知识和经验、高超的专业技术、良好的表达能力和课程组织能力,以及对教育的热情和耐心。这部分内容将在第七章具体阐述。

(三)培训内容

培训内容一般分为:培养员工的专业知识、技术或技能的专业培训,改变工作态度及企业文化教育,提升管理人员计划、组织、领导、控制和创新能力的管理能力培训等,可依培训目的和培训对象不同而分别确定。

制订培训计划时,应先进行培训需求调查,掌握组织及员工的培训需要,明确员工所在岗位的任职标准,考察员工的工作能力、态度和业绩等。对照岗位任职标准,分析员工尚存在的不足,以确定培训内容。

(四)培训时间及期限

一般而言,培训时间和期限取决于培训的目的、培训对象的能力、培训对象和培训师的时间及培训场地等因素。新入职员工培训,可安排在实际到岗从事工作前,时间为 1 周至 10 天,甚至更长;而在职员工的培训时长则需由培训对象的能力来决定,培训时间安排应尽可能减少对工作的影响。

(五)培训场地

培训场地主要分为利用内部场地和外部专业培训机构场地两种。利用内部场地的培训项目主要是工作现场的专业知识、技术或技能等方面的培训,该方式组织方便、成本较低,但培训形式较为单一、受环境影响较大。重要的专题研修,或需借助专业培训工具或设施的项目则应利用外部专业培训机构场地,优点是离开工作岗位更易专心培训、有可利用的特定设施,但费用较高、组织较困难。

(六)培训的方法

采用什么技术和方式实施培训,是培训计划要考虑的重要内容之一,也是影响培训成败的关键因素之一。根据培训对象特点和内容的不同,培训方式应有所差异,如讲课类、案例研讨类、头脑风暴类、角色扮演类、视听培训类等。不同方法的培训效果具有较大差异,在制定培训计划时应与授课讲师共同商定合适的方法,以提升培训效果。

以上六方面,是培训计划的主要内容,此外培训计划还应确定培训预算和培训评估方案,以明确培训的直接成本和间接成本。

绿地西北:多方式结合的员工培训

绿地集团(以下简称“绿地”)是“世界500强”企业,已在全球范围内形成了以房地产开发为主业,大基建、大金融、大消费、大康养、大科创等综合产业并举发展的多元发展新格局。未来,绿地集团西部事业部(以下简称“绿地西北”)将凭借全球资源优势,结合集团多元产业协同发展战略,紧抓“一带一路”城市发展机遇,瞄准千亿发展目标,进一步加大投资力度,为西北区域发展做出更大贡献,实现共建共赢共荣新局面。企业的发展需要人才,人才的成长也需要平台。从2016年起,绿地的人才战略便开始再度升级。尤其是进入2018年后,绿地西北在人才挖掘培养机制上,更是提升到前所未有的新高度。

首先,高管层对员工培训在人力、物力和财力上给予了大力支持,独特的三个月末位淘汰竞争制度促使员工积极参与内部培训以提高知识储备与业务技能。其次,企业走出去的战略要求员工全面发展,多样化的培训内容可供员工选择,切实助力员工能力的全方位提升。其中培训内容不仅包括问卷调研培训,还包括组织能力、协调能力、公开演讲能力等。这有利于员工在企业内部成长,若员工离开绿地集团也将成为业内优秀人才。再次,绿地西北选择了多种方法相结合的培训方式,最常用的是课堂讲授、师徒方式这两种培训方式。课堂讲授中,在企业培训的不同阶段,选择不同的部门负责人授课,培训内容侧重各不相同。例如在新员工入职培训中,重在传递企业价值观,经理人分享在绿地的个人经历。师徒方式实施中,由在绿地工作时间更长、经验丰富的老员工来带领熟悉工作环境。培训效果评价机制的建立和完善可以避免培训的盲目无效,改善培训效果。以房地产行业的销售人员培训为例,在培训前期会对员工培训内容进行每日考核,三天为一周期对员工培训作阶段性总结。最后,员工培训结束后,企业会举行培训评估总结会,各部门负责人和培训经理对员工进行专项评估检测。员工为了最终能够通过考核会在培训过程中严格要求自己,让优秀成为一种习惯。

资料来源:作者根据多方资料整理。

第二节　培训计划制订的原则与步骤

本节将介绍培训计划的制订应当遵循的原则和一般步骤,以提高培训计划制订的科学性、合理性、有效性。

一、培训计划制订的原则

为使培训达到预期效果,组织在制订培训计划时应遵循以下原则。

(一)符合组织规模和发展阶段

不同规模组织的培训计划应当有所差别。中小型企业应重点利用社会已有培训资源,进行专项培训。大型企业可设立企业学校,满足对专业性人才的需要,有效传播企业文化,树立企业品牌。如华为大学,主要是面向华为员工及客户提供各类课程,以将华为塑造成为学习型组织,为华为未来发展起到推动作用。此外,还有些企业以引入电子学习平台和建立分级管理培训体系为基础,满足不同层次员工的学习需求。

众所周知,企业生命周期分为初创、成长、成熟和衰退四个阶段。不同阶段对应的战略不相同,培训计划也应有所差异。初创阶段的企业,培训重点应当置于与业务密切相关的知识和技能上。成长阶段的企业,培训应重点关注管理层的能力培训;成熟期的企业,培训应当注重战略课程,以形成核心竞争能力和综合实力;衰退阶段的企业,培训应当着重创新能力和组织变革。

(二)以培训需求调查结果为依据

培训需求分析具有强烈的指导性,是培训计划明确目标、科学设置培训内容和培训有效实施的前提,是进行培训评估的坚实基础,是培训工作更加准确、更加有效的重要保证。因此,制定培训计划之前,培训需求调查是必不可少的环节。

(三)满足员工需要和个体差异

员工工作岗位不同,培训计划设计应有所差异。管理人员应当重点进行管理能力和组织协调能力培训,技术人员应注重相关专业理论知识的培训,新员工应当着重开展企业文化和规章制度的认知培训。

员工组成情况不同,培训计划设计也应有所差异。当年轻员工占比较大时,培训就应当以热点为导向,利用趣味性较高的项目,融入需要传授的理论,有效吸引培训对象的注意,使其愿意投入培训中。

(四)争取组织各方支持

首先,资金是决定培训计划是否得以顺利实施的关键,在绝大多数时候得到了资金支持,即代表得到了管理层的有效支持。其次,通常各部门负责人比培训计划者更加清楚本部门员工的能力及短板,培训需要得到他们的积极参与及大力支持。最后,当工作时间培训会影响组织的运作时,则员工牺牲个人休息时间,参与培训项目。

二、培训计划编制的要求

(一)明确负责部门

很多人认为制订培训计划是培训部门或人力资源部门的工作,这其实是一个错误的认知。制订培训计划是一个系统工程,涉及组织内部多个部门。组织应当明确制订培训计划的负责部门及其具体职责,以便协调其他部门共同制订培训计划。

(二)做好综合协调

培训计划制订时应综合考虑不同因素之间的协调,如组织需求与员工需求之间、各部门之间、师资和员工之间、培训资源投入产出之间都需要做好协调平衡工作。否则,培训计划的可行性将会受到影响。

(三)具有可操作性

培训计划需要具有实际可操作性。应该充分评估培训计划实施的具体细节,如具体实施过程、师资力量配备、时间跨度约束、具体培训方式方法、资源要求和效果评估方法等。

三、培训计划制订的步骤

具体上看,培训计划的制订可分为七个步骤。

(一)确定培训需求

1961年,麦格希(McGehee)与赛耶(Thayer)在《企业与工业中的培训》中提出"三层次分析法",即组织分析、岗位分析和人员分析。组织分析主要分析实现组织绩效的关键活动,将其分解到不同的岗位;岗位分析主要为推导出实现行为所需要的知识、技能与态度;个人分析主要评估员工对岗位所需要的知识、技能和态度的掌握程度,提出需要改进的关键点。具体的培训需求分析方法有问卷调查法、访谈法、观察法、绩效分析法、关键事件法、经验判断法、专项测评法、头脑风暴法、胜任力分析法等。

(二)确定培训对象及培训内容

只有确定了具体培训对象,才能依据其特点确定相适应的培训内容。培训对象可以通过岗位类别和级别进行划分。其中按照岗位类别可以分为营销类岗位、人力资源类岗位和技术类岗位等,按照技术级别可以分为初级技工、中级技工和高级技工等。不同岗位的培训,培训的内容各不相同,相同岗位的员工在不同的发展阶段,内容也不尽相同,如表4-1所示。

表4-1 培训类别与培训对象及培训内容

培训类别	培训对象	培训内容
岗前培训	新员工 新岗位任职人员	企业文化、组织发展现状及发展战略、规章制度、职业素养、职业礼仪等
专业技能提升培训	在职员工	生产、营销、研发、人力等专业知识和技能
管理能力培训	基层、中层 高层管理人员	管理能力提升类内容,如沟通、授权、激励、执行力、领导力、时间管理、团队建设等

(三)编制培训预算方案

培训预算方案是根据培训成本以及收益预测来编制,应当包括具体的财务分析和收益预测分析,通过全面评估及汇报来获得高层管理者对培训预算的支持。培训收益预测则是分析并预测潜在收益。

成本预算的编制方法一般包括比较法、比例提取法、人均预算法、历史记录推算法等。比较预算确定法通过参考其他同行的培训预算制定组织的培训预算。比例提取是指以组织的销售额、工资总额、利润额等预期指标或年度人力资源费用总额的百分比作为培训项目预算的主要参考。但这个比例要随着组织发展状况、利润的增减有所调整。人均预算法是要按人均培训费用乘以员工人数得出培训的预算。历史记录推算法是指根据历年培训费用的综合使用情况进行推算,大多数推算法的应用都是根据培训总额和发展情况进行的额度增减。

（四）确定培训组织和培训讲师

组织中一般有专门负责员工培训工作的部门,根据组织发展和预算资金等情况,设计专门的培训体系,成立企业大学或外包给专业培训公司,其中选择培训讲师是关键所在。在选择培训讲师时,需要根据组织的培训体系特征和培训需求,制订恰如其分的讲师标准。一般的讲师标准,要求讲师既要有扎实的理论基础、丰富的实践经验,又要具备独立开发培训课程的能力,能够做到因材施教。这部分内容在第七章会深入分析。

（五）确定培训方式

培训方式可笼统分为组织内部培训、外部培训和其他培训方式。组织培训应以内部培训为主、外部培训为辅。先进行内部培训,再判断是否有难以独立完成,需要外包的培训工作,有效结合内外培训,优势互补。

培训方式选择应遵循以下原则:应紧紧围绕培训目标,依据培训对象的特点、需求和接受能力,综合考虑培训内容、培训设备、培训场所等诸多因素的约束。

1.企业内部培训方式

一般包括专题讲授、角色情景演练、案例培训、训练式培训、主题学习性工作会议和工作现场即时性培训六种方式。

(1)专题讲授:知识体系较系统,集中学习,信息量大。这是培训采取最多的方式,但员工难以在短时间内掌握学习内容。

(2)角色情景演练:重在体验,与实际工作有机结合,能够帮助亲身体验所处角色的特点,加深学习印象,提升培训的主动性。但耗时颇长,如若设计不合理,或管理不当,培训效果将受到巨大影响。

(3)案例培训:重在以案例应用为导向,通过讲解、分析,从而使得培训对象学习知识和方法,增强分析问题、解决问题的能力。目前,培训讲师倾向于大量使用来自企业外部的案例。

(4)训练式培训:适用于一些特定技能的训练,如礼仪培训、公文写作培训、销售技巧培训等,学员能够亲身体验,产生深刻印象。

(5)主题学习性工作会议:就组织某一阶段重点关注的专题开展学习会议,通过互相交流,得出学习心得,进而统一认知、共同提升。

(6)工作现场即时性培训:可理解为工作学习化与学习工作化的结合,其中工作现场即培训现场,在出现工作问题时,现场即时开展培训交流,通过集思广益解决相关问题,是内部最为有效的培训和学习方式。

2.外部培训方式

一般包括公开课、拓展训练、沙盘模拟和脱产教育四种方式。

(1)公开课:有助于开阔视野,参训灵活度较高,增加与外界主动交流的机会,对不能在组织内开展集中培训的内容较为适用。

(2)拓展训练:适用于塑造团队精神、磨炼个人意志、挑战自我等方面,学员能够具有较高的参与度。

(3)沙盘模拟:学员参与性强,通过模拟活动,让学员们在学习知识的同时,系统锻炼工作中的逻辑思维。

(4)脱产教育:通过阶段性的集中授课学习,系统地掌握培训内容。

3.其他培训方式

其他培训方式主要包括 E-learning、实地考察培训、培训游戏以及学员主题自修四种方式。

(1)E-learning:由信息化引起的新型学习方式,通过组织网络随时随地开展学习活动,灵活度高,时效性强,经济实惠。

(2)实地考察:参观优秀企业,借鉴优秀企业的良好做法,通过"拿来主义",使员工少走弯路。

(3)培训游戏:一般与其他培训方式结合使用,通过游戏的形式,进行有效的情景和感悟培训,寓教于乐。

(4)学员主题自修:员工自主学习,根据自身时间特点进行灵活的自学安排,投入成本少,学习时间灵活。

(六)确定培训时间和培训地点

合理的培训时间和地点安排,能促进培训计划顺利完成。培训时间和培训地点均受到组织、员工和讲师三方面因素的共同影响,因此可按照培训的需求、对象及讲师等因素综合确定。

(七)确定培训评估方法

培训评估具有多种方法,各方法的侧重点有所不同,数据收集和分析方法也有所差异。应根据培训目标和培训内容,选择最适合培训项目的培训评估方法,以便准确评估培训效果。其中,最为常见的培训评估模型是柯克-帕特里克模型,常见方法是问卷调查。

华润燃气"一线岗位技能达标认证项目"

华润燃气集团(以下简称"华润燃气")是华润集团的全资附属企业(一级利润中心),秉承专业、高效、亲切的服务宗旨,供应安全清洁燃气,努力改善环境质量,提升人们生活品质。如今华润燃气的业务发展迅速,截至 2019 年底,已在南京、成都、昆明、济南、武汉、厦门、苏州等 100 多座大中城市成功投资建设,成为中国最大的城市燃气运营商之一。其成功原因之一是坚持海纳百川、包容开放的用人理念。

华润燃气由于工作内容及流程的差异化难以形成统一的岗位技能标准,但燃气行业对行业人员的专业素质及服务素质要求在不断攀升。华润燃气为进一步提升产品使用体验与服务质量,启动"一线岗位技能达标认证项目"。华润燃气内部的燃气学院将岗位技能分割成 37 个基础模块,制定出对应的操作标准和学习课程,逐一上线到华润大学的学习平台,基层员工可以随时随地进行在线学习。同时,为了提升培训效果,华润燃气还将“一线岗位技能达标率”与绩效挂钩,员工技能水平和安全意识得到极大提升。

华润燃气为了保证“一线岗位技能达标认证项目”培训质量,提出如下要求:一线关键岗位应当树立重视安全、学习行业标杆的理念,确保燃气的安全运营与优良服务;对工作岗位应该进行细分,以工作任务为结果导向,对基本技能知识模块化进行培训,大大提升培训的实用性;在一线员工中选拔课程开发人员、讲师队伍、考评人,积极激励员工自主学习;以线上线下相结合的学习模式促进理论与实践的进一步结合。在此基础上,通过全体员工两年的不懈努力,华润燃气集团完成了从设计到实施的所有筹备工作,具体培训项目设置为以下六个阶段。

一、制定技能标准(6 个月)

正确合理的技能标准有利于提升培训项目的针对性与实用性。在向行业标杆公司学习后项目组深入企业一线进行调研与访谈,自主开发出了模块化的知识板块与核心标准。

二、开发课程资源(3 个月)

项目组根据模块化的技能标准开发课件,对培训内容和培训老师进行细致评审,严格把控课件质量,对部分重要内容还拍摄实操视频上线到学习平台供员工学习。此外,还开发了实操评分表以及试题库供学员使用。

三、组织对应学习(9 个月)

自 2015 年 10 月全面启动项目学习后,各大区都进行了线上线下结合的双渠道培训模式组织学习与及时测评,1.6 万名学员学习时间共达 26 万小时,人均 16.3 小时,学习人数与学习时间,在华润大学均位列第一。

四、选拔培养考评员(2 个月)

从大区选择经验丰富的老员工、审核员,从讲师中选拔考评员。选拔过程中,员工积极学习争取成为考评员,这又进一步激励了员工学习。考评员在总部与大区的联合培训中通过考核方可上岗。

五、达标认证考核(4 个月)

总部对 3 家典型企业开展达标认证考核,监督各项工作落实到位。各大区也选取一家企业进行培训全流程的跟进。根据考核经验形成更科学、更严格、更公正的考评方案,从而在各地公司进行推广,完善了考核工作。

六、持续认证考核

在培训项目编制完成后新入职的员工,华润燃气采取了“进一批、考一批、认证一批”

的岗位培训方法，先得到技术达标认证后才能上岗工作，严格把控岗位技能关卡。截至目前，华润燃气所有关键一线岗位员工均已达到相关岗位的技能标准。

资料来源：作者根据多方资料整理。

第三节 培训项目管理

培训计划是对一定时间段内(年度、三年、五年)所有培训项目的整体计划，培训项目则是指一次具体培训活动的设计。培训计划更多地考虑组织发展目标和培训发展目标，对培训目标只做一般性概述，不做深层细化，内容包括培训制度、师资队伍建设等制度性内容，而培训项目则更多地考虑具体需要达到何种目标，如何提高项目的可行性，只涉及培训项目的具体安排。

为保证良好的培训效果，培训项目应当始终围绕着企业发展战略，从满足组织及员工两方面需要出发，将资源条件及员工素质基础纳入考虑中，以此确定培训目标、选择培训内容及培训方式，开展培训组织实施及考核工作。具体规划如图 4-4 所示。

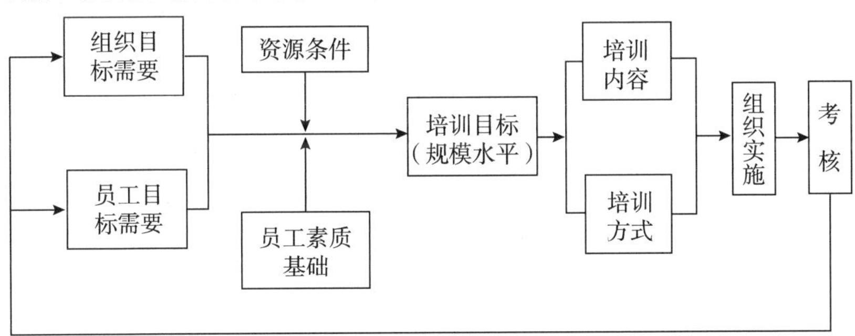

图 4-4 员工培训项目的规划

一、培训项目目标设定

目标设定理论认为目标具有激励作用。只要员工相信，通过努力可以达到目标，他们就会努力并实现目标。但如果员工认为设定的目标难以实现，他们就不会过于投入。目标设定理论常用于企业培训体系和项目设计。实践表明，为员工制定具有一定挑战性但通过努力可以实现的培训目标，有助于提高培训的有效性。目标的设定能明确员工工作所需的知识和工作能力，增强员工对组织的认同感和归属感，以更好地服务组织。

(一) 培训项目目标设定原则

设定培训项目目标时需要综合考虑应当遵循的五点原则，分别为：

第一，目标要与组织宗旨相统一。培训最终是为实现组织宗旨、战略目标而服务的，培训项目的目标不能脱离组织宗旨和战略。

第二，目标要与组织的资源相匹配。培训是在一定资源限制下进行的，组织必须考虑自身资源状况，理性设定培训目标。

第三，目标不宜过多。一个培训项目必须明确需要解决的主要问题是什么，从而针对性设置相应目标。目标过多、过散会影响培训效果。

第四，目标需要尽可能量化和细化。根据SMART原则，明确、可衡量的目标，能够给培训组织者、培训师和培训对象更清晰的认知，从而指导其实践，也有利于后续的培训效果评估。

第五，目标必须具有可实现性。虽然挑战性目标可以提高员工的积极性，但是同时必须考虑目标的可实现性。难度过高的目标会挫伤员工的积极性，降低培训计划的可行性。

（二）培训项目目标设定指南

第一，培训目标的设定可以从知识目标、成果目标和业务收益三个维度进行描述。知识目标是围绕着培训知识需要实现的目标，如区分有形服务和无形服务的差异点；成果目标是整个学习过程中形成的有形成果，如形成客户服务改进方案；而业务收益是指知识目标和成果目标实现后对业务的最终影响，如将客户满意度提高5%。

第二，每个培训目标的编写可以遵循ABCD模式，即组织希望培训对象（Audience）参加完培训能够做什么（Behavior）；希望他们在何种情况（Condition）下表现出这些行为；组织希望他们的作业水平达到什么标准（Degree）。

第三，常用的目标表达方式是用行为动词和动宾结构短语表述培训结果。例如知识目标最好不用“了解”“理解”“培养”等抽象词，而使用“复述”“比较”等具体的行为动词。这可以参考布鲁姆教学目标分类法（表4-2）。通过深挖业务问题，确定培训对象需要实现的培训目标的层次和级别，然后在布鲁姆教学目标分类寻找合适的词汇。

表4-2　布鲁姆数字分类法动词项目

目标层次	布鲁姆数字分类法动词
记忆	标记，定义，描述，谷歌搜索，识别，定位，匹配，记住，命名，回忆，建立网络联系，逐一讲述，编号引用，记录，复述，搜索检索，选择，断定，制表，使可视化
理解	高级搜索，关联，注释，逻辑搜索，分类，归类，分组，区别，区分，比较，对比，转换，演示描述，讨论，例证，解释，总结
应用	表达，计算，执行，改变，选择，收集，完成，计算构建，演示，展示，检查，执行，说明，实施，评判，编辑，实验，操作，绘制，运行，起草，呈现，运行，分享，使用
分析	评价，归因，比较，作结论，对比，关联，解构演绎，辨别，划分，估计，说明，推断，整合，链接，排序，组织，规划，区分优先次序，提问
评价	辩论，评估，检查，批评，评论，决定，考虑，说服，审辩，辩护，检测，分级，假设，评判，证明，测量，审核，监控，发帖，预测，评级，推荐，反思，修正，评分，测试，验证
创造	改编，构建，写作，构造，设计，开发，发明，指方向

二、培训项目费用预算

培训项目费用预算是组织开展培训项目的必要阶段，其效能直接影响了培训项目实施效果的好坏。具体培训项目费用可以根据培训前、培训准备、培训实施和培训后期工作四个基本流程来做预算。比如，培训前的需求调查阶段主要可能产生的费用有问卷设计费、问卷印刷费、调查的电话费或差旅费等。具体见表4-3。

表 4-3　培训项目可能产生的费用项目

基本流程	具体流程	可能产生的费用项目
培训前期工作	培训需求调查	问卷设计、印刷、调查实施产生的费用(面谈、电话调查等)
	培训课程开发	课程开发费用
	培训提案	提案制作费、提案印刷费
培训准备	培训人员调查	学习风格测试费、管理风格测试费、性格倾向测试费
	场地、器材	场地租赁费、必要器材购买费用、易耗品购买费用
	教案与教材准备	讲义制作费用、视频教材费用
	其他	笔记本、记录笔、记号笔
培训实施	讲师与助手费用	差旅住宿费用、讲课费用
	学员费用	交通费、住宿费
	其他必要开支	餐饮费、礼品费
培训后期工作	培训评估	后期培训效果追踪与工作指导产生的费用

需要注意的是，应当预留一定比例的必要费用，用于突发性事件的应急处理。如因学员增加而增加的餐饮费、住宿费，因无法在规定时间内完成培训而支付的额外场地费等。

三、培训项目渠道选择

培训项目一般分为自营培训和外包培训。自营培训指由组织内部自行组建培训队伍举办的培训，如组织规章制度、产品和技术知识等一般都以自营培训为主。外包培训是由社会上的培训机构实施培训，各种专业管理领域例如生产管理、现场管理、采购管理、品质和体系管理等可考虑外包培训，以紧跟理论和实践前沿。选择一个能够提供高质量培训产品的供应商十分重要。培训供应商包括咨询人员、咨询公司或研究所、培训组织等。选择培训供应商要依据组织所需的培训内容、接受培训的学员及组织自身特点而定，具体如表 4-4。

表 4-4　选择培训供应商应考虑的有关问题

选择培训供应商应考虑的有关问题
该公司在策划和实施培训方面经验的多少及类型
该公司的人员构成及对员工的任职资格要求
曾经开发过的培训项目或拥有的客户
为所服务客户提供的参考资料
可说明所提供的培训项目是卓有成效的证据
该公司对本行业、本企业发展状况的了解程度
咨询合同中服务、材料和收费等事宜，如允许保留培训资料、手册和辅助材料等
培训项目的开发时间
该供应商以往顾客及专业组织对其声誉、服务和经验的评价

组织应理性看待外部培训,以免陷入误区。具体有:外部培训服务供应商的服务不可能十全十美,存在局限性;培训需系列化、体系化,不可能一蹴而就;最好的未必是最合适的;等等。合作对象不仅要包括大型培训商,也要包括小规模但某些课程体系专业性强的供应商,使各家存在一种互相竞争的关系,使彼此能为维持和扩大自己的份额尽心尽力。

四、培训项目师资选拔

培训师资是组织培训活动的关键环节。具体的培训活动的实施效果会受培训师水平的直接影响。培训师应具备以下能力条件(图 4-5)。

图 4-5　培训师资的素质要求

(一)丰富的理论知识和实践经验

首先,培训师要有坚实的理论知识基础以回答学员提出的各种各样的问题。其次,培训师要对组织的人事管理、市场管理等有其独到的见解和认知。再次,培训师要有丰富的教学和实战经验。

(二)诊断并解决问题的能力

培训师要事先确定学员的特定需求,应收集学员的有关资料。尽管通过学习可以获得评估和会谈的技巧,但一个成功的培训师会拥有创造性地利用信息的特定能力,从而诊断学员的问题所在,并提出令人振奋的解决办法。

(三)有效激励学习者的能力

成功的培训师能激发学员内在的动力,使学员发挥潜能,克服种种障碍达成目标。个体变化一般要经历拒绝变化、迷茫丧气、准备变化和采取行动阶段。不少培训之所以失败是因为培训师没有认清学员所处的心理阶段,并给予针对性激励。

(四)建立融洽培训关系的能力

培训师应能重视与培训学员建立良好的关系,让学员觉得其和蔼可亲、值得信任。培训师与学员之间的关系是否融洽,很大程度上决定了培训成功与否。真诚、热情地对待学员,才能获得学员的信任,才可能收到最佳的培训效果。

(五)灵活应变的能力

培训师要面对的是学员在知识、经验和人格方面各自存在的差异,必须根据不同学员的特点,调整培训内容、进度或方法。培训师要能够灵活应对在培训时可能会出现的各种突发情况，采取积极有效的应变处置办法。

（六）良好的人格魅力

培训师综合素质的集中体现就是人格魅力。培训师良好的道德行为规范、个人修养、知识储备、兴趣爱好和职业素养等，会在学员面前展露无遗，健康、积极、向上的人生态度和正确的人生观、世界观、价值观是优秀培训师的标配。

天虹纺织集团基层管理后备人才培训项目

TEXHONG

天虹纺织集团（以下简称“天虹纺织”）创立于1997年，经历了20多年的不断发展壮大，天虹纺织已成为全球最大的包芯棉纺织品供应商之一，专门致力于高附加值时尚棉纺织品的制造与销售，位列中国棉纺织行业竞争力前10强企业、中国500强。目前缺乏高素质的人力资源是纺织业的一大重要问题，企业认识到人力资源是保证企业产品质量、实现企业战略规划的重要因素。天虹纺织联系实际进行培训需求分析后，对管理能力需求培训和专业技术能力培训制定了以下培训项目。

一、培训目的

企业通过基层后备人才培训计划的实施，合理地挖掘、开发、培养后备人才队伍，培育出大量优秀的基层管理人员，甄选关键岗位继承人，解决基层管理者不足的问题，为公司可持续发展提供人才支持。

二、培训目标

学员明确了解基层管理人员的角色与职责，培养专业型技术人才与综合型管理人才，掌握班组激励与管理技巧、工作改进方法、PDCA工作方法、时间管理技巧与方法、情绪与压力管理方法、产品质量的各个关键点及其管控方法、生产现场管理方法、各生产工序操作流程、设备维修保养技能和纺织生产工艺流程。

三、培训方式

对于综合型管理人才的培训采用讲授法、案例讨论法、经验分析法、小组讨论法。对于专业型技术人才的培训则采用讲授法、示范法、工作现场实操法进行。

四、遴选内外部培训资源

培训师的能力高低将直接影响到培训成果的效益。天虹纺织将外部聘请和内部培养两种方式结合起来。向外聘请基层管理培训专家、行业内标杆企业的讲师开设课程对员工进行培训,对内让通过培训成为内部讲师的员工参与内部的基层管理后备人才的开发与培养项目。

五、培训的时间和地点

管理课程采取集中脱产培训,培训时长6小时/天,培训人数30人/班;专业生产类培训采取现场脱产培训,培训时长6小时/天,1个岗位教练带5名学员,教练示范操作与学员实际操作实现了理论与实践的统一。

第四节 培训课程体系的开发

培训课程体系开发是在组织培训需求进行分析的基础上,将培训需求转化为课程,并根据组织人才培养目标设计不同层次、不同阶段学习课程的一个过程。课程体系设计一般从需求分析输入,从时间、内容、方法、材料等输出,对培训实施效果起着决定性的作用。培训课程的设计与开发是对整个培训课程的计划和管理,它包括确定课程目标、选择和组织课程内容、实施课程和评价课程等阶段。

一、培训课程体系内容结构

培训课程体系是由一系列相互作用且具有内在关联性的培训课程组成。常见的课程体系内容如图4-6所示。

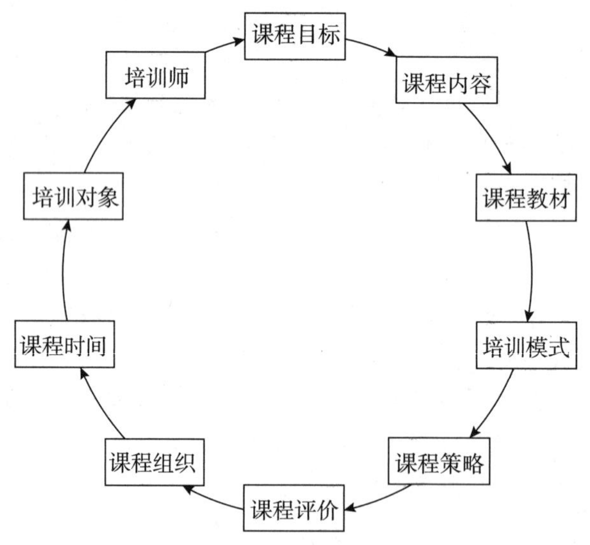

图4-6 培训课程体系的内容

(一)课程目标

课程目标往往根据组织的需求确定每个学习阶段要完成的阶段性目标。基本的认知指标有“记住”“理解”“熟悉”“掌握”等,较高等级的认知行为目标包括“分析”“应用”“评价”等,而且还有价值、信念和态度等情感目标。

（二）课程内容

课程内容以实现课程目标为基准，其重点部分在于范围和顺序。为使内容更具综合性及对学习者更有意义，需要在限定的范围和时间内安排与职业领域相关的概念、技能、判断或思想等课程内容。

（三）课程教材

课程教材需以精心选择或组织的有机方式来为学员提供学习内容，为之提供充足有效的信息，同时契合学习者的情况；按照小步原则设计培训教材，将培训教材分成若干个具有逻辑性的小单元，并按螺旋式上升的方式逐渐增加难度，使员工可轻松地掌握新知识、新技能，同时增强员工的成就感和培训动机。

（四）培训模式

培训模式主要内容包括培训活动的安排及教学方法的选择，其与课程的目标和方向直接相关。好的执行模式及配套的组织与教学方法应能有效体现课程内容，提高学员学习效率。在培训过程中给员工以示范操作、参与讲授、体验式操练、角色扮演、游戏等多种方法对培训内容进行理解和记忆，调动员工的积极性。

（五）课程策略

课程策略即教学策略，注重教学程序的选择和教学资源的利用。其与学习活动目的相同，属于学习活动的一个内在部分。

（六）课程评价

课程评价用于确定培训对象学习内容的掌握程度及课程目标的实现程度，包括课程目标和实施效果两个维度，重点在于定量评价，衡量可观察到的行为。

（七）课程组织

课程组织指课程教学组织形式，应紧密结合培训目标和培训内容，并体现“因材施教”的个性化教学。

（八）课程时间

课程设置时应考虑充分提高课程时间的利用率，巧妙设置课程时间。

（九）培训对象

培训对象是培训课程的接受者，课程设计时应注重员工知识结构、理解能力和学习方式的差异，因材施教。以员工为中心，鼓励员工按照其节奏学习，并通过不断强化获得稳步前进。

（十）培训师

培训师是课程的执行者，需根据培训课程和目标而定。

格力电器的培训体系与人才培养

珠海格力电器股份有限公司(以下简称“格力电器”)成立初期,主要依靠组装生产家用空调,现已发展成为多元化、科技型的全球工业集团,产业覆盖空调、生活电器、高端装备、通信设备等领域,产品远销160多个国家和地区。格力电器坚持创新驱动、质量为先、转型升级的发展战略,秉承“以人为本”的人力资源理念,坚信人才可以创造新天地。以“聚焦公司战略布局,坚持自主人才培养”的指导思想立足于高端制造,成为新型制造业核心人才培养的摇篮。

格力电器为形成和完善人才培养机制,设置内部员工培训制度及四级发展计划体系、培训体系运作专业支持及监督机制、售后技术常态化培养机制、终端导购专业化发展机制、关键群体的培养机制。在构建核心资源方面加强卓越讲师队伍建设、加强开发相应的信息系统与学习平台。内部讲师团队现已形成广东集团内部讲师154人、公司产品一级讲师152人、二级讲师146人、专职讲师26人、兼职讲师22人的专业队伍。集团开发精品课程200门,公司产品精品课程368门(其中售后130门、终端88门、海外150门)。学习平台包括格力智慧学习管理系统、格力掌上学习中心、格力电子图书馆和格力掌上APP。最后,建设精品项目。集团员工培训精品项目针对不同级别、不同岗位的需求提供技能培训,包括“筑梦格力”大学生训练营、班组长“引航学堂”训练营、主管“精鹰”特训营、中基层管理产品训练营、公司销售服务训练营、内部讲师大讲堂。销售公司根据格力特殊销售渠道建立产品培训精品项目,包括“明珠绽放”导购训练营项目、“明珠”销售精英大赛项目、“臻品之行,专筑未来”家用培训阵营、“臻品之行,专筑未来”商用训练营、“Global Gree”全球巡回、“Global Gree”海外集中培训会。集团不断挖掘潜力人才,培养后备力量建立人才挖掘类精品项目,包括“匠心筑梦”劳动技能大赛、智造传承、格力好讲师大赛、大学生产品创意设计大赛。

格力电器作为一家掌握核心科技、坚持自主创新的技术驱动型企业,通过职业生涯规划、内部培训为员工搭建事业发展的平台,隐含应用了多类培训方法,为员工们提供了广阔的发展空间,使得人尽其才,才尽其用,让员工值得用一生与格力共同追求更广大的舞台。

资料来源:作者根据多方资料整理。

二、培训课程体系开发原则

培训课程作为一种教育活动和生产行为，直接服务于组织，其特点包括服务性、经营性、多元性、实践性和针对性等，因此培训课程的设置应满足以下原则。

（一）满足员工和组织的需求

这一原则是所有培训课程的基本依据。培训课程设计须以组织及员工长期发展需要为主来开发和设计课程，提升员工在组织不同发展阶段的综合能力，进而发挥提高组织绩效和实现企业战略目标的潜在作用。

（二）符合成人学员认知规律

课程内容模式以及要素的确定都应符合成人学习特点。以问题或任务为导向，关注学习效率，对直接与工作或生活相关的主题最感兴趣，渴望信息反馈。

（三）保证培训课程有效展开

任何培训都是在一定资源约束下展开。科学、系统的培训课程体系必须考虑资源的约束和条件限制，保证培训工作的有序开展，提升培训的有效性。

新航集团员工与企业共同发展的培训课程体系开发探索

中国航空工业新航集团公司（以下简称“新航集团”）基于“培养优秀员工、制造优质产品、创建和谐环境”的企业目标的理念，重视创造学习型组织，促使所有员工不断学习，不断完善自我，提高员工队伍的整体素质，实现企业的永续发展。为了给员工提供发展与成长的机会，新航集团通过“培训师自主开发”“领导干部走上讲台”“领导1＋1课题开发”等形式研发培训课程，打造了具有新航特色的人才培养体系。截至2019年底，新航集团培训中心已建立230个课程资源库，管理人员领导力提升和专门人才培养为主要板块。

课程开发以服务企业发展、统筹规划循序渐进、学以致用为原则，围绕企业发展战略联系实际需要，明确培训的核心对象和重点知识与能力的培养目标，以循序渐进的方式实施，促进理论知识和实践能力协调增长，实现人力资源对企业的增值效应。为了实现员工与企业的共同目标，新航集团建立了集干部培训部、员工素养培训部、员工技能培训部、班组长学校和培训中心办公室为一体的培训组织架构。干部培训部、员工素养部、班组长学校是根据员工的不同层级划分，负责相关人员需求的课程开发与实施；员工技能培训部负责员工岗位技能类培训课程的开发与实施；培训中心办公室负责相关管理制度及流程的建立、培训费用季度管控和日常培训活动的管理与协调等工作。

根据战略要求和实际需要,新航集团培训课程体系除了有选择地引进一些外部课程外,主要是集团内部自行开发,引用企业实际案例分为不同的内容专题,形成了课程设计、编制、审定、实施、评估五个阶段。为了达到更好的培训效果,新航集团建立起企业发展层面和员工职业生涯层面的双维导向培训需求分析技术路径和学员方、教学管理方、使用方和项目主管方的"四方"培训效果评估机制,将利益相关者对培训的期望作为出发点,建立更全面高效的培训机制。

培训师主要来源于企业内部培养的公司高层职业经理人、优秀的部门经理、职能部室负责人、专业技术带头人、高级技能人员(如技师、高级技师)等。他们能将个人在企业内的奋斗历程融入课程,建立职业生涯规划,而且分享解决实际工作的经验更能提升培训的实际转化效果。尤其是高层职业经理人亲自授课,一方面有利于企业各部门间增进了解,另一方面拓宽了受训学员分析问题的视角。

新航集团培训中心现已建立的230个课程资源库中,管理人员领导力提升和专门人才培养为主要板块。针对中高层职业经理人的培训主要采用与高校合作、内部讲坛和总部中航大学合作等多种形式展开。针对不同类别的专门人才,开发出包含技能、管理和技术三大类别的培训体系。新航集团与高职院校联合办学,派新航技师等级以上的老员工对学员进行实操培训,提升了员工入职后的工作效率;对从社会招聘来的新员工,依托中航工业第十五鉴定所的平台开展职业技能鉴定工作,并积极开展技能比赛达到"以赛带训、以赛促训"的目的。对管理人员的培训以"入职培训—新进人员—工作1～3年人员—骨干人员"四个提升阶段进行专项培训和管理工具应用培训,以提高管理者知识结构、综合素质、创新能力和执行能力。对技术类员工采取与高校联合举办研修班,为员工技能提升与创新培养搭建平台;对于技术骨干人员的培训邀请外部专家做讲座或者举办硕士研究生班来提高综合技能。新航集团首先通过"三部、一校、一办"的培训管理组织保障体系,各层次培训职责定位得到明确,解决了培训管理协同效应低的难题,各部门间的协同效应得以充分发挥;其次建设复合型人才队伍,各类人才储备完成,人力资源管理效能得以提升;再次通过双维导向培训需求分析技术路径和"四方"培训效果评估机制,提高培训项目的实效性;最后,新搭建阶梯形培训课程体系,渐进式的培训课程体系不仅让员工迅速掌握岗位核心技能,还能改善培训效果,从而实现了员工与企业共同成长和发展。

新航集团特色化的人才培养体系,增强了以文化促发展的意识和信心,激活了自主创新力,培育了员工自我革新、敢于超越的精神,创造了和谐健康的企业环境,增强了企业的凝聚力,提升整个集团的管理水平。

资料来源:作者根据多方资料整理。

三、培训课程体系设计基本流程

(一)培训课程体系设计的常用模型

1.ISD 模型

ISD(instructional system design)即教学系统设计,ISD 模型即教学系统设计模型,它是运用系统理论的观点和知识,分析教学中的问题和需求并从中找出最佳答案的一种理论和方法。其基础是传播理论、学习理论、教学理论。

表 4-5　ISD 模型的操作步骤及内容

分析	对教学内容、学习内容、学习者的特征进行分析
设计	对学习资源、学习情景、认知工具、自主学习策略、管理与服务进行设计
开发	根据设计内容进行课程开发
实施	根据课程开发的成果实施培训
评估	对开发的课程进行评估并形成评估报告

通常本组织目前所面临的问题由组织高层管理者确定,培训课程由课程设计者利用 ISD 模型设计,培训课程内容由培训师传授给目标培训员工,培训课程的改进也将根据目标培训员工的测试评估结果。

2. HPT 模型

HPT(human performance technology),是通过运用涉及行为心理学、组织开发、人力资源管理、教学系统设计等多个学科的理论实施的绩效干预措施,通过对目前以及期望的绩效水平进行分析,找出产生绩效差距的原因,提供改进绩效的干预措施,指导变革管理过程并评价其结果。HPT 模型的操作步骤包括如图 4-7 所示。

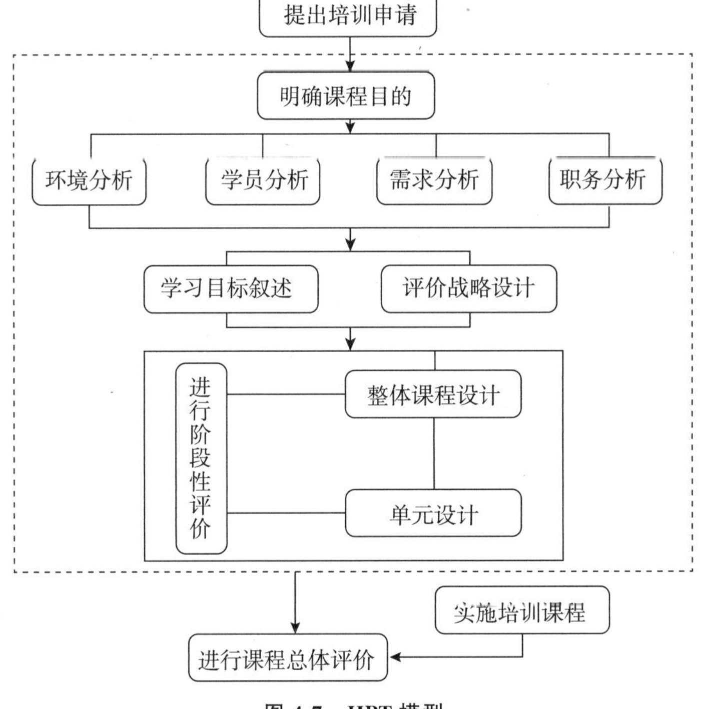

图 4-7　HPT 模型

HPT 模型与 ISD 模型之间在各个环节上的差别如表 4-6 所示。

表 4-6　HPT 模型与 ISD 模型的比较

	HPT 模型	ISD 模型
分析	组织分析、环境分析、差距分析	教学目标、学习者特征、学习内容分析
设计/开发	原因分析 绩效支持、职位分析、员工发展 组织交流、人力资源开发、财政系统	学习资源、学习情景、认知工具、自主学习策略、管理与服务
实施	改革管理、过程咨询、员工发展 交流、网络和联盟建设	总结与强化练习
评价	元评价:形成性、总结性、确证性评价	形成性评价、修改教学、总结性评价

3. ADDIE 模型

ADDIE 模型就是从分析(Analysis)、设计(Design)、发展(Development)、执行(Implementation)到评估(Evaluation)进行系统发展教学的过程,是培训课程开发领域最为经典的理论模型之一,涉及学习理论、传播理论、接口设计、应用软件、信息系统以及人力资源发展等多方知识。ADDIE 模型主要包含三个方面的内容,即要学什么(学习目标的制定)、怎样去学(学习策略的应用)、如何去测评学习效果(学习考评实施)。

ADDIE 模型的操作步骤及内容如图 4-8 所示。

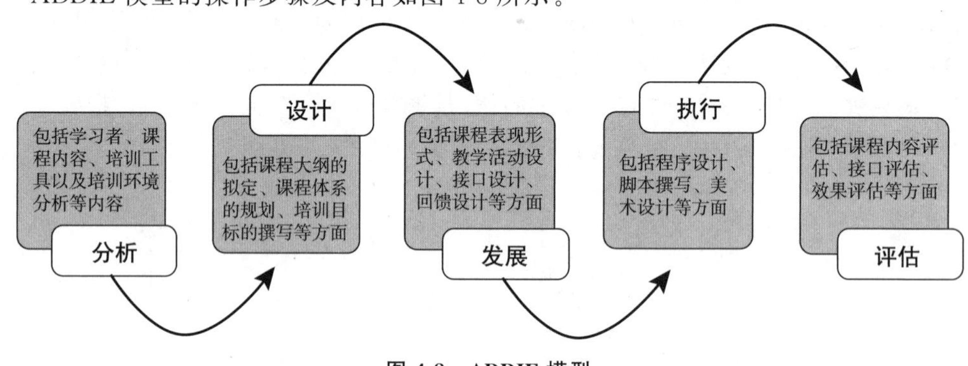

图 4-8　ADDIE 模型

课程开发还有一些常见的模型,如能力本位教育与训练(competency-based education and training,CBET),依据职业能力分析的结果,通过与权威性国家能力标准相比较确定员工的等级水平,强调课程与学员差异相适应。另外,纳德勒模型则包括八个重要步骤,即确定组织需求、明确工作绩效、确认学习需求、确认目标、开发课程、选择教学策略、准备教学资源、实施培训课程。

(二)培训课程体系设计流程(图 4-9)

1.制订培训项目计划

确定培训项目计划是课程设计和开发的基础。制订培训项目计划以满足组织和员工培训需求为根据。课程设计要考虑不同的培训对象的特点与需求。

2.确定培训课程目标

培训课程目标分为项目目标和学习目标两种。项目目标长期且模糊，是指课程设计最终要达到的培训效果，培训课程目标设置需与培训对象的实际工作需要紧密关联。学习目标与课程有直接密切的关系，是项目目标在课程中的具体表现。

3.课程内容设计

课程要素包括课程目标、课程内容、课程模块和课程策略。一般而言，此部分工作需要产出——学员手册、授课PPT、案例集、讲师手册（可在示范课后着手做）。其中，讲师手册是讲师讲解课程的参考手册，用于指导讲师有效结合教学内容和学员情况，图文并茂、高效完成教学任务。

4.课程演练与试验

在内容初步设计完成后，开展示范课教学。示范课后引导学员反馈意见并再次搜集前期访谈中未搜集到的材料。在此环节建议邀请内训师加入，保证课程开发项目顺利完成内化迁移。

5.信息反馈与课程修订

示范课程后，以课程内容设计的原则及组织对培训的要求为基础，参考培训师和选择性参考学员的建议，对课程做出适当调整。

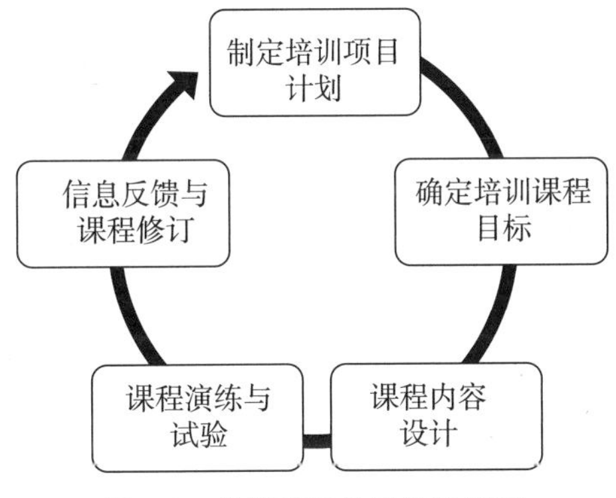

图 4-9 培训课程体系设计流程

层次分明的海信集团人才培养

Hisense

海信集团（以下简称“海信”）拥有海信电器（600060）和海信家电（00921）两家分别在沪、深、港三地上市的公司，持有海信（Hisense）、科龙（Kelon）和容声（Ronshen）三个中国著名商标。海信目前在全球拥有14所生产基地、12所研发中心，面向全球引进高端人才，促进国内的设计、研发人员“走出去”。海外分支机构覆盖美洲、欧洲、非洲、中东、大洋洲及东南亚等全球市场,产品远销130多个国家和地区。集团2018年实现销售收入1266.35亿元人民币,同比增长了14.02%,海信千亿业绩背后离不开企业对于人才的重视与培养。

海信的培训具有较强的针对性,即针对不同的人,不同的层次,采取不同的培训,包括价值观培训、领导力培训、职业发展培训和专业技能培训。目前,海信采取的是三级培训体系,集团级培训、公司级培训、部门级培训。

集团的培训直接和企业战略相关,关注核心人力资源群体,侧重在职干部的提升性培训、企业文化培训、经营管理知识培训、专业知识和技能培训、新员工培训和海外人才的国际化培训。集团通过不断修订管理文件,并对子分公司进行培训和考试,帮助它们建立新的制度,把整个集团的培训工作纳入流程化管理。比如,海信将培训成绩好坏、晋升或各种资格的获取相结合,没有通过相关培训就不予晋升,没有通过技巧培训的就不能做面试官等。

公司级培训直接和业务职能相关,侧重专项业务技能培训。分公司业务培训也具有明显的特色。建立了内部培训师制度,业务经理及骨干都要担任内部培训师,实施各类业务培训。市场培训方面,对于办事处经理以下的市场营销人员通过视频的方式进行巡回案例式专业营销等方面的培训。办事处经理以上人员定期回总部,通过办事处经理强化班等方式进行专业培训。研发技术培训,一半是在公司内部,一半是到合作伙伴那里接受相应的学习与培训,如陆续派人到与日本、美国等地的合作公司参观、工作等。部门级培训主要针对部门、车间、班组等在内的一线员工开展培训,提升技能、分享经验。

资料来源:作者根据多方资料整理。

四、培训课程库的开发

建立一个满足组织发展需要的培训课程库是课程体系建设的核心内容。培训课程库开发主要包括知识素材的盘点、课程模式的建立以及其他辅助工具的收集等。课程库建设涉及各岗位、各层级,是一项长期的且需要协调各方资源的系统化工程,见图4-10。

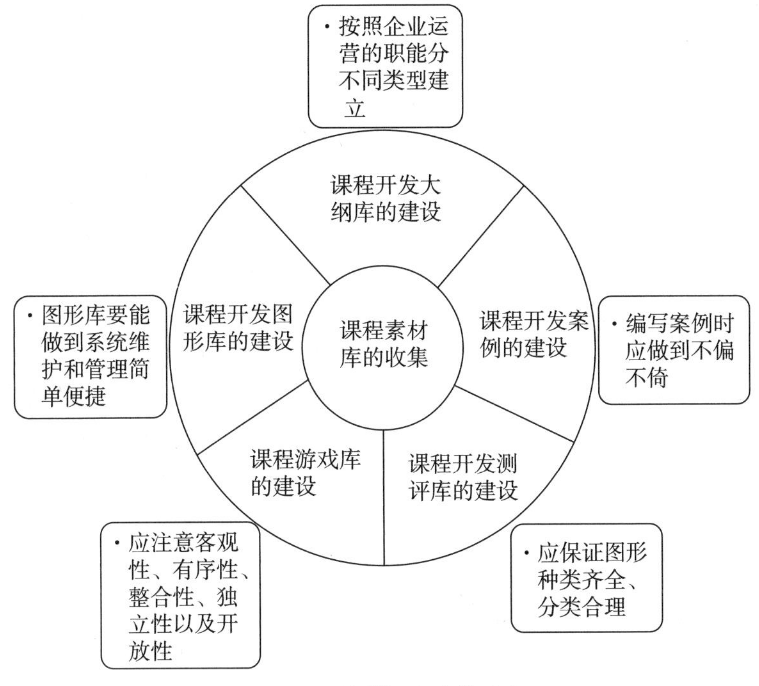

图 4-10 培训课程库的建立

（一）课程素材库的收集

课程库开发之前，首先要对课程相关素材进行收集和整理，一般通过以下几种渠道。

1.文件资料。组织内部文件、会议记录、内部报刊、下发的一些材料，保存的音频和视频材料等。

2.档案记录。公共事业档案、服务记录、组织记录、地图与图表、调查资料等。

3.访谈。包括对组织管理者、业务专家、优秀员工的访谈等。

4.直接观察。包括正式的直接观察和非正式的直接观察。

5.参与性观察。进入案例情景中切身感受案例事件。

6.实物证据。技术装置、工具仪器、艺术品及其他实物证物。

（二）课程开发大纲库的建设

按照组织运营职能，课程开发大纲可以分为财务管理类、个人发展类、文化管理类、客户服务类、组织战略类等。课程开发大纲库的建立包括收集、整理、维持和显示四个阶段。

（三）课程开发案例库的建设

编写一个案例，必须写清楚案例标题、案例背景、案例正文和案例研讨问题。在案例编写过程中，案例要尽量真实，不要过度改编。正反两方面的观点都要有，不偏不倚而且分量要相当。

在编写完案例后，需要进行必要的验证，一般会从四个方面进行验证：案例的类型选择是否恰当；案例场景的描述是否具体；满足学习目标达成的需要、任务描写是否足够细致、具体；案例研讨问题是否恰当。

(四)课程开发测评库的建设

课程测评库的建设分为以下七个步骤:

1.规划内容:确定课程开发测评库建设的主要内容。

2.明确标准:根据组织相关规定确定测评库建设标准,尽量细化以便操作。

3.编制评价指标:评价指标是后期对所收集的资源进行审查的依据,有利于保证课程开发测评库的质量。

4.建库培训:培训开发测评库建设的相关人员,使其清楚测评库建设的目的、任务及整体计划,掌握技术要求。

5.征集资源:分配资源收集任务,相关人员按要求收集材料。

6.审核资源:组织专家及部分使用人员按照“评价指标”审核征集的资源,进行优化。

7.资源入库:将测评资源存入数据库中,入库时校验资源的属性,确保资源库中数据的精确度。

(五)课程游戏库的建设

为激发成人的学习兴趣,课程需配套相关的游戏。因此,课程开发时就应该收集课程涉及的游戏资料。根据培训内容的不同,课程开发游戏库可分领导能力培训类、执行能力培训类、沟通能力培训类、激励能力培训类、教练能力培训类、团队建设培训类、问题解决能力培训类、创新能力培训类等,如表 4-7 所示。

表 4-7 游戏库建设应注意的特点

客观性	游戏内容、说明及评论不反映整理人员的观点、倾向等
有序性	对游戏库资料进行有序智能管理,方便使用
整合性	将相关主题的游戏集中使其成为整体
独立性	游戏库各部分可以单独分开,各游戏资料可单独调用
开放性	游戏库要不断更新、补充

(六)课程开发图形库的建设

一方面,课程开发图形库应满足系统维护和管理简单,有一定的权限设置,图形种类齐全、分类合理,图形可以自行增加,能够进行方便、快捷的图形检索等条件。另一方面,图形的分类可以按照图形的存储形式、图形的展现形式、图形所展示内容进行划分。此外,课程库的建设还包括视频、故事库等的建设,建设步骤和测评库一致。

章末案例

中铁建设集团员工培训管理

中铁建设集团有限公司(以下简称“中铁建设”)是一家国有大型建筑企业,是中国铁建股份有限公司旗下唯一一家以房屋建筑施工为主营业务的核心成员企业、全资子公司;截至2019年底,员工总人数超过1万,注册建筑师1200余人。为了实现人才素质与公司国际战略的有效统一,中铁建设有效配置人力资源,逐步建立起系统科学的现代企业人力资源管理体系,确保了人才长期稳定的发展空间。

集团人力资源部根据集团公司发展战略要求,负责制定、组织、落实集团公司员工培训规划、年度培训计划、资质证书取证培训、新员工培训和各类专题培训。落实培训师资队伍建设、培训和评估组织,督促各部门及各单位依照集团公司培训规划和年度培训计划开展培训或按需输送受训人员。同时加强对培训经费管理和对各下属单位培训工作的检查和指导。

一、培训计划制订

按照集团公司贯标体系的运行要求,集团公司各部门、各单位举办培训班,应按以下人力资源管理培训程序进行。

(一)调研培训需求

各业务部门根据战略规划、人员素质情况及年度工作目标对员工进行培训需求调研,根据结果确定年度培训需求和培训项目。

(二)制订计划

人力资源部(党委干部部)汇集总部各部门上报的培训教育计划,制订集团公司年度教育培训计划,报集团公司培训分管领导审批后,正式行文下发实施。年度教育培训计划一经批准,原则上不得调整,因工作需要确需调整的,报分管领导审批。

(三)组织实施

本着“统一管理、分工负责”的原则,集团公司人力资源部(党委干部部)负责组织和协调集团公司培训计划,各培训组织部门根据年度培训计划负责具体实施,在培训实施前落实有关细节。

(四)培训效果评价

各类培训应本着“按需培养、学以致用”的原则,注重培训效果。培训组织单位在培训结束后要做好培训满意度调查,填写培训反馈表,根据调查反馈情况持续改进培训效果。

(五)记录备案

建立员工教育培训档案管理制度。员工教育培训档案应记录员工接受各类培训的具体细节情况等,由各级人力资源部管理,负责录入集团人事管理系统中的员工培训记录电子卡片。集团公司二级单位参照上述培训程序执行,并于每年2月将年度培训计划报集团人力资源部(党委干部部)备案。

二、培训课程体系开发

(一)培训目的

以集团战略发展目标为指导,紧紧围绕集团中心任务,学习先进专业技术和管理知识,业务技能培训和重要资格证书培训,不断提高员工队伍素质,推动企业持续健康发展。

(二)培训对象

教育培训对象为全体员工。根据员工的岗位特点和工作要求,有针对性地开展履行岗位职责所必备知识的培训,加强各种新知识新技能的教育培训,帮助员工提高综合素质和实际工作能力。员工有接受教育培训的权利与义务。各级领导都要支持员工参加公司规定的培训课程,并担负培训下属的职责。员工要积极参加公司安排的各类培训活动,不断充实、完善自己的知识结构,持续提高岗位绩效。

(三)培训时间

副处及以上领导应当每5年参加股份公司或集团公司人力资源部(党委干部部)认可的培训机构累计3个月或550学时以上的培训。提拔担任局级领导职务的,近3年内必须参加一次股份公司组织的调训。确因特殊情况在提任前未达到教育培训要求的,应当在提任后1年内完成。其他管理人员参加教育培训的时间,根据有关规定和工作需要,每年累计不少于12天或90学时。普通员工每年累计的培训时间不少于16学时。施工一线(车间)员工应利用工地学校、职工夜校或施工现场(车间)每年至少参加一次岗位培训。

(四)主要培训内容

集团公司员工培训实行分层分类培训,根据培训对象和培训目的可分为:高层管理人员培训;中层管理人员培训;项目经理和后备项目经理、一般专业技术人员和管理人员培训;员工入职培训;岗位取证培训;重要资质证书取证培训。集团高层管理人员实行轮训制度,在职期间至少轮训一次,培训主要内容包括经济趋势、改革动态、产业政策、现代企业管理、投融资实务、法律知识、外语等,提升战略管理能力、决策能力、创新能力等。集团中层管理人员的培训,管理课程主要通过人力资源部(党委干部部)组织实施,通过内训或聘请外部专家做专题培训,培训主要内容包括现代企业管理知识、专业知识、领导力、执行力、组织协调与沟通、团队建设、综合素质提升等方面。项目经理专项培训课程由人力资源部(党委干部部)统一组织,各业务系统配合实施;项目经理、后备项目经理日常培训由各单位列入年度培训计划，自行组织实施，内容包括项目管理实战能力、国际工程项目管理、团队建设、沟通与谈判、廉洁从业等。后备项目经理培训主要内容包括项目采购管理实务、现场施工管理实务、变更索赔管理技巧、团队建设、高效沟通、廉洁从业培训等。一般专业技术人员及管理人员培训，主要由集团总部业务部门和用人单位组织实施，以提升岗位工作能力为目的。培训内容包括岗位技能、专业知识、新技术应用、工作流程、团队建设、素质教育等。

员工入职培训分为社会招聘员工入职培训和应届毕业生入职培训。社会招聘员工入职培训是指各单位要对社招人员进行入职培训，内容包括企业文化、规章制度、各部门职责、各类流程和系统操作以及职业素养等。应届毕业生入职培训是指所有应届生实行三级培训，一级培训由集团人力资源部（党委干部部）和各业务部门组织，帮助新毕业生了解集团公司的战略与文化、组织机构、规章制度等；二级培训由各单位结合本单位实际组织岗前培训；三级培训由岗位导师进行岗位技能指导培训。岗位取证培训，根据国家有关行业部门规定，必须持证上岗的特种作业人员和建筑业关键岗位人员，岗位取证培训由各单位自行组织。重要资质证书取证培训由集团人力资源部（党委干部部）负责一级注册建造师及相关紧缺专业的培训，其他注册执（职）业资格证书培训由相关业务部门、单位根据实际需要负责组织实施。

（五）培训模式

员工教育培训以脱产培训、党委中心组学习、网络培训、现场培训、在职自学等方式进行。脱产培训以单位调训为主，对重要岗位的人员可以实行点名调训。员工参加组织选派的脱产培训，应当享受在岗同等待遇，一般不承担所在单位的日常工作。各级党委中心组学习应当以党的理论、路线方针政策为基本内容，在自学和调研基础上保证每个季度不少于 1 次集体学习研讨。建立兼容、开放、共享、规范的员工网络培训体系，搭建网络教育培训平台，利用大数据、“互联网＋”等技术手段开展员工教育培训。充分利用职工夜校、工地学校和施工现场（车间）的实际课堂，通过岗前培训、技术比武、技术交底、导师带徒、人人上讲台等方式加强施工现场（车间）员工的培训。员工教育培训要根据内容要求和员工特点，综合运用讲授式、研讨式、案例式、模拟式、体验式等教学方法，实现教学相长、学学相长，引导和支持员工教育培训方式方法创新。

1.培训师资

培训师资按照政治合格、素质优良、规模适当、结构合理、专兼结合的原则，根据管理权限，建立集团公司、二级单位的培训师资库，并定期更新。建立健全领导人员上讲台制度，各级领导班子成员、机关部门中层以上人员要带头授课。

2.课程组织

建立完善员工教育培训课程开发和更新机制，构建与时俱进、务实管用的员工教育培训课程体系。建立企业内部员工教育培训精品课程库，实现优质课程资源共享。各单位要注意总结重大事件案例、经验分享等素材，组织开发精品课程。

3.培训教材

适应不同类别员工教育培训的需要，逐步建立形式多样、具有时代特色的教材体系。

集团公司各部门组织编制本系统岗位培训教材,二级单位根据本单位专业优势组织编写。培训教材包括岗位业务学习和培训书籍、各项行业规范、手册以及上级单位印制的培训教材书籍等。形式可以是书面文字、电子文档、录音、录像等,教材由各级人力资源管理部门统一管理。

4.课程评价

员工接受教育培训情况与员工考核、使用、待遇相结合,把参加教育培训的考核结果作为任职、晋升和评先选优的重要依据。员工教育培训考核的内容主要包括员工的党性修养、学习态度和表现、理论知识掌握程度以及解决实际问题的能力等。集团公司及二级单位人力资源部负责对本单位员工教育培训机构、项目进行的评估,评估结果作为评价教育培训机构办学质量优劣的重要标准,作为确定教育培训机构承担培训任务的重要依据。员工教育培训课程评估由教育培训机构组织实施,评估结果作为指导教学部门和教师改进教学的重要依据。

三、培训项目管理

(一)培训费用预算

员工个人参加集团组织的培训、岗位取证培训、重要资质证书培训、各类继续教育等常规培训及各单位自行组织的各类培训所发生的费用,由各单位在不超过工资总额的2%范围内列支。集团总部组织的各类培训所发生费用由各学员所在单位分摊。经费由各单位人力资源管理部门统筹安排使用,财务部门列支,实行教育培训主管部门和分管领导签批报销制度。

各级领导干部参加集团公司组织的内外培训、上级单位统一安排调训的培训班,费用可按规定报销。教育培训费报销对象为与集团公司签订劳动合同的员工。员工培训费使用范围包括上岗和转岗培训,各类岗位任职资格培训、岗位适应性培训,专业技术人员继续教育、国家执(职)业资格培训等。

(二)培训费报销

集团公司总部部门举办的各类培训班,发生费用的,在开班前两周,由组织部门向人力资源部(党委干部部)提交培训费用申请报告,经集团分管领导审批后方可组织实施培训。培训班结束后,将培训费发票和办班小结等情况一并报人力资源部(党委干部部)审核,经集团分管领导审批后报销。各单位组织的培训,单人单项培训费用5000元以上的专项培训、高新尖端技术培训等,要报集团人力资源部(党委干部部)审批后方予实施。参加此类培训员工要与公司签订培训服务协议。单人单项培训费用5000元以下的培训参考总部培训费报销流程执行。岗位证书、重要资质证书取证培训费及考试费,原则上由个人先行垫付,取得证书并注册到集团公司或子公司后,由取证员工所在单位与其签订培训服务协议,并报销其参加考试和继续教育所发生的有关费用,成本由取证员工所在单位列支。重要资质证书原件交由集团公司保存。员工的执业资格证书不准在集团公司外注册。培训费标准根据培训内容、地点、方式和参训人数、授课师资、市场行情等综合考虑确定。员工报销培训费应当提供培训通知、收费标准、证书复印件等相关资料和凭证。集团公司讲师的内部讲课费按职称等级标准严格执行。

（三）培训日常管理

参加外派学习先进技术、先进管理知识培训的，结束后，接受培训人员必须整理出学习资料，交人力资源部作为集团公司其他员工共享培训教材。员工参加集团公司组织的各类培训，由所在单位按正常出勤计发工资。员工培训服务协议由集团人力资源部统一管理，二级单位签订的培训协议要交集团人力资源部备案。

资料来源：作者根据多方资料整理。

本章小结

培训计划是指依据组织战略，在客观、全面地进行培训需求分析的前提下，对培训对象、培训内容、培训者、培训方式、培训时间和培训地点等的系统性预先安排。为使培训达到预期效果，组织在制订培训计划时应遵循以下原则：符合组织规模和发展阶段、依据培训需求调查结果、满足员工需要和个体差异、争取组织各方支持、追求效益最大化。

培训计划的制定可分为八个步骤：确定培训需求、确定培训对象及培训内容、编制培训预算费用、确定培训组织和培训讲师、确定培训形式和培训方式、确定培训时间和培训地点、确定培训评估方法是编制培训计划书。

培训计划是对一定时间段内所有培训项目的整体计划，培训项目则具体指一次培训活动的设计。更多考虑本次具体需要达到何种目的，如何提高项目的可行性，只涉及本次培训项目的具体安排。

培训课程体系是由一系列相互作用且具有内在关联性的培训课程组成。培训课程的设置应满足员工和组织的需求、符合成人学员认知规律和保证培训课程有效展开等原则。培训课程体系设计的常用模型包括 ISD 模型、HPT 模型、ADDIE 模型、CBET 模型和纳德勒模型。建立一个满足组织发展需要的培训课程库是课程体系建设的核心内容。培训课程库的建立主要包括知识素材的盘点、课程模式的建立以及其他辅助工具的收集等，主要包括大纲库、案例库、测评库、图片库、游戏库、视频库等内容。课程库建设分为规划内容、明确标准、编制评价指标、建库培训、征集资源、审核资源和资源入库七个步骤。

问题思考

1.培训计划的内容包括哪些？

2.培训计划制订应遵循哪些原则？

3.选择外部培训应考虑哪些因素?
4.选拔培训师应考虑哪些特征?
5.ISD模型与HPT模型的异同点是什么?
6.课程资料库的建设应包括哪些步骤?

参考文献

[1] McGehee, W. & Thayer P.W., Training in business and industry[M]. New York: John Wiley & Sons, Inc., 1961: 184-192.

[2] Goldstein IL., Training in work organizations[J]. Annual review of psychology, 1980(31): 229-272.

[3] James W. Walker. 人力资源战略[M].吴雯芳译. 北京:中国人民大学出版社,2001:173.

[4] Gary. S. Becker. Human capital: a theoretical and empirical analysis with special reference to education[M]. Chicago: The University of Chicago Press, 1993:39-44.

[5] Theodore W. Schultz. 人力资本投资:教育和研究的作用[M]. 北京:商务印书馆, 1990.

[6] 乔治·T.米尔科维奇,约翰·W.布德罗. 人力资源管理[M].北京:机械工业出版社,2002:385.

[7] Jay M, Jr. Shafritz, J Steven Ott, Yong Suk Jang. Classics of organization theory[M]. Wadsworth Publishing Co. Inc, 2010:75-77.

[8] 陈湘黔.基于战略人力资源的企业员工培训计划研究[J]. 特区经济, 2005(10):212-213.

[9] 魏华. 企业员工培训管理体系研究[D].天津:天津大学,2007.

[10] 孟玥.如何制定年度培训计划[J].中小企业管理与科技(下旬刊),2010(2):31-32.

[11] 刘振远. Y公司员工培训问题与对策研究[D].北京:北京交通大学,2016.

[12] 凌玲,卿涛.培训能提升员工组织承诺吗:可雇佣性和期望符合度的影响[J].南开管理评论,2013,16(3):127-139.

[13] 李辉,刘凤军,汪蓉.企业培训研究新视角:培训前涉因素与培训效果关系研究:兼论工作满意度的中介效应[J].南开管理评论,2011,14(4):118-128.

[14] 饶伟国,肖鸣政.公务员培训参与动机分析[J].管理世界,2007(10):57-63,74.

[15] 冯明,陶祁.培训迁移的有关理论和研究[J].南开管理评论,2002(3):24-26,32.

[16] 威廉姆·J.罗斯威尔,朱迪斯·A.考伯.影响美国人力资源培训与开发领域的主要劳动力和工作场所变化趋势[J].南开管理评论,1999(5):4-8.

[17] 李民.香港注重实际的员工管理与培训[J].管理世界,1996(4):92-94.

第五章　培训方法与实施

本章要点

☆ 掌握不同培训方法的优缺点和操作要点。

☆ 理解不同培训架构的优缺点。

☆ 掌握培训专业人员职责要求。

☆ 熟悉培训组织和实施流程及注意事项。

开章案例

中智集团“蛟龙计划”员工培训

中国国际技术智力合作有限公司(以下简称“中智集团”)是国务院国有资产监督管理委员会管理的国有重点骨干企业(中央企业),连续14年领航中国人力资源服务业。中智集团以创新转型、变革发展,人力资源与科技的深度融合,描绘“智领中国”新蓝图。

中智集团蛟龙计划以培养“实干型人才”为目标,以“专项任务实践”(Challenging project)为核心,结合“专题研讨”(Inspiring discussion),辅以“系统化集训”(Intensive training),充分调动“导师辅导”(Coach)的作用,最终形成CIIC培养模型。“专项任务实践”基于集团发展战略和区域公司发展目标,参与专项重点工作、重要项目、创新工程,进行攻坚克难的实战演练,进一步提升综合能力。“专题研讨”以专项任务实践过程产生的问题为切入点,组织专项研讨活动。通过导师辅导,澄清业务问题、探究问题背后的原因和根本性的解决方案等,提升学员的问题研究意识与能力,或促进个人的反思与总结。“系统化集训”采取混合式的培养模式,通过理论学习夯实管理基础,沙盘演练提升实际运用水平,标杆学习、商务考察帮助学员打开视野与思路,高管论道的课程与企业实际相结合等。“导师辅导”培养过程中内、外部导师全流程参与，双方各司其职，紧密配合，对学员的成长、项目落地负责。内部导师分为成长导师与项目导师，其中成长导师“有高度”，从公司层面出发，基于战略、文化等角度，由高管统一进行授课。项目导师体现“专业度”，对于学员的项目进行专业上的指导，促进项目落地。外部导师注重“启发性”，由有资质的教练、引导师担任，从第三方角度以提升领导力和促进项目落地为目标，对学员进行启发、引导。对蛟龙培养模式下的员工进行能力复评，通过培养过程中的表现评价、项目实践完成后的成果、蛟龙学员的整体成长情况等进行评定。

蛟龙选拔出来的候选人分为飞龙班、腾龙班以及潜龙班三个梯队。

飞龙班培养实施方式以1～3个月的挂职锻炼为主，准备工作第一步是通过电话访谈/书面的形式，明确个人的发展意愿；第二步是结合调研结果，梳理内部空缺岗位；第三步是根据发展方向和岗位空缺情况进行挂职锻炼。综合采用“上挂、下挂、横向交流”等多种方式，根据培养对象的能力素质特点和培养方向，在保留其原单位的编制、待遇不变的情况下，按照“一般不再承担原职工作，全职奔赴挂职新岗位履责”的原则进行安排，侧重宏观思维、经营管理等综合能力的整体提升。

腾龙班对中层后备人才进行二次开发，侧重管理思维的训练及管理技能的提升，第一次专项任务实践解决组织中的实际问题，提升组织效能和个人能力，通过项目实践总结汇报和项目的落地性、价值等多个维度进行人才评估，优秀者进入二次开发阶段筛选出能干事、想干事、干成事的学员；第二次开发投入培训资源，提升管理意识、技能。

潜龙班以系统化集训为主要培养方式，侧重从管理角色意识的提升和管理认知的强化，夯实理论基础，与组织实际相结合，提升实际运营、创新、领导水平。系统化集训的设计遵循由理论到实践应用、由向外学习到向内整合的设计原则，系统化集训的最终落脚点将应用到企业实际中去。

项目实施组织保障的领导团队为项目管理委员会，负责项目指导、关键决策、风险控制、总体把关，执行团队的项目经理负责下设中智集团项目小组和蛟龙项目小组进行项目合作和知识传授，共同负责项目管理、质量控制与时间管理、方法指导与行动计划、日常沟通协调。中欧商业在线整合来自中欧及其他一流商学院的优质知识内容，提供全面的在线与移动学习解决方案，提供系统性、高质量管理学习机会和选择。

资料来源：作者根据多方资料整理。

第一节　培训方法

培训方法丰富多样，同一个培训项目可以综合采用多种培训方法。本节将介绍传统的基本培训方法：授课法、轮岗培训、角色扮演法、工作指导法、头脑风暴法及研讨法。

一、授课法

授课法是指讲师讲解某些知识及技能、学员只需识记的方法，这是最为传统及最常见的一种培训方法。

（一）授课法的优点

第一，讲解的内容丰富，同时上课人数多，可使大多数学员系统性地学习知识，有利于大规模培养人才；第二，学员可利用教室环境相互沟通，营造学习氛围，相互指导；第三，在时间和资金方面的投入成本均比较低。

（二）授课法应注意的事项

组织在实施授课法培训时应注意以下几个问题。

第一，控制合理的教学规模。班级人数过多会弱化培训效果，过少就难以取得规模效应。合理的教学规模既可以因材施教，又可以适当降低成本，达到最佳培训效果。教学班的规模应根据现有的教学条件、讲师能力和员工情况来确定。

第二，综合采用丰富的教学方法。为克服单一语言传递式的讲授法带来的弊端，讲授法可以结合其他的教学手段，如 PPT、视频教学、小组讨论等。使用丰富的教学方法能够减轻授课的枯燥感，提高学员的学习兴趣，提升培训效率。

第三，适合的培训讲师是授课法的核心。培训讲师的自身素质和培训技术水平直接影响培训的效果，所以选择适合的培训讲师是整个培训的关键点。培训师的综合素质越高，对培训的效果越有利。

二、轮岗培训

轮岗培训，也称工作轮换，指为了丰富员工的工作经验，组织根据工作要求安排员工在不同的工作部门实践一段时间，通常为 1～2 年。轮岗培训有利于年轻管理人员或预备管理人员扩展管理知识和技能，了解整个组织的情况。许多组织采用轮岗培训法培养新进入组织的年轻管理人员或有管理潜力的未来管理人员。例如摩托罗拉公司曾普遍实行轮岗培训，使新员工能够得到多方面的锻炼，培养跨专业解决问题的能力，这样有利于新员工发现最适合自己的工作岗位。

（一）轮岗培训的作用

轮岗培训的作用主要体现在三个方面。第一，培训对象能在短时间内从事不同的工作，快速丰富培训对象的工作经历。第二，识别培训对象的优缺点。通过轮岗培训，组织能辨别培训对象的特长及兴趣爱好，更好地利用员工所擅长的能力为组织带来效益。第三，增加培训对象对各部门的了解，有利于增进各部门之间的合作。

（二）轮岗培训的注意事项

组织提高轮岗培训的有效性应着重注意以下三点。第一，在为新员工安排轮岗培训时，应考虑培训对象的个人能力、需要、兴趣、态度和职业偏好，以此来选择适合的岗位。第二，轮岗培训的时间长短不应机械地规定时间，而应该着重考虑培训对象的学习能力及学习效果。第三，轮岗培训涉及的部门经理应受过专门的培训，要具有较强的沟通、指导和督促能力。

浙江日报体验式跨岗位的培训

浙江日報
ZHEJIANG DAILY

《浙江日报》是浙江日报报业集团出版的,是中共浙江省委机关报,是浙江省最具权威性、公信力和影响力的主流纸质媒体;发行量常年列全国省级党报前三,千人拥有量和广告利润列全国省级党报第一,已连续6年入选"中国500最具价值品牌"。面对网络和数字技术裂变式发展对媒体发展带来的不利影响,《浙江日报》积极应对,主动作为,加快推进传统媒体与新兴媒体融合发展。在媒体转型这一特殊时期,浙江日报集团加强对于新入职员工的培训,以提高员工职业能力与忠诚度,应对时代的挑战。

企业文化导入培养职业荣誉感。刚入职的新员工对企业充满热情与向往,企业在此阶段进行企业文化的输入不仅能进一步加深新员工对企业的理解,也能让员工从中找到工作的神圣意义。培训过程中,高管亲临现场进行发展历程、组织架构、企业文化及规章制度的讲授,让新员工能够全面深入地了解浙江日报集团。

体验式跨岗位培训培养媒体人的忠诚度。经过集团内部多种培训方式的尝试,跨岗位教学成效显著。在报纸夜班编辑、一线记者(纸媒、新媒体)、报纸美编、新媒体采编、新媒体运营、新媒体设计、广告经营策划、行政管理(人力资源、财务、纪检监察等)、研究、技术维护、产品研发、印刷厂、发行等13个岗位经验丰富的员工帮助与带领下,新员工进行一天的工作体验,体验结束后上交一篇总结。多岗位的实践不仅让新员工全面了解了企业各部门,也能激发出员工对于部门工作联系的想象,激发出工作热情。同时在前辈的认可下,进一步融入企业集体,确立起对工作的自信。员工对工作有了激情与认同,对企业有了归属感,对企业的忠诚度就会提高。

互联网思维培训职业化技能。员工进行岗位技能培训,企业对此进行互动、观察、测评、考核,这一培训方式其实也为员工与企业提供了第二次双向选择的机会。浙江日报对新员工在重视思维调整的同时,也注重职业素养的培训。结合互联网时代下媒体转型的背景,利用互联网思维,积极进行进阶式培训,在培训方式上以互联网为平台、用户为中心、开放分享为理念提供学习资源;在课程设置上不仅有大量专业技能指导课程、前沿的媒体发展资讯,也有职业化意识强化课程,如团队意识培养课程、沟通技巧等。

资料来源:作者根据多方资料整理。

三、角色扮演法

角色扮演法是指在一个模拟的工作环境中,指定学员扮演某种角色,并按照实际工作中应有的权责来担当与实际工作类似的角色,借助扮演角色来理解角色的内容,模拟处理工作事务，从而提高处理各种问题的能力。角色扮演法往往能为学员模拟出接近真实的情景，将他们可能遇到的问题预先演练一遍，从而使学员在培训后能更好地迁移到工作中去，并为以后工作上可能会碰到的问题提供预警。这是一种模拟训练方式，这种训练方式在涉及人际关系的培训中很常见，它还可以在决策、管理技能、访谈等培训中使用。

（一）角色扮演的实施要点

第一，应根据学习目标和内容制定出合适的题目。构想的问题情景可以较短，但必须能引起学员的兴趣，还要保证其真实性。同时注意对角色的描述不宜过多，要以充实各种学习经验为原则来设定角色，要让学员在规定的时间里完成表演。

第二，角色扮演的关键是排除参加者的心理障碍。让学员意识到角色扮演的重要意义，减轻其心理压力。在角色扮演法中，学员是人们注意的中心，因此学员应该坦率地面对他们的同伴表演而不能紧张。

第三，要为角色扮演准备好材料以及一些必要的场景工具。角色扮演的环境应该是学员熟悉、轻松自在、与外界隔绝的。

第四，导师要对整个过程加以指导和控制。让学员学习和接受有关角色的知识，在角色扮演中记录下扮演者的行为和存在的问题。若角色扮演者在表演时跑题，导师要插话以适当提醒扮演者。

第五，如果扮演的角色数量有限，则要求其余受训人员在一边仔细观察。对角色扮演者的表现，如姿势、表情和语言表达等项目进行评估，并将其记录下来。观察者与扮演者应轮流互换，使所有受训者都有机会参加模拟训练。

第六，整个角色扮演教学活动中非常重要的部分是讨论总结。活动结束后，扮演者和观察者应当共同讨论演出时的想法和感受。培训师对观察者也要事先辅导，要提醒其注意整体的扮演活动，而不必过分在意个人的表演技巧，因为评估的标准是扮演过程是否得到启迪。

（二）角色扮演法的优点

角色扮演法作为一种模拟类的培训方法，主要有以下三个优点。

第一，学员参与性强。学员与讲师之间的交流充分，可以提高学员培训的积极性，使学员全身心地投入培训中去。

第二，特定的模拟环境有助于增强培训的效果。角色扮演法往往设定特定的模拟环境，更容易针对学员的情况为他们设计合适的角色，更有针对性地对他们培训，而摆脱传统培训泛谈普遍方法的缺点。

第三，通过反省自身扮演和观察其他学员扮演行为，可以提高学员的观察能力和解决问题的能力，学习各种交流技能。此外，通过模拟后的指导，学员可以及时发现自身存在的问题并进行改正。

（三）角色扮演法的缺点

角色扮演法也存在着一些问题。

第一，在角色扮演法中，如果角色扮演失败，则容易打击学员的信心，在此后的共同讨论中，有可能使学员有挫败感。

第二，角色扮演中可能因为学员认为自己在扮演时难以表现出角色的特点或角色设定本身就是错误的，得不到学员的认同，或被学员拒绝。

第三,角色扮演法效果的好坏依赖于培训讲师的水平。具有较高综合水平的培训讲师才能使角色扮演既符合培训目的,又能使学员积极参与其中并受益。

第四,角色扮演法中不仅对培训讲师的要求高,对学员的要求也非常高。它需要学员有充分的准备和很强的实践能力。对于分配给自己的角色,学员可能没有足够的能力去扮演好,从而使整个活动不能取得圆满的成功。

国家电网辽阳供电公司品牌维护"情景模拟式培训"

国家电网有限公司是中央直接管理的国有独资公司,是关系国民经济命脉和国家能源安全的特大型国有重点骨干企业,以投资建设运营电网为核心业务,承担着保障安全、经济、清洁、可持续电力供应的基本使命。在互联网时代背景下,国家电网作为基础性公共服务行业,员工时刻都代表着企业形象,为了提升员工的品牌意识和服务素养,树立公司良好形象,国家电网辽阳供电公司组织开展"情景模拟式"培训。

单调的理论培训模式对服务业的员工来说趣味性低,成果转化性不强。国家电网辽阳供电公司在情景模拟式培训中,确立了以舆论热点为背景,以真实事例为基础、以示范引领为导向的基本原则;剖析舆论热点背后的实质,交流观点,增强员工对热点的敏感性,提升对突发事件的应变处理速度。情景模拟是最能真实还原事件场景的培训方式,国家电网辽阳供电公司通过对工作中真实事件的还原,员工根据脚本扮演情景中的人,提供规范的行为展示,起到示范引领作用,同时也为员工们提供新的视角来总结工作经验,获得启发。国家电网辽阳供电公司情景培训的实践准备工作从组织筹备者和参训人员两方进行开展,组织筹备者提前进行实际调研,收集员工行为与品牌管理行为的资料,总结出一套工作行为规范以及开发出一套学习课程。参训人员需要认真准备情景模拟脚本,熟记规范的行为准则。

情景模拟演练则是培训的关键步骤。情景模拟演练分为五个实施步骤:第一步要选择高频发生主题和常用情景,提升培训的针对性;第二步是内训师指定模拟情景中的培训师角色、参训人员角色和场外指导角色,并说明演练规则;第三步是参训人员真实演练,在模拟场景中进行准备、模拟和总结;第四步是场外指导在参训人员演练期间进行观察、记录和思考,但是不得打断演练过程;第五步是培训师角色扮演。国家电网辽阳供电公司根据实际演练情况选择录音、录像和笔录三种方式进行记录,以便后续经验的整理。

国家电网辽阳供电公司情景模拟式训练增强员工的品牌维护技能,员工以更好的个人形象展现了企业更好的社会形象。

资料来源:作者根据多方资料整理。

四、工作指导法

1913年，芒斯特伯格(Hogo Munsterberg)出版了《心理学与工业效率》，从心理学角度探讨了环境、心理等因素对生产效率的影响，较早开始应用工作指导法开展培训。

工作指导法又名教练法、实习法。这种方法就是由一名有经验的工人或直接主管人员在工作岗位上对受训者进行培训。该指导者的任务就是教会受训者如何操作，同时对受训者进行刺激鼓励。工作指导法让受训者与有经验的工人或管理人员一起工作，方便对受训者进行指导，若有经验的工人或管理人员因退休、提升、调动等原因离开岗位时，被训练指导过的受训者便可立即顶替。

有关调查发现，在美国大约有20%的规模小于500人的公司有正式的指导程序。这些组织使用这种程序的目的多种多样，包括新管理者的社会化、为潜力大的领导做好发展准备、为少数民族和妇女提供领导职位等。

（一）工作指导法的步骤

工作指导法一般分为四个步骤，具体见表5-1。

表5-1 工作指导法步骤

第一步：培训前的准备	①安排指导人员；②阐述培训内容和培训步骤
第二步：正式操作培训	①指导人员演示部分操作并且讲述操作的规范和注意事项；②对部分较难重要操作进行重点解释；③对全部操作进行实际总结，与受训人员沟通，解答受训员工疑问
第三步：员工实际操作	①受训人员进行实际操作；②对受训过程进行检查调整，及时纠正错误；③受训员工对操作过程进行分析，对操作问题进行总结
第四步：实际岗位操作	①观察实际岗位操作，评估是否需要继续进行培训；②对良好表现适度进行鼓励和表扬

（二）工作指导法的注意事项

要使工作指导法发挥效果，需注意以下事项：第一，组织与部门应积极参与，为学员选择合适的指导人员，建立适当的奖惩措施；第二，培训人员应该具有较强的沟通能力、指导能力，也应该具有较高的业务水平，但培训人员之间的差距不宜过大；第三，学员应该认真学习并理解培训有关知识和技能，积极与培训人员建立良好的合作关系。

（三）工作指导法的优点

一般来说，工作指导法有以下几个优点。

首先，指导者为学员营造一个支持性的环境，使得学员在工作时不会出现紧张情绪。当学员面临学习困境时，指导者的帮助能使学员放松紧张情绪，增强自信。自信的工作者往往能发挥自身潜能，做好其工作。

其次，指导者和学员的双向反馈能够使学员更好地了解自己的短板，从而发现问题、研究问题，并寻找解决问题的对策。

再次，为了激励学员，指导者可以给予学员更具挑战性的工作，还可以增加他们同高级主管之间的接触机会，以此帮助学员为将来的工作做好准备。

最后,指导他人是提高学习和工作的有效手段之一,指导者在指导别人的同时,也不断完善自己的知识结构和职业技能,因而得到发展。研究表明,将偏爱指导并具备特定技能的人安排在指导工作中,会给组织和个人带来更多的收益。

宁德时代的导师制

CATL
宁德时代

宁德时代新能源科技股份有限公司(以下简称"宁德时代")为充分抢占技术制高点,提高公司的核心竞争力,秉承"开放、流动、联合、竞争、高效、创新"和"用好现有人才、稳住关键人才、引进急需人才、培养前瞻未来人才"的原则,制定了人才发展规划。

根据公司发展战略,宁德时代建立了完善的人才培养导师制。从新员工正式入职后,公司就会以"一对一"的模式为其分配经验丰富的资深专家和骨干员工作为导师,主要对新员工传授技能、技巧和相关理论知识,帮助其迅速进入工作状态、适应工作模式。导师带徒模式时长为一年,在新员工进入公司的第一个月,他需要写一份关于导师对他的工作了解程度的报告。这样在三个月之后,公司会依据该报告对其工作成果做出相应的评价。如果这名员工有不足之处,而且到了第三个月仍然没有在该方面使新员工有所发展,那么该员工的导师就要承担相应的责任。因此,在一年内公司要做三次的评估,不断地重新拟订计划。

通过组织实施"资深专家和老员工对新员工传帮带"的培训计划,加大对人才的培养力度,使新入职的员工能够不断地发现自身存在的不足,并不断地改正,从而获得快速成长,成为公司新一批的潜力员工。

此外,宁德时代还通过开展入职培训、技能培训、业务培训和专题培训等形式,快速提高员工的业务能力。通过鼓励员工参加专业技术进修与考试、并对其给予费用和时间支持等方式,提升员工的专业技术水平,以及为研发人员提供大量的技术交流机会接触国内外最前沿的技术,持续提高团队整体自主研发能力。

资料来源:作者根据多方资料整理。

五、头脑风暴法

头脑风暴法是由美国创造工程学家奥斯本(Alex Faickney Osborn)提出来的。采用头脑风暴法时,需要组织5~10名具有一定研究能力和知识素质的专业人才召开专题会议,进行集体讨论,参会人员相互弥补知识缺陷,引起创造性设想的连锁反应,借助竞争气氛充分调动每个人的智能潜力,以此来讨论出更多、更好地方案。头脑风暴法可以分为直接头脑风暴法(通常简称为"头脑风暴法")和质疑头脑风暴法(也称"反头脑风暴法")。前者是指专家群体决策时尽可能地激发自己的创造性来创造尽可能多的方案，后者则是对提出的设想、方案逐一质疑，分析其实际可行性。头脑风暴法多用于决策，但也可以用于员工培训。

（一）头脑风暴法培训的优点

头脑风暴法用于培训中的主要优点是：首先，培训过程中可为组织提供更多、更好地解决实际问题的方案，大大提高了培训的效率；其次，学员参与培训过程的积极性较高；最后，有利于加深学员对问题理解的程度，集中集体智慧，达到相互启发的目的，为学员解决工作中的困难提供新的思路。

（二）头脑风暴法的实施要点

为了便于提供一个良好、适合进行创造性思维的环境，实施该方法时应注意以下几点。

(1)专家小组规模以5～10人为宜，会议时间一般以20～60分钟效果最佳。

(2)只能讨论一个主题。

(3)一般而言，头脑风暴法专家小组通常应由下列人员组成，见表5-2。

表5-2　头脑风暴参与者的类型

方法论学者：专家会议的主持者	设想产生者：专业领域的专家
分析者：专业领域的高级专家	演绎者：具有较高逻辑思维能力的专家

(4)主持工作最好由熟悉主题背景和头脑风暴法方法的人担任。

(5)主持者向所有参与者阐明要讨论的问题、说明规则，尽力营造融洽轻松的气氛，自己一般不发表意见。

(6)头脑风暴重量不重质，不要评判其他人的发言，发言数量越多越好。

(7)会议提出的各种设想应由记录员简要记载或用摄影机拍摄，以便由分析组对会议产生的设想进行系统化处理，并供以后使用。系统化处理程序如表5-3所示：

表5-3　系统化处理程序

1.对所有提出的设想编制名称一览表
2.用通用术语说明每一设想的要点
3.找出重复的和互为补充的设想，并在此基础上形成综合设想
4.提出对设想进行评价的准则
5.分组编制设想一览表

（三）头脑风暴法的特点与适用范围

作为一种培训方法，该方法能充分调动学员的积极性，使学员进入情境，开拓思维，明白自身思维缺陷，习得专家心智模式，提高分析问题和创新思维能力。但是该方法在培训中有其局限性，即该方法只适合用于创新思维、问题分析能力等内容的培训；该方法只适合领悟能力强、迁移能力强的员工，思维水平较低或者业务基础薄弱的员工难以参与头脑激荡,并难以在此过程中领悟其他人的思维模式,从而提升自身心智。

六、研讨法

研讨法,又称讨论法,是指通过多向沟通以及培训对象的积极参与,使培训对象在培训过程中提出疑问、交流思想、获得反馈的培训方式。讨论的效果取决于培训者提供的材料和提问的方式。常见的提问方式如表 5-4 所示。

表 5-4 常见的提问方式

直接提问	得到直接的回答,培训对象的反应被限定在狭窄的问题范围内
回馈式提问	用来重复某人说过的话,确认接收的信息是否与原意相符
开放式提问	用于加深培训对象对某个问题的理解

(一)研讨法实施要点

为避免负面的影响,在实施研讨法时要注意以下几个问题。

第一,准确设定主题。主题的选择是研讨法成功的前提条件,只有能够引起学员兴趣并与培训目标密切相关的主题才能保证研讨的顺利进行。

第二,合理要求学员。研讨的顺利开展离不开学员充分的准备,学员在讨论时应该对主题有深刻的见识。如果不事先对学员的准备提出要求,就很可能导致学员并不了解主题相关知识,无法对其发表出自己的见解。

第三,进行合理分组。当学员人数较多时,应该将学员分成几个小组,在小组之间进行讨论,每小组再推举一名代表发言。

第四,把控现场讨论。培训师一方面要确保每个人都有机会表达自己的观点,另一方面要及时回应培训对象的发言。

第五,合理控制进度。培训师应在明确培训的目标和内容的情况下,对学员进行适当的引导,预防学员脱离讨论主题,浪费时间。

(二)研讨法的特点及使用范围

研讨法由于自身的特点,有其使用范围,以及存在的局限性。

第一,需要有一个善于组织讨论的人。这种能力通常需要经过大量的练习和实践,并且在讨论开始前还要做充分的准备工作。

第二,如果希望讨论能够有一定的深度和意义,需要全体参与人员要有充分的讨论实践。

第三,参加讨论的培训对象之间需要有一个共同的讨论焦点,否则不同的人可能说的是完全不相同的东西,思想无法产生碰撞,讨论只能停留在表面上。在讨论之前要安排受训者阅读相关的资料,这样可以在一定程度上克服这个问题。

第四,在时间和精力有限、人数较多的情况下,每个人提问和发表言论的机会变得很少,尤其在大课堂上组织讨论是一件颇有难度的事。

此外还有其他的培训方式,如使用多媒体视听技术,运用视觉与听觉刺激感观,直观生动,印象深刻。但这一方式学员的反馈与实践性都相对较差,制作成本较高,内容易过时,一般只作为辅助手段。另外,越来越多的组织利用互联网技术进行员工培训教育,本书将在第九章专门介绍。

万达的特色员工培训方法

大连万达集团股份有限公司(以下简称“万达集团”或“万达”),创立于1988年,形成商业、文化、地产、金融四大产业集团,2017年位列《财富》“世界500强”第380名。2017年企业资产7000亿元,收入2273亿元。万达商业持有物业面积3387万平方米,已开业北京CBD、上海五角场、成都金牛、昆明西山等207座万达广场。万达文化集团2017年上半年收入308亿元。万达网络科技集团是“实业+互联网”大型开放型平台公司,拥有飞凡信息、快钱支付、征信、网络信贷、大数据等公司,运用大数据、云计算、人工智能、场景应用等技术为实体产业实现数字化升级,为消费者提供生活圈的全新消费服务。万达金融集团旗下拥有投资、资管、保险等公司,未来将实现金融全牌照运营。

万达非常重视员工的培训,为了培训自己的员工和中高层的管理人员,还在河北省的廊坊市修建了万达学院。作为“世界500强”的知名企业,它在员工培训上有何特色?下面我们来做一个简单的了解。

一、培训讲师的选择

培训讲师的好坏一直是和员工培训的效果休戚相关的。现在互联网非常发达,网上的知识信息铺天盖地,如果讲师只是照搬网上的内容,那讲师对企业而言则是无价值的。如果请一些有名望、有地位、在行业中有声誉的专家来讲课,可他们不了解企业实际中员工碰到的问题,说的内容看似很有道理,可实际无法与员工产生共鸣,并且难以应用到实际工作中,这样培训的效果就是隔靴搔痒。万达发现最好的培训师资就在企业中,就在一线那些业绩优秀的员工中。虽然这些人工作突出,但是缺乏授课的经验,万达HR就帮助他们准备课件,提供一些课程的授课标准等。那些真有本事的人,通过几次的试练,就完全可以不用依赖HR了,自己就能将岗位中积累的一些经验、技巧和方法讲出来。这样学员爱听,也都能听懂,学完了回到自己的岗位上,马上就能上手实践。

二、有特色的培训方式

“万达之道”是一档以现场嘉宾访谈、学员互动为主要表现形式的新型跨界教学形式。“万达之道”紧紧围绕“生存之道、成功之道、快乐之道”三个主题,通过员工提问、情景解读、图画历史、看图说话、音乐解析、视频解读、嘉宾访谈等多种方式,来共同探讨、分享万达的组织智慧、文化精髓、管理技巧与工作方法。

“我是潜力干部”是一档干部选拔竞聘实战模拟课程,运用了国内外科学的测评中心技术,如行为风格测评工具DISC、文件筐、案例分析、情景模拟、角色扮演等,并结合实战模拟节目的制作流程,进行全程跟踪拍摄,全方位评估、选拔有潜力的干部。

“微电影学管理”有两种具体的表现形式:一是将日常工作过程中的实践案例提炼出最佳管理手段和方法,并通过对人物、场景、管理过程及冲突进行再编写成剧本,员工自导自演成微电影;二是节选与课程主题比较契合的电影片段,通过学员的研讨、讲师对知识点的讲授、最佳实践的分享与学员现场的情景模拟以及讲师的深入点评,从电影中学习管理。

“侃大山”就是催化师作为中立的行动学习过程设计者和研讨引导者,通过提问引导参与者进行思考和总结,迫使参与者进行审视和判断,挖掘问题背后的真实情况,最终利用众人的智慧解决众人的问题,并将学习成果固化并推广。

“任务树”通过综合体项目计划模块化管理明确集团各部门“要做什么”,万达学院的培训将落脚于“如何做”。通过“任务树”的梳理,学员能够对全年的工作任务“心中有树”,理解年度工作目标,梳理各项工作任务,明确各项工作的关键节点,准确完成工作任务。

“工作逻辑图”从具体工作案例出发,绘制出完成一项工作的动作流程,理解万达制度在具体工作中的应用,从而解决其中存在的边界不清、缺乏有效指令等业务问题。

“能量集市”中,每个学员都提出自己面对的问题、心中的纠结,让所有学员帮助自己寻找解决方案。在“能量集市”教学法的课堂中,每个学员都是讲师,每个人自身都充满着能量,而这种能量只有在传递的过程中才能逐步壮大。

“解决之道”能够激发群体智慧,通过结构化方法,创造性地解决业务部门中普遍的、影响程度大的、成功经验较少的、具体的难题。对问题发生原因达成共识,找到根本原因;整合不同利益相关者观点,对解决方案达成共识。

“荣誉之旅”课程中,从具体工作问题出发,挖掘问题发生的根本原因,运用集体智慧寻找解决方案,结合自己的工作实际落实具体的行动计划。这是万达学院的主要教学方法之一。

资料来源:作者根据多方资料整理。

第二节　培训组织与实施

培训的组织和实施是基于培训开发制度、培训组织架构和人员职责分工的具体操作。本节将从培训开发制度的建立、培训组织架构的选择、培训部门专门人员职责分工以及培训的组织与实施四个方面进行详细介绍。

首先，建立相应的培训激励制度、培训考评制度和培训档案管理制度，明确培训组织与实施的方向。其次，需要确定培训组织架构，选择合适的培训模式，如培训学院模式、客户培训模式、矩阵培训模式、企业大学模式或虚拟组织模式。再次，在组织培训与开发过程中，明确培训与开发经理、培训与开发专业人员的职责。最后，根据拟定的操作流程，组建培训项目小组，召开培训动员会议，进行培训各类事项的准备、培训沟通协调、现场应急补救和培训后勤安排，系统保障员工培训的有效实施。具体如图 5-1 所示。

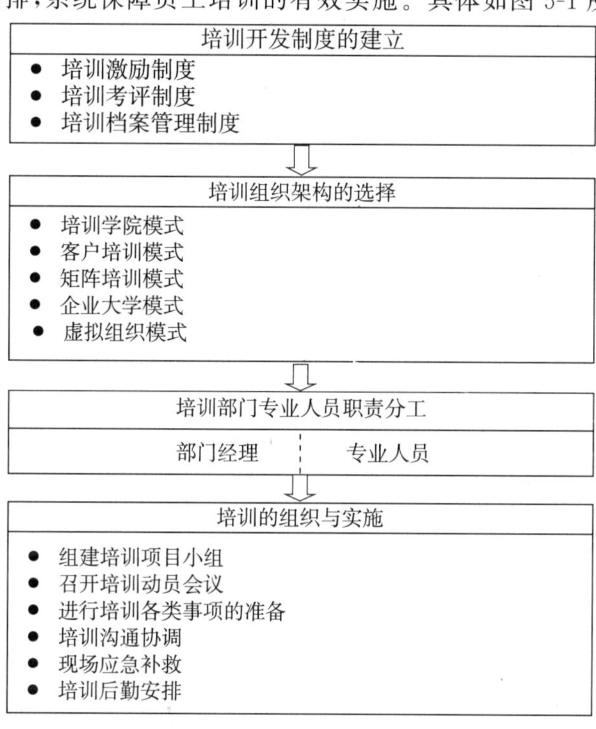

图 5-1　培训组织与实施

一、培训开发制度的建立

培训开发是组织人力资源管理体系中一项重要而长期的工作，这决定了它需要有一系列的制度来加以保证。组织的培训开发制度体现了高层的培训理念，决定了培训在组织中的地位。最基本的培训开发制度包括培训激励制度、培训考评制度和培训档案管理制度。

（一）培训激励制度

为有效增强员工的积极性与主动性，使员工充分发挥自身潜能，组织应当建立完备的培训激励机制，具体内容包括以下两方面：

第一，将培训本身作为激励员工积极向上的一种必要手段，本着“机会均等、公平竞争、择优培训”的原则分配培训机会。如到高等院校进一步深造，取得硕士或博士学位；到发达国家相关行业的大型组织进行技术或管理实习；与国内外大型组织或科研机构联合开发项目或产品，从实践中获得培训和提高。

第二，以受训人员的培训效果为依据，给予相应的物质、精神或晋升职位的激励。在培训期内，个人学习能力强、工作态度端正、工作技能掌握较快等多方面突出者可以给予晋升或定岗的奖励。同时，可以根据培训考核的结果进行相应的物质或精神奖励，如发放奖金、授予荣誉称号等。

(二)培训考评制度

组织在培训后有没有及时评估是培训能否获得成功的关键。培训考评能够有效反映培训方法或培训课程是否适用及培训的效果,有利于保证培训质量,提高培训的回报率,形成较为公正和客观的人事决策。培训是否具有针对性、培训方法是否有效、培训考评工作是否及时进行都是组织培训所需考虑的问题。

培训考评方法多种多样,如测试法、问卷调查法、观察法等。测试法是指组织采用考试的办法,考查员工是否掌握了知识和技能。该法在过去经常被组织使用。其优点是直观易行,但管理培训采用统一的试卷很难去测试其学习效果。因此,组织应当根据自身发展状况选取最为恰当的方式。

(三)培训档案管理制度

培训工作结束后,会形成一定的培训工作档案,做好培训档案管理工作尤为重要,包括建立培训档案和对各类培训资料进行分类分档。通过健全培训档案管理制度可以总结培训工作的成效和不足,为下一次培训工作及人员考核、奖惩、晋升或定岗提供评判标准。

培训档案一般包括培训部的工作档案、受训者的培训档案、培训师及培训教材、讲义的档案与培训相关的其他档案。

二、培训组织架构的选择

由于不同企业的战略和管理机制不同,因此人力资源开发部门采用的组织结构也会各不相同,人力资源开发部门通过建立与自身相适应的高效的组织结构,以发挥人力资源开发应有的职能。企业人力资源开发部门组织结构的设计有很多不同的模式,本书将介绍几种主要的模式:培训学院模式、客户培训模式、矩阵培训模式、企业大学模式和虚拟培训模式。

(一)培训学院模式

培训学院模式是企业人力资源开发部门职能专业化的结果,是企业培训与开发职能独立发展的一种组织模式,也是较多企业选择的常见形式。采用这种组织结构的人力资源开发部门,其运作方式类似于专业性的学院或专科学校。其突出优点是专业性强,分工明确。

从组织机构安排(图 5-2)上看,该模式的培训部门有一名主管,负责全面的组织工作,相当于学院的院长。另外,还有一批特定专业技术领域的培训专家,分别负责制订培训计划,开发、管理和修改培训项目。一般而言,从事特定技术培训的专家负责制定该技术的培训计划,并贯彻到具体的实施过程中。

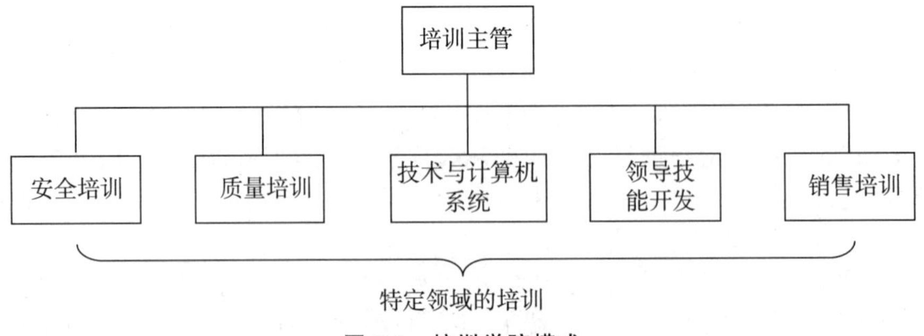

图 5-2 培训学院模式

这种模式的缺点，主要表现为培训计划与组织需求契合度不够。企业虽然建立了一个具有较高专业水准的培训部门，但培训专家对公司生产经营的动态掌握不准或者不及时，使得为满足企业生产经营或发展战略调整而改变培训内容的意识会相对薄弱，其结果往往是受训者所学习的内容无法满足企业的现实需要。此外，在培训学院模式中，培训专家的知识结构及专业特长等方面往往会成为影响培训内容和质量的关键因素。

为了克服该模式的缺陷，培训部门的领导者及培训专家应积极主动地融入企业生产经营过程中，及时掌握企业的运作动态和信息，了解受训员工的真实情况，以便及时修改调整培训计划和内容，确保所设计的课程能够符合企业和受训员工的需要。同时，企业建立流动的培训专家库，包括聘请外部专家、咨询顾问、职业培训师等，便于挑选合适的专家负责企业的培训活动。

（二）客户培训模式

培训与开发计划的客户培训模式以满足企业内部各职能部门的需求为宗旨（图 5-3）。

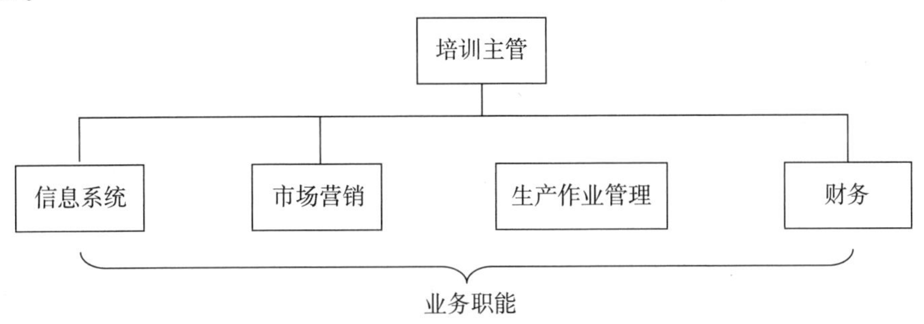

图 5-3　客户培训模式

在该模式中，培训部门的主管、专家及时跟踪企业某个部门的发展需要，以便不断更新培训课程和内容，使得培训更符合该部门的迫切需求。如果该部门的培训需求变化太快，以至于企业内部难以提供合适的培训计划及培训专家，那么企业就需要借助外部专家的力量来完成培训任务。客户培训模式能够使培训项目与经营部门的特定需要相一致，克服了培训学院模式的不足，并突破了培训专家专业知识和技能的局限。

这种模式的缺点是耗费成本过大，包括人力、物力、时间等。一方面，管理者和培训专家要对每一个培训项目进行系统、全面的调研，在此基础上制定真正符合“客户”需求的培训计划，这都是耗费成本之处。另一方面，由于是为“客户”提供培训，因此具体业务部门对培训的参与度较高，每一个培训项目又体现出该部门自身的特点，很难适应其他部门的需求，而其他部门的培训需求又需要制订单独的培训计划。因此，培训主管很难监督并确保每一职能部门的培训需求和计划是与企业的发展需求相一致，是不利于提高企业整体绩效的。

（三）矩阵培训模式

矩阵培训模式是培训部门负责人和职能部门负责人同时参与培训过程的一种模式。在该模式中，培训部门负责人和职能部门负责人制订培训计划，同时参与培训过程，并对培训效果进行评估。

在矩阵培训模式(图 5-4)中,受训者同时接受培训部门经理和特定职能部门经理的共同指导。这一模式的突出特点是有利于发挥培训部门经理和职能部门经理在知识、技能等方面的优势,克服双方的不足和局限,使受训者既获得完整的理论知识,又获得与实际工作密切相关的技能训练。在培训完成后的效果评估中,受训者需要向培训部门经理和特定职能部门经理汇报工作,只有双方都认为合格后才能表明受训者的培训工作是成功的。

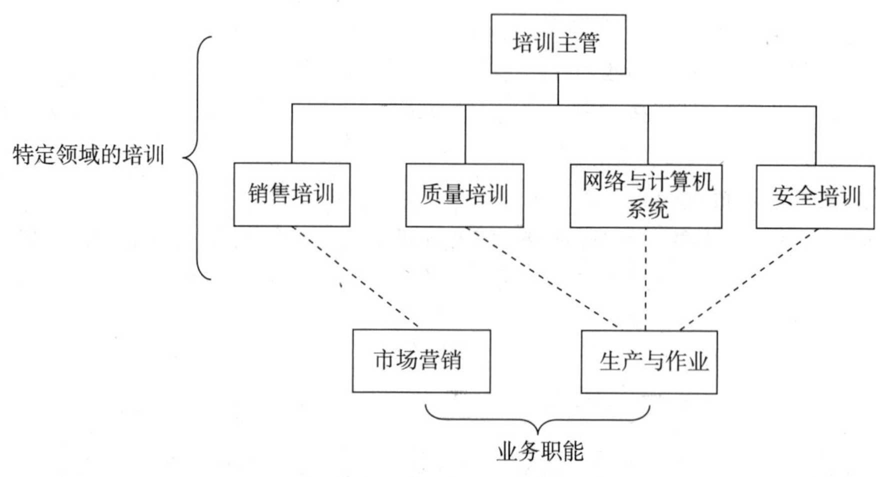

图 5-4　矩阵培训模式

矩阵培训模式的不足之处主要在于职能经理和培训主管双方培训目标的差异。这种差异直接决定了他们在对受训者实施知识与技能传授过程中会发出相互冲突的安排和指令,从而产生较多的矛盾和问题。

(四)企业大学模式

随着知识经济及经济全球化的扩展和深入,人力资源开发在企业发展中的地位和作用日益提高,企业大学模式就是这一趋势的必然结果,也是企业培训组织发展的较高级的组织形式。与学院培训模式及其他传统培训模式相比,企业大学模式的不同之处在于它有明确的职位管理体系和职业发展通道,有完整的基于胜任力模型的培训课程体系,建立核心胜任力模型、岗位任职资格体系和相应的评估体系。另外,企业大学的辐射范围除了企业内部,还可以服务外部的相关利益者。企业重要的文化和价值观也能够在企业大学的培训课程中得到体现。此外,企业大学还可以通过开发统一的培训实践与培训政策来控制成本。其模式如图 5-5 所示。

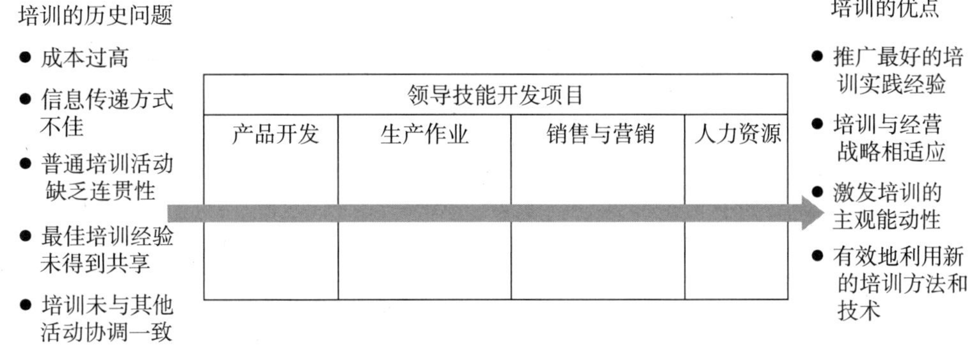

图 5-5　企业大学模式

1955 年，美国在经济转型发展中创建了全球第一所企业大学，即通用电气(GE)克劳顿学院。自美国第一所企业大学创办后，企业大学在美国及其他发达国家异军突起。据不完全统计，在《财富》“世界 500 强”的企业中，有超过 80%的企业创办了自己的企业大学。1998 年，我国青岛首创中国第一所企业大学——海信学院。据不完全统计，从海信学院创建至今，我国已建立了 8000 多所具有一定规模的企业大学，例如国药大学、携程大学、乐视网大学、中国银联支付学院、中粮集团忠良书院、东航培训中心、中国电信学院、上海浦东软件园浦软学院等。以人为本，建立企业大学作为应对全球经济变革的挑战的重要组织形式和战略手段已经成为一种趋势。

（五）虚拟培训模式

美国人力资源管理协会(Society for Human Resource Management，SHRM)在 2012 年的一项调查显示，近一半的美国公司使用虚拟组织；2013 年的调查显示跨国公司使用虚拟组织的可能性为 66%。扁平化的组织结构、节省成本的举措、全球化的发展以及对知识共享的日益重视，共同促成了虚拟模式在组织中的广泛使用。

传统培训组织由固定从事某特定职能的培训者和管理者运营，但虚拟培训组织的培训人员根据对产品或服务需求的变动而调整。虚拟培训与传统培训的对比见表 5-5。该虚拟培训模式中，首先，员工而非组织对学习负主要责任；其次，最有效的学习并非发生在课堂中，而在工作中；再次，在培训提高员工绩效的作用方面，管理者和员工的关系至关重要。为使员工将培训成果应用到工作中，员工需负责选定培训内容，并将其运用于工作当中。管理者则重点帮助员工去除培训知识和技能应用的障碍。

表 5-5　虚拟培训部门与传统培训部门对比

	传统培训部门	虚拟培训部门
战略导向	没有明确目标或目标模糊 内容限制在事先准备好的课程 提供过时课程 试图强制进行培训 按课程组织培训 假定课堂参加者是其唯一顾客	阐明并宣传明确的使命 明确顾客是分不同类型的 提供满足客户需要的解决方案 理解产品生命周期 按能力组织培训 争取内部顾客

续表

	传统培训部门	虚拟培训部门
产品设计	僵化的设计方案 将供应商仅仅看作是原材料库	应用基准化设计战略迅速开发产品 战略上将供应商作为培训对象
结构多样化	雇用培训人员 由固定数量的人员来运作 依靠培训人员决定部门提供的培训	雇用产品经理和内部咨询顾问等专业人员 让直线经理参与决定培训导向和内容
产品传送	发放课程表 固定地点按固定课表提供课程	提供可选择的课程目录 在工作岗位上提供现场培训
责任承担	课程结束后培训即结束 教师是支持培训的关键人物 将对课程的评论作为主要反馈	在工作中提供后续培训 管理者是支持学习的关键人物 评价培训战略效果和短期效益

随着互联网应用场景越来越广泛,工作场所从物理空间转化为虚拟环境,虚拟人力资源开发也越来越多地被运用。虚拟人力资源开发(virtual human resource development, VHRD)是指包含富媒体且与文化相关的网络环境,利用技术进行正式或非正式的学习,战略性地提高专业技能学习能力和促进组织建设的过程。在虚拟工作中,人们不仅相互交流,而且还与嵌入价值的对象和各种形式的媒体进行交互。VHRD 侧重于网络虚拟环境中学习和工作的总体性和复杂性,该虚拟环境包含从个人层面到组织层面的活动,如图 5-6 所示。

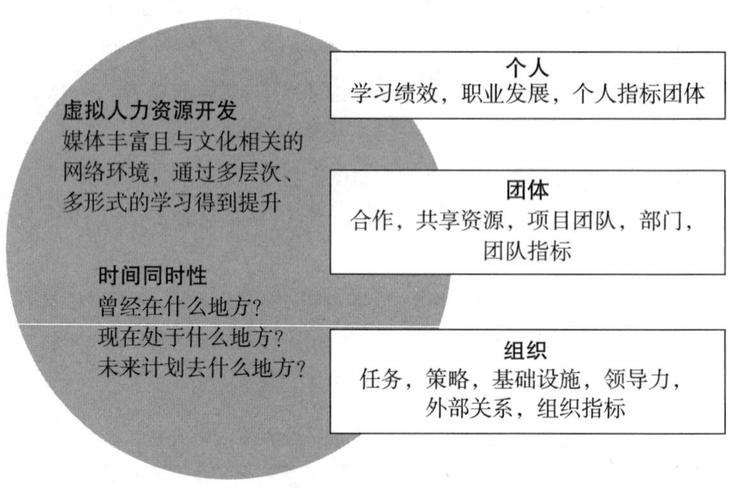

图 5-6 VHRD 模式

对于 VHRD 模式的上述定义,现将其扩展如下:(1)包含自媒体的网络化环境;(2)环境中设计、使用和交互的文化价值和假设;(3)与各级组织使命(个人、团体和组织)的战略结盟;(4)人力资源开发的典型结果,包括但不限于绩效提升、专业知识和创新的发展以及社区建设;(5)正式学习和非正式学习的基本过程。

VHRD 还涉及过去、现在和将来的时间同时性,包括过去解决问题的方法和当下、实时的交互,以及未来的计划、目标和最后期限,提醒各成员组织曾经在什么地方,目前处于什么地方,未来打算去什么地方。VHRD 同时针对通过战略调整的个人和组织层面,因此反映了 HRD 对人力资源干预和变革水平的关注。

VHRD 的角色之一是通过快速激发信任感来支持虚拟团队成员的人力资源开发,技术问题不能被看作虚拟团队工作的"附加",因为正确的软件和技术对虚拟团队有效地工作至关重要。VHRD 可以帮助多样化的员工在虚拟环境中茁壮成长,需要对所有团队成员进行敏感化培训以避免文化和语言差异导致误解,还需要培训员工如何在网络环境中有效工作。虚拟团队的领导人需要经过精心挑选,他/她必须具备团队精神、文化修养、沟通能力和冲突管理能力,以帮助成员快速建立信任并培养有效的虚拟团队。

以上为常见的培训组织结构设置模式,组织采用何种模式需综合考虑组织规模的大小、所在行业的类型及人力资源管理在组织中的地位和作用等因素。

海信学院:内地最早的企业大学

海信集团成立于 1969 年,其前身为"青岛无线电二厂"。经过 50 多年的发展,海信集团已经成长为中国家用电器行业的领军企业之一,旗下拥有海信电器和海信家电两大上市公司。海信目前在全球建立了 14 座生产基地、12 所研发中心,分支机构覆盖欧洲、美洲、非洲、中东、大洋洲以及东南亚等全球市场,产品远销海外 130 多个国家和地区,2018 年集团收入突破 1110 元亿人民币。

20 世纪 90 年代,海信集团开始了由传统制造业企业向现代企业集团的转变。转型时期,集团需要大批的管理人员,海信学院应运而生。1998 年 5 月,海信学院正式组建,成为中国内地最早的企业大学之一。从建立之初,海信学院便是要通过培训员工,满足集团快速发展的需求。20 多年时间里,海信学院经历了数次迭代,成为集团内部高级管理人才的"黄埔军校"。海信学院最先的办学模式是通过与山东大学、对外经济贸易大学等高等院校进行合作的方式,为集团培养出了一大批优秀的人才。

2006 年,海信成功并购科龙电器,集团对各方面的人才需求进一步加大。2007 年,海信开始调整战略,把办好海信学院作为集团工作的重点,赋予其全新的职能,董事长周厚健亲自担任海信学院的院长。2008 年 3 月,海信集团对海信学院进行重新定位和规划。此时,全面实施国际化战略和智能化战略已经成为海信的经营战略。所以,海信集团对海信学院进行了重新定位和规划。

一、校训

海纳百川,学以致用。

二、组织定位

学院是非营利性的独立培训机构,隶属集团董事会领导,是全集团的培训和研究平台。学院通过整合集团内部培训资源,指导和组织各子公司的培训工作,协调集团上下的相关研究工作。

三、业务定位

学院作为知识密集型机构,为集团在内部培训、管理研究、对外交流和管理推动等方面提供服务,是集团的培训中心、研究中心、管理推动中心和交流中心。

四、学院目标

学院服务于集团发展战略,建成具有卓越领导能力的管理人才和海信价值观的员工的培训基地。学院要努力成为集团的管理研究中心,要在总结海信的成功经验的基础上吸收国内外的先进理论,形成海信特色,以提高全集团的经营管理水平。

2018年,海信学院培训的学员达到近2万人次,4000余课时,并开发了诸多独具海信特色的培训课程。作为内地历史"悠久"的企业大学之一,海信学院正在朝着自己的办学目标大步迈进。

资料来源:作者根据多方资料整理。

三、培训部门专业人员职责分工

在组织培训与开发过程中,需要培训与开发经理、培训与开发专业人员、各职能部门直线经理以及受训员工等多方参与。尤其是在现代培训组织中,几乎所有的参与者都发挥了不可替代的作用,承担着各自不同的职能。培训与开发经理及专业人员作为企业人力资源管理者的一部分,其角色首先要满足作为一名人力资源管理者的基本要求,即扮演四个能为组织带来价值增值的角色:战略伙伴、管理专家、员工激励者和变革推动者。

(一)培训与开发经理的职责

培训与开发经理在整个培训与开发活动中承担着非常重要的责任,包括主要承担着战略和管理责任,与培训与开发专家相比在开发与教学工作中承担较少。总的说来,培训与开发经理在培训与开发中的主要职责有:

1.坚持战略导向

培训与开发经理要把组织的人力资源培训与开发计划同组织战略联系起来。不仅需要分析现有人力资源存量(包括数量和质量)与实现战略所需能力、素质之间的差距,并统筹考虑各业务部门所需要制订的不同的培训计划,从而决定培训与开发计划的战略内容。

在这一过程中,培训与开发经理需要从组织核心竞争力的需求出发,以顾客需求为起点,综合考虑外部市场环境变化,通过培训与开发支持企业在市场竞争中获取优势,进而综合考虑整个组织内部的培训需要;同时培训与开发经理还必须从现实出发,根据组织的内部力量和培训预算,决定培训的形式、培训内容,比如从外部聘请培训专家来为员工提供培训服务。当不同部门提出的培训需求发生冲突的时候,培训与开发经理则要在不同部门的培训需求之间进行权衡。此外,还包括重大开发计划的制订及效果的评估原则等重要环节。

2.坚持顾客导向

“顾客导向”战略原为企业管理中的一种战略，主要是指从顾客出发、以顾客为导向来开展企业的经营活动，并通过对顾客需求的了解来提高对顾客的服务质量和产品质量，以顾客为最终目的的战略。一般来说，组织的顾客可分为外部顾客和内部顾客。对企业而言，外部顾客是指具有消费能力或潜力，会购买产品或被服务的人；内部顾客则是指组织内部参与组织管理和运作的成员，即组织内部的人力资源。

1981 年美国学者贝里(Berry)明确提出用“内部营销”这一概念来表述“员工就是顾客”。“内部营销”的基础假设前提是“先有满意的员工，才有满意的顾客”，这是营销理念的一次重大变革。组织应把员工看作内部市场，并像对待外部市场那样来对待内部市场，以此来实现员工的满意。顾客导向型这种理念，即企业的人力资源管理活动应该以员工的需要为出发点和归宿点，将员工看作人力资源部门的顾客，而不是自己的下属和管辖对象。

就培训与开发部门范围内，培训与开发经理关注内部员工战略方针、为内部人员制订培训计划，对培训者的培训是一个组织极为重要的培训内容。培训者自身水平的高低会直接影响培训过程中所有环节的进展，进而严重影响组织中所有培训活动的培训效果。因此，对培训与开发部门内部人员的培训与开发是培训与开发经理不能忽略的一大重要职责。通过对这些“顾客”的关注、维持和发展来提高组织的工作效率和竞争优势。

3.与直线经理建立“求同存异”的合作

在组织的人力资源管理实践中，直线经理与人力资源专业人员并不是非此即彼的关系，两者的工作领域有紧密的联系。事实上，随着战略性人力资源管理时代的到来，人力资源管理的专业化程度日益加强，双方应当在不断的合作与冲突中逐步磨合，真正就人力资源管理的战略、政策以及具体操作层面上达成共识，形成具有建设性的心理契约。在培训与开发职能中，一方面要推动培训与开发经理的角色从单纯的职能管理者向战略伙伴和管理专家转变，真正发挥战略性人力资源管理的作用；另一方面要积极促成直线经理心智模式的转变，通过行之有效的制度和措施改变其过于偏重短期财务目标的“短视主义”的狭隘视角，打破与人力资源部门的门户之见，共同为组织战略的实现展开合作。

在培训与开发计划和流程中，例如在进行组织层面的需求分析、培训实施等具体环节中，积极倡导直线经理参与培训与开发的实践过程当中，需要一线直线经理给予客观的意见，促使直线经理的专业知识同培训与开发经理的管理实践相融合。同时，培训与开发经理要从直线经理最迫切、最现实的需要出发，深入分析其人力资源管理培训方面的需求，制订详尽并有针对性的培训计划，综合考虑直线经理自身工作繁杂性的特点，确保培训活动与他们的日常工作并行不悖。

综上所述，培训与开发经理的主要职责是根据企业战略的需要，确定需要培养的核心能力，帮助其他部门的同事和下属达成价值提升的目标。

（二）培训与开发专业人员的职责

无论组织的培训与开发采取了何种组织形式，培训与开发专业人员都起着至关重要的作用。具体说来，培训与开发专业人员的主要职责有以下四方面。

1.动态更新专业理论知识

由于组织间竞争的日趋激烈,对培训与开发人员的能力素质也提出了更高的要求。培训与开发专业人员应加强研究现代企业理论、企业组织理论、企业生产经营理论、技术创新进展等与组织发展息息相关的理论知识,通过提高培训与开发的绩效为企业培养更高质量的人才。培训与开发专业人员应该是未来专家,帮助企业保持竞争优势。

2.参与战略策划及组织业务活动

战略性培训与开发体系的构建与实施,是对组织长期发展和保持竞争力具有决定性影响的一种人力资源管理职能,它与组织经营战略目标相关联,它要求员工树立整体"一盘棋"的观点。培训与开发专业人员要承担起工作职责,同时要从事跨部门的工作,并成为跨部门组织领导团队的一部分,因此需要加强对组织经营业务、技术及发展趋势的了解和参与,培训与开发专业人员也能够从战略和系统的角度考虑问题。

在现代组织中,培训与开发专业人员还必须开发其组织发展技能、变革管理技能、关系管理技能等,还应掌握组织分析、组织学习、工作设计与分析、绩效评估体系、绩效原因分析、绩效咨询以及组织发展咨询等。

3.负责培训与开发各具体步骤的实施

在战略培训与开发中,培训与开发专业人员的职能发生了一定程度的改变。每名培训与开发专业人员都相当于一名项目经理,负责设计、管理、实施,评估绩效提升、变革及组织发展干预。其职责包括计划、组织、指导及预算控制等,确保在规定的时间达到高质量的培训结果。作为项目设计师,负责提供信息、确定培训目标、明确培训内容、挑选和安排培训师。作为培训资料的开发者,负责撰写或准备培训资料。作为培训过程的监督者和管理者,准备教学设备、制定考核办法、监督考核过程。作为咨询顾问,要负责协调和提供咨询服务,为培训与开发经理及各部门直线经理制定培训方案提供咨询与建议等。作为评估师,负责处理培训项目的反馈及学习评估结果,进一步确认培训是否达到了预期目标等。

4.承担服务和沟通联络

在组织中,培训与开发专业人员具有服务和沟通联络的功能。主要包括:运用现代交流手段与媒介共享与培训有关的资源,包括企业内部的资源共享、企业与其他企业之间的资源共享等;为培训计划的制定和实施制定具体操作计划并提供全方位的服务。需要指出的是,企业培训计划的制定和实施是企业内部各方共同商定的结果,包括受训者、直线经理等。

专业人员的重要工作除了制订具体培训项目的计划、进度安排,定期召开与培训决策有关的会议,进行组织工作和协调工作并提供全方位的服务外,还要不断地与受训者及潜在的受训者进行充分的沟通,根据受训者的个性化需求为其制定具体的培训方案等。

四、培训的组织与实施

培训项目的组织与实施是琐碎细致的工作,因参与人员众多,涉及面广,需要清晰的操作流程与明确的职责划定。

（一）组建培训项目小组

在准备阶段成立项目小组，协调培训中的各项工作安排，确保培训如期顺利地进行，其分工如表 5-6 所示。

表 5-6　培训项目小组成员分工

人员	具体分工
人力资源部经理（组长）	整个培训的总体筹划、总体安排
培训主管（副组长）	培训工作的具体操作、执行
培训讲师/培训机构	培训讲义、培训要求的传达、培训反馈的整理
培训支持部门	培训器材、食宿、车辆等后勤供应工作
相关部门主管、受训者	提供培训建议和辅助性工作

（二）召开培训动员会议

培训动员会议是培训前非常重要的一个步骤，在成立项目小组后就需要开展；其主要目的是为了强调培训的意义，阐述培训工作规划，对所有培训准备事项进行具体安排，把工作具体落实到每个人。

（三）培训各类事项的准备

培训动员会议后，便进入实质的培训准备工作。组织必须高度重视培训实施前的准备工作，准备工作是否到位对培训质量有着直接的影响。以下从人员准备、时间准备、培训资料、培训场地、培训设备、食宿行安排和支持项目等方面展开，见表 5-7。

表 5-7　培训实施准备细则和注意事项

<table>
<tr><th>事项</th><th>准备细则</th><th>注意事项</th></tr>
<tr><td rowspan="6">人员准备</td><td>培训接待员，负责签到登记、咨询、引导</td><td rowspan="6">分工明确，权责清晰</td></tr>
<tr><td>培训督导员，负责落实培训室布置、茶水供应及服务工作</td></tr>
<tr><td>摄影师，负责培训摄影、合影及通讯稿、文字材料撰写工作</td></tr>
<tr><td>交通员，根据培训实到人数，落实车况好、驾驶技术好的配套车辆，同时负责培训临时接待服务工作</td></tr>
<tr><td>旅游生活员，根据学员人数安排旅游接待服务和培训期间的生活服务</td></tr>
<tr><td>财务人员，负责发票的开具工作</td></tr>
<tr><td rowspan="4">时间准备</td><td>培训课程时间、每日日程安排</td><td rowspan="2">培训规划应提前一两个月进行，以保障培训顺利开展</td></tr>
<tr><td>培训程序安排（如是否有领导讲话等）</td></tr>
<tr><td>培训开始前的准备倒计时日常安排</td><td rowspan="2">规划时要与相关人员沟通时间安排，以免引起冲突、撞车</td></tr>
<tr><td>组织领导、学员时间与培训时间的协调</td></tr>
</table>

续表

事项	准备细则	注意事项
培训资料	培训讲义装订成册	讲义须提前由培训师提供,并根据组织实际情况修正
	培训各类辅助资料整理复印	
	学员资料、培训需求、以往培训记录等及时整理	培训前与培训师交流,让其参考,并有针对性地设计课程
	培训效果、评估问卷的准备	各类资料、讲义要有备份,以备人员需要
	学员培训考勤签到表	
培训场地	场地是否宽敞,桌椅是否足够,能否自由移动	便于现场做活动和游戏
	培训会场布置,人员座次安排	培训现场情况要向培训师说清楚,并在培训前让培训师考察,征询其意见,如需改,则马上调整
	宣传资料、指示牌的张贴、悬挂	
	室内光线是否合适,有无噪声、异味,位置是否安静,人员是否频繁往来	
培训设备	投影仪(是否与电脑匹配)	辅助器材根据课程不同而有区别,培训前要向培训师核对清楚;培训开始前,检查能否正常使用
	麦克风(有线、无线)、音响设备	
	电源插座是否正常	
	白板、油笔、黑板、粉笔	
	培训道具及器材的购买和准备	
食宿行安排	培训师接送、住宿安排	住宿、票务要提前几天预订
	参加人员及培训师的饮食、活动安排	
	培训师返程票预订	
支持项目	应急和防范措施	如准备好复印机,随时复印资料
	培训准备的其他事项	

除此之外,为了顺利地实施培训项目,应当兼顾以下几点。

培训场所空间要足够大。一般来说,每个受训人员至少需要2～3平方米的活动空间,不要太拥挤也不要过于疏远,保证受训人员目光自然通畅。桌面应当留有足够的空间放置笔记本、记录笔、活页纸等。根据不同的培训需求对场所布局做出合理的调整与安排会产生意想不到的效果。若想要受训人员将注意力集中到培训师身上,可选择传统排列法、单通道型、双通道型,此类布局有利于培训内容的传授,但培训师和受训人员在这类布局下难以沟通。相反,圆桌小组、U形和大圆桌形便于培训师和受训人员之间的互动,有利于鼓励受训人员分享。为保证受训人员静心学习,夏天室内温度应当维持在26℃左右，冬天维持在18℃左右。

在培训前，检查空调系统及场所周围是否存在噪声，通过关门或者悬挂提示牌等方式控制由室外活动引起的噪声，必要时采取为地板和四壁增加隔音、吸音材料等进行隔音处理来降噪。光线的强弱影响受训人员观看投影、阅读材料和记笔记的效果。场所内应采用日光灯进行照明，房间的四周都应配备白炽灯以作为投影时的弱光源。为避免分散受训人员的注意力，整个场所应采用清淡柔和的色彩，同时培训场地墙面和地面也尽量使用相同的色调。

（四）培训沟通协调

在培训过程中，组织者要及时与讲师、学员沟通交流，指出讲师培训的优缺点和学员反映的情况，并与讲师协调改进。这时，组织者要做好以下工作。

1.加强学员兴奋点

培训组织者应及时向讲师反馈学员的兴奋点，如果学员对现场培训意犹未尽，还应提醒讲师适当延长培训时间或安排课下座谈研讨，以达到更好的培训效果。

2.把握主题方向

培训过程中，如果讲师讲课或者学员讨论出现跑题甚至是组织避讳的话题，或讲师讲课层次混乱、内容含混不清，培训组织者就要随时提醒讲师，调整讲课内容或层次安排，使培训按照事先的规划进行。

3.协调培训形式

培训形式要与学员的具体情况相匹配，尽量避免发生学员对培训形式（如游戏、讨论等）不认可或对培训形式所表现的主题不明白等情形发生，必要时及时改进或更换培训形式。

4.把握课程松紧度

课程节奏过慢或过快都是不可取的，培训组织者需在学员反映此类情况时提醒讲师调整时间和节奏，按学员可以接受的速度进行。

（五）现场应急补救

作为培训组织者，一定要有讲师出现严重讲课问题的心理准备和应急措施。一旦出现讲课效果与期望出入很大、学员反应很差时，应急补救措施就要派上用场。常见的培训应急补救措施如表5-8所示。

表5-8　培训现场失效的应急措施

出现的情况	应急补救措施
讲师填鸭式灌输	转换为学员提问、老师解答或共同讨论等形式
学员反应冷淡	让学员互相解答，调动学员积极性
讲解干巴，不生动	采用放录像、VCD等图文并茂的形式来渲染气氛
安排不周，时间空余	采取问题测试、学员填写问卷等形式让时间能够充分利用； 缩短培训时间，延长休息时间

(六)培训后勤安排

在培训过程中,现场的各种后勤安排也必不可少,如培训教材的复印、发放,培训器材的调换准备,人员饮食服务,培训纪律的强调,卫生打扫等,这些都需要安排具体人员来解决。

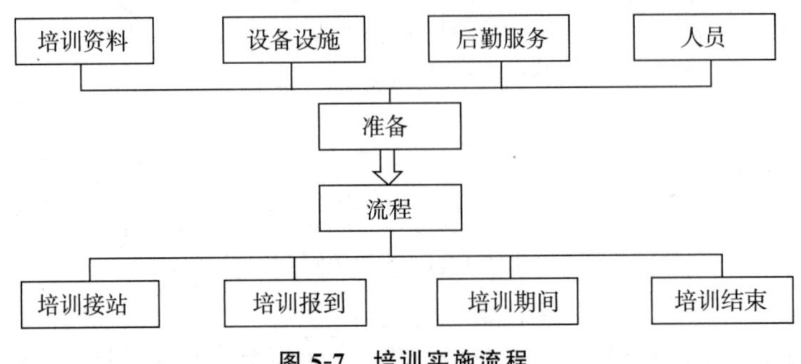

图 5-7 培训实施流程

具体细节如提前两天确定会务组房间选定领导、专家及主要学员入住的楼层、房间类型、房号、需要放置的水果种类及特殊安全保卫工作;在大堂、各楼层、餐厅、培训室、电梯等处贴上培训指示箭头;与酒店保安部组成培训安全组,在培训期间加强门卫、楼层巡查,杜绝安全隐患;配备医疗人员,解决突发事件。提前购买常备药品以及配备基本设备,联系好医生,随时确保可提供医疗服务,具体其他细节见表 5-9。

表 5-9 培训主要后勤事宜

实施流程	具体内容
培训接站	实施全天候接站,在车站、机场设立醒目的接站牌
培训报到	在醒目位置立“报到处”“收费处”“咨询处”“票务处”“签到处”牌子
	学员报到登记内容包括姓名、单位、职务、身份证号码、通信地址、电话
	提醒学员将贵重物品免费寄存总台、保管好个人财物
	学员报到后,由接待员引导入住,同时办理行李寄存
	当天打印培训通信录并与培训师校对,及时发给学员
培训期间	酒店落实叫早服务
	准确统计用餐人数并安排学员用餐,及时解决培训期间临时发生的问题
	落实培训室布置情况
	与酒店财务人员协调好票据的开具事宜
培训结束	向培训主办方提交书面报告,并附上培训结算清单
	向学员提供所需发票或其他单据
	根据学员返程机票、车票的时间及方向,分批送站

章末案例

万科的员工培训组织与实施

vanke万科

赞美生命 共筑城市

一、万科地产的培训现状

人力资源培训小组完成培训工作的计划组织、执行与评估。人员包括培训专员、公司兼职培训人员、授权培训讲师等。公司确立的培训观念是:培训绝对不是某一个人的工作,而是每个管理人员的工作职责。

(一)培训需求评估体系

万科人力资源部根据公司《三年经营计划》确定年度培训工作方向。在每年12月发出《年度培训需求调查表》的基础上,各部门提供详细培训需求,包括为什么要培训,谁需要培训和需要什么培训,培训的时间,培训的成本估算,如何进行培训以及培训时间的地点确定,等。人力资源部通过反馈回来的信息制订年度培训计划,与财务管理部共同制定公司年度培训预算,经分管领导审核报总经理批准后执行。人力资源部会以计划表形式公布年度、月度培训计划。

(二)培训内容体系

万科培训内容体系分为内部培训与外部培训,其具体模式如下:

1.内部培训

新职员培训分为:新公司万科化培训(适用于成立新公司或兼并收购公司)、NEO(适用于社会招聘新入职人员)、新动力(适用于集团人力资源部统一招聘、统一录用、统一进行集团内调配的大学本科以上应届大学毕业生)。内容包括公司基本情况介绍(包括公司历史、规章制度、发展规划、管理架构、业务流程等)、公司理念讲解、岗位技能训练、户外拓展活动及岗位实习等。

在职员工培训内容分类:ISO、企业文化、综合管理、销售、工程、规划设计、财务、成本、法律、项目事务及项目发展、客户服务、职业素质与技能。

2.外部培训

外部培训是由人力资源部接收外部培训信息,通知公司职员,职员结合自己的需求报名参加。职员也可以自己提出需求,请人力资源部协助安排外训。外训需要经公司分管领导审批和费用管理部门审核。参加外训结束后,要填写培训效果反馈评估表和学习心得提交给人力资源部,公司鼓励员工在参加外训回来后开发课程,自己担任讲师向公司内部讲授。

(三)培训方式体系

培训方式体系共包括十三个部分,具体为:

一是集中授课形式。适用于普通化的培训课堂,常结合 PPT 来演示。

二是通过视频学习。总部开展重要培训的时候,一线公司可以开通视频同步接受学习。

三是讲座、集中交流。适用于与总经理等领导面对面的座谈,气氛比较活跃。

四是跨公司跨部门跨岗位的工作交流。这是万科集团内部经常使用的培训方式,集团内人员有足够机会跨公司、跨部门和跨岗位交流,有利于集团内各分公司的资源共享、互相学习、共同进步。

五是外出学习考察、工作及外出学习考察成果汇报会。外出学习的人员回来后写学习心得或考察报告,以作为外出学习的收获给予集团内部共享。

六是案例库建设、案例学习。这是以往成功的做法,以收集的资料的形式,为各分公司共享学习资源。

七是统一考试。各专业指定的从业资格或职称考试。

八是入职引导。入职引导要帮助新员工理解认同公司企业文化。讲解并保证新职员了解公司通用类文件,包括 ISO 程序通用类文件、通用类规范性文件及其他人事、行政、财务管理文件。

九是个性化的岗前培训、个性化的岗位技能提升培训。相关的政策、法规、制度测试,本专业及相关专业的知识及技能与本岗位工作相关的 ISO 程序文件闭卷测试。

十是分组讨论。有利于培养职员的团队意识和组与组之间的竞争意识。

十一是管理游戏。在新职员培训中插入游戏环节,目的是想通过玩游戏使新员工尽快地互相认识,加强团队合作意识。

十二是项目参观。如带新员工参观公司的楼盘,或在外参观学习其他楼盘。

十三是户外活动。如新员工的拓展训练。

(四)培训效果反馈评价体系

万科的培训效果反馈评价体系比较简单,只对在课堂讲授和测试类的培训中做评估。

1.集中课堂讲授类的培训

人力资源部对于由人力资源部组织的通用基础工作技能类培训、房地产专业技能类培训和企业经营管理类培训要求进行培训效果评估。培训效果评估包括学员对培训课程评估、培训讲师和学员的自我评估以及讲师对学员学习效果的评估。培训中人力资源部培训专员向学员发放《培训效果反馈评估表》,要求在结束时填写。人力资源部培训专员对收集的《培训效果反馈评估表》进行数据统计及分析,形成《培训效果反馈评估汇总表》。

2.测试类培训

根据考试分数情况和实际应用的状态,规定如果员工在考试中没有达到规定的分数,必须再培训学习。

二、万科地产培训的特点

(一)建立在万科企业文化上的成功培训体系

我们可以把万科的企业文化分为三方面。

一是管理哲学,其关键因素是企业高层管理者的管理哲学理论、态度与观点"以人为本",人才是万科的资本。

二是文化行动,即组织内创建、发展优化企业文化(体系、要素、功能等)的各种行为活动,如管理者的各个方面的管理行为、领导行为和组织行为特征等,都对人才培训表现出高度的关心和倾注力量。在万科,集团总经理就把落实企业文化这个事情作为他每年的重要工作来做,而且还会进行一场"沟通面对面"的活动。这项活动集团已经连续开展了三年,每年都会到各地的分公司做一场巡回演讲,与员工进行面对面的沟通,就公司未来的发展方向、公司的远景、基本的价值观进行宣讲和沟通,并且在沟通结束后,请职工在培训确认书上签字,表明自己已经进行了这样一个培训和沟通。除了这种宣讲、培训之外,公司内部从绩效管理角度推行均衡计分榜,把每个下属企业内部流程、内部员工培训的内容都作为考核公司的重要指标。员工有大量的机会进行内部双向交流。公司内部实行竞争上岗,这促使内部员工互相追赶,共同进步。

三是培训体系,即把各种组织文化活动、要素整合起来,以形成特色的培训文化的机制、制度、结构等。万科的培训体系包括需求体系、内容体系、方式与组织体系、反馈和评价体系,以《培训材料 ISO 培训管理程序文件》作为指引。万科非常重视新招聘员工的培训,一般对社会招聘和应届毕业生分别进行三天和一个月的脱产培训,其中还包括有特色的户外拓展训练。

(二)实施需要全方位努力

第一,万科的培训讲师分为内部讲师和外部讲师。内部讲师就是本集团内的员工,万科鼓励内部员工成为讲师,把自己的所长与其他员工分享,以营造一个良好的学习气氛。外部讲师主要是来自一些比较好的咨询公司或专业培训机构。讲师的教学技巧和培训方法也是很重要的,直接影响着培训的效果。

第二,各级主管是推行培训的重要人物。培训工作是否能够执行下去,每个部门的负责人是推行培训的关键人物,他们比培训专员对本部门的员工更了解,他们知道哪些员工需要培训和需要怎样的培训,而且有权安排他的部下开展培训。培训专员和每个部门负责人沟通好以后就可以把培训计划拟定。

第三,培训专员是培训的中心人物,也是组织协调者。他们本身就是优秀的讲师,并且有很好的沟通协调能力,他们参与整个培训过程。在万科,人力资源部隶属行政管理部门,肩负着既监督培训执行者又担任服务员工的职能。

第四,万科建立培训资源共享平台对培训资源进行管理,良好的企业文化是其成功管理的原因之一。员工的培训与绩效考核挂钩,体现出企业对员工培训执行的力度较大。

第五,ISO 培训管理程序是万科培训工作的制度性文件,培训体系阐述了培训工作的全部内容,这些培训制度详细地规定了培训工作的要求,有助于把公司的培训工作规范化,责任到人、认真落实。

第六,学员是培训工作中的服务对象,培训最终的目的还是要通过培训使学员的素质和技能有所提升。学员的文化背景、价值观和信念、职业生涯的规划,以及学习能力都会对培训的效果有一定影响。

(三)引入员工的培训积分管理

万科推行全员培训,并通过培训积分的形式将培训工作量化。万科把每年员工获得培训积分的多少作为衡量员工学习进步的标尺之一,并将积分作为职务晋升和获奖的必要条件,规定了职务晋升和获奖的最低积分。万科的员工每年规定的积分不得少15 分,量化的数字让人力资源部更容易了解过去一年谁参与最积极。

(四)致力于建立自己的培训讲师队伍

讲师是公司进行有效培训的必要条件。外部的讲师只能为我们带来新的思维,但需要进一步内部消化、融合。内部讲师深刻了解公司情况,可以将自己的工作心得很好地与实际问题结合起来,这也是内部人员总结工作、提升自己的一次机会。万科鼓励员工在熟悉自己相关工作的同时也发展成为内部讲师,为其他有需要的部门讲授相关知识,从而设立了讲师课程管理体系。

1.选择人员

优秀的员工、每个部门经理和主管都是培训小组的选择对象。因为他们除了拥有丰富的工作经验以外,培训也应该是他们展开工作的手段,更是一种必需的工作职责。内部讲师范围是公司全体员工。

2.分配课题

一个企业有很多的工种,有的相对专业但彼此相同,所以课程除了本部门以外完全可以让全体人员分享。比如市场调研就可以让采购或者销售主管去编写课程,而销售技巧就可以由销售顾问去完成。这样强行地将课程分配下去,让即将准备授权的讲师准备教材,通过试讲即可。每年要求完成定量授课任务的人员是公司各级管理人员和专业师(含)级别以上专业人员。根据级别的不同,内部师资每年度在公司内应当完成一定量的授课任务,授课形式可包括座谈、交流会、汇报会、课堂讲授、专题演讲等。

3.课酬管理

这是对讲师的肯定和鼓励,也是一份可以计算的收入报酬。当员工在接受外训回来后,公司鼓励其开发课程,担任讲师为其他员工讲授,给予一定的奖励,这利于培训受益最大化,也能够达到资源共享。外聘讲师根据讲师资历、授课水平、课程内容、培训课程行业内课酬水平等因素与讲师共同商定。

(五)培训纳入 ISO 管理体系

公司培训纳入 ISO 管理体系,有相关文件《培训资料 ISO 培训管理程序文件》作为规定。ISO 检查小组会做不定期的检查工作,并对全公司公布执行情况。公司在每月有一次内审,不定期的还有外部公司审核。

（六）SAP项目引入培训模块

SAP项目正式上线，为万科集团建立起一个统一、稳定、准确的人力资源信息平台，实现了跨地域、跨硬件平台的人力资源管理系统，员工的人事信息、组织结构管理、考勤管理、工资核算形成有机的集成，提高了企业的运作效率，为企业提供了及时、准确的人力资源信息。在培训工作中，把每次的培训信息录入到网上，导入SAP，使万科的培训者和被培训者都有准确可查的资料记录。

资料来源：作者根据多方资料整理。

本章小结

培训方法丰富多样，同一个培训项目可以综合采用多种培训方法。传统的基本培训方法主要包括授课法、轮岗培训、角色扮演法、工作指导法、头脑风暴法及研讨法。每种培训方法都有其优缺点及操作要点。例如，角色扮演法中，学员参与性强，学员与讲师之间的交流充分，可以提高学员培训的积极性，特定的模拟环境有助于增强培训效果，通过反省自身扮演和观察其他学员扮演行为，可以提高学员的观察能力和解决问题的能力；但是对导师、学员和情境材料的要求高，效果的好坏主要取决于培训讲师的水平。

培训开发是组织人力资源管理体系中一项重要而长期的工作，这决定了它需要有一系列的制度来加以保证。最基本的培训开发制度包括培训激励制度、培训考评制度和培训档案管理制度。

培训职能部门的组建模式主要有培训学院模式、客户培训模式、矩阵培训模式、企业大学模式和虚拟培训模式。组织采用何种模式需综合考虑组织规模的大小、所在行业的类型及人力资源管理在组织中的地位和作用等因素。

培训项目的组织与实施流程包括组建培训项目小组、召开培训动员会议、进行培训各类事项的准备、进行培训沟通协调、现场应急补救和培训后勤安排这六个环节。

问题思考

1.轮岗培训有何潜在问题及注意事项是什么？

2.工作指导法有何优势？注意事项有哪些？

3.虚拟培训组织模式有何特点？

4.培训专业人员有哪些主要职责？

5.培训实施流程包括哪几个步骤？

参考文献

[1] 许军,吴陈锐,刘继光.员工培训对组织技术创新的影响:基于中国微观组织数据的实证研究[J/OL].北京交通大学学报(社会科学版),2020(1):1-9.

[2] 曹辉,张依洁.基于柯式模型的组织高管培训评估体系及其应用[J].山西财经大学学报,2019,41(S2):45-48.

[3] 周翠萍.论校外培训机构的特点、问题及定位监管[J].教育科学研究,2019(10):32-35,52.

[4] 徐方.产教融合构建专业培训课程体系——以湖南石化职院在C组织的实践为例[J].中国高校科技,2019(9):62-64.

[5] 宁高平,王丽娟.新时期技能人才培养培训机制研究[J].宏观经济管理,2019(8):59-67,74.

[6] 刘桃,李骥,刘敏,等.可持续发展战略对组织社会责任的影响:员工技能培训的调节作用[J].中国人力资源开发,2019,36(5):22-33.

[7] 陈瑛,杨先明,姚晓兵.中国OFDI组织海外雇佣的劳动力技能提升:流动还是培训更起作用?[J].世界经济研究,2019(4):59-70,135.

[8] 孙早,侯玉琳.政府培训补贴、组织培训外部性与技术创新:基于不完全劳动力市场中人力资本投资的视角[J].经济与管理研究,2019,40(4):47-64.

[9] 杨红荃,苏维.高等职业教育面向组织开展职工培训的价值取向、供给方式及发展路径:基于职业教育公共产品属性的视角[J].现代教育管理,2018(10):80-86.

[10] 张志强.在岗培训提高了组织绩效和员工的议价能力吗?:基于中国制造业组织的证据[J].中央财经大学学报,2018(10):105-113.

[11] 于新亮.组织年金能促进职业技能培训吗?[J].保险研究,2018(9):93-107.

[12] 李小敏.新时代国有金融组织教育培训体系建设研究[J].新金融,2018(8):48-53.

[13] 宁福旺,田华."互联网+"时代组织大学培训知识资源生态化建设[J].现代教育技术,2018,28(S1):104-108.

[14] 程博,熊婷.在职培训、儒家文化影响与组织创新[J].广东财经大学学报,2018,33(1):72-85.

[15] Valerie J. Pruegger, Tim E. Rogers .Cross-cultural sensitivity training: methods and assessment[J].International Journal of Intercultural Relations, 1994,3(18):369-387.

[16] W.H. Seto. Training the work force-models for effective education in infection control [J]. Journal of Hospital Infection, 1995(30): 241-247.

[17] Fritz Stager, Mukul Agarwal. Three methods to speed up the training of feedforward and feedback perceptrons[J]. Neural Networks, 1997,8(10):1435-1443.

[18]雷蒙德·A.诺伊.雇员培训与开发[M].徐芳,译.北京:中国人民大学出版社,2001.

[19] Huey-Wen Chou . Influences of cognitive style and training method on training effectiveness[J]. Computers and Education, 2001, 1(37):11-25.

[20] 中国组织国际化管理课题组.组织国际化管理丛书[M].北京:中国财政经济出版社,2002.

[21] I. Goldstein and J. Ford. Training in organizations[M]. 4th ed. Pittsburghi Academic Press, 2002.

[22] Keithen Washington, Andrew Hale Feinstein, James A Busser .Evaluating the effect of training perceptions of internal occupational status[J]. International Journal of Hospitality Management, 2003,3(22): 243-265.

[23] 陈仙歌,唐孝云.高科技组织的培训模式[J].组织研究,2005(8): 58-60.

[24] 徐芳.培训与开发理论及技术[M].上海:复旦大学出版社,2019.

[25] J. Mester. H. Kleinöder, Z. Yue .Vibration training: benefits and risks[J]. Journal of Biomechanics, 2006,6(39):1056-1065.

[26] 赖尔·约克斯.战略人力资源开发[M].胡英坤,孙宁,译.大连:东北财经大学出版社,2007.

[27] 加里·德斯勒.人力资源管理[M].10版.北京:中国人民大学出版社,2008.

[28] 庄贵军,周筱莲,彭茜.针对灰色营销进行道德培训的实验效果[J].南开管理评论,2009,12(6):101-110,134.

[29] 王海港,黄少安,李琴,等.职业技能培训对农村居民非农收入的影响[J].经济研究,2009,44(9):128-139,151.

第六章　培训成果转化与培训效果评估

本章要点

☆ 灵活运用培训效果评估模型及方法。

☆ 设计培训效果评估方案。

☆ 掌握培训效果评估的实施流程。

☆ 熟悉基本的培训成果转化模型。

☆ 掌握提升培训成果转化的途径。

开章案例

神华管理学院培训效果评估体系

神华管理学院(以下简称"学院")为神华集团公司直属单位,其培训业务主要面向神华集团中高层管理人员,即集团党组管理干部,后备管理干部及后备人才,开展轮训和专题培训,并承办集团专题培训,培训的重点内容是开拓管理视野、更新管理理念和提升管理能力。学院以 CIPP 模型为基础,添加层次模型加以改进,提出基于多维度全流程的培训效果评估体系的构建思路,从而开发出培训效果评估路径图,如图 6-1 所示。

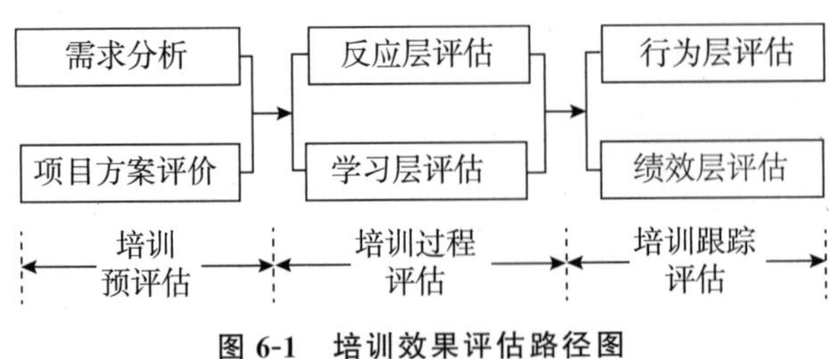

图 6-1　培训效果评估路径图

一、培训预评估

学院的效果评估路径起点定位在培训前，称为“预评估阶段”。该阶段的评估主要是对培训的必要性和可行性的评估。其中，必要性是对培训需求的分析和检验，可行性是对培训方案的整体评价，包括培训目标的制定是否合理、是否有相应的资源支持、对资源的利用是否充分等。主要方法是需求分析＋项目评价两步法。

（一）需求分析

从节约成本和因地制宜的角度来看，学院的需求分析遵循“弹性灵活”的原则，采取“菜单式组合”的方式，根据不同的培训对象和培训目标来选择不同的分析方法，并从 3 个层次——组织层、任务层和人员层展开。组织层分析是通过以战略为基础的人才能力建构图实现的；任务层分析是以“神华集团中层管理人员胜任素质模型”为基础；针对人员层的培训需求分析，学院将该项工作的价值定位于掌握培训对象的个体特征、学习偏好和对培训任务的期望，兼顾可行性和有效性的要求。学院采用问卷调查的形式进行，内容包含学员个人信息、学习内容偏好以及培训服务要求三个版块（见图 6-2）。

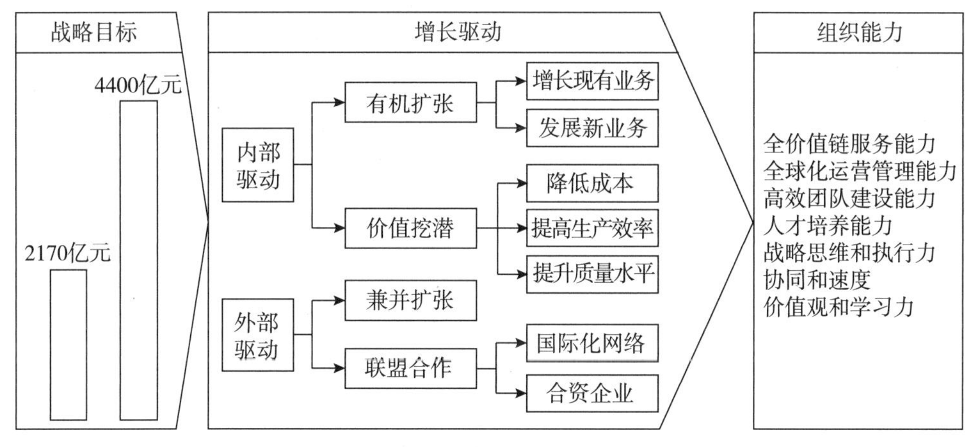

图 6-2　以战略为基础的人才能力建构图

（二）项目评价

项目评价是对培训项目方案的综合评估和客观定位。项目方案的优劣一方面取决于是否能够满足培训目标要求，另一方面还体现了干部培训机构的资源开发、利用和整合的能力。在资源有限的条件下，如何获取资源并进行分配，使其达到最优化配置，是在培训效果评估时需要考量的一个重要指标。学院的研究团队根据评价目标，从自身特点出发，借鉴“波士顿矩阵”设计思路，开发了“项目方案评价矩阵”。该矩阵以“项目重要性”和“资源匹配度”两个维度为划分依据，将学院拟实施项目方案进行评价，评价结果分为 4 类——“明星项目”、“问题项目”、“金牛项目”和“瘦狗项目”，如图 6-3 所示。

其中，明星项目指的是项目非常重要，完全符合学员学习需求，而且资源配置合理，能够实现培训价值最大化的项目。问题项目指的是项目重要性程度高,但在项目设计方案中对于培训资源的配置和利用有待完善。金牛项目指的是项目需求紧迫性较低,但可以有效利用各类培训资源的项目。瘦狗项目则指由于项目启动的紧迫性低,而且资源配置尚不到位,可以暂缓实施、保留观察的项目。对于培训项目的评价,有助于培训组织者更加清晰地掌握项目定位以及对项目在实际运行过程中的评估标准。

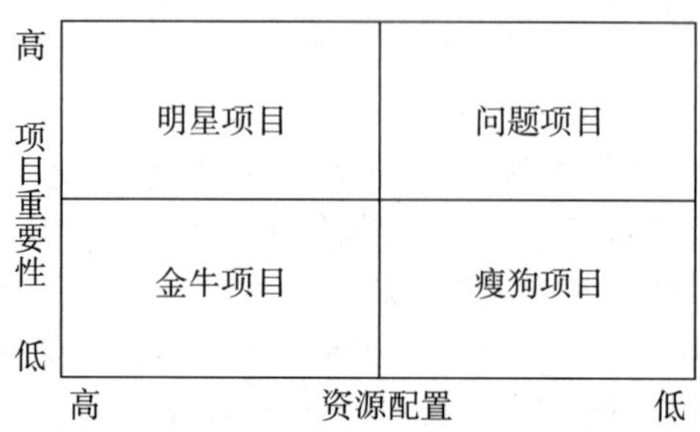

图 6-3　项目方案评价矩阵

二、培训过程评估

过程性是 CIPP 模型的一个重要特点,它将成果评估置于培训过程之中,使评估结果对后续项目的完善和提升产生推动作用。培训过程评估阶段即是抓住培训过程中的关键时间节点,及时了解培训的进展情况以及学员对于整个培训项目的感受和评价,根据学员的意见和建议,对后续培训项目进行修正,以不断完善培训工作。在这一阶段,学院重点关注对学员的反应层和学习层的评估。

(一)反应层评估

由于反应层测量的是受训学员对培训活动各方面的主观感受,所以需要了解培训对象的个体特征。学院的培训目标群体是以集团总部及各子(分)公司副职以上级别领导为主,他们多数参加过各类培训活动,具有丰富的参训经验,信息存量大,需求满足剩余空间有限,所以他们将会对学院的培训产品有更高的期望值。而对于学院来讲,学员不仅是学院开发的培训产品的使用者,同时也是产品质量的检验者,能够及时、准确地得到他们的评价和反馈,将为学院不断提升培训水平、完善培训体系提供参考和依据。学院所开发的问卷避免了传统评估问卷的抽象化、笼统化和形式化等问题,取而代之的是注重学员体验的个性化问题设计,激发学员的填答兴趣,保证评估结果的有效性和应用性。

(二)学习层评估

学院提出将“知识输出”作为评估维度进行学员的学习层评估。知识输出的具体内容包含三类成果,即随笔、论文和案例。在培训项目启动后,由学院专职人员经过专题辅导、成果集编撰、案例论文评选、择优刊载、入库存档等 5 个环节,完成 3 项成果的评价、考核和转化。采用这种柔性评估方法既可以实现学员的隐性知识挖掘、沉淀和存储,又可以对学员的学习成果转化情况进行定性评价,更加全面地衡量培训价值是否有效发挥、培训目标是否得以实现。

三、培训跟踪评估

学院认为培训效果评估工作，在培训结束之后才进入关键阶段，称之为“培训跟踪评估”阶段，即在培训项目结束以后通过对学员的跟踪回访而展开的培训后续影响评估，这是整个评估体系中最重要的部分，也是最容易被弱化的部分。该阶段的主要任务是对培训结果进行实效检验，衡量培训所产生的影响和预期目标的契合度。借鉴柯式模型，学院从行为层和绩效层两个层次进行跟踪评估。

（一）行为层评估

针对中高层管理人员，学院借鉴“行动学习”的思路设计行为层评估方案，主要包含学员个人学习目标设定、学员个人学习目标评估、学员行动计划制订以及行动计划实施评估四个环节，需要由学院在培训期间引导学员开展。在设定个人学习目标时，根据胜任力冰山模型理论，要求学员主要从思想、知识、能力三个方面明确个人学习目标，通过签订目标任务书的方式实现，鼓励学员在培训前确定要重点关注或要解决的问题，并通过个人分析总结或团队讨论的方式提出解决思路和方案。在学员个人学习目标评估中，则按照三级评分法，将个人学习目标完成情况细化为超额完成、基本完成、未完成三个等级，要求学员从外部条件和自身情况两个层面进行原因分析。

在学员行动计划制订中，学员应就如何在行动上体现、落实培训内容，如何把相关的理论方法转化到实际工作中进行规划。行动目标制定应遵循 SMART 原则。在行动计划实施评估阶段，学院会收集学员行动计划的结果，并将结果与培训项目成功指标进行对照，分析其存在的潜在问题，形成最终的培训效果评估报告。同时，建立培训效果评估档案，为以后的培训提供参考和依据。

（二）绩效层评估

为了综合评估中高层管理人员培训给企业绩效带来的影响，学院采用学员回访问卷调查，通过培训学员自评与上级评价相结合的方式，组织开展该层次的评估。学员自评问卷和上级评价问卷进行了差异化设计，分别从知识、态度、行为等方面综合评估学员参训后所发生的改变，以及对企业发展产生的影响。这种评估方式属于定性主观评估，难以转化成货币价值。在评估试题项的筛选上，学院不仅挖掘了与培训项目有较高相关性的结果型指标，还添加了与组织战略发展目标相契合的趋势型指标，在一定程度上呈现培训对组织绩效产生的影响，这也是学院在解决绩效层难评估的问题上所进行的有益探索。最终形成多维度的全流程评估方案（如图 6-4）。

<table>
<tr><th colspan="2">培训预评估</th><th colspan="2">项目内容评估</th><th colspan="2">培训跟踪评估</th></tr>
<tr><td rowspan="4">需求分析</td><td>组织层</td><td rowspan="4">反应层评估</td><td>项目内容评估</td><td rowspan="4">行为层评估</td><td>学习目标设定</td></tr>
<tr><td>任务层</td><td>授课教师评估</td><td>学习目标评估</td></tr>
<tr><td rowspan="2">人员层</td><td rowspan="2">服务组织评估</td><td>行动计划制订</td></tr>
<tr><td>行动计划实施评估</td></tr>
<tr><td rowspan="4">项目评价</td><td>明星项目</td><td rowspan="4">学习层评估</td><td>随笔评价</td><td rowspan="4">绩效层评估</td><td>学员自评回访问卷</td></tr>
<tr><td>问题项目</td><td>论文评价</td><td rowspan="3">上级评价回访问卷</td></tr>
<tr><td>金牛项目</td><td rowspan="2">案例评价</td></tr>
<tr><td>瘦狗项目</td></tr>
</table>

图 6-4 多维度全流程评估方案

资料来源:高杰,范新.基于多维度全流程的培训效果评估体系研究:以神华集团管理学院为案例[J].中国人力资源开发,2014(24):38-43.

第一节 培训效果评估概述

培训是由培训需求分析、培训设计、培训实施和培训效果评估组成的系统。如果说前三个环节越来越受到重视的话,培训效果评估却远远落后。长期以来,组织培训后没有对培训效果进行评估,培训效果大打折扣。

一、培训效果评估定义

英国管理服务委员会指出,培训效果评估是指组织在员工培训过程中,依据培训的目的和要求,运用一定的评估指标和评估方法,检查和评定培训效果的活动过程。

泰勒(Tyler,1953)认为,培训效果评估是将学员的表现与行为目标相比较的过程,即评价学员改变状况。

戈尔斯坦(Goldstein,1986)将培训效果评估定义为针对特定的培训计划,系统地收集资料,并给予适当的评价,作为甄选、采用或修改教育培训计划等决策判断的基础。

克里格尔(Clegg,1987)认为,培训效果评估可以确定培训是否值得,指出需要改进的地方,审核目标达成的情况,决定培训是否继续存在,找出更好的训练方法并建立未来培训指导方针。

菲利普斯(Phillips,1991)认为,培训效果评估是一种系统的过程,用以决定培训方案的意义及价值,并对该培训方案的未来使用情况做出决策。

综合各位学者的观点,本书定义如下:培训效果评估是指系统地搜集培训有关的信息,运用测量工具评价培训目标的达成度,以判断培训的有效性及成本收益,并为未来举办类似的培训活动提供参考。

富士康集团培训效果评估体系构建

FOXCONN®
富 士 康 科 技 集 团

富士康科技集团是专业从事计算机、通信、消费性电子等3C产品研发制造，涉足数码内容、汽车零组件、云计算服务及新能源、新材料开发应用的高新科技企业。集团不断创新职业教育模式，积极落实员工入职即入学，推动人才年轻化战略，践行厂区变校区、厂房变教室的方针，与著名学研机构合作办学，与地方政府合办企业大学，搭建不同层次的培训体系，促进人才结构转型升级。运用集团优势科技与云端网络载体，将企业打造成覆盖全厂区、全员工的人才培育工厂。建立了一套完整、系统、科学的教育训练体系，鼓励全体员工"工作中学习、学习后工作"，通过教育训练提升个人素养，增长工作技能，提高团队绩效，努力创造人才成长的机会与施展才华的舞台。

集团培训部门认识到，仅有培训效果评估模型还不够，还要将具体工作落实到现场，落实到具体的工作中去，因此，集团建立了自己特有的培训效果评估模式。

一、培训目标、策略及模式评估

集团依据公司经营愿景及发展规划制定了培训目标、策略及模式、培训合格标准、评估的方式等；培训负责人要知道培训前后的具体工作，要规划如何执行及完成评鉴及评估项目，并且要制定培训成效指标。

二、学员培训绩效评估

学员培训绩效评估主要从两个方面进行。一方面是工作方面的提升。例如参加生产管理等相应课程的学员应该学会如何发现作业及成本浪费、产能损失、质量不良等现象，并且量化作业及成本浪费，产能损失，质量不良的技能、减少作业及成本浪费，提升工作效率及确保质量的技能等。另一方面是工作能力方面的提升。例如参加了管理技术等相应培训后，学员应该利用所学的通识管理、专业技术知识及技能，设计及执行实验，搜集、分析、归纳及解释数据；按需求设计或规划流程；配合其他同事组成团队，进行跨组织、跨国、跨专业项目实施；恪守伦理和道德，履行职场责任，和客户及同事有效地沟通；认清终身学习的重要性和必要性，并积极参与，了解管理及专业新技术和趋势等。

三、课程规划的评估

课程规划的评估项目包括培训需求调查和分析、学员报名情况、课程设计满意度和课程完成率。根据集团人力资源战略结合集团的发展需要进行培训需求调查和分析，主要从组织层面和个人层面进行组织分析和工作分析。

四、参训学员素质及表现评估

参训学员素质以及表现评估的项目主要有参训人数、学员出席率、课堂纪律和课堂表现、课堂收获、考试/作业合格率和提案改善效益,最后形成培训评估报告,将以上工作内容进行汇总。

五、讲师素质及表现的评估

评估项目主要有讲师遴选、讲义准备、学员评价和学员课堂表现。按课程规划审查并遴选讲师,审查其 PPT 及表达能力、讲义准备的充分性及公告的及时性,学员综合评价讲师表达、教态、课堂组织、讲授内容。

六、参训学员职业生涯与工作表现的评估

一是学员对受训知识的应用的评估。通过抽样调查、座谈会或个别征询意见,记录存盘等方式了解培训成效。二是结合培训学员部门主管评价的评估。在培训结束后几个月,主管可以对学员是否改变有发言权。三是参训学员的职业生涯规划。参加培训后,学员在一定年度内的薪资、职位等是否提高了。

七、相关部门的满意度和支持度的评估

集团是否提供足够的人员、经费、设备;是否核定培训目标、策略及模式;是否核定培训目标之评鉴及评估项目;各部门是否支持所规划的课程并派相关人员参训;各事业单位是否支持所规划的改善提案;各部门是否满意学员参训期间表现及学习绩效;是否满意学员结训后工作表现;是否持续地提出培训需求;各部门是否持续地提供积极、建设性意见等。

资料来源:曾令华.富士康员工培训绩效评估体系构建与实施[J].中国培训,2011(9):14-16.

二、培训效果评估意义

培训效果评估是衡量企业培训效果的重要途径和手段,对实现培训资源的合理配置、分析培训的实际效果和确定培训对组织的贡献都具有积极的意义。

第一,可以准确合理地判断培训效果,了解培训是否达到原定目标,找出培训中的问题和可完善的项目,并找到工作或培训中促进员工行为改变的点进行强化,促使员工能力提升。

第二,可提高学员对培训的认同度。对培训效果的肯定性评价,能够提高学员对培训的认同度,增加对培训活动的兴趣,增强其未来参加培训的愿望及推动培训的开展。

第三,有助于培训工作者、培训师进行能力提升,改进和优化培训体系。培训评估中

收集的培训组织及讲师授课状况的信息，有助于培训人员和讲师进行自我工作检查，总结成功经验和失败教训，不断提升培训组织的质量和授课水平。

第四，可促进培训管理水平的提升。培训评估可以帮助培训者全程审视培训的各个环节，如培训需求确定、培训目标选择、培训计划拟订、培训资源和时间控制、培训形式采纳、培训讲师确定和培训环境营造等。有关各方可从中吸取经验教训，及时进行调整和纠偏。

第五，有利于人力资源开发项目的推广。培训评估可以从总体上对培训投资的有效性进行评价，有利于优化组织资源配置，提升整体培训质量。而且组织高层对培训结果的重视，会带动组织对培训的重视，从而促进培训工作的落实。

三、培训效果评估分类

按照不同的标准，培训效果评估分为不同类型。以下是常见的分类方法。

（一）按培训评估时间分类

按照培训评估时间分为培训前评估、培训中评估和培训后评估。

培训前评估，是在培训前对学员的知识、能力、个性特质等进行考察，以作为拟订培训计划的根据。包括对培训需求进行整体评估，培训对象知识、技能等的评估，培训对象的工作成效及行为评估，培训计划评估。

培训中评估，是在培训实施过程中进行的评估，能够控制培训实施的有效程度。包括培训组织准备工作评估、学员参与培训情况评估、培训内容和形式评估、培训讲师的评估、培训进度和中期效果评估、培训环境和培训设施应用评估。

培训后评估，是在培训活动结束后对培训的最终效果进行评价，是培训评估中最为重要的部分。目的是明确培训项目选择的优劣和培训预期目标的实现程度，为以后培训计划的拟订与实施等提供参考。

培训后评估可分为即时效果评估、中期效果评估和长期效果评估。即时效果评估一般在培训刚结束时，评判培训目标的达成情况、学员反应和培训者的工作绩效等；中期效果评估用来判断学员在培训中所学的知识、技能等在工作中是否得到应用；长期效果评估主要评估培训对学员、组织的长期影响。

（二）按评估方法分类

按照评估方法的不同分为定量评估和定性评估。定量评估，指采用定量计算的方法，即收集数据资料，用一定的数学模型或者数学方法，做出定量结论的评估。定性评估，指对不便量化的评价对象，采用定性的方法，做出价值判断。如采用调查法、观察法、系统分析法和逻辑分析法等收集、处理培训评估信息，做出判断，进行定性描述。

（三）按评估层次分类

按照培训评估的层次分为反应层面评估、学习层面评估、行为层面评估和结果层面评估。反应层面评估，考察学员对培训讲师的满意度和对培训组织者的满意度。学习层面评估，了解学员对培训课程的学习、掌握状况。行为层面评估，评估学员通过培训在行为层面的变化情况。结果层面评估，评估培训对个人绩效和组织效益的影响。

（四）按评估方式分类

按照评估的方式分为正式评估和非正式评估。正式评估，一般是以详细的评估方案、测试工具和评判标准为依托,尽可能排除主观因素的影响,从而使评估更具可信度,将评估报告以书面形式表现出来,便于与最初的计划比较核对。非正式评估,一般用“感觉”进行评判,而不是用事实和数字证明;不会给学员造成太大压力,方便易行,节省人力和物力。

(五)按评估目的分类

按照评估的目的分为建设性评估和总结性评估。建设性评估,指以改进培训项目为目的的评估;通常是一种非正式的主观性评估,帮助学员明白其进步,使其产生满足感和成就感。建设性评估不能过分频繁,否则无法发挥其激励的作用。总结性评估,即在培训结束时,对学员的学习效果和培训项目有效性做出评价的评估,通常是正式的、客观的、终局性的。要全面评估学员所学习的内容,需要定期地对学员进行阶段性测试。总结性评估时必须注意,培训目标和预期培训效果必须自始至终是清晰的。

华为如何进行培训效果评估

华为技术有限公司(以下简称“华为”)是一家生产销售通信设备的民营通信科技公司,产品主要涉及通信网络中的交换网络、传输网络、无线及有线固定接入网络和数据通信网络及无线终端产品,为世界各地通信运营商及专业网络拥有者提供硬件设备、软件、服务和解决方案。

华为在进行培训评估时,按照柯氏的四级评估进行了一些实践和探索。

对于反应层面的评估,主要通过两类问卷调查。一类是针对于每一个课程模块或者每一门课程具体的满意度情况,问卷中主要有如下四个问题。第一个是“学习内容是否对我有实际的帮助”;第二个是“学习的活动是否有助于我理解课程的内容”;第三个是“讲师能否深刻理解并清晰传递课程的内容”;第四个问题是“老师是否能有效提问答疑并且进行点评”。另一类是在集训结束或者结班的时候,还会有一个满意度的调查表发放,让学员进行填写。这个满意度调查更多的是反映学员对整体集训的安排、学习氛围的营造、组织和后勤满意度的情况。

对于学习层面的评估,华为大学在每一次学习项目的开始之前、过程中,以及在课程结束之后都会进行考试。华为大学有一种提法是以考促训,通过安排不同阶段的考试来促进学员对学习内容的消化和吸收,不同的学习项目考试的设置时间也是不同的,视项目的不同情况来决定。

对于行为层面的评估,华为大学在实际操作中,主要是通过到业务部门中去访谈,包括学员本人以及学员的主管,以访谈的形式来考察学员的改进情况。另外,华为大学也引入了第三方的评估公司,来对行为层进行评估。除此之外,华为大学对于每一个学习发展项目都安排了答辩,以此来对学员的行为及思想的改变进行评估。

对于结果层面的评估，华为大学认为其在实践中测量还比较难进行，会有很多不确定的因素，所以在这一层上没有具体的调查问卷，或者具体的公式进行评估和测量。一番思考之后，华为大学没有在这一级评估上投入太多的精力，而是把资源投入学习的需求分析和课程的开发程序当中，遵循训战结合的指导思想，从项目的规划与设计环节更密切地去贴近实战，使学员在接受完培训之后可以立即到一线战场去“打仗”。

华为大学一系列的学习项目得到了业务部门包括公司高层甚至最高层的广泛认可，许多学员会主动申请回炉参加第二次甚至是第三次培训，进行循环的赋能。

资料来源：魏巍.华为如何进行培训效果评估. HRD日知录，2019.

第二节　培训效果评估设计

在培训实务中，组织不重视效果评估的一个重要原因是缺乏一套科学的培训效果评估方案。因此，掌握常用的培训效果评估模型、操作方法和评估方案，对设计科学的培训效果指标体系，控制误差影响，准确反映培训效果具有重要意义。

一、培训效果评估模型

由于培训效果评估的意义，学者基于不同视角，提出了多种培训评估模型，如柯克帕特里克模型、汉姆布林模型、考夫曼评估模型和菲利浦斯评估模型等，以下分别做简要介绍。

（一）柯克帕特里克模型

柯克帕特里克（Kirkpatrick）的四层次模型是最著名的评估模型。该模型认为必须对反应层级、学习层级、行为层级和结果层级进行评估。

反应层级评估是用来评估学员对培训课程、讲师和项目安排的喜好程度。在培训结束时，常常通过问卷调查收集学员对培训的反应，以作为改进培训内容、培训方式、教学进度等方面的建议，也可以让学员感觉到组织对其意见的尊重。

学习层级评估是评估学员对原理、技能、态度等培训内容的理解和掌握程度。可以采用笔试、实地操作或工作模拟等方法，通过了解学员在培训后与培训前的差别，评价其在知识及技能的掌握方面提高的程度。

行为层级是考查培训效果的最重要指标，指在培训结束后的一段时间里，由学员的上级、同事、下属或客户观察，或借助于一系列的评估表判断学员是否将培训中学到的知识运用在工作中，其工作中行为是否发生变化。这个层级的评估也包括学员自己的主观感觉。

结果层级评估上升到了组织的高度，即判断培训是否能给组织成果带来具体而直接的贡献。结果层级评估是四级评估模型中最重要也是最困难的评估，可通过事故率、生产率、流动率、质量和士气等指标来评定。

（二）汉姆布林模型

汉姆布林（Hamblin，1974）认为，培训效果评估应该增加两个方面：一是对行为产生的结果进行成本效益分析，二是要评估培训结果对组织战略目标的影响。该模型与柯克帕特里克模型基本相似，但他将培训评估划分为五个层级，分别是：

(1)反应评估。主要了解学员对培训相关要素的看法，包括培训内容、方式和教学水平等，通常在培训过程中及培训结束后进行。

(2)学习效果评估。在培训项目之前和培训之后进行测评，主要评价学员的知识技能和态度的进步。

(3)工作行为评估。确认学员由培训项目导致的工作中行为表现变化，在培训项目之前和之后进行。

(4)执行评估。量化培训项目给学员所在部门和组织带来的影响，多数情况下，采用成本—收益分析法评估。

(5)组织目标评估。评估培训项目对组织盈利能力和对抗危机能力的影响，检验培训结果和组织战略目标一致性，以评价组织培训是否达到预定的效果。

该模型的重要贡献在于提出评估培训对组织战略目标的影响，建立了组织培训评估与组织战略发展之间的关系，提醒进行培训项目设计时应多考虑培训项目对组织实现经营目标的作用。

(三)考夫曼评估模型

考夫曼(Kaufman)拓展了柯克帕特里克的四层次模型。他认为，培训能否成功，培训前的各种资源的获得至关重要，因而应该加上这一层次的评估，包括人力、物力、财力的有效性、可用性和质量；并且培训产生的效果不应该仅仅对本组织有益，它最终会作用于组织所处的环境，包括对客户、供应商，甚至是对竞争对手产生影响。该模型扩展了培训收益计量的范围，评估利益相关者的收益。因此，他把四层次评估模型做了一些扩展，变为五级评估模型。

第一级评估包括两项内容。一是培训项目所需资源的可能性评估，分析组织的人力、物力和财力能否保证培训的成功；二是反应内容的评估，包括培训的方法、手段和程序的接受和效用情况。

第二级评估，掌握评估。了解学员对所培训的知识和技能的掌握情况。

第三级评估，应用评估。评估个人和团队在受训后工作中的表现、所培训知识和技能运用的情况。

第四级评估，组织效益评估。评估由培训所带来的行为变化产生的组织结果、培训对组织的贡献和回报情况。

第五级评估，社会效益评估。评估培训项目对组织外部主体的影响，包括客户、供应商等相关主体的获益情况。

(四)菲利浦斯评估模型

菲利浦斯(Philips)在柯克帕特里克四层次模型上增加了第五层即财务评估层，通过财务数据说明培训对组织经济利润的影响。

第一级评估核心主要是对学习过程以及学员满意度的评价，主要包括课程的实用性、相关性、恰当性、重要性和学员积极性。

第二级评估是评估学员学习与收获，可从三个方面进行：认知层面，对术语、概念的认知；知识层面，对知识的结构性认知；行为层面，培训结束后具备调用知识的能力，将知识有效地运用到实际工作中。

第三级评估主要评价学员是否能够在工作中正确使用新技能解决问题，并得到了预期的结果。主要考虑三个方面的内容：培训结束后的特定时间内，学员工作绩效是否有明显的提升；学员使用新技能/知识的使用环境是否匹配，例如获得相应的指导及学习资源等；工作时使用技能的熟练度、频次和水平是否达到或超越了组织要求。

第四级评估是对培训给组织带来的影响进行评估，如实际销售额的增加、沟通的愉悦度提升、离职率的降低或士气的提高。

第五级评估是对投资收益进行评估，这是菲利普斯投资回报率模型的精髓。它将货币量化后的培训收益与培训项目成本进行对比，这个比值要以收益与成本比率形式表述，或以投资回报期来表述。这一层级的衡量标准需要两个重要步骤：首先将培训对业务结果产生的影响作用的数据转化为以货币为单位量化后的数据；其次是必须计算出培训项目的成本。具体见第四节。

菲利普斯五级评估模型具体衡量指标见表 6-1。

表 6-1　菲利普斯五级评估模型

等级	评估内容	主要衡量方法
第一级	反应、满意及学习计划	相关性、重要性、实用性、恰当性、公平性、积极性
第二级	学习与信心	技能、知识、领悟力、胜任力、信心、人际关系
第三级	岗位应用与实施	使用程度、任务完成情况、使用频率、完成行动、成功应用、应用障碍、推动因素
第四级	组织影响与业务效果	生产率、收入、质量、时间、效率、客户满意度、参与度
第五级	投资回报	收益与成本比率、ROI、投资回收期

（五）斯塔夫尔贝姆 CIPP 评估模型

斯塔夫尔贝姆（Daniel Stufflebeam）提出的 CIPP 模型，实质是对培训项目的评估，而不仅仅是培训效果的评估，可用来指导培训的优化设计。该模型认为，培训评估应包括情景评估、输入评估、过程评估和成果评估。

情景评估：主要用来确定培训目标。对环境进行描述和分析，发现机会与需求，并对特殊的问题进行诊断，包括对政策背景、环境背景及需求背景的评估。

输入评估：主要用来决定何种资源可用来实现目标，包括工作计划、所需设备、经费预算和人力资源等，对各类资源进行分析，确定资源配置使用策略。

过程评估：主要为实施培训项目的负责人提供信息反馈，包括存在的问题、潜在的失败因素等，有助于对培训计划进行修改和调整。

成果评估：主要对培训的结果进行衡量，并与培训的目标进行比较分析，找出原因，为后续培训提供参考。

（六）奥尔等的 CIRO 模型

奥尔（Warr）、伯德（Bird）和莱克哈姆（Rackham）提出的 CIRO 模型是对 CIPP 评估模型的发展,是一种划分评估程序的独特方法,包括如下四类评估。

情景评估:审查培训项目运行背景的基本条件,确定培训的必要性、可能要克服的问题及培训目标。培训目标包括:最终目标——培训项目将消除或克服组织内部的特殊缺陷;中间目标——为实现最终目标而需要改变的员工行为;直接目标——为改变行为而必需的新知识、新技能和观念态度的变化。

输入评估:分析组织的内外部资源,为需要完成的培训项目进行资源配置,以最经济、最有效的方式实现培训目标,为培训提供可行性论证。

反应评估:主要收集培训过程中以及培训后学员的看法和评价等,并据此对培训中存在的问题进行调整,旨在提高培训的有效性。

输出评估:收集培训项目所产生的结果,将结果与最初的目标设定进行比较,评估培训的效果,并用以改进以后的培训项目。培训结果的评价与确认可以按照个体知识、行为、绩效和组织绩效几个层次来进行。

相比于柯氏四级培训评估模式,CIRO模型中评估的内涵和外延扩大了,其作用不仅体现在培训活动之后,而且还体现在整个培训过程的其他相关步骤之中。评估工作随着培训的启动而启动,甚至超前于培训活动。

某“世界500强”制药公司:学习与测评数字化平台项目

从2014年开始,在零差价、两票制和分级诊疗等国家医改政策下,所有医药公司都面临新的挑战。流失率居高不下。每一家医药公司都需要依托自身的品牌优势,夯实基础,不断挖掘员工的潜力,充分展现自我价值,提升公司的核心竞争力和行业口碑。

某“世界500强”制药公司高层认为,只有不断提高一线人员学术推广能力才能真正提高产品在市场上的声誉,树立牢固的专业品牌,提升公司的核心竞争力。而如今,传统的课堂培训效果已无法立竿见影。尤其是面对居高不下的人员流失和几千名一线人员能力需要快速提升的问题,只有寻找新的解决方案。

从2015年起,公司的相关部门联手搭建了一个创新性的、互动的学习与测评系统,实现了对4000多名一线员工的专业知识及核心技能的学习和评估。此培训项目通过诊断员工在新业务模式下的知识与技能的不足之处,创建一个自测自学自评的主动式学习与测评平台,以提高一线的学术推广能力,进而提升公司的核心竞争力和行业地位。

公司提出了测、学、评闭环学习法,通过数字化平台低成本、高效率地实现了培训目标。定期自我检查,有的放矢地进行针对性学习,并及时看到学习效果,获得点评,进而制定进一步的学习目标,进入下一轮的学习与提升,形成自主性学习闭环。

知识
- 资料室查询
- 产品网考
- 日常答题练习

技能
- 角色扮演
- 病理计划设定
- 情景演练

意愿
- KPI 考核/人员晋升
- 随时查看测评结果，对比个人与团队差异
- 评估与反馈意见

图 6-5　学习内容与方法

通过“网考限时答题”和“角色扮演测评视频”两大模块完成对自我现有能力的测试;然后登录档案室查找自己的测评报告“排行榜和蜘蛛图”,了解自己与团队及全国之间的差距;再登录资料室查找相关学习资料,从而制订有针对性的学习计划;最后进入训练室进行不断强化,反复练习,从而达到专业知识的沉淀,不断提升自我,以最终实现个人知识与技能的提升目标。全程让每一位员工能够自主性地去学习、去练习、去自我反思,形成良好的学习生态圈。同时,请专业的第三方公司针对学员的情景演练、实践操作给予辅导与反馈意见。为了激发员工意愿和学习的主动性,测评成绩还与考核奖金、职位晋升挂钩。

两年的项目操作,完成了覆盖几千名一线推广人员的多次学习和测评任务,累计完成 2700 小时的评估,海量知识技能题创建,积累了大量的数据库,为业务评估和人才发展提供了量化的依据。抽样和 400 份的问卷调查结果显示,80%以上的员工认同这种学习方法,在专业层面获得更多的经验和知识,包括自身拜访的技巧、对产品知识的掌握和对市场策略的理解。同时,学术推广客户满意度显著提升,其市场份额也大幅提升,促进公司绩效的持续提升。

资料来源:http://www.cstd.cn/,作者根据其他资料有调整。

二、培训效果评估方法

能否妥当地选择评估方法会影响评估结果的可靠性。不同的评估方法所耗费的时间、人力和财力也是不同的。传统的评估方法主要有问卷调查法、笔试(测试法)、工作绩效考核等。由于传统评估方法具有内在缺点,培训效果评估研究中开始兴起基于神经人因学的评估。

(一)传统的培训效果评估方法

1.问卷调查法

问卷调查法是在培训结束时,搜集学员对培训项目的效果和有用性的反应。评估者需要围绕培训课程设计问卷,问卷内容往往包括培训内容的针对性、培训师水平、培训设

施和培训收获等问题。问卷调查法既易于实施,也容易分析和总结,缺点是其数据是主观的,是建立在学员在测试时的意见和情感之上的。

2.笔试(测验)法

评估者通过笔试(测验)的方法对学员参加培训前和培训结束时的知识、技能进行测验,了解其在知识、技能方面的提高程度。如果培训后测验的成绩高于培训前,则表明培训有效。笔试法容易实施,可进行大规模评估,但无法保证数据回收率和数据真实性,并且测验分数可能与工作绩效相关度较低。

3.工作绩效考核法

在培训项目结束后,每隔一段时间(如3~6个月)对学员的工作绩效,如工作量、工作能力和人际能力等方面进行评估以了解培训效果。具体方法很多,如360度反馈评价和工作记录法等。

4.工作态度调查表

在培训期间和结束时,用同样的调查表调查培训对象的工作态度,将两次结果进行对比,即可获得学员态度是否有变化的信息。

5.工作标准评价法

通过了解学员在工作数量、工作质量和工作态度等方面能否达到工作标准来判定培训工作是否有效。

6.跟踪观察法

评估者在培训结束后亲自到学员所在的工作岗位上,通过仔细观察,记录学员在工作中的业绩,并比较衡量培训对学员所起的作用。这种方法花费时间较多,可能会打扰当事人,使搜集的信息不可靠。

7.目标评价法

制订培训计划时建立具体的目标,培训结束后将学员的实际工作表现与既定的目标相比较。可在培训课程结束半年后对学员进行绩效考核,包括目标考核和过程考核。

(二)基于神经人因学的培训效果评估

1.神经人因学概述

随着社会发展和科技进步,重复性的、繁重的体力作业逐渐被高度机械化、工业化和自动化的混合作业和认知作业取代,认知负荷与认知状态对工作效果的影响越来越明显,随之而来的是对客观和准确评估认知状态的普遍需求。

神经人因学(neuroergonomics)通过将认知神经科学的理论技术用于分析人在工作时大脑产生的反应,客观、准确、实时了解工作状态,帮助管理者合理配置人力资源和工作负荷,优化人力资源开发。神经人因学涉及的技术主要包括:磁共振成像(MRI/fMRI)、近红外成像(fNIRS)、脑电图(EEG/ERP)、经颅磁刺激(TMS)、经颅直流电刺激(tDCS)等。其中脑电图以较好的便携性、高时间分辨率和低成本成为应用最广泛的技术手段。不同神经人因学技术比较见表6-2。

表 6-2　神经人因学技术比较

方法	测量/刺激	便携性	费用	空间分辨率	时间分辨率
MRI	灰质体积	无	高	高	不适用
DTI	白质完整性	无	高	高	不适用
fMRI	相对血氧浓度	无	高	高	低
fNIRS	氧合血红蛋白和脱氧血红蛋白	高	低	中等	低
tCDS	大脑血液流速	中等	低	低	低
EEG	后突触电活动	中等	低	低	高
ERP	刺激或反应相关电活动	中等	低	低	高
TMS	大脑活跃或抑制	低	中等	高	高
tDCS	大脑活跃或抑制	高	很低	低	低

脑电图(electroencephalograph, EEG)是脑神经细胞电生理活动在大脑皮层或头皮表面的总体反映。人在进行思维活动时,大脑中的神经细胞会产生频繁的电生理活动,在大脑皮层形成电位差,这些电位变化可以传导到头皮上。EEG 通过头皮电位变化采集大脑皮层电波,测量神经活动。脑电原始信号可以分为几个波段:delta (1～4 Hz), theta (4～8 Hz), alpha (8～13 Hz), beta(13～30 Hz), gamma (31～44 Hz)。原始信号经过转换处理后可以生成脑电波信号,反映大脑处于不同状态时的特征。EEG 的信号中包含了大量的生理与心理信息,是反映脑的信息加工和情绪体验的重要测量手段,被广泛应用于营销、游戏与电影用户体验、购物体验等领域。

2.基于 EEG 的神经人因学培训效果评估原理

EEG 作为评估手段被广泛应用于营销、游戏与电影用户体验、购物体验和挖掘或运输企业重型车辆的司机疲劳监控等领域。基于 EEG 的神经人因学培训效果评估通过在培训过程中采集、记录、解码和分析学员的脑电波,实时、动态、量化学员在培训活动中的心理状态,了解个体以及整体的学习效果。

听课时学员是否专心致志、对所培训内容是否感兴趣、培训能否给学员的工作和生活带来长期影响,是培训效果的直接反映,也是组织和培训者普遍关注的问题。在神经人因学测试中,可根据 EEG 在不同频段和不同位置的脑电波能量来计算获得引入兴趣度、吸引度、关注度和识记度等指标。

EEG 可利用便携式脑电设备采集。EEG 采集设备由头部电极系统、信号放大系统和数据记录分析系统组成。头部电极系统采集头部不同部位之间的电位差随时间的变化。信号放大系统将电信号放大并数字化,采样频率为 250Hz 或更高。数据记录分析系统对电波进行滤波、时频分析,计算头部各部位在上述各频段上的能量相对关系。上述各指标的具体定义和计算如下:

(1)兴趣度:反映受测者对培训内容的喜好程度,由双侧前额叶的 alpha 频段能量计算。

(2)吸引度:反映受测者对培训的投入和浸入程度,由额叶与顶叶的脑电波能量计算。

(3)关注度:反映受测者在培训中投入的注意力,即认知负荷,由额叶的 beta 频段能量计算。

(4)识记度:反映与记忆编码相关的脑活动,受测者对培训内容主动记忆的程度,与受测者的长期培训效果有关联,由 theta 频段能量计算。

总体来说,基于 EEG 的神经人因学培训效果评估适用于以传统培训形式为主的培训场景。在这类培训中,学员以静态听讲为主,较少肢体和语言互动,EEG 信号的采集不容易受到运动产生的肌电等干扰。

3.基于 EEG 的神经人因学培训效果评估的优势

首先,通过神经人因学方法得出培训者的心理状态指标,具有较大的客观性。

其次,传统评估往往在培训结束后进行,更多地用来对培训课程进行回顾,指导下次培训。基于神经人因学的培训评估能够实时评估培训效果,反馈给培训师和学员,改善培训效果。

最后,基于神经人因学的个性化评估使培训评估中学员的主体性增强,评估结果能够及时反馈,有利于学员调整状态,激发学员兴趣,改善培训效果。

国家电网某省公司基于神经人因学的管理能力培训效果评估

在国家电网某省公司基层领导培训中,中科院心理所组织与员工促进中心联合探客柏瑞科技,应用神经人因学方法,对参加班组长管理能力提升培训班的学员进行培训效果评估。

此次测评以"发现员工的积极心态"现场录制的讲课视频为目标材料,以公共演讲(罗永浩演讲)和技术讲座(信号与系统课程)作为对照材料,应用于被测对象(20 名班组长)和对照人群(20 名企业 HR 职员)中,来对比不同形式的培训效果以及培训对两类人群的不同效果。

首先,针对目标人群(班组长),对比三种培训材料的培训效果,包括兴趣度、吸引度、专注度、识记度,分别进行计算,获取个体的平均数值。同时采用秩和比法(rank-sum ratio)对四个指标进行综合评价(各指标的权重相等),获得总效果分数(TES),并进行条件间比较。其次,进一步考察实验组(班组长)和对照组(HR 职员)在三种材料上的培训效果,来说明对于实验组的效果评估更为有效。再次,为体现培训评估的即时性,考察了培训过程中学员在兴趣度、吸引度、专注度和识记度方面随时间的变化。

最后，为体现培训评估对于人群分类的作用，针对培训中不同的脑电波模式，将学员分成若干类，以便于未来针对不同人群采用更有针对性的培训方式。

一、培训整体效果

图 6-6 的结果显示班组长培训在兴趣度和识记度上高于其他两类培训，说明参训学员对培训内容具有较强兴趣，对培训内容更易留下深刻记忆。在吸引度上，班组长培训与公众演讲效果相似。由于本次测试选用的"公众演讲"材料已被公认具有很高的"代入感"，因此数据表明班组长培训也显示出了较强的吸引力，使学员能较好跟随讲师的思路和讲解。在专注度方面，班组长培训有待提高，主要体现在学员的注意资源未被最大化调动，说明培训内容较浅显。

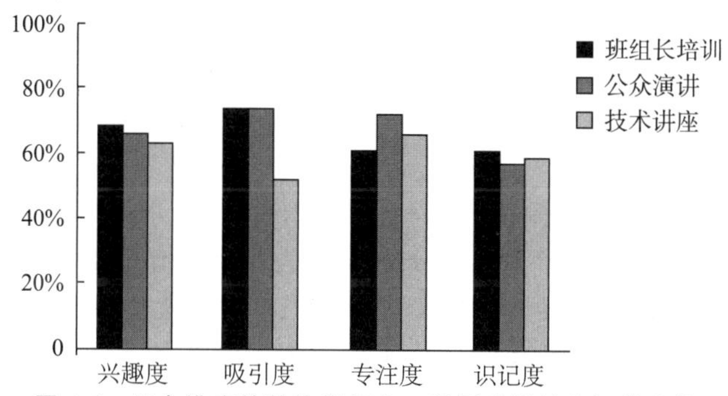

图 6-6　四个维度的整体指标在三种测试材料之间的比较

图 6-7 显示了三种测试材料在 TES 培训有效性分数之间的对比。结果表明，班组长培训材料得分明显高于公众演讲和技术讲座，说明本次培训具有较好的整体培训效果。

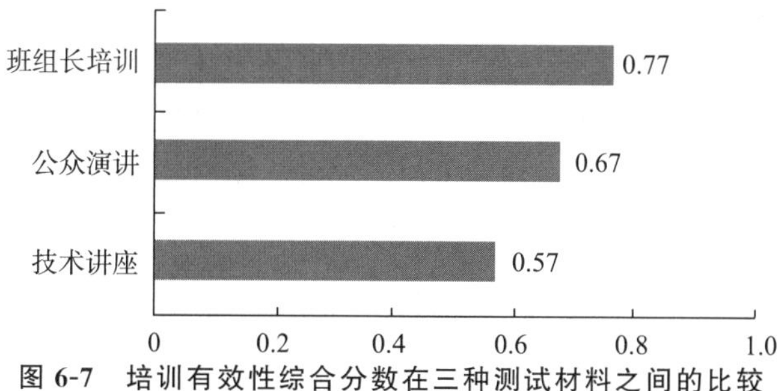

图 6-7　培训有效性综合分数在三种测试材料之间的比较

二、培训的人群针对性

图 6-8 显示了四个维度的脑电图指标及综合效果指标在班组长人群和 HR 职员人群间的比较。班组长培训在班组长人群中的综合效果最好(0.77)，而同样的培训在 HR 职员中的效果最差(0.53)。这说明班组长培训具有较好的针对性，更加适合于该培训的目标人群。

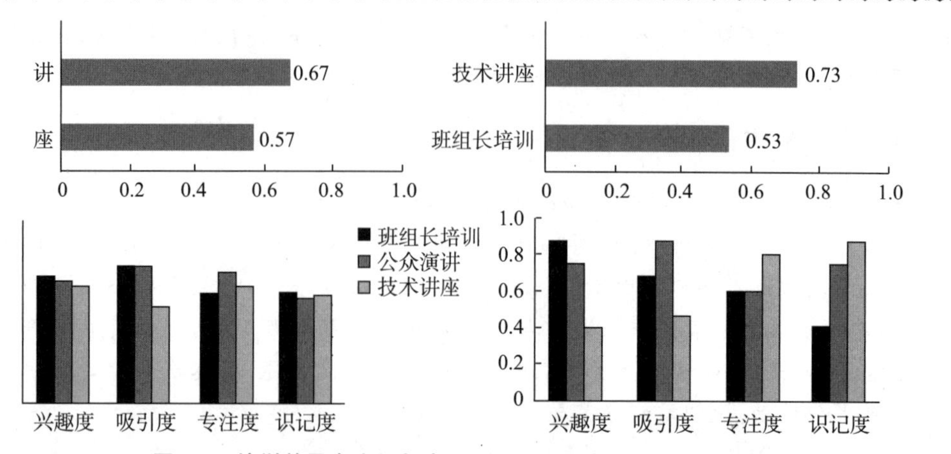

图 6-8 培训效果在班组长人群(左)和 HR 人群(右)间的比较

三、培训过程分析

图 6-9 显示了四个维度的脑电图指标及其个体间一致性的动态变化。在圈出的第一个时段,培训师举了生动的实际案例来说明精神障碍的日常表现,引起多数人共鸣。在后一个时段培训师提出了孩子的心理压力和教育的主题,引起了较高的兴趣度、专注度和识记度,以及这些维度上较高个体间一致性。这说明多数学习者对孩子的教育有较强的兴趣和培训需求。但是由于该主题不是培训重点,讲师仅简要提及后即转移到别的话题,导致吸引度较低,体现了学习者没能及时跟随讲师思路的转移。结合此结果和培训录像,可以发现培训各个细节对学习者的影响。

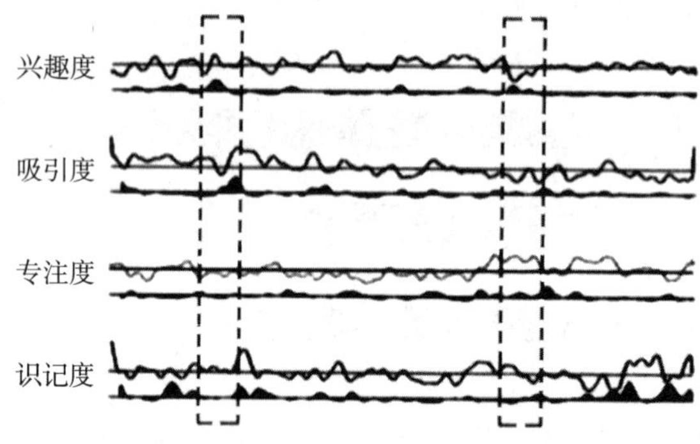

图 6-9 培训过程的脑电图分析

四、学习模式分析

每个受测者在四个脑电图指标上的表现均不相同,反映了在培训中学习模式的个体差异。根据兴趣度、吸引度、专注度和识记度这四个指标形成的模式,班组长受测者可以被归类为三种学习类型:兴趣驱动型、意志驱动型和易受影响型。

图 6-10 显示了兴趣驱动型的受测者的学习模式。四名受测者在培训过程中均表现出较强的兴趣度和吸引度与较弱的专注度和识记度。说明这类学习者在培训中对培

训内容感兴趣，并且较好地跟随了讲师的思路，但投入的注意资源和远期识记程度可能较弱。这类学习者可能在培训前就对培训内容较熟悉而感兴趣，培训内容显得相对较浅显，无须他们花费注意和记忆努力。

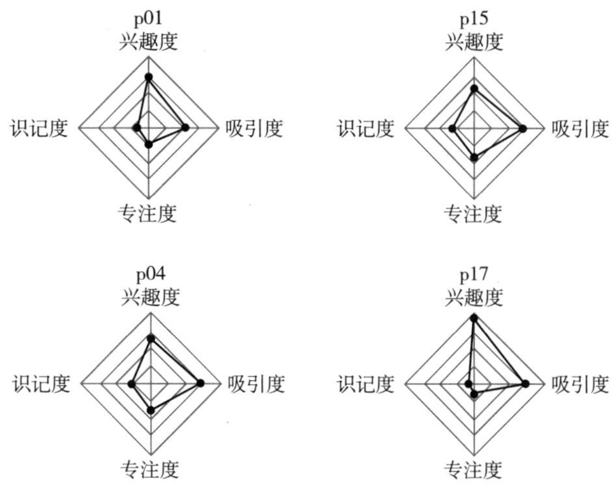

图 6-10　兴趣驱动型学习者的学习模式

图 6-11 显示了意志驱动型学习者的学习模式。与兴趣驱动型学习者相反，这四名受测者表现出很强的专注度和识记度，而兴趣度和吸引度较弱。说明这类学习者在培训过程中尽管对培训主题的兴趣不大，也较难跟随讲师的思路，但投入了较大的努力来注意并记忆培训内容。培训内容可能是他们之前所不熟悉的，也相对较难理解，但他们仍然可以在意志的作用下主动注意和记忆培训内容。

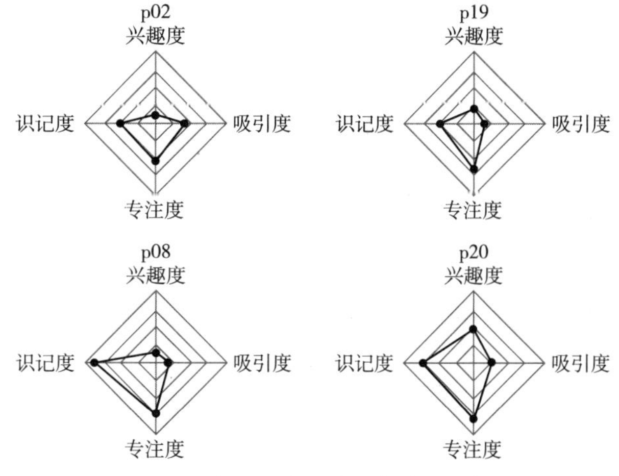

图 6-11　意志驱动型学习者的学习模式

图 6-12 显示了易受影响型的学习者的学习模式。这三名受测者表现除了较强的吸引度和专注度，而他们的兴趣度和识记度较差。说明这类学习者对培训主题的兴趣不高，但仍然被讲师的演讲吸引，并投入了较多的注意资源。这类学习者可能较容易被

吸引而投入注意,但主动识记的效果不佳。培训内容可能被此类学习者作为较精彩的电影或演出,而看后的长期印象不深刻。

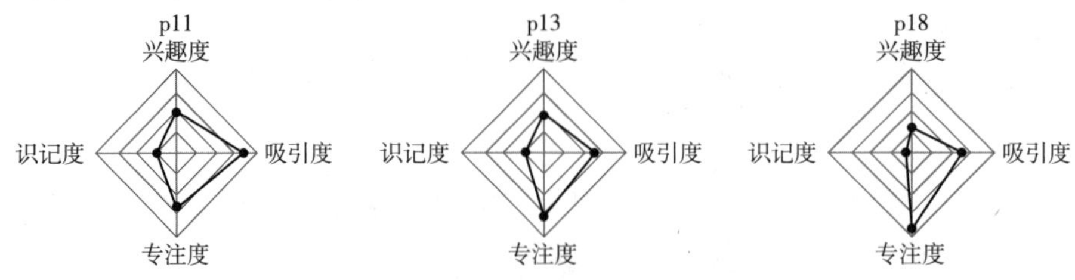

图 6-12　易受影响型学习者的学习模式

资料来源:王桢,杨志,林思恩,等.神经人因学:培训效果评估新方法[J].中国人力资源开发,2017(8):99-107.

三、培训效果评估方案

培训效果评估的方案设计有前实验设计、准实验设计和实验设计等,其中实验设计最为科学。实验设计采取严谨的实验来控制情境,遵循随机化原则,以实验组和控制组进行实验研究,运用统计方法检验假设。

(一)方案设计及信度与效度

测量信度是指衡量工具的准确性,包括稳定性和一致性两方面的意义。测量效度是指采用的评估方法是否真正地测到了想要测的东西。

内在效度是指一个实验研究能够有效地测出所要检验的因果关系,如果实验的干扰越多,则实验的内在效度便越低;反之,如果干扰项能够完全控制,则该实验的内在效度便越高。表 6-3 列举了影响内在效度的因素。

表 6-3　影响内在效度的因素

影响因素	内容描述
历史	历史效果使得两次衡量间隔产生变量的变动
成熟	试验单位本身日渐成熟
测试	第一次实验对第二次实验产生影响
工具	衡量工具无法同时、同地点地衡量实验组与控制组
回归	选定特定样本受测产生回归效果
抽样	没有以随机方式产生样本
流失率	实验者中途脱离
交互作用	实验者与控制组之间产生互动

外在效度是指实验结果的可推论到其他受试者或其他情境的程度。结论的适用性和代表性越大,实验的外在效度则越高。表 6-4 列举了影响外在效度的因素。

表 6-4　影响外在效度的因素

影响因素	内容描述
对预试的反应	预试使得被实验者对实验感到敏感
对评估的反应	学员由于要受到评估而在培训项目中更加努力
筛选与培训之间的交互作用	学员的人格特质影响培训成效,所以研究成果只能类推到具有相同特性的人身上
不同方法的交互作用	学员接受不同的研究方式,所以研究结果只能类推到相同的实验情境上

(二)培训效果评估方案类型

培训项目评估有不同的方案,设计思路、实施过程和误差避免能力都有所不同。一般来说,误差越小的实验设计,所需的投入就越大。以下将从是否有对照组、是否进行培训前、后评估两个方面将培训效果评估方案类型分类,见表 6-5。

表 6-5　培训效果评估方案类型

设　　计	评估对象	评估(测量)是否进行	
		培训前	培训后
仅有后测,无对照组的设计	培训组	否	是
前测—后测的设计	培训组	是	是
后测—对照组的设计	培训组和对照组	否	是
前测后测—对照组的设计	培训组和对照组	是	是
所罗门四组设计	培训组 A 培训组 B 培训组 C 培训组 D	是 否 是 否	是 是 是 是
有对照组的时间序列设计	培训组和对照组	是	是,分时间进行多次

前测是指在培训前对学员某方面的测定,如能力水平、个性特点、态度和技能等。后测是指在培训后再次测定学员的前测已经测量的指标。对照组是指组织中和学员有类似背景但没有接受培训的员工群体,用以与培训组进行对照,从而分析培训的效果。

1.仅有后测、无对照组的设计

只在培训组培训后进行实验后测,收集培训成果的评估方案,未进行对照组测量。由于缺乏参照体系,无法说明培训有效。

2.前测—后测的设计

对培训前后都进行测量,收集培训成果的评估方案,未进行对照组测量,如图 6-13 所示。前测和后测数据存在显著不同,说明培训有效。由于没有控制组,差异可能不是由培训所致,而是其他方面的变化造成的。如员工工作态度改善可能不是企业文化培训的结果,而是组织采用了新的薪酬制度。

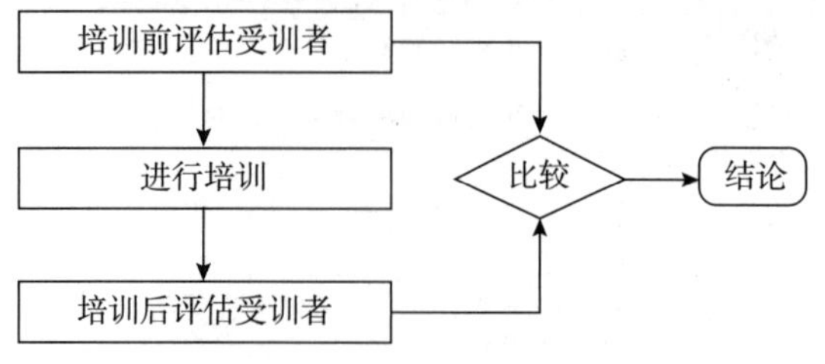

图 6-13　前测—后测的设计

3.后测—对照组的设计

设置了对照组,在培训组培训后,对实验组和对照组进行实验后测,收集培训成果的评估方案,如图 6-14 所示。有时候学员在接受第一次测验后就能应付相类似的测验。为了避免这种影响,测验只在培训后加以测量。为了证明培训有效,必须对两组加以比较。如果接受培训的实验组比没有接受培训的对照组更好,表明培训是有效的。

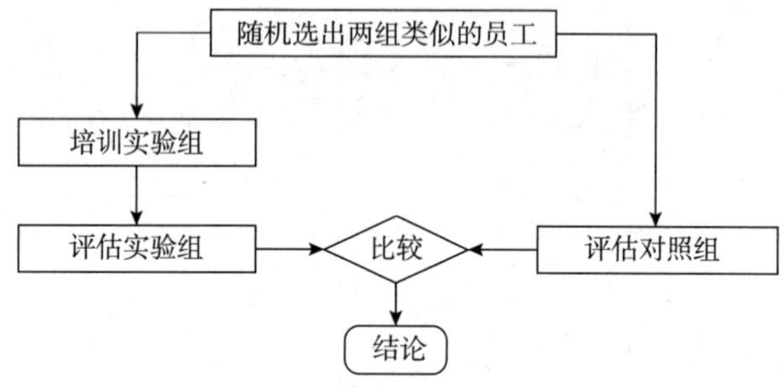

图 6-14　后测—对照组的设计

4.前测后测—对照组设计

设置了对照组,收集两个小组培训前后测量数据的评估方案,如图 6-15 所示。有时候培训者发生改变,没有接受培训者也发生改变,所以方案设计上随机分成对照组和实验组。只有实验组接受培训开发,对这两个组进行前测和后测。如果培训组和对照组前测没有显著性差异而后测有显著差异,可以认为这种差异是由培训导致的。这种设计比前几种设计能更明确地评估培训效果,是用得较多的一种方案。

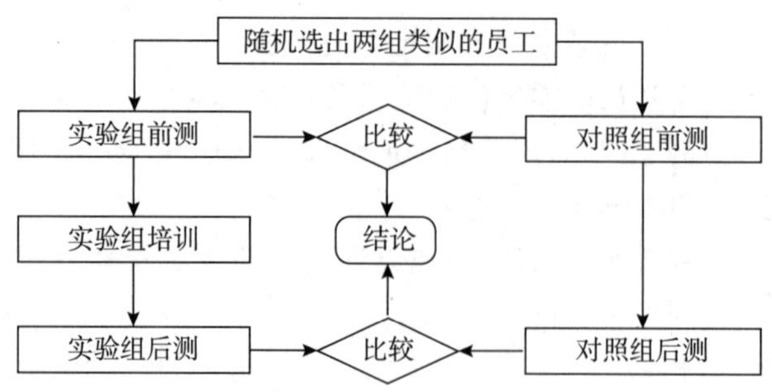

图 6-15　前测后测—对照组设计

5.所罗门四组设计

设置两个实验组、两个对照组，其中一个实验组和对照组进行前后测，另一个实验组和对照组只进行后测的设计方案。如图 6-16 所示。

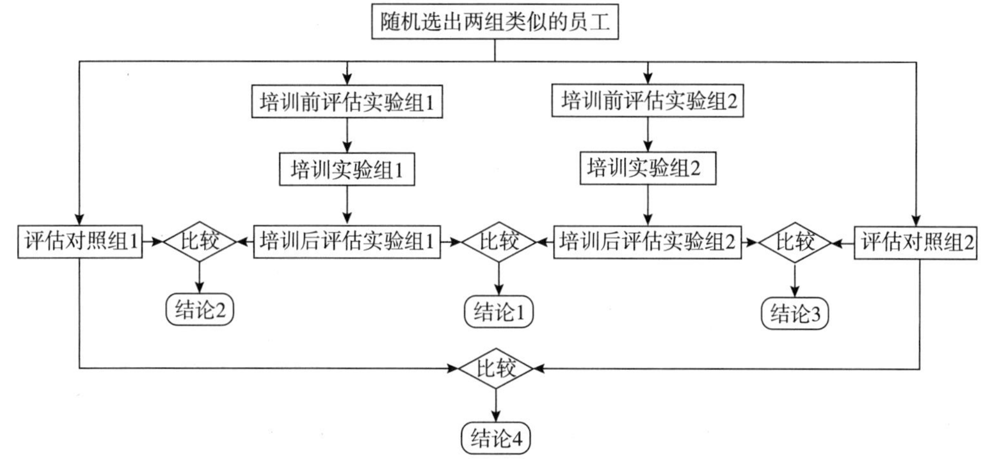

图 6-16 所罗门四组设计

该方案可以把干扰培训效果的其他因素的影响减少到最低限度，并可用来评估不同培训方式的效果。比如想要了解采用角色扮演的培训方式和传统讲授法对培训效果有何影响，可采用所罗门四组设计，见表 6-6。

表 6-6 所罗门四组设计

组别	前测	培训	后测
第一组	有	角色扮演	有
第二组	有	传统讲授	有
第三组	没有	角色扮演	有
第四组	没有	传统讲授	有

6.有对照组的时间序列设计

设置了对照组，培训前后均每隔一段时间重复收集两个小组测量数据的评估方案。如图 6-17 所示。这是时间因素和控制因素的综合设计。两组的产生依然是随机抽样方式进行，只有实验组接受培训，对照组没有。当实验组在培训前后有显著差异，而对照组没有差异时，便可说明培训的效果。

时间序列设计指在培训前一段时间和培训后一段时间对学员多次重复测量。如果培训后学员持续地表现出某种变化，则可认为其是由培训所导致的。由于要在较长一段时间内对学员进行测量，容易受历史因素和员工发展因素干扰，便采用对照组以避免这些影响。

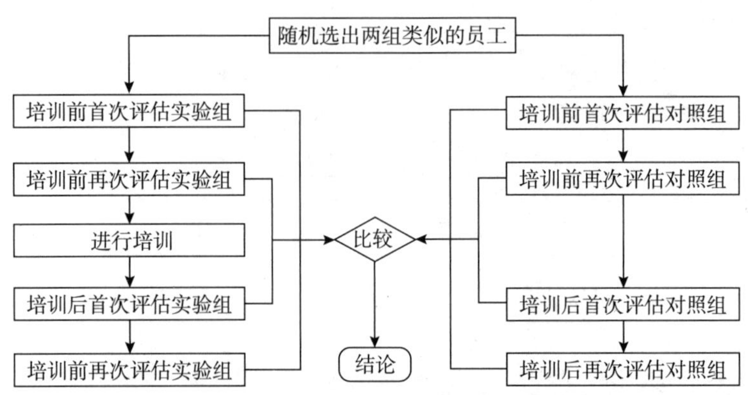

图 6-17　有对照组的时间序列设计

第三节　培训效果评估的组织实施

组织可以根据其实际情况,设计具体的培训效果评估方案,但是也必须遵循基本的评估原则,按照评估流程操作,并采取相应措施以提高评估的有效性。本节主要介绍培训效果评估原则、流程和有效性提升对策。

一、培训效果评估原则

培训效果评估原则包括价值取向一致、定性定量相结合、科学可靠性、综合和重点评估相结合、参与性和团队协作原则。

(一)价值取向一致原则

培训目标是培训方案中的核心部分,评估方案是为评估(培训)目标服务的。如果培训评估人员就评估目标不能达成一致,培训评估的目标也就难以达成。评估人员必须牢记培训目的和评估基本要求,依据评估目标来设计培训评估的方案,在培训评估方案实施过程中也要时刻关联评估目标。

(二)定性定量相结合原则

为避免定性评估的主观性和定量分析的机械性,坚持定性和定量评估相结合原则。培训评估要进行定量分析,将培训成果分解为多项评估要素,给每项要素分派数值,计算出培训成果得分。对无法定量的部分进行定性评估。

(三)科学可靠性原则

培训评估结果具有较高的信度和效度,才能为后续培训提供建设性的意见。这要求评估人员合理分解评估项目与要素,合理确定各项评估指标的权重,合理确定各等级评估要素的分值,使评估标准准确可测,严格按照培训标准评估,保证评估的客观性和真实性。

(四)综合与重点评估相结合原则

在设计评估要素时要全面考虑,将培训效果的多方面都纳入评估体系中,但又要根据评估目的的不同,重点进行关键因素评估,不可贪图全面而缺乏重点,增加实施难度和成本,或偏离设定的评估目标。

(五)参与性和团队协作原则

培训评估要求所有人力资源开发培训的人员都积极参与协作评估。评估不仅仅是培训的开发者或管理者的工作，也需要学员、培训师、学员的上级或同事等多方参与及支持。

二、培训效果评估流程

合理的培训评估流程，是有效进行培训评估活动的基础。培训评估流程通常包括以下八个主要环节。

（一）界定评估目的

首先，应明确评估的目的是什么，不是所有的培训都要评估。培训管理者必须从时间和工作量上考虑评估是否值得。培训评估目的影响所要收集的数据类型及收集方法。

（二）选定评估对象

选定有效的评估对象，才可以有针对性地开发有效的问卷、试题和访谈提纲等，实现培训评估的目标。新开发的课程应着重于培训需求、课程设计和应用效果等方面；培训培训师的课程应着重于教学方法和质量等方面；新的培训方式应着重于课程组织、教材和课程设计效果等方面；外请培训组织进行的培训应着重于课程设计、成本和效果等方面。

（三）选择评估层面

由于在各层面所采用的评估方法、评估重点和评估对象各有不同，在实施评估时应该有所选择。所有培训都可以进行反应层面的评估。要使学员掌握培训的某些特殊知识或运用某一具体技术可进行学习层面的评估。行为层面的评估适用于工作表现，特别是对实际效果期望很高的课程。结果层面的评估需要一些硬性数据。行为层面和结果层面的评估涉及的参评人员较多，更耗时、费力，需要更多的资金投入。

（四）选择评估时机及方法

在实施各个层面评估时，须安排合理的时间和选择适宜时机。反应层面的评估一般在培训中和培训结束后进行，采用随堂观察、发放培训评估表和召开座谈会，及时了解学员对培训内容、方法及其他方面的看法，以调整培训内容、进度和方法及改善相关工作。

学习层面的评估通常在培训中或培训结束时进行。一般来说，人们更倾向于在培训结束时通过笔试、口试和操作测验等方式，测试学员的知识、技能掌握情况。若培训期较长，则可在培训过程中适当进行阶段性测评，以及时了解学员的学习情况。

学员在工作中的行为改变和培训给组织带来的具体结果短期难以显现，行为层面的评估通常在培训结束三个月后进行，结果层面评估一般则培训结束半年或一年后进行。

（五）构建培训评估数据库

培训的数据按照能否用数字衡量的标准分为硬数据和软数据。硬数据分为产出、质量、成本和时间四大类，是对培训后改进情况的主要衡量标准。有时候很难找到硬数据。常用的软数据类型可归纳为工作习惯、氛围、新技能、满意度和主动性等。

（六）统计分析评估原始资料

培训管理者对从各方收集到的问卷、访谈资料等进行整理，剔除无效资料后进行统计分析，得出培训效果评估的相关结论。

（七）撰写培训评估报告

根据以上分析，撰写培训评估报告，主要分以下几个部分。

（1）评估目的概要：简要交代此次评估的目的、对象、类型和评估性质等。

（2）评估过程及方法：主要说明包括评估工具的使用来源、调查内容及范围，调查测试方法,重点对问卷质量进行信度、效度说明。

(3)评估结果:这是评估报告的主要部分,简要说明评估调查的结果与期待目标的关系,并将有关统计数据作为客观事实写出。

(4)讨论与建议:主要解释培训结果,依据结果进行综合分析,同时指出应用价值,并客观分析存在的问题,提出弥补的建议和措施。

(5)结论:这是评估报告正文的最后一部分,主要概括评估的整体结果和重点发现。

(6)附录:将本次评估所使用的资料,如"问卷调查""评分指导书""数据分析表格"等附在报告正文后面。

(八)评估结果反馈与应用

在培训评估过程中,人们往往忽视对培训评估结果的沟通。一般来说,组织中有四种人应该掌握培训评估结果。首先是培训主管,他们需要这些信息改进培训项目。只有根据反馈意见精益求精,培训项目才能得到提高。其次是管理层,他们当中有一些是决策人物,决定培训项目的未来资源投入。再次是受训员工,他们应该知道自己的培训效果,并将自身业绩表现与其他人的业绩表现比较。这种反馈有助于他们继续努力。最后是学员的直接上级,他们需了解员工专业知识、能力的进展情况。

三、评估有效性提升对策

为克服培训评估过程中常见的误区及工作难点,建立有效的培训评估系统,可采取以下对策。

(一)建立科学的培训评估制度

培训评估制度应包括培训考核评估制度和培训跟踪制度。前者规范培训过程和培训效果的评价工作,后者则对培训成果在工作中的转化和应用进行规范。

完善的培训评估制度可以全面地检验培训效果及其影响因素。通过培训评估体系,可以评估培训方案、教材内容和培训方法等因素,以保证培训目标的实现,为培训组织者提供发现不足的机会,以提高培训质量;同时,也让学员能够及时表达建议,在组织和员工之间建立沟通渠道,提高学员参加培训的积极性并促进培训效果的提升。

(二)寻求高层管理者的积极支持

高层管理者的参与和支持是培训评估工作取得成效的关键。仅有科学的评估制度,如果得不到高层领导强有力的支持,就很难高效地开展培训评估工作,评估结果也会失去应用的"价值"和"机会"。因此,培训管理者必须积极争取高层管理者的支持,以保证培训评估系统高效运行。

(三)提升培训评估人员的职业素质

培训评估人员的职业素质是影响培训评估结果的重要因素。培训管理部门应该把培训评估人员的素质培养作为培训资源建设的重要工作任务,高标准选拔培训评估工作者,并对其进行专业技能和职业道德等强化培训,为有效开展培训评估工作提供智力保障。

(四)重视全程评估工作

一个完整的培训评估包括三个阶段,即培训前评估、培训中评估和培训后评估,组织应该分段做好培训评估工作,为提高培训质量提供决策支持。根据 CIRO 模型,评估不仅体现在培训活动之后,而且还体现在整个培训过程的其他相关步骤之中。评估工作随着培训的启动而启动，甚至超前于培训活动。

（五）重点做好培训成果评估

根据CIPP模型，培训评估应包括情景评估、输入评估、过程评估和成果评估。培训成果评估是培训评估的核心内容，也是检验培训成功与否的关键，应该高度重视此项工作。做好培训效果评估便能明确培训是否达成了既定目标，是否能够真正地解决问题，明确培训各项工作的运作情况，衡量各种培训方式是否有效，比较培训项目的成本与利润等。

某能源集团企业大学培训评估组织

某能源集团企业（以下简称“G企业”）是中国能源行业标杆企业，是中国主要油气生产商和供应商之一，在全球范围内拥有多个研发中心和众多生产、工程技术服务、炼化、销售等公司。为应对激烈的市场竞争和快速多变的环境，该集团把人才强企作为战略之一，重视各种类型员工培训和人才队伍建设。

G企业在员工培训方面大力推进专业化建设和创造性的变革，形成了“课堂理论教学＋实战化技能演练＋案例教学＋经验分享＋结构化研讨＋行动学习”等模块化培训手段，根据培训目标、对象不同，灵活组合，深受学员认可。

G企业实现了培训评估制度化。G企业负责培训评估的是培训管理处。绝大部分的培训项目评估由1名工作人员来实施并呈报结果。

基本对每个培训项目必做评估，而国内制造型企业培训项目评估率不足30%；G企业不仅采用问卷、笔试和深度访谈等传统方法，在个别项目上尝试客户回访调查、学员绩效记录跟踪等方法，初步构建了培训评估体系。评估着重两个方面，一为学员对教师授课效果、培训项目设计与培训方案、项目组工作和培训服务等的满意度；二是学员在培训中所获得的专业知识、专业技能、职业态度等。

G企业有三种培训评估方法。培训结束时，学员在手机APP上做满意度问卷调查，但不同类型、不同内容、不同层次的项目使用相同的问卷；部分项目结束时，对学员进行笔试或实操考核；重点培训项目结束时，按10%～15%样本量，随机抽取学员参加座谈会。第二和第三种只在部分项目中采用。

通过培训项目管理信息系统记录员工培训测评结果、考核成绩和出勤率等数据，个别培训项目评估结果报学员所在部门的培训负责人。

资料来源：作者根据多方资料整理。

第四节 培训评估成果应用与成本效益评估

一、培训评估成果应用

培训效果评估管理人员在完成评估报告后及时将报告提交给培训组织者,并反馈至相关人员。反应层评估结果反馈给培训师;学习层评估结果反馈给培训师和学员本人;行为层评估结果反馈给公司决策者、学员的直线经理和学员本人;结果层评估结果反馈给公司决策者及学员的直线经理。

培训组织者和接收到评估结果反馈的相关人员针对评估报告,提出相应改进措施并落实。培训效果评估管理人员监督改进措施的实施。

(一)反应层评估结果应用

培训组织者根据评估报告中关于培训组织管理的评估结果,对培训场地设施条件、时间安排、培训内容策划和形式选择等项目分类总结,明确培训组织管理中主要的成功经验以及不足之处,以待改进。

培训师应根据评估报告中关于教学质量的评估结果,对培训技巧、培训形式、教材选择、进度安排等项目分类总结,明确培训在教学方面的主要成功经验以及不足之处,以待改进。

(二)学习层评估结果应用

培训组织者应根据评估报告了解学员对培训内容的总体掌握情况,衡量培训师的授课效果,为选拔和培养培训师提供依据。

培训师应根据评估报告了解学员对培训内容的总体掌握情况,以提高授课水平、改进授课质量。学员应根据评估报告了解自己通过培训,在知识和技术业务技能方面的掌握情况,总结经验与不足,并比较与全体学员的学习效果的差距,明确改进方向。

(三)行为层评估结果应用

培训组织者应通过分析评估报告,及时了解学员行为改进程度与培训班类型、培训班策划的关系,为不断调整和完善培训班策划及管理水平提供依据。

公司决策者应根据评估报告综合了解学员通过培训的行为改进情况,特别是为判断公司重点培训的实际效果提供帮助。

学员直线经理应根据评估报告了解学员通过培训的行为改进情况,适时进行沟通,帮助学员制定行为改进措施,为合理挑选员工参加培训提供依据。

学员应通过评估报告了解自己培训后的行为改进表现,总结经验与不足,并通过比较与全体学员的行为改进效果差距,明确改进方向。

(四)结果层评估结果应用

培训组织者应通过评估报告,总体了解和掌握培训投入产出情况,为加强培训规划、控制培训成本、提高培训收益提供依据。

组织决策者应根据评估报告综合了解和掌握培训对组织发展的贡献情况,明确培训价值,为重大培训决策提供依据。

学员的直线经理应通过评估报告了解学员通过培训的绩效改进情况,努力创造良好的培训成果转化环境。

南京地铁的培训评估体系建设

截至2019年底，南京地铁运营有限责任公司运营里程超过378千米。未来5年，南京地铁不仅运营里程有望超过600千米，而且将全力打造智能化、数字化地铁，开启智能地铁新时代。

一、培训评估组织

根据培训评估目标的不同，每个项目的培训评估组织不同。以“南京地铁运营公司售检票员自动售检票机器维修技能培训班”为例。

领导小组：人力资源部、培训中心、站务中心、票务中心分管领导；

工作小组：培训中心培训管理员；

实施小组：培训中心培训管理员、人力资源部绩效考核员、站务中心站长、票务中心自动售检票系统维护员。

二、培训评估实施

以“南京地铁运营公司售检票员自动售检票机器维修技能培训班”为例。

（一）培训前评估

主要内容为培训需求整体评估，培训对象知识、技能和工作态度评估，培训对象工作成效及行为评估，培训计划评估。需要了解以下几项：售检票员培训需要达到的标准、售检票员目前的人员组成、维修技能以及对此次培训项目的反应和项目。

（二）培训过程评估

这是培训质量控制的关键阶段，主要是了解学员对于整个培训项目感受和评价。对培训项目的反应包括售检票员对于培训项目设计、培训项目的组织、培训师、培训内容、培训方式以及培训效果等的评价。通过问卷调查和重点访谈的方式进行。

（三）培训后评估

培训后评估是整个评估体系中最重要的部分。其主要任务是对培训结果进行衡量。这一层次的评估借鉴柯式模型，进行四个层次的评估。

第一，反应层评估。是了解学员对整个培训项目主观感受和评价，可以通过问卷调查来收集售检票员对培训项目的理解情况，包括对讲师和培训科目、设施、方法、内容、自己收获的大小等方面的看法、建议等。

第二，学习层评估。主要评估学员通过培训学到了什么知识，以及是否了解这些知识是如何应用到工作中去的，通过两个层次来调查完成。一是知识掌握程度的评估，一般以笔试为主；二是对知识应用掌握程度的评估，可以通过售检票机故障排除、现场操作等进行。

第三,行为层评估。主要是评估学员在培训后行为是否有改善,是否运用了在培训中所学的知识、技能等。通过两个不同时点的评估来进行:培训前行为评估和培训后一段时间对自动售检票故障的维修的主动性。评估方式采取观察法、360度评估法等等。

第四,结果层评估。判断由于学员行为的改善所导致的学员个人绩效以及组织绩效的提高程度,对有关个人绩效的指标进行比对。主要有自动售票机维修工作完成率、准确率、返工率、出错率、优秀率等,有关组织绩效的指标有乘客投诉率、解决问题的效率、协商成功率、服务水平提升状态等内容。

三、评估结果的反馈和运用

第一,重视培训评估资料的归档整理。对于评估工作中的原始数据资料以及分析结果等,都应该完整地记录和保存下来,并建立一个信息系统,便于今后的查找分析,为以后的培训工作提供支持。

第二,建立评估结果与员工绩效考核和晋升的关系。把培训评估结果作为员工考核和晋升的标准之一,有助于提高员工参加培训的积极性,提高培训效率;同时激励员工将培训所获得的知识转化为个人和组织的绩效。

第三,培训评估工作制度化、规范化。培训效果相对来说是很难衡量的,要在培训实施一段时间后才能够显现。建立完善的培训评估制度,使其贯穿于培训的整个过程,使培训制度化、经常化。这样培训评估的结论才会更加科学,其作用也才能更有效地发挥。

资料来源:李阳阳.南京地铁培训评估体系设计[J].人力资源管理,2014(02):76.

二、培训成果的成本收益评估

评估人力资源培训开发项目有效性主要有两种形式:成本一有效性分析(C/E)和成本—收益分析(C/B)。C/E和C/B分析类似,两者都注重于目标、成本及收益,区别在于C/B分析以货币定量形式来表达培训的收益和有效性。

(一)培训成果成本收益分析方法

1.成本—有效性分析

成本—有效性分析是比较以货币计算的培训成本和培训带来的非货币性收益,比如事故的减少、工作态度改进、员工健康的改善等。它主要用于确定在一个给定项目中产生一组效果的成本,可比较为同一目标而设计两种培训方案。但成本—有效性分析中培训的投资收益没有以清晰的货币形式表现出来,无法从财务数据判定一个培训项目是否值得选择。

2.成本—收益分析

成本—收益分析是指用财务的方法评估培训有效性,关注培训带来的财务收益,包括利润增加、浪费减少和生产时间缩短等。该方法又可分为直接收益评估法和间接收益评估法。

直接收益评估法通过对员工受培训后的效果进行观察及评估。公式为：

$$TE=(E_2-E_1)\cdot T\cdot N-C$$

其中，TE 为培训收益；E_1 为培训前每个学员年产生收益；E_2 为培训后每个学员年产生的收益；N 为培训人数；T 为培训效果持续年数；C 为培训成本。

间接收益评估法通过对员工培训有关指标的计算，评估该培训项目投资的收益。先找出影响培训收益的因素，即把这种收益分解为具体指标，后根据这些指标的相互关系计算培训收益。公式为：

$$TE=T\cdot S\cdot d\cdot N-C$$

其中，TE 为培训收益；N 为培训人数；S 为未受培训者工作绩效的标准差（一般约等于年工资的 40%）；d 为效用尺度，即培训者与未培训者工作绩效的平均差值；T 为培训效果可持续年数；C 为培训成本。

成本—收益分析的另一种方法是投资回报 ROI 分析。投资回报率的计算是用项目净收益除以项目成本。项目的净收益等于项目收益减去项目成本。投资回报率的计算公式为：

$$ROI=项目净收益/项目成本\times 100\%$$

比率越大，组织从培训中获得的收益就越多。

（二）培训成本与收益的确定方法

1.培训成本的确定

在计算培训项目的成本时，需要考虑直接成本、间接成本、设计与开发成本、管理费用、培训课酬。

直接成本是指与培训的实施直接相关的成本，包括打印或购买课程资料费用、教学辅助仪器租赁费用、差旅费用、餐点开支、培训师的工资和福利。这些成本直接发生在特定项目实施过程中。如果在培训开始前取消了这个项目，这些成本都不会发生。虽然课程资料成本已经发生，但这些资料尚未使用，可留给后续培训。

间接成本指发生在培训辅助工作中的成本，与任何特定培训项目不存在直接对应关系。即使某个培训项目被临时取消，这些成本也难以收回，包括对培训师进行培训的成本、后勤文秘和行政工作耗费的成本、已发给学员的资料成本，筹备培训的时间投入和宣传推广成本。

设计与开发成本包括所有的培训课程开发成本，如录像带制作、教学应用程序开发、材料设计成本、课程前期分析成本中与项目直接有关的成本。此外还应包括项目评估及跟踪成本。如果项目周期相对较长，这笔成本则可以分期摊销。如项目一共进行 4 年，每年则可冲销 1/4 的开发成本。

管理费用与培训项目没有直接关系，但对培训部门运转却必不可少。如培训部门有专用视听设备，就会产生设备维护费用。这类成本需在培训项目间分摊。如培训部门有专用教室，则供暖和照明费用也属于一般管理费用。使用该教室培训，场地维护费用应计入该项目成本。

培训课酬由培训期间支付给学员的工资和福利组成。如果培训持续 5 天,那么这 5 天付给学员的工资和福利也需要计入项目成本。培训管理人员可以要求薪酬管理部门提供各级别学员平均工资,用平均工资水平乘以学员人数。

2.培训收益的确定

培训收益是指组织从培训项目中获得的价值,具体衡量指标包括劳动生产率的提高、产品质量的改进、产品销售量增加、事故减少、成本降低、服务质量提高、利润增长等。通过培训对经营业绩的整体影响,进行培训投入产出分析。

收益分析的做法主要有以下三种。一是依据以往研究和培训记录,确定培训收益;二是在组织内小样本试验,以确定某个培训可能产生的收益;三是观察培训后绩效突出的员工生产力提高、服务质量提高、事故减少等情况。

第五节　培训成果转化

组织希望员工持续有效地将所学知识、技能运用于工作中。但研究显示,培训结束后,只有 40%的培训内容能够被应用到工作情境中,6 个月后只有 25%的内容还能应用,最终只有 10%的培训投入能够转化为员工的工作行为。

没有实现培训成果转化,培训投入便无法提高员工和组织的绩效。要缩短学习和应用之间的差距,促使培训的学习所得向绩效转化,就必须掌握培训成果转化的过程和机制,促进培训成果的应用。

一、培训成果转化概述

(一)培训成果转化的定义

泰勒(Taylor)将培训成果转化定义为学员将培训后学到的知识、技能等有效地运用到工作中。鲍德温(Baldwin)和福特(Ford)认为培训成果转化不仅包括将培训中获得的技能推广到实际工作环境中,而且包括保持这种技能的过程。布罗德(Broad)和纽斯姆(Newstrom)同样认为培训成果转化是指学员将培训中所学的知识、技能和行为方式等有效且持续地运用到工作中。赵曙明认为,培训成果转化是指学员有效且持续地将在培训中所学到的知识、技能和能力等运用于实际工作,从而使培训成果发挥其最大价值的过程。

根据各学者的定义,可将培训成果转化界定为:学员将培训内容推广到工作中,并维持所学内容以提高工作绩效的过程。

(二)培训成果转化的意义

培训就是为影响员工的行为和产出,从而实现组织目标。培训成果转化是关系培训如何转化成个人和组织绩效的关键问题,在以下三方面具有重要意义。

首先,培训成果转化可提升员工个人绩效。培训项目是组织根据组织的发展和员工的需求而制定的,其目的是提升个人的工作能力。培训成果转化意味着,员工能够在工作中运用培训所学以改进其工作行为,提升工作效率和个人绩效。

其次,培训成果转化可增强组织竞争力。行业竞争日益激烈,新知识、新技术不断涌现。组织投入培训资源,让员工不断地充电,学习新知识和技术。只有实现培训成果的转化,提高员工技能或能力,才能为组织储备人才资本,在竞争中增强企业竞争力。

最后，培训成果转化可体现培训开发工作价值。培训是一项人力资源投资。如果没有培训成果转化这一过程，培训资源投入便是一种浪费。只有通过员工将所获得的各种能力应用到工作中，转化为个人绩效和组织绩效，培训开发的价值才能够体现出来。

二、培训成果转化模型

在工作中采用新方法和技能并不是容易的事，员工容易恢复到固有的行为和技能模式。培训转化常会受到一些阻碍因素的影响。培训管理者了解培训成果的转化路径，建立相应的转化机制。众多学者提出了不少培训成果转化模型。培训管理者可根据这些模型建立培训成果转化机制，促进培训成果转化。

（一）诺伊的培训成果转化模型

诺伊(Raymond A. Noe)于 1986 年提出了一个综合性的培训成果转化模型，见图 6-18。该模型提出学习动力及转化动力是培训效果的两个核心动力因素。前者指学员注重培训的程度，后者指学员在工作中应用所学技能的愿望。诺伊还论述了个体及组织因素对学员动力的影响：控制点会影响个体的培训期望、职业工作态度和对技能评估的反应，并通过这三个因素间接影响其学习动力；且工作态度除影响学习动力外，会直接影响培训结果；学习动力和培训反应影响学习；但学习及行为改变的关系受学员转化动力的调节；最后环境适合度直接影响学习动力、转化动力及培训结果。

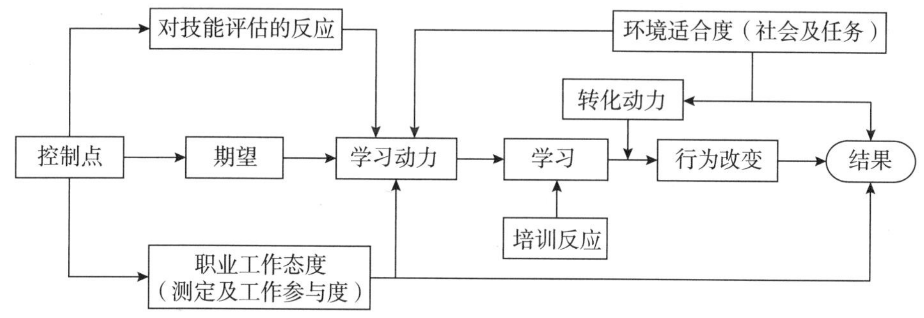

图 6-18　诺伊的培训成果转化模型

（二）鲍德温和福特的培训转化过程模型

鲍德温和福特(Baldwin & Ford，1998)的培训转化过程模型(见图 6-19)指出，培训转化最终是提高推广和维持能力。推广能力是指学员在遇到与学习环境类似但不完全一致的情况时，将所学习到的技能等应用到工作当中的能力；维持是指长时间持续应用新获得能力的过程。学员特点、培训设计及工作环境都会影响培训效果的推广和维持。首先，这三类变量都可通过提高个体的学习保存而影响推广和维持；其次，学员特征和工作环境也能够直接影响培训效果的推广和维持。

该模型中，学员的特点包括认知能力、个性、兴趣爱好和求知动机等；培训项目设计指培训项目的组织与协调，包括学习原理、顺序及培训内容；工作环境包括管理人员支持、团队成员支持、技术支持和在工作中应用新技能的机会及组织转化氛围等。

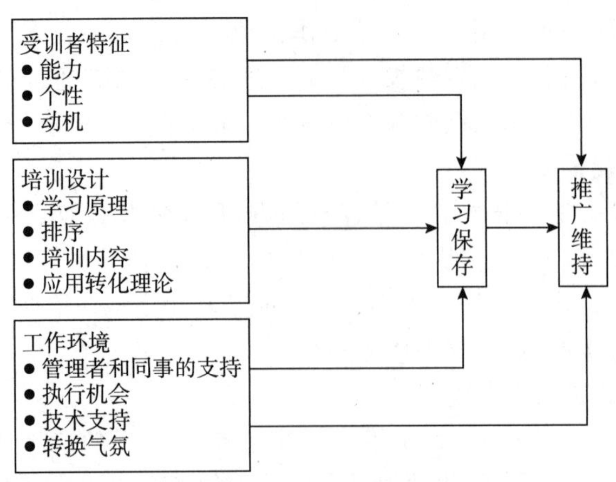

图 6-19 鲍德温和福特的培训转化过程模型

(三)福克森的培训成果转化模型

福克森(Foxon, 1993)提出的模型(见图 6-20)认为,个体行为转变是各种驱动力作用的结果,正向驱动力促使工作行为发生变化,而反向驱动力阻碍变化并使个体维持原状。支持因素主要有良好的组织气氛、培训内容与工作的相关性、运用新技能的动机、内在的转化策略和管理者支持等。而阻碍因素主要包括不良的组织气氛、缺乏应用的机会、较低的培训成果转化动机和缺少管理者支持等。

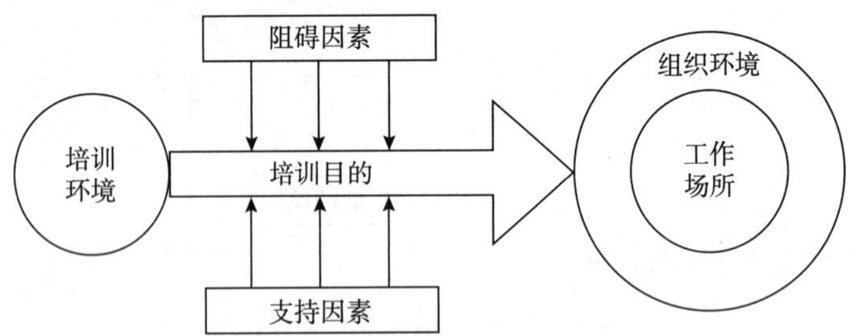

图 6-20 福克森的培训成果转化模型

(四)霍尔顿的培训转化理论模型

霍尔顿(Holton, 1996)认为,培训有三个主要的结果:学习、个体绩效和组织绩效。个体通过培训学习到新的东西,应用在工作中改变其个人绩效,从而影响组织绩效。但这个结果过程会受到个体的转化动机、组织转化气氛和转化设计的影响。霍尔顿的培训转化理论模型见图 6-21。

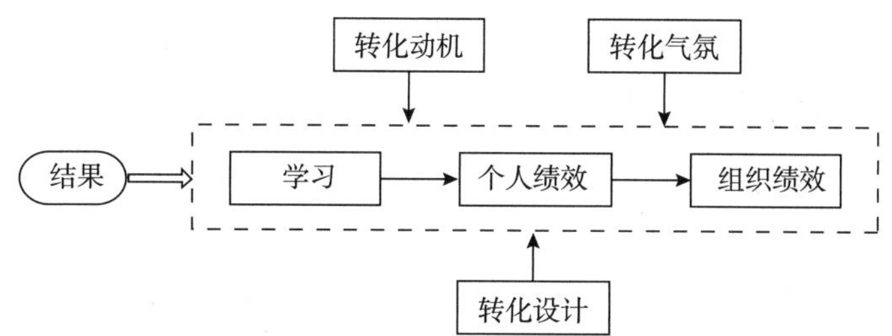

图 6-21　霍尔顿的培训转化理论模型

（五）艾迪和汉普森的培训转化模型

艾迪和汉普森（Cheng & Hampson，2008）整合了关于培训转化的重要研究成果，提出其培训转化模型（见图 6-22）。该模型将个体特性、工作/职业变量和情境变量作为自变量，认为其会影响培训效果、转化动机和转化行为。其中，培训结果既通过影响迁移动机而影响转化行为，也对转化行为具有直接影响。其中，个体特性包括可控性、责任性、焦虑和目标定向等，工作/职业变量包含工作卷入度、组织认同度和职业认同度等，情境变量包含转化机会、转化气氛和干预策略，培训结果包括培训后自我效能感、对培训的满意度、陈述性知识、技能获得。

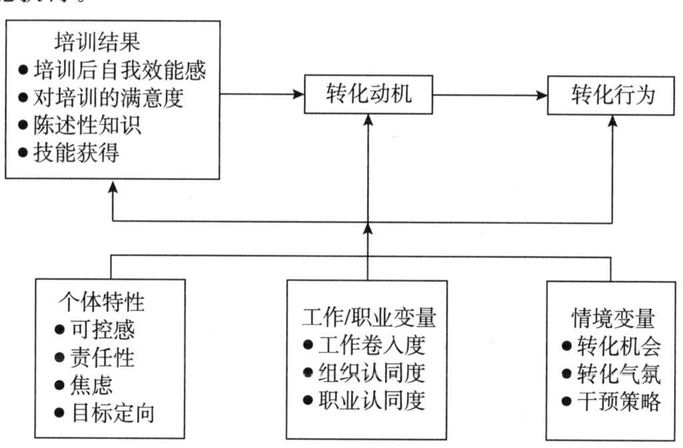

图 6-22　艾迪和汉普森的培训转化模型

（六）安德里亚斯等的培训转化模型

安德里亚斯等（Andreas et al，2009）认为影响学员培训转化的最直接因素是转化动机，而转化动机会受到学员个体特征、培训设计和组织因素的影响。个体特征因素包括培训前的学习动机、培训意愿、个性特征、认知能力和工作承诺，及培训后的自我效能感、期望和培训反应；培训设计包括培训前的培训规划、培训模块设计、培训内容等，以及培训过程中的干涉措施等；组织因素培训前的组织文化，以及培训后的工作特征、社会支持、生涯管理和报酬系统等因素。该模型特别强调了职业生涯管理和报酬系统对转化动机和培训转化的影响（见图 6-23）。

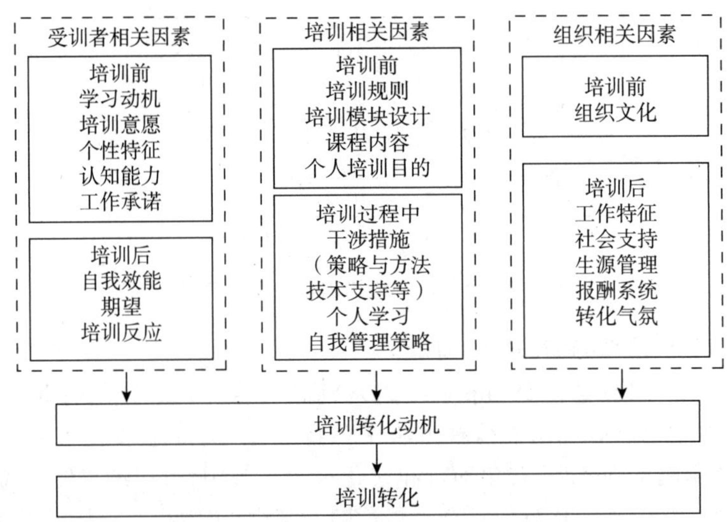

图 6-23　安德里亚斯等的培训转化模型

(七)格罗斯曼和萨拉斯的培训转化模型

格罗斯曼和萨拉斯(Grossman & Salas，2011)的模型(见图 6-24)是对鲍德温和福特模型的拓展。他们指出,培训转化会经过学习保持和普遍化维持两个阶段。学员特征、培训设计、工作环境和培训者特征等,是培训转化的重要影响因素。学员特征包括认知能力、自我效能感、动机和培训效用感知;培训设计包括行为建模、错误管理和真实培训环境;工作环境包括转化气氛、支持、实践机会和培训追踪;该模型特别提出了培训者特征作用,包括培训者知识、资质、经验和培训能力。

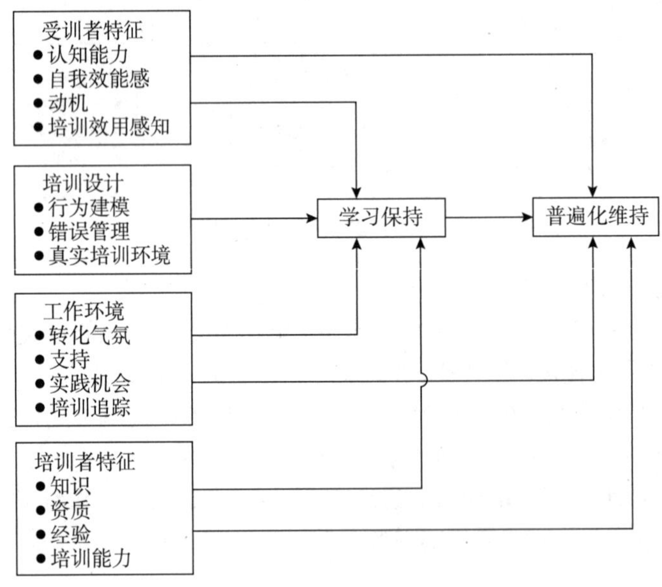

图 6-24　格罗斯曼和萨拉斯的培训转化模型

海南烟草商业企业培训成果的转化机制

海南省烟草专卖局(公司)随海南建省办经济大特区始建于1988年6月1日,按照"统一领导、垂直管理、专卖专营"的经营管理体制,负责全省卷烟经营和卷烟市场管理。培训结束后,学员能否有效转化培训成果决定了企业能否实现培训的最终目标。海南烟草商业企业在提升培训成果转化方面采取了以下重要措施。

一、构建企业培训文化,转变培训观念与氛围

好的培训文化应该是一种对培训持正面积极的判断,肯定培训对员工个人成长与公司的价值,乐意接受各类培训而不是否定排斥培训,这要求培训部门提升培训实际效果,创造真实可感的价值,使培训费用创造价值,以培训的实际效果为基础营造积极正面的培训文化。

二、积极营造有利于培训成果转化的工作环境

一是要在制度上明确培训的职责分工,发挥培训部门统筹与督促职能,相关部门要加大支持力度,把握培训需求重点;二是增加应用所学技能与知识的机会,并实时跟踪实践的效果;三是建立学习小组与受训员工的联系网络,和培训老师保持联系,互相交流学习与实践心得,改变行为模式,互相促进培训成果的转化,对营销、专卖执法中的专业技能培训建立一对一的辅导关系。

三、健全培训激励体系,激发员工学习热情

需求理论认为,如果一个人的主要需求得到满足,那么他的动机和积极性会被激发出来。所以培训必须能满足和实现包括安全需求到自我现实等不同层次需求。海南烟草商业企业正在努力将培训效果与职务晋升、工资福利、名誉嘉奖相联系,如在业务类岗位技能鉴定培训中建立技能工资制,将培训结果与薪资挂钩,将员工工资与岗位技能等级水平结合,员工将积极参加培训并取得相应技能等级证书,并在实践中提高岗位技能。

四、建立有效的培训效果评估与反馈机制

在培训开展前,要让学员了解培训内容与培训目的,通过发放资料,提前让员工了解培训与自己工作的关系;在开展培训中要实时进行培训方式、授课技巧、与自身工作的实际结合程度、讲解的清晰度等方面的沟通,适时调整使培训能最大限度发挥效能;在完成培训课程以后,要使用培训转化跟踪表进行调查,分析学员在2～5个月里是否

将培训内容应用于实际工作中,是否取得一定成效,对没有能很好运用于实践的要进行指导与原因分析,破解主观能力不足、主动意识不够等问题,同时创造客观运用的情境,提供实践所学技能的机会。要求学员制订行动计划,明确行动目标,确保回到工作岗位能不断应用。

资料来源:刘富强.海南烟草商业企业培训效果分析与培训成果转化途径探讨[C].中国烟草学会2016年度优秀论文汇编:教育培训主题:中国烟草学会,2016:238-246.

作者根据其他资料有调整。

三、培训成果转化促进

为推进培训成果的转化,综合各培训成果转化模型,可从以下六方面着手。

第一,争取组织内各方支持。培训要取得预期的效果,就必须有高层的态度和财务支持,对待员工在应用培训内容过程中出现的失误,多采用理解和鼓励改进的态度,积极提供帮助,以增强员工实现培训成果转化的信心,减少推进过程中的阻力。

第二,强化学员的培训转化动机。转化动机是培训成果转化的助推器。首先,培训前对学员进行全方位评估,学员明确自身不足后,更愿意接受培训,才会有后续培训转化行为。其次,帮助员工设立清晰、有意义、有适度挑战性但能实现的目标,并对其表现出积极期望。再次,让员工参与确定培训内容,及时关注其反馈意见。最后,学员将培训成果转化到工作中并实现绩效提升后,应该给予加薪或晋升等激励,让其感受到培训与个人利益间的关系。

第三,加强培训师的甄选。除了要考虑知识、资质、经验和培训能力外,也要考虑人格特征和共情能力。个体变化一般要经历拒绝变化、迷茫丧气、准备变化和采取行动阶段。不少培训失败是因为培训师没有认识学员所处的心理阶段。只有培训师能明确学员所处的阶段,真诚、热情地对待学员,才能获得学员的信任,才可能收到最佳的培训效果。

第四,做好培训的跟进工作。培训的跟进工作对培训效果尤为重要。当培训效果不理想时,可以通过及时的评估发现培训的不足,促使培训及时改进,使后续培训工作更富有成效。

第五,为员工搭建交流平台,营造学习氛围。持续性的学习型组织环境有利于员工的培训成果转化效果。在组织内设立相互交流经验的平台和机制,员工就有更多机会讨论应用进展,共享成功经验,不断推进培训成果的转化。这种交流平台既可以是面对面的直接沟通,也可以是虚拟小组形式的研讨。

第六,给学员提供尽可能多的实践机会。有实践机会的学员更有可能维持所获得的能力。建议学员与管理者一道去发现和解决各种问题,此外管理者提供的实践机会可使学员感受到领导的重视,提高其参与培训的积极性。

陕西延长石油有限责任公司高管培训成果转化的影响因素

陕西延长石油(集团)有限责任公司(以下简称“延长石油集团”)是国内拥有石油和天然气勘探开发资质的四家企业之一,隶属于陕西省人民政府。它主要负责石油和天然气勘探、开采、加工、管道运输、产品销售,石油和天然气化工、煤化工、装备制造、工程建设、技术研发等。

在大连、西安、延安、榆林四地共访谈集团和各子公司领导68人,研究培训成果转化效果的影响因素。将访谈结果编码,进行统计分析发现,国有企业高管培训成果转化效果受高管个人特征、培训动机、培训设计和培训环境四类因素的影响,并存在动态演变过程。

一、培训实施前期成果转化作用机理

适当的培训前期工作能显著提高组织培训效果。研究表明培训动机因素和高管个人特征成为此阶段的主要影响因素,其中学员学习态度和对培训的预期效用成为影响高管人员培训积极性以及培训成果转化效果的主要动机因素。

(一)高管个人特征

当高管了解培训计划后会对个人学习能力做出评估,如果其认为自身学习能力能够掌握、理解培训内容,并能有效地将所学知识、技能应用于工作中,就会更积极地参加培训,并将培训所学应用于后续工作开展。

(二)培训动机因素

学习态度、预期效用以及组织承诺都会对培训动机产生影响,例如学员结合以往自身培训经验,对培训活动进行评估,如果预期效用值高,就会积极参加培训,并将培训所学知识应用于工作中,反之,则会降低培训积极性,从而影响培训成果转化效果。

二、培训实施中期成果转化作用机理

在培训实施中期,培训设计因素逐渐成为影响高管培训成果转化的主导因素。其中培训课程内容、培训组织实施形式以及培训讲师都会影响高管人员在培训实施过程中的培训成果转化效果。

(一)培训设计因素

培训课程内容、培训组织实施形式和培训讲师共同影响高管人员培训成果转化效果。例如以课堂讲授为主的培训形式难以保证高管人员的专注度,而以案例研讨、标杆企业学习为主的培训形式和以异地培训和中短期培训为主的培训组织实施形式则受到广泛认可。因此,优化培训过程中的内容设计和培训形式能够对改善高管人员培训成果转化效果起到至关重要的作用。

(二)培训环境因素

持续学习的文化氛围成为影响高管培训成果转化效果的主要因素。培训过程中高管队伍如果能够形成持续学习的文化氛围,将在整个培训团队中形成良好的学习氛围,使培训内容能够快速内化为个人技能。

三、培训实施后期成果转化作用机理

培训实施后期,培训环境因素中的组织支持和任务限制成为影响高管培训成果转化的主要因素。此外,高管个人特征、培训动机因素也会交叉影响此阶段的高管培训成果转化效果。

(一)培训环境因素

通过访谈了解到,目前延长石油的集团公司尚未形成培训后期评估考核机制,学员不会因为所学知识、技能、方法等的运用而得到奖励,也不会因为不使用而得到惩罚,培训也逐渐变成了"说起来重要,做起来次要,忙起来不要"。因此培训后期的评估考核机制和相应的晋升挂钩机制越完善,学员将培训所学知识、技能应用于实践的可能性就越高。

(二)培训动机因素

员工对公司的组织承诺也成为影响公司培训工作顺利开展以及培训有效成果转化的重要因素,较高的组织承诺使员工更愿意配合集团的工作,国有企业的组织承诺普遍高于其他类型企业,使培训工作的展开得到了极大的支持,有利于培训成果转化效率的提升。

主要资料来源:商华,郑祥成.国有企业高管培训转化的影响因素和机制:以延长石油为例[J].管理案例研究与评论,2016,9(2):162-172.

作者根据其他资料有调整。

章末案例

腾讯:将培训转化为商务结果的六个准则

腾讯是目前中国领先的互联网增值服务提供商之一,一直秉承"一切以用户价值为

依归”的经营理念，为亿级海量用户提供稳定优质的各类服务，始终处于稳健发展的状态。

腾讯大学作为腾讯特色的学习交流平台，服务于腾讯合作伙伴及用户，面向互联网产业链，传播腾讯经验，分享行业知识及优秀实践，助力合作伙伴成长，推动开放共赢的互联网生态圈的建立。

“6D 模型”是腾讯公司在设计与实施培训项目的一个路径图（见图 6-25），其主要解决将培训成果进行转化并应用到实际工作中。下面结合腾讯学院在学习落地转化过程中的一些实践经验，介绍其“6D 模型”。

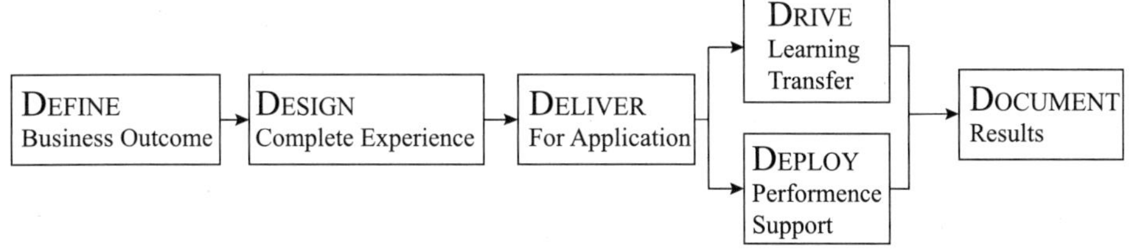

图 6-25　6D 模型

准则 1：定义与业务相关的学习目标

在“6D 模型”中，通常不使用“培训满意度”这样的培训术语定义培训目标，而是使用业务的术语，关注学员要做什么，而不是学习到什么。如“课程结束后，学员将能够掌握电话销售过程中如何应对顾客的拒绝”。“6D 模型”还提供了一个“目标计划轮”工具，如图 6-26 所示。

图 6-26　目标计划轮

在腾讯开放平台的大背景下，腾讯学院将培训的目标定义为：通过面授课程及在线课程，开发者对腾讯开放平台用户群的理解和认识，降低合作开发商的运营成本，提升运营效率和质量。可见，“6D 模型”中培训目标的定义是学员工作中的行动与结果，而不是培训结束后获得的知识与能力。

准则 2：设计完整的学习体验

在“6D 模型”中，将完整的学习体验的终点线从学员学习过程的结束更新为把学习应用于工作中提升绩效的结果（见图 6-27）。

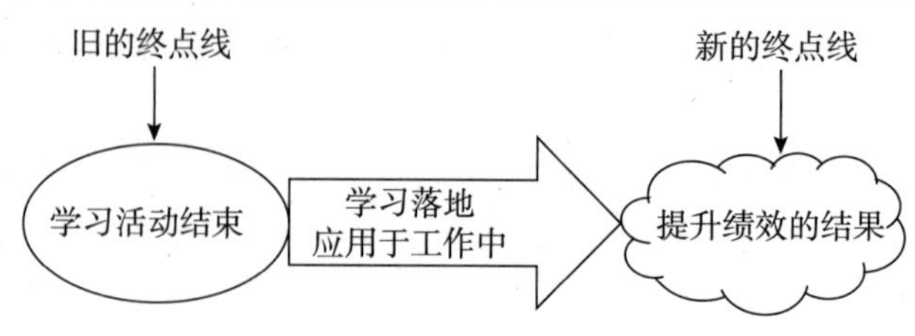

图 6-27　学习体验过程

“6D 模型”认为,当培训被应用于学员的工作时才会创造绩效。因此,一个完整的学习体验过程应包括下面三个阶段:

阶段 1:教学前的准备。站在客户、业务、高层管理者的角度,去理解学习项目背后要达到的绩效结果并确定培训对业务的价值,然后与业务团队、管理层沟通。

阶段 2:实施教学内容。

阶段 3:学习落地在工作中的应用、持续练习及在工作中的继续学习。

准则 3:交付实践应用工具

为了帮助学员顺利跨过从“知道”到“做到”这个鸿沟,培训经理需要为学员提供一些辅助材料,并且这些材料需要与学员的工作直接相关,并且为学员学习内容在工作中的实践提供反馈。

腾讯大学有一个在管理层推行“辅导文化”的学习项目。在实施过程中,除了“教练式辅导”的面授课程,腾讯学院还为每一位学员提供了一个“辅导护照”的工具。在这个印刷精美的册子中,有腾讯领导力模型、“教练式领导”课程的理论概要、实施员工辅导的指引、实施辅导的计划与笔记等内容。通过这个册子,学员可以更容易地在日常辅导员工的过程中应用掌握的理论与技能。同时,在面授课程学习结束后的半年内,腾讯学院会再次组织学员回到课堂中,以研讨沙龙的形式请学员分享自己在辅导过程中的经验与困惑,并请专家给予反馈。通过培训后提供相关的工具、总结的支持,学员能够相对容易地提高学习到绩效转化的有效性。

准则 4:推动学习转化

“6D 模型”认为,学习转化是学员将学到的内容应用于工作并且提升工作绩效的过程。因此如果学习培训结束后没有提升工作绩效,那学习是没有结果的。学员需要像完成其他的业务目标一样使用学到的内容,需要定期进行跟进、衡量、验证。

在“6D 模型”中,影响行为改变及达成的结果有三种重要因素。第一,学员要有能力使用培训过程中学到的知识与技能;第二,学员得到激励去使用;第三,工作环境中有使用的条件。

所以,腾讯学院在学习项目的实施过程中,十分注重学员课堂所掌握的知识与技能在实际工作中的应用。例如,在一个“敏捷项目经理训练营”的培训项目中,设计了大量课后的应用、练习、分享环节,取得了非常好的学习效果。项目实施方案如图 6-28 所示。

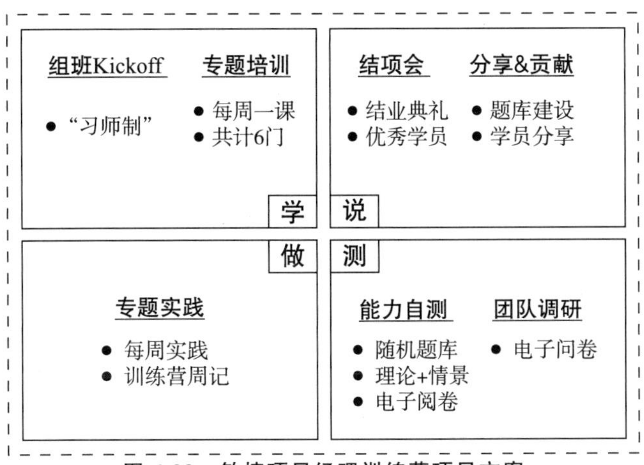

图 6-28　敏捷项目经理训练营项目方案

准则 5：实施绩效支持

“6D 模型”认为，学习不单是学员的事情，其直接主管等角色的支持至关重要。主管要知道下属学到什么，并支持其应用到工作中。其他支持角色还可能包括导师、同伴、教练等。

学员的“第一步改变”往往是最困难的，因为要打破原有习惯，走出“舒适区”。因此，实施绩效支持能够打造一个系统，通过系统的力量来推动学员的转变。

腾讯大学在核心员工群体的“专家发展”学习计划中，就是围绕学员的绩效支持打造了一个支持系统。学员在完成课堂学习后，以学习小组的方式共同完成一个实际工作中的专业课题，学院会为小组安排导师(进行教练辅导)、助教(推动学习进程并引导学习反思)。学员需要对小组同伴进行承诺，得到导师和助教的支持。这样，学员更易于在工作实践中将所学知识加以应用。

准则 6：记录结果

每到年底，培训经理需要向老板们索要培训预算，而管理层决策的依据通常是：我为什么要投资你的培训项目？跟业务结果有什么关系？客户怎么看？因此，评估培训项目的回报就显得十分必要。

在“6D 模型”中，评估培训项目的结果要针对准则 1 中提出的目标，也就是从业务的角度来看客户的需要是否得到满足，尽量使用业务的语言，而不是培训的“专业语言”。除了提供效果数据，还需要讲述数据背后的意义和故事。

“6D 模型”认为，在培训上的投资应当像企业的其他投资一样对待，需要量化评估其回报。同时，这也是后续绩效改进的依据。当然，由于评估的成本高昂、影响因素复杂等缘故，培训投入回报的量化在实践中存在着种种挑战，培训经理在把握业务绩效导向的同时对量化评估掌握一个度也是十分必要的。

总而言之，“6D 模型”的核心在于以商业结果作为学习的终点线，针对实践与应用来设计学习项目，并且推动落实积极有效的绩效支持，从而有效地将学习投入转化为业务结果。

资料来源：戴钊. 腾讯将培训转化为商业结果的六个准则[J]. 培训，2012(2)：56-60. 作者根据其他资料有调整。

本章小结

培训效果评估是指系统地搜集培训有关的信息,运用测量工具评价培训目标的达成度,以判断培训的有效性及成本收益的过程。组织应该根据情况选择相应的评估模型及方法。其中,柯克帕特里克四层次模型是最著名的评估模型。该模型认为必须从反应层面、学习层面、行为层面和结果层面进行评估。

培训效果评估的方案设计有前实验设计、准实验设计和实验设计等,其中实验设计最为科学。实验设计采取严谨的实验来控制情境,遵循随机化原则,以实验组和控制组进行实验研究。

培训效果评估流程通常包括界定评估目的、选定评估对象、选择评估层面、选择评估时机和方法、构建培训评估数据库、统计分析原始资料、撰写培训评估报告、评估结果反馈和应用环节。

为克服培训评估过程中的工作难点,建立有效的培训评估系统,应该建立科学的培训评估制度,寻求高层管理者的积极支持,提升培训评估人员的职业素质,重视全程评估工作,重点做好培训效果评估。

培训成本收益评估是比较培训的成本与其为组织带来的收益,主要有成本—有效性分析(C/E)和成本收益分析(C/B) 两种形式。其中,成本收益分析又包括直接收益评估法、间接收益评估法和投资回报 ROI 分析。

培训成果转化是指学员持续有效地将培训中习得的知识、技能和态度等运用于工作中,使培训发挥最大价值的过程。转化效果受学员特征、培训设计、工作环境和培训者特征等因素影响。可从争取各方支持、强化学员转化动机、加强培训师甄选、搭建员工交流平台、给员工提供实践机会等方面促进培训成果转化。

问题思考

1.简述柯式评估模型的要点。
2.培训效果评估的方法有哪些? 各有何优缺点?
3.请简述培训效果评估的所罗门四组设计内涵和特点。
4.培训成果成本收益评估常用方法有哪些?
5.根据鲍德温和福特模型,简述培训成果的转化机制。
6.请简述如何促进培训成果转化。

参考文献

[1] 颜世富.培训与开发[M].北京:北京师范大学出版社,2017.

[2] 陈胜军.培训与开发:提高·融合·绩效·发展[M].北京:中国市场出版社,2010.

[3] 徐芳.培训与开发理论及技术[M].上海:复旦大学出版社,2019.

[4] 陈国海.员工培训与开发[M].北京:清华大学出版社,2019.

[5] 胡蓓,陈芳.员工培训与开发[M].北京:高等教育出版社,2017.

[6] 郗亚坤,曲孝民.员工培训与开发[M].大连:东北财经大学出版社,2019.

[7] 王忠.培训与开发[M].北京:科学出版社,2015.

[8] 赵耀.员工培训与开发[M].北京:首都经济贸易大学出版社,2016.

[9] 赵曙明,赵宜萱.人员培训与开发:理论、方法、工具、实务[M].北京:人民邮电出版社,2019.

[10] 刘富强.海南烟草商业企业培训效果分析与培训成果转化途径探讨[C].中国烟草学会2016年度优秀论文汇编:教育培训主题,2016:238-246.

[11] 商华,郑祥成.国有企业高管培训转化的影响因素和机制:以延长石油为例[J].管理案例研究与评论,2016,9(2):162-172.

[12] 魏巍.华为如何进行培训效果评估[Z].HRD日知录,2019.

[13] 高杰,范新.基于多维度全流程的培训效果评估体系研究:以神华集团管理学院为案例[J].中国人力资源开发,2014(24):38-43.

[14] 曾令华.富士康员工培训绩效评估体系构建与实施[J].中国培训.2011(9):14-16.

[15] 戴钊.腾讯将培训转化为商业结果的六个准则[J].培训.2012(2):56-60.

[16] 李阳阳.南京地铁培训评估体系设计[J].人力资源管理,2014(2):76.

[17] 王桢,杨志,林思恩,等.神经人因学:培训效果评估新方法[J].中国人力资源开发,2017(8):99-107.

[18] 吴树廷.企业培训评估存在的问题与对策:以某能源集团企业大学为例[J].北京石油管理干部学院学报,2019,26(1):69-74.

[19] Andreas Gegenfurtner, Koen Veermans, Dagmar Festner, et al. Motivation to transfer training: an integrative literature review[J]. Human resource development Review, 2009, 8(3):403-423.

[20] Eddie W.L. Cheng, Ian Hampson. Transfer of training: A review and new insights [J]. International journal of management reviews, 2008, 10(4):327-341.

[21] Garner K G , Matthews N , Remington R W , et al. Transferability of training benefits differs across neural events: evidence from ERPs[J]. Journal of cognitive neuroscience, 2015, 27(10):1-16.

[22] Grossman R, Salas E. The transfer of training: what really matters[J]. International journal of training and development, 2011, 15(2):103-120.

[23] Bell, Bradford S, Tannenbaum, Scott I, Ford, J. Kevin, et al. 100 years of training and development research: what we know and where we should go[J]. Journal of applied psychology, 2017, 102(3):305-323.

第七章　教练技术与师资管理

本章要点

☆ 了解教练技术的内涵、作用与能力要求。
☆ 掌握教练技术的四大步骤。
☆ 熟悉 NLP 教练技术与步骤。
☆ 掌握师资选拔、培训方法及管理制度。

开章案例

天河支行:在行动学习中运用教练技术

GNS 银行广州天河支行(以下简称"天河支行")在员工培训开发方面对多种管理工具兼容并蓄,具有高度的开放性和灵活性。天河支行把行动学习作为解决组织管理难题、开发成员能力的一种管理方法论,在整个行动学习项目中把行动和学习、干和学结合起来,用行动促进深刻的学习,从而产生更高质量的行动。

一、背景

2010 年,天河支行对公业务面临转型、排名压力,W 行长提出将对公客户经理人才建设作为 2010 年度的工作重点。同年 3 月,促动师团队配合天河支行开展对公客户经理的人才培养项目,培养出了不少业绩优异、排名骄人的对公客户经理。相应地,促动师团队也发现,该支行存在另一个问题,即缺乏相应称职的客户经理管理者——团队长。

2011 年,基于 2010 年取得的进步及发现的问题,天河支行要求不仅要打造个人营销精英,更要打造一支对公条线精英营销团队。同年 6 月,团队建设项目启动。到了年底,对公团队就实现了从"个人英雄"向"英雄连"的转型,更树立了团队标杆,培养出了一批教练型团队长。同时,促动师团队发现,仅有业务团队"前方作战",而未获得更多的后端其他管理支撑部门的支持,是无法实现"全员营销"的。

二、解决方案:基于教练技术的员工辅导方案

基于背景和需求分析,2012 年天河支行把以动员业务条线乃至管理支撑部门的"全员营销"作为主线,以"聚焦客户·精耕细作"这一顺应大环境的战略为载体,开展为期 6 个月的新一轮行动学习项目,并在项目中导入了基于教练技术的员工辅导(具体的辅导方案如图 7-1 所示)。

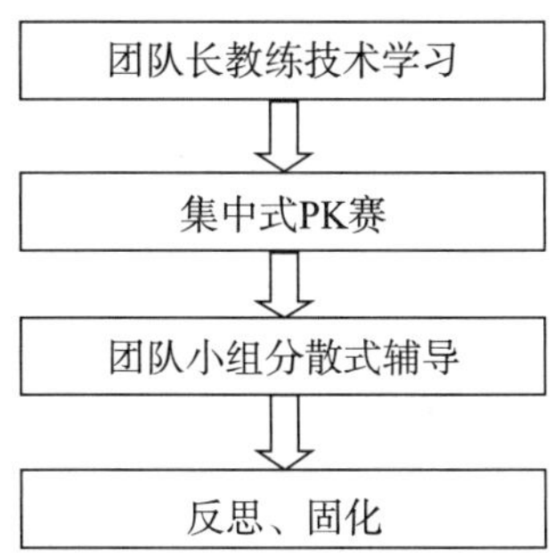

图 7-1　基于教练技术的员工辅导方案

(一) 团队长教练技术学习

在行动计划的执行过程中,促动师团队发现,各小组的团队长普遍缺乏教练的相关知识,为此专门为这些团队长安排了两天的教练技术学习。

(二)集中式 PK 赛

团队长对于教练技术不仅需要掌握,关键要会在工作中应用。为了检验各小组的团队长对教练技术的掌握程度和应用效果,促动师团队专门设计了教练技术 PK 大赛。

PK 大赛主要考查各小组的团队长对 GROW 提问技巧的掌握程度,促动师团队把考察内容分为 10 个考核点,并给每个小组分派若干个考核点。要求在其他小组团队长做完汇报后,本小组团队长针对这若干个考核点做点评,最后促动师团队做整体点评及评分,见图 7-2。

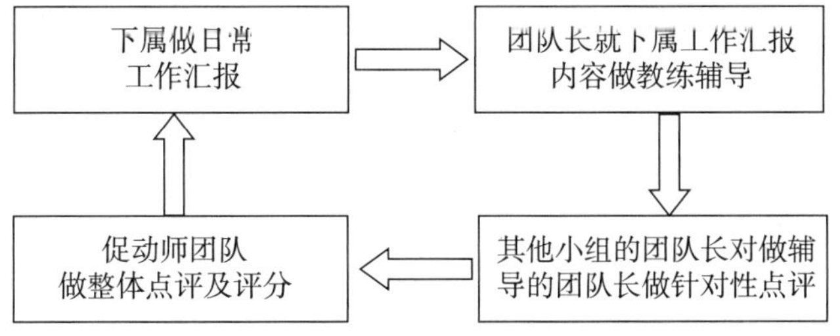

图 7-2　集中式 PK 大赛流程

(三) 团队小组分散式辅导

集中式 PK 大赛,解决的是所有团队长在教练辅导过程中遇到的共性问题。针对个性化问题的解决,促动师团队安排了团队小组分散式辅导。在没有事先做准备的情况下,团队长对团队的一名成员做基于教练技术的员工辅导,其他团队成员和顾问老师在旁边观察。辅导完毕后,先由团队的其他成员向团队长做反馈和点评。接着,

由被辅导的组员做反馈和点评。之后,再由促动师团队做出评价。

这样的流程确保了团队长接受的评价是全方位的、公正的,同时为下属员工创造了一个安全的沟通环境,鼓励他们讲出平时不愿或不敢讲的话。同时还能更好地提高团队长的能力。

(四)反思与固化

经过集中式PK和分散辅导后,团队长会认识到自己在教练辅导方面存在有待改进的地方。经过自己的反思后,团队长不仅提升了欠缺的能力,还能把提升后的教练辅导能力固化下来,并应用于日常工作中。

三、应用基于教练技术的员工辅导的收益

通过近6个月的行动学习和实践,天河支行取得了显著的成绩。支行管理人员领导力提升,团队凝聚力提高。"工作学习化,学习工作化"的学习型文化在天河支行逐渐形成。

通过连续两年的行动学习项目,天河支行对公条线和零售条线在总行条线KPI年度排名连续两年都雄踞第二。同时,天河支行的综合KPI年度排名也连续两年在总行蝉联亚军。

资料来源:作者根据多方资料整理。

第一节 教练技术的定义、角色与作用

在日常工作中,员工一方面往往要承担繁重的生产任务,不可能经常参加脱产培训;另一方面又要想办法提升工作能力和绩效。如何解决这二者之间的矛盾呢?答案就是由管理者对他们进行教练辅导。

面对日新月异的现代技术和商业环境变化,具有激励潜能、提高效率功能的教练技术也受到越来越多的组织青睐。教练技术已成为组织提高生产力的最新、最有效的管理方法之一。在欧美企业中,中高层管理者聘请私人教练帮助提升业绩已成为一种趋势。许多著名跨国企业公开提出"建立教练文化"的口号。

一、教练技术的定义

"教练技术"源于体育,"教练"是运动员夺冠军、拿金牌的重要支持者。1975年有一位名叫添·高威的美国网球教练,声称可以让完全不会打网球的人在20分钟内学会打网球。此事引起了美国广播公司的兴趣,他们决定派记者现场采访。添·高威找来一个从未打过网球的胖女子,告诉她不必管用什么姿势击球,只需把焦点放在网球上,当网球从地面弹起时,先喊一声"打",然后用球拍击球就行了。果然在20分钟内,胖女子学会了自如地击打网球。添·高威解释说:"我并没有教她打网球的技巧,我只是帮助她克服了自己不会打球的固有意识。"

该报道在电视上播放后,引起了组织管理者的兴趣。他们把添·高威教练请到公司

给经理们讲课。最初添·高威以为会被带到网球场上去，不料却被带到了会议室。在授课过程中，经理们不停地在笔记本上记录着，然而下课后，添·高威发现经理们的笔记上找不到任何和网球有关的内容，通篇都是关于企业管理的内容。其实，正是这群高层管理者们将运动场上的教练方式转化成了企业管理的方式。由此，一种新的管理技术——"企业管理教练"诞生了。20 世纪 80 年代，在美国"教练"被引入企业管理、个人成长领域，"企业教练技术"应运而生。

美国职业与个人教练协会（ACA）将教练技术定义为一种动态关系，即有专人从客户角度和目的出发，对其进行了解后，指导他们如何采取行动并实现目标。广义的教练技术是指管理教练通过方向性和策略性的手段洞悉受训者的心智模式，激发受训者发掘自己的潜能，探求更多的可能性，令受训者更加快捷、更加容易实现目标。狭义的教练技术主要包括通过团体性的活动设计，引导受训者自我了解、深入分析，激发行动力、激发梦想以及学会倾听、发问、区分和回应等。教练就是用技术反映受训者的心态，激发受训者的潜能，帮助受训者及时调整到最佳状态以创造最佳成果的人。

华东电网：基于一对一教练技术的领导力培训创新

现代企业知识更新和能力提升的速度加快，使得华东电网有限公司认识到了传统人力资源培训与开发的局限性，并于 2011 年底开展了"基于一对一教练技术的领导力发展项目"，丰富了中层干部培训手段，采用了个性化的干部培养模式，提升了培训成果转化的效果。

在深入了解教练技术的发展历程以及国内外大型企业的教练技术运用情况后，华东电网人力资源部门试点实施了"基于一对一教练技术的领导力发展项目"。该项目采用 IDP(individual development plan)方法，以提升员工自我完善、自我发展的能力。

在项目中，两位新提拔中层干部（受训者）各自以自我管理技能和人际技能为改进方向，与各自的教练制定了为期一年的教练计划。通过定期的一对一约谈，引导受训者锁定改进项、厘清现状，学习相关方法、制定和实践行动计划，挖掘受训者的发展潜力并转化实际的行为。培训实施过程共分以下几个部分。

受训者根据自己的需求，提出提升沟通能力和情绪控制两个主题。人力资源部门和培训机构为其推荐了两位教练，经过沟通后确定了其中一位教练，并针对上述两个方面的内容共同制定了聚焦的目标。在情绪控制方面，提出了培养平静的心态，在紧急情况下能够实现自我心理调整，完成多任务时会分清轻重缓急，消除紧张干扰。在提升沟通能力方面,做到了沟通时有明确目的、方式多样、形成自我对话风格、改进沟通中不良习惯等。

教练和学习过程时间跨度9个月,每月1～2次,每次60～120分钟。整个过程采用的工具方法包括:(1)会议录像,涵盖了该受训者在单独和会议中分别与外部合作伙伴、员工、同事的沟通实况,每次剪辑成20～30分钟的片段。(2)人员访谈,包括对其上级、同事和下属三个维度。(3)DISC个性测评及辅导。DISC个性测评是一种迫选型、自我报告式的人格测验工具,具有较好的信效度。通过对受训者进行DISC施测及报告的解读、辅导,帮助受训者了解自我,达到自我察觉和自我发展的目的。(4)教练、受训者一对一授课。这是整个教练中的主要组成部分。每次授课都包含以下步骤:对上次课程设定阶段目标按标准进行检查;商讨本次课程想要达到的目标成果;和受训者一起探索;总结本次得到的启发;商讨下一步的行动计划;确定下次课程时检查行动有效性的标准。

资料来源:作者根据多方资料整理。

二、教练技术的理论基础

运用教练技术要有深厚的心理学理论基础。首先,该技术体现了"积极心理学之父"马丁·塞利格曼(Martin Seligman)的思想,提出了开发人的优势和内在力量以提高其生活品质及工作效果。其次,在教练与受训者的互动方面,教练技术则吸取人本主义心理学派罗杰斯(Carl Rogers)的客户中心方法,认为心理咨询中来访者有能力自己找到解决方案,咨询师应无条件正向关注,倡导倾听、反省、复述和沉默。在教练过程中,教练也正是通过深度倾听、共创空间和客户导向的过程帮助客户探索解决自身问题。最后,在具体技术上,教练技术综合采纳多种心理学理论和技术,如积极心理学创始人比尔·奥·汉龙(Bill O Hanlon)的重新架构法,帮助受训者从另外一个角度看待现实情景;费尔南多·弗洛雷斯(Fernando Flores)主张的语言影响行为;维克多·弗兰克(Viktor Frank)提出的"你所抵制的会持续作用""发现工作和生活意义"等理念;格式塔疗法创始人费里滋·帕尔斯(Fritz Perls)主张的解决价值观与行为的内在冲突的问题,他的空椅子、胜者和败者、黑与白的思考方式,当下意识等被引入教练技术。

三、教练技术的特征辨析

教练的职责是提供支持,以提高受训者的技能、创造力,明确自身定位。教练通过问一些针对性的问题让受训者顿悟自己的价值、观点和目标,让受训者找到人生阶段性的目标和动力,与受训者共同制定以价值观为基础的目标和行动计划,让受训者高效行动。

(一)教练和受训者的角色区别

一个教练会议包含两个要素:教练过程和教练内容(如图7-3所示)。教练对过程负责,比如时间安排和进度控制,确保受训者明确受训目标、策略和行动方案。教练对受训者负责,指导整个受训的方向,适时纠正受训者的不当行为。受训者对教练内容负责,比如选择教的主题、制定特定的目标和行动方案并贯彻实施,按进度落实教练内容。

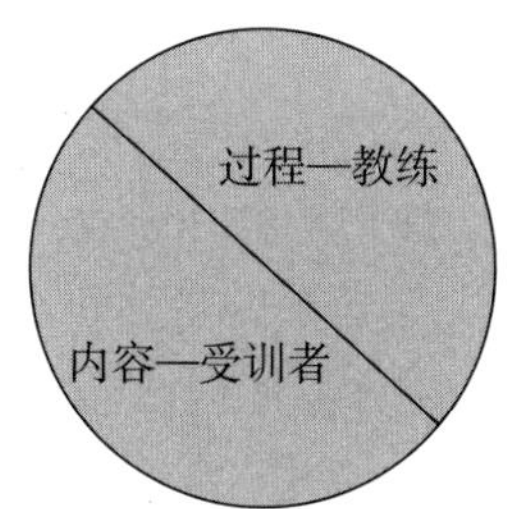

图 7-3　教练二元素模型

在此过程中，教练既不应该对受训者的教练内容不管不顾，也不能提供建议或基于好奇而提出问题。这听起来颇为矛盾。在教练过程中，教练往往有一些具体的建议或观点可以提供给受训者。如果遇到这种情况，那教练就务必要确保提建议是得到受训者允许的，并能够确保受训者的独立性。关于教练的描述，还可以参见表 7-1，国际教练协会的相关界定。

表 7-1　国际教练联合会关于教练的描述

教练认同普遍的人生观，追求共同的目标。
教练帮助个人和组织得到更快的发展和更理想的效果。
教练的焦点集中在受训者所选择的目标上。
教练课程要根据受训者的需要而量身定做。
教练和受训者是互动的。
在绝大多数情况下，教练从受训者自身引导出解决办法和策略。
教练提供看待问题的新视角。
教练在受训者自身固有能力的基础上，帮助他们更好地开发运用。
教练相信受训者具有创造性且具备足够的资源。
教练相信受训者有责任采取相应行动以达到他期望的结果。
教练关注个人生活的所有要素是如何共同产生作用的。
教练效果取决于教练和受训者间关系的强弱。

（二）教练制度和导师制度的区别

从根本上说，教练制是短期的、面向任务的。教练关注扎实的技能与知识领域内的专业发展，教练与受训者之间的关系不重要，教练的资格很重要。导师制是长期的、以关系为导向的。导师关注受训者个人的自我转换和管理，包括工作和个人生活，导师并不一定需要了解每个任务的方方面面以指导受训者，导师与受训者互相促进。教练制与导师制有以下五个方面的不同点。

第一，教练制基于获取知识和提高个人投资回报率的需求。一旦这两个目的达到了，教练行为即可停止。导师制是由对未来发展的渴望而产生的，观察变化需要很长一段时间，不能基于直接的投资回报而采用导师制。

第二，教练制是为提高个人的技能或能力，管理层需要了解教练制的成效。教练必须将进展情况及时反馈给管理层，进而衡量教练的价值。而受训者与导师间的讨论应该是保密的，以此设立一个“安全空间”。这样员工可以大胆地与导师讨论他们的困惑，而不必担心其因此产生面影响。

第三,教练制专注于思想。教练应该熟知所教授的内容,并以传播知识为目的。教练不必考虑观点如何与业务相连,只考虑个人能够完成即可。如果急需补救学习或工作知识的话,教练制可以当作"速效"贴 。导师制要专注于业务。导师几乎要一直参与内部业务,并了解业务的历史、背景和运作情况,可能同时督导很多员工。导师制不能作为应急方法。

第四,教练制可以是学习的快捷途径,但它不擅长改变组织文化。理解一种新思想很容易,但改变行为或思维习惯需要长时间和丰富的经验支撑。导师容易改变组织文化,因为他们会与很多员工长时间接触。导师与员工之间专注于"变得更好"的关系能够改变组织文化。

第五,教练制是单向的。教练制的重点是开发受训者的能力,即个人的技能要被教练。大多数的学习应该是在教练过程中进行的。导师制是双向的。导师的角色是以关系为导向的,允许双方互相受益。许多导师表示完成指导后,他们得以重新审视自己的能力并获得了新的视角。

(三)传统型管理者与教练型管理者的区别

在组织中,教练既可以是专业的教练人员,也可以是员工的上级领导。如果管理者担任了教练角色,就需要转变其与下属的互动模式。一般而言,传统型管理者是一种指挥-控制模式,主要通过对员工进行指挥与命令,以高效率达成目标。而教练型管理者则主要通过积极双向的沟通对话,引发员工的学习和思考,激发并协助员工挖掘潜能,帮助员工面对问题,让其自行找出解决办法,促进其自我成长,实现业务与能力、工作与生活的协调发展。两者的区别见表 7-2。

表 7-2 传统型管理者与教练型管理者的区别

分类	传统型管理者	教练型管理者
焦点	事	人
关注点	效率(正确地做事)	效能(做正确的事)
沟通	多说,给指令	多听,会提问
方式	基于命令管理	基于承诺管理
角色	指挥者	支持者

四、教练技术的作用

恰当地运用教练技术,可以创造双赢的局面,使所有利益相关者都受益。教练技术的作用效果可以从员工、团队、组织和社会四个层面衡量,具体见表 7-3。当然,由于受到诸多因素的影响,教练技术在不同组织中产生的影响力和效果是不同的。

表 7-3　教练技术的作用

层面	作　用
员工层面	高效掌握某项技能 更好地自我认知、自我反省 提高个人绩效 更加主动，更富有责任心 提升领导能力 提升沟通能力，改善人际关系 持续的个人发展和成长 明确生活、工作的目的和意义 实现工作与生活的平衡
团队层面	提高团队效率，改善团队绩效 明确发展的愿景，有清晰的目标 提升团队凝聚力，减少冲突 提升团队沟通能力，改善团队中的人际关系 培育团队的协同能力 团队成员更加主动 释放团队潜能
组织层面	改善组织绩效 更高的盈利能力、投资回报率、生产效率 吸引和留住更优秀的人才 减少旷工 打造开放和富有成效的组织文化 确保组织行为和价值观的一致性 更灵活、高效地应对变革的能力 更有效的沟通 打造学习型组织 实现可持续发展
社会层面	组织的成功能够带来社会效益 为其他组织提供积极的成长模式 积极的社会环境 更长远的可持续发展能力，承担更多的企业社会责任的能力

华帝燃具股份有限公司：彰显企业教练技术价值

vatti 華帝™

华帝股份有限公司（以下简称“华帝”）主要从事生产和销售燃气用具、厨房用具、家用电器及企业自有资产投资、进出口经营业务。作为一家全国知名的民营企业,其原有的企业文化根深蒂固。因此,华帝人对于企业教练的认识经历了由排斥到接受的过程。

一、企业教练技术遭受质疑

华帝总经理黄启均曾参加过很多的教练技术方面训练,如人本教练技术系列、九型人格、市场心理学培训等。黄启均在学习人本教练技术系列过程中,成功地中标到一个上千万的项目,他认为竞标成功跟参加人本教练技术培训有直接的关系,因此对这种学习很认可。他自己学习结束后,打算在企业内部引进企业教练技术。

但华帝众多企业员工认为,只有那些有问题的企业才需要教练,而华帝公司已经是第一名了,只需要按照过去的经验营运下去就可以了,需要什么教练呢?由于涉及人的心态和信念,所以这个过程实际上也是企业文化变革、文化再造的过程。然而,再造企业文化,尤其是再造华帝燃具这样一个人员过千、年产值数亿、连续七年中国燃具行业销量冠军的企业文化,谈何容易!

二、大规模引入企业教练技术

面对这种状况,眼光长远的黄启均一直坚持自己的选择,企业教练技术的主办方也继续跟进和支持。作为推行企业教练实践计划的步骤和策略之一,华帝派出了一批高层管理人员参加主办方的HCP(人力资本计划)、九型人格和市场心理学的学习。因为对教练技术的认识逐渐加深,华帝内部对教练技术的正面评价也多了起来,为实施企业教练实践计划奠定了基础。

华帝的企业教练实践计划的做法是以企业目标为导向,通过专业教练定期(如每周一次)的教练服务,改善管理层的心态,从而有效地达成目标。

(一)清晰目标,检视进度

教练在华帝每周召开一次小组会,在会上检视前一个工作时段的进度。每次检视对企业都是一个很好的推动,让企业上下目标清晰,并且更有行动力、紧迫感去完成。

(二)团队互动,协作共赢

华帝有自己的管理模式,也曾请了一些顾问公司帮他作战略、营销顾问,但是团队不团结,有很多内在的干扰。高层各有各的想法,造成了战略推行起来困难重重。在企业的管理公式 $P=p-i$(企业的表现=企业的潜能-干扰)中,作为教练,绝对相信每一个企业是都具备成功的潜能,他们的成果(P)不一样,只是因为干扰(i)不一样而已。教练的工作就是要去掉他们的干扰。如果部门之间不配合,互相埋怨,就会加(i)部分的比值,降低绩效。教练技术通过心态的调整使团队团结起来,达成一致目标,取得共识,从而使得这些战略得到迅速推行。

三、企业教练技术作用显著

在教练小组的辅导下，华帝过去推诿责任的现象得到了很大改观，逐渐形成了坦诚相对、直接沟通的风气，各部门之间的凝聚力明显增强。以前每个部门定的目标跟整个公司的目标没有多大关联，各人只管做各自部门的事情。现在他们知道，自己部门所做的一切跟整个公司的整体发展都是有关联的。

华帝企业教练实践计划的成功，体现了教练技术对于企业的价值。如今，华帝已经把教练技术推行到每个员工身上，让教练文化在企业中深化和延伸。他们借助教练文化让更多的华帝人赢得事业和生活，赢得精彩未来。

资料来源：作者根据多方资料整理。

第二节　教练能力要求、流程及督导

教练以中立的身份，通过运用倾听、提问等教练技巧反映出受训者的心态，从而区分其行为是否有效，并给予直接的反馈，使其洞悉自己，清晰目标，及时调整心态，激发潜能，以最佳状态去有效解决问题从而达成目标。要成为一个优秀的教练，其自身也必须接受教练导师的督导。教练导师的指导可以帮助教练更好地发挥有效影响力。

一、教练的能力要求

教练必备的基本能力主要有倾听、提问、反馈和区分四种。教练首先需要仔细倾听受训者的想法，通过有效地提问抓住重点，进而给予受训者积极的反馈，让其明确自己希望解决什么问题或者达成什么目的，从而寻找解决问题的方案。

（一）倾听

在每一次教练过程中，教练都需要花费大量时间倾听受训者的想法。但是，教练过程也不仅仅是一个倾听的过程，教练还需要运用提问和解释等技巧对受训者的阐述和想法做出积极的反应。

倾听可以分为五个不同水平层次（见图 7-4），教练过程中的倾听处于第四、五层，属于较高的水平层次。

第一层：打断。别人话还未讲完，他就打断谈话，并且试图换一个完全不一样的话题。

第二层：谈话劫持。倾听者听到了谈话者的话，但是他完全不管不顾对方的意思，只表达自己的想法。

第三层：建议。虽然会话一直围绕着谈话者提出的话题进行，但事实上，倾听者谈得更多的仍是他自己的想法和安排。虽然这些建议可能是正确的，但问题在于，倾听者很有可能没有弄清谈话者真正想要表达的意思。

第四层：细心倾听。善于细心倾听的人，不仅能紧紧围绕谈话者选择的主题推进谈话过程，更懂得如何帮助谈话者进行自我探索，让谈话进一步深入。倾听的关键在于倾听质量。有效倾听过程中，倾听者能够识别谈话者的关键想法和观点。不被打断的谈话，更有利于倾听者挖掘谈话者真实的想法。

第五层:积极倾听。积极倾听的另外一种表达方式是指导。这是一个通过提示和质疑式提问来帮助谈话者澄清想法的过程。最理想的状态是,教练过程中的每一次教练会议都采取第五层次的谈话法,这是个体不断思考和成长的过程。

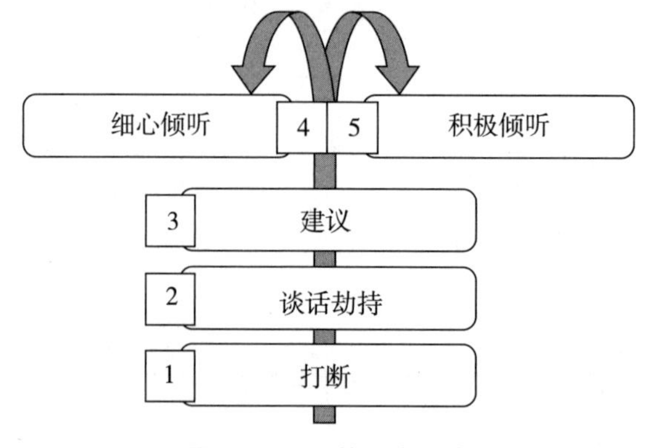

图 7-4 倾听的五个层次

以上五个层次的倾听,在我们的工作生活中都会频繁出现,在此列举了五个层次对应的倾听案例,见下表 7-4。

表 7-4 倾听的各层次举例

等级	举 例
打断	谈话者:"我们应该召开一个会议,因为……" 倾听者:"好的,但是你看了今天的早间新闻吗?"
谈话劫持	谈话者:"我不知道怎么做才能得到晋升?" 倾听者:"我已经提交了竞聘申请表。"
建议	谈话者:"我不知道怎么做才能得到晋升。" 倾听者:"你应该这样做……"
细心倾听	谈话者:"我不知道怎么做才能得到晋升。" 倾听者:"比如说呢,能再详细讲讲吗?"
积极倾听	谈话者:"我不知道怎么做才能得到晋升。" 倾听者:"比如说呢,能再详细讲讲吗?" 谈话者:"我想跟老板当面谈谈,但是一直没找到合适的机会和时间。" 倾听者:"那你是如何安排这个机会和时间的呢?" 谈话者:"哦,我也不知道。我很忙,她也很忙。我似乎总是没找到合适的机会放下手头的工作去处理这件事。" 倾听者:"还有别的因素吗?" 谈话者:"当然,我一直拖着这件事,主要还是因为我并不喜欢这样的谈话。" 倾听者:"是什么因素导致你讨厌这种谈话?" 谈话者:"我害怕她会拒绝。"

(二)提问

提问是教练工具箱里的法宝,即教练通过向受训者提出开放式问题和封闭式问题,引导受训者认识自己,拓宽知识面,形成新的认知和观点,直至受训者能够将之运用于行动中为止。在上述倾听技巧的案例中,事实上教练也运用了这一技巧,因为提问是积极倾听过程中一个非常有效的元素。

有技巧的提问

受训者:"我的同事认为我的想法太多了,想做的事太多了。他们建议我聚焦于做某一件事,并且专心把这件事做好。"

教练:"你的同事认为你想法太多,想做的事太多了?"

受训者:"我自己也读了许多专家写的相关书籍,这些书似乎都建议应该先聚焦做某一件事,并把这件事做到最好。等把这件事做成功以后,再去思考做别的事。我们公司现在还处在初创期间,所以我想,也许他们是对的。"

教练:"那你自己认为呢?"

受训者:"目前,我们拓展的所有业务领域都和核心业务相关,所以从本质上来说,它们是有一定联系的。"

教练:"公司的愿景是什么?"

受训者:"涉及好几个领域的业务。所有的业务又都有几个不同的产品和相应的服务范围。我善于整合各种资源,希望能够打造出一种拳头产品或管理一项主要业务。"

教练:"对此,你的想法是?"

受训者:"你知道,以前我从来没仔细考虑过这件事。但是我希望我们的核心业务是多元化的。"

教练:"你的核心业务是多元化的?"

受训者:"是的。我开始意识到公司业务必须朝多元化的方向发展。"

教练:"既然如此,下一步工作要如何开展呢?"

受训者:"按计划推进。我有了想法,接下来是安排实验,一旦测试通过,就制定实施框架,并安排专人负责,对细节进行监督。"

教练:"那接下来你会采取行动吗?"

受训者:"是的。我会召开一个员工会议,看看我是否能够说服他们,让他们理解我的想法。"

在上述案例中,当受训者意识到多元化就是他想要的核心业务时,谈话的能量场发生了变化。只有当受训者的观念发生改变之后,教练才可以建议受训者采取进一步的行动。

比如案例中,教练有一句指导语就是:“下一步工作要如何开展呢?”以上案例可以看出,教练提问的技巧包括用不同的词重复叙述、总结,使用某个准确的词进行反馈等。

用不同的词重复描述同一件事

谈话过程中,教练如果善于用不同的词重复描述同样一件事,有助于双方更加理解彼此的意思。这是一种帮助受训者改变观念、探索新想法的有效技巧。

受训者:“我不喜欢参加市场会议,因为每个人都要当场表达自己的想法。”

教练:“必须发言吗,不可以保留意见?”

受训者:“是的。最重要的是,我自己也不清楚我真正想表达什么。”

(三)反馈

对受训者的话进行反馈,是一种非常有效的教练技术。通过反馈,受训者能感知到自己正在被关注和重视,自己所说的一切都是值得说的,教练在认真倾听。在实际操作过程中,这种反馈会让受训者感受到被鼓励,从而坚定继续谈话的信心。反馈还可以确保受训者和教练在同一个主题范围内思考,确保双方都理解对方所要表达的意思,避免跑题。

使用积极有效的反馈

受训者:“我希望能够替换团队中的一名成员,但是现在并不能确定如何做比较恰当。”

教练:“你希望替换团队中的一名成员,只是现在还不确定该如何做?”

受训者:“是的。”

(四)区分

区分是展现教练能力至关重要的环节。受训者尚未迁善、不愿意调整自己的心态,就是因为没能看到信念当中的盲点。因此,教练必须有效地让受训者看到这个区分,进而看到自身信念中的盲点。区分能够帮助受训者提高对自身的了解,能协助受训者清晰自己的位置,能够扩展受训者的信念范围,支持受训者学会迁善心态。

通常情况下,教练可以从事实、真相、演绎和目标、成果、渴望、障碍这些角度来区分。事实是事情的真实情况;真相是事实背后的真正原因,也就是事物的本来面目;演绎是受训者自己选择的看待事实的特定角度或逻辑;目标是受训者所期望实现的成果和理想;渴望是受训者当下的出发点与欲望,是迫切的希望;障碍是使受训者的目标与渴望方向不一致的干扰;成果则是受训者的渴望日益堆积导致的结局。从这些定义当中可以了解到目标与渴望的关联,渴望是目标的细化,受训者每一个当下的渴望累积起来就是受训者的目标。换而言之,它们去往的方向应是一致的。倘若不一致,一定是中间出现了障碍,导致受训者的渴望不断累积出现偏离目标的情况。

二、教练技术四大步骤

在训练他人的实际过程中，教练与受训者的教导谈话有明确的步骤。教练技术一般包括厘清目标、反映真相、迁善心态和制订行动计划四大步骤。

（一）厘清目标

厘清目标就是要让受训者清楚行为的真正目的。目标就是一切。计划为目标而制定。每个人都要对自己的目标负责任。个体选择了一个目标，也就选择了相应的结果。某些时候，为什么有这个目标，比如何实现这个目标更加重要——选择比努力更重要。厘清目标的原则与发问见表 7-5。

表 7-5　厘清目标的原则及发问

厘清目标 SMART 原则	具体的(Specific)：教练要让受训者清楚自己想要达到什么目标，最好能引导其用一句话概述出来。如果有好几个目标，按时间或重要性说出轻重缓急
	可度量的(Measurable)：教练和受训者要清楚成功的标准，这样才会知道他们是否已经达到了目标
	可达到的(Achievable)：教练要让受训者意识到，经过一段时间的努力，他们的目标是可以实现的。有时候，受训者必须在一定条件下达到自己的短期目标，这样有助于他们实现更长远的目标
	相关的(Relative)：制定的目标必须和员工当前的工作、组织的目标具有相关性
	有时间限制的(Time-based)：如果受训者能针对可望达到的目标确定一个时间期限，这将有助于他们实现目标
教练针对厘清目标发问	你的目标足够明确吗？ 你将用什么标准来衡量你的目标？ 你想怎样达成你的目标？ 这件事情上你想要的结果是什么？ 你做某事的好处是什么？ 如不坚持某事，你付出的代价将是什么？ 你只是想要，还是一定要这个目标？ 一定要的话，现在会怎么做？ 为了这个目标，你想做哪些改变？ 你这么做是为了谁或是为了什么？

（二）反映真相

反映真相，事实上是教练的镜子作用。教练要努力让受训者认识到自己目前所处位置和目标之间的差距，并让他知道这个差距不是问题。这才正是解决问题的开始。所以，教练可以帮助受训者反映真相有两个方面：一方面要帮助受训者认识自己的目标，另一方面要帮助受训者认识到自己现在所处的位置。关于教练如何开展反映真相的发问，详见表 7-6。

表 7-6　反映真相的发问

关于界定问题的发问	你最想要做的是什么呢? 你为什么要去做呢? 你现在正在做什么事呢? 你为什么这样做呢?
关于理清问题的发问	你想要的是这个吗? 这是你想要的结果吗? 问题的重点在哪里? 你的话语的背后是什么? 你的焦点在哪里?
关于认清定位的发问	现在情况怎样? 有什么事情发生? 什么原因导致这样? 有哪些是人的因素? 哪些是环境因素? 有什么数据?

(三)迁善心态

教练技术不关注受训者的具体工作内容,只关注他的心态调整。发生了什么事情并不重要,重要的是受训者面对事情的态度。教练就像催化剂,帮受训者调整心态,以积极心态去实现目标。在对员工的心态培训上面,很多组织付出了很多培训费用,但常常收效甚微。心态是一个人内在的、潜在的对这个世界所有事物的认知。很多人常常会以偏概全地把情绪认为是心态。其实,心态包括多个层次,包括潜在的使命感、信念、价值观和情绪感觉等多个层面。因此,如何洞察心态,就需要去洞察那份对自我的认定、信念和价值观,并培养出同理心——感受自己和对方情绪的能力。关于教练如何开展迁善心态的发问,详见表 7-7。

表 7-7　迁善心态的发问

表达态度的发问	你怎样看这件事/个人? 有什么在困扰你? 你有否留意你在这件事情的反应是怎样的? 你这样做反映了什么? 你需要调整些什么而令你更有效实现目标?
发掘可能性的发问	你认为在人与事方面的调整会带来什么效益? 如果不改善此情况,会引致什么结果? 你可以做些什么去改善目前的情况? 这是否为关键所在? 你还需要什么其他资源?

清楚选择，减少恐惧

有一位公司经理在生意上遇到了困难。为了摆脱困境，他想找另一位老板合作。不过，以前他和那位老板打交道时，人家好像对他的生意不怎么感兴趣，也没怎么把他放在眼里。“找他？不找他？被他打发走怎么办？”这个“生存还是毁灭”的问题让这个经理茶不思、饭不香。

教练听完这位经理的叙述后，对他说：“对方还不知道你有这个想法，根本不知道你要和他合作。如果你都已经替他决定好了，那还谈什么后面的事？”

经理：“可是过去我找过他，他似乎对我的生意不太感兴趣。”

教练：“我理解你的担心，你要的是尽管担心但能得到成果，还是没有任何担心但得不到成果呢？”

经理：“当然是得到成果。”

教练：“既然如此，担心有助于你达成你要的成果吗？”

经理：“不会。”

教练：“你去找他，你认为最大可能谈成生意的概率有多大呢？”

经理：“我想只占大约30%吧。”

教练：“你去，仍有30%的希望谈成，但如果不去找他谈，那还会有希望吗？你在多大程度上想挽救你自己的公司于困境呢？”

在很多时候，我们是“自己被自己吓住”了。大家常常会给自己做些假设，我做不好怎么办？做不成功太没面子了吧？看样子，这桩事情要“黄”了吧？这种内在的恐惧，阻碍了人的潜力发挥，阻碍了受训者看到想要的成果。教练不会为受训者做任何决定，他是要帮助受训者把内在的潜力发挥出来，把阻碍减少到最低。

（四）制订行动计划

教练技术的一个大的特点就是重视结果，教练要督促受训者达成其目标。教练最终要帮受训者制订出切实可行的计划，让他挑战自我，所以当受训者目标得以厘清，真相得以反映，心态获得了迁善，接下来的工作那就是要受训者制订切实可行的计划。计划是目标得以厘清之后的具体化和细化。关于教练如何开展制订行动计划的发问，详见表7-8。

表7-8 制订行动计划的发问

给予激励/挑战的发问	哪些地方做得比较好 是否已经做到最好？ 有哪方面有保留的？
提供行动计划的发问	你会采取什么行动？ 你下一步要达到什么成果？ 最快是什么时候做到？ 具体成果是什么？

四大步骤的反复运用

一个客户对其某位下级主管不满,愤怒地想把该主管开除,就此事情跟教练进行了交谈。

教练:“现在的心情怎样?”

客户:“当然很生气,恨不得把他大骂一顿”。

教练:“在这件事上面,你想要的结果是什么?”(厘清目标)

客户:“我想快些解决问题。”

教练:“解决问题一定要愤怒吗?”(反映真相)

客户:“不一定。”

教练:“我理解你现在这种心情,那你现在这个情绪下做决定,能解决问题吗?”(反映真相)

客户:“可能会很冲动,不够冷静去处理。”

教练:“那你想抱着怎样的心情去解决问题?”(迁善心态)

客户:“也许我该理智地去看看这件事情。”

教练:“是什么导致你想把主管辞退?”(反映真相)

客户:“他在工作上不负责任,先不说他最近经常迟到,最近几次订货失误,搞得客户的订单也无法如期交货;不但做不成生意,同时也影响公司形象”。

教练:“大概什么原因导致他会这样?”(反映真相)

客户:“我当然没时间去问他啦,这么多东西要处理。最初大家说好了,我负责对外,他负责对内。谁知他现在自己负责的也做不好。”

教练:“他知不知道这个情况以及后果?”(反映真相)

客户:“他应该是知道的,不过他的为人像一头牛一样,只会盲做,不会看大局。”

教练:“那么他知不知道这个影响?”

客户:“他知道他做错了事,但我想我没有跟他说清楚影响。很多时候我也没有耐心跟他谈,他老是听不明白我的意思,经常迟到,每次骂过他都不改。”

教练:“听出来你似乎对他有一些不满。既然你这样不满意他,那么当初为什么你会聘用他?”(反映真相)

客户:“当然这家伙也有优秀的一面,他为人可靠,很拼,对人也挺好的,处理钱财方面可以信任,令我很放心,与客户的相处也是不错的。”

教练:“听你这样一说,他也有好的方面,那这几次是什么原因导致订单失误呢?”(反映真相)

客户:“详细情况我也不太清楚,我老是在外面跑。不过好像有一次供应商的供货延误;还有两次是数量及折扣上的问题,耽误了交货期。”

教练："这件事是不是全部是他的责任？"（反映真相）

客户："也不全是，不过交货失误真的是让我火起来了。"

教练："好啦，如果现在你把他开除了，会有什么问题？"（反映真相）

客户："一下子把他开除了，他的工作便要由我兼任，并且他跟供应商的关系也很好，可能我要花一些时间去弄好关系，减少了我在外接单的时间。"

教练："这是你想要的结果吗？"（反映真相）

客户："不是啊，留他下来也是好的，起码我不用从头开始再去训练一个新人。"

教练："那你把他留下，他没有改变，下一次再有这种情况出现又怎么办呢？并且你又没耐心跟他谈话，那怎么办？"

客户："我会耐心去跟他谈的，跟他谈他经常迟到的原因。其实我也没怎么关心过他，就是把所有店内的工作全部交给他，也不知道他做得开不开心。"（迁善心态）

教练："所以，你觉得你跟员工之间哪些地方还可以做得更好？"（反映真相）

客户："就是相互了解和沟通。我没什么时间在店里面，不知道他们的情况怎么样，他们也不了解我的心情，我的烦恼。"

教练："距离上一次你跟他们沟通有多久？"（反映真相）

客户："差不多两个月了，其实也应该跟他们聚一聚，吃一顿饭，大家多沟通了解。"

教练："好了，你现在看到公司的情况啦，下一步应该怎样做？"（制订行动计划）

客户："明天下午跟主管沟通，然后在周末大家吃一顿晚饭。"

教练："你想沟通的话，有什么结果？"（制订行动计划）

客户："对他的工作情况了解多一点，知道公司面对的问题是什么，可能他会有一些意见给我，也可以跟他共同去解决问题，让以后的货期不会延误。"

教练："好的，你现在心情怎么样？"

客户："好多了，问题应该可以解决啦。"

三、教练导师

"所有的教练都应该接受训练有素的导师的培训"这一观点，成为一些专业教练机构的新论点。

（一）教练导师的内涵

要成为一个优秀的教练，其自身也必须接受教练导师的督导。教练导师的指导可以帮助教练发挥有效影响力。在教练导师的指导下，教练通过承担某些模块的工作，历经十几个小时、两个模块的训练，强化自己的技能，有助于教练帮助受训者将理论和知识与现实生活融会贯通。

奥雷尔（O' Neill）谈到了教练导师的重要性。她指出，在强大的组织中，每个人之间的相互帮助显得尤为重要。教练导师的指导可以帮助教练发挥有效影响力。她曾经认为，只要所经历的越来越多，服务的客户越来越多，便不再需要导师的帮助。20 年过去了，她服务了 100 多位客户，在服务方面的能力更强了，但越发地想要接受教练导师的指导，并把雇用教练导师当作智力投资。表 7-9 和表 7-10 分别展示了教练需要导师的原因和教练导师的工作重点。

表 7-9　教练需要导师的原因

有助于教练的职业生涯发展
作为专业机构成员的基本要求
专业认证资格的基本要求
组织教练项目管理对教练的要求

表 7-10　教练导师的工作重点

1.为教练提供一定的空间,鼓励他们按照正常流程完成工作任务
2.在工作中加深理解,培养技能
3.从关怀的角度获取信息
4.获得工作内容和流程的反馈
5.每名教练不需要独自承担不必要的困难和项目
6.给予教练表达工作压力、移情和反移情的空间和机会
7.更好地规划和利用好个人的专业资源
8.更加主动而不是被动
9.确保工作质量

(二)教练督导的步骤

教练导师会根据教练的学习进度和进步情况,把教练督导步骤分为以下三阶段。

第一阶段:注重赞美、赋能

教练刚开始学习和练习焦点,最多只有 20%做得还可以,80%的对话内容或方法与焦点无关。如果教练导师这时候总是指出教练的问题(即 80%那部分),那就有批评不完的话题。这或许会促进他学习知识,但也可能打击他继续练习的积极性。

在这个阶段,重点是赋能,看 80%的错误是没有意义的,主要是抓住教练做得好的方面,进行赞美就足够了。让教练在这种情况下产生练习的冲动和勇气,看到其在应用中帮助了别人,他们就会把用得好的地方多练习。

第二阶段:注重过程、例外

这个阶段主要是在提问和教练过程中让教练多反思:什么样的问句是好的问句,如何知道可以问下一个过程了等。教练导师关注教练做得不好的部分,在其原来 80%的地方找一个点,这一点是对方应该提高的地方。但这一点不是绝对做得不好,它也有好的部分。被督导的教练对其他人教练过程的观察以及自己焦点教练的过程中,一定有其在某点做得好的时候。教练导师找到这个点,对教练反复赞美和反思扩展,这样 80%不好的地方,通过赞美就可以将其一半转为好的。

这个阶段是用百分比的方法让教练在应用过程中得到发展。如果没有更多的练习,教练导师就没有办法用百分比的思路找到他"时好时坏"的地方。在多练习中才能熟练运用问句,对问句深入理解,知道哪个过程可不可以结束了、需要停留多长时间等,这样教练过程才得以展开。

第三阶段：注重关系、微观

这个阶段教练可能70%～80%都做得相对较好了，剩下的20%～30%，可能是由于面对的人群不同、领域不同、应用灵活度不同而会产生偏差。这个阶段的督导应该重点放在关系视角上。如何处理语言的角色关系，需要微观地分析，微妙地处理与受训者之间的关系，更好地从微观的技巧上给受训者提供支持。除了关系以外，要让教练思考还有哪些更多的选择，还有哪些更好的方法可以给受训者带来帮助。

综上，教练导师在督导新人教练时用第一个过程，对有一定经验的教练用第二个过程，对层次很高的教练用第三个过程。角色由赞美者变为建议者，这种建议的方式可以是教练的方式，也可以是教学的方式。当被督导者的教练技术已经做得很好了，只是在某个具体领域没有经验，而教练导师在这个领域里应用得更好，这时候的督导是可以有具体内容的，可以是教学式的展示。也就是说，针对资深教练，导师更多是扮演专家的角色；针对初级教练，导师以教练角色为主。

第三节　NLP教练技术

随着20世纪70年代中期神经语言学研究的兴起，身心语法程式学(neuro linguistic programming，NLP)开始产生，现在NLP技术被引入教练技术，已经被传播到世界各地。这项技术为开发个体潜能、改善绩效提供了一系列独特、实用的方法。

一、NLP教练技术内涵

(一) NLP的内涵

NLP译为身心语法程式学。neuro即“神经”，意译为“身心”，是指头脑和身体如何经由神经系统联结在一起，形成内在的生理及心理状态和外在的言语行为，控制个体的感觉器官去维持与世界的联系；linguistic即“语法”，是指运用语言与别人做出相互影响的模式，经由姿势、手势、习惯等无声语言显示个体的思考模式、信念及内心状态；programming即“程序”，是借用计算机科学的术语指出个体意念、感觉和行为只不过是习惯性的程序，可以经由提升“思想”软件而得以改善。只要改善个体思想和行为的重复程序，便能在行动中取得更满意的效果。

NLP技术建立在一些前提假设上(见表7-11)，受训者要暂时假定这些前提假设成立，并以这个态度去学习和实践，让效果证明前提假设的正确性。

表7-11　NLP的前提假设

1.没有两个人是一样的
2.一个人不能控制另外一个人
3.有效用比有道理更重要
4.只有由感官经验塑造出来的世界，没有绝对的真实世界
5.沟通的意义取决于对方的回应
6.重复旧的做法，只会得到旧的结果

续表

7.凡事必有至少三个解决方法
8.每一个人都选择给自己最佳利益的行为
9.每人都已经具备使自己成功快乐的资源
10.在任何一个系统里,最灵活的部分便是最能影响大局的部分
11.没有挫败,只有回应信息
12.动机和情绪总不会错,只是行为没有效果而已

(二) NLP 教练技术内涵

NLP 教练技术就是通过一系列语言工具帮助教练倾听受训者讲述的内容,理解受训者所要表达的内容,通过教会受训者如何关注自己的动态变化来实现改变,同时提高受训者自身的感觉敏锐度。NLP 教练的工作就是给受训者提供帮助,强化受训者自身就具备的技能、资源和创造力。教练的效果取决于教练与受训者的关系。教练关系的设计是由教练和受训者共同决定的,视受训者的教练课题而定,在第一次的基础约谈中就要确定下来。

二、NLP 教练技术

NLP 技术不断创新,产生了一系列可以被应用于教练干预过程的工具和技术。这些技术极具动态性和实用性,能够因环境条件以及需求的变化而不断优化升级,使受训者制定不同的行动方案并高效完成。

(一) 担负责任

在教练过程中,教练要担负起应有的责任,时刻关注受训者想要采取哪些行动、把受训者要采取的行动做成行动进度表,并确保他是切实可行的、不停检查受训者是否已将行动具体化。教练可以就受训者如何采取行动提出要求或建议,但应由受训者决定其行动方案和对他的行动负责。

(二) 肯定赞扬

肯定与赞扬有很大的差别。赞扬通常是针对某种行为,如对受训者所做的某件事表示赞扬。肯定则是在身份的层面上做出的,和受训者的真实自我有关。肯定着重于受训者本身,表示一种认可,认可的是受训者真实身份的重要组成因素。赞扬使受训者学会如何得到教练的认可,对教练关系并无益处。只有当受训者感觉教练所说的与他们的真实情况相符时,才会感到获得了理解,发自内心地做出回应。

(三) 征求同意

征求同意表明对受训者隐私的尊重,也强调由受训者决定议程安排,同时表明教练对这个问题的敏感性,有利于增进信任。这也使教练得以进入那些未经同意不会贸然介入的领域进行探索。一旦征得同意,受训者将与教练结盟,和教练一起探索他们生活中的这些领域。同时,通过这种方式,教练也提醒受训者关注那些通常情况下他们觉得需要隐藏的地方。在运用征求同意这一技巧时,一旦受训者不同意,教练必须尊重受训者的意愿。如果在他们说了"不"之后,教练还是坚持同样的话题,这是在冒险破坏教练与受训者之间已建立的信任。

（四）直达主题

讲话要简洁扼要、直达主题。过于冗长和不着边际，容易导致受训者摸不着头脑。直达主题的表述可以使受训者的表述也简洁。为直达主题可采用的常见提问方式有：要讨论的问题是什么？这个模式背后所隐藏的是什么？什么是问题的关键？违反（遵照）了哪种价值观？

（五）构建信任

为构建信任，教练可从以下四方面入手。首先，教练要带着渴望了解受训者经历背后所隐含的深层结构而去倾听。其次，尽早让受训者知道教练不是完美的。教练要尽所能为受训者寻找答案，但它们很有可能不是正确答案。有时它们已经非常接近于正确答案了，或者它们将激发受训者的灵感。教练要相信答案在受训者手上，这不仅让教练得到解脱，也是一种对受训者表示尊重的表现。再次，教练将所观察到的如实陈述，做到既彬彬有礼又真诚坦率。最后，教练虽然不能为受训者提供解决问题的办法，但可以起到榜样的作用。教练可以向受训者承认，受训者面临的挑战对教练也是很重要的事，借此可以建立起与受训者的信任关系。

（六）提出挑战

向受训者提出挑战意味着教练勇于相信他们能成就大事。教练要求他们尽量拓展自己，并且认定他们能够达到。挑战可以起到很强的拓展作用。但如果使用不当，挑战也可能令人压抑或显得过于苛求。使用这个技巧时尽可能地利用相互之间的默契，并在内心自省“这个挑战对受训者有何帮助？”，别提出一个显然不可能的挑战。有一些普遍通用的问题可以用来挑战受训者，如“对你而言怎样才算是一个大的拓展？”“你认为哪些是你力所不能及的？真是如此吗？”“如果你继续努力，会发生什么？”“定再高一些的目标会是怎样的？”

（七）信任拥护

拥护是指在受训者应付挑战或艰苦挣扎的过程中，教练相信受训者终将成功度过他们的难关，将从中成长。当教练对受训者表示鼓励时，教练十分清楚他们所经历的失望，困惑或挫折感。教练不应对受训者的强烈情感轻描淡写，也不应动摇对受训者终将成功的信念。进行教练时，可对受训者表示拥护的表述如下：现在你感觉不太对，但你一定会安然度过；你现在处于低谷，但几天之后你将从中走出来；我理解你现在感觉不太对，但你将安然度过，甚至你会感谢这段经历。

（八）下切/具体化

下切又称为具体化，是将某个大目标或大任务分割成可以处理的数个部分的过程。通过倾听，教练可以从受训者所使用的语言中发现他是如何将某个具体的问题或事件下切的。那些表示全称命题的用词，如“总是”或者“从不”，暗示着某个任务之艰难且不太可能完成。在很多情况下，如果受训者将任务下切，每一小部分任务的完成，都会给他带来进步和成就感，受训者就能更容易感受到不断进步。

（九）掌握课题

掌握受训者的教练课题，是教练过程的一个中心内容。教练不能沉浸在某个课题的具体细节中，或者严格死板地遵照受训者罗列行动的清单。更为重要的大议程要解决的问题是帮助受训者澄清其真实身份。教练可以问受训者,生活中他们能感到快乐或安定吗?他们是否偏离他们的未来愿景?当觉得受训者疲于奔命,却忘记或逃避生活一些中更重要的事,这时候教练就要提醒他们。

(十)积极询问

教练用“询问”一词来指开放式的、引发受训者深思的问题。询问的答案不是唯一的,而是提出问题引发受训者思考。思考教练的询问是保持动力及课程的连续性的一种途径。《积极互动地进行教练》一书中罗列了长达六页的询问。以下是其中的一些例子,如:什么是健全完整的人格?我常常处于怎样的情绪中?那是不是已经成为习惯?我是要做老好人呢还是要实事求是?当我达到最佳状态时会出现怎样的情况?我在什么地方对自己加以限制?

(十一)强行介入

一般情况下,强行介入是粗鲁无力的、缺乏策略的。然而在教练关系中,强行介入有时却是十分有用的。如果受训者沉浸对某个冗长故事的叙述中,直接向受训者介绍强行介入这一概念。让他们知道教练出于帮助他们的目的而强行介入。让受训者知道有价值的学习,往往不是来自叙述发生的事,而来自探索故事的深层次教训或意义,教练所感兴趣是他们如何最大限度地利用教练时间,以及尊重他们希望通过教练促使进步的渴望。教练中强行介入时的表述可以如:“我对你的故事很感兴趣,这确实是个不错的故事,但我同时也希望你能最大限度地利用这段时间。”“你从这件事中体验到了什么?”“能给我一个你从这个经历中所发掘的有价值的东西吗?”

(十二)往前行动

行动使事态明朗化,往前行动的方法之一是制订计划并按照计划行事。现实情况从来不与计划相同。但制订计划、将事情进行通盘考虑还是有意义的。进行教练时,教练为鼓励受训者往前行动。可以做如下提问,如“接下来要做什么?”“你要怎么做那件事?”“你可以采取什么样的行动改善目前的状况?”但制订计划然后采取行动,不是往前行动的唯一方式。某种深刻的见解可能导致受训者改变其处理某种情况的方法。肯定可能增强受训者的信心,向他开放多种可能性。以上无论哪种方式都可以使受训者往前行动。

(十三)强有力的问题

强有力的问题可以使受训者朝着从未想过的方向探索,激发某种新思路,也可能促使受训者采取行动或做出承诺。教练通过仔细倾听受训者的叙述来发现怎样提强有力的问题,如受训者的叙述中隐含着什么,问题的关键在哪里。最简单的问题往往最强有力,接下来是什么?你要怎么做?但是,需要注意“为什么”之类的问题往往不是强有力的,还要让受训者去追本溯源,会导致受训者为他们的行为找理由或借口。

(十四)提出请求

教练展示如何提出请求,受训者可以学会这门技巧并将它运用到日常生活中,并学会如何对请求做出回应。提出请求时,教练要把对受训者的要求表达清楚,包括希望的时间、地点和方式。当受训者学会如何向他人提出更加明确的请求,并能对他人的请求做出简洁明了、真挚坦诚的回应时,他们将构建属于他们自己的世界。

（十五）提供支持

支持是指在受训者朝着目标前进途中为其提供帮助的工具，提醒受训者更大的目标和愿望，帮助他们跟踪促使目标达成的细节。支持的工具包括日历、便条、习惯表、清单、计算机、录音笔留言和备忘录等。教练要提醒受训者某个现成的方式可能不是最适合他们的，创建支持方式是一个动态、不断完善的过程。即使某种支持方式是有效的，它还有进一步改进的可能。进行教练时，可用于表达支持的提问，如“什么可以帮助你记住要做这件事?”“哪种类型的支持方式适合你?”“如何能使这个策略对你发挥更大的作用?”

（十六）确立目标

受训者有时不愿意制定计划的原因之一，是他们认为生活从不按计划进行。一旦现实与计划不完全吻合，受训者就认为自己的努力是失败的、徒劳的。教练要告诉受训者制订计划是有价值的，但同时生活也充满不确定性和可能性。计划是应对现实的基础。同时，新的可能性也让受训者随时可以做出改变。

这事，怎么这么难

某业务部的同事小贺遇到挫折，于是找教练谈话。

教练：“小贺，怎么了?”

小贺：“陈总，现在推广课程实在是太难了，我好像做不了这份工作。”

教练：“啊，你认为现在推广课程太难了，是吗?”（直达主题）

小贺：“是的。”

教练：“你能意识到这一点，并找我谈，证明你是一个不断找方法的人啊（肯定）！你现在觉得沮丧，但我相信你一定能重新振作（拥护）。我想知道，是什么让你觉得难呢?”

小贺：“我今天打了好多电话，他们都没有兴趣。”

教练：“是的，很多时候我打电话给客户时，他们也是没有兴趣了（先跟）。你认为客户对什么会产生兴趣呢（后带）?”

小贺：“那当然是赚钱了，这些老板整天都在想钱。”

教练：“当然，我也想赚钱呀，谁不想赚钱? 那我们的课程与赚钱有什么样的关系?”

小贺：“我们的课程主要是研究人的心理，如果掌握了下属的心理，就可以更有效地做好管理。管理完善了，企业就发展了，这样就可以赚更多的钱了。只是，他们都不这样认为，通常他们只会认为上课是浪费时间和金钱。”

教练：“你觉得是什么导致客户会这样认为呢?”（下切）

小贺：“也许他们从来没参加过这类的课程，不知道学习的重要，或者他们上过一些没用的课吧。”

教练：“你所有的客户都这样认为吗?”（反例）

小贺:“那倒不是,有些客户是很支持我的,他们很喜欢学习,只是这样的客户不多。”

教练:“能举个例吗? 比如……”(正向焦点)

小贺:“比如佛山李老板,他上完课还派了两个员工来,还为我介绍了几个朋友。”

教练:“啊,那你当初是怎么说服李老板来上课的呢?”(找方法)

小贺:“李老板是另外一位客户陈先生介绍的。他是陈先生的朋友,对陈先生比较信任,陈先生上完课以后有很大的收获。原来暴躁的脾气改了,本来与老婆关系很差,现在夫妻关系好了。”

教练:“你的意思是说,如果有朋友介绍时,推广课程就会容易是吗?”

小贺:“是的(若有所思的样子)。”

教练:“那除了学员转介绍这种情况比较容易外,还有没有其他比较容易的例子呢?”

小贺:“有,有一些。听了你讲座的,知道这个课程是讲什么的,也很快报名。”

教练:“还有呢”?

小贺:“还有就是一些本来就上过很多课程的客户,他们认识到学习的重要性,也比较容易说服,只是这种客户不容易找。”(又出现限制性信念)

教练:“当你的客户上完课,生意和生活都发生改变时,你想他们心里是怎么想的?”(隐含前提假设)

小贺:“他们当然要感谢我啦!”

教练:“对了,赚了别人的钱,人家还感谢你,这样的工作哪里找?”

小贺:“是的,我也觉得这份工作很有意义。但是,当遇到挫折时,有时就会很受打击。陈总,我什么时候能像你一样,什么事情都那么有信心?”

教练:“你只看到我有信心的一面罢了,我也是人,不是神,是人就会有能量低的时候。每个人都会有遇到困难的时候,这时候如果有个教练在身边,就很容易跨过去。这就是为什么即使是很著名的运动员都有一个教练的道理。现在有信心了吗?”(构建信任)

小贺:“有!”

教练:“那你下一步打算怎么做?”(往前行动)

小贺:“我会用心与学员联系,让他们有所收获,就会推荐一些朋友给我。联络一些其他课程的学习组织分享心得,让他们体验到课程的效果,只要他们觉得需要就会报名。”

教练:“不错的方法,除了上面所说的这两个方法,还有没有?”(平行)

小贺:“我要是有你这种水平就好了,那我就可以直接帮他们做教练。”

教练:“对了,那你怎样才可以有我现在的水平呢?”

小贺:“陈总,别开玩笑了,那是不可能的。”(又出现限制性信念了)

教练:“真的吗? 如果有可能,会是什么方法呢?”

小贺:“除非我能像你一样不断去向一些大师学习啦。不过,我哪有那么多钱去学习? 不过如果能向陈总学习就不需要钱了……”

教练："著名的催眠大师斯蒂芬·吉利根当年向米尔顿·艾瑞克森学习时，也是没有钱，只是他愿意努力帮米尔顿·艾瑞克森传播学问，所以当年没钱的斯蒂芬·吉利根今天也成为大师了。"（隐喻）

小贺："好，我一定好好学习，提高能力！"

教练："好了，刚才你谈了几个不错的方法，我想知道，你认为最关键的是哪一个？"（强有力的问题）

小贺："……我想最关键是提升自己的水平，水平不够，做什么都是很难的。谢谢你，陈总，我知道怎么做了，绝不会让你失望的！"

教练："好，我期待中国又多一位优秀的教练！只是我想知道是需要半年呢，还是需要一年？"（确立目标）

小贺："我想，三年吧，我还有很多需要学习的地方。"

教练："为什么不是一年呢？"（挑战）

小贺："一年？我做不到！两年吧，我再努力一点，也许两年就可以！"

教练："好！我等着那一天的到来！"

任何时候，任何人，不管水平多高，总会有遇到困难的时候，当一个人觉得困难时，往往是有很多限制性信念的困扰，用 NLP 教练的种种方法，通过植根心理学的、强有力的智慧问话，以帮助当事人动摇并破除这些限制性信念，困难就迎刃而解了。

三、NLP 教练步骤

一次 NLP 教练完整的教练过程包括准备工作、建立亲和感、开场引言、掌握课题、设定目标、行动策划、结束提问和跟进等环节，具体每一步骤的内容见图 7-5。

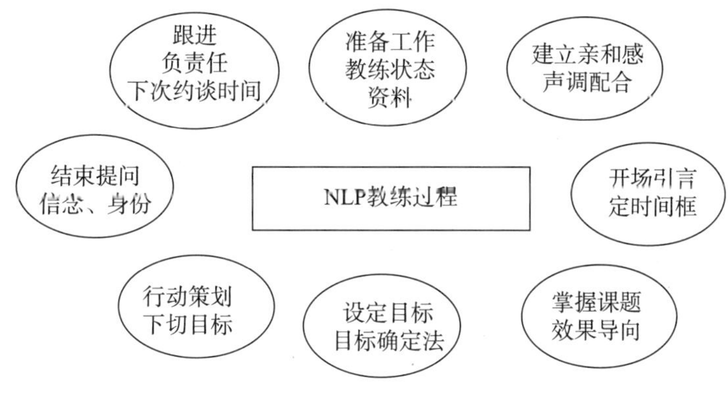

图 7-5　NLP 教练过程

但教练过程中，处理受训者某具体问题时，NLP 教练流程则可以分为愿意接纳、调节焦点、负责选择、推动与承诺四步，见图 7-6。

（一）愿意接纳

个体永远不可能和不接受他的人进行有效交流。事情的结果已经产生，抱怨和指责都不可能改变结果。我们要接纳结果，也要接纳造成这个结果的直接责任人。不能因为某个行为而拒绝这个人，但并不需要接纳他错误的行为。当接受这个人后，才可能有后面的有效沟通。接纳是让受训者感觉没有被指责,在这种安全的情况下,他就会客观地陈述情况。这给了受训者一个宣泄情绪,整理思路的氛围和机会,也有助于掌握相对真实的信息。教练在此过程中可用开放式的问话,如:能描述一下事情发生的过程吗?当时的情况是怎样的?避免使用"为什么?""怎么搞的?""不会吧?!""你负了什么责任?"等刺激对方防护意识的词句,不要带有任何评判色彩。

(二)调整焦点

当把注意力放在一个人的缺点,他的缺点会越来越明显。当把注意力放在一个人的强项,强项就会得到发挥。问话是教练聚焦的最简单方法,如果问"为什么搞成这样呢?",焦点就到了问题上。如果问"你觉得还有什么办法补救?"焦点就落在了方法上。教练应相信受训者是解决他自己问题的专家,不可越俎代庖。如果确认自己可以给出最好方法,也要在问话的最后给出建议,以如下的语言模式,将其转化成受训者的自己的选择。如"我朋友也曾遇到过这样的问题,当时他是这样处理,我不知道是不是也适合你……""我在想,如果是这样……,是不是也会有效果呢?"

(三)负责选择

人只会对他自己选择的事情负责任。当要求一个人做一件事时,对他来说,那是一件"不得不做"的事,面对一件"不得不做"的事时,基于自我保护意识,他一般反应是抵触,甚至反抗。当一个人做出了选择,他就会为他的选择负起责任。教练应让受训者说出自己的选择,切忌替受训者作决定。可通过"你认为刚才探讨的方法中,哪些是最有效的呢?""在你看来,哪个办法最棒?"等问题启发受训者。

(四)推动与承诺

当一个人向另外一个人做出承诺时,他通常会为这个承诺采取行动。教练所做的推动并不是给受训者压力。因为如果教练施加压力,往往会引起反弹。教练要让受训者自己给自己施加压力。最好的方法是通过如"你接下来打算怎么做?""我怎么知道你已经做了呢?"等提问,让受训者做出承诺。

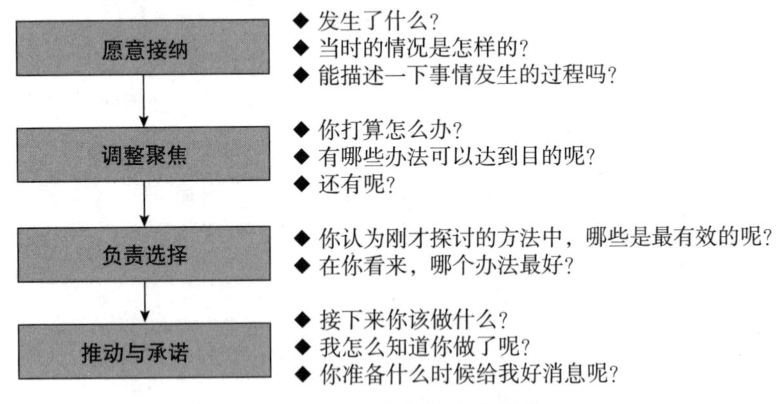

图 7-6　NLP 教练技术四部曲

四、NLP 教练技术有效应用

为使 NLP 教练技术产生良好效果,在使用该技术时应重视初次约谈、签订教练合约、注意教练状态、建立和谐氛围和帮助受训者设立改变意愿。

（一）重视初次约谈

通过初次约谈，教练和受训者彼此观察是否适合开始教练关系。教练会用一些方法了解对受训者来说什么是重要的，让受训者明白教练过程是由两个人互动进行的，请他们提出要求并主动要求改变。教练所提供的并不是一整套固定的"教练方法"，而是为受训者"量身订做"的一种伙伴关系。

（二）签订教练合约

教练合约是确定教练关系中很重要的一个部分，是指双方就教练过程的各方面事宜达成一致。签订教练合约并不时检讨，这是一个动态过程，需要教练和受训者共同投入。教练的成功与否，既取决于教练，也同样取决于受训者，必须由他们评估哪些做法对其是有用的。签订合约是一个不断尝试、不断犯错的过程，在这个过程中，教练与受训者一起探索并决定什么是有价值的内容。教练与受训者需要定期讨论如何发展教练关系，回顾已经进行过的教练内容，评估哪些是有效的，哪些需要改进以使教练效果更明显。

（三）注意教练状态

高超的教练是一种巧妙的艺术，更大程度上取决于教练状态，而不是技能。进行教练工作的时候，教练怎样利用其能力和资源，会成为受训者模仿的榜样。通过对教练的模仿，受训者将学会不带任何批判的习惯来生活，学会用好奇去衡量生活中的"重要事情"，慢慢形成适合自己的生活策略，并以他们愿意的方式采取行动。

（四）营造和谐气氛

和谐气氛是有效沟通和良好关系的先决条件。如果想受训者做出改变，必须先建立良好关系，良好关系的基础是有效沟通，而有效沟通则建立于和谐气氛的基础上。和谐氛围需要特别注意声调、肢体语言和价值观念。首先，声调上的配合，令受训者感觉教练接受了他，让他感觉到很安全，使彼此的关系更容易建立，最能做到情绪共鸣。声调可以分为四方面：高低调、大小声、快慢速度及说话语气。良好的配合是四个方面都照顾到。其次，肢体语言大致可分为四个方面：站/坐姿、手势、头的位置和动作以及面部表情。最后，没有两个人的价值观念会完全一样，因此没有两个人对同一件事的认知和态度是完全一样的。如果能够尊重对方的价值观，沟通效果就会更好。

（五）帮助设立意愿

意愿是个体"应该做"也"愿意做"的，同时应该是具体可行的事，而不是模糊不清的口号。个体往往不去做他认为应该做的事情，反而经常去做不应该做的事。那是因为每个人意识中有一套价值观，潜意识里却是另外一套。当意识和潜意识中的价值观不一致的时候，个体就会出现矛盾，或做事情总是三分热度。设定意愿是帮助受训者将意识和潜意识中互相矛盾的价值观整合起来，达到身心一致的状态。帮助受训者设立意愿会使他们集中注意力，专注在效果而不是问题。

第四节　师资管理

组织要想获得良好的培训质量和效果，需要有优秀的师资作为基础。培训师师资的选拔一般有组织内部选拔和外部选拔两个途径。但培训师师资队伍的建设应以内部培训师为主体。内部培训师能够以员工熟悉的语言和案例诠释培训内容，进行知识的传递和共享,引起受训者的共鸣。因此,组织要大力提倡和促进内部优秀员工、管理者担任培训师,要重视内部培训师的选拔,明确选拔对象、选拔标准及管理制度等。

一、师资管理目的

组织进行培训师师资管理主要有以下目的。首先,充分挖掘组织内部培训师资源,提高内部培训师团队的整体素质,激励培训师的授课热情,完善组织内部培训师管理体系,规范培训师作业流程,发挥内部培训师在组织培训体系中的核心作用。其次,通过合理安排外聘培训师,弥补组织内部培训人员的不足,促进培训工作开展。再次,提高培训工作绩效,切实保障组织各类专业培训的针对性、及时性和延续性。最后,更好地营造学习与发展型组织的氛围。

二、培训师选拔

培训师资是组织培训活动的关键环节。培训师水平直接影响培训活动的实施效果。

(一)内部培训师的甄选

内部培训师甄选和培养工作具体包括内部培训师甄选、内部培训师激励以及内部培训师培养等内容。培训主管部门应制定切实可行的内部培训师甄选与培养制度,明确内部培训师的甄选对象、流程、标准等前期工作,承担上岗认证、任职资格管理、培训与开发及激励与约束机制等工作,且每一项工作都应具体、可操作,应将其提炼为书面文字,形成相应规章制度,保证这一措施得以付诸实施。

内部培训师的甄选工作可以针对业务骨干展开。他们能够采用组织习惯的语言,总结、提炼组织中的案例和经验,有效地传播和扩散组织需要的知识和技能。

(二)外部培训师的甄选

外部培训师的选拔也应遵照相应的甄选程序,要接受申请、试讲、资格认证、评价、续聘或晋级等流程的管控。同时,组织可以尝试"外部培训师助手"制度,为每一个签约的外部培训师配备专门的内部助手,通常由组织内部的签约培训师担任内部助手,促进外部培训师能有效转化授课成果,提升助手的专业知识和授课水平,有利于组织内部培训师队伍的成长。组织外部聘请与内部开发培训师资的优缺点见表 7-12。

表 7-12 组织外部聘请和内部开发培训师资的优缺点

	优 点	缺 点
组织外聘培训教师	①选择范围大,资源质量高 ②理念新颖 ③调动受训者的积极性 ④引起组织各方面的重视 ⑤易于培训气氛的营造,提升培训效果	①信息不对称 ②培训适用性、适切性不高 ③可能缺乏实战经验,导致培训出现"纸上谈兵"的现象
内部开发培训教师	①了解全面,针对性强 ②保证培训过程中的有效沟通 ③易于控制	①威望在受训者中难以树立,不容易引起受训者的重视 ②选择有限。难以形成高质量培训师队伍 ③容易受组织内部环境的影响,思想观念存在局限性

三、内部培训师的培训

外部培训的内容宽泛，与组织实际工作结合的东西较少，培训质量难以控制等问题越来越突出，迫使很多组织不得不建立内部的培训部门和培养内部培训师。因此，组织要着重提升内部培训师的知识和能力，对其进行培训与开发，具体流程可分为培训需求调查、培训课程开发、培训计划实施和培训效果评估。

（一）培训需求调查

对培训师的培训需求调查，主要是针对培训师的素质要求，并整合组织培训需求分析，确定培训师的学习需求间的优先顺序，明确培训师资队伍建设的关注重点。对培训师的学习需求进行调查时，可对他们的培训需求进行重要性分析，即确定哪些培训需求是至关重要的，一般通过培训需求重要性矩阵进行分析，如图 7-7 所示，处于右上象限的培训需求就是需要重点关注的培训需求。

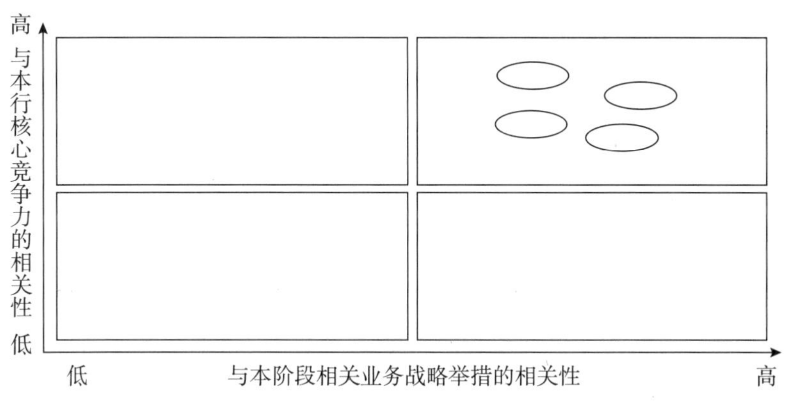

图 7-7　培训需求重要性矩阵分析

（二）课程开发培训

培训师培训课程的开发应基于培训师的职业特点，以提升培训师授课质量为目标，进行系列课程设计。培训师课程开发流程一般包括调查课程需求、制定课程大纲、准备各项课程资源、编写课程资料、试讲与课程评估、课程修订与确认六个步骤，具体内容如下。

(1)调查课程需求。确认问题、确认原因及解决方法、分析并确认技能标准、培训对象技能评估与差距分析、确认培训方向。

(2)制定课程大纲。确定课程目标、确定课程内容、选择培训方法与技巧、确定培训资源、编写课程大纲等。

(3)准备各项课程资源。确认目标、制定备选方案、评估并选择、制作所需要的课程资料、试讲或试用、修改确认等。

(4)编写课程资料。编写课程大纲、练习手册、演示文件、讲师手册、受训者手册、课程评估内容和评估方式等。

(5)试讲与课程评估。邀请相关专家和试听受训者进行评估；培训课程结束后，全面收集反馈信息，汇总数据，提出改进意见。

(6)课程修订与确认。根据试讲意见修改课程之后再进行确定，定期组织讲师修正所讲授的课程。

搜狗销售培训师实用技能培训

Sogou搜狗

搜狗为提高内部销售培训师的职业技能,强化对销售员工的培训效果,特邀请培训师对销售培训师进行技能培训。训练课程包括会议营销基础技能、培训授课基础技能以及培训师的基础技能。

一、会议营销基础技能

会议营销基础技能包括讲师的角色定位、培训的核心目的、成人学习的特性、内容编排的结构、学习过程的金字塔、课程设计与讲解的三段论(凤头:引人注意的开场设计;猪肚:课程内容与课堂呈现技巧;豹尾:余音绕梁及简短有力的收尾技巧)、会议营销基本互动技能(游戏互动、活动舞蹈、问话互动、预先框式等)。

二、培训授课基础技能

培训授课基础技能包括需求类型、发现需求的信号、常用分析法、训后跟踪三要素(知识的了解、技能的掌握、习惯的养成)等几种。

三、培训师的基础技能

培训师的基础技能包括仪容仪貌,上台技巧与站位、解压的六大法门(正看压力、自我解脱、自信暗示、生理舒缓、压力转换、全面准备)、目光交流(眼神的训练)、基本功训练(体态、手势语)、课程整体设计方法、课前准备(充分理解课程内容、有效识记关键内容、进行充分演练、预先设想场景)、课后总结(查看课程评价、回顾课程情形、找出问题原因、优化课程内容)等几种。

资料来源:作者根据多方资料整理。

(三)计划实施指导

培训师除了需要掌握授课技能外,还应该熟悉整个培训计划的实施过程,并掌握相关知识和要点。培训师在计划整个培训过程时,应做好培训前准备、培训中的注意事项与记录反馈、培训结束时的总结与回顾等工作。

1.培训前准备

培训前,培训师应分析受训者的特点,以预测培训效果。培训师根据事先了解或组织内部提供的信息,对受训者进行分类(如哪些人可能是表现优秀者、表现不佳者、潜在支持者或问题制造者等)。

2.培训中的注意事项与记录反馈

在培训过程中,培训师应注重各个方面的细节,具体见图 7-8。

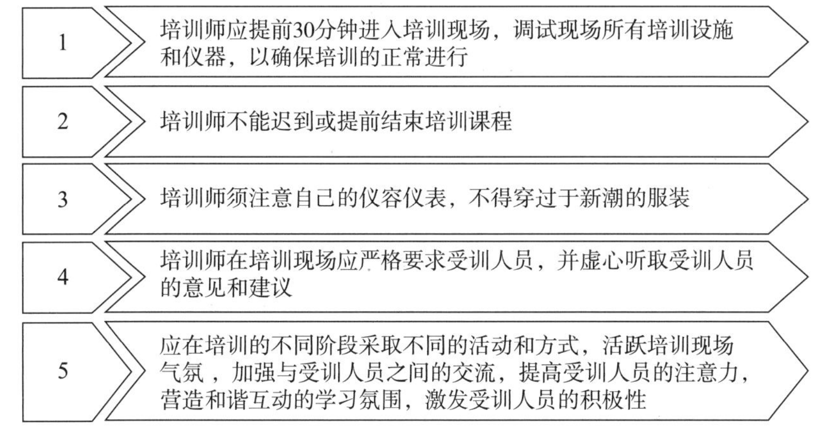

图 7-8　培训师在培训中的注意事项

此外,培训师要认真做好随堂记录,并对培训全过程以及在培训授课表现进行自我总结。培训师应听取各方意见,找出症结所在。此外,在回应反馈意见时,培训师要做到不要质疑受训者的意见,以及避免谈无关的事情。

3.培训结束时的总结与回顾

培训结束时,培训师需要做培训总结。培训总结分为培训引导式总结和受训者参与式总结。培训师引导式总结有利于受训者在学习之后及时整理内容与感受,但这种总结是单向的,受训者有时候很难做到感同身受。受训者参与式总结是把受训者发动起来,全体互动,产生共鸣。具体的操作方式是在课程结束时,全体受训者每人做简短的发言。

此外,可以邀请优秀培训师传授经验,或安排培训师参加授课技巧比较好的培训师的公开课,让他们研究、揣摩和学习其他教师的授课方法。

(四)培训师的培训效果评估与跟踪

为不断提高内部培训师的授课水平和培训质量,培训主管部门需要对内部培训师进行评估,并根据评估结果对其进行培训开发。内部培训师的培训效果评估表如表 7-13 所示。这个培训效果评估表,可以用于内部培训师的自我评估,主要是帮助培训师判断他们对培训项目的掌握程度。该表也可以在内部培训师开展培训后由学员填写,以评估内部培训师的培训效果。根据两次结果对比,可明确培训师的自我判断和学员判断的差异,也可检验培训师的能力提升情况。

表 7-13　内部培训师的培训效果评估表

评估项目	完全不了解——完全了解									
	1	2	3	4	5	6	7	8	9	10
培训师的角色与条件										
实施培训的步骤										
讲义设计应注意的要点										
多样化培训方法的运用										
塑造培训师魅力的技巧										
声音表达的正确方式										
运用非口语语言的表达技巧										
教学投影制作要领掌握程度										
处理现场质疑与异议的技巧										
意外事件的处理										
备注	请您根据目前的实际情况,在适当的分值下打钩									

新希望地产的内训师发展与培训

新希望地产于1998年正式成立,是新希望集团六大产业板块的重要组成部分。历经22年发展,新希望地产不断加强专业化运作,实现了资产和经营规模的持续跨越发展,形成住宅、商业综合体、写字楼、酒店、长租公寓、文旅小镇、专业市场、总部工业园的全类产品线,包含房地产开发、商业运营、物业管理的多元经营业态。在内训师发展与培训方面,为满足高质量的人才需求,优化内部体制,新希望地产也有其独特的培养模式。

一、内训师定位与任职资格

首先,新希望地产的内训师需具有扎实的相关专业理论基础、较强的专业技术能力以及丰富的实践经验;其次,能有效把握培训需求,具有较强的语言、文字表达能力、协调沟通能力和控制应变能力;再者,个性主动、积极、热忱,对培训和教学工作有较高的工作热情;最后,年度个人绩效考核需达到"B"以上。

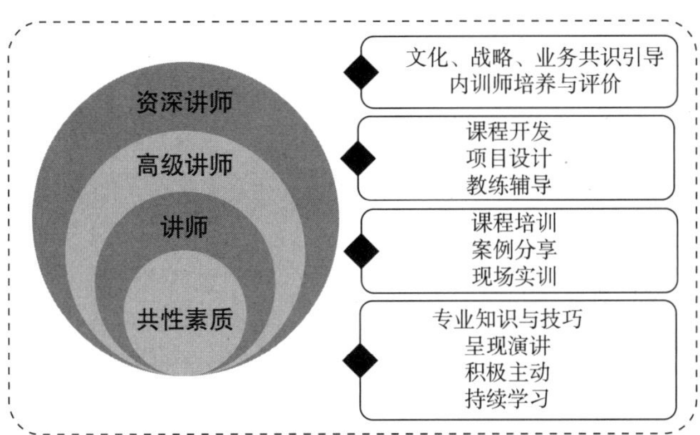

图 7-9　不同等级的讲师任职资格

二、内训师选拔

1.选拔原则：由事业部培训学院统一选聘。

2.选拔频次：每年集中选拔 1 次；不定期选拔 2 次。

3.评审委员会：由外部专家、公司高层管理者、业务专家与高级别的内训师共同组成。

4.评审内容：说课(课程目标、结构框架等)5 分钟＋某一模块具体内容试讲 15 分钟。

5.结果评定：讲师不低于 70 分、中级讲师不低于 80 分、资深讲师不低于 90 分

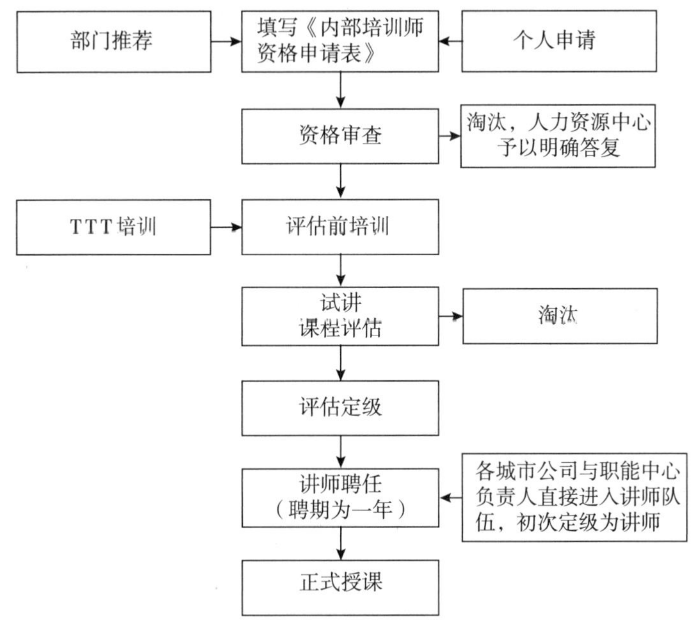

图 7-10　内训师选拔流程

三、内训师晋级

新希望地产内训师的晋级流程比较规范。首先是个人申请填写《内部讲师晋级申

请表》;随后进入资格审查,若是不予续聘或降级,人力资源中心要予以明确答复;通过审查的讲师将予以续聘,正式授课。

表 7-14　各级讲师晋级评判标准

级别	晋级评判标准
讲师	通过定级评估,评估分值为 70～80 分
	完成前一年度培训绩效考核
高级讲师	担任讲师 1 年及以上,或通过定级评估,评估分值为 80～90 分
	近 12 个月中授课不少于 12 课时
	开发课程认证数量不少于 1 门
	最近 12 个月总体培训评估不低于 85 分
	完成每年度培训绩效考核
资深讲师	担任讲师两年及以上,或通过定级评估,评估分值在 90 分以上
	近 24 个月中授课课时不少于 36 课时
	开发课程认证数量不少于 36 课时
	最近 12 个月总体培训评估不低于 90 分
	作为新进内部培训师导师有显著成绩
	完成每年度培训绩效考核
	特别提示:若有其中一项未达标,晋升不予认证

资料来源:作者根据多方资料整理

四、培训师的管理制度

(一)内部培训师的管理

培训师的管理主要包括日常管理、考核管理和激励管理三方面。

1.日常管理

(1)如果内部培训师是兼职讲师,如何处理好本职工作和讲师工作成为培训师日常管理的重点。培训主管部门应与讲师所在部门及直接上级沟通妥当,以保证内部培训师培训工作和本职工作的时间平衡。

(2)建立组织培训师资格等级评选制度,形成高、中、初级培训师体系,加强等级考核与评估,并给予配套的激励。

(3)明确培训师的职责,制定相关标准,加强内部监督。同时保持培训师开展实施培训的独立性,在课程开发、课程编写和培训活动策划上给予协助。

(4)加强对培训师的培养,鼓励更多的优秀员工加入,建立讲师储备库。

(5)注重培训师的培训课程体系的开发,收集和建立培训课程库,并要求培训师定期及时更新,以保证课程的有效性。

2.考核管理

(1)考核方式

组织内部培训师的考核主要涉及培训项目考核和年终考核。培训项目考核是指培训师每一个培训项目结束后对其授课的过程考核,包括培训项目的效果、教材设计、授课风格、受训者收益等。年终考核是指年度结束时由培训主管部门对培训师全年的授课进行综合评定,其评定结果作为保持讲师资格、晋升讲师等级及培训奖金发放的依据。

(2)考核主体

对培训师的考核主体涉及受训者、培训主管部门,其中受训者处于主体地位。每个培训项目考核由受训者和培训主管部门共同进行,年终考核则由培训主管部门来实施。

(3)考核依据

内部培训师的考核依据主要有受训者满意度和培训主管部门评价两个方面。其中,受训者满意度是受训者对讲师授课过程、内容和效果的整体评价。培训主管部门评价是对培训师的教学质量、教学效果、工作态度、授课技巧、课程内容熟练程度等的综合评价。

3.激励管理

大多数内部培训师都要兼顾本职工作和培训工作,对体力和精力都有很高的要求,这也是一些人不愿意成为内部培训师的原因之一。因此,应该采取一些能够激发他们的积极性和主动性的措施。

激励的措施包括精神激励(如颁发资格证书)和物质激励(如按课时给予报酬,提供职位晋升的空间)。此外,还可以不定期地举行提高培训师技能的相关培训,取外部培训师之长,补内部培训师之短,让内部培训师逐步提高自己的培训技巧。此外,各部门在不影响工作的前提下,对内部培训师要给予工作时间、工作量减免等方面必要的支持。

四川电力公司兼职培训师激励机制建设

中国的能源和电力可持续发展正面临着巨大的发展机遇,迫切需要培养和创造一支数量充足、结构合理、能够承担责任的优质人力队伍。中国网通四川电力公司(以下简称"四川公司")以教育培训为基点,开发了多个人才培训的项目。其中,兼职培训师队伍发挥了巨大作用。

一、为什么要建立一个兼职培训师团队

培训机构培训总体价格较高,外部培训师不能针对组织实际情况进行量身定制教学,效果不佳。这要求组织发展兼职培训师队伍,承担更多的培训课程,降低培训成本和提高效率。

四川公司所辖成都、资阳、南充、德阳四家供电公司,地域不同,技能类兼职培训师

的分布比例也不同;同时,兼职培训师所覆盖的专业类型不全面,人数分布参差不齐、极差大。这种师资结构使得有些专业在师资安排上捉襟见肘,兼职培训师师资结构亟待调整。

此外,在兼职培训师的调用过程中,经常有单位反映“工教矛盾”大,反对兼职培训师外出参加培训工作,不同区域的兼职培训师调用频率和次数也不同。培训师的任务不均衡,其主要原因是兼职培训师队伍成员素质良莠不齐,大量的培训授课任务都集中在少数优秀的兼职培训师的身上。

二、激励机制建设管理

(一)从根源出发,狠抓申报、认证流程。既要调动员工个人的积极性,又要让各基层单位能参与选拔流程,四川公司于 2013 年更新了省公司兼职培训师选拔、认证流程。新的选拔流程保证了员工的主观能动性,提高了参与度,确保了兼职培训师人选的能力素质,增加了考核的维度。

(二)从培养方式出发,建设多元化培养体系。为了全面提升公司系统技能类兼职培训师队伍素质,四川公司定期开展培训班。培训内容包括:公司政策规定、授课技巧、PPT 制作和各专业、工种培训考核标准解析等,让准备上岗的准兼职培训师们在掌握培训技巧的同时把握公司相关培训规定,确保能完成各项指标。

(三)以评促管,数据和绩效挂钩。四川公司根据自身情况,对兼职培训师设置了年度培训任务下限,力求每一位被认证的兼职培训师都能发挥所长,参与到公司员工培训中来。公司狠抓培训工作量审查,并按照三年一周期淘汰培训工作量不足的兼职培训师,保持兼职培训师队伍的动态平衡。

(四)从大环境出发,营造良好培训氛围。一方面转变组织内部对技能人才的传统偏见,自下而上尊师重教。另一方面,做好兼职培训师的心理建设。公司鼓励各级单位评选“优秀内训师”“金牌师傅”等荣誉称号,让兼职培训师在开展培训工作的过程中能“知无不言,言无不尽”;同时,也要让教练和获奖选手获得同等奖励。

(五)落实待遇,完善配套。例如,四川公司严格按照国网公司通用制度标准执行,兼职培训师承担公司系统内培训教学、项目开发及资源建设等任务期间,工资、奖金、津贴及福利待遇按原岗位保持不变(按工作量考核兑现奖金的单位,按不低于原岗位同级别人员的平均水平发放)。

(六)多平台互动,驱动兼职培训师队伍成长。四川公司积极创建大师工作室,拓展人才成长平台。此外,为进一步加强队伍素质建设,明确人才成长路径,拓展职业发展通道,公司人才按照“四级四类”管理。

三、建设管理实施效果

2013 年到 2016 年期间,更多的专业和兼职培训师在经过培训、满足条件之后积极参与到培训工作中,为四川公司节省了开支数百万元。五大专业的兼职培训师的认证情况逐渐平衡,队伍壮大且结构趋于均衡。四川公司的人才当量密度由 2012 年的0.8404

增加到 2015 年底的 0.962。由兼职培训师参与编写并且公开出版的相关培训教材有 76 本、技术规范 11 项、在公开发行刊物发表学术论文 846 篇，其中 76 篇被 EI 收录，137 篇发表于核心期刊；申请 208 项国家专利（包括 150 项发明专利）。

资料来源：作者根据多方资料整理。

（二）外部培训师的管理

为充分发挥外部培训师的作用，依据整合资源、成果共享、规范运作、成本控制的原则，规范外部培训师的管理。

（1）根据培训需求寻找外部培训师，经过组织领导审核批准后确定培训师人选，并签订合约。

（2）对外部培训师进行培训，包括组织文化、培训需求、培训目标、培训背景、受训者情况等内容。

（3）培训实施。培训主管部门要预先建立监督管理机制，派专人定期对服务费用、成本及培训计划的质量等进行跟踪监控，出现问题要及时上报、纠偏。例如，记录培训的出勤率、受训人员的反应、课堂气氛等指标。

（4）对外部培训师进行教学评估考核，包括通过问卷及访谈调查受训者的满意度以及培训部门对外包培训师的评价。

（5）对外部培训师的激励管理。根据考核结果，适当对外部培训师进行合理的奖励或者更换。

易居的混合式培训人才学习项目

易居企业集团
港交所股票代码: 2048.HK

易居集团旨在成为中国房地产行业航母级交易综合服务平台，服务于开发商、中介机构和资产所有人，拥有全直营管辖的业务版图。旗下易居营销、易居房友、克而瑞等特色业务，全面覆盖从新房代理服务、房地产经纪共享服务到房地产大数据应用服务。

2016 年 3 月，营销本部启动了第三届“T＋M（Trainer and Training Manager）培训人才培养项目”以培养内训师。该项目创新性地应用 4S 项目设计模型，通过甄选、培育、绩效支持、发展四大核心环节，形成人岗匹配、人才孵化、学习转化、引导学以致用的学习闭环。

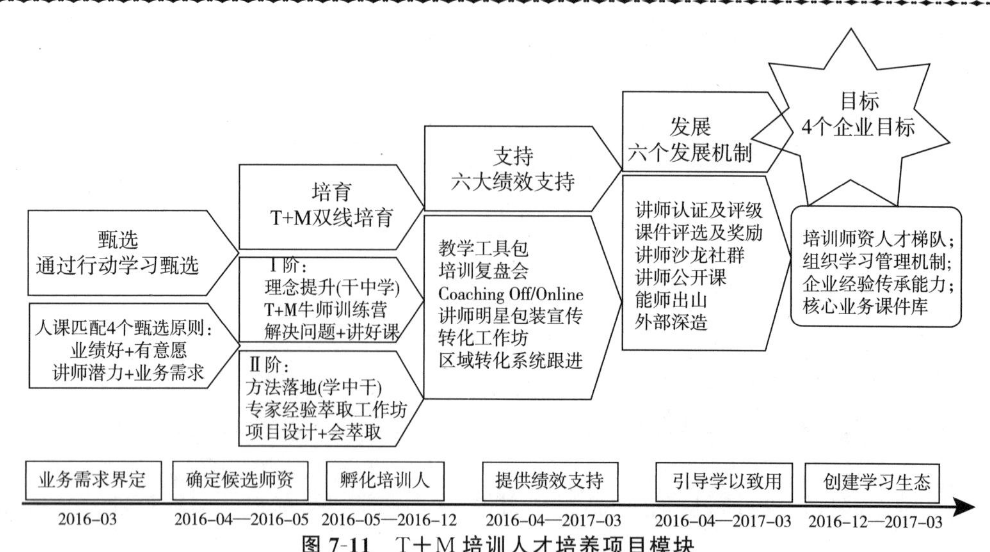

图 7-11　T+M 培训人才培养项目模块

一、甄选讲师,全员行动

营销本部以组织文化为基础,在整个项目中进行行动学习。针对内训师的团队建设,易居首先做好课程的匹配工作,明确甄选内训师的四个原则,即业绩好、有意愿、潜力大、业务需求强。

(一)项目思维甄选

营销本部的目标是"选拔匹配区域公司业务需求的讲师人才",并用项目思维选择讲师。在甄选过程中,易居让有意愿有潜力的讲师,经历"开发课件—试验参与教学—参加比赛—选手互相学习—专家评审团反馈—短板针对性学练—迭代课程"的过程,鼓励他们养成自我学习与迭代发展的习惯。这个过程中,讲师不仅可以收获自己的核心课程,还能获得关注、认可和荣誉,实现从认知、情感到行动的知行合一。

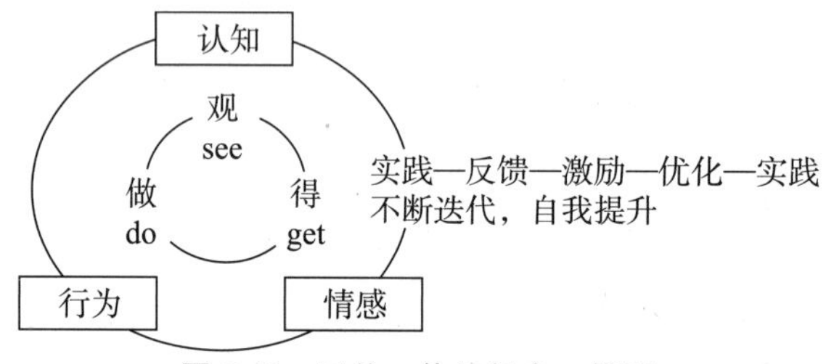

图 7-12　三位一体知行合一模型

(二)结构性思维,层层推进甄选过程

易居基于公平原则、结构性思维设计,完善了讲师甄选过程。在这一过程中,讲师的素质与课程数量并重,从海选报名到综合评定,各个环节层层递进(图 7-13)。

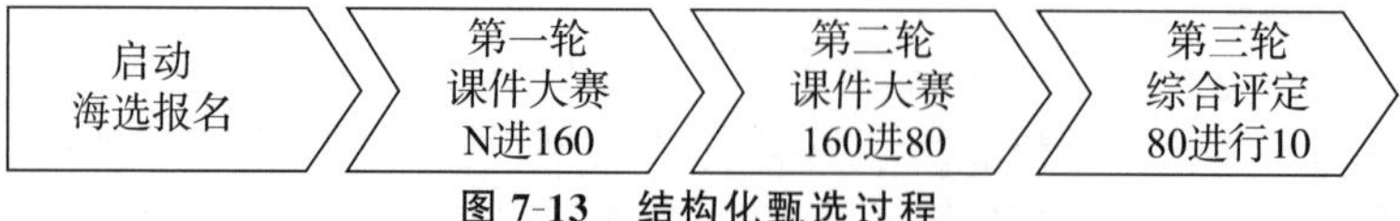

图 7-13　结构化甄选过程

首先，是海选报名阶段。在这个阶段，根据选择认证讲师的四个原则确定选拔维度，讲师凭独立开发的销售课件在该地区报名参选；然后进行课件筛选；每个区域自行评选出五门最能满足本区域销售类培训需求并最具有专业度的课件。其次，通过讲课大赛进行授课筛选。最后，进行综合评定，营销本部根据课件质量（30％）、教学能力（40％）、需求匹配度（20％）、区域授课课时（10％）四个标准，对各区域的胜出讲师进行综合评选，确定认证讲师的资格。

（三）全民参与，共同评选

营销本部学习与成长中心为入围讲师制作了个人海报和在线视频微课，并在企业微信公众号平台进行宣传推广，开启微信全民投票公决。除了历届认证讲师作为评委积极参与外，各大高管还参与了评审团的组建，引发了一场全民讲师运动。

二、“训练营 & 工作坊”推动知行合一

培育环节分为两个阶段，分别是理念提升阶段与方法落地阶段。理念提升阶段，依托于“T＋M 牛师训练营”，受训者不仅可以解决问题，而且能讲好课；方法落地阶段则借助“专家经验萃取工作坊”，让受训者掌握项目设计和萃取技术。

（一）T＋M 牛师训练营

为提高培训人才对培训基本理念、学习原理等基本概念的理解和认识，让适合组织学习训练的新方法、新理念、新工具在组织里更好地被运用和实施，易居设计实施了为期三天的封闭式集训营，分为三个部分：营销本部将邀请各区域公司培训机构的培训组织管理者，以 TED 演讲的形式分享经验；邀请针对培训目标的相关大咖进行课程开发与讲授，全面升级受训者脑科学、能量层、认知心理学等方面的认知维度；专门开发“微观行动学习，有效教学课程”课程，教授行动学习原则、设计方法、应用工具和模板，并加入团建环节和奖励激励规则，做到有效培训。

（二）专家经验萃取工作坊

改善认知度学习的第一阶段课程结束后，2017 年集训营以方法落地成果转化为目标，营销本部为培训组织管理者及内训讲师组织一次区域培训，展开了为期三天的专家经验萃取工作坊。

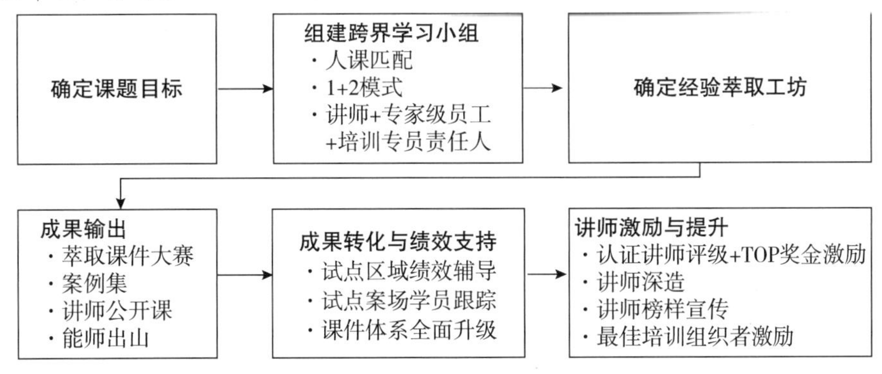

图 7-14　学习专家经验萃取技术与萃取成果转化应用

根据能力和经验互动的原则，易居采取“1＋2”，即“讲师＋1 名专家级员工＋1 名培训专员”的形式，引进外部专家，组建跨界行动学习小组；经过外部导师指导和受训者

的自我学习，易居获得了相关的成果输出，萃取成果通过试点区域的试点案场进行核检、修正、优化；在这个过程中，营销本部全面跟进并提供多种方式的绩效支持，建立学习转化系统。

三、“支持+发展”帮助培训成果转化

经过培育阶段，培训人才的认知理念得到提升，专家经验萃取实现了方法落地。在这之后，易居一方面为受训者提供绩效支持，促进培训成果的转化；另一方面，通过对讲师发展机制的设计，创造讲师文化生态。

（一）持续支持跟进

易居为受训者提供全套教学工具包，同时在线上学习平台开通一对一的教练辅导，引导受训者通过多种方式营造学习领域。易居还将在甄选过程收集的160份PPT课件，以及80个潜力讲师的授课视频纳入组织的课件库。在结训后一个月，易居组织培训专家和受训者共同参加方法论转化应用复盘会。培训专家分享如何应用方法论，受训者们分享如何利用所学帮助所在区域解决业务难题。同时营销本部继续跟进区域的学习转化个案，对积极践行所学的受训者提出表扬及公开表彰。

（二）引导学以致用

易居以促进学习转化为出发点，从三个维度创造应用条件和机会，设计讲师发展机制，三个维度分别是爱学——自主自发的融入，有用——所学内容能提升讲师培训效果，能用——创造应用条件和机会。通过发展机制、营造讲师文化，激励和发展组织培训人才，引导他们学以致用。营销本部学习与成长中心还设置了丰厚的奖品，对胜出讲师进行表彰和颁发证书；实行“能师出山”，让优秀讲师跨区域交流；所有认证讲师可以自选1～2门外部公开课进行外出深造，实现有针对性的自我提升。

资料来源：作者根据多方资料整理

本章小结

教练技术蓬勃发展，应用越来越广泛。教练可以运用倾听、提问、反馈和区分四种基本技能，与受训者进行厘清目标、反映真相、迁善心态、制订行动计划四大步骤的谈话，引导受训者找到真相所在，从而洞察其心态，帮助受训者有效解决问题从而实现目标。此外，让教练接受训练有素的教练导师的督导，在实践过程中提高和完善教练的效果和教练过程的系统性。

NLP教练技术为开发个体潜能、提高绩效提供了一系列独特、实用的方法。在面对具体问题时，NLP教练过程可以分为接纳、调节焦点、选择、推动与承诺四步骤。常见的NLP教练技术有负责任、肯定、征求同意等十六种，在运用NLP教练技术时，要重视初次约谈、签订教练合约、注意教练状态、营造和谐氛围和帮助受训者设立改变意愿，才能让NLP教练技术产生应有的效果。

培训主管部门应制定切实可行的内部培训师甄选与培养制度，明确内部培训师的甄选对象、流程、标准等前期工作，承担上岗认证、任职资格管理、培训与开发及激励与约束机制等工作，且每一项工作都应具体、可操作。内部培训流程可分为培训需求的调查、培训课程的开发、培训计划的实施、培训效果的评估。管理制度主要包括日常管理、考核管理以及激励管理。

问题思考

1.谈一谈对教练技术内涵的理解。
2.简述教练的能力要求。
3.列出教练技术的四大关键步骤。
4.请简述几种常见的 NLP 教练技术。
5.要使 NLP 教练技术有效运用需要注意哪些方面？
6.分别列出外部聘请和内部开发培训师资的优缺点。

参考文献

[1] 张海峰，韩云浩.企业教练技术[M].成都：西南交通大学出版社，2015.
[2] 黄健辉.NLP 教练技术[M].北京：华夏出版社，2018.
[3] 乔纳森·帕莫斯.卓越教练技术指南[M].北京：人民邮电出版社，2018.
[4] 郗亚坤，曲孝民.员工培训与开发[M].大连：东北财经大学出版社，2019.
[5] 陈国海.员工培训与开发[M].北京：清华大学出版社，2019.
[6] 彭剑锋.人力资源管理概论[M].上海：复旦大学出版社，2018.
[7] 赵曙明，赵宜萱.人员培训与开发：理论、方法、实务[M].北京：人民邮电出版社，2019.
[8] 刘世龙.行动学习：让培训直接产生绩效[M].广东：广州外语出版社，2018.
[9] 戴志强 NLP 教练技术讲义，https://www.docin.com/p-2140749202.html.
[10] 田建华.NLP 教练技术[M].北京：中国财富出版社，2013.
[11] 陈国海.员工培训与开发[M].北京：清华大学出版社，2019.
[12] 金延平.人员培训与开发[M].大连：东北财经大学出版社，2016.
[13] 范博仲.教练式管理：用 NLP 技术唤醒员工潜能[M].北京：人民邮电出版社，2015.
[14] 赵耀.员工培训与开发[M].北京：首都经济贸易大学出版社，2016.
[15] 陈国海.员工培训与开发[M].北京：清华大学出版社，2019.
[16] 维吉·布洛克.教练技术：教练学演变全鉴[M].北京：北京联合出版公司，2016.
[17] 赵尧麟.浅谈电力行业兼职培训师激励机制建设[J].中国电力教育，2017(4)：41-45.
[18] 车平平，张毅.新形势下企业内训师队伍建设研究[J].企业改革与管理，2018(18)：74-75.
[19] 华工科技公司内部员工师资培养，https://www.hroot.com/d-9358936.hr.
[20] 卞蓓蕾，沈挺.基于一对一教练技术的领导力培训创新[J].中国电力企业管理，2013(1)：72-73.

第八章　职业发展与职业生涯管理

☆ 了解职业与职业开发相关概念与理论。

☆ 掌握职业生涯规划与职业生涯管理内容。

☆ 理解任职资格管理相关概念及其应用。

☆ 掌握基于任职资格管理体系的职业发展规划。

康明斯中国 IT 员工职业生涯规划方案

康明斯中国于 1979 年在北京成立,因其卓越的发动机整体性能广受中国用户好评。同时其涡轮增压器、滤清、后处理系统等关键零部件产品也在国内市场占据了较高的售后市场份额。中国已经成为康明斯在全球规模最大、增长最快的海外市场。2019 年康明斯在中国区的业绩持续亮眼表现:包含合资公司在内的整体销售收入达到 56 亿美元,创造了历史新高;包含发电机组及出口市场在内的整体发动机销量近 4 万台,也创造了历史最好成绩。

公司的快速发展和巨大收益得益于康明斯公司对于公司员工与人才的发展规划。康明斯公司重视员工的职业发展,对于不同职位的员工,公司都拥有详细的职业生涯规划方案。

一、IT 员工职业生涯规划

(一)IT 员工职业生涯规划路径

为了给康明斯中国 IT 员工提供多元化职业发展空间和晋升机会,有效地支持康明斯中国的业务目标实现，康明斯中国通过组织变革，根据胜任力模型理论，设计符合 IT 员工的多重职业发展通道。

康明斯中国 IT 员工现有的职业生涯发展通道（图 8-1），涵盖了从助理工程师、工程师、高级工程师、主管、经理、高级经理和总监在内的七个主要的职称以及十个职位等级。

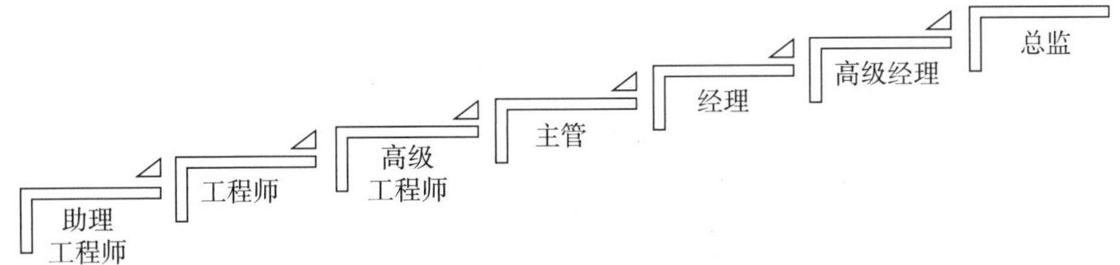

图 8-1　康明斯中国 IT 组织变革

（二）IT 员工职业规划实施步骤

根据康明斯中国 IT 员工职业生涯规划的现状，从六个步骤建立可行的职业生涯规划实施方案（图 8-2）。

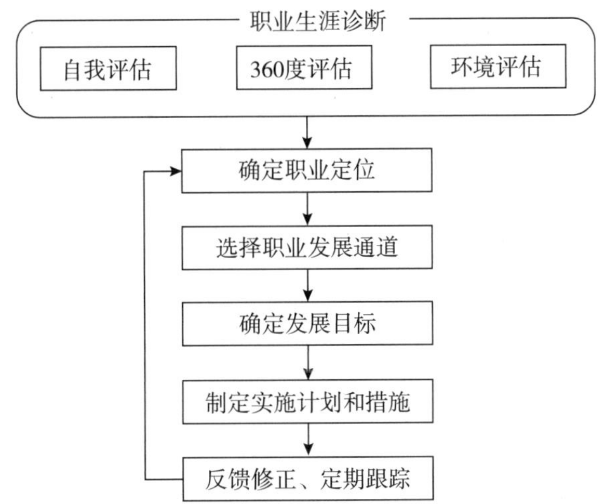

图 8-2　康明斯中国 IT 员工职业规划实施步骤

1.职业生涯诊断

职业生涯诊断的过程可以通过自我评估、360 度评估和环境评估来实现。分析员工的职业发展目标和职业技能，了解其兴趣爱好、特长、个性特点、知识水平以及价值观、拥有的资源等。通过与员工工作、生活相关人员的 360 度评估，全面了解员工的个性特征。通过对相关行业的职业需求分析、职业满意度评价、职业发展前景和该行业状况的了解，分析在该行业中可能的职业发展机会。

2.明确职业定位

康明斯中国梳理 IT 员工的从业经历后，在人力资源部门职业生涯管理专家的指导下，通过职业锚的测评，帮助员工明确自己的职业定位。由于职业锚的不可预测性，员工较难仅基于评测找到准确的职业定位。因此，职业锚确定以后，仍需要定期回顾，帮助员工不断认识、了解自己，从而修正自身的职业定位。职业锚的多样性为组织培养人才、发展人才提供了更多的机会。

3.选择职业发展通道

根据职业锚理论确定职业定位后，公司以发挥优势、弥补劣势、抓住机会为原则，利用SWOT分析法(表8-1)开始制定职业发展通道。根据已制定的纵向职业发展通道，将员工分别归入应用IT发展通道、IT基础架构发展通道和IT管理通道三个通道。对归入三个通道的员工重新进行技能评估，以划定发展通道内的当前岗位级别。另外，也可以利用网状职业发展通道，评估、规划员工可能适合的职业发展通道。

表8-1 康明斯中国IT员工SWOT分析案例

优势S	劣势W
沟通能力良好 学习能力较强 工作积极性高 Oracle SC应用支持能力强 参与过三个以上全球Oracle项目	知识面不广 做事比较急躁
机会O	**威胁T**
康明斯全球IT负责大项目的实施 中国区IT负责协调项目的落实	Oracle R12培训还未落实 IT项目管理经验不足

4.确定职业生涯发展目标

康明斯中国IT员工职业生涯规划方案的目标是：帮助员工实现他们的职业目标，同时以人才的发展促进组织发展。因此，职业生涯规划的核心是确定IT员工发展目标。职业生涯规划中所确立的目标是可行的、可能实现的，按照时间跨度分为1～3年的短期目标、3～5年的中期目标以及5年以上的长期目标。目标确立的方法通常是先确立长期目标，然后再分解中期目标和短期目标。长期目标的设定需要结合职业诊断结果和职业定位、职业兴趣。长期目标就是IT人员职业生涯的重点，按照SMART原则，分化出能够支持长期目标实现的、可行的中期目标、短期目标。另外，短期目标应与组织年度执行计划保持一致，而中期目标与组织的5年发展目标相结合。

5.制定实施计划和措施

在确定了职业生涯目标后，该公司着手制定实施计划与实施措施，制定短期、中期、长期职业发展目标所需要的技能矩阵，评估公司IT员工现阶段职业技能，根据技能矩阵中各技能评估值，确定现阶段职业技能与之的差距。通过对技能差距的进一步分析，制定具体的职业技能提升措施。随着轮岗、外派、在职培训、脱产学习、导师计划、帮带计划等一系列措施的逐步推进，帮助员工缩小阶段性技能差异，顺利提升到下一阶段需要的技能水平。同时，保证每项措施都能与阶段发展目标契合，明确每项措施所需要的内部、外部资源以及责任人，制定实施计划表并放入员工职业生涯发展档案。

6.反馈修正、定期跟踪

IT 管理层需要加强对员工生涯计划实施跟踪和指导，在月度、季度、半年度和年度的工作回顾中对员工工作业绩进行合理的绩效评估，对员工的技能矩阵重新评价，对职业生涯实施计划和措施回顾更新。

二、职业生涯管理

（一）纵向职业生涯发展通道设计

运用“双阶梯”制度，对康明斯中国 IT 员工现有的职业发展通道进行规划（图 8-3），打造三重晋升通道，激励他们在各自职业领域持续努力。

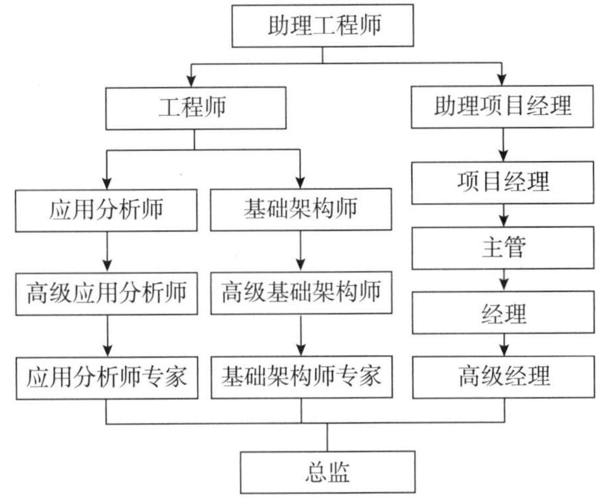

图 8-3　康明斯中国 IT 员工职业生涯发展通道

1.管理类通道。适用于康明斯中国 IT 管理岗位员工，如项目经理、部门主管、部门经理等。由于项目经理在累积足够项目经验后，可发展成为组织的团队领导。因此将项目经理加入管理类职业发展通道，帮助现有项目经理明确自己的职业发展方向。

2.基础架构类技术通道。适用于康明斯中国 IT 从事基础架构类服务的所有员工。在 IT 基础架构方面已有建树的员工，同样可以提升为首席架构师，不用担心自己因为对管理工作不感兴趣，或是管理能力不足、管理经验欠缺而失去晋升的机会。

3.应用支持类技术通道。适用于康明斯中国 IT 从事应用支持类服务的所有员工。期望在应用支持方面继续发展的员工，可以晋升为高级应用分析师，甚至应用分析专家，为中国区所有工厂提供应用支持工作，参与中国区的应用支持项目。在应用支持领域，同样可以获得高级经理同等的职位级别和薪酬福利，实现自我的发展。

（二）网状职业生涯发展通道

一般来说，员工晋升到较高层次岗位后，对公司层运作、管理都会有更多的接触、了解、认识；而处于职业生涯早期、30 岁以下的员工，有可能调整职业发展目标。对于部分员工，纵向职业发展通道或横向职业生涯发展通道都是单方向的发展，很难满足他们的职业发展需要。因此，康明斯中国 IT 建立一种横向和纵向之间可以转换的通道模型（图 8-4）。

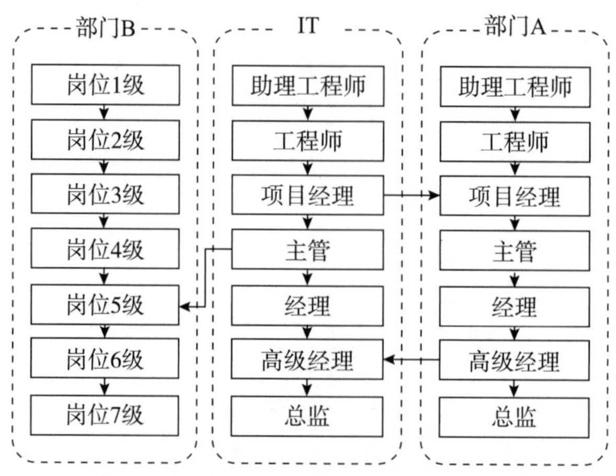

图 8-4　康明斯中国 IT 多元化职业生涯发展示意图

三、IT 员工职业生涯规划方案人员保障

在职业生涯规划前期、中期、后续追踪的各阶段,公司确保所有相关主体——员工、管理层、人力资源部门的参与(图 8-5),协同完成员工职业生涯规划方案的设计、实施以及定期的反馈修正。明确各相关责任人的角色、参与方式、职责,进行宣讲,让各相关责任人认识到职业生涯规划管理的重要性。同时加强职业生涯规划的培训,让员工和管理者掌握必要的职业生涯规划知识。在明确各自的角色和职责后,保证职业生涯规划管理的顺利开展。

图 8-5　员工职业生涯规划人员保障体系

1.员工是职业生涯规划管理的主体

员工需要参加入职和岗前培训了解公司文化、规章制度、组织架构、岗位职责等,还需要参加由"职业生涯管理委员会"提供的职业生涯规划培训。在了解了职业生涯规划后,员工必须参与职业生涯诊断,初步确立自己的职业定位。然后,根据"康明斯中国 IT 职业生涯管理委员会"的要求,员工与直接领导一起制定短期、中期、长期的职业生涯规划方案。在整个制定过程中,员工必须遵守诚实、公开、协同的原则,拟定适合自己兴趣爱好、特长的职业生涯规划方案;认同康明斯中国 IT 的组织文化,在组织中发展自己,为组织提供最大绩效。

2.管理层是职业生涯规划管理的主导

管理层需要寻找员工职业发展需求和中国区 IT 组织发展需求的平衡点,最大化员工发展以确保组织目标的达成;需要根据各职能部门实际的业务支持情况和组织战略目标，制定短期、中期、长期的人力资源计划，制定、维护职业发展通道，为员工和组织的发展打通“道路”。根据员工的自我评测结果，在人力资源战略指导下，管理层帮助员工在组织中找到适合自己的定位和发展通道。将职业生涯规划讨论列入日常管理工作，定期与员工沟通，跟踪员工具体行动实施情况，帮助员工及时调整短期、中期、长期的职业生涯规划方案。

3.人力资源部为职业生涯规划管理提供专业支持

人力资源部需要为每一个员工职业生涯规划实施步骤提供专业指导。由人力资源组织职业生涯管理知识培训，提高员工的职业生涯规划认知水平；帮助管理层将职业生涯管理理念有机融合在日常管理事务中；沟通管理层和员工在职业生涯规划方案实施过程中的角色和职责。在项目实施过程中，人力资源部牵头完成康明斯中国IT全体员工职业生涯诊断；与管理层一起，辅导员工确定职业定位、选择职业发展通道、确定发展目标；在员工职业生涯阶段计划落实过程中，监控每个措施的有效性，及时为员工和管理层提供过程指导；统一管理员工职业生涯规划档案，做好变更管理，汇总阶段性工作结果，为后续改善提供指导意见。

资料来源：作者根据多方资料整理。

第一节　职业开发的概念及意义

本节讲主要介绍职业开发、职业规划、职业管理、职业生涯和职业生涯规划等概念，这也是理解后续章节内容的基础。

一、职业开发

（一）职业开发相关概念

1.职业开发

职业开发一般也称为职业生涯发展，是指为了确保员工个人职业规划与组织职业管理的目标一致性，实现个人与组织需要的最佳结合。它包括职业规划与职业管理两个基本活动。在无边界和易变性职业生涯理念下，职业开发不仅仅是组织的事情，而是必须以员工个人为主导、组织协助，共同进行的活动。

2.职业规划

职业规划是员工基于个人的性格、兴趣，能力和价值观掌控自身的职业生涯而采取的一项行动。它包括对自我性格、兴趣、技能、价值观等方面的澄清，明确自身的优势和不足，对工作世界进行评估分析，以确定职业生涯发展目标，并制定出一系列详细、具体、可操作的规划。

3.职业管理

职业管理是指为实现组织目标和个人发展的有机结合，从组织角度对员工所从事的职业进行计划、引导和控制的过程，是组织人力资源管理的一个非常重要的组成部分。

(二)职业开发的意义

职业开发无论是对组织发展还是对员工成长均有着非常重要的意义,主要体现在以下两个方面。

1.引领员工职业发展

职业开发对员工来说最为重要的就是可以借助组织力量,从专业、可操作、有效性的角度,了解自身的优劣势,培养必要的职业技能,树立起长期的职业规划意识并能够按照规划付诸实践,为员工最终取得职业生涯成功奠定坚实的基础。

2.确保组织人力资源供给

员工是组织发展最宝贵的资源,做好员工职业开发,有助于为组织培养具有较高忠诚度、较强专业技术能力的员工队伍,为组织发展提供必要的人才储备。这也是目前很多上市公司高度重视员工职业生涯发展的主要原因。

二、职业生涯与职业生涯规划

(一)职业生涯

职业生涯是动态的、发展的过程。美国职业问题专家舒伯(Donald E.Super)认为"职业生涯包括个人一生中的各种职业、职业选择以及每个阶段扮演的生活角色"。具体来说,职业生涯是以个体心理开发、智力开发和技能开发等潜力开发为基础,以工作内容的确定性和变化、工作业绩的评价、工资待遇、职务职称的变动为标志,以满足需求为目标的工作经历和内心体验的经历。它对个人和家庭都有着非常现实、重要的意义。韦伯斯特(Webster)把"生涯"的外延进一步扩大,指出职业生涯是个人一生职业、社会与人际关系的总称,即个人终生发展的历程。我国学者吴国存(1999)将职业生涯分为狭义和广义两类。狭义的职业生涯是指个人从职业学习开始,进入职场,一直到退出职业劳动;广义的职业生涯则起始于人的出生,是指从职业能力的学习、职业兴趣的培养,到完全退出职场。

但是现在职业生涯观念正在改变,随着科技产业持续、快速地扩张,市场环境变得日益复杂,员工需要成为多面手。职业生涯的意义,不再是一个人长期从事一种工作。于是,传统职业生涯定义中所蕴含的稳定、长期、可预测、组织驱动和纵向移动等特征,在现代组织当中将很难找到。由于时代的需要,职业生涯的定义还包括无边界职业生涯与易变性职业生涯。

因此,职业生涯是指与职业发展相关的人生阶段。职业生涯包含了一些重要因素,但要注意的是,仅凭这些因素来考察客观事件,并不能提供对个人的职业生涯的全面、丰富的理解。同样,完全依靠主观感受和价值观,也不能对某一职业生涯的复杂性做出公正评判。因此,主观成分和客观成分都是必不可少的。个人改变客观环境或者调整自己对形势的主观看法(如改变期望),那就是在进行职业生涯管理了。

(二)职业生涯规划

职业生涯规划也称为职业生涯设计,是指个人结合自身实际情况以及机遇和制约因素,逐步确立职业目标,选择职业发展路径,制订学习、培训和实践的计划,并及时进行回顾、修正的过程。职业生涯规划起源于西方,1908 年美国波士顿大学帕森斯教授(Frank Parsons)在波士顿成立职业指导局,迈出职业指导活动系统化的第一步,并提出了"选择一项职业"比"找对一份工作"更重要的理念。

根据职业开发的意义，我们将职业生涯规划分为个人职业生涯规划和组织职业生涯规划两类。个人职业生涯规划，是指员工围绕个人实际，结合组织发展目标，在人力资源管理部门和所在部门领导共同指导其开展的职业生涯设计，服务于员工个人成长，实现职业成功。组织职业生涯规划着眼于组织发展，充分调动员工的积极性，提升员工的工作绩效，为组织发展发挥每个员工的作用，最终实现员工和组织的共同发展，实现双赢。

星巴克的门店伙伴制

星巴克(Starbucks)是美国一家连锁咖啡公司的名称，1971 年成立，是全球最大的咖啡连锁店，其总部坐落美国华盛顿州西雅图市。顾客体验是星巴克品牌资产核心诉求。就像麦当劳一直倡导销售欢乐一样，星巴克把典型美式文化逐步分解成可以体验的元素：视觉的温馨，听觉的随心所欲，嗅觉的咖啡香味等。作为消费者，每当你置身于星巴克门店时，总能被咖啡店所营造的环境文化所感染，这与星巴克一直倡导的人文管理制度是分不开的。

一、零售管理与咖啡文化

咖啡是星巴克的核心，而独特的企业文化是星巴克区别于其他的公司或组织的重要元素。星巴克的员工彼此之间互称“伙伴”。从伙伴入职开始，星巴克就提供各种渠道、形式和内容丰富多彩的咖啡和文化教育。同时还提供咖啡大师认证，对咖啡有热情、掌握了丰富的咖啡知识、乐于分享传播咖啡文化，并通过一系列考试认证的伙伴，都可以成为穿上黑色围裙的咖啡大师，而咖啡大师比赛中的佼佼者还可以成为穿上咖啡色围裙的咖啡公使。由此，员工的职业归属感也进一步加强。对员工而言，星巴克咖啡的零售学习认证，是传达星巴克零售学习计划的基础。传授星巴克零售学习计划需要专业的、受过良好培训的讲师和教练。星巴克对于讲师和学习教练的选拔，基于他们对培训的热情，以及他们对自己的角色和营运的胜任和精通，同时他们有能力在培训中引导学员采取积极主动的学习方式，以保证达到期望目标。这样一来，对于新入职的员工，就会形成良好的讲、学承接，为店铺良好的运营打下基础。

二、建立有效的 PDP

伙伴发展计划(Partner Development Plan，PDP)适用于所有伙伴，用来帮助伙伴及其经理发现并确定成长和发展领域。在星巴克，伙伴发展计划是一个以伙伴个人为主要驱动力，并辅以伙伴及其星巴克门店经理三方之间共享责任的行为。由伙伴提供想法,经理提供帮助、指导和支持,与此同时,星巴克也会为 PDP 提供所需的系统和工具。PDP 的目的在于帮助伙伴超越现有的自我,并提升到理想的自我:①伙伴现有的角色之内;②为伙伴理想的角色或工作做准备,完成自我发展;③通过提供对伙伴个体的关注,支持与不断增加的具有挑战性的经历,从而使伙伴提升参与度;④开展工作技巧与能力培训,能持续提高的伙伴工作表现;⑤建立方便伙伴在公司内部成功发展所需才能的渠道。

三、管理培训生项目

星巴克与大多数有管理培训生项目的企业一样,分为专业与管理两条渠道。专业发展按层级分为星级咖啡师、值班主管、零售经理等;管理发展分为就任店经理、店经理领导力课程、区域经理等。需要有一定专业经验,才能进入管理渠道。零售培训认证架构包括五个级别的资格认证(图 8-6),这五种资格认证涵盖了零售培训的五个程序,有助于帮助员工打通晋升的壁垒。

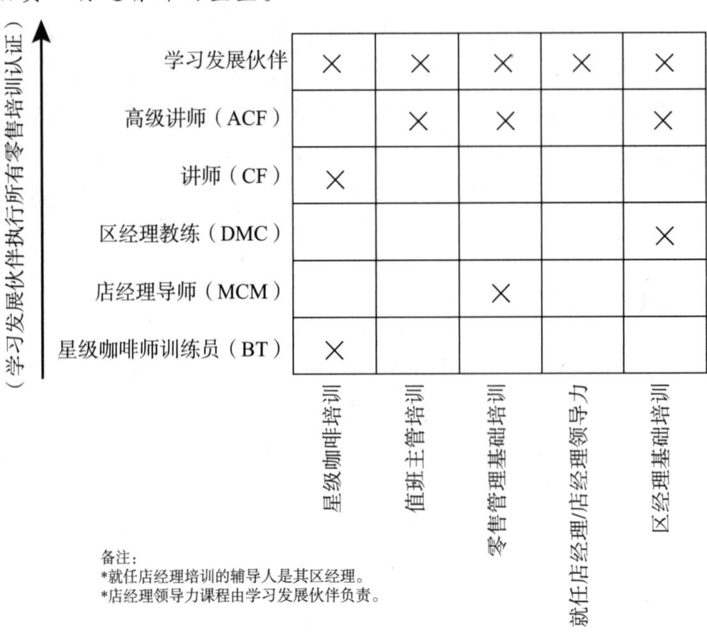

培训认证(学习发展伙伴执行所有零售培训认证)	星级咖啡培训	值班主管培训	零售管理基础培训	就任店经理/店经理领导力	区经理基础培训
学习发展伙伴	×	×	×	×	×
高级讲师(ACF)		×	×		×
讲师(CF)	×				
区经理教练(DMC)					×
店经理导师(MCM)			×		
星级咖啡师训练员(BT)	×				

图 8-6 认证资格关系图

资料来源:作者根据多方资料整理。

第二节 职业开发的相关理论

西方学者基于不同视角提出了多种职业生涯管理理论。本节主要从职业选择理论、职业生涯发展阶段理论和超组织职业生涯管理理论三方面来阐述职业生涯管理理论。

一、职业选择理论

职业选择理论注重从个人角度研究个人的职业行为，重视个人的需要、能力、兴趣和人格等内在因素在职业选择与职业发展中的作用。

（一）佛隆的择业动机理论

美国心理学家佛隆（Victor H. Vroom）通过对个体择业行为的研究，认为个体行为动机的强度取决于效价的大小和期望值的高低，动机强度与效价及期望值成正比。1964年，他在《工作与激励》一书中提出了解释员工行为激发程度的期望理论，并建立了期望理论计算公式：

$$F=V\times E。$$

其中，F 为动机强度，是指积极性的激发程度，表明个体为达到一定目标而努力的程度；V 为效价，是指个体对一定目标重要性的主观评价；E 为期望值，是指个体对实现目标可能性大小的评估，即目标实现概率。效价越大，期望值越高，员工行为动机越强烈，即为实现一定目标，他将付出极大努力。如果效价为零甚至负值，表明目标实现对个人毫无意义，甚至带来负效应。因此在这种情况下，即使目标实现的可能性较大，个人不会产生追逐目标的动机，不会表现出积极性也不会为此付出任何努力。

（二）霍兰德的职业性向理论

美国心理学家约翰·霍兰德（John Holland）在指导和帮助员工认识职业发展需求和目标时，认为职业性向是决定择业者选择职业的关键因素。霍兰德认为存在六种不同的职业性向，分别是现实型、调研型、社会型、艺术型、企业型和常规型，他归纳并制作了个体素质类型与适宜职业的选择匹配表，见表 8-2。

表 8-2　素质类型与职业匹配表

职业性向	素质类型特点	适宜职业（匹配）
现实型	擅长操作技能或具体劳动性的工作，社交能力差，不适宜社会性强的职业	技术型职业或技能型职业
调研型	聪慧、理性，善于抽象思维，能够独立地分析，完成固定任务，缺乏领导能力	科研人员和工程类型职业
社会型	善于交往、言谈、合作、教导别人，关心社会问题，合作、沟通能力强	社会工作者或教育工作者
艺术型	想象丰富，有创意，感性而不重实际，理想主义者，缺乏事务性工作能力	艺术类职业（包括音乐、文学、设计方面）
企业型	精力充沛，爱冒险，事业心强，善于从事领导及管理性强的工作	政府官员、企业领导、营销管理人员
常规型	谨慎，稳重，性格保守，做事条理清晰、系统性强	文秘、行政助理、办公室人员

霍兰德认为，六种职业性向并非完全独立的，人格特征相近或有交叉的择业者也可选择另一性向的职业，也能做到“人—职业”的匹配。同时，在人格类型与工作类型匹配的情况下，员工对工作会有较高的满意度，职业流动会更小。

二、职业生涯发展阶段理论

职业生涯发展阶段是指员工职业生涯过程中具有各种不同特征的不同时期。每个人的职业生涯都要经过几个阶段,了解不同职业阶段的特点,一方面是个人进行有效职业生涯管理的首要条件,另一方面有利于组织对员工进行有针对性的指导并促进员工进行自我职业生涯管理。

许多学者都提出了职业生涯发展阶段理论的观点,他们将一个人可能经历的主要职业生涯发展过程划分为若干阶段,每一阶段都有相应的阶段特征及发展重点。具有代表性的理论有舒伯和格林豪斯的理论。

(一)舒伯的发展阶段理论

美国职业管理专家舒伯(Donald E.Super)以年龄大小为划分阶段的标准,分为成长、探索、确立、维持和衰退五个阶段(图 8-7)。其中,成长阶段(0～14 岁),个体逐渐建立自我的概念,个体已经形成了一定的兴趣和能力,并开始思考未来可选择的职业;探索阶段(15～24 岁)需经历尝试期、过渡期、试验和初步承诺期;确立阶段(25～44 岁)是职业生涯的核心部分,在此期间人们选择适合自己的职业并在此职业中获得自己的职业生涯高峰,并往往会重新思考个人的职业规划是否符合预期;维持阶段(45～64 岁),个人在职业发展阶段的任务是承认自我的局限并接受新的挑战,寻找新的职业生涯路径;衰退阶段(65 岁以后),个体接受逐渐失去权力和责任的现实。

总体上看,舒伯的理论考虑到个人发展的年龄,并将职业发展分为各个子阶段进行分析,考虑到了职业人的心理和个性、价值理念等因素,对职业生涯管理提供了一定的理论支撑。

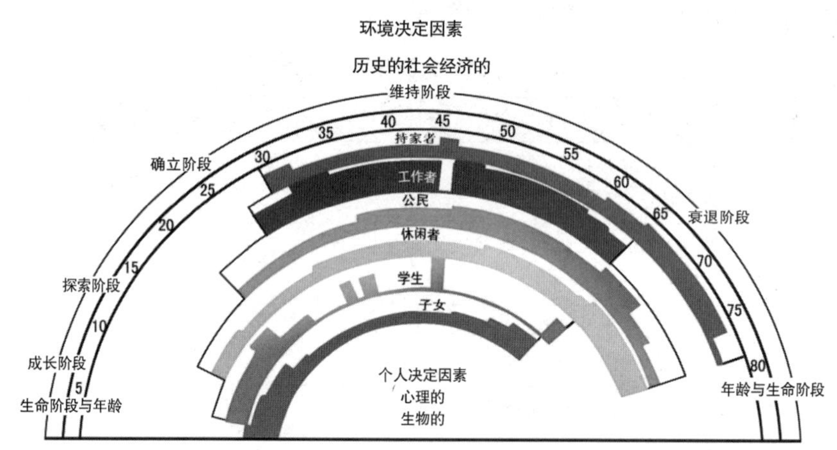

图 8-7 舒伯职业生涯阶段图

(二)格林豪斯的发展阶段理论

美国心理学博士格林豪斯(Greenhaus)研究了人生不同年龄段职业发展的主要任务,将职业生涯发展划分为五个阶段。其中,职业准备阶段(0～18 岁),主要任务是发展职业想象力,培养职业兴趣与能力,评估和选择职业,接受职业教育与培训,建立个人职业的最初方向;进入组织阶段(18～25 岁),主要任务是在劳动力市场获得一份工作,获取足量信息,尽量选择一种合适的、较为满意的职业;职业生涯初期(25～40 岁),主要任务是学习职业技术，逐步适应职业，以获得组织正式成员资格，为未来职业生涯成功做好准备；职业生涯中期(40～55岁)，主要任务是选定职业，努力工作，力争有所成就，强化或改变自己的职业理想；职业生涯后期(55岁至退休)，主要任务是继续保持已有的职业成就，维护自尊，准备退休。

舒伯与格林豪斯的职业生涯发展阶段理论均以年龄为标志划分职业生涯发展的不同阶段，属于传统的观点。随着理论研究的不断深入，现在有学者认为职业生涯阶段不能简单地以年龄为依据，在定义职业生涯阶段的时候，要根据与职业特点密切相关的职业年龄、工作行为、人际关系和心理问题来划分职业。

三、超组织职业生涯理论

稳定的社会结构和组织结构使得传统职业生涯理念是以工作稳定、安全以及职务正常晋升作为基本准则的。现在由于组织外部环境的剧烈变化，信息技术的飞速发展，传统的组织结构由金字塔型向扁平型转变，员工的晋升空间变窄，晋升难度更加大。扁平型的组织结构使得企业与员工之间的长期雇佣关系出现了弹性化的趋势，以更加灵活的短期的方式与员工达成雇佣协议，员工开始倾向于横向的工作变动和职业的变更。在这样的就业背景下，新型易变性职业生涯的职业生涯模式开始逐渐产生并替代了传统的生涯模式，于是“无边界职业生涯”和“易变性职业生涯”开始成为区别于传统职业生涯模式的新类型。

(一)无边界职业生涯理论

1994年，亚瑟(Michael B. Arthur)最早提出“无边界职业生涯”(boundaryless career)概念。他在2005年指出，无边界职业生涯是指个体跨出单一组织边界，面对更多与以往不同方向的就业可能性，这些可能性也是个人职业生涯的新道路。因克森(Kerr Inkson,2005)认为：无边界职业生涯其实意味着个体职业生涯的突破性，它真正想要表达的含义更多的是对职业之间或者组织之间“边界”的一种跨越和突破。虽然雇佣组织越来越趋近于扁平化，员工在组织内部的职业生涯路径愈来愈窄，但这并不说明员工能得到工作的机会也会随之减少，个体可以通过跨越组织的边界，在各类组织、岗位甚至是不同专业、不同职能的工作之间来回变动，从而来完成自我的职业生涯发展。

许宪国(2019)指出：无边界职业生涯明显的特征有职业边界模糊、组织更换频繁、雇佣关系改变、职业角色变更、人际关系网络扩大。无边界职业生涯模式下，职业个体需要更强的职业适应能力，在心理能力、认知能力和行为能力等方面都提出更高的能力要求。李彧(2019)指出，目前就业环境的变化以及组织雇佣形式变革，员工个体不再抱着受雇于单一的组织的传统就业思想，而是开始寻找对自己职业生涯有意义的职业和组织，追求职业生涯成功开始成为当前员工的重要任务。相比于传统的雇佣模式，员工的可雇佣性成为目前就业者更为需要的特征。王婷、杨付(2018)认为主观职业成功不仅是人们基于过去工作成就的认识和评价，还应该包含对完成工作或任务的未来预期。

通过对国内外研究的梳理，本书把无边界职业生涯定义为从事职业工作的人不再局限于在某一个特定的组织从事长期稳定的工作，而是在某一行业的不同组织或跨行业组织从事相同、近似或不同的职业岗位工作。

无边界职业生涯可以分为自愿无边界职业生涯和非自愿无边界职业生涯两类。前者是出于主观原因,个体为寻求更好的发展环境或者发展机会,跨越原来的职业边界寻找新的工作,具有主动性特点;后者是由于客观环境发生了变化,例如组织规模缩小、重组或裁员等,个体不得不重新寻找工作机会,具有被动性特点。不论是自愿无边界职业生涯还是非自愿无边界职业生涯,职业生涯的转换均是职业结构和职业环境因素影响的结果。

(二)易变性职业生涯理论

随着经济全球化、知识经济发展和技术革新进步,当今世界的职业环境发生了剧烈而快速的变化,这些变化深刻地影响着员工个体的职业生涯发展。组织内的员工越来越重视对自身职业生涯进行自主管理以应对可能随时到来的职业生涯发展危机;同时,还更加重视自我价值的追求,他们期望在职业发展的过程中完成对人生意义的深层探寻。在这些变化背景下,霍尔(Douglas T. Hall)于1976年首次提出"易变性职业生涯"。"易变"一词来源于希腊神话中的海神普罗透斯(Proteus),他极具语言天赋,可以随意变形,霍尔以这个随意变形的特性来隐喻组织中职业与个人的易变性。他还提出了易变性职业生涯定向(protean career orientation,PCO),它是个体通过对职业生涯进行自主管理来实现主观职业成功的一种倾向。

刘丹(2013)认为,易变性职业生涯是对传统职业生涯观点的颠覆。它强调职业生涯的主体是个人而不是组织。个人遵循内心的价值观选择职业,职业成功的标志不是客观标准,比如年薪或者职位高低,而是主观标准,比如家庭幸福等。靳娜(2017)提出,随着易变性职业生涯时代的到来,员工和企业间的心理契约已经发生裂变——从相互信任、保持长期关系的传统关系型契约转变为相互利益交换、基于短期的交易型契约。为了避免被组织解除雇佣关系,新生代员工会主动地规划和选择未来的职业发展方向。李敏、关翩翩、蔡惠如(2017)指出,灵活适应是易变职业生涯的重要表现之一,自我价值取向动机在促进员工个体职场调整的社会心理资本方面起着十分关键的作用。田宏杰(2019)认为,易变性职业生涯定向在本质上有两个特征:一是个体的生涯决策具有自我导向,员工个体会对职业进行自主探索和选择;二是注重个体价值观的驱动作用,强调个体会寻求心理意义上的成功,追求有意义的人生目标和自我整合。易变性职业生涯定向理论对于揭示当代青年个体如何主动地适应职业成功路径和雇佣关系的变化,如何主动发展出具有自我价值的个人竞争优势具有重要意义。

综合国内外学者的观点,易变性职业生涯的内涵是:不受到外在组织和特定职业生涯路径的约束,职业选择完全遵从内心的意愿,员工承担起自己职业生涯发展的主要责任;注重个体的心理成功感;鼓励个人不断学习,不断突破,最终能够达到自我实现。

(三)易变性职业生涯与无边界职业生涯区别

无边界职业生涯强调从事职业工作的人,不再局限于在某一个特定的组织从事长期稳定的工作,而是在某一行业的不同组织或跨行业组织从事相同、近似或不同的职业岗位工作,无边界职业生涯主要关注个体对外部环境的适应性与灵活性,强调个体心理或物理层面的职业生涯变动;而易变性职业生涯强调个体主动管理职业生涯,根据其核心价值做出职业决策,判断职业成功的主要标准是心理成功,更关注个体生涯发展中的自我同一性与身份认同。表8-3将三种职业生涯在不同维度上进行了对比。

表 8-3　三种职业生涯对比

维度	传统职业生涯	无边界职业生涯	易变性职业生涯
雇佣关系	以忠诚交换工作安全	以绩效、灵活交换可雇佣性	遵从内心意愿选择职业
心理契约	关系型	交易型	交易型
职业生涯边界	一个或两个组织边界	多个组织边界	一个或多个组织边界
工作技能	与组织相关	可迁移性	可迁移性、不断更新
培训与学习	正式培训	在职培训	在职培训、持续学习
职业发展阶段	与年龄相关	与学习能力相关	自主选择
职业生涯目标	加薪和晋升等	可雇佣性的提升	心理成就感
职业成功标准	薪水、晋升、地位	心理意义上的成功感	心理意义上的成功感
职业生涯模式	线性的等级结构	跨边界性、短暂性	跨边界性、多样性
职业生涯管理责任	组织	个体	个体

海尔集团员工职业发展路径

Haier

海尔集团，从一开始至今一直贯穿“以人为本”提高人员素质的培训思路，建立了一个能够充分激发员工活力的人才培训机制，最大限度地激发每个人的活力，充分开发利用人力资源，从而使企业保持了高速稳定发展。

海尔自创业以来一直将培训工作放在首位，上至集团的高层领导，下至车间一线操作工人，集团根据每个人的职业生涯设计为每个人制定了个性化的培训计划，搭建了个性化发展的空间，提供了充分的培训机会，并实行培训与上岗资格相结合。在海尔集团发展的第一个战略阶段(1984—1992 年)，海尔集团只生产冰箱，且只有一到两种型号，产量也控制在一定的范围内，目的就是通过抓质量、抓基础管理、强化人员培训、从而提高员工素质。海尔的人力资源开发思路是“人人是人才”“赛马不相马”。在具体实施上给员工提供了三种职业生涯设计：一种是对管理人员的，一种是对专业人员的，一种是对工人的。每一种都有一个升迁的方向，只要是符合升迁条件的即可升迁入后备人才库，参加下一轮的竞争，跟随而至的就是相应的个性化培训。

一、海豚式升迁

海豚是海洋中最聪明、最有智慧的动物，它下潜得越深，则跳得越高。比如一个员工进厂以后工作比较好，但他是从班组长到分厂厂长干起来的，主要是生产系统。如果现在让他干一个事业部部长的工作，那么他对市场系统的经验可能就非常缺乏，就需要到市场上去。到市场去之后他必须到下边从事最基层的工作,然后从这个最基层岗位再一步步干上来。如果能干上来,就上岗;如果干不上来,则就地免职。有的经理已经到达很高的职位,但如果缺乏某方面的经验,也要派他下去;有的各方面经验都有了,但处事综合协调的能力较低,也要派他到这些部门来锻炼。这样对一个干部来说压力可能较大,但也培养锻炼了干部。

海豚式升迁是海尔培训的一大特色。通过让员工扎根基层,沉淀鲤鱼跃龙门的力量,更好地胜任岗位职责,珍惜公司给予的每一次机会以备在后续储备人才中脱颖而出。

二、届满要轮流

一个人长久地干一样工作,久而久之形成了固化的思维方式及知识结构,这在海尔这样以"创新"为核心的企业来说是难以想象的。目前海尔已制定明确的制度,规定了每个岗位最长的工作年限。这也是海尔培训技能人才的一大措施。

三、实战方式

比如海尔集团常务副总裁柴永林,是20世纪80年代中期在企业发展急需人才的时候入厂的。一进厂,企业没有给他出校门进厂门的适应机会,因为时间不允许。一上岗,他稚嫩的肩上就压上了重担,从国产化、引进办,后又到进出口公司的一把手,领导们看得出来他很累,甚至被压得喘不过气来,有一阶段工作也上不去了。但领导发现,他的潜力还很大,只是缺少了一些知识,需要补课。为此就安排他去补质量管理和生产管理的课,到一线去锻炼(检验处长、分厂厂长岗位),边干边学,拓宽知识面,积累工作经验。在较短的时间内他成熟了,担起了一个大型企业副总经理的重任。由于业绩突出,1995年他又被委以重任,接收了一个被兼并的大企业。这个企业的主要症结是:亏损、困难较大、离市场差距较远。他不畏困难,一年后就使这个企业扭亏为盈,企业两年走过了同行业二十年的发展历程,成为同行业的领头雁,也因此成为海尔吃"休克鱼"的典型,被美国哈佛大学收入其工商管理案例库。之后他不停地创造奇迹,被《海尔人》誉为"你给他一块沙漠、他还给你一座花园"的好干部。

资料来源:作者根据多方资料整理。

第三节　职业生涯发展管理

职业生涯发展管理主要包括职业生涯规划、职业生涯管理两个基本活动。因此,本节将主要从这两方面来论述职业开发问题。

一、职业生涯规划

职业生涯规划首要解决的是职业选择问题。职业选择在个体职业生涯之中,是基础性、方向性问题。职业选择是人们对于职业发展机会的认识和把握,在一定职业期望推动下进行的，还会受到实际职业活动条件约束，目的是找到能够更好地实现自身劳动价值的持续经济活动方式。职业选择要根据社会分工客观要求与社会成员主动选择相结合。

（一）职业选择

1.行业决定职业

如何准确地把握机遇，就先要了解什么是行业，什么是职业。

行业是依附于人民大众社会生活的具体需要内容而言的。比如房地产行业是满足人们遮风避雨需求的，传媒行业是满足人民获取信息需求的。

职业是就所从事的工作形式的相同性而言的。比如销售，无论是服装、家电、房地产、还是互联网等行业，都是有销售职业方向的。虽然它们行业类别不同，销售的东西也不一样，但都是将公司的产品或服务卖给消费者，再将钱带回公司，这就是形式的相同性。如图 8-8 所示，图中横坐标是职业，纵坐标是行业，坐标轴中交汇点就是一个时间段内一个人的职业定位。如果清楚要从事什么行业，做什么职业，那么你就是组织需要的人才。

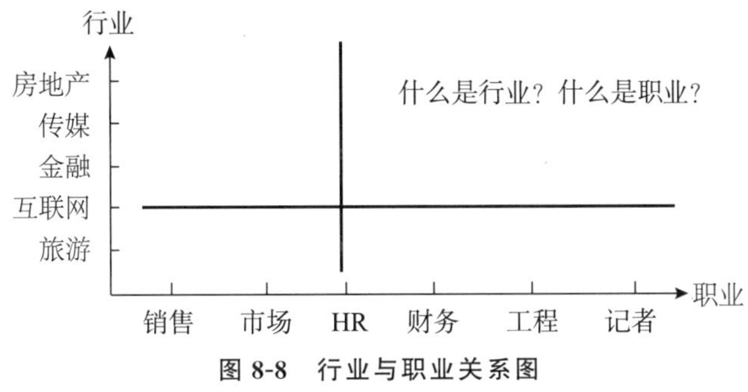

图 8-8 行业与职业关系图

为什么说行业决定职业呢？

首先，行业决定了从事的工作领域，属于内容范畴，而职业则是属于形式范畴。内容的不同代表所走的职业道路不同，职业方向不同。内容决定形式，而不是形式决定内容。一个事物的内容更接近本质，形式只是表象的东西，从这个层面上来说就是内容决定形式即行业决定职业。其次，行业的范围比职业广，各种新兴的行业衍生了新的职业。比如先有航空服务行业，再有空姐职业；先有互联网行业，才出现网络工程师。

推动行业迅猛发展的力量是资本，资本投资到哪些领域，哪些领域就可能是有潜力的行业。当一家企业获得资本后，会去购买设备和招聘人才，因此很多新兴行业会有各种招聘职位。这也就是所谓的行业决定职业。

要在战略上看清局势然后做出正确的选择，就必须了解行业波动的秘密。

2.行业波动的秘密

行业发展存在周期性。任何一个行业都是由许多同类企业构成的群体，在充满高度竞争的现代经济中，行业发展状态制约着企业生存和发展的状态，行业发展是有生命周期的，确定自己所选择的行业本身所处的发展阶段、在国民经济中的地位，对行业发展进行有效分析，有利于对行业的理解和把握，有利于职业的正确选择。

行业发展要经历初创、成长、成熟、衰退四个阶段（图 8-9）。比如现阶段，人工智能就是初创阶段，移动互联网处在成熟稳定阶段，线下零售业则属于衰退阶段。

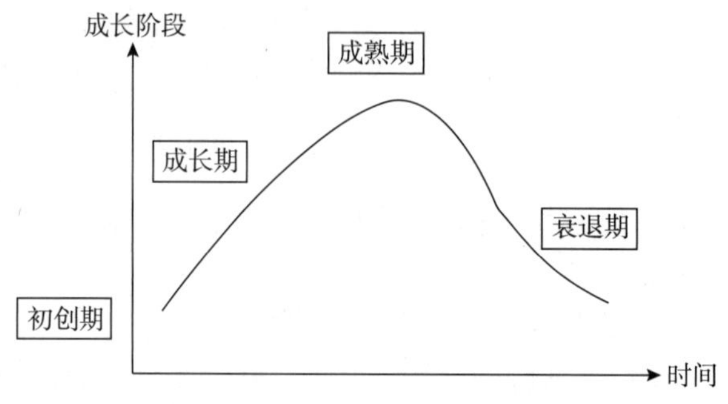

图 8-9　行业生命周期图形

从多个组织体系竞争格局上看,行业内部也可以分为跑马圈地、自由竞争、春秋战国、寡头垄断等四个时期,如图 8-10 所示。

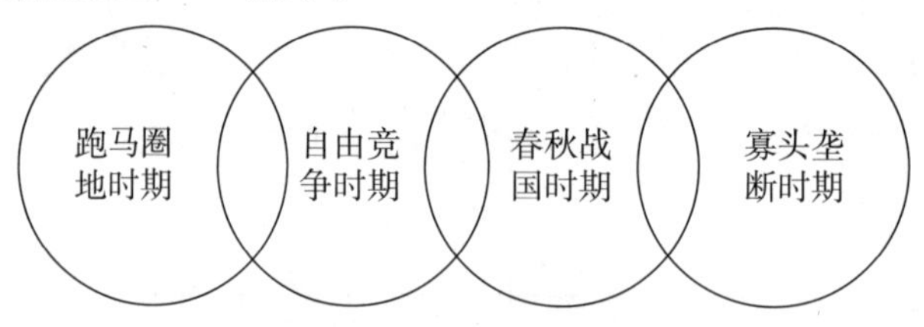

图 8-10　行业竞争格局

每一个行业的发展过程基本上会经历这四个时期,但在同一个时间点上,不同的行业处于不同的时期,比如目前快消品行业就是典型的寡头垄断时期,各种连锁店就是春秋战国时期,家政服务行业是自由竞争时期,人工智能行业就是跑马圈地时期。

在进行职业选择的时候,要从历史中找未来。不同时期,不同行业波动千差万别。曲线向上,意味着这行业从初级阶段向成熟阶段迈进,这个过程中有非常多的社会资本和人员,所有资源都向这个行业聚集和靠拢。新的公司、新的组织体系不断出现在这个行业当中,职业成长机会快速增长。而曲线向下,意味着行业从自由竞争阶段向寡头垄断阶段迈进。公司在做整合,组织体系数量达到顶峰,小公司逐渐被淘汰,中型公司不断进行合并,最后形成行业巨头。任何行业发展都经过这三个阶段,首先是高速成长,然后进入平缓期,再往下就是寡头垄断,见图 8-11。

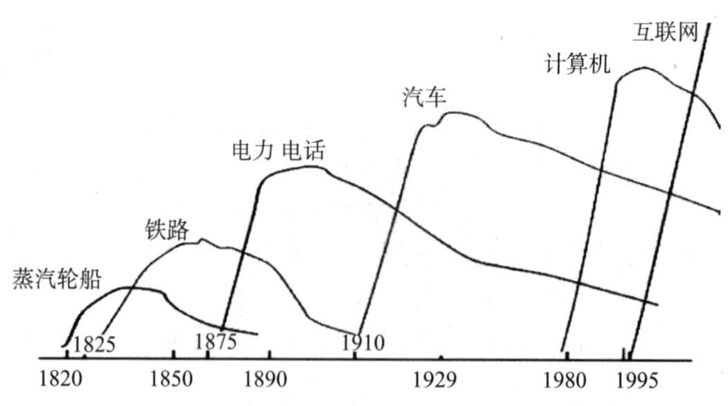

图 8-11　美国 200 年行业增速变迁图

个人在职业选择时首先一定要具备前瞻性和长远视角，把握时代趋势和行业趋势(见图 8-12)。其次，在进行职业选择的时候要注意两点：一方面，不同职业有不同的特点，对劳动者的要求也不同；另一方面，劳动者的工作能力和兴趣各不相同，对于不同职业具有不同适应程度。所以在进行职业选择时，不仅要考虑社会对职业需求的改变，还要考虑劳动者的能力兴趣变化。

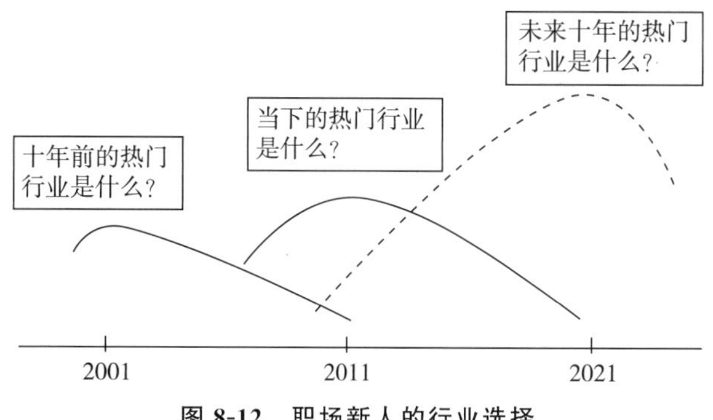

图 8-12　职场新人的行业选择

(二)职业选择方法

1.个人—职业匹配

帕森斯教授在其《选择职业》中首次系统地阐述了“人职匹配理论”，其基本思想是：个体差异是普遍存在的，都有自己独特的人格特质；与之相对应，每一种职业也有自己独特的要求。个体的能力、性格、气质、兴趣与从事职业的工作性质和条件要求越接近，工作效率就越高，个体成功的概率也越大。个体进行职业决策时，要根据自己的个性特征来选择与之相对应的职业种类，要人职匹配。帕森斯的人职匹配理论把职业与人的匹配分为两种类型，即条件匹配和特质匹配。条件匹配是指职业所需技能和知识与掌握该种技能和知识的人之间要匹配。特质匹配是指某些职业需要具有一定特质的人来与之匹配，比如，科学家需要富有创造力。

2.人格—职业匹配

美国著名职业指导专家霍兰德经过大量的职业咨询指导的实例积累，提出了具有广泛社会影响的“霍兰德六边形理论”。该理论的核心思想是，个体趋向于选择最能满足个人需要、获得职业满意的职业环境。理想的职业选择使人格类型与职业类型相互协调和匹配。为了直观地说明自己的思想，霍兰德设计了一个平面六边形，如图 8-13 所示。

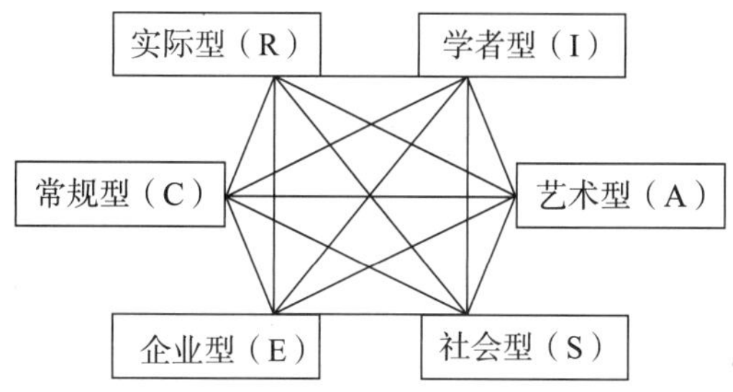

图 8-13　霍兰德六边形模型

在图 8-13 中,六边形的六个角分别代表霍兰德所提出的六种类型。它们之间具有一定的内在联系,按照彼此间相似程度定位:相邻两个在特征上最相近,相关度最高。距离越远,差异越大,相关程度越低。每种类型与其他类型存在相近、中性和相斥三种关系。最为理想的职业选择就是个体能找到与其个性类型重合的职业类型。总之,个性类型与职业类型的相关程度越高,个人的职业适应性越好;相关程度越低,个体的职业适应性越差。因此,六边形模型有助于人们更好地理解和进行职业选择。

二、职业(生涯)管理

美国人力资源管理学家施恩(Edgar H. Schein)认为,职业生涯管理是一生职业的发展历程。我国一些学者认为,职业生涯管理旨在帮助员工找到职业生涯发展与组织发展的结合点,并积极开发与管理员工的职业生涯。由于职业生涯管理的主体与目标不同,职业生涯管理包含自我职业生涯管理和组织职业生涯管理两重含义。

(一)个人导向型的职业生涯管理模型

格林豪斯等人提出了个人导向的职业生涯管理模型(图 8-14)。该模型包含 8 项活动:职业生涯调查、认识自己和环境、设定目标、制定战略、实施战略、接近目标、获得反馈和评价职业生涯。

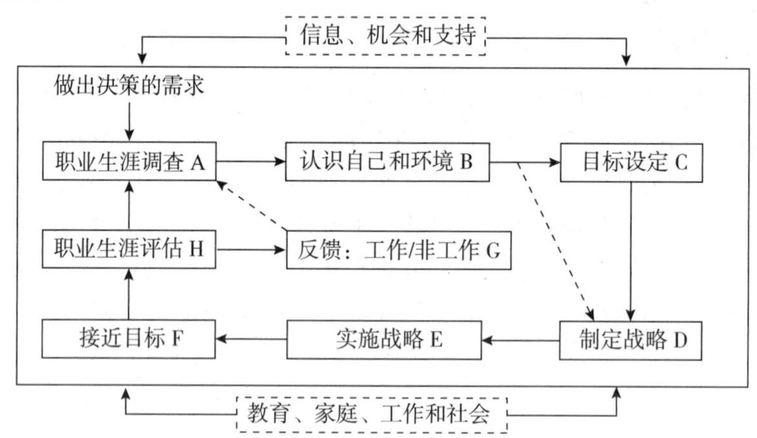

图 8-14 个人导向型职业生涯管理模型

1.职业生涯调查

职业生涯调查的主要目的是收集与自己和环境有关的基本信息,包括自己的兴趣爱好、个人天赋、工作对于个人的重要性,以及组织内和组织外可供选择的其他工作,个人在组织内的整体发展状况等。

2.认识自己和环境

认识自己和环境的目的是客观、全面地对自己做出评价并明确职业的机会,更清楚地认识自己的价值观、兴趣爱好以及在工作和非工作中的才能所在,也会对工作的选择及相关要求、环境中存在的机遇和障碍都更加了解。

3.设定目标

职业生涯的目标是个体希望得到的最终结果,目标可以是具体的,也可以概括的,但一定要切合实际。

4.制定战略

职业生涯的战略制定应该包括具体的行动内容、实施方法、所需资源以及各项活动相应的时间安排表。

5.实施战略

根据既定的战略计划行动内容和时间安排,执行实施战略活动要项。

6.接近目标

在职业生涯目标制定合理的基础上,才有助于职业生涯的发展并逐步接近目标。

7.获得反馈

从外部环境中获得对个人职业生涯规划有用的反馈信息。

8.评价职业生涯

对上一阶段职业生涯进行总结,对下一阶段职业生涯做准备。

(二)职业发展通道的模式

组织在确定阶段总体发展规划后,即可根据人力资源发展需求,设计符合本组织特征的员工职业发展通道。

1.职业发展通道的内涵

职业发展通道由一系列结构化的职位组成,是组织专门为员工设计的成长、晋升管理方案。它为组织内员工明确指出了努力发展方向及存在的各类机会。员工可以结合自身的实际情况进行职业规划,努力找到适合自己并且能够通过努力走得通的发展通道,逐渐找到合适的工作岗位。对于个体来说,职业发展通道就是一座灯塔,指引员工努力的方向;对于组织来说,职业发展通道就是一个指挥棒,凝聚力量,把优质人力资源朝着组织核心业务聚集,为实现组织目标而发挥杠杆的作用。

2.职业发展通道的类型

职业发展通道的类型主要有技术型和管理型两大类。技术型通道的员工职业发展以各类专业技术职能为专业方向,管理型通道的员工职业发展以管理职位为发展目标。

3.职业发展通道的模式

组织导向的职业发展通道模式主要有五种,具体内容如表 8-4 所示。

表 8-4 组织导向的职业发展通道模式

五种模式	具体内容
纵向发展模式	组织职业发展最为常见的一种,即员工在组织内部的职业阶梯上不断向上晋升。该模式是由垂直方向的一系列职业台阶所构成的,其中较高的阶梯与更大的职权、责任和更高的报酬联系在一起
横向发展模式	不是沿着职业阶梯向上晋升,而是在组织内部不同职能部门之间进行轮换,或者走职业专家的道路。轮换的情况可能持续较长时期,为将来的晋升打下基础,而职业专家路线可能成为该模式的最终选择
螺旋式发展模式	涉及跨专业和跨学科流动的螺旋式职业发展模式已经越来越普遍。该职业发展模式的开发,需要使员工明确自己的兴趣及在技能上的优势和劣势,并且员工组织为其提供工作辅导、工作轮换、学习和培训等多种机会

续表

五种模式	具体内容
传统发展模式	是员工在组织中从一个特定的职位到下一个职位纵向向上发展的一条路径，是一种基于过去的组织内员工的实际发展道路而制定的一种发展模式，该模式通常将员工限制于某一部门与员工的工作年限有一定的联系
行为发展模式	是一种建立在各个岗位上的行为需求分析基础上的职业发展通道设计，该模式要求组织首先进行工作分析来确定各个岗位上的职业行为需要，然后将相同的岗位定为一族，再以族为单位进行职业生涯设计

（三）职业发展管理的阶段

员工职业发展管理一般分为四个阶段，具体如图 8-15 所示。

1.评价自我阶段

员工个人要确认自己的发展需要，了解改进现状的机会；组织帮助识别员工的职业性向、价值观以及竞争优势与劣势。

2.审视现实阶段

员工个人审视自己的需要，在当前和未来条件下的现实性与合理性。组织根据绩效评价结果，就组织要求与个人表现之间的一致程度及组织对员工能力的期望，与员工进行沟通，以便对员工如何在组织中发挥好作用，并使自己得到锻炼和提高达成共识。

3.设定目标阶段

员工选择合理的发展目标，明确实现个人职业目标的可能途径；组织确保员工目标具体、现实和有挑战性，并承诺提供帮助。

4.计划行动阶段

员工制定实现职业发展目标的步骤和时间表；组织编制预算，及时提供实现目标所需要的资源。

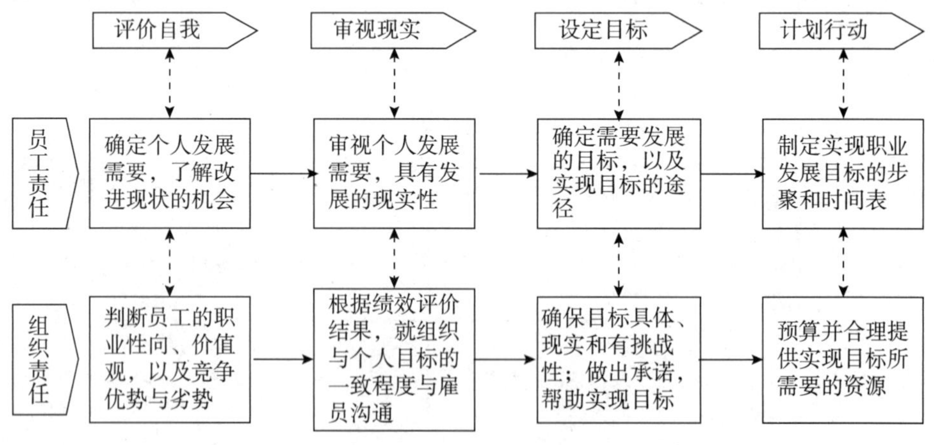

图 8-15　员工职业发展阶段

上海建工员工职业发展通道建设

大型国有建筑企业上海建工集团股份有限公司为更好探索运筹和推进实施员工职业发展通道建设，2014 年成立了由公司高管负责、咨询公司和人力资源部组成的项目组，注重员工职业通道建设启动前的调查摸底和实施过程中的调研分析。项目组重点在集团总部和 13 家二级子集团、6 家三级工程公司、2 个项目部等范围，与高管、部门经理及各个层面员工进行座谈调研，厘清企业在员工引进与吸纳、培训与开发、培养与使用、薪酬与福利等方面的基本底数，寻找员工职业发展、绩效考评和岗位名称规范等方面的薄弱环节，形成了职业发展通道建设的初步诊断、建议报告和实施方案。

2015 年将方案纳入企业“十三五”发展规划，加快确立了 3 家子集团为员工职业通道建设的先行试点单位，并先后形成《集团员工职业发展通道指导意见》、《集团员工职业发展通道方案》、《集团岗位名称全集》和《集团岗位说明书编写规则及岗位说明书范例汇编》等试行制度推出职务发展和专业发展两大系列，分别设有党群、行政职务、项目职务、专业管理、独立项目经理和技术工人等多通道的系列划分。在集团总部层面，形成两大系列、9 条通道，对 15 个部门、152 个岗位的名称、职责、结构图进行完善，并配套完善员工职业发展办法、考评方式、薪酬制度和员工手册。在各子集团等层面，最终形成两大系列、12 条通道，收录 1320 个岗位名称，编制 145 份岗位说明书。通过设计 H 形和 Y 形通道相结合的模式，加强动态管理，持续优化。根据岗位序列，构建不同通道的职等和职级，目前共形成了 7 个职等、28 级台阶的员工职业发展通道。通道分为专业管理、专业技术、专业研发、专业设计、行政管理等，通道相通；每个通道内又衍生出职等、职级，职等大于职级。如专业管理通道分为专员至高级经理；党群类通道分为专员至资深主任；项目管理通道分为专员至资深经理。各专业系列每个职等内又分为 1、2、3、4 等一系列职级，每一级分别与不同的薪酬水平相对应。2017 年，得益于完善的员工职级通道建设体系，上海建工实施了核心员工持股计划，进一步实现员工和企业共同创造价值、分享价值。2018 年，上海建工实施员工职业通道建设推进实施跟踪调研，听取了 21 家单位、238 名不同层面员工的意见建议，2019 年，上海建工以员工职级通道体系为基础，推出了 SCG-E 人才培养计划，回应广大员工的教育培训需求。通过完善在职教育、岗位实践、职业认证“三位一体”的人才培养体系，开发了与员工职业发展通道建设相配套的管理人员综合素质提升、技术人员专业水平开发、技能人员操作水准提高的课程体系，引导广大员工在职级通道建设中成长成才。

资料来源：作者根据多方资料整理。

第四节 任职资格管理

1995 年国家劳动和社会保障部门第一次将英国 NVQ(英国国家职业资格委员会)职业标准体系引入我国,在深圳华为技术有限公司和北京外企服务总公司试点其文秘职业标准体系和资格证书。此后,华为逐渐开展了内部任职资格管理体系的构建工作,随着华为公司任职资格管理体系取得成功,国内许多学者和企业也开展任职资格体系的研究与实践工作。

孙晋怡(2019)认为,任职资格体系可以评价员工"持证上岗"需要拥有什么级别的能力,适合担任什么级别的职位,有利于改变员工工作行为,提高员工的实际工作能力和工作绩效。魏志峰、徐伟波(2009)强调,任职资格体系管理必须实现人员与岗位有效匹配、建立顺畅的员工职业发展路径,以利于激励和挽留高层次人才。朱立新、南铁(2019)强调任职资格管理必须将教育培训、绩效考核、薪酬设计、员工配置和职业发展有机结合起来,让员工行为有目标,成长有助力。

大量的文献和企业实践表明:任何一个成功企业都有一个共同的特点,那就是建立了一种机制——把员工的职业发展通道明确化,每个职业发展通道的任职资格明晰化,让所有员工都知道通过自己的努力,达到这个要求就可晋升。这个机制就是任职资格管理体系。

那么任职资格管理体系是什么?员工职业发展通道要如何搭建?任职资格标准由哪些内容组成?又是怎样进行任职资格认证的?任职资格考评结果可以运用在什么地方?这是本节要解决的主要问题。

一、任职资格管理概述

任职资格是在特定的工作领域内,根据员工任职标准,对员工从事相应的工作活动所需要的能力证明,具体包括:为了完成工作并取得良好的工作绩效,任职者所需具备的知识、技能、能力以及个性特征要求。任职资格管理体系包括三方面的内容:一是员工职业发展通道,二是任职资格标准,三是任职资格标准认证。

(一)任职资格管理的相关概念

1.任职资格

所谓"任职资格",即胜任(不是担任)——岗位的关键职责——所需的资格资质(即能力素质),也就是说"任职资格"其实包括三部分:绩效标准、关键职责、能力素质。

2.任职资格标准

任职资格标准由基本条件、关键能力和绩效贡献组成,是对职位的任职者能够达到胜任该职位所要求的经验、知识、技能及素质等。

3.任职资格标准认证

任职资格标准认证 ,是评价员工的能力已经达到了什么水平,但更重要的是通过任职资格认证,员工能清晰地认识到自己在知识、能力、行为表现等方面的优势与不足,以此明确自己改进的方向与重点,进而有针对性地学习与提高,包括任职资格等级评定和任职资格行为能力评价两个方面。

(二)任职资格管理的意义

任职资格管理对加强员工队伍建设、规划员工职业发展通道、规范任职资格标准及应用都有着积极的作用。

1.组织层面

任职资格管理可将员工的任职能力与组织的战略目标相结合，便于掌握员工的能力状况及职业方向，及时对员工职业生涯规划进行指导，帮助员工提高工作技能，提高组织的竞争力。

2.业务部门层面

任职资格管理有助于加强人才队伍建设，可以在业务团队中选拔和培养人才，并最大限度地提高部门整体绩效。

3.人力资源管理层面

任职资格管理是人力资源管理体系的基础，有助于规范公司的晋升管理，有效降低人才的流失率，提升组织人力资源管理效能，提高人力资源管理整体水平。

4.员工层面

任职资格管理使员工感到发展有前景、努力有方向、提升有台阶、成长有支撑。员工明确了各个职级的任职资格要求后，就可根据职业发展目标规划绩效、学习、工作目标，并通过学习—认证—学习，不断提高任职能力。

（三）任职资格管理体系构建的过程

不同类别的员工所担任的工作内容不同，对员工能力的要求也不一样。任职资格体系是按职位类别建立的；同一类别高、低不同的职位，对人员的能力要求也不相同。因此，任职资格管理体系是由职业发展通道、任职资格等级标准和任职资格等级认证三部分组成，如图 8-16。

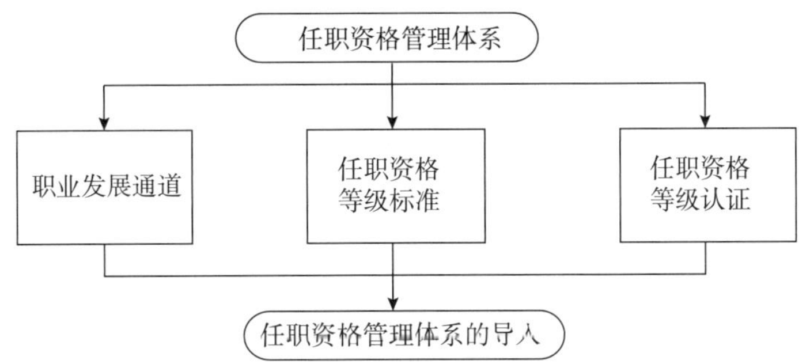

图 8-16　任职资格管理体系

职业发展通道和任职资格标准确定了组织需要什么类别的人员和人员应该具备什么样的能力。而任职资格标准认证的作用则在于根据组织对员工的能力要求，评价员工已经达到了哪个级别的能力要求，再通过有针对性的培养措施持续提升员工的能力。组织建立任职资格管理体系遵循以下过程，如图 8-17 所示。

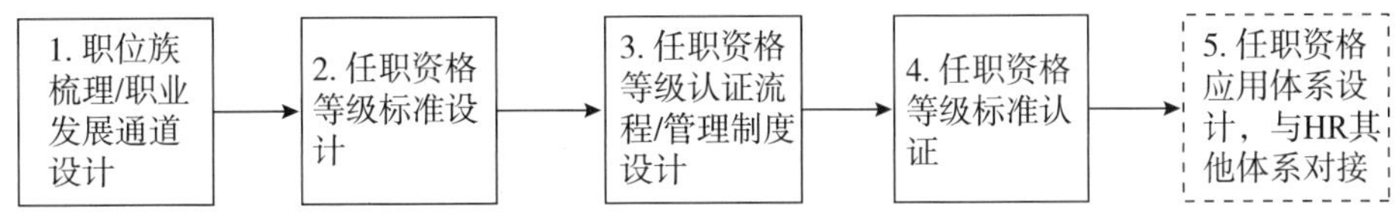

图 8-17　任职资格管理体系流程

第一步，职业发展通道设计（职位族梳理）。梳理组织需要哪些类别的员工，哪些员工有比较趋同的职业发展方向。在建立职位族的基础上,区分员工能力成长的阶段点,建立员工职业发展通道。

第二步,任职资格等级标准设计。为了衡量员工的能力达到哪个能力层级,需要建立评价的标准。

第三步,任职资格等级标准认证。有了通道和任职资格标准,要评价员工的能力达到哪个能力层级,还需要建立一套评价的流程和管理规范。

第四步,任职资格等级认证。前三个步骤完成后,任职资格体系已经建立。根据职业发展通道、任职资格标准和认证流程规范,对员工进行认证评估,确定员工能力的级别。

第五步,任职资格体系应用。任职资格体系的主要应用包括员工职业发展规划、人才梯队建设、竞聘上岗、进阶培训、以能定薪等多个方面。

广州兴森快捷电路科技股份有限公司任职资格管理体系

兴森快捷电路科技股份有限公司成立于1999年,并于2010年在深交所主板上市,是国内最大PCB样板制造商,主导产品为PCB样板和小批量板,快速交货能力及单月生产订单数等评价印制电路板样板企业竞争力的指标已处于国际先进水平。兴森科技总部设在中国深圳,并在广州、江苏宜兴及英国建立了生产运营基地。公司已在北京、上海、武汉、成都、西安设立了分公司,在中国香港、美国成立了子公司。公司先后与全球超过4000家高科技研发、制造和服务企业进行合作,产品应用于通信、工控、轨道交通、医疗电子、计算机及外设、半导体、汽车电子等领域,资源遍及全球30多个国家和地区。

子公司广州兴森科技有限公司在人力资源管理各项工作中,改变过去的以岗位为中心(任职要求)的观念,建立以人的能力为中心(任职资格管理体系),即基于能力的任职资格管理,如图8-18。

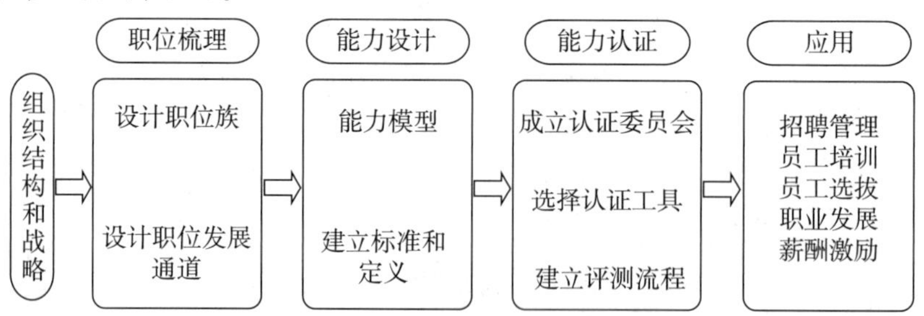

图8-18 任职资格体系设计及应用过程

该过程是以公司的经营战略和组织结构为依据,第一步先进行全部职位的梳理;第二步是对员工能力进行设计,选取适当的测评工具进行员工素质能力测评和任职资格认证;第三步将任职资格体系应用于人力资源管理之中。

一、职位梳理

职位族设计。广州兴森科技职位族设计分横向与纵向设计。横向以相似为原则，将具有相似职责、管理范围、工作模块、知识、技能、素养和行为标准的岗位归为同类。纵向是以同一职位族或职业从业者所承担的职责大小、所需知识深度、素质和行为标准高低等进行划分，注重的是同一职位族或职类中从业人员从事某项工作能力的差异性。

职业发展通道。广州兴森科技员工职业发展通道由管理通道和专业通道两条途径构成。每条又分五个等级，其中管理类分为初做者、经验者、监督者、管理者与领导者；专业类由低到高分为初做者、经验者、骨干、专家和资源专家。

二、能力设计

广州兴森员工能力设计上由能力模型和标准的设计两方面组成。设计程序包括进行需求分析、3P研讨、BEI访谈、能力模型建立、能力标准设计、标准审核、能力模型及标准实施。

(一)能力模型设计。员工能力主要包括专业能力和通用能力两部分，如表8-5所示。

(二)能力标准设计。员工能力标准是指为了保证岗位工作目标的实现，岗位任职者必须达到的通用能力和专业能力等方面的要求，如表8-5所示。

表8-5　能力模型

一级指标	二级指标	三级指标
专业能力	专业技能	基本技能
		工作技能
		团队技能
	行为能力	公司知识
		专业知识
		专业成果
通用能力	业务素质	自信
		影响能力
		收集信息
		归纳思维

续表

一级指标	二级指标	三级指标
通用能力	管理能力	领导意识
		组织意识
		成就导向
		关系建立
		培养人才
	协调能力	服务精神
		人际理解
		监控能力

三、能力认证

广州兴森为此成立员工能力(任职资格)认证委员会,依据企业任职资格管理的工作原则、制度、任职资格标准和评价方法对员工的任职资格(能力)进行认证。

选择认证工具。合理利用专家组面试法、360度评价法、问卷测评法和评价中心等工具对员工进行能力测评。

建立认证流程。认证申请;进行资格审查;认证资料收集和培训;组织实施认证;认证结果反馈。

四、任职资格体系的具体应用

(一)人员选拔。首先,人力资源部门根据任职资格的相关要求对应聘人员进行简历筛选、初步面试、基本测试等工作,以确认应聘者是否符合该岗位基本任职条件;其次,用人部门根据具体岗位的要求对应聘者进行专业测试,以确认应聘者是否符合岗位的专业技能要求;再次,人力资源部运用行为面试和测评中心等工具对应聘者进行素质能力的测评,以考查应聘者的素质能力水平是否符合岗位的任职要求;最后,公司高层管理者对应聘者进行最终面试,以最后确定哪些应聘者符合岗位任职条件。

(二)人员培养。首先,对员工的现状进行分析,分析内容涵盖知识、技能、工作经验、能力等方面。其次,将员工现状与岗位的任职资格标准比较,找出差距。最后,根据差距制订出有针对性的人员培养计划,以促使员工素质能力能够符合岗位的任职资格标准。

(三)员工培训。第一,从任职资格的专业能力和通用能力两个角度来进行员工培训需求分析;第二,根据员工培训需求设计培训课程,从能力等级和知识技能、素质能力两个维度设计员工培训的所有课程,确保培训课程符合员工实际需要和岗位任职资格体系的要求;第三,根据任职资格标准建立企业员工培训的学习资源库,包括通用能力课程学习资源、专业素质能力学习资源等方面的“分层、分类”学习资源数据库。

（四）员工职业发展。首先，确定员工所具备的资格和条件，包括员工的知识、技能、素质能力等，并调查员工的个人职业发展意愿；其次，结合企业的发展方向和现有的职类、职族，确定企业能为员工发展提供哪些通道；最后，将员工现在所具备的资格与岗位任职资格标准相比较，找出差距，并为员工制定个人职业发展规划。利用任职资格标准建立员工职业发展通道，企业可以建立起各种梯队的专业人才队伍，做到人尽其才。

（五）绩效管理。一方面，通过对岗位的任职资格标准进行分析和提炼，设计符合企业发展和员工实际工作情况的 KPI 考核指标；另一方面，根据员工的实际 KPI 考核结果，与岗位任职资格标准相比较，寻找两者的差距，并以此作为今后绩效改进的依据，不断提高员工的绩效水平。

（六）薪酬管理。任职资格标准在广州兴森的薪酬管理中的应用主要是建立宽带薪酬与任职资格等级相对应。

资料来源：作者根据多方资料整理。

二、员工职业发展通道设计

组织战略目标能否实现关键在于组织是否有足够的高质量人才。要满足这一需求，就在于组织为员工构建好职业发展通道，为核心员工提供更大的职业发展空间，让有不同兴趣与个性的员工可以在组织内找到职业发展目标。

刘丽华（2019）指出，双通道职业发展路径可给技术研发人员提供更多的选择权，使之不受“干部岗位”空缺因素限制，可以沿着自己擅长的技术路线持续晋升，避免技术人员拥堵在管理通道上。黄学明（2019）认为，职业通道的设计让员工可以在横向和纵向发展通道上拥有更多自由度，向多条平行路径发展，打造多面型复合人才，让员工得到更好的职业发展的同时推动组织发展，达到共赢。廖雪朗（2019）认为职位分析与价值评估是职业发展通道建设的前提。李嫣（2019）指出应该构建以岗位为基础，任职资格为核心，考核评价为导向的员工职业多通道发展体系。

综合上述学者观点，员工职业发展通道设计就是从梳理职位开始，依据组织未来战略以及业务发展对组织或业务系统的核心能力要求，划分职位族、职位类并且进行职位分层，形成员工的职业发展通道。

（一）职位分类

职位族，指工作性质和任职资格要求相近的一类职位。如技术族、管理族、专业族、操作族等。职位类，指在同一职位族中，根据工作性质和职责相似性的岗位划分。如专业序列可以划分为人力资源管理类、财务管理类、采购类和物流类等。职位，指需要由一位任职者来完成、具备一定任职资格要求的集合。三者之间的关系如图 8-19 所示，三者之间的区别如表 8-6 所示。

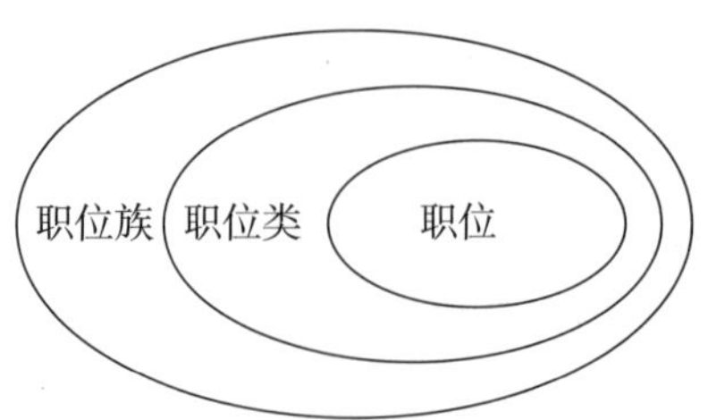

图 8-19　职位、职位类、职位族关系图

表 8-6　职位、职位类、职位族的区别

名称	概　念
职位	需要由一位任职者来完成,具备一定任职资格要求的集合。职位强调的是以“事”为中心,而不是承担该职位的“人”
职位类	是一组职位的集合。将相同职位分类归并而成,这些职位要求任职者需具备的任职资格种类相同或相关,承担的职责、绩效标准、薪酬要素等管控激励方式以及在组织中与其他职位的分工关系相同或相似
职位族	是一组职位类的集合。对同类职位进行细分归并而成,这些职位分别承担相同业务板块功能与责任

(二)职位分层

要了解职位是如何进行分层的,必须先了解职级、职层及职位分层这三个概念。

职级是职位价值等级的简称,它与薪酬对应,也就是薪酬等级。职层是依据同一职位类的任职人员承担职责大小、所掌握的技能程度、要求的素质和行为标准的高低来进行划分的,体现的是同一职位类中从业人员的胜任能力的不同。职位类分层是将职位类中的所有职位按照任职者具备的资格条件以及承担职责大小的差异程度进行分层归并。

如果说职位类是员工职业发展通道的话,那么职层就是同一个职业通道里的不同发展阶梯,见表 8-7。

表 8-7　腾讯公司职位分层表

类别	初做者	有经验者	骨干	专家	资深专家	权威
技术族	T1	T2	T3	T4	T5	T6
专业族	S1	S2	S3	S4	S5	S6
市场族	M1	M2	M3	M4	M5	M6
产品族	P1	P2	P3	P4	P5	P6

每个职位类到底划分多少个层级比较合适,需要考虑以下四方面因素。

第一,深入分析同一职业发展通道(职位类)人员成长的内在规律,描绘出这类人员的成长曲线。看看这个成长曲线里会出现能力特征差异相对明显的阶段有多少个,就可以分为多少层。通常对于管理人员而言,可以参照拉姆 · 查兰(Ram Charan)的领导力发展梯队理论,从员工到CEO需要完成六次关键转换(表8-8)。对于同一职业发展通道(职位类)的专业技术人员成长也有着明显的内在规律,从大学毕业到成为内部专家可以划分为学习、应用、独当一面、创新与专家五个明显的阶段。

第二,要有区分度,划分的级别过少过多都不行。级别太少容易导致认证后大部分员工落入某一两个等级,没有区分开。级别太多,一是公司可能找不到对应级别的标杆人员,任职资格标准可能写不出来;二是级与级之间的任职资格标准会有重叠,让评委很难认证。

第三,要参考业界最佳企业的做法,考虑企业人员规模大小等因素。

第四,先粗后细。

表8-8 管理人员成长规律

关键转换	职 责	范 围
管理他人	制订工作计划;绩效评估与监督;人员招聘与选拔;奖励与激励;建立人际关系	管理一个团队
管理经理	选拔和培养有能力的下属;适度授权;在下属部门内配置资源;协调与其他部门工作	负责一个包含几个团队的部门
管理职能	有效执行战略;经营业务;平衡业务要求与未来目标;关注组织内部而非部门内部;跨部门沟通协作	一个业务部门或业务机构
管理业务	制定本业务部门内战略;协调业务部门与职能部门,形成有机整体;经营业务;组建高素质团队	一个完整独立的业务单元,包含职能部门和业务部门
管理业务群	协调所属业务线与组织战略保持一致;管理新机会或新领域;帮助下属及其业务取得成功;管理和培养业务线总经理	包含多个业务单元或职能单元的业务线
管理集团	平衡长短期战略、实现可持续发展;设定发展集团或由多个业务线发展方向;关注人才和文化;执行到位	集团或由多个业务线构成的公司

(三)构建职业发展通道

在职位分类的基础上,形成了员工的职业发展通道,再进行职位类分层,形成员工职业发展的阶梯,于是就构建了多条员工职业发展通道。如图8-20所示。

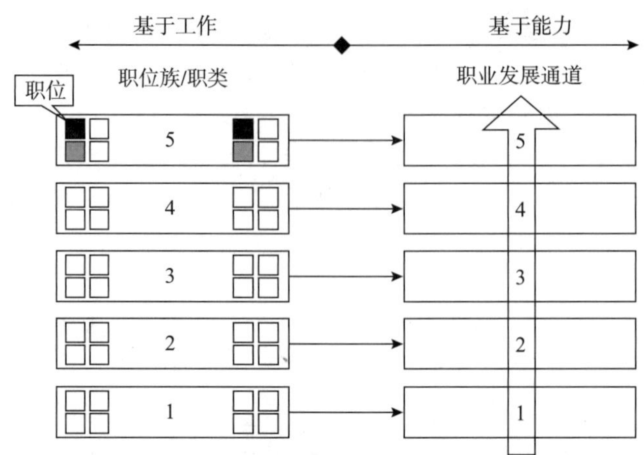

图 8-20 职位族、职类与职业发展通道的关系图

员工可以走上管理岗位,承担更多管理责任来实现职位晋升;也可以走专业技术路线,通过在专业技术岗位上的经验和技能的提升,走专家道路,见图 8-21。

(1)管理通道。在组织职位体系设立的基础上,确立各管理职位之间的晋升和替补关系,如人力资源部经理的职位可以由人力资源部下属主管晋升,也可以由业务部门经理平调过来。

(2)专业技术通道。专业技术路径适用于专业技术岗位。和职位体系设计相类似,对某一专业技术职位设立相应的任职资格标准,使员工和组织能够科学评估员工的能力差异。这种由低到高的能力层级设计,实际上为员工提供了一条新的职业发展通道。

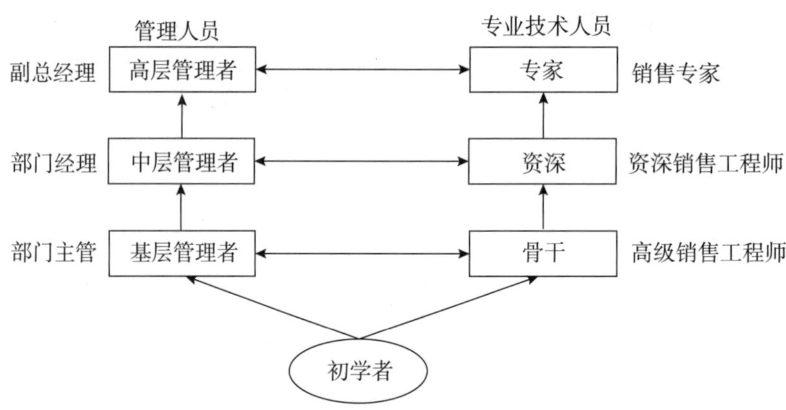

图 8-21 员工双重职业发展通道

任职资格管理就是要给组织中不同的职位建立相应的职业发展通道,开辟各类员工的发展方向。让各类员工看到自己的职业前景,避免出现优秀员工都想通过做管理人员来体现自身价值的现象,缓和企业管理职位稀缺与员工晋升需求之间的矛盾。

三、任职资格标准

(一)任职资格标准构成

尹延庆(2018)认为,任职资格标准包括基本素质、技能、工作经验、工作绩效等要素。

基本素质包括知识、学历、道德等方面的基本条件，较容易衡量和考察。技能是核心条件，就是通常所讲的胜任力，内容复杂，不易衡量。工作经验和工作绩效指工作经历和成果等，比较直观，容易量化。而具体到不同岗位和层级，对上述要素的要求各有侧重。谭浩、白金泽和郑晓刚(2019)认为任职资格标准涵盖行为标准、项目经验、知识结构、绩效、专业成果、人才培养贡献、基本要求、能力素质八方面。

因此，任职资格标准由基本条件、关键能力和绩效贡献三部分组成，如图 8-22 所示。

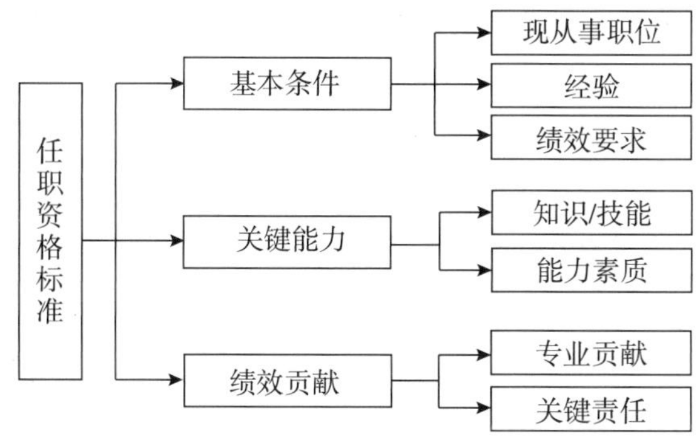

图 8-22　任职资格标准组成

1.基本条件

由现从事职位、专业经验与绩效要求等组成，是提出认证申报的前提条件。用于初步判断申请人是否可以申请某一级能力标准认证。其中，专业经验要求就是员工胜任该级别工作的最短时限是多长，如表 8-9 所示。在确定每个级别专业经验要求时，需要考虑组织目前这类别所有员工从业时间现状，专业工作本身的要求，同行业其他企业的做法等三方面问题。

绩效要求，衡量过程行为的结果，重点考查从事现任职位最近一年的绩效考核结果。对于申请任职资格级别晋升的员工，通常要求近期绩效在两次“良好”、两次“正常”以上。当然，在基本条件中还可以加上一些其他因素，如没有受过记过以上处分、没有出现重大客户投诉等。

表 8-9　某职位类专业经验要求

级别	最低专业经验要求
一级	从事本专业领域工作一年以上
二级	已获得该类或相关任职资格一级后，继续从事本专业领城工作一年以上
三级	已获得该类或相关任职资格二级后，继续从事本专业领域工作两年以上
四级	已获得该类或相关任职资格三级后，继续从事本专业领域工作两年以上
五级	已获得该类或相关任职资格四级后，继续从事本专业领域工作两年以上

各类任职资格标准在此基础上制定更为详细的专业经验要求。例如，关于与某类项目经验、承担某种角色的要求；完成某种任务的要求。

2.关键能力

员工胜任每一个职位类不同任职资格等级的职位所必须具备的能力,包括知识/技能和能力素质三部分。关键能力设计分为五大步骤(图 8-23):

第一步,分析关键责任,总结出履行关键责任所需的能力。

第二步,分析在履行关键责任中面临的挑战,总结出其所需重点加强的能力。

第三步,通过行为事件访谈(BEI 访谈)和战略文化研讨数据,总结所需要具备的重要能力,这也是能力模型构建的核心技术。

第四步,选取类似岗位,分析其需要具备的能力标准。

第五步,通过前面四步形成关键能力初稿,再经过各级管理层沟通研讨定稿。

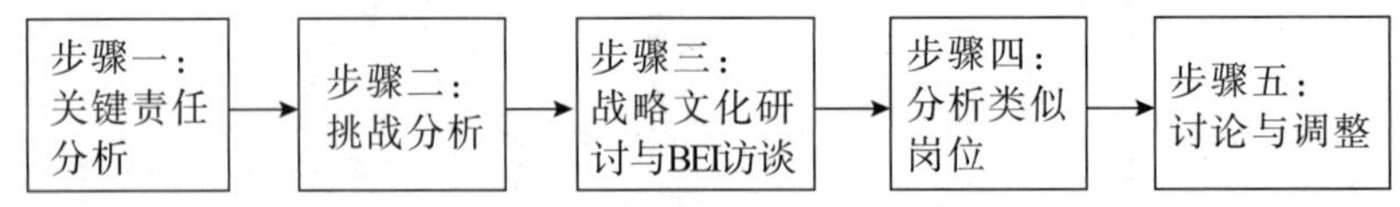

图 8-23 关键能力设计

3.绩效贡献

绩效贡献是每一个职位类不同任职资格等级的职位应该承担的关键责任与对组织所做的专业贡献。其中,专业贡献是员工在专业上对组织的回馈,如担任导师、授课、输出案例等。关键责任是岗位在组织中所承担的关键职责和对组织的独特价值。通过关键责任认证,可以判断员工是否能承担岗位所需履行的关键责任。

(二)任职资格标准认证

有了任职资格标准,接下来就要进行任职资格标准认证。任职资格标准认证一般常用“举证+述职答辩”的方法进行,具体分五步。

第一步,知识与基础技能测评。单位可以定期组织测评,比如每季度、每半年或每年进行一次考试。通过知识与基础技能测评是员工提出任职资格等级认证申请的前提。由于现代社会知识更新的速度非常快,产品开发、组织结构与业务流程的调整也很迅速。因此,任职资格标准对知识与基础技能的要求需要及时进行更新,对于新的要求要进行及时考评。知识与基础技能的测评结果要规定有效期。

第二步,认证申请。为了确保任职资格标准认证有序开展,避免员工盲目地申请与自身能力状况过于悬殊的级别,应该实行申请制。员工提出申请后直接上级应该进行审核,人力资源部门也应该根据申请人的基本条件(现从事专业经验、绩效、学分)判定员工是否具有认证的资格。

第三步,证据审核。关键能力、绩效贡献,是员工提供本人真实有效的证据,由任职资格认证评委小组对证据进行集体鉴定。专家小组成员分别对员工的每个证据进行审核、评议,并给出该证据的评议结果。对于不合格的证据要说明理由。

第四步,述职答辩。对于一些高级人才,也就是任职资格等级达高级别的认证,员工必须参加述职答辩,由专家组进行综合评估。

第五步,评审和反馈。如果员工任职资格认证结果通过评审,要将认证结果和认证评委的意见与建议一并反馈给员工。对于没有通过任职资格认证结果评审的员工,需要与员工进行沟通。如果是能力尚未达到标准要求的,参加公司下一次的评定;如果是评定程序不符合要求的，则要求认证评委小组重新评定。向员工反馈意见的时候，侧重针对关键能力与关键责任的各个单元提出改进意见。

三一集团的任职资格体系应用

三一集团有限公司(以下简称“三一集团”)于1989年成立于湖南长沙，是一家以工程机械为主体的全球领先装备制造集团。公司名称源于创业初期提出的“创建一流企业，造就一流人才，做出一流贡献”的企业愿景。三一集团在人才招聘和选拔、员工培训、薪酬绩效管理、职业发展等方面构建了效果显著的任职资格管理体系。

一、基于任职资格招聘和选拔

(一)依据任职资格模型建立面试评价标准

首先，在目标岗位的任职候选人中区分表现优秀者和一般者，开展行为事件访谈。要求候选人回忆其工作得失，访谈专家进行深入提问。其次，将候选人的行为描述转化成任职资格特征。最后，对选中的任职资格要素进行整理、提炼、定义和分级，形成面试评价标准。

(二)建立面试题库

三一集团针对关键岗位建立了基于任职资格素质模型的专门面试试题库，每个素质均有3～6道相关试题。

(三)刨根究底获取真实信息

设计好试题之后，面试官明确自己所需要的信息，有针对性地提问。同时，根据应聘者的回答，分析是否获得了自己所需要的信息，并追问，对候选人回答的真实性做出评价。

二、基于任职资格的薪酬绩效制度

(一)基于任职资格的岗位价值评估

岗位价值评估小组采取纵向与横向相结合的形式对岗位价值要素赋分。从岗位的工作投入、工作过程和工作产出三方面评估岗位价值，选取评估要素有知识与技能、解决问题与制定决策、影响与责任、行动自由度。

(二)基于任职资格的薪酬等级设计

三一集团基于任职资格价值评估得分和职位等级划分，设计与之配套的薪酬等级，依据公司实际对递增系数与幅宽进行调整，使薪酬等级更符合公司策略。

（三）基于任职资格的绩效评价

首先，分析任职者需要达到的工作目标、需要的知识技能和方法，确定绩效评价的各项要素，为员工工作提供指引和导向。其次，根据公司战略及业务计划将组织绩效目标分解并分配到员工绩效指标中，选择对公司价值有贡献的关键工作领域作为员工的关键绩效指标。最后，对岗位性质、工作特点及组织绩效影响等进行分析，赋予各项指标权重。三一集团还对员工进行必要的绩效辅导以便员工实现目标。

三、完善培训制度

（一）基于岗位任职资格的培训需求

明确企业战略后，三一集团对员工的职类（管理类、研发类、操作类等），职位体系（营销、研发、财务等），职位等级（初级、中级、高级、专家级等）进行界定，对岗位任职要求的能力素质进行分析、归纳和提炼，形成以岗位胜任素质模型为依据的培训需求。

（二）任职资格课程体系规划

三一集团把任职资格标准中知识和技能要求转化为相关培训内容和训练项目。职位划分为16大职位体系，对应设立培训课程库。不同职位之间的基础课程保持通用性，专业技能课程有明显的差异性。同一职位体系内，根据能力层级划分初级、中级和高级课程。

四、建构完善的员工职业发展体系

（一）员工职业发展通道设计

三一集团遵循层级匹配、通道宽度合理、打通横向发展通道和不影响直线职权的原则。层级划分时，如果某个层级任职资格达标偏差少，便通过调整任职资格标准的难易程度和定期复审淘汰制度进行控制。例如，同一通道内专家级以上员工不得超过该通道全体员工的5%，且每两至三年会进行复审，通过不断提升任职资格标准实现“能者升，庸者降”。

（二）员工职业发展与培养机制

主要措施有：一是针对全体员工每年进行1～2次职业发展意愿调查，结合员工年度和半年度考评结果，根据员工职业发展意愿，由主管与员工沟通制定培训、轮岗计划。二是设立导师培养制，为新员工和后备人才配备带岗导师，辅导其工作生活。三是通过轮岗、竞争上岗、职务轮换、副职挂职、带薪送读等方式，促进人才快速成长。

三一集团的任职资格体系在实际应用中取得了显著成效，经过实践证明是有效的，因此对于正在或计划推行任职资格体系的企业有较强的借鉴意义。

资料来源：作者根据多方资料整理。

四、任职资格管理在实践中的应用

(一)在薪酬体系中的应用

在职业发展通道中,每一职级都有对应的任职资格标准,不同职级对应的能力要求也具有差异性。随着职级增高,员工薪酬待遇也会相应增长,向员工明确了组织为能力付薪的导向。而不同通道上相同职级的职位,一般设定为职级相同则薪酬待遇相当,让不能走上管理岗位但技术方面有所作为的员工在薪酬上涨空间和同级管理岗位员工相同。员工在经过任职资格能力评定后,如果职级得到提升,则薪级进行相应提升,薪酬同步增长。

(二)在绩效管理中的应用

在绩效规划时,部门负责人根据各级的组织绩效目标,帮助员工根据任职资格要求,制定能力素质提升目标。在绩效实施过程中通过对岗位的任职资格标准进行分析和提炼,设计符合组织发展和员工实际工作的 KPI 考核指标。在此基础上对员工工作业绩实施 KPI 考核,并将考核结果与岗位任职资格标准相比较,寻找两者的差距,并以此作为今后绩效改进的依据,不断提高员工的绩效水平。还可以将绩效考核结果作为员工职业生涯晋升的重要参考指标。

(三)在招聘管理体系中的应用

任职资格标准作为职位说明书的重要组成部分,对能胜任该职位的人员知识、技能、能力进行了规范概述。在招聘员工时,可对应任职资格标准,对应聘者的能力进行综合全面考核。近年来的人力资源调查越来越多地显示,员工在考虑跳槽时,除薪酬外,职业发展也是一个重要的考虑要素。一个具有明确的职业发展体系的组织,在招聘过程中向应聘者展现一个清晰的未来职业发展规划,无疑是组织吸引人才的一个重要砝码。

(四)在培训管理体系中的应用

新员工入职时,组织就要对员工的性格、兴趣和能力进行考察,积极帮助员工进行职业生涯规划,制定职业发展目标。在日常开展工作的过程中,建立导师制,与员工进行频繁的沟通交流,帮助员工开发职业技能,指导员工学习更新行业前沿知识,不断扩展新的工作经验,为晋升职级做好准备。

构建基于任职资格管理的员工职业发展体系是促进人力资源管理高质量发展的重要抓手,这一工作并非一日之功,不能一蹴而就,而是一个渐进式的过程,需要组织外部条件的客观允许和内部政策的大力支持。可行的实施策略是先在条件较好的部门或下属单位中进行试点测试,通过局部探索积累经验,从而以点带面,推广到全企业,促进整个组织人力资源管理体系的改革提升。

"5 维 6 阶"员工任职资格管理体系

红云红河烟草(集团)有限责任公司(以下简称"红云红河")成立于 2008 年 11 月 8 日,

由原红云烟草(集团)有限责任公司与原红河烟草(集团)有限责任公司合并组建,红云红河是目前国内具有法人资格的第一大烟草工业企业,是继菲莫国际、英美烟草和日本烟草集团及帝国烟草集团之后的第五大烟草集团。

近年来,集团下属红河卷烟厂制丝部人力资源管理中存在老龄化、新老更替滞后、持续培养欠佳以及成长育才机制不完善等问题。对此,人力资源部从工作实际需求出发,引入深层次的HR职业发展规划理论、人的能力素质冰山理论模型及相关分析方法,构建了以人为本的"5维6阶"岗位人员任职资格等级晋升管理体系。

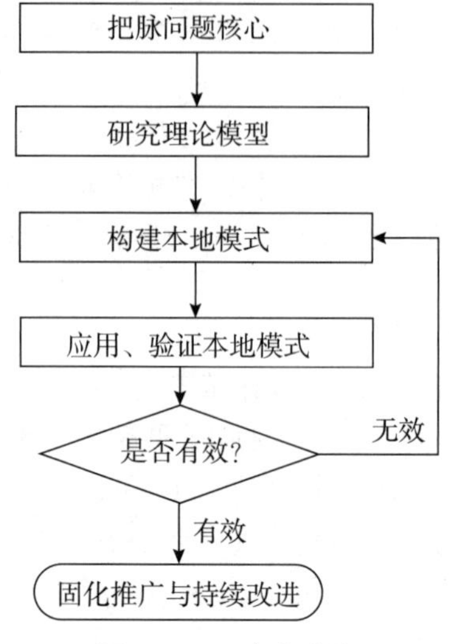

图8-24　五步方法论

红河卷烟厂制丝部的"5维6阶"任职资格管理体系构建主要是从"知识、经验、技能、传承、贡献"5个维度按不同占比,建立任职资格评价序列标准,对员工进行详尽评价,员工任职资格能力定级分为孵化级、初级、中级、高级、师级、复合级6个等级。在任职资格管理体系构建过程中全程采用"五步"方法论工具,以保障各环节组织流畅、科学实施。

一、把脉问题核心

问题核心即老龄化、新老更替滞后、持续培养欠佳以及成长育才机制不完善等问题。

二、研究"5维6阶"任职资格理论模型

根据上述系列问题,结合深层次的HR职业发展规划理论、人的能力素质冰山理论模型、项目管理思想及工具等,研究建立"5维6阶在岗人员任职资格管理体系"。找到员工业务素质薄弱环节,指明努力方向,促进改进,全面提升在岗人员工作素质。如图8-25所示,评价体系分别从资格基准、知识结构、技能、素质、贡献5个维度进行细化分类评价。

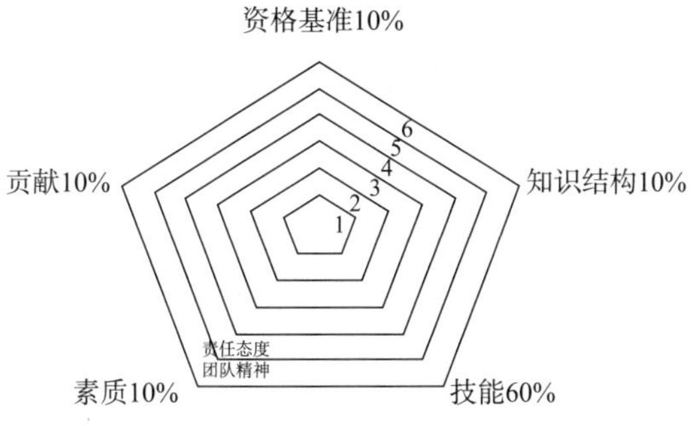

图 8-25　5 个维度细化评价指标

三、构建本地模式

（一）建立任职资格等级评价序列标准

通过专项调研、分析、建模、验证，从以下 5 个维度来对任职资格管理体系进行评价。内容如表 8-10 所示。

表 8-10　任职资格体系的 5 维度

维度	具体内容
知识	工艺质量及产品知识、成本知识、设备构造原理知识、安全知识、设备维修管理、设备操作、现场管理知识、机械基础及钳工基础知识等
经历	工作经历、基本学历、在岗年限等
技能	安全管理能力、设备维修及故障诊断处理能力、质量保障能力、改善创新能力、学习培训能力、计算机操作能力、维修维护的组织、规划、管理能力
素质	认同公司文化/工作态度、责任心、主动性、团队精神、自我管理、创新精神
贡献	取得国家级、行业级、工厂或部门等专利，改善、科技攻关、论文发表、管理创新等方面的奖项

依据 5 个维度的初步设计，结合行业工种、岗位属性、特点，各级别员工的所需技能、业绩或贡献等达标程度，以定性和定量的方式对各维度详细内容进行准确描述，形成梯度明显、匹配性较强的“6 阶评价标准”。

（二）任职资格评价组织

在维修人员任职资格考核评价组织方面，主要从考核方式及周期上做优化，考核的重点包括依据资格标准在工作中的实际表现、能力、业绩等，以客观事实为原则最终判定员工资格晋升或降级。针对不同序列等级的任职资格，结合其学习拓展空间、成长速度、技能达成度等因素在考核评价周期上也灵活地进行了调整，持续地承认员工价值。

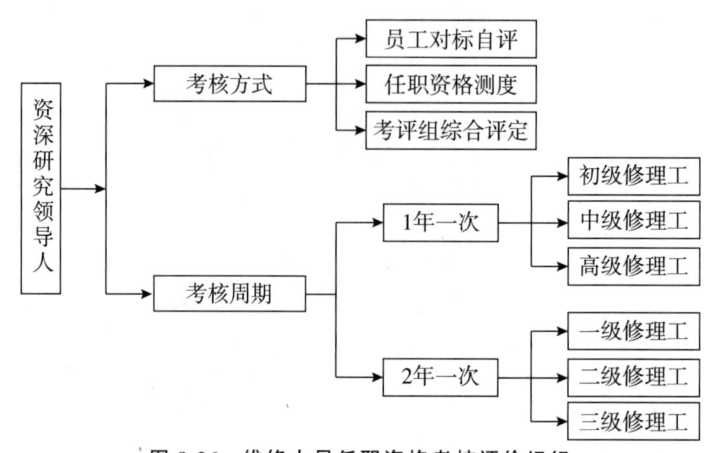

图 8-26　维修人员任职资格考核评价组织

(三)部门培训与评价体系有机结合、闭环运行

过程中利用 ECRS 分析法,做好培训内容及流程的“加减乘除”法,去除培训中重复培训的内容,新增精益基础知识培训;将同期可进行的培训内容合并,重排 Milestone 检测点;对培训全过程进行了优化,梳理出全新的培训管理流程,并与“5 维 6 阶任职资格管理体系”相结合,使其发力点更为具体。

四、任职资格考评结果运用

员工通过任职资格考核评价定级后,按照维修人员任职资格等级系数设置情况,不同任职资格对应了不同的基础绩效系数。员工想达到更高等级、获取更高绩效奖励,就必须不断“自我优化”改进其业务素质薄弱环节,提高个人业务素养,达成不断提升的目的,满足部门对人力资源的需求。

通过“5 维 6 阶”任职资格管理体系的应用:①新员工的培育周期从以往 6 个月缩短至 3 个月时间;②部门员工自发奋进的整体氛围活跃,专项技术技能深度提升、事事创新、人人改善的局面全面打开,2018 年部门员工完成短板攻关项目 6 项、课题 13 项、开发培训课件 54 项、完成 OPL 单点课开发及培训 98 项(次)、AKP 自主改善提案 201 项(次);通过考核评定,2017 年 5 月至 2018 年 5 月,达到“维修师”资格的人数达 26 人,生产岗位复合型“操作师”达 25 人。“5 维 6 阶”任职资格管理体系在部门推行实施后,在生产经营上有机结合了生产操作 SOPS 标准作业流程、“360°全员设备保养维护”体系、I·TPM 检维修体系、AKP 持续改善这四驾马车,设备效能,产品质量稳步提升。

红河卷烟厂制丝部的“5 维 6 阶任职资格管理体系”,全面、科学、精细的评价应用使得员工明确了职业生涯的成长方向,员工积极融入自我管理、自我评价、自我激励、自我价值实现的运行机制中,有效地实现了综合素养、岗位技能等的全面提升,人力资源软实力的发挥有效地促进了部门设备效能最大化、产品质量的均质化、经济效益的最大化。

资料来源:作者根据多方资料整理。

第五节　基于任职资格体系的职业发展规划

一、任职资格与职业发展的关系

（一）职业发展的本质就是能力发展

任职资格体系主要由职业发展通道、任职资格标准及资格等级认证、任职资格应用三部分组成。职业发展规划是员工对职业发展路径选择行动的一个过程，而员工任职资格体系就是将员工的职业发展和组织对人才能力水平要求结合在一起的桥梁，是促进员工职业发展与组织共同成长的有效手段。任职资格体系与员工职业发展之间的对应关系建立以后，就会让员工们清晰地认识到任职资格体系不仅仅是组织对员工能力的评估体系，也是员工的职业发展体系。任职资格体系与员工职业发展的关系，如表 8-11 所示。

表 8-11　员工职业发展与任职资格体系的关系

员工职业发展	任职资格体系
职业发展路径选择	职业发展通道
职业发展水平评估	任职资格标准
	任职资格认证
职业技能的持续提升	任职资格的应用（培养计划、梯队建设等）
对员工职业发展的激励	任职资格的应用（能力薪酬、人才选拔等）

（二）组织助力于员工职业发展

在任职资格体系的推行过程中，员工可以根据组织的职业发展通道规划个人的发展路径并依据该通道的任职资格标准不断提升自己的任职资格水平。与此同时，组织中的各级管理者也要担负起帮助员工职业发展，实现其职业理想的责任，在管理类任职资格标准中，就明确了对各级管理者培养下属的要求和评价标准。这样，关注员工的职业发展就和管理者自身的职业发展结合在一起。如此，任职资格体系的推行和应用，就可为组织员工的职业发展奠定良好的基础和保障。

二、职业发展规划的实施要点

（一）职业发展规划中主管和员工个人的责任

1.主管的责任

（1）指出下属未来所需要的技能。

（2）指导和支持下属个人职业发展。

（3）制定灵活的发展目标。

（4）激励职业发展的努力。

2.员工个人的责任

（1）与主管讨论个人职业发展。

（2）自己制定职业发展目标。

（3）自己制定职业发展计划与实施方案。

(4)与主管讨论确认。

(二)培养计划——不断提升自己的能力

职业发展最重要的是员工职业能力的发展。对于组织中员工的能力培养,必须通过制定员工能力提升方案并加以实施,以达到满足组织对人才的需求,实现员工能力的提升,以满足组织发展对人才的需求。

以美国某著名企业的实践为例,公司各主管每年除了与员工签订个人绩效目标计划(或个人绩效承诺书)之外,还会根据员工任职资格达标情况,与员工沟通,一起制订相应的能力提升计划。

(三)评估检查——确定发展的起点和已经达到的阶段性目标

基于任职资格体系设计的职业发展规划,员工在职业发展的道路上可以选择不同的发展通道,而每条通道中又有数个级别。员工参加任职资格标准认证后,就能清楚地认识到自己在知识、能力、行为表现等方面的优势与不足,明确下一步前进的方向,从而可以有针对性地学习与提高,以便达到相应级别任职资格标准,取得职业发展通道中的通行证。

与此同时,在任职资格管理过程中,组织有责任帮助员工发展职业技能,让员工不断认识自身各方面的能力及表现,使员工清楚地知道组织对员工的能力要求,从而使员工职业发展规划的实施得到有效保障。

章末案例

传音手机:发财的“非洲之王”

深圳传音控股股份有限公司(以下简称“传音控股”),是一个闷声发大财的手机公司。2019 年销量能达到 1.24 亿台,单论销量已经超过了小米,是全球第四大手机厂商。奇怪的是,在每一次的手机厂商销量排行中,却都没有传音的位置,而他们的产品在国内市场上也难觅行踪。这是因为他们的产品销售主要面向非洲、南亚、东南亚、中东和南美等区域。

传音控股登陆科创板的招股书显示,从 2016 年至 2018 年,该公司营业收入分别为 116.37 亿元、200.44 亿元、226.46 亿元,归属于母公司所有者的净利润分别为 0.63 亿元、6.72 亿元、6.57 亿元。数据显示,传音控股的手机有一个特点,10 美元至 200 美元的功能机占到传音销量的七成,在这种情况下,虽然传音手机的销量很大,但还对资本市场有诉求。而这正是传音手机积极进入资本市场,谋求更大发展的原因,从而也十分重视员工的生涯规划。多年来,传音通过实施职业生涯管理,建立晋升双通道机制,实现员工多维发展。同时,凭借传音学院丰富的培训资源,帮助员工提升专业能力和职业竞争力,为员工的职业发展提供广阔的空间。

一、管理与专业双向通道

由于企业业务重心在海外区域，传音在员工管理方面，打破了权力导向型，建立起“任务或人员导向型”的企业文化，尊重当地的风俗习惯，营造有利于国内外人员发展的环境，具体从以下方面着手。①管理方法与时俱进。搭建现代化 ERP/SAP 信息平台，借助规范的数据结构体系和科学的自动化数据收集方法，将员工、货品、货仓等信息集成化处理，把管理的基础信息做到扎实。②人员工作和生活环境最优化。不断改善现场人员的办公和住宿条件，创造良好的工作和生活环境。③专业渠道轮岗制。从横向角度可打通管理与业务之间不熟悉的壁垒，做到先熟业务再熟悉管理；纵向角度上可打通不同业务之间的隔阂，将各前台工作人员调至后端，从事采办工作、业务部门成本中心的分析师等互换相关的事务。④打造企业统一的网络学习平台，通过考核必修课程，奖励选修课程，培养内训师等形式鼓励员工自主学习，提高管理人员和业务人员之间的配合度。

二、导师员工帮扶指导

对实际业务起最终作用的还是人。因此，传音公司的团队建设坚持以人为本，抓住“管理的人”和“人的管理”两个基本环节。前者要从增强每个部门组织内的凝聚力和吸引力入手，选拔德才兼备、具有开拓精神和创新意识的员工，实现群体结构的“老—中—青”最优梯度搭配，实施“传—帮—带”的方略；后者要贯彻“能位匹配”和“能级效应”，践行“项目组长负责制”，提高组织者做事情的积极性和责任意识。公司还设有传音学院，拥有优质的培训资源，丰富的培训项目，为员工职业发展提供充足动力。为每一位员工安排导师，关注员工工作状态，随时给予指导。此外，通过实施企业内轮岗和项目间轮换，实现人才的自由流动。实行人员轮岗，既是内部控制的要求，也能为企业关键岗位储备人才。很多国际石油公司通过内部公开招聘平台都已实现更大范围的海外项目间的人员流动，项目和员工可双向自主选择。

三、晋升机制培养后备人才

在互联网技术和大数据融合的背景下，员工也需要进一步自我提升和学习，必须不断加强学习储备，将自身的能力显性化。能力显性化是指所掌握的知识和其知识转化为能力的程度，通过公允的外在表现并被企业或公众广泛认可。因此，传音公司根据不同的人才层级，制定了完善的培养计划，资源向高潜人才倾斜，加速培养后备人才。除此以外，还定期地进行职级/干部认证，以公正、公平、公开的制度，充分满足员工发展需要。

对于公司而言，首先，传音在员工布局上有一个先发优势，现在的非洲市场对传音的产品有着很高的认同感；其次，传音控股长期扎根非洲市场，通过建立渠道网络和售后服务网点，形成了独特的商业模式，并且由不同层级的员工进行管理。公司在非洲还有类似微信的产品，因而它不仅是一家手机厂商，更重要的是其品牌价值，网易、迪信通等公司进入非洲市场均是选择与它合作。

资料来源：作者根据多方资料整理。

本章小结

职业开发是指为确保员工个人职业规划与组织职业管理的目标一致,实现个人与组织需要的最佳结合。职业规划是员工基于个人的性格、兴趣、能力和价值观掌控自身的职业生涯而实施的一项行动。

霍兰德认为,职业性向是决定择业者选择职业的关键因素。舒伯将职业发展分为成长、探索、确立、维持和衰退五个阶段。

无边界职业生涯强调个体不再局限于在某一个特定的组织从事长期稳定的工作,而是在某一行业的不同组织或跨行业组织从事相同、近似或不同的职业岗位工作;而易变性职业生涯强调个体主动管理职业生涯,根据其核心价值做出职业决策,判断职业成功的主要标准是心理成功。

格林豪斯等人提出了个人导向的职业生涯管理模型。该模型包含8项活动:职业生涯调查、认识自己和环境、设定目标、制定战略、实施战略、接近目标、获得反馈和评价职业生涯。

任职资格是胜任岗位的关键职责所需的资格资质,包括三部分:绩效标准、关键职责、能力素质。任职资格标准由基本条件、关键能力和绩效贡献三部分组成。任职资格体系主要由职业发展通道、任职资格标准及资格等级认证三部分组成。

职业发展通道由一系列结构化的职位组成,是组织专门为员工设计成长、晋升管理方案。组织导向的职业发展通道模式主要有五种。职业发展通道设计从梳理职位开始,依据组织未来战略以及业务发展对组织或业务系统的核心能力要求,划分职位族、职位类,并且进行职位分层。

员工可以根据组织的职业发展通道规划个人的发展路径并依据该通道的任职资格标准不断提升自己的任职资格水平,各级管理者也要担负起帮助员工实现其职业理想的责任。

问题思考

1.从组织与个人的角度如何理解职业生涯规划?

2.任职资格管理体系有哪些内容?

3.什么是职业发展通道?它有哪些模式?

4.职业发展与任职资格体系的关系是什么?

5.人力资源管理者应如何帮助员工进行职业生涯规划?

参考文献

[1] 王莹,陈益民,殷超.员工职业生涯规划和管理文献综述[J].人力资源管理,2019(6):112-117.

[2] 郭文臣,孙琦.个人—组织职业生涯管理契合:概念、结构和动态模型[J].管理评论,2019(6):170-179.

[3] 王忠军,黄蜜,王仁华.无边界职业生涯时代不同代际员工组织承诺的影响因素[J].中国人力资源开发,2019(5):6-17.

[4] 王婷,杨付.无边界职业生涯下职业成功的诱因与机制[J].心理科学进展 2018(8):1488-1500.

[5] 许宪国.无边界职业生涯适应能力研究[J].合作经济与科技.2019(5):60-61.

[6] 田宏杰.易变性职业生涯定向:当代青年生涯发展的自主管理倾向[J].北京青年研究 2019,(1):68-73.

[7] 刘丹.关于易变性职业生涯的思考[J].企业管理,2013(16):97-99.

[8] 高中华,麻芳菲,谭瑾.易变职业生涯定向:研究回顾与展望[J].心理科学,2018(9):1221-1226.

[8] 靳娜.易变性职业生涯时代新时代新生代员工职业管理之道[J].北方经贸,2017(8):148-150.

[9] 李敏,关翩翩,蔡惠如.组织如何从雇员易变职业观中获益:个体生涯建构的视角[J].中国人力资源开发,2017(1),66-72.

[10] 熊心悦.构建基于任职资格管理的员工职业发展体系研究[J].劳动保障世界,2019(30):42-43.

[11] 王刚,李思睿,杨志雄,等."5维6阶"员工任职资格管理体系的构建及应用[J].企业改革与管理,2019(5):91-92.

[12] 苏林.以员工职业能力开发为核心的任职资格体系建设[J].企业管理,2018(10):20-22.

[13] 孙晋怡.任职资格体系的构建与应用[J].管理观察,2019(15):46-48.

[14] 邹涛.浅析企业任职资格管理体系构建框架[J].人力资源管理,2016(4):27-28.

[15] 周施恩.企业任职资格体系的构建[J].企业管理,2012(8):86-88.

[16] 彭剑锋.人力资源管理概论[M].上海:复旦大学出版社,2018.

[17] 徐明.战略人力资源管理理论与实践[M].大连:东北财经大学出版社,2015.

[18] 石勘,时雨.人力资源管理——心理学的理论基础与方法[M].北京:高等教育出版社,2017.

[19] 韦恩·卡西欧等.心理学与人力资源管理[M].北京:中国人民大学出版社,2017.

[20] 赵曙明,张正堂,程德俊.人力资源管理与开发[M].北京:高等教育出版社,2018.

[21] 约翰 M·伊万切维奇,罗伯特·科诺帕克斯.人力资源管理[M].北京:机械工业出版社,2019.

[22] 秦志华.人力资源管理[M].北京:中国人民大学出版社,2019.

[23] 陈国海.员工培训与开发[M].北京:清华大学出版社,2019.

[24] 王忠.培训与开发[M].北京:科学出版社,2015.
[25] 杨序国.任职资格管理[M].北京:机械工业出版社,2009.
[26] 尹延庆.基于媒体融合的企业人力资源管理及其模式创新[J].企业改革与管理,2019(1):74,121.
[27] 朱立新,南轶.国有火力发电企业任职资格管理体系的设计与实施[J].企业改革与管理,2019(3):97-99,106.
[28] 许宪国.无边界职业生涯适应能力研究[J].合作经济与科技,2019(9):60-62.
[29] 张立新.职业发展通道建设是满足员工发展需求的有效途径:上海建工员工职业发展通道建设的实践初探[J].建筑施工,2019,41(4):725-728.
[30] 李嫣.国有施工企业的多通道职业发展体系建设[J].上海建设科技,2019(3):92-95.
[31] 孙晋怡.任职资格体系的构建与应用[J].管理观察,2019(15):46-48.
[32] 廖雪朗.集团企业总部员工职业发展通道体系建设的实践与思考[J].冶金管理,2019(16):51-53.
[33] 李彧.员工无边界职业生涯倾向与职业生涯成功的关系[D].天津:天津师范大学,2019.
[34] 黄学明.浅谈小型电力设计企业员工职业通道规划[J].企业科技与发展,2019(11):206-208.
[35] 严根珠.基于员工能力的任职资格体系:以广州兴森科技有限公司为例[J].企业管理,2016(2):92-93.

第九章　数字化培训

☆ 理解数字化培训的思维和特点。

☆ 掌握数字化培训各平台优缺点。

☆ 理解数字化培训混合模式的内涵。

☆ 理解数字化培训的平台建设。

国泰安:"互联网＋职业培训"

深圳国泰安教育技术有限公司(以下简称"国泰安")是一家为教育与投资业提供综合解决方案的国家级高新技术企业。国泰安一直致力为国内外教育和投资机构提供集"研究数据、专业实验、云平台建设、软硬件系统和增值服务"为一体的综合性解决方案。

一、"互联网＋职业培训"模式探索与实践

"互联网＋"时代的来临,越来越多现代信息技术手段被应用到职业培训,国泰安立足传统职业培训存在的问题,充分发挥"互联网＋新科技"优势,提出教育新技术、教学新方法,提出线上云平台＋线下智慧课堂的"互动学做"培训模式,构建了新型培训服务体系,成功地实现了人人皆学、处处能学、时时可学,大规模、高质量开展在职教育培训。

(一)构建培训生态体系

国泰安采用"线上云平台＋线下智慧课堂"的培训模式提供不同培训服务。线上是以云平台为基础,利用直播、录播等信息技术,聘请名师进行远程授课,综合利用VR、

AR、3D技术制作在线资源为学习者提供线上预实训、在线学习;线下则是利用智慧课堂进行学习、学校课堂开展远程互动实时教学,多个智慧课堂可以互联互通。最终打造"线上微课+线上预实训(VR/AR/3D)+线下实训与认证+创新创业+实习就业/人才服务+终身教育"的O2O职业培训与服务体系。

(二)开发培训课程和资源

按照"专业对接产业、课程对接岗位"的要求,将行业龙头企业的技术、规范、流程、工艺等转换为课程和教材,打造基于产教融合的培训课程体系。以农村电子商务培训课程为例,主要培养具有新农商思维的创业型农民,带动大批农民从事电商增创增收。其课程包括专业基础课(农村电子商务基础、中国淘宝村等)、专业技能课(农业创新营销模式设计、农产品上行运营策略与案例等)、专业实操课(教你做农村电商、电商物流实训等)、创新创业课(创业基础与实务、产品创新与设计等)。根据配套课程教学需要,同步开发微课、动画、视频、案例、VR、AR资源、实训软件资源、岗位培训资源、认证培训资源等。

(三)组建"线上名师+线下辅导员"师资队伍

国泰安邀请国内知名专家、实战讲师和业务精英进行远程教学,同时聘请名师的优秀学徒、技能大赛获奖的优秀学员、企业技术骨干等作为线下辅导师,配合线上的名师进行培训教学。通过"线上名师直播教学+线下辅导员培训助学"的模式,组建一支高水平、专业化的师资队伍。

(四)采取多样化教学模式

国泰安采用"线上+线下"混合式、项目式、沉浸式等模式来实施教学。"线上+线下"混合式采取"线上培训—直播互动—仿真实训—实践操作—认证服务"的方式,实现时时处处学习。项目式教学以项目为切入点,让企业师傅传帮带学员。沉浸式、多感官式教学则是应用AR、VR等新技术,创新教学方法。

(五)多元化考核评价方式

课程考核评价主要是对文化素养课、职业素养课、专业理论课进行终结性考核+过程性考核,同时与企业自主评价相结合。终结性考试类型分为网考和笔试。考生需要从文化素养课、职业素养课各选择一门为笔试课程,其余为网络考试课程;专业理论课为集中笔试课程。学员登录网络教学平台开展课程学习,完成过程考核,过程考核包括观看课程视频、参与主题讨论、完成单元测试等。企业自主评价则是依据考取职业资格证、单项能力证书、专项能力证书等相关证书中的任一种作为得分凭证。

二、"互联网+职业培训"模式应用与实践

基于"线上云平台+线下智慧课堂"的培训思路,针对不同的培训对象,国泰安制定了个性化培训模式实施教学。国泰安提出"互联网+微课+双元制"的创新模式,精心打造网络学习云平台"国匠在线",以微课与直播互动方式开展线上技能课程培训,线下传帮带技能实训,帮助学员实现技能+学历双提升。该模式突破了传统培训教学的时间和空间局限,为学员提供丰富的在线学习资源,让学员随时随地参与学习。

（一）知识体系设计

每个专业课程体系由公共基础课程体系（包括公民素养课、职业素养课和地方特色课，共30学分）、专业技能课程体系（包括职业基础课和职业岗位课，共40学分）、企业自主评价（30学分）三大模块组成，总学分为100学分。课程内容的展现形式主要有动画、说课视频、大师技能操作视频、虚拟仿真互动软件等。

（二）学习体系设计

该模式设计了精品化、标准化、个性化的O2O学习体系，线上微课精品化，"现场教学（课堂教学交流、现场实操训练）＋直播教学（实训直播/录播、课堂直播/录播）"标准化，工作现场教学个性化，并采取线上微课学习、作业测试、项目测评、考试，线下基地练习、工作实践、师徒辅导和企业考核的方式，以及线上助教、技能导师、企业经理多方辅导。

（三）平台体系设计

开发"国匠在线"职业教育网站平台，首页包含课程检索、全部课程、热门课程、猜你喜欢、热门专业等栏目；课程学习管理包括选课、课程大纲、课程播放、课程提问等栏目；个人信息包括我的课程、作业考试、学分成绩等栏目。

"互联网＋微课＋双元制"模式是职业教育培训改革与德国先进经验碰撞产生的结晶，是开展在职劳动者培训可行路径的积极探索，为全国开展在职教育模式改革积累经验。

资料来源：作者根据多种资料整理。

第一节 数字化培训绪论

信息与知识呈爆炸性增长、更新速度加快，企业所需要的员工能力不断变化，传统的培训方式发生了重大变化。数字化时代的到来，推动了信息技术与企业培训的融合。越来越多的企业，尤其员工分布分散、业务竞争激烈、行业知识更新快的知识密集型企业，纷纷利用数字化、移动化技术，提升培训的效率和效果。

一、数字化培训的概念

E-learning英文全称为electronic learning，中文译作"数字（化）学习""电子（化）学习""网络（化）学习"等。三种译法代表了不同的观点，一是强调在E-learning中要把数字化内容与网络资源结合起来；二是强调电子化；三是强调基于因特网的学习。

数字化培训（E-training）是指组织应用数字化内容、网络资源，配合互联网数字技术，以数字化方式对员工进行培训以及员工借助数字化方式自主学习的组织培训方式。

在数字化培训环境中，学习者不再依赖于教师的讲授与课本的学习，而是利用数字化平台和数字化资源，教师、学员之间开展讨论、合作培训等交互式培训，探究知识、发现知识、展示知识和创造知识。

二、数字化培训的思维

移动互联网时代,人们的阅读习惯发生了改变,学习方式也随之改变。组织培训管理工作应用"互联网+"思维与方式,能高效地实现优质资源的整合与优化,为组织及员工创造更大的价值。

(一)痛点思维

痛点思维也称"用户思维",强调极致关注具体用户体验。比如一个 APP 就针对彻底解决用户某一个方面的问题,企业员工培训应当抓住员工业务上的"痛点"。传统培训从成本考虑,喜欢选择变化少、管长久的业务知识来转化为培训课程,注重"治本","选题一做课一发布"周期长,往往"远水难解近渴"。新时代,员工培训专注于先"止痛",充分依托在线培训平台、PPT 和微课程技术,紧盯最新业务变化而制作、发布培训课程,努力实现员工看到最新政策制度同时收到配套教学课程,迅速响应最迫切的培训需求。

(二)碎片化思维

要关注员工培训中的"痛点"问题,那么培训形式自然要变成"点"状,也就是"碎片化"。微课技术的兴起,正是适应了这一变化。短小精悍的课程能让员工在极短的时间内找到解决问题的方法,也符合成年人注意力集中时间较短的客观规律。

在线培训平台改变了传统课程的概念,任何文本、文档、图片或音频等"碎片"信息,只要能解决员工"痛点",都能成为课程。在线培训平台关键字搜索功能,可以让员工在浩如烟海的培训资源中定位所需要的内容,不用担心"碎片化"资源被淹没在课程库中。"百度知道""百度经验""得到"等知识管理平台都是"碎片化"培训资源建设的成功案例。

(三)众筹思维

"碎片化"不利于形成系统连贯性知识,永远停留在"止痛"而无法"治本",要解决这一问题的有效举措是提供足够多的"碎片",使"碎片"有可能连成线、拼成面。海量的碎片需要海量的碎片制造者。培训管理者应跳出传统培训的资源制造者角色,将培训资源创作任务分发给广大员工,重点提高员工的创作动力和能力。微信朋友圈、微博等社交工具大热,说明人们愿意分享个人的体会感受。近年来,各个组织都纷纷举行微课竞赛、微视频创作等活动,说明组织发动员工分享知识经验,以储备培训资源,具有可行性及巨大优势。

(四)游戏化思维

解决"碎片化"问题的另一途径是整理"碎片",设计培训的"游戏"。在拥有了足够多的"碎片"资源前提下,培训管理者要关注"学习地图"的建立。从业务、职务和岗位等不同角度,将零散课程组织成体系课程。再将体系课程划分为不同阶段、级别,利用积分制等方法让员工在体系课程的学习过程中,获得"闯关打怪"的游戏化体验。学习过程往往是艰苦的,培训管理者通过游戏化增强员工学习反馈和成就感,更好地将员工"粘"在培训资源和平台上,最终变"要我学"为"我要学"。

百度:"游戏化"数字培训

Bai du 百度

百度是全球最大的中文搜索引擎,致力于让人们更平等、便捷地获取信息。百度员工的平均年龄只有26岁,新生代人才成为支持公司运作的主力军,每年会有很多"小鲜肉"加入。

作为公司的COE(Center of Expertise)团队,百度学院希望帮助新员工用最便捷的方式获取0~6个月所需信息。因此打破了部门藩篱,整合HR、行政、财务部、IT等部门的所有资源,提供给新人。入职的第一手信息包含89个知识点,应该以何种形式将这么多知识输送给百度新人?

为了摸清"90后"员工的画像,腾讯HR展开了大量调研。做培训如同开发产品,需要重视产品设计和产品运营。经过调研,了解到"90后"员工所青睐的产品特征:具有情感共鸣、新奇特、个性化、冒险、自由、参与感、趣味性。

最终,腾讯HR们选择以网页端严肃游戏(指以教授知识技巧、提供专业训练和模拟为主要内容的游戏)的形式呈现给新人。该游戏效果远远超过长篇文字写成的新人成长指南。

一、追踪观察行为 搭建内容框架

搭建框架是最难的,需要了解到每一位新人在最初6个月中,每个阶段最需要什么样的知识输入。新兵项目组HR采用影子人行为观察法,在关键结点跟踪新人入职后的第一天、第一周、第一个月、第一个季度,最后整理出了89个所需的知识培训点。又采用MECE的原则:Mutually Exclusive Collectively Exhaustive。中文意思是"相互独立,完全穷尽"。保证传递的学习内容面面俱到,最终以员工成长时间周期为维度入手,划分为5个篇章。

First day 入职篇:常用电话本、行政支持找助理、百度移动办公APP、IT特别提醒、撰写介绍信。

First week 学习篇:目标设定、新人学习资源池、导师辅导。

First month 工作篇:办公利器介绍、百度常用网址、财务报销等。

First quarter 关怀篇:各类员工关怀活动、社团组织、健身医疗支持介绍。

Half year 成长篇:转正指南、参加新人中期回顾会。

二、严肃游戏的多样化主题

严肃游戏的形式敲定后,HR们决定去百度贴吧里"泡吧",寻找"90后"最喜欢的页游。在"90后页游吧"里,HR找到了答案,决定仿照"冒险岛"的形式开发游戏。

游戏主人公根据百度工程师的形象设计,叫他"百小度"。"百小度"游走在游戏地图中就仿佛进入了自己的学习地图。

(一)入学篇之游乐场

场景寓意:百度舒适的办公环境,公司绿化面积达到50%以上。"百小度"由此迈出他在百度的第一步。首先,他经过一个大牌坊,上面写着IT/行政/HR服务热线及网址,对面会走来一名曼妙的女助理,对百小度说:"有任何行政问题可以随时找我,咱们公司100名员工就配备1名助理。"

接着往前走,路上会弹出不同的二维码提示安装内部移动办公APP,这样他就可以在任意地点和时间轻松办公;前方不远处还有台电视机,电视里播放着各类常用办公软件使用方法。转了一圈后,安安静静地坐回工位,提示他撰写一封入职邮件让大家认识他。于是信息大爆炸的first day就这样结束了。

(二)学习篇之海底隧道

场景寓意:海底隧道里源源不断输送着各种知识。进入学习篇之后,百小度需要面见两位导师。与业务导师一对一,到ERP设定试用期工作目标,与文化导师面谈如何理解公司文化并快速融入。踏着轻快的脚步去参加新兵训练营和职业化培训,结识新友,新人路途不孤单。E-learning线上学习链接及学习咨询邮箱一并附上。

(三)工作篇之阳光海滩

场景寓意:公司给最自由的空间——在百度没有上下班打卡制度,员工们可以穿着舒适的拖鞋、T恤来上班。

"蜜月期"上手工作不再难,百小度迅速投入忘我的工作状态。你知道百度内部常用平台吗?你知道公司常用缩写吗?你知道有创意去哪提交吗?了解百度上百种产品吗?财务差旅如何处理吗?和"百小度"快到工作篇去寻找吧,工作所需基本信息一网打尽!

(四)关怀篇之热带雨林

场景寓意:百度对于员工的关怀就像物质丰富的热带雨林。百度关怀太丰富,其中最值得一提的是百度最高奖100万美元——"百度最高奖"是由百度CEO李彦宏于2010年7月提出的,主要针对公司总监级别以下的对公司做出卓越贡献的基层员工,奖励对象为10个人以下的小团队。团队成员都必须是总监级以下的基层员工,鼓励"小团队做出大事业"的互联网基本精神。

20多个社团期待新人的加入,社团介绍尽在其中——街舞社、单身社、女子社、音乐社、摄影社、滑轮社、网球社、手工社、台球社、动漫社、电影社……应有尽有,节假日的福利超赞、坐久了去健身房、保持身材来瑜伽室、生个小病也不用急,百度开设健康空间可供直接问医……

(四)成长篇之天宫仙境

场景寓意:百度会给大平台让优秀员工脱颖而出,这也是百度人才观的主题词。"百小度"来到仙宫,认真观看转正指南,了解转正流程,与经理确认是否完成试用期KPI。参加百度学院开设的新人中期回顾沙龙,高管面对面亲授成功经验,为员工在百度发展中期解惑答疑。游戏尾声是李彦宏对新人讲话视频。经过6个月的相伴,这款新人成长严肃游戏至此通关。

资料来源:陈媛. 百度的新员工培训,竟然是玩游戏?[J]培训. 2015.

（五）迭代思维

碎片化的培训资源由全体员工来创作开发，其质量该如何保证呢？互联网软件开发多为“迭代开发”，边使用、边修改、边完善，只有最新版没有最终版。培训管理者在搭建游戏化的“学习地图”的同时，组织学习资源创作者对“学习地图”所需要的课程进行“迭代开发”。在线论坛、留言板等在线互动方式，可以加快学员与课件创作者的互动频率，最终加速课件迭代开发。微课技术降低了迭代课程的门槛，一个人一台电脑就可以完成课件的制作与修改。课程迭代与“学习地图”迭代同步，在不断演进中保证培训资源不断更新完善。

（六）数据思维

海量的课程、海量的员工学习记录，在互联网时代下都成为最宝贵的财富。培训活动结束，其过程就失去了价值，真正的价值保存在培训的各类数据中。哪些学员学习效果最好，运用了何种学习方法？哪些课程培训效率最高？运用了何种授课技巧？哪个时段学习效率最高？……以往都通过培训效果评估问卷来实现，但准确性和可信度会受到各种人为因素的干扰。而通过学习记录数据的分析和挖掘，往往可以得到一些有价值的新发现。学习记录数据是员工学习行为直接的体现，可以排除多种主观因素影响。

数字化培训以用户为中心，注重用户参与感和体验感，提倡跨越知识的边界，鼓励多方分享参与，在合作中促进学习，并指导培训管理者的工作重心由资源提供向数据管理转移。

巧用互联网思维　做好数字化培训建设

众筹众创、大数据、碎片化、移动化……这些热词在《中国远程教育》杂志社主办的中国企业学习与人才发展大会“互联网思维 E-learning 卓越实践论坛”上不仅被企业频繁提起，还被不断地开拓和发展，在组织的培训和学习中广泛实践。

用户至上、体验为王、平台经济、生态系统等等都是互联网思维。组织培训部门应该在互联网思维的影响下，以组织和员工需求为中心，激发学员和全网参与，关注学员的学习行为和个性化需求，不断构建学习型组织生态圈。

一、用户至上，贵在体验

以员工为中心须注重用户的体验与感受。它体现在“围绕所在岗位开展培训，建立学习地图”。但中国邮政集团员工的一些特定岗位，如个人金融岗位所涉及的资源不够集中，员工培训课程和培训班多而分散。针对此现状，培训中心将有关培训班、课件、资料等信息集中起来形成个人金融业务学习专区，建立了知识超市。这使得个人金融岗位员工在线学习的流程大大简化，使员工的用户体验大幅提升。

以员工为中心，课程建设要以微课为中心，以移动 APP 为载体，建立无缝学习环境。微课程建设面临着内容、设计和体系三大难关。内容上，要符合正确、具体、精练、完整、有用、相关等六大标准。其萃取方法会因知识来源、知识类型的不同而有异。内部隐性知识适合现场观察,显性知识需要访谈整理,外部隐性知识需要合作开发和标杆学习,显性知识则需采购和借鉴。设计上,需要把握四个要点,即有料,要多萃取干货;有趣,要接地气,吸引大家注意力;多媒体——视频、文字、图片并用;注重学习体验。体系是决定微课在企业里成功与否的关键。

移动 APP 是微课重要的载体。招银大学"乐学计划"项目有效运用 APP,取得不错成效。在"乐学计划"中,APP 为员工构建了一个无缝的学习环境。报名仅需一部手机便能自主完成,APP 上面承载了电子课件、数字图书馆、资讯中心等多种学习资源,学员无须带任何书本,只要一机在手,课程签到、问答交流、现场考试等所有学习活动都能轻松搞定。学员在手机端还可以查看过往所有的学习记录,包括学习过的电子课件、参加过的培训班、收藏过的学习资料等,实现培训的痕迹管理,方便进行回顾和复习。

二、构建平台,提升价值

借助互联网思维,培训部门需要不断创新培训手段和培训模式,激发用户兴趣,开发出个性化内容。招银大学建立了公众微信平台,平台功能完备,不仅有职能问答、知识推送功能,还可帮助学员指尖预定差旅,让学员的出行更加便利。

除此之外,O2O 也被很多企业用于员工培训,并取得了不错的效果。比如《学习大数据》这本书,就借助了 O2O 模式。一开始,借助拆书法,将书本的第一部分主要内容提炼出来放到高管的微信群里进行讨论。经过一周的沉淀,很多高管已经不满足于线上的讨论,非常期望能够请到作者进行线下沟通和交流。这种线上与线下的结合让学员实现了"要我学"到"我要学"的转变,相比以往的培训刚开始就请老师进行面授效果有了大幅提高。

总体看来,互联网思维对企业人才发展的观念、思维模式、培养过程等诸多方面产生重要而深远的影响,企业培训与学习应该顺势而变。

资料来源:作者根据多方资料整理

三、数字化培训的特点

目前,多数组织采取的主要培训方式依然是办班培训,员工必须在规定的时间、规定的教室参加组织实施的培训活动。这种培训方式一方面需要花费高额的成本聘请培训讲师、建设(租赁)培训场所、购买培训教材等;另一方面,员工为了参加培训需要抽出大段时间进行脱产学习,这不仅会影响员工的工作效率,而且通过这种培训学习到的知识容易遗忘,达不到培训效果。虽然,办班培训方式能够实现员工与培训师的面对面互动,但该互动仅限于课堂上,不能实现员工与培训师、员工与员工间随时随地的互动交流。数字化培训就能弥补这些缺陷,其具有以下特点。

（一）信息传递一体化

互联网最根本的特点是实现信息的快速传递和广泛共享。"互联网＋"时代，计算机和通信技术进一步融合并发展，信息传递的途径进一步拓展，如O2O模式的兴起，将线下信息传递的渠道不断转化成线上；数字化培训强调学习的电子化、数字化和网络化，充分发挥电子信息技术在学习过程中的应用；移动学习利用移动信息技术，将学习碎片化，可使人们随时学习。还有VR（虚拟现实）、AR（增强现实）等虚拟技术的兴起，打破了时空的局限，实现了信息传递主体之间的交互，突破了传统分层、分阶段的信息传递，形成了互联网一体化信息传递模式。

（二）知识转换高效化

知识的转换主要涉及显性知识和隐性知识的转换，大致分为个人的隐性知识转换成个人的显性知识、个人的显性知识转换成组织的显性知识、组织的显性知识转换成个人的隐性知识这三个方面。互联网技术不仅可以帮助显性知识进行编码、存储和转换，同时通过提供广泛交流平台，有利于隐形知识的传递与转换，提高了知识转换的效率。

（三）内容设计多样化

由于"互联网＋"时代信息传递一体化和方式的多样化，使知识技能传播十分便捷，加上"跨界思维"的引导，培训的内容设计会呈现多样化的趋势。内容设计者会越来越重视基层的反映，而不只是听从高层的安排。内容设计会以培训者为中心，以组织绩效为目标，打造多样的、个性化的培训内容。

（四）需求定位准确化

大数据时代，数据整合与分析的技术提高，有利于改善培训需求分析结果的准确性，节约培训需求分析的时间成本，有利于改善培训效果与组织绩效。

数字化培训丰富了组织的培训方式，凭借信息技术、移动通信技术的优势，将组织的知识以音频、视频、动画、图片和电子文档等形式通过互联网等数字传输方式提供给员工，使其能随时随地进行学习。员工在数字化培训环境下成为培训学习的主体，这也是全新的培训体验，拥有传统培训方式所不具有的优势。如表9-1所示。

表9-1　传统培训方式与数字化培训方式的区别

项目	传统培训方式	数字化培训方式
学习时间	时间固定	时间随意
学习资料	课本、教材等纸质资料	文档、音频、视频等电子资料
学习性质	系统学习	片段性、碎片化学习
学习终身化	不能实现	可以实现
交互性	课堂面对面互动	通过学习平台互动
知识更新	更新速度慢、更新难度较大	更新速度快、便捷
覆盖面	覆盖面小，满足少量员工需求	覆盖面广、满足全体员工需求
资金投入	长期持续投入	一次性建设投入及少量的维护成本
针对性	针对性差	针对性强

越来越多的企业不再局限于传统的培训方式,开始利用信息技术的优势,结合组织自身的需要开展多种多样的数字化培训,为员工提供便捷、准确、可靠的学习平台。例如,中信银行通过“信学团”开展移动学习项目。该项目主要通过微信学习平台来实现的,利用新理念、新趋势和新技术为业务部门提供培训支持的最佳实践,充分运用互联网新思维、采用培训新模式、利用颠覆式创新工具,突破推动组织变革转型。

四、数字化培训的意义

随着信息技术的发展和培训观念的转变,数字化培训已经成为各个企业开发人力资源的重要途径,发挥着促进企业培训绩效、构建企业培训体系的重要作用。

(一)满足员工终身学习的需要

学习是现代人不断完善和发展自我的必由之路。只有不断学习,才能跟上社会发展的步伐而不被淘汰。数字化培训为终身学习提供了一个广阔且不容忽视的平台。数字化培训这种新的学习模式,满足了学习者的多样性学习需求,打破了传统的应试教育模式,为学习者提供了一种支持服务好、符合个人需要、随时随地、高质量的学习环境,能够实现个人学习的灵活掌握的需要。这种学习模式是满足员工终身学习需要的重要手段。

(二)人力资源开发的有效手段

数字化平台的应用不仅提升了企业培训工作的信息化水平,便利员工、培训主管部门、职能管理人员之间的协作与沟通,还解决了传统培训中学员组织难、选择课程难、效果评估难、费用控制难以及个性化学习难等诸多难题。数字化平台可提供详细的学员学习进度和考核情况等数据,学习全过程都会记录在管理模块中,方便培训管理人员了解员工的学习情况,并做出有针对性的调整。同时,培训主管部门还可以为学员量身制定个性化学习计划和考核指标,并根据完成的情况评价员工的培训绩效,为人力资源开发提供了便利。

(三)构建学习型组织的管理工具

在信息化时代,组织的竞争已经发展为学习力的竞争,建立学习型组织成为保持竞争力的必然选择。数字化学习作为组织培训的有效管理和学习方式,学员只要通过网络即可进行学习,是一种灵活的学习方式。这对在组织内部逐步形成浓厚的学习氛围,养成良好的学习习惯,推进组织迅速、方便地建立学习型组织具有重要作用。数字化学习在理念上完全符合“学习型组织”的内涵,越来越多的组织把数字化培训作为构建组织技术和管理创新战略组合的重要手段,并通过这种方式提高组织在同行业中的竞争力。

(四)推动组织扁平化

组织扁平化是组织变革的需要,也是组织数字化培训带来的一个新的特征。在传统的大型组织中,层级化管理为主,造成管理行政化而非专业化,上下信息传递环节太多导致效率低下。组织数字化培训提供了网络学习、沟通和交流平台,使所有员工都能实现交流与分享,推动了组织的扁平化发展。

以上数字化培训的作用,是针对企业数字化培训而言。此外,在社会组织中采用数字化培训也具有重大意义。

数字化培训助力抗击新冠肺炎

2020年初突如其来的新型冠状病毒肺炎疫情，使社会各群体都经历着艰难而特殊时期，社会各界借助数字化技术以应对疫情的冲击，如数字化教学平台助力教育系统停课不停学、数字化培训平台助力乡村医生抗击疫情。

一、数字化教学平台助力教育系统停课不停学

2020年1月30日，一直积极推动信息技术与教育教学的深度融合，坚持教育信息化助力教育均衡发展的江西省教育厅发布《江西省中小学2020年寒假及春季学期延期开学期间线上教育教学实施方案》，统筹应用“赣教云”线上教学平台，全面落实“线上教学，停课不停学”。2月10日，“赣教云”学习平台正式为全省700万中小学师生提供线上教学服务。首日开课江西各地学子纷纷涌入赣教云线上平台学习，瞬时用户峰值高达450万人。当天，累积访问量高达8299万人次。疫情的暴发让数字化在线平台成为刚需。这个春季，网上开学不到2周，江西省已为超过12000所学校应用了“空中课堂”教学直播服务，为超过8000万学子实现线上学习，日均观看人次达8000万次。

“赣教云”网络平台灵活快捷，随时响应需求及时做出行动反馈。应广大学生与家长要求，开播不到一周平台就增加了中国教育电视台CETV4“同上一堂课”。学生可通过平台收看电视直播的小学、初中、普通高中课程，也可在课程学习栏目点播回看。“赣教云直播”资源涵盖江西省小初高的语文、数学、英语、历史、化学、物理等1328节课，这些资源也入选教育部与学习强国联合推出的“国家中小学网络云平台”，为全国中小学生免费提供学习资源，为学生居家学习提供自主选择。

同期，全国中小学、各类职业院校、高等院校等都纷纷采用了形式多样的线上数字化教学，全面贯彻了“停课不停学、战疫必胜”的精神，在这特殊时期为社会稳定做出重要贡献。

二、数字化培训平台助力乡村医生抗击疫情

春节期间，新型冠状病毒肺炎疫情暴发。乡村医生是一个关键群体。

2020年1月31日19:40—20:20，在这里，钟南山院士团队成员、广州医科大学附属第一医院呼吸感染专业组教授卓超开始了第1期在线培训——《卓超：感冒老不好，就需要用抗菌药吗？专家权威解读》。当期播放量达到351.28万。

自此，多达数十万乡村医生的“健康守护抗击新冠肺炎乡村医生培训志愿服务行动”拉开了帷幕。《乡村医生如何更好地做好农村防疫工作?》《乡村医生如何科学认识并应对新冠病毒疫情?》《应对疫情基层医护人员应当具备哪些心理知识与咨询技能?》，自1月31日首场专题上线，截至2月25日，历时26天，成功播出65场次，直播总播放量达2.23亿人次，平均每场播放343.3万次。

中国平安紧急联动集团医疗板块的各专业公司，在中国志愿服务联合会、中国科

协的指导和支持下,联合发起基层医生防疫培训项目“健康守护抗击新冠肺炎乡村医生培训志愿服务行动”。“本次专题培训主要利用线上培训方式,内容包含线上直播培训、线上视频知识普及、线上咨询及问诊3个板块。其中,直播及科普方面,来自中国医师协会、平安好医生的一线呼吸学科、肺功能、灾害医学、急诊、心理学、中医科等学术带头人和专家、教授,在中国科技网、科普中国、平安好医生APP、创新中国APP、央视新闻移动网、新华社·现场云、腾讯、今日头条、新浪微博、抖音、斗鱼等21个平台联播专题讲座。”中国平安相关负责人说,努力帮助广大基层医务工作者充分认识新型冠状病毒感染的肺炎疫情危害性,增强防范意识和能力,使各地尤其是疫情严重的湖北省的社区卫生服务中心(站)和乡镇卫生院、村卫生室在新型冠状病毒感染的肺炎疫情防控中发挥网底作用。

资料来源:作者根据多种资料整理

第二节　数字化培训的平台与资源建设

组织进行数字化培训建设首先需要考虑两个问题:一是平台的选择,二是学习资源的生产。根据资源投入和培训需求等情况,组织可以选择借助外部慕课、利用APP移动学习、搭建网络大学平台或建构C2C个性化培训平台;而在学习资源方面,数字化培训可以综合利用音频、视频、动画、图片和电子文档等形式。其中,最能体现数字化培训特点的资源是学习视频,其主要包括三种形式:知识微课、情景微课和虚拟现实。最后,企业还需要做一些工作以保障其顺利推行,如提高领导的重视程度、制定推广策略和制定制度加强过程管理。

中国东航集团公司的数字化培训建设

中国东方航空集团有限公司(以下简称“东航”)总部位于上海,是我国三大国有骨干航空运输集团之一,前身可追溯到1957年1月上海成立的第一支飞行中队。截至2019年,东航集团总资产超过3500亿元。东航曾先后赢得中国民航协会“旅客话民航”优质服务评比第一名,获得美国优质服务科学协会授予的世界服务最高奖“五星钻石奖”。

东航是中国内地首批全面接受“在线培训”的企业。但是东航最初推出的网上学习中心,由于技术、政策配套等原因,成效并不太好。东航人力资源部在分析公司最初的培训信息化活动后,发现存在一些问题:培训时间太短,培训目标过高,层次性不强,针对性不够，缺乏丰富性与选择度，选择的培训方法并不太适应网络技术，并且教员不称职或积极性不高，教员水平低于网络课程要求的标准，网络教学硬件设施不齐全，网络教学方法/教学环节/教材选用不当等问题，东航人力资源部决定结合公司人力资源管理信息系统的开发，依托公司 E-office 项目购入的 Learning Space 平台，进行二次开发，实现功能升级，完善数字化培训手段。

经过一番筹备，东航率先在中国民航系统开展了互联网培训。东航网上培训中心的课程以管理为主，涉及管理基本原理、市场营销、人力资源开发与管理、电子商务、金融财会、物流管理等方面共 34 门课程，其中英文课程 4 门。东航还根据航空运输业的特点，编制一系列与本行业、本公司相关的培训教材，其中包括飞行、机务、乘务、航务、营销、客运和管理等。在管理培训上，将重点放在编写完成《领导东航》和《管理东航》两部大型的富有东方航空特点的教材上，并公开招聘专职教师。

开展在线培训不久，东航的 17 名机务维修人员通过在线培训，获得美国 FAA（美国联邦航空管理局）维修执照。这是美国联邦航空局向飞机机务维修人员颁发的执照，意味着东航不仅能够在客运市场上赢得利润，还将全面进入庞大的飞机维修市场，进而建设大型国际航空维修基地。

东航的数字化教育培训系统涉及各个部门的方方面面。比如东航计财部希望拥有一个相对独立的属于自己的网站，但由于财务的特殊性质，东航计财部打算自己负责完成整个网站的建设和维护。东航计划财务部与培训中心取得联系，进行了为期一周的专业培训，培训内容为网页制作等专业软件培训。东航舒适的教学环境、一流的硬件设施、快捷的培训资源的整合以及专业水准的培训能力，使培训得以高效完成了。

东航的数字化教育培训体系不仅有效地为自身提供了发展所需要的培训，还为港、台地多家航空公司提供了训练服务和教学培训，在业内赢得良好声誉。

资料来源：作者根据多种资料整理。

一、数字化培训的平台建设

根据资源投入和培训需求等情况，组织在实施数字化培训时，有四种平台建设方式可以选择。每种方案的资源投入、实施难度和培训效果都各有差异。

第一种方式，组织利用已有的慕课平台上的资源，有针对性地选择符合企业培训需求的课程，组织员工学习。这种方式的成本较低，适合中小企业。已有的慕课平台上的课程大多是知名专家学者讲授的，课程质量较高。但其弊端是，平台上的课程主题宽泛，多以理论知识为主，组织根据自身员工的培训需求，很难从中甄选出适合本组织需要的课程。

第二种方式，组织利用微信小程序或者定制移动学习的专用 APP。这种方式能够按照组织培训需求设计和开发相应的培训课程，同时减轻组织的负担，适合中等规模的组织。

第三种方式，组织通过打造网络大学平台，整合课程资源与知识资产，实现员工自主学习的电子化和多样化。这要求组织有较强的资金实力与技术支撑能力，适合规模较大、对培训效果有较高要求的组织。该方式成本较高,但在课程设置上可以针对组织发展战略有的放矢,培训内容更具针对性。

第四种方式,是对第三种方式的深化,不单单建立网络大学平台,还打破常规的一对多传授模式,将网络大学与导师制结合起来,每个学员有专门的导师为其量身定制学习计划,员工通过网络以数字化实现差异化、针对性培训。

(一)借用外部慕课

1.慕课概念

大规模公开在线课程(massive open online courses,MOOC,以下称"慕课"),"M"代表 massive(大规模),与传统课程只有几十个或几百个学生不同,一门 MOOC 课程动辄上万人;第二个字母"O"代表 open(开放),以兴趣导向,凡是想学习的,都可以进来学,只需一个邮箱,就可注册参与;第三个字母"O"代表 online(在线),学习在网上完成,不受时空限制;第四个字母"C"代表 course,就是课程的意思。

2.慕课优点

(1)开放性强

基于宽带网络、智能手机和移动技术的迅速普及,覆盖面可以非常广。所谓"大规模、开放式",也就是说任何人都可以注册,学习者的人数不受限制。除了特定的证书或学分外,学习者也无须交纳任何费用。对于学习者来说,这样的课程门槛很低,只要拥有一台联网电脑或一部智能手机,就可以按自己的需要和兴趣学习,时空和经费对学习者的限制降到极小。

(2)透明性强

慕课平台上,学员可以根据自己的兴趣、学习准备情况、时间安排注册自己所需要的课程。完成注册后,在课程的开放周期内,可以观看教学视频、完成并提交作业、在社区讨论、互评作业、参加测试等。比如按要求完成以上学习环节,甚至有可能取得证书乃至学分。在线课程直面学生、市场的评价和选择,学员用投票的方式来评估教学质量。课程质量不再是某校园内的事情,而在全球范围内变得透明、具体。

(3)教学手段多样化

授课时充分运用动画、视频、微课程和小测试等手段,使教学深入浅出,更能发挥学生的能动性。线上你问我答,形成强大的线上学习社区,极大地促进了师生间的互动教学、学员间的协同学习。每门课都有频繁的小测验,及时提醒学员熟悉知识要点。一些学员成立了网上学习小组,或跟附近的学员组成面对面的学习小组。

(4)课程种类多

课程的范围覆盖了自然科学、社会科学和人文学科,同一门课有不同专业程度的课程可供选择,跟传统的大学课程一样循序渐进地让学员从初学者成长为高级人才。

现在国内外很多大企业,都利用社会上的 MOOC 平台进行培训,很多 MOOC 平台提供学习能力认证资质,在一定情况下给企业员工提供系统性教育与培训的机会。同时,MOOC 的开放性为终身学习理念及学习型社会提供了有力支撑。

（二）利用 APP 移动学习

1.移动学习概念

移动学习是利用移动通信技术和移动学习设备实现的数字化学习方式，是当前各种组织常见的数字化培训方式。

随着 4G 网络、无线局域网的普及，5G 时代即将到来，移动设备的使用也越来越普遍。在现代组织环境中，"80 后"和"90 后"已成为工作场所的"主力"。而他们长期浸润于互联网和手机移动终端等快节奏的数字环境，认知习惯和学习行为正发生着变化，突出显示为三个特征。第一，移动设备使用频率高，对互联网和手机的"依赖"非常明显；第二，视频消费量增长，喜欢通过各种数字或移动设备观看视频；第三，注意力时长变短。著名的 MOOC（大型开放式在线课程）平台 edX.org 在对其平台中 690 万个视频观看记录进行分析后发现，无论课程视频时间长短，用户实际持续观看时间都不超过 6 分钟。换而言之，学员的注意力时长变短，仅仅在 6 分钟左右。

移动学习（mobile learning）是一种在移动设备帮助下的能够在任何时间、任何地点发生的学习，移动学习所使用的移动计算设备必须能够有效地呈现学习内容，并提供教师与学习者的双向交流。表 9-2 是一些比较有代表性的移动学习定义。

表 9-2　移动学习的定义

研究者	定　义
Clark Quinn	利用移动通信技术和移动学习设备实现的数字化学习
Chabra Figueirode	使用移动设备进行的不受任何时间和地点限制的学习方式
Txaxler	在移动设备和移动技术基础上，学习者可以进行自主学习的学习方式
黄荣怀	学习者在非固定和非预先设定的位置下发生的学习，或有效利用移动技术所发生的学习

移动学习是一种新型的教育模式，它赋予了组织培训更多新的特点：方便性、实时性、灵活性、主动性、综合性。组织应寻求新的方式最大限度地提高移动设备的独特属性，提高学习效果，帮助学习者提升工作绩效。

2.APP 移动学习形式

当前，组织实施移动学习的主流载体是微信小程序和培训专用应用程序。

（1）微信小程序

微信（WeChat）是一款具有通信、社交和平台化功能的移动软件，已经成为一种重要的移动互联网入口。

微信内嵌小程序是一种不需要下载安装即可使用的应用，用户扫一扫或者搜一下即可打开应用。用户不用关心是否安装太多应用，应用随时可用，但又无须安装卸载。与传统的手机 APP（应用）相比，微信小程序的优势在于开发难度和软件维护成本较低，同时具有出色的用户体验，再加上很容易凭借微信巨大的用户量进行推广，这些优势都非常适合针对功能简单、使用频次较低和非刚需的场景提供服务。

对于组织培训新员工而言，传统的方式是向新员工提供学习资料、开办学习讲座以及对新员工进行考试测验等,不但培训周期较长,而且占用了企业大量的人力和物力资源,增加了企业负担。设计微信小程序的员工培训平台,将学习资料、讲座视频以及模拟测验考题等放到员工培训平台上,员工可以通过微信就能很方便地找到培训平台并进行自主学习和测验。

其中,微信提供的公众平台称为微信公众号,个人和组织均可建立微信公众号,可通过手机端、PC 端和网络发送语音、图片、视频和文字,为组织培训工作提供了全新的路径,对传统培训方式形成有效补充。

利用微信公众号培训有以下优点:

第一,快速推送。微信公众号后台软件操作便捷、编辑简单,既可以是语音、图文消息,也可链接视频消息。微信公众号可通过 PC 端和移动互联网端快速完成,极大地便利了企业培训管理人员选择和开发培训资源。

第二,精准投递。微信公众号所需要的受训范围为关注了公众号的微信用户,属于内部封闭式培训,能够把受众锁定在组织内部。同时,可根据不同工种、不同群体定点群发培训内容信息,确保培训资源推送给特定群体。此外,用户可通过自助查询功能查询并获取培训资料,实现了培训渠道由“自上而下发布”与“自下而上获知”的结合。

第三,全域覆盖。借助微信公众号可摆脱时间和空间限制,同时为关注了该公众号的所有人提供培训资源,对培训资源阅读时间和地域没有限制,用户可在自由选择时间阅读培训资源。这一优势既无劳动作息时间限制、地域限制,又不受培训场所的限制。

第四,双向互动。微信公众平台所拥有的在线留言和数据统计功能,能够实现培训管理者与培训受众之间的双向互动。在线留言功能是平台用户与培训管理者之间交流的桥梁,且用户在线留言可匿名,提高培训受众发言安全感和真实性。数据统计功能便于管理者分析用户习惯、培训资源的效果,指导后续培训资源开发和培训活动组织。

(2)培训专用 APP

APP 是英文 Application 的简称,是手机应用程序和平板电脑应用程序的统称。如今,APP 已经渗透到个体生活、学习、工作、娱乐等的各个方面。由于 APP 需要搭载平板电脑和智能手机运行,并且具有个性化、灵活性等特点,充分满足了移动学习随时、随地、随需的学习特征,将是未来最方便的移动学习应用程序之一。员工通过 APP 自主学习,可以有效地扩大受训面,提高效率,同时控制组织培训成本,能够让员工更好地利用碎片时间,实现更高效的学习与成长。

组织定制移动学习专用 APP,是当前数字化培训的一种趋势。移动 APP 能够按照组织培训需求设计和开发,对培训的一些数据也能做到很好的保密。它类似一种功能强大的学习包,通常具有多种功能。一方面可以用于组织培训资源的学习,主要是一些微课程、微案例等,在形式上可以是视频、动画、图文等,满足组织员工多种多样的学习需求。另一方面,可以开展社交化的学习互动,营造学习型组织氛围,如群组、讨论、问答、收藏、点赞等;此外还可以开展相关微调研、微测验等活动;员工也可以通过 APP 浏览组织相关资讯、通知、公告等。相较于微信开展的组织移动学习,APP 专有性、私密性和多功能等优势更为突出,能够有效促进组织移动学习的开展,最大限度地发挥移动学习的优势和价值。

学习强国 APP

学习强国，是由中宣部主管、以习近平新时代中国特色社会主义思想和党的十九大精神为主要内容，立足全体党员、面向全社会的学习平台，于 2019 年 1 月 1 日上线，由 PC 端、手机客户端两大终端组成。

该平台 PC 端有"学习新思想""学习文化""环球视野"等 17 个板块 180 多个一级栏目，手机客户端有"学习""视频学习"两大板块 38 个频道，聚合了大量可免费阅读的期刊、古籍、公开课、歌曲、戏曲、电影、图书等资料。

"学习强国"APP 在建设过程中，广泛采集全国各级各类组织学习使用中反馈的意见与建议，不停地整改，不断地整合，基本形成了即时性、便捷性、系统性、自主性、选择性、挑战性和趣味性等特征，深受使用者的喜爱。如学习者进入"我的"界面后，即可发现"学习积分""强国商城""我要答题""我要吐槽""强国视频会议""强国云盘""建设反馈""学习报表"和"服务电话"等栏目。这些栏目对于学习型组织的构建者来说，可以对学习者进行业绩管理；对于学习者个体来说，则既可以选取各种形式的学习，又可以进行意见与建议的反馈，达成了真正互动。最为重要的是，这款第三方软件，针对学习者心理特征与需求，开发了相应的绩效激励机制。

一是学习文章、观看视频、浏览图片等，均可在"学习积分"中即时记分；每日学习后不仅可以看到当日绩效，次日还可在"学习报表"中查看自己在组内当日与七日内排名、全国总排名及其所获"段位"——是"九天揽月"还是"十年磨剑"！这就在无形中形成了一种心理激励，产生了学习过程中的"赶超"心理。鉴于学习者的求胜心理，"我要答题"栏目中除设置每日、每周答题之外，还专门设置了分值较高的专项答题；特别是"挑战答题"，以"答错离场、答对继续"为定位词，对于富有挑战意识的学习者，确实构成了诱惑与挑战。二是依据积分实施犒赏，即学习积分"点点通"可以到"强国商城"中兑换移动流量通用月包。这对于珍视流量使用一族来说，无疑是好消息，产生学习的辅助动力。

至于可能存在刷分的问题，目前该软件采取的是"互掣"措施，即阅读文章的篇数与时长、观看视频的频次与时长相互牵制，已收到一定效果。由于"学习强国"APP 得到移动运营商强劲的后台支持，读文、看图、听声、观影均十分流畅，被全国各级各类组织在建设学习型组织过程中的看重、推举和欢迎。

资料来源：作者根据多种资料整理

(三)搭建网络大学平台

近几年基于Web技术构建的网络培训系统已成为发展的主流。网上培训系统是技术发展与技术集成的产物具备智能化和人性化的特点,使培训工作更加生动、直观和有趣。同时可以大大改善培训效果,提高学员的积极性和主动性。网络培训系统还可以积累大量教育资源,方便及时查阅和资料共享。

具有实力的组织一般会自建网络大学,按照"公司统筹、专业负责、分院实施、机构支撑"的模式实施管理和运营。通过打造网络大学平台,整合组织课程资源与知识资产,实现员工自主学习的电子化和多样化。组织建设与完善培训业务管理系统功能,全面实现培训管理信息化,提高培训管理运作效率,提升培训服务质量,支持相应业务的开展和持续改进。

随着数字化培训的盛行与技术上的成熟,企业网络大学已不再是大型企业的专利。现在一些远程教育培训机构已经开发出多种类型的网络培训系统及平台,在网络教育培训系统上,实现网络教育培训所需要的各种功能。如系统用户登录、资料增删、课件学习计时、测试成绩记录、资源管理、网络培训、在线考试、在线讨论、论坛等功能。

西安杨森:网络大学助绩效提升

西安杨森制药有限责任公司成立于1985年10月22日,是美国强生公司在华最大的子公司,也是中国最大的合资制药企业之一。西安杨森生产基地位于西安,总部位于北京外资企业云集的中心商业区,在全国29个城市设有办事处,在华员工超过3000人。

公司业务包括生产和销售高质量的药品,产品主要涉及胃肠病学、神经精神学、变态反应学、疼痛管理学、抗感染、生物制剂和肿瘤等领域;在OTC市场雄踞行业领先地位,抗肿瘤、生物制剂等领域发展也超过行业平均水平。除此之外,公司还致力于提供与健康相关的服务及开展大众健康教育。

设置在COE(Commercial & Operations Excellence)部门的西安杨森大学,致力于建立以业务为导向并且能够有效推动公司发展的学习发展体系,为西安杨森培养国际化领导人才并帮助业务伙伴驱动业务增长。

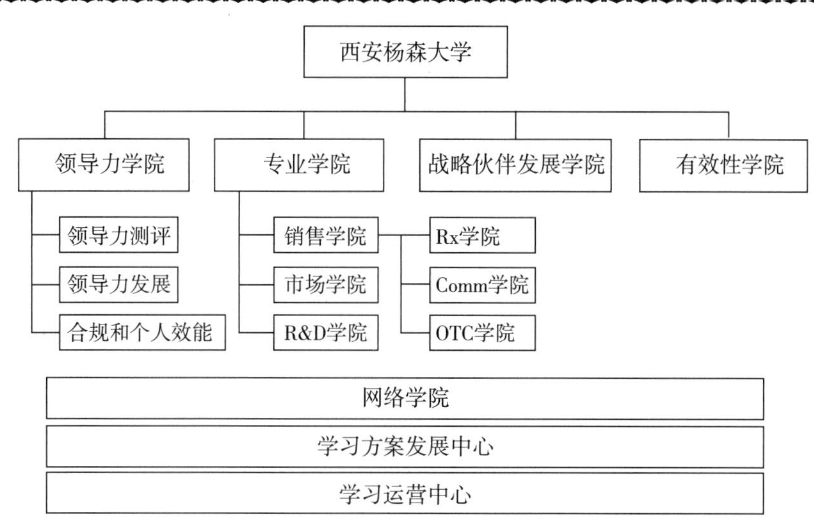

图 9-1　西安杨森大学学院设置

一、项目背景

西安杨森大学网络学院成立于2009年，依托Web平台，逐步建立起在线学习、在线评估、在线考试、学习路线图等一系列功能模块。不仅为面授培训提供了有力的网络支持，也为公司建设学习型组织提供了强大的平台基础。关联业务拓展到HR、R&D、合规等部门。

从2014年起，西安杨森大学的培训中心从单纯的知识和技能培训，逐步转向将知识和技能培训融入业务部门绩效提升的项目培训中，更加有效地服务于员工的绩效提升。网络学院也先后开发了基于IOS系统的“西安杨森大学”APP和基于微信端的“西安杨森大学”服务号。

2015年，项目培训日臻完善，针对领导力提升的《我是教练》项目，针对新产品《泽珂新兵训练营》项目等；培训形式的创新和内容的丰富，也为微信平台的移动学习新模式的应用创造了空间。

通过科学的论证大家都意识到：在互联网发达的今天，学员在手机端微信的使用频率要超过APP；微信端的移动学习与iPad端的APP学习及基于Web端的E-learning平台彼此各具特点；微信移动端的最大优势在于碎片化学习和绩效支持。

二、项目介绍

作为E-learning的组成部分，西安杨森大学微信学习平台的实施方针是以碎片化推广知识点，以互动性增强参与度，以新颖的展现方式支持项目，以友好的客户界面粘住用户。这样能够创新地满足培训项目在信息推送、知识点考核、信息调研等方面的需求；实现移动化、碎片化、社会化、游戏化。

2016年，微信学习平台秉承让培训更有效、更有趣的宗旨，积极参与到培训项目之中，将重点放在新功能的开发和应用上。在实践中，界面经过多次尝试，逐步实现了个性化学习路径、及时的信息传递、丰富的互动形式和良好的用户体验。

(一)界面设计

学习园地——可获取碎片化产品知识;

培训项目——可随时获取学员参与的培训项目的相关培训;

备选项目——用于承载当前重要的培训内容。

(二)基于培训项目的创新应用

1.微信碎片化微课

不同于传统的45分钟甚至更长的讲座视频,微信碎片化微课通常只有5~8分钟,一般不超过10分钟。从人的注意力可集中时间来说,短视频无疑要比传统的长视频具有更大的优势。

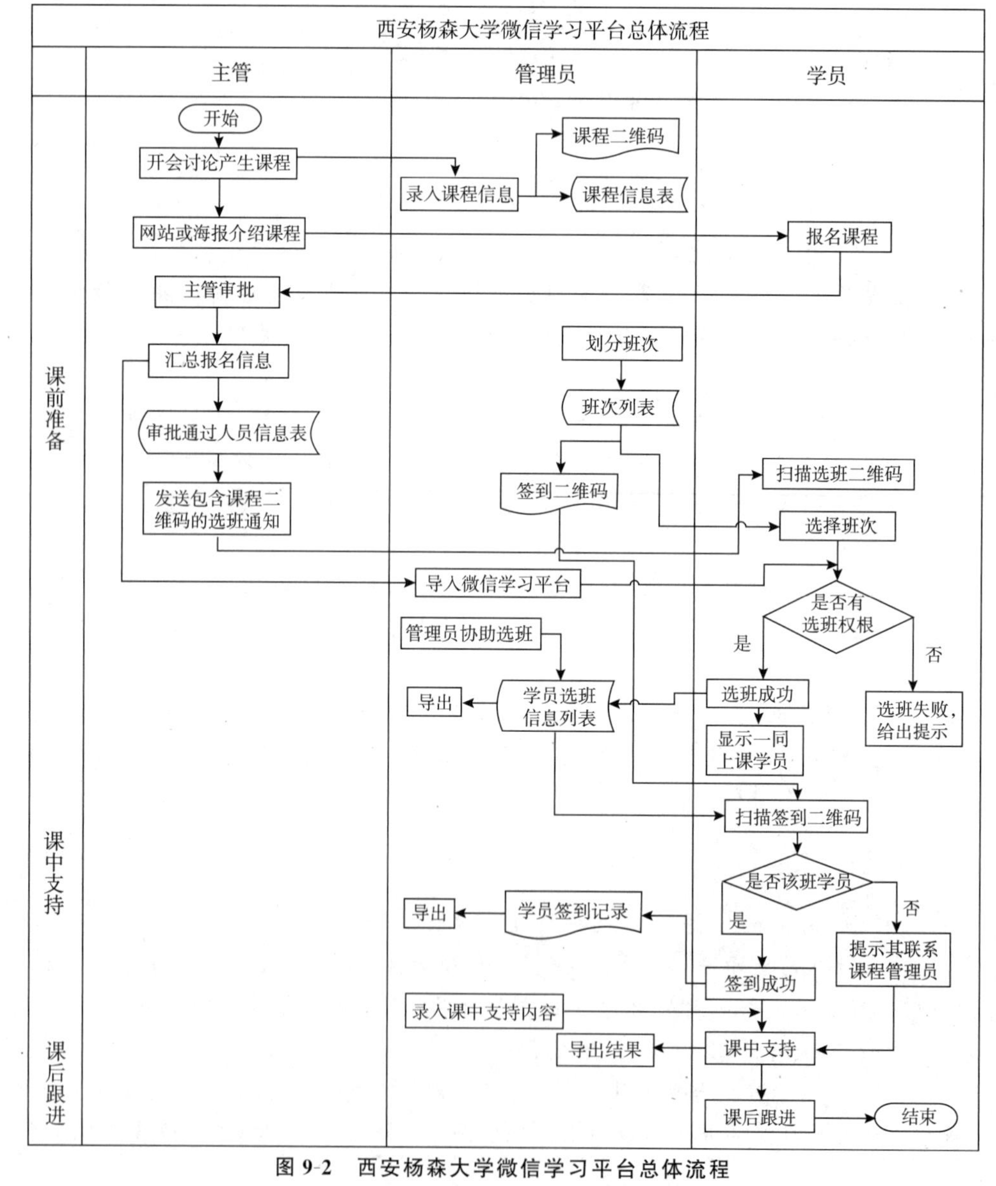

图 9-2　西安杨森大学微信学习平台总体流程

为克服碎片化微课因微而散的缺陷，企业大学还制作了系列化的微课程，每段一个知识点，既独立成章，又连缀成篇，使学习中的里程碑增加，学员也更容易有成就感；尝试了以信息图为元素的 HTML5 产品微课，增加了有趣、可读的元素；推出了“校长启术论道”系列微课程，并将扩展到企业高层主管们的“启术论道”，通过他们的亲身体会和经历，分享与学习相关的真知灼见。

西安杨森大学领导力学院是面向公司中高层领导者提供领导力培训，以往培训通知在通过邮件发送后，培训师需要手工汇总报名信息，费时而低效。为解决这一问题，网络学院开发了微信报名系统。

学员只要扫通知邮件的二维码即可完成报名、选班加入班级微信群，提升了报名效率，也节省了培训师处理文案的时间。

通过扫描二维码，还可支持培训的课后评估、课上调研和考试。

2.“千夫长”项目

“千夫长”项目是西安杨森大学为销售团队主管经理量身定制的培训项目，为期一年，旨在提升主管经理的辅导技能。针对培训特点，微信平台同步上线微网站分为辅导观念、辅导技能、辅导落地、辅导文化四个模块。每个模块中，设置与面授课程相适应的视频或图文微课程，以加深学员对课程内容理解。

3.“泽珂新兵训练营”项目

泽珂是西安杨森 2015 年上市的最重要产品，专业化要求高。西安杨森大学为此设计了为期两周《泽珂新兵训练营》封闭培训，并要求参训学员在训前完成 7 门 E-learning 在线课程。为保障学员高效完成课前学习和支持训练营圆满成功，微信平台将服务号备用模块开辟为《新兵训练营》专区，并设置了积分互动等奖励学习方案。

学员在完成 E-learning 学习后，扫描课程证书的二维码，皆可获得 100 分的积分奖励，同时将获得一份试题，全部答对将获得 50 分积分，通过“积分查询”可以看到全体学员的积分进度。该积分可带入训练营，获取相应的“装备”。这极大提升了学员的学习积极性。在训练营开营后，学员还能通过“训练营日程”“时讯日报”了解即时资讯，通过“反馈建议”答疑解惑。

三、项目创新点

西安杨森大学微信平台的创新点在于：积极应用网络新技术，将微信技术应用于培训之中。通过扫描二维码，微网站等新颖的互动形式，不仅通过供应商开发将多种功能集成在一个平台上，更重要的是通过专业设计使其自成为完整的体系，不仅为传统培训提供了新工具，提高了学员的兴趣、知识到达率和学员参与度；更使移动学习和培训项目（混合式培训）成为彼此不可或缺的一个整体，提升了培训效能。

资料来源：作者根据多种资料整理。

(四)建构C2C个性化培训平台

C2C(customer to customer)原是指个人对个人的交易形式,现在很多组织把该模式应用到组织培训中。很多组织一般是让学员与学员先在线互动交流,学习在线课程,相互解答疑问,分享所学知识,然后再共同进行课堂学习。

也有不少组织把C2C模式与导师制相结合,呈现出其最有特色的方式——个性化定制培训。该模式是对网络大学模式的深化,不单是建立网络大学平台,并打破常规的一对多传授模式,将网络大学与导师制结合起来,每个学员有专门的导师为其量身定制学习计划,学员通过网络以数字化实现差异化、针对性培训等。由于C2C模式的特殊性,导师和学员可以自由约定时间,灵活度很强。C2C培训模式比较适合培养与选拔人才。其主要有以下几个特点。

1.个性化教学大纲

C2C培训模式属于一对一模式,教学方式更加人性化,灵活性更强。同时,C2C模式可以超越地域与时间限制,导师与学员一对一培训,根据每个学员自身特定的需求设计个性化的教学大纲,选择最适合的培养方案。

2.个性化实践模块

对于人才培养过程所需要的实践环节,C2C培训模式经过导师与企业协商,根据学员的业务方向与组织目标,导师需要进行辅导与追踪实践过程,对相关要点进行指导与把关。

3.个性化测评系统

C2C培训模式为培训人才提供的不是笼统的问答型测试,而是采用专业导师提供的适合学员的问题。同时综合分析平时学员的行为和语言及测试过程中的表情、动作和答案,给出最后的更加准确的综合测评结果。

二、数字化培训的资源建设

随着移动设备的普及,微课(micro lecture)越来越成为组织应用移动数字技术,给员工培训的热门方式之一。微课是指按照认知规律运用信息技术呈现碎片化学习内容的结构化数字资源。微课的主要载体是视频,视频记录培训师围绕某个知识点或传授环节的教学活动过程。微课与传统的单一形式的教学资源不同,它是顺应科技发展起来的、更利于学习和内化的新型教学资源。但是微课又分为不同种类,以通用知识技能为主的知识微课,传授特定任务、场景中的知识和技巧的情景微课,以及利用计算机模拟生成的虚拟现实视频。三者的情境性依次加强,学习者的兴趣度和沉浸感依次加强,培训效果也依次增强。

(一)知识微课

知识微课是指以通用知识技能为主,每节微课围绕一个知识点展开的微课。例如,在企业销售培训微课中,销售开场技巧、探寻顾客需求技巧、产品推荐技巧、产品售后处理技巧、成交技巧、新产品功能技巧、产品卖点技巧、产品操作等,都属于知识微课。

从学习效率角度看,知识微课很有价值,但从学习效果角度看,知识微课面临着许多挑战。知识微课所提供的内容是有价值的,但如果不与具体场景和问题结合,使用起来很困难。知识微课以下四个特点:

1.内容精练

知识微课每节课用几分钟讲解一两个知识点，目的明确，内容精练。这符合成年人注意力集中时间较短的客观规律。只有短小精干的课程，员工才能在极短的时间完成学习。

2.小步子原则

知识微课一般坚持小步子原则，一个微课讲解一两个知识点，看似很慢，但稳步推进，积少成多，通过持续不断的微学习，往往也能达到系统学习目的。

3.知识搜索方便

知识微课讲一门课程分解为具体的知识点，每次具体讲解一两个知识点，学习者可以根据自身学习需要，方便搜索和学习需要学习的知识点，发现问题，逐个击破。

4.应用性相对较弱

通用知识微课是脱离情境的，不会涉及具体的应用场景和应对方法，需要学习者花费时间琢磨如何与实际情境结合，即使设计的形式互动性再强，也会让人有不接地气之感，不容易让大众接受。

（二）情境微课

情境微课主要用来传授特定任务、场景中需要的整合性知识、技巧，学习者可以直接模仿和借鉴，容易转化和应用。这就要求情境微课开发者有着丰富的实践经验，能结合组织特定情境中的挑战点、痛点、难点提炼出有针对性的知识，因此适合组织内部专家开发。情境微课有以下四个特点。

1.对接业务痛点

情境微课是针对具体工作场景，尤其是挑战性场景和痛点场景开发的。这些场景能够快速对接企业业务改善需求，和学员改善工作方法和提升绩效的需要。

2.萃取组织经验

萃取专家的隐性知识转变成组织经验并快速复制推广，是企业内部学习的一种重要手段。情境微课开发提供了这样一种载体，通过聚焦特定情境和问题，借助专家丰富的实战经验及反思总结，萃取高价值的知识，并通过课程实现转移。

3.高效落地

情境微课来自实际工作典型情境，与学习者遇到的问题和挑战一致，学习内容可以更加容易、更加高效地应用到实际工作中。

4.提升专家水平

情境微课需要多个专家结合实战经验进行深入讨论，萃取出关键知识、梳理出方法论、挖掘出典型案例，这个过程同样是专家能力升华的过程。同时，课程设计或课程面授又提高了专家辅导能力，使具有丰富实践经验的专家成为“实践＋理论＋传承”三位一体的专家。

（三）虚拟现实

虚拟现实（VR）是利用计算机模拟生成一个三维空间的虚拟环境，根据使用者的需求目的，提供关于视觉、听觉、触觉等感官的模拟，让使用者可以及时、没有限制地观察三维空间内的事物，如同身临其境一般。

虚拟现实常用三个“I”表示，即 immersion（沉浸感）、interaction（交互性）和

imagination(想象力),沉浸、交互和构想清晰地说明了虚拟现实的三个基本特征。沉浸感是指用户察觉不出原来自身所处的外部环境,难以分辨环境的真假,融入了计算机所模拟生成的虚拟的环境之中。交互性指的是用户可操作虚拟环境内的物体与虚拟环境能对用户操作提供反馈,用户如同在现实环境中一般可以与虚拟世界中的人、事、物发生交互关系。想象力则是指虚拟现实向用户提供了丰富广阔的想象空间,用户可以通过虚拟环境对事物观察与操作,加深对事物的认识和理解,从而获得灵感与启发。

虚拟现实技术的沉浸感、交互性、想象力等特点增强了培训的互动性和带入感。利用虚拟现实技术,企业培训可以还原一个全方位的实训世界,而学员则可以"真实地"走进这个世界,多角度、多层次感受实训项目。虚拟现实教学开发可集中最优场景资源,根据不同的培训内容对各知识点进行精准定位,同时针对不同的受训岗位及不同的年龄阶段采取形式多样、生动有趣的表现方式。采用虚拟现实培训具有以下几个优势。

1.仿真性

虚拟现实所创设的培训环境是根据现实真实工作环境模拟出来,它还可根据培训的需要对环境进行再设计。如果受训者处理得较好,还可适当地增加难度。理想的虚拟环境可以使受训者辨别不出环境的真假。对于组织培训来说,通过 VR 拍摄设备可以录制特定工作场景的全景视频,通过利用虚拟现实技术搭建虚拟的实训基地,甚至模拟出现实培训基地所不能创造的实训环境,如应急培训中模拟出各种危急事件,形成支持 VR 设备观看的培训内容。

2.开放性

虚拟现实培训系统打破了时间、空间的制约,受训学员只要佩戴好相关的设备,连接网络,下载需要模拟的培训内容,无论身处何地即可进入到虚拟环境中进行演练培训,通过互联网还可与其他学员一起学习相同的培训课程。

3.自主性

只要学员准备好了虚拟培训系统的软件、设备,就可根据自己的实际情况在任何时间地点进行培训,并可快速地得到反馈结果。受训学员在得到反馈之后可多次重复地进行演练,继而进行改进完善。在这个过程中,学员始终处于自我掌控的主导地位,有很大的自主权,因而会更主动地参与到培训之中。

4.安全性

虚拟现实培训系统所创设的环境是虚拟的,不存在任何的安全风险,学员可以在培训中大胆地尝试不同的方法以实现目标。即使处理方式出现了严重错误,也不会产生恶果,吸取经验再重来一次即可,尤其适用于需要动手实操的复杂工作场景、危险或者试错成本高的工作场景。中铁隧道局集团曾携手家梦 VR 设立了一个 VR 模拟安全体验馆。员工头戴 VR 头盔,手握手柄控制器,在特定的空间中体验模拟危险环境,包括火灾现场、高空坠落、基坑坍塌、触电、物体打击等多种安全事故场景,从而达到安全培训的目的。

5.节约成本

通过虚拟现实培训系统,学员可不必到真实的培训基地便可参与各种培训项目,获得与真实培训一样的体验,大大节省建设培训基地的费用,还可根据现实的需求随时进行改进,或创设新的培训项目,极大地节约培训成本。

VR培训也可以帮助企业节约在岗培训的预算，提升学习速度，降低综合学习成本。与传统的培训方法相比，现场一线工人比较欢迎这种培训方法，并且培训成果的实际转化率将提高30%。得克萨斯州一家油田服务公司的培训师说，模拟器培训既减少了翻车事故，又减少了总体事故。一家加拿大的散货运输商报告说，通过VR模拟培训教授驾驶技术，公司的燃油成本平均降低了30%。

米其林(中国)用虚拟现实驱动学习的“车轮”

米其林集团是全球轮胎科技的领导者，1889年在法国的克莱蒙费朗建立，现在超过171个国家中共有114000名员工，“世界500强”。产品除了轮胎以外，米其林集团还生产轮辋、钢丝、移动辅助系统、旅游服务、地图及旅游指南等。米其林(中国)投资有限公司于2001年在上海市工商局登记成立。

在集团“引领进步之道”的大氛围下，米其林(中国)学习与发展总监安晓宏始终强调：“当自主学习、移动学习、实战学习愈发成为趋势，优化、升级现有的教学内容和方式，触发学员积极性，让随时随地、知行合一成为学习的标签，并使学员乐在其中，是我们团队的职责与使命。”

知识、信息无处不在，为让学习更加贴近业务，变得高效且有趣，学习发展团队提出“开启新的学习之旅”的目标，将学习嫁接于各项技术中，实现TEL(technology enhance learning，用技术引领学习)。整个“TEL”理念包含数字化学习和依托新技术完成的线下实践两方面。

学习发展团队设计了Simulator(模拟仓)、MLM(线上学习平台)上的电子学习课程、E One Point Lesson(一点通课程)等数字化学习模式。

具体来说，学习发展团队将工厂实景搬移到线上，制作成Simulator(模拟仓)。该系统不仅涉及简单的工厂场景介绍，还包括各零部件信息、安全提示、考评测试等知识点及功能。每位员工进入该线上系统后，可360度观看工厂的实际环境，按照各场景和流程，点击嵌入其中的3D讲授视频，进行学习。这样，员工在真正走入车间前，已经有了感性认识，从而缩短后期培训实践的周期。当然，这种学习方式注重理论学习，要想真正动手模拟，学员仍需走进虚拟教室——一个仿照工厂搭建的模拟操作空间，其中的操作数据可供学员反复练习。

学习发展团队还将传统40多分钟的线上课程转而设计成E-One Point Lesson(一点通课程)，即将优秀员工的经验萃取成一个个短小的知识点，简明扼要地向员工呈现，实现按需学习。例如，一节关于“PPT中如何删除背景图的部分色块”的线上课程，仅用3分钟的时间，便可让学员轻松掌握。

一线技工倘若进入标准培训中心,便可多次模拟训练工作场景中标准、复杂的动作,减少对实际生产设备的占用,加快学习进度。值得强调的是,该培训中心就建在学员的岗位旁,为重复练习及师傅的带教指导提供了便利条件。

学习加油站则是基于"发现问题,逐个击破"的理念,提供"线上+线下"模拟工位。每位学员需先在工位上进行线上的理论测试,随之根据测评结果,就自身的不足,展开针对性的实践练习。

多样的学习形式为实践打下良好基础,学员在培训中获得感知在真正嫁接于业务中应用,不仅获得了极大的自信,还能及时、快速地上手作业。

资料来源:作者根据多种资料整理。

三、数字化培训建设的相关建议

采用数字培训模式,企业还需要做一些工作以保障其顺利推行,如提高领导的高度重视、制定平台推广策略和制定制度加强过程管理。

(一)提高领导重视程度

数字化培训是一项投资较大的培训方式,特别是自行搭建网络大学平台和 C2C 个性化培训平台需要大量资源投入。领导的支持与推动是其成功的必要条件。领导是培训经费来源的主要提供者。如果领导重视程度不够,将直接导致数字化培训所需的资金难以得到批准。如果有了领导的重视与推动,新的培训方式推广起来更加顺畅。重视程度和投入力度决定实施成效,进而影响培训质量。

(二)制定平台推广策略

数字化培训作为一种新的学习体系,对习惯了传统面对面培训方式的学员来说是新生事物,部分学员对在线学习的优势并不十分了解,也不会主动地采纳它。因此,做好宣传推广工作非常重要。在建设数字化培训体系之前,企业应制定系统的相应的推广方案,包括详细的推广计划、策略,分阶段、分步骤的实施计划,让学员认识与接纳数字化培训体系。

(三)制定制度加强过程管理

为保证数字化培训体系正常运作和充分利用,组织应制定管理制度,规范系统使用及管理流程。网络学习与课堂培训不一样,是分散进行自主学习,这对管理工作带来很大的难度。尽管数字化培训提倡学员自主学习,但考虑到管理的规范性与学员学习的惰性,还是应该把教、学、管、考综合为一体,构建培训体系考核评价机制,对学员学习进行管理和监督。

首先,考核评价时,应根据不同课程性质和不同学员层次设不同学分。其次,学员是否在规定时间内完成课程,系统平台上的学习记录可作为活动分数融入评价体系之中。再次,评价与考核应该持续跟进,而不是只做一次评价,对学员起到一定的督促和约束作用。最后,制定激励措施,根据学员考核结果,给予物质奖励或精神鼓励。

第三节 数字化培训混合模式

随着互联网在工作场所学习方式的普及,数字化培训在企业培训中迅速发展。但由于其固有的体验与情感缺失,数字化培训一直被诟病,传统的面授培训一直得以延续。但学习的灵活性、有效性和便捷性成为职场培训考虑的首要问题,于是混合式培训(blended training)应运而生。

一、"数字化培训混合模式"的定义

"混合式学习"一词来源于英文 blended learning。混合式培训就是综合利用网络学习、实操训练和面授方式对学员进行培训,既充分利用传统课堂教学社会性、互动性强的特点,又充分利用在线学习自主性、灵活性强的特点,使二者优势互补,获得最优化的学习效果。学习不是一个一次性的过程而是一个连续的过程,混合比用单一的传递方式有优势。

2001 年,英国学者辛格(Harvi Singh)和瑞德(Chris Reed)认为,混合式学习包含五个维度,即面对面学习和在线学习的混合、自定内容的学习和小组协作学习的混合、结构化课程和非结构化课程的混合、深度学习和个性化学习的混合以及工作和学习的混合。

2002 年印度 NIIT 公司发表的《混合式学习白皮书》中把混合式学习定义为面对面学习、实时的 E-learning 和自定步调学习相结合的学习方式。

美国学者奥雷(Michael Orey,2013)认为,混合式学习是一种为实现教学目标而对所有学习资源进行科学组织和优化分配的学习方式,同时还要和学员的学习风格和知识结构相匹配。

卢程佳(2015)混合式学习不仅包括传统课堂学习与计算机网络学习的混合,也包括传统课堂学习和移动学习的混合。冯晓英等(2019)指出,"互联网+"时代的混合式教学,其本质是为学员创建一种真正高度参与性的个性化的学习体验。

因此,混合式学习的本质是在适当的时间,为适当的学习者,以适当的传递媒体,通过适当的学习方式,提供适当的学习内容,从而达到最优的学习效果和经济效益。数字化培训混合模式则是指培训过程中主要以数字化技术为载体,综合采用数字化培训方式和传统课堂培训方式,高效完成培训任务的方式。

自 2008 年招银大学正式挂牌起,招商银行教育培训工作迈入了体系化、集约化、国际化发展时期。招商银行从核心管理人才培养出发,以招银大学为代表,结合招行的经营管理特色,以分支行中基层管理者为目标人群,采用全球人才培养领域领先的数字化培训混合式学习方式,实现了传统面授课程与行动学习、领导力测评、在线学习、教练辅导、体验式学习等多种学习形式的完美结合。

混合学习模式存在多种驱动方式,主要有三种类型。

第一种,将自定进度的自主学习与教师的在线指导相结合。在这种模式中,学习者与教师通过社交媒体、电子邮件和其他形式进行交互,教师的指导是有效学习的重要组成部分,监督、评价成为混合学习的主要策略。

第二种,指学习者与专家共同活动并通过在线交互以获取隐性知识。这种"隐性知识"是通过对专家的观察与交流获得的。因此,这种模式包括学习者与专家实时共同活

动,并通过在线交流工具进行交流和互动。

第三种,将传统的课堂学习与在线协作学习相结合。该模式将协作学习的内容、属性和预期效果通过网络技术协作进行混合。

二、数字化培训混合模式的类型

(一)3×3×3 的立体化混合式

3×3×3 的立体化混合式将培训时间从课堂中延长到课前和课后,充分利用数字化培训和面授培训各自的优势,满足学员随时学习所需内容、有更多交流互动、实现岗位能力提升的目的。同时,通过课前学习在线微课,学员各取所需,拉齐了面授前全班学员对知识点的认知水平。通过课堂中的结构化研讨,学员之间、学员和培训师之间有了更多的时间交流、分享和展示,在课堂上完成知识内化。通过在岗位中的实践和培训师的持续跟踪辅导,促进培训成果转化。如表 9-3 所示。

从某种程度上说,这种混合培训分为三个层次。第一层次是线上和线下的混合,即课程分成线上部分和线下部分,这是培训方式的混合;第二层次是学与习的混合,即线上学习理论知识、线下交流研讨内化知识,这是教学结构的改变,真正提高教学效果;第三层次是学习和工作的混合,即让学习真正在工作中发生,将培训时间拉长到培训后的工作当中,持续辅导员工的工作实践,切实促进培训成果转化,提高员工工作绩效。

3×3×3 的立体化混合式学习模式利用最新的技术手段做支撑,最新的培训理念做指导,多种培训活动和方法并用,让培训由一件事变成一个持续学习的过程。如果运用恰当可以实现三个层次的混合,更好满足学员的需求,提升学员个人绩效,进一步提高组织的经济效益。

表 9-3 3×3×3 的立体化混合式

时间	内容	空间	学员需求	作用
课前 (家、单位、路上)	微课内容 (微课)	线上 (移动平台、微信)	随时学 内容可挑选	满足个性化 拉齐认知水平
课中 (教室、岗前)	结构化研讨 (行动学习)	线下 (课堂)	充分的互动和研讨	课堂上完成 知识内化
课后 (岗位中)	岗位实践 教练指导	线上 (移动平台、微信)	聚焦岗位能力 提升	培训和岗位连 接提升绩效

(二)“双效—2e”模式

组织实施混合式培训的效果,关键要从教学实际出发构建有效的实施框架。史婷(2018)提出了数字化培训混合“双效—2e”模式。“双效—2e”代表有效(effective)和高效(efficient),培训师基于敏捷设计原理[①]进行有效混合设计,构建高效实用的数字化技术工具环境,促进教师有效开展混合式培训实践,以提升学习者的培训效果。具体模式的实

① 敏捷设计的核心思想是:提高企业对市场变化的快速反应能力,满足顾客的要求。用户感知支持下的敏捷设计是从用户的角度出发,通过比较系统的、科学的方式,将用户感知贯穿于整个设计过程中,使产品开发做到快速、准确的设计原则。

践框架如图 9-3。

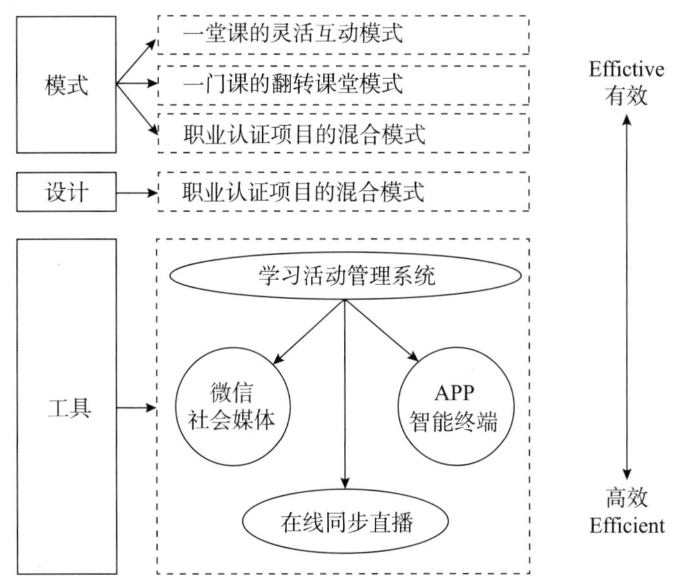

图 9-3 混合式培训"双效—2e"模式的实践框架

1.应用数字化工具高效管理学习活动

学习活动管理系统作为平台的核心部分,负责混合式培训活动流程管理,有效实施和监控整个学习活动过程。该系统中的培训方式主要有:(1)基于微信的社会媒体工具,打造网络化的学习社区(learning community),实现个人学习网络的知识链接化,构建联通主义分布式的知识存储与分享模式;(2)APP 作为支持移动学习的终端,有效地实现学习者快捷基于不同设备自适应访问学习内容,并随时随地进行学习;(3)在线同步直播为教师课堂讲授式为主体的教学提供了更加灵活的方式,同时为学习者异地同步提供了可能,使得学习者参与培训的方式更加灵活。

2.敏捷性教学设计提供有效模式规划

将敏捷设计引入到混合式培训的内容设计之中,主要包括如下内容:(1)聚焦培训方向。从学习者特征、目标效益和培训项目背景入手进行方向性聚焦。(2)开发培训内容。对课程内容结构进行分析与分解,按照微知识点方式系统化开发课件 PPT。(3)微模式教学设计。从学习目标、教学方法和评价标准入手,设计如何利用技术平台构建有效的在线课程内容。(4)课程内容优化。将课件 PPT 变为生动的在线课程资源(如微视频、微文档、微动画、微虚拟实验等),提供课程学习指导手册,方便学习者快速了解混合式培训的学习内容。

3.三种层次混合模式提供培训实践支撑

该模式分三个层次对教师实践不同类型的混合式培训提供了实践方法支持:从支持培训师有效实现面授为主灵活互动的一堂课,到支持翻转课堂模式的一门课,再到基于职业行业技能标准构建的认证化项目。

中国银联打造网络化的学习社区,提升数字化培训效果

中国银联(China UnionPay)成立于2002年,是经国务院同意,中国人民银行批准设立的中国银行卡联合组织,总部设于上海。作为中国的银行卡联合组织,中国银联处于我国银行卡产业的核心和枢纽地位,对我国银行卡产业发展发挥着基础性作用,各银行通过银联跨行交易清算系统,实现了系统间的互联互通,进而使银行卡得以跨银行、跨地区和跨境使用。

为帮助员工进一步全面掌握银行卡产业知识,提升工作绩效,银联培训中心与中国人民银行总行直属的中国金融培训中心联合开展了面向银联员工的"银行卡从业人员专业认证"培训。此次认证采用"E-learning在线学习+主观题作业+在线考试"模式进行,学习阵地为"银联网络学院"。成绩合格者可获得由中国人民银行和中国银联共同颁发的"银行卡专业认证"证书。

第一期认证培训预计招生100人,由于报名人数远超预期,最后筛选出学员300人。可是5门数字化课程长达5个多学时,如何让学员能摆脱传统在线学习的枯燥,激情洋溢地完成认证任务是一个难题。

于是,培训中心提出"团队学习+个人学习"的以任务为导向的"MOOC+微信+微课程"模式。首先是制定认证的考核方式。考核分为三部分:在线电子课程、主观题作业、在线客观题考试。最终主观题作业和客观题考试的分数总和达到80分,就能通过认证。其中主观题作业5道,分数是由多个公司的业务专家评定,并最终取决于学员所在团队的整体成绩。

接下来创建学习团队。将300名学员分成3个班,每个班100人。每班再把这100人拆分成10个学习小组,每个小组10人。班长和组长负责组织学员学习和讨论,督促学员按时提交作业、组织作业批改等。在分班分组的过程中,有意识地将公司前中后台不同部门的员工混搭在一起。每个组员需完成一篇特定主题的主观题作业,并将其分数统计入该小组的总分,最终每个班级的10个小组以总分高低排名,并根据排名得到该组组员的主观题分数。

这样的考评方式让学员们都很紧张,因为只有每个小组的绝大部分组员的主观题作业分数高,整个小组的总分和排名才会上去,组员最终考核认证的主观题作业分数才会高。班长和组长更是铆足了劲督促组员登录"银联网络学院"认真学习电子课程,将业务知识学精学透,学习进度必须100%符合要求、认真学习。组长们更是利用社交工具,比如建立微信群,组织组员开展对5道主观题的讨论。有些组长更是热心地邀请来业务专家在微信群里对学员辅导,讲解业务知识和答题要点等。这类以任务为导向的团队学习,将原本只有线下竞赛才有的火热场面重现在线上学习中。

在正向引导了“团队学习”后，为保证“个人学习”的激情，项目负责人想到了“微信＋微课程”的方式。将5门电子课程的重要知识点整理出来，放到微信订阅号“银联培训中心”开发的专栏“微网站”的“银行卡从业人员专业认证”里面，并将模拟题库导入到微信，模拟题库保持不断动态更新。这样学员就可以随时随地查看知识点，参加模拟答题了。

历时一个多月，除1名学员因工作原因中途退出外，最终其余299名学员都参加了在线客观题考试，完成率大大超过了以往任何一期网络学习的完成率。最后有289名学员通过认证，获得认证证书。其中30名学员学习成绩优异，被特授予优秀学员荣誉称号；10位担任班级管理者的学员因所在集体整体学习情况优异分别获得优秀班长和优秀组长荣誉称号。这直接导致了第二期认证培训班有1000多名员工争先报名，达到了银联员工总数的三分之一。

资料来源：作者根据多种资料整理。

三、数字化培训混合模式的构建

不论是数字化培训混合模式还是纯数字化培训模式的构建，需要在传统课堂培训模式基础上，重点加入数字化培训特色。整体而言，需要从创建数字化培训环境、开发数字化培训资源、利用数字化培训方式和手段三方面着手。

（一）创建数字化培训环境

数字化培训混合模式其基础是经过数字化信息处理的培训环境，具有信息显示多媒体化、信息传输网络化、信息处理智能化和培训环境虚拟化的特征。它能帮助学习者通过自主寻找和处理信息，从而使数字化培训成为可能。

（二）开发数字化培训资源

数字化培训资源指经过数字化处理，可以在多媒体计算机上或网络环境下运行的多媒体材料，如微视频、微文档、微动画、微虚拟实验等。数字化培训资源制作的目标应该是：唤起学员对内容的好奇与兴趣，保持学员对内容的持续关注，提高学员的学习效率，让学员对课程的内容不断地回味，并对学员的实际工作有效指导。

（三）利用数字化培训方式和手段

在数字化培训环境中，学习者的培训方式发生重要的变化。学习者不再依赖于教师的讲授与课本的培训，而是利用数字化平台和数字化资源，教师、学员之间开展协商讨论，合作培训等交互式培训，探究知识、发现知识、展示知识和创造知识的方式进行培训。不仅在培训阶段可以利用数字化培训方式和手段，在其他环节同样可以使用数字化方式和手段。例如，企业可以充分运用各种数字化手段测量培训的真正需求和培训效果。

章末案例

腾讯混合式学习实践

Tencent腾讯

腾讯自成立以来一直秉承"员工是企业第一财富"的理念,始终把人才培养作为公司的重要投入之一。为搭建完善的人才培养体系,腾讯积极筹建腾讯学院,并将学院的使命定位为员工成长顾问、业务发展伙伴、企业变革助手。

为了更好地完成这一使命,腾讯学院在培养人才的内容及方式上不断进行创新,将业内的先进技术应用于培养项目中。例如,行动学习、评鉴中心、产品体验、管理实践、主题研讨等等。腾讯的"T族基干领导行为落地项目"就是腾讯学院在新技术影响下对混合式学习的具体实践。

一、项目缘起

腾讯公司制定了"基层管理干部领导力素质模型"中的7项素质及相关"关键动作",并且积极展开推广及落地工作。经过4年的实施,根据多方反馈,腾讯学院认为有必要检查基层干部领导行为的落地情况,并据此对其进行优化、更新,最终助力提高基层干部管理能力的成熟度和组织效能。并由此启动了"基干领导行为落地项目"。

二、线下学习与线上研讨相结合

本着"落地需要贴近族群工作特性"的原则,根据腾讯业务的特性和群体分布,将此项目聚焦在"T族基干",即从事技术开发工作的族群基层干部。通过对前期大量有针对性的问卷及访谈进行分析,秉承贴近实践、贴近专业、贴近绩效的原则先是输出了新版的"T族基干"优秀行为特征及需提升的方面。

另外,在访谈的基础上,确定培养方案采用"线下学习与线上研讨相结合"的形式。线下通过"赶集场",共同研讨,分享最佳实践,解决个人困惑;线上通过Web和APP进行情境练习、阅读与讨论,影响参与者的认知,鼓励他们采取行动,提升自身能力,达到领导行为落地的效果。

(一)线下"赶集场"

针对待发展主题,指导多场"赶集场"活动。所谓"赶集场",不同于传统的课堂讲授式学习,它更多的是个性化问题分析与解决工作坊。针对每期的主题,每个学员将他日常工作中遇到的相关问题张贴出来,通过同伴的回帖得到解决办法,并辅以小组会诊、最佳实践、案例研讨、标杆分享等环节,达到"几十个老师教一个学员"的效果。"赶集场"可以达到交换一种思想,各得两种思想的效果。

(二)线上情境模拟

针对待发展主题,共设计了18个与腾讯干部工作环境有关联的管理情境及模拟练习。其素材均来源于前期访谈时整理好的绩优基层干部的标杆故事。每一个情境都带有需要对情境关键冲突点做出判断的选项。这些选项的设计体现了多元的思维及对策,具有在多种情境下存在的真实感。学员参与完毕后,公布专家观点,并附有所有选项可能带来的影响,以此给予学员更多借鉴和思考。另外,每个情境还配有两篇相关阅读,以拓宽学员的视野。

(三)移动学习嵌入

18个情境设计完成后,腾讯尝试开发了两个不同的线上载体,一个是传统的PC、Web端,一个是新兴的移动终端APP。移动学习(M-learning)的引入极大地丰富了学员的参与方式,提高了参与率,使学员获得了更自由的学习方式。

在9周的运营时间内,还设计、安排了两次活动。一次是邀请知名学者黄铁鹰与腾讯数百学员一起在微信群里进行了将近2小时的问答交流;另一次是开展了"管理之痛,你问,我们答"活动,邀请了原惠普公司全球副总裁孙振耀、腾讯的CTO(首席技术官)张志东与学员进行现场对话。

该活动还通过腾讯公司E-learning学习平台的直播课堂进行了现场直播,效果非常好。混合式学习价值凸显。基层管理干部在公司的发展中起着非常重要的作用。他们的能力直接决定了公司的战略执行力。由于工作职责的复杂多样,他们对知识层次的需求也较高,但现有的培训方式又不能完全满足他们的需求。结合基层管理干部实际情况,探索出了混合式培训方案,即利用线下"赶集场"、Web端情境体验、手机APP移动学习、线上管理大师微访谈、外部专家对话腾讯高管管理论坛等方式,让基层管理干部可以真正做到随时、随地、随需地进行自主学习,效果非常好。

资料来源:转载自知行部落。

本章小结

数字化培训是指组织应用数字化内容、网络资源,配合互联网数字技术,以数字化方式对员工进行培训,以及员工借助数字化方式自主学习的组织培训方式。

在数字化培训环境中,学习者不再依赖于教师的讲授与课本的学习,而是利用数字化平台和数字化资源、教师、学员之间开展讨论、合作培训等交互式培训,探究知识,发现知识,展示知识和创造知识。

数字化培训具有信息传递一体化、知识转换高效化、内容设计多样化和需求定位准确化等特点。数字化培训建设中应用好痛点思维、碎片化思维、众筹众包思维、游戏化思维、迭代思维、数据思维。

根据资源投入和培训需求等实际情况下,组织可以选择借助外部慕课、利用 APP 移动学习、搭建网络大学平台或建构 C2C 个性化培训平台;而在学习资源方面,数字化培训可以综合利用音频、视频、动画、图片和电子文档等形式。其中,最能体现数字化培训特点的资源是学习视频,其主要包括三种形式:知识微课、情境微课和虚拟现实。最后,企业还需要做一些工作以保障数字化培训顺利推行,如提高领导的高度重视、制定发推广策略和制定制度加强过程管理。

但由于其固有的体验与情感缺失,数字化培训一直被诟病,传统的面授培训一直得以延续。但学习的灵活性、有效性和便捷性成为职场培训考虑的首要问题,于是混合式培训应运而生。数字化培训混合模式是指培训过程中主要以数字化技术为载体,综合采用数字化培训方式和传统课堂培训方式,高效地完成培训任务的方式。

数字化培训立体化混合式将培训时间从课堂中延长到课前和课后,充分利用数字化培训和面授培训各自的优势。同时,通过课前学习在线微课,学员各取所需,拉齐了面授前全班学员对知识点的认知水平。通过课堂中的结构化研讨,学员之间、学员和培训师之间有了更多的时间交流、分享和展示,在课堂上完成知识内化,通过在岗位上的实践和培训师的持续跟踪辅导,切实促进培训成果转化。

问题思考

1.数字化培训中可应用哪些互联网思维?

2.数字化培训有哪几种常见平台?各有何缺点?

3.虚拟现实培训有何优点?

4.数字化培训混合式有何优势?

5.简述数字化培训混合式的立方体模式主要内容。

参考文献

[1] 吴峰,江凤娟.工作场所数字化学习:特征、价值与模式[J].教育研究,2017(3):83-90.

[2] 肖博编著.数字化校园探索与信息化管理能力评估[M].北京:国防工业出版社,2017.

[3] 邬厚民.微课资源的建设与应用[M].长春:东北师范大学出版社,2017.

[4] 赵兴龙.互联网+教育 以学生为中心的教育变革[M].北京:科学出版社,2017.

[5] 刘思源,杨慧.基于 BYOD 的成人高校混合式教学研究[J].成人教育,2018,38(10):84-87.

[6] 胡菲.打造培训立体化:混合式培训课程设计[J].北京石油管理干部学院学报,2019,26(5):63-64,70.

[7] 韩墨.在线学习平台研究[D].石家庄:河北师范大学,2019.

[8] 张晓赫.坚毅、在线自我调节学习和在线学习满意度的关系研究[D].长春:东北师范大

学,2019.
[9] 郭灵婕.网络直播教学中学习者在线学习力及其影响因素研究[D].武汉:华中师范大学,2019.
[10] 蔡昕,杨天明,熊妮,等.E-Learning培训管理系统在临床护理培训中的应用效果[J].全科护理,2019,17(7):862-864.
[11] 沈爱琴.企业在线培训项目的组织构建与实践运用:以茂名石化公司组织实施培训管理员在线培训项目为例[J].中国培训,2019(2):39-40.
[12] 张永生.在线培训监管不能"掉线"[N].安徽日报,2018-12-18(10).
[13] 陈子闻.浅谈企业人力资源培训体系的构建[J].知识经济,2018(23):84-85.
[14] 周菁,莫思琪,郑宛,等.企业员工在线培训意愿的影响因素研究:基于肇庆市中小企业的调查数据[J].价值工程,2018,37(35):194-195.
[15] 本田培训:在线学习,文化变革[J].中国质量,2018(11):39-41.
[16] 李然.T石化集团员工在线培训模式优化研究[D].武汉:湖北工业大学,2018.
[17] 范俊敏.创新文化、组织学习与企业动态创新能力[D].杭州:浙江工业大学,2018.
[18] 王祎.在线学习行为分析及应用研究[D].武汉:华中师范大学,2018.
[19] 徐建浓."互联网+"培训模式与策略研究[D].南昌:江西师范大学,2018.
[20] 杜静怡,张雪.混合式教学在培训项目中的实践[J].教育现代化,2018,5(17):226-227,236.
[21] Rolf Reinhardt.在线学习时代协会角色的改变[J].中国社会组织,2018(7):40-41.
[22] 蒋晓茜.A在线培训平台的创业成长问题及策略研究[D].西安:电子科技大学,2018.
[23] 史婷,葛文双.职场化教师开展混合式培训的"双效—2e"模式研究[J].中国教育信息化,2018(6):56-59.
[24] 钱文君.区域教师在线培训中参与行为研究[J].教育导刊,2018(1):79-85.
[25] 李蒙.在线课程平台开展教师混合式学习培训的实践研究[J].河南教育(高教),2017(12):90-92.
[26] 柳立言,王小强.在线培训对宁夏乡村教师专业发展的影响研究[J].中国教育信息化,2017(24):79-82.
[27] 郑冬梅.基于慕课的行业大规模在线培训平台的设计与实践[J].中国电化教育,2017(11):95-100.
[28] 中国大学生在线学习白皮书 2017年[C].艾瑞咨询系列研究报告(2017年第11期):上海艾瑞市场咨询有限公司,2017:2-34.
[29] 艾瑞咨询.2017年中国大学生在线学习白皮书[DB/OL].[2018-03-25].http://www.iresearch.com.cn/Detail/report?id=3093&isfree=0.report?id=3093&isfree=0.
[30] 杨行.自适应学习系统在中小学教师在线培训中的应用[J].西部素质教育,2017,3(12):199,206.
[31] 王树巍.基于移动学习的企业培训模式变革[J].现代经济信息,2017(9):433.
[33] 王诗蓓."互联网+"时代区域教师网络学习共同体价值创造研究[D].徐州:江苏师范大学,2017.

[34] 覃福宁."在线培训+虚拟现实":公共部门人力资源培训的新方向[J].中共南宁市委党校学报,2017,19(2):36-39.
[35] 兰金林."互联网+"时代的培训设计:现状、局限和趋势[J].中国管理信息化,2017,20(8):74-75.
[36] 赵淑芳.在线学习系统的设计与实现[D].济南:齐鲁工业大学,2017.
[37] 范玉芳.混合式学习:在校学习与在岗学习的对接融合[J].高等教育研究学报,2017,40(1):5-9,23.
[38] 蔡露,苏皓.E-Learning在企业培训管理中的创新实践[J].中国高新技术企业,2017(3):160-163.
[39] 林中.混合式培训在企业培训中的应用:以中国南方航空公司为例[J].中国培训,2017(2):239-242.
[40] 修纯军,张志挺."互联网+传统培训"理念在大型发电企业培训管理中的探索与实践[J].企业管理,2016(S1):42-43.
[41] 王颖.基于"互联网+"的在线教育应用研究[D].天津:天津科技大学,2017.
[42] 王桂枝."互联网+"时代下D集团中层管理人员培训模式优化研究[D].昆明:云南师范大学,2016.
[43] 李静.在线交互式学习　试了才知道有多好[N].文汇报,2016-10-30(7).
[44] 万楚.移动学习环境下培训模式的设计与研究[D].上海:华东师范大学,2016.
[45] 林罡.MOOC在线培训平台试点项目实践与探索:以装置操作规范化作业培训项目为例[J].石油化工管理干部学院学报,2016,18(4):45-48.
[46] 杜宏伟.利用"互联网+"助力构建劳动者终身职业培训体系[J].中国培训,2016(16):266.
[47] 胡菲.浅谈E-Learning在企业培训中的实践[J].北京石油管理干部学院学报,2016,23(4):73-76.
[48] 刘英飞.企业培训管理中的E—Learning构建思考[J].上海市经济管理干部学院学报,2016(4):21-27.
[49] 李卓越.企业级"互联网+教育培训"信息系统建设与运行实践初探[J].现代教育技术,2016,26(6):101-106.
[50] 薛瑞璇.在线学习平台中学习者的网络学习行为分析[D].昆明:云南大学,2016.
[51] 周铁.A公司在线职业培训管理系统的研究与分析[D].昆明:云南大学,2016.
[52] 谢敏."互联网+教育"背景下的教学智慧研究[D].长春:吉林大学,2016.
[53] 杨莹洁.支持个性化培训的在线培训平台设计与实现[D].武汉:华中师范大学,2016.
[54] 李卓越,曹建梅.以"互联网+"为导向的企业在线教育培训系统运管模式探析[J].中国电力教育,2016(3):67-71.
[55] 李海威,徐晗.基于电商平台的创业型人才培养模式探析[J].中国经贸导刊,2017(5):84-85.
[56] 李翔.电网企业网络大学教育培训系统的研究[D].北京:华北电力大学,2016.
[57] 吴媛媛."互联网+"时代下的企业培训模式探讨[J].继续教育,2016,30(10):48-49.
[58] 孔鹏祥.网络教学在企业员工培训中的运用[J].中国培训,2016(3):18-19.

[59] 康颖,黄圆圆."在线培训"呼之已出[J].现代商业,2015(36):79-80.
[60] 李蓓. 智网 e 学院:E-Learning 学习平台的设计与实现[D].北京:北京工业大学,2015.
[61] 王巧宁. 企业数字化学习转型管理:平安移动学习转型案例研究[D].北京:对外经济贸易大学,2017.
[62] 王静. 企业培训的碎片化知识管理研究[D].昆明:云南大学,2016.
[63] 崔涛,胡菲.浅谈 E-Learning(数字化培训)[J].北京石油管理干部学院学报,2011,18(5):74-77.
[64] 苏兆斌,程璐,孔微巍."互联网+"视域下职业教育科学发展探析[J].牡丹江师范学院学报(哲学社会科学版),2015(5):49-52.
[65] 吴峰,李杰."互联网+"时代中国成人学习变革[J].开放教育研究,2015,21(5):112-120.
[66] 王树峰.E-Learning 技术漫谈[J].中小企业管理与科技(中旬刊),2015(7):190-191.
[67] 蔡桢艳. 组织学习提升企业动态能力的路径研究[D].南昌:江西师范大学,2015.
[68] 胡菲.透过慕课思考企业在线培训与面授培训的融合[J].北京石油管理干部学院学报,2015,22(2):67-70.
[69] 陈胜军.慕课:再造企业培训[J].北大商业评论,2015(4):68-75.
[70] 孙媛媛. E-Learning 培训管理系统的设计与实现[D].大连:大连理工大学,2015.
[71] 徐霄.浅谈 E-Learning 在企业中的推广与应用[J].现代商业,2015(3):57-58.
[72] 吴峰.我国企业 E-Learning 调查分析与趋势研究[J].现代教育技术,2015,25(1):120—125.
[73] 徐芳.培训与开发理论及技术[M].上海:复旦大学出版社,2019.
[74] 包季鸣.人力资源管理:全球化背景下的思考和应用[M].上海:复旦大学出版社,2010.
[75] 加里·德斯勒.人力资源管理[M].北京:中国人民大学出版社,2017.
[76] 约翰 M-伊万切维奇,罗伯特·科诺帕克斯.人力资源管理[M].北京:机械工业出版社,2019.
[77] 彭剑锋.战略人力资源管理:理论、实践与前沿[M].北京:中国人民大学出版社,2014.
[78] 时勘,时雨.人力资源管理:心理学的理论基础与方法[M].北京:高等教育出版社,2017.
[79] 权锡哲.新员工培训管理实务手册 [M].北京:人民邮电出版社,2017.
[80] 吴颖群,姜英来.人力资源培训与开发[M].北京:中国人民大学出版社,2019.
[81] 陈胜军.培训与开发:提高·融合·绩效·发展[M].北京:中国市场出版社,2010.
[82] 喻红莲.培训与开发[M].重庆:西南财经大学出版社,2014.
[83] 雷蒙德·诺伊.雇员培训与开发[M].北京:中国人民大学出版社,2015.
[84] 王淑珍,王铜安.现代人力资源培训与开发[M].北京:清华大学出版社,2015.
[85] 石金涛.培训与开发[M].北京:中国人民大学出版社,2019.
[86] 杨帆.基于微信小程序的员工培训平台的设计与实现[J].科技视界,2018(15):1-3.
[87] 陈旭文,李慧,张再勇.基于微信平台的员工网络培训体系构建研究[J].数字化用户,2017(51):277.
[88] 冯晓英,王瑞雪."互联网+"时代核心目标导向的混合式学习设计模式[J].中国远程教育,2019(7):19-26.

[89] Eli B. Cohen, Malgorzata Nycz Learning objects and e-learning: all informing science perspective[J]. Interdisciplinary journal of knowledge and learning objects,2006(2): 23-34.

[90] Kelly, Rob. Using microlectures to improve your online courses [J]. online classroom,2010(3):1-5.

[91] Bonk,C.J. Online training on an online world. Bloomington[EB/OL]. Courseshare. com,2002.

[92] Bull, Suzanne. Training in the electronic environment: designing courses for your clientele[J]. APLIS, 1999(12):154-162.

[93] shendell Derek G, Apostolico Alexsandra A, Milich Lindsey J, Patti Alexa A, Kelly Sarah W. Comparing efficacy of online and in-person versions of a training on U.S. federal wage and hour, child labor laws, and hazardous occupations orders for secondary school professionals[J]. Frontiers in public health,2016(4).

[94] Katherine C. Frederick—Dyer, Austin R. Faulkner, Ted T. Chang,R. Eric Heidel, Alexander S. Pasciak. Online training on the safe use of fluoroscopy can result in a significant decrease in patient dose[J]. Academic radiology,2013,20(10).

[95] Pamela M. Drake, Regina Firpo—Triplett, Jill R. Glassman, Seow Ling Ong, Lisa Unti.A randomized-controlled trial of the effects of online training on implementation fidelity[J]. American journal of sexuality education,2015,10(4).

[96] Klaus D. Stiller, Annamaria K? ster. Learner attrition in an advanced vocational online training: the role of computer attitude, computer anxiety, and online learning experience[J]. European journal of open, distance and e-learning,2016,19(2).

[97] Bogdan N. Nicolescu, Tiberiu Macarie, Tudor Petrescu. Some considerations on the online training programs for the teachers from the romanian pre-university educational system[J]. Procedia—social and behavioral sciences,2015,180.

[98] Andrei Ogrezeanu, Cezar Scarlat, Andreea Ogrezeanu. Talking the talk and Walking the walk: designing an online admissions process in an elearning training project[J]. Balkan Region Conference on Engineering and Business Education,2015,1(1).

[99] Cheddi Kiravu, Kamen M. Yanev, Moses O. Tunde, Anna M. Jeffrey, Dirk Schoenian, Ansel Renner. Elearning hands-on: blending interactive elearning with practical engineering laboratory[J]. The international journal of information and learning technology,2016,33(5).

[100] Abdullah Alhabeeb, Jennifer Rowley. Critical success factors for e-learning in Saudi Arabian universities[J]. International journal of educational management, 2017, 31 (2).

[101] Park Y, Yu JH, Jo I H. Clustering blended learning courses by online behavior data: a case study in a Korean higher education institute [J]. The internet and higher education,2016,29:1-11.

[102] Sri Katoningsih,AT Soegito,Totok Sumaryanto F,Mr Susanto. The implementation

of mobile learning for reading literacy (Morlisa) for English teacher training in Semarang[C]. Proceedings of the International Conference on Science and Education and Technology 2018 (ISET 2018),2018.

[103] Eveline Siregar, Dedy Aswan. Development of blended learning for optimization courses in education technology master program[C]. Proceedings of the International Conference on Education Technology (ICoET 2019),2019.

[104] Fiqri Soniawan, Z. Mawardi Effendi, Darmansyah. Development of the blended learning model on web-based learning course[C]. Proceedings of the International Conference on Education Technology (ICoET 2019),2019.

[105] Carlos J. Asarta,James R. Schmidt. The effects of online and blended experience on outcomes in a blended learning environment[J]. The Internet and higher education, 2020,44.

[106] Marta Vidal García, María Francisca Blasco López, Miguel Ángel Sastre Castillo. Determinants of the acceptance of mobile learning as an element of human capital training in organisations[J]. Technological forecasting and social change,2019,149.

[107] Sung Sumi,Park Hyeoun—Ae. Development of a mobile learning system for nurses' cultural competency training[J]. Studies in health technology and informatics, 2019,264.

[108] Yunke Zhou. Design of mobile learning platform of Cadre training based on big data environment[C]. Proceedings of the 4th International Conference on Education, Management and Information Technology 2018 (ICEMIT 2018). Institute of Management Science and Industrial Engineering: (Computer Science and Electronic Technology International Society),2018:669-672.

第十章　学习型组织与能力提升

☆ 理解组织学习、学习型组织、行动学习相关概念。
☆ 理解学习型组织的特征。
☆ 掌握构建学习型组织的主要模型。
☆ 掌握行动学习培训模式流程。
☆ 掌握组织知识管理的主要途径。

开章案例

温氏集团:产学研合作学习型组织

温氏食品集团股份有限公司(简称"温氏集团")成立于1983年,是一家以养猪业、养鸡业为主导,兼营生物制药和食品加工的企业集团。2015年11月,温氏股份成功登陆深交所创业板,成功上市。目前,集团在全国设立了140多家子公司,为广东省农业龙头企业和全国农业产业化重点龙头企业之一。

产学研合作的学习型组织,是温氏股份保持市场竞争力、获得经营成功的重要手段。1992年,温氏集团前身勒竹鸡场与华南农业大学动物科学系签订了长期技术合作协议,开启了产学研相结合的发展之路(图10-1)。

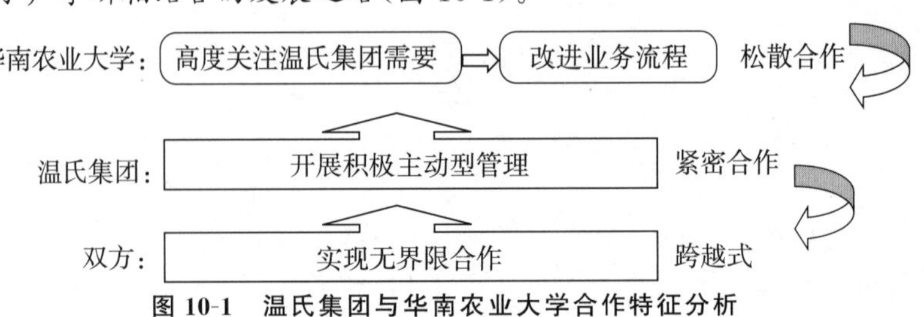

图10-1　温氏集团与华南农业大学合作特征分析

一、温氏集团产学研合作学习型组织构建方法

（一）建立相互学习的机制

温氏集团与华南农业大学在合作过程中，建立起了相互学习的机制。对企业来说，最重要的是将研发出来的科技成果进行转化，投入市场生产中，实现经济效益和社会效益统一。对于高校科研机构来说，研究成果的先进性和实用性十分重要。华南农业大学通过深入了解和分析温氏集团的需求，使科研成果能适销市场；同时，获得来自温氏集团的资金和设备等支持，双方形成利益共同体。

（二）建立人力资源流动机制

温氏集团与华南农业大学实行“双导师制”，并在华南农业大学开设了“温氏班”。双方多年来联合培养人才，员工和学者来往频繁，大大地促进了学术交流和企业的技术进步。集团内也形成了良好的学习氛围。建立人力资源流动机制，不同领域的员工相互交流，这样有利于隐性知识的显性化，既使员工接触到自身领域之外的知识，也促进了科技成果的有效转化。温氏集团已掌握畜禽育种、饲料营养、疫病防治等方面的关键核心技术，拥有多项国内外先进的育种技术，现有国家畜禽新品种 9 个，获得省部级以上科技奖励 58 项，温氏集团及下属控股公司共获得专利 364 项（其中发明专利 124 项）。

（三）建立创新激励机制

对于人才，温氏集团实行股份与职位的双激励。来自学校的一半以上研究人员在温氏集团担任副总经理以上的职位，这样既有来自技术方面的指导，也有管理经验的支持。2018 年 1 月、2019 年 12 月，温氏集团先后发布了限制性股票激励计划，授予对象涵盖公司基层、中高层干部和核心技术（业务）骨干人员。目前温氏集团已经形成了一支以 20 多名行业专家、69 名博士为带头人，614 名硕士为骨干的高素质科技人才队伍，形成了以温氏集团研究院（技术中心）为核心的五级研发体系。

二、提升产学研合作学习型组织效能

彼得·圣吉的第五项修炼指出，通过改善心智模式、自我超越、建立共同愿景、团队学习、系统思考等 5 项管理技巧实现学习型组织。从目前一般产学研的实践来看，由于产学研合作过程中，往往存在参与各方不能将彼此视为一个整体，站在各自的角度来看待问题，从而导致产学研合作效果不佳。温氏集团与华南农业大学产学研合作大大地提升产学研合作组织整体运作的“群体智力”。

（一）参与各方改变心智模式

心智模式可以理解为参与各方的思维方式，而自我超越追求的是在已有心智模式基础上，根据实际情况进行创新。温氏集团与华南农业大学同荣辱、共进退，大学那些敢闯敢拼的科研人员主动到温氏集团去发现实际问题，解决市场的实际需求问题。那么也正是有了双方心智模式的改变，才有双方的自我超越。双方都主动对自己进行了大刀阔斧的改革，双方都在实现自我超越，产学研合作蓬勃发展。

(二)参与各方建立共同愿景

共同愿景在这里体现在各方都积极参与规划未来发展蓝图。“实现千亿企业,打造百年温氏”是温氏集团一直以来的战略目标,温氏集团与华南农业大学围绕这个共同愿景,由集团主导,学校从旁协助,把愿景细化为长期目标、中期目标和短期目标。共同愿景的建立促进了新产品开发和新技术发明,培养了更多的创新型人才,并且将新技术发明及时转化成生产力,给各方都带来了丰厚的利益。

(三)参与各方进行团队合作

团队合作意味着团队中的每个成员要为了团队的整体利益而努力。温氏集团与华南农业大学为了实现合作的双赢,在联合申报项目的过程中,会根据项目性质来确定哪一方作为项目牵头人。华南农业大学更注重纵向项目的申报,这有利于学校在科研方面核心竞争力的提高,获得良好的社会地位和影响力;而温氏集团关心的是怎样获得最大的经济效益和社会效益。温氏集团与华南农业大学双方精诚合作,合作项目硕果累累,均受益匪浅。

(四)参与各方进行系统思考

系统思考是参与各方改变心智模式,实现自我超越。这不仅是参与各方之间要进行系统思考,参与方本身作为一个系统,内部组成部分也要有整体意识。温氏集团“倒贴式”的收购政策,以及农户主动提出先收购后给钱的合作方式,让温氏集团上下一心,团结一致,形成一个系统的整体。产学研合作学习型组织强调系统开放化,学习型组织本身形成一个系统,然后投入整个社会大系统中。思考问题、做出决策也将更加科学化。参与各方只有进行系统思考,将自己都纳入产学研合作这个系统中来,不仅双方之间,而且每个组织内部都站在整体的角度看问题、做实事,将推动产学研合作模式的健康发展。

资料来源:作者根据多种资料整理。

组织学习理论最早可以追溯到20世纪50年代。作为个人集合体的组织,必须以一种适当的形式和流程来保证组织学习,从而应对不断变化的环境。1990年,彼得·圣吉(Peter M. Senge)出版《第五项修炼》,标志着学习型组织理论的诞生。

在现代组织发展、组织变革和升级转型的要求下,行动学习代替传统培训学习成为有效的组织学习方式之一。组织学习和学习型组织都强调通过建立机制进行学习。从组织成员之间相互学习的内容来看,学习所产生的知识必须积累与转化,这就是组织的知识管理。1991年,野中郁次郎和竹内宏高出版了《知识创造型企业——日本企业如何建立创新动力机制》,标志着知识管理理论的诞生。

本章将介绍组织学习、学习型组织、行动学习及知识管理等相关理论与方法。

第一节 组织学习

21世纪技术更新和全球化趋势愈演愈烈,组织学习与发展已经到了变革的临界点。投机组织可能会“死”于一场金融风暴,大部分组织却“死”于学习模式僵化、学习力低下。

彼得·圣吉说:"从长远来看,你的组织唯一可持续的竞争优势,就是比对手更好、更快地学习,组织学习能力决定组织竞争力。"

一、组织学习的内涵

我们经常会碰到这样的现象:传统模式下的培训结束后一个月,大多数学员已经遗忘了80%以上的培训内容。如果没有采取任何有效的举措,将无法促进认知与行为的转变。通常情况下,组织派员工出去参加各种培训,员工回来后往往一开始心潮澎湃希望有所变化,然而组织内有强大的组织惯性,员工最自然的做法就是逐渐回到以前的状态,学习自然也就停止了。

(一)组织学习概念

组织学习概念是阿吉里斯(Achilles)和舍恩(Schein)在20世纪70年代第一次提出的。此概念提出伊始,就存在着分歧、争论——组织可以像个体的人一样学习吗?组织如何进行学习?组织学习的效果如何?能够取得大于个人学习之和的效果吗?1990年,麻省理工学院建立了组织学习研究中心,将组织学习理论与组织的实际密切结合起来,开展了创建学习型组织的实践,极大地推动了组织学习领域的发展。

组织对各种知识来源的识别、消化和运用,体现了组织的学习过程。为了使组织能够实现其战略发展目标,组织通过吸收和运用各种知识来提升组织核心竞争能力,以更好地适应内外部环境的变化。从组织战略的视角来说,组织学习最重要的使命是为组织打造未来的核心竞争能力,因为核心竞争能力是组织战略目标得以实现的关键所在。

组织是由个体的人所构成的,个体学习是组织学习的重要前提和基础。但组织不是个体的简单累计,组织学习也不是个体学习的简单累加。组织没有"大脑",但它确实有记忆和认知系统。通过这些系统,组织可以形成并保持特定的行为模式、思维准则、文化以及价值观等。

组织不只是被动地接受个体学习过程影响,也可以主动地影响其成员的学习。因此,必须把个体视为有机系统的一部分,个体学习与组织学习之间存在相互影响、相互制约的互动作用。组织学习主要是具有共同思维模式的个体行为的结果。组织学习过程比个体学习过程更为复杂。

表10-1　组织学习的定义

学者	提出视角	具体定义
Shrivastava (斯里瓦斯塔瓦)	组织认知	一种发展和构建组织知识基础的过程
Fiol和Lyles (福尔和莱尔斯)	组织认知与行为	运用新知识和想法改进组织工作效果的过程
Levitt和March (列维特和马奇)	组织认知与行为	通过对历史信息进行编码以融入组织日常工作中,从而指导组织行为
Huber(胡贝尔)	组织认知与行为	组织在信息处理的过程中潜在行为的改变
Swieringa和Wierdsma (斯维林加和维尔斯摩)	组织行为	一种组织行为的改变过程

(二)组织协同学习理论

组织学习之所以重要,是因为组织学习的协同效应对组织竞争优势的提升发挥着重要作用。在全球化的今天,只有组织内成员紧密配合,个体和团队充分协作,组织内部有机协调,通过学习型组织的建设,形成多个知识群体,并积极开展组织间学习,才能实现组织目标。

组织学习是组织作为一个整体(集体)的学习行为,分为个人学习、团队学习、组织学习和组织间学习四个层次,它们构成了组织学习的四个协同要素。充分协调这四个要素,发挥其整体协同效应,可显著提升组织学习能力和效果。个人学习处于基础地位,是组织学习的基本条件;团队学习是组织学习的主要载体;组织学习为组织间学习的开展打下坚实的基础;组织间学习反过来又促进个人学习、团队学习和组织学习(图 10-2)。

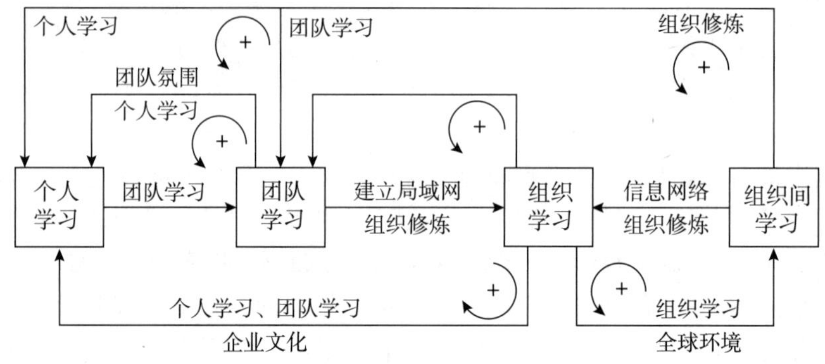

图 10-2 组织协同学习模型

按照系统动力学原理和反馈机制理论,良好的团队氛围可以促使个人积极开展心智模式改善和自我超越修炼,进而促进团队学习,形成个人学习与团队学习间的正反馈环。在个人学习和团队学习的基础上,通过组织内部建立的信息技术平台,进行以系统思考为核心的"五项修炼",形成团队学习与组织学习正反馈环,以及延展开来的个人学习－团队学习－组织学习正反馈环。而组织间则可借助信息网络或其他学习平台相互学习,组织间学习将对组织整体及内部不同层次的学习产生巨大促进作用,形成组织学习与组织间学习的正反馈环、团队学习－组织学习－组织间学习正反馈环,及个人学习－团队学习－组织学习－组织间学习的正反馈环。

如果能够很好把握组织协同学习模型中的各环节,以共创愿景、系统思考为指导,系统而全面地开展组织的协同学习,充分发挥各个正反馈环的效能,提升各层次的学习效果,将使整个组织学习产生成倍增长效应,进而增强组织的竞争能力。

(三)组织学习能力

1.组织学习能力构成要素

组织学习能力的构成要素主要有:

一是个人学习能力。组织学习能力是组织在整合个人学习能力基础上形成的学习能力，个人学习能力是组织学习能力的最基本、最具能动性的要素，组织成员的学习能力决定着组织知识转化过程的效果与效率。在知识经济时代，个人学习能力最重要的构成要素是自学能力和信息能力。

二是知识吸收能力。这一能力是组织从其内部和外部获取知识并加以存储的能力。知识吸收能力决定着组织将游离于组织知识体系外的知识内化于组织知识库中的效率，进而影响着组织融合知识的过程。

三是知识传播能力。这一能力是组织在其各部门与成员中间传播知识的能力，决定了一个组织及其成员在需要知识、信息时是否拥有获得知识、信息的途径，以及传播知识的效率，进而影响着知识的融合、外化和内化过程。

四是合作学习能力。这一能力是组织成员互教互学、群化隐性知识、融合显性知识的能力。只有通过合作学习，组织成员才有可能学习和共享隐性知识。因此，合作学习能力对知识的群化起着决定作用，对于知识的外化、融合和内化也具有重要作用。通过合作学习，组织成员可以提高学习速度、质量和学习能力，形成良好的工作伙伴关系。

2.个人学习能力与组织学习能力的关系

个人学习能力与组织学习能力存在着相互影响、相互作用的关系。个人学习能力是组织学习能力的有机组成部分，组织学习能力是所有组织成员的个人学习能力有机结合的结果，而不是简单的集合。个人学习能力是组织学习能力的基础，组织学习能力可以反作用于组织成员的个人学习能力。但组织成员的个人学习能力高不表明组织的学习能力高，而组织成员的个人学习能力低也不等于组织的学习能力低。不同个人学习能力的组合方式会形成不同的组合效应：

一是机械性组合，其结果是：组织学习能力＝个人学习能力之和；

二是不合理组合，其结果是：组织学习能力＜个人学习能力之和；

三是优化组合，其结果是：组织学习能力＞个人学习能力之和。

3.提升组织学习能力的策略

提升组织学习能力的策略主要有：

一是提升个人学习能力。组织可以通过培训、教育等方式为个人学习创造条件，组织成员可以通过自学、在实践中积累经验等方式提升自身学习能力。

二是完善学习基础与组织结构。主要通过知识管理，建立提升组织知识吸收能力和传播能力的基础设施与组织结构，如以编码化策略或人格化策略建立组织知识库、建立有形和无形的传播网络，在组织结构中设立知识管理部门等。

三是整合个人学习能力。包括通过改善心智模式挖掘隐性知识，实现个人隐性知识的外化，为知识的群化创造条件，通过合作学习活动培养合作学习能力，通过建立共同愿景激发组织成员对知识共享的奉献与投入。

联想集团:组织学习之复盘学习模式

联想集团是一家成立于中国、业务遍及180个国际市场的全球化科技公司。联想聚焦全球化发展,树立了行业领先的多元企业文化和运营模式典范,服务全球超过10亿用户。作为全球智能设备的领导厂商,联想每年为全球用户提供数以亿计的智能终端设备,包括电脑、平板、智能手机等。2018年联想电脑销售量全球第一。

一、联想集团复盘学习模式

复盘最初源于围棋术语,是指在围棋对弈结束后,对弈者通过重摆对弈过程来还原对弈情境,以期从还原过程中发现当时的对错正误,并从中吸取教训,获得成长。联想集团创始人柳传志先生在《联想的复盘方法论》中指出,联想集团相关多元化的成就源于其企业文化中对复盘学习模式的推崇。在联想集团中,复盘被赋予新的内涵,指在已经完成事件后,通过对事件的重新演练,分析当时情境中的目标、制定决策时所考虑的要素、决策执行过程、决策结果监督等来发现事件过程中的问题,通过总结与分析发现组织成员行为处事的规律,并存储为组织成长的财富。

复盘式学习模式蕴含在联想集团发展的整个过程中。在20世纪80年代公司成立初期,联想集团就提倡学习"静坐",通过"静坐"反思和沉淀成长过程;2001年,柳传志借鉴围棋中复盘的思想正式提出复盘式学习模式;2006年,在《联想文化作用机制研究报告》中,复盘已经被视为联想集团最具特色的学习机制,并逐步成为联想企业文化中方法论的关键要素;2011年,联想集团将复盘学习模式作为一种重要的组织学习方法论推广到全球范围;目前,复盘式学习已经成为联想集团所有组织成员日常学习的必备能力,并深刻地影响着公司战略的制定、执行与达成。

联想复盘学习模式主要包含回顾目标、评估结果、分析原因、总结经验四个步骤。联想复盘学习模式强调不断叠加前进,在一个时间点的复盘学习会成为另外一个时间点事件的借鉴和指导,通过对复盘结果的不断累积和沉淀,最终形成类似知识库的智慧结晶(图10-3)。

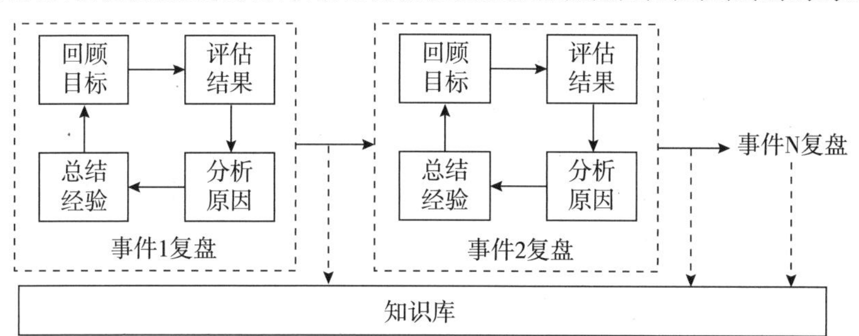

图 10-3 联想组织学习之复盘学习模式

第一步回顾目标，是指在事件完成以后不论成败，回想当初事件的目的或者所期望达到的结果是什么；第二步评估结果，在既有的目标设定基础上，对事件完成的结果进行评估与分析，观察其与最初目标的差别；第三步分析原因，对比出现差异的情况后，对所出现的差异进行分析，并寻找产生差异的主要原因；第四步是总结经验，通过复盘和分析，分析该事件过程中的正误得失，尝试总结出具有规律性的内容，并思考下一步的做法。通过对某一事件的复盘得出一系列规律性的内容，纳入集团知识库，并逐步构建一整套公司层面的学习经验，为将来做指导和借鉴。

二、联想集团复盘学习模式的应用：基于多元化战略的制定与执行

柳传志曾以联想集团相关多元化战略的制定和执行为例，展示复盘式学习模式如何帮助联想从失败中寻求经验教训，并最终形成在信息产业领域内多元化的典范模式。2000 年，联想集团个人电脑业务风生水起，在反复论证的基础上，联想集团迈出多元化的第一步——从个人电脑及其相关产品销售向数码相机、打印机等软件系统集成方向展开多元化的拓展。2003 年，此次相关多元化战略被认定为失败。

失败后，联想集团对多元化这一战略制定、执行过程进行复盘。(1)回顾目标。2000 年，该战略制定时的目标是将联想集团打造成为一个具备相关多元化、在多个相关领域中有重大突破的集团型企业。(2)评估结果。到 2003 年底，联想集团并未在相关多元化业务中取得重大突破，与当初设定的目标存在较大差距。(3)分析原因。通过讨论与分析，联想集团高层得出一个重要原因，就是制定当时相关多元化战略的总经理杨元庆囿于经历和资源，不能在其他相关业务中展开突破，与此同时，其自我决策、他人执行的管理风格也成为影响战略正当性的重要因素。(4)总结经验。通过分析，联想高层发现了相关多元化战略制定时的不足，并得出通过投资控股形式展开多元化经营。联想集团通过投资控股模式先后收购了 IBM 的个人电脑业务、联想移动、德国 Medion 公司等，成立了个人电脑业务集团、移动业务集团、企业级业务集团与云服务业务集团，最终成为信息产业价值链领域中多元化经营的典范。

资料来源：徐宁．互联网时代下组织学习机制构建——以联想复盘式学习模式为案例[J]．中国人力资源开发，2016(24)：58-62．

二、组织学习特征

(一)组织学习的基本特征

1.开放性

开放性是指鼓励、接受来自组织内外不同的新观点和新思维。组织学习的开放性体现在两个方面:

一方面,组织学习的层次意味着组织不仅要通过内部学习,更要通过外部学习来吸收新知识和新思维,特别是吸收来自国际社会网络成员所拥有的新知识。这就要求组织学习具有开放性,让这些新知识能够被迅速接受、扩散,并避免受到自我参照准则的影响。

另一方面,组织学习的开放性还体现在与环境的积极互动,以适应环境。国际市场上的消费者需求、技术水平、价格波动、文化和竞争程度等环境因素都对企业的成长产生影响,这就需要企业及时掌握市场环境的变化情况。

2.系统性

组织学习的过程是其自身的系统功能和动力作用的结果。组织学习是组织成员心智模式和共同愿景的共享、价值观融合、知识分享的过程。只有成员间拥有相似的价值观才能将大家凝聚起来,共同行动。共同愿景为组织学习提供了方向,使组织学习变得有意义。

3.互动性

从社会构建过程的角度来看,组织学习是通过组织成员借助语言或者非语言(合作、竞争)方式的交流,对组织现实状况达成共识后产生的。组织学习的过程是成员间互动的过程,是"非常规"实践的尝试或新的行为规范被采纳的过程,通过相互交流,将知识在组织内传播。

(二)互联网时代下组织学习的三个新特征

1.学习柔性化

组织的战略柔性强调对资源利用的灵活性和对流程的重新配置,这反映了组织在动态的市场环境中获得竞争优势的一种动态能力。而其中,学习的柔性化增加了组织知识的获取和应用,可以有效地支持组织结构、工作流程和业务能力的变革。组织技术知识的积累可以进一步提升组织产品创新中评估和使用新技术的能力。组织可以快速识别新技术的发展趋势,参与新的设计实验,进行超越目前技术边界的产品创新。组织学习柔性创造了一个能更好吸收和使用新信息的环境,从而增加了其发展探索性创新的吸收能力。其次,因为学习柔性关注如何快速地将资源投入行动中以应对变化环境,从而提高组织放弃现有的投资以换取未来发展的意愿。这种柔性学习机制能促使组织在邻近知识领域以外进行搜索,进行更广泛的、超越现有技术和组织边界的探索性活动。因此,柔性学习化使学习能力和探索性创新之间的积极关系变得更强。

2.学习多样化

这种多样化既体现在形式的多样化上,又体现在学习对象的多样化上。平台间的沟通、信息共享、合作关系等形成的网络组织,有效地包含了供应商、顾客甚至同行的竞争对手等多样化对象。同时,结合各种开放式的信息源可以使组织获得各方面的信息和知识,通过内部的吸收与应用,提高组织学习的能力。通过跨组织的良性沟通能够有效降低获取知识的成本，提高知识可获性的概率。良性沟通使各个主体获得有效的信息和知识并形成信息储备。智能互联网技术极大地拓展了组织的知识边界，通过信息共享可以有效地强化知识应用程度，快速地进行知识应用，服务组织创新工作。平台间形成的合作关系和网络可以拓展组织合作的广度和宽度，并能加快提升组织学习的质量。

3.学习持续性

在智能网络化进程中，组织学习贯穿组织的整个生命周期。组织作为知识源和知识桥梁，不仅扮演着知识生产者的角色，同时还为自身提供基于知识学习的产品和服务。通过信息技术工具的利用和开发，有效地实现全方位、全场景式的组织学习。

（三）传统时代与互联网时代下组织学习对比分析

在智能网络化新结构中，外部市场成为推动组织学习的重要动力。互联网可以深刻重塑组织学习对内外部资源整合的过程。智能网络化有利于推动组织从所在市场学习，不仅包含技术创新的知识，还包含改变商业运作和组织的知识。许多公司重视外部性的用户需求、新应用的展示、有形的市场经验、供应商对于新市场行情的反应，通过这些方面的知识积累，利用互联网技术进行组织学习，实现创新成果的产出。

互联网时代与传统时代的组织学习在学习思维、学习主体、学习内容、学习过程与学习应用等方面都具有显著不同（见表 10-2）。互联网时代下组织学习所呈现的新形态更有利于组织的创新工作。

表 10-2　传统时代与互联网时代下的组织学习

项目	传统时代的组织学习	互联网时代下组织学习
学习思维	注重经验主义，通过专家服务和原有知识库进行需求匹配	强调数据驱动，通过广泛搜寻与知识需求有强相关性的信息进行精准匹配
学习主体	信息需求方与供给方、传统媒介、文献资料等小范围交流与信息交换	在常规学习主体的基础上，通过社交网络、虚拟社区、搜索引擎等平台实现学习主体的范围扩展
学习内容	以解决组织现有问题、满足组织经营需求为目的，主要学习相近领域的知识，对隐性知识很难有效学习	围绕以核心组织、网络相关组织和客户三个方面形成学习网络的标准，涉及深度学习、神经网络等新学习领域
学习过程	通过传统方式对内外部知识进行搜寻、获取、整理，形成组织单个信息流体系，缺少系统数据技术支持	利用大数据分析、机器学习等建立数字化、移动式学习，实现智能化的学习过程，提升学习体验
学习应用	利用组织的社会资本进行知识传播、获取、分享，解决组织急需处理的问题，并为组织下一步的战略规划、创新进程等提供应用支持	实现个性化、自动化学习应用方式，极大提高知识的应用程度，实现知识的多元化、多维度的应用

三、组织学习的分类

马奇（March）将组织学习的模式归纳为探索式学习和利用式学习两大类。探索式学习是指为组织寻找新业务、开发新技术和培养新能力；而利用式学习是指组织改善现有的技术、流程和提高现有能力。两者的区别见表10-3。

表10-3 探索式学习与利用式学习的区别

项目	探索式学习	利用式学习
概念	组织对将要被认识的知识和事物进行搜索和追求、开展前瞻性的研发项目,探索新技术或与组织最初技术基础具有很大差异的技术发展路径	组织将已经具有或掌握的知识和技术进行使用和开发,实施产品开发项目或为现有技术搜索新的应用空间或市场
应用领域	组织在具备知识基础的领域内,比较适合利用探索式学习进行创新	在全新领域、无知识储备的领域内,应采用利用式学习方式实现创新目标
组织知识	十分关注与新知识相关的活动和实践	通过组织中原有的知识和经验进行学习
战略管理应用	应根据组织具体情况采用利用式学习与探索式学习,以更好地促进组织创新战略的实现	
	在动态环境下,通过探索式学习可以快速建立新技术范式,建立竞争优势	利用式学习则能持续改进组织运行的效率,降低运行成本,以应对当前市场挑战

综上所述,探索式学习和利用式学习对于组织运营会产生不同影响。探索式学习能够帮助组织搜寻新机会,寻找新的业务,开发新的技术和能力,促进组织的根本性创新;而利用式学习与机械型组织结构、路径依赖、惯例常规等相关,强调利用组织的现有技术来巩固和稳定现有市场,在不改变组织业务本质的前提下提高现有知识和能力。利用式学习可以给组织带来短期的利益和竞争优势,但从长远看,它也会限制组织对新知识和技能的探索,减弱根本性的创新。

四、组织学习的影响因素

组织学习的影响因素主要包括组织外部因素和组织内部因素两大类,具体来说组织外部因素包括环境因素和社会网络因素,组织内部因素包括组织特征因素和组织文化因素。

(一)环境因素

环境对组织学习具有直接的影响,组织学习就是通过不断调整组织的行为以适应环境的不确定变化。组织通常借助于决策规则进行决策,一旦环境发生变化,决策规则也会相应的随之变化,而这些决策规则就是组织进行学习需要积累的基础。环境的动态变化对组织学习有着明显的影响,环境变化的程度越大,对组织学习的影响越明显。市场需求的变化、社会价值观念的改变、科学技术的飞速发展等对组织学习都有直接和明显影响。环境变化一方面体现在市场波动,即消费者组成和消费者偏好的改变;一方面体现在竞争的程度,即市场竞争的激烈程度;另一方面体现在技术的波动,即技术更新的速度。

(二)社会网络

社会网络对组织学习同样具有促进作用。建立社会网络关系有利于组织获取知识,例如与其他企业、高校、研究机构合作能够帮助组织获取知识。

社会网络是促进组织学习的良好途径,有利于组织从外界获得关键知识资源,使得组织能够以较低的成本、较快的速度获得知识资源，尤其有利于获得那些不完全流动、不可模仿和不可替代的知识资源。社会网络能够增强组织的学习能力，因为社会网络可以为组织提供大量的信息，供组织选择，进而促进组织学习。

（三）组织特征因素

组织特征因素也影响着组织学习，例如高管团队、组织结构、组织文化等都对组织学习具有影响。只有高管团队与组织成员对组织目标共同认可时，组织学习才可以顺利开展。组织的高管团队具有较高的同质性，通常能够提升组织学习的速度。相反，那些人员流动性大、异质性较高的组织则通常会抑制组织学习的速度。如果组织结构有利于集体讨论、促进内部信息的交流，一般来说这样的组织结构能够促进组织学习。非集权的组织结构更容易进行组织学习，而高度集权的组织则通常循规蹈矩，容易降低组织学习发生的概率。

（四）组织文化因素

组织氛围、组织文化等都对组织学习具有显著的影响，例如组织的共同愿景、知识运用的条件、容忍错误的组织氛围、高绩效指标、开放的氛围、支持培训的政策和措施、支持学习的环境等都影响组织学习。

战略联盟的组织学习与组织成长

常州市运控电子股份有限公司（简称“运控”）成立于1999年，2015年5月7日在全国中小企业股份转让系统隆重挂牌。该公司专业生产步进电机、无刷电机、伺服电机及驱动控制器等，在精密控制技术上更是取得了卓越成效。不仅在国内占据了巨大市场，还远销美国、德国、瑞典、韩国、以色列等国家，在国内同行电机生产企业中始终处于领先地位，对整个电机产业都具有重要的引领和示范效应。

其战略联盟企业日本伺服机电有限公司（简称“伺服”）成立于20世纪70年代，是世界上著名的电气制造商，凭借其先进的研发技术与经验，在电动机、驱动及自动化设备技术的推进创造方面处于世界领先地位。

运控在联盟中的实践较为成功，且一直十分重视与伺服开展组织学习，培育和增强学习能力，采用多样化的形式作为其发展成长的重要动力保障，并有明显的阶段性特征。运控与伺服结成联盟后深刻认识到学习的重要性，特成立学习小组与伺服接洽，双方就互相优势展开学习研讨，并结合自身实际运用到生产管理中。具体如下：

一、学习库存管理,运控库存有效流转

松下幸之助曾说过"库存是万恶之源"。运控一直致力于整理、流转呆滞库存,但仍不理想。通过学习伺服的库存管理,运控总结了自身呆滞库存产生的原因来自技术控制、客户管理、采购及仓库管理、生产计划以及过程质量的控制不到位,并研讨得出相应对策。首先,清理呆滞物料,规范物料标识,做到账卡相符,缩短物料查找时间提高检索效率。同时,建立技术规范标准、整顿规范物料、禁止随意增加物料品种,彻底处理变更的物料,避免呆滞物料的产生。然后,制定并固化各部门执行流程及部门间流转流程,统一规范,避免流程的不畅引起信息不准确、流程堵塞,从而减少物料的呆滞。最终,加强部门间沟通,通过自我学习和培训提高各岗位成员的技能,以开放尊重的心态逐步提高团队素养。经过努力,运控对呆滞库存的管理得到了极大改善,库存资金在半年中大幅下降,库存周转率显著提高。运控的采购计划与生产计划逐步匹配,仓库账卡管理逐步完善,QCD(quality, cost, delivery)逐步提高,减轻了自身负担也为客户更好地提供服务,为公司市场竞争力奠定了强有力的基础。

二、学习看板管理,提高运控生产高效

在运控与伺服共同举行的学习小组交流会上,双方组织研讨了丰田公司案例。学习小组深入了解了丰田公司代表性成果之一的看板管理。通过学习得知:通过控制现场生产流程实现准时生产 JIT(just in time)的学习,对实例进行研究并结合实际情况提出了相应的操作方案,即确定主生产计划后立即将生产指令下达运控各生产车间,紧接着每个生产车间向前面各道工序下达指令,终末到达仓库管理部门采购部门,与之前不同的是改进后的指令传达均通过看板实现。经过一段时间的实行,降低了成本,也解决了之前过量运送和生产的难题。通过看板巧妙连接的各道工序覆盖了所有环节,缩短了信息流程,使生产系统更为高效。

三、学习 6S 管理,运控管理有序推进

6S 即整理、整顿、清扫、清洁、素养、安全,兴起于日本企业的 6S 管理也是伺服公司的强项。在联盟合作中运控深受启发,因此运控管理层也制定出了一个最佳标准并规范化推广,从而降低运作成本,提升团队力量。6S 管理的实行在运控成效显著:物品的有序堆放,减少了作业搬运和空间浪费,使成本降低、效率提高;保持通道畅通,减少了生产及非生产事故;认真严谨工作习惯的养成,提高了产品质量,正确的使用与保养方法,使设备寿命延长;规范化的生产制度,利于及时调整,确保准时交付产品,企业形象得到提升,整体自信心也大大增强。

四、学习 TPM,运控研培有效开展

通过与伺服学习研讨,运控认识到 TPM(全员生产维护)是以追求生产系统效率的极限为目标,从而实现设备综合管理效率、公司上下齐心参与的一项改善活动。具体

措施有：大力推进 TPM 管理显示板，对整个体系运行实施动态管理，让所有员工及时知晓各项任务要求和管理目标，并在每周例会上征求意见，及时调整推进方案，为已达标机台颁发验收证书终身管理。这一过程中运控坚信“以人为本”，培训引导两不误，完善员工培训机制并统一时间面向全员开展技能培训，提高员工自主维修能力和综合素养。通过组织理论学习、播放录像片、研讨座谈会、现场指导、优秀学员表彰等形式，在全公司开展员工培训。

五、学习流程再造，运控绩效显著提高

运控顺应时代将流程再造思想融入自身发展中来。流程再造是指从源头上对流程进行再设计，重新审视流程中的各个要素，对生产成本等指标进行改善。因此运控着重对流程进行改革，将电动机生产的研发流程和成果作为评判依据，同时革新管理模式、程序和衡量标准，以每个生产小组为基点，以每次生产研发结果为导向，重视每次绩效衡量，并认真分析绩效、评估产生变化的原因，从而逐步提高绩效水平。

运控与伺服通过联盟形式的组织学习，还从生产技术协作、管理思想交流、文化培训互动、以及国际市场拓展方面进行交流，双方均获得长足成长。

运控经验告诉我们：企业要在激烈的竞争环境中取得一席之地就要培育核心竞争力。竞争力的培育有两种，一种从内部现有知识开发新能力，另一种从组织外部习得。一般企业学习外部知识往往只能习得表面无法触及根本，但隐性知识才是重中之重。每个企业自身知识基础又与组织不可分割，可以通过联盟实施组织学习，快速获得核心竞争力。运控和伺服双方员工因联盟的形成而互相结识、交流、学习，联盟提供了这一组织学习的平台：运控向伺服学习电动机驱动设备研发，同时伺服向运控学习其精密控制技术，通过隐形知识的扩展学习，共同促进彼此的市场竞争力。

资料来源：蒋淑慧. 战略联盟的组织学习与企业成长——运控公司与伺服公司联盟案例研究[J]. 中国市场，2019，998(07)：82-84.

第二节　学习型组织

彼得·圣吉在《第五项修炼》中提出应变的根本之道是学习，这是竞争求生存的基本法则。同时，他也提出了创建学习型组织的五项修炼方法，分别是自我超越、改善心智模式、建立共同愿景、团队学习和系统思考。

一、学习型组织的定义

（一）学习型组织的定义

彼得·圣吉认为，学习型组织是一个不断创新和进步的组织，是指员工共同学习，不断突破自己的能力上限，形成全新、前瞻而开阔的思考方式，努力实现共同抱负的一种创新进步的组织。威廉·金（William King）认为，学习型组织是一个注重自身信息和能力开发与应用的组织，为了创造更高价值的信息与知识，改变行为方式。加尔文（Calvin）认

为,学习型组织是通过创造、获取和传递知识,以新知识、新见解为指导,不断完善自身行为的一种组织。沃特金斯(Watkins)和马席克(Marsick)认为,学习型组织是由个人、团体、组织或组织相互作用形成的共同体,把学习共享系统组合起来,战略性地与工作相结合的组织。

张声雄(2017)认为,学习型组织是指全体成员能投入并创造持续增长的学习力,能让全体成员实现生命价值并创造自我和扩展创造未来能量的组织。吴清山认为,学习型组织是指通过系统性思考,通过各种不同的实验和问题的解决来强化个人知识和经验继而改变整个组织行为的组织。

综上所述,学习型组织是一个的学习系统,以共同学习、持续学习、合作学习为核心目标,强调理论运用于实践,将系统学习的知识技能运用于工作中,以便充分开发组织成员的发展潜力,同时提高组织的工作绩效和核心竞争力,最终发展成为能快速适应外部环境变化、自我革新的、持续发展型组织。

(二)组织学习与学习型组织关系

组织学习是一种组织行为,学习型组织是一种组织形态。两者有着不同的研究对象与内容,但两者目的都是使组织在复杂多变的环境里保持旺盛的生命力。

任何组织都或多或少的存在着组织学习的现象,但并不是每个组织都能成为学习型组织,只有当组织学习成为一种组织中的普遍现象,并围绕着建立学习型组织的目标展开时,才能形成学习型组织。因此,组织学习是学习型组织形成的活动过程,组织学习服务于学习型组织,是实现学习型组织的关键。二者的关系,归纳起来有以下四点:

第一,学习型组织是一个复杂系统,包括文化、结构、组织、学习等多个子系统,组织学习是该系统的重要组成部分。

第二,组织学习是动态的组织行为,而学习型组织是静态的组织状态。

第三,组织学习是创建学习型组织的必要手段和途径,学习型组织是通过组织学习来改善组织绩效的一种新型组织。

第四,组织学习是一种自发行为,而创建学习型组织是有意识的行为。

总之,要想成为学习型组织就必须把学习作为组织化的一种行为,通过组织学习来成为学习型组织。

二、学习型组织的特征

组织要想长期可持续发展,势必要构建自己的核心竞争力。组织构建一个学习型组织,学习不是目的,而是手段,最终目的是提升组织的凝聚力、竞争力和创新能力,从而保证组织长期稳定健康地发展。

(一)学习型组织的特征

由于观察问题的角度不同,国内外学者对学习型组织的特征同样存在着很多不同的看法(表 10-4)。

表 10-4　国内外学者的不同看法

学者及特征思路	组织特征描述
罗宾斯(Stephen P. Robbins)的"五个方面"	(1)全员共同赞同的愿景; (2)在解决问题和从事工作时,摒弃旧的心智模式和常规程序; (3)作为相互关联系统的一部分,成员对组织过程、活动、功能和与环境的相互作用进行思考; (4)坦率地沟通(跨越纵向和水平界限,不必担心受到批评或惩罚); (5)摒弃个人利益和部门利益,为实现组织的共同愿景在一起工作。
沃特金斯(Watkins)和马席克(Marsick)的"7C"	(1)持续不断的学习; (2)亲密合作的关系; (3)彼此联系的网络; (4)集体共享的观念; (5)创新发展的精神; (6)系统存取的方法; (7)建立能力的目的。
周德孚等的"八大特征"	(1)组织成员拥有一个共同愿景; (2)组织由若干创造性团体组成; (3)善于不断学习; (4)地方为主的扁平式结构; (5)自主管理; (6)组织的边界将被重新界定; (7)员工家庭与事业的平衡; (8)领导者的新角色。

钱平凡博士(2018)综合学习型组织的内涵,对学习型组织与非学习型组织进行了比较(表 10-5)。

表 10-5　学习型组织与非学习型组织比较

项目	学习型组织	非学习型组织
优先目标	以共同愿景为驱动力,不断提升学习能力,以提升竞争能力,保持竞争优势,求得长期生存与发展	以战略规划为指导,谋求效益或利润最大化
成功标准	可持续发展,重视基于学习能力的应变能力、学习速度和学习质量	最高的投资回报率或利润最大化
管理导向	管理者的新职责是创造良好的学习环境,激励员工提升学习能力;强调正确地做事	管理者发布命令,下级执行;强调做正确的事
工作观念	工作是自我实现的途径	工作是获得经济收入的工具
组织结构	扁平化,信息传播速度快	层级式,信息传播速度慢
组织文化	鼓励学习,开放,宽容	鼓励工作,封闭

续表

项目	学习型组织	非学习型组织
学习与工作的关系	工作与学习一体化,强调终身学习、全员学习、全程学习、合作学习	工作与学习相分离
员工与组织的关系	盟约关系	契约关系

(二)学习型组织的形态特征

学习型组织的形态特征,是指组织结构整体上对学习型组织的产生有积极影响的形态特征。学习型组织的形态具有以下四个特征:

1.网络化、团队化趋势

不同部门间的信息交流存在一定的结构性不对称,学习型组织强调建立不同部门间的高效通畅的多渠道信息交流网络及沟通平台。在多元沟通渠道与平台下,组织成员可以充分表达想法,实现共享知识、共同决策的目标。同时,将组织各部门以团队形式运作,成为学习型组织中的基本学习单位,在原有组织结构上,形成上下各层次、横向跨部门的联动网络机制,让信息、知识、技能和经验能够在组织各基本学习单位中顺畅流动与分享。不仅如此,还可以推动个人与组织,部门与组织充分建立联系网络。

2.结构组织趋于扁平化

学习型组织多采用扁平化组织结构,保证上下层级的信息高效的传递,使知识和经验能够快速分享,下级意见能够辅佐上级决策。组织结构的扁平化有助于提高组织发明、选择、执行、推广、反馈、发现的能力。

3.市场与客户需求导向性

学习型组织在考虑不同导向的部门位置时,通常将客户部门放在最前方的位置,而事业部门和职能部门分列第二位置与第三位置。将客户部门置于最前方,是因为其工作性质大多直接与市场和客户接触,对客户需求与行业趋势有着最直接的判断。获取了客户需求和行业需求之后,能够迅速与后方的事业部门和职能部门进行沟通交流。通过整合组织中不同部门的优势力量,为服务对象提供更完善的服务和一站式的解决方案。

4.具有弹性和可重构性

通过模块化的组织结构建立,在需要进行组织重组或调整的时候,可以迅速完成新组织的建立以适应复杂的环境。该形态特征可提高组织的执行能力。

三、学习型组织的构建

学习型组织的构建需要整个组织上下一心,密切结合组织需要,运用多种信息工具和技术,采用强力的、循序渐进的改变方法和技巧,从而达到最终目标。

(一)学习型组织构建的目标设计

学习型组织的最终目标是督促员工在完成工作任务的前提下,提升业务能力,实现员工与组织共同发展。组织构建学习型组织要遵循组织战略目标和组织文化,积极融入组织业务和日常工作中去,设置有效的激励机制,使组织发展目标与个人发展目标相一致(图 10-4)。

学习型组织的构建对组织发展有着良好的推动作用。首先，在组织整体层面上，它是为组织最终实现发展战略目标服务的，科学的学习型组织构建能够实现组织人才的不断成长，人尽其才；其次，在组织管理层面上，学习型组织能够有效地辅助决策层制定组织发展目标，并进行有效的规划；最后，在生产运营层面上，学习型组织能够让组织目标更好的执行和实施。

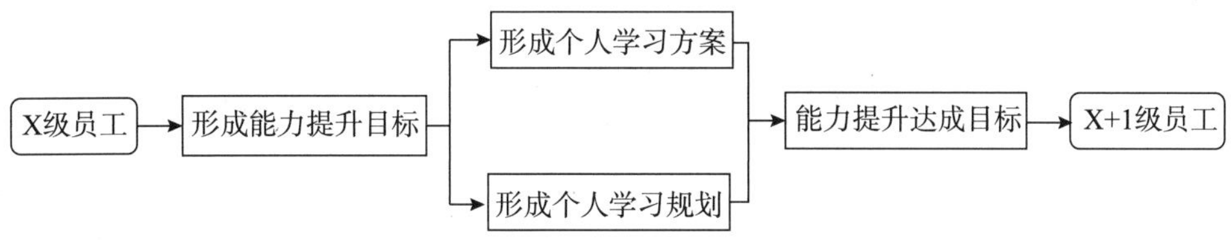

图 10-4 学习型组织构建的目标设计

（二）构建学习型组织模型

1.彼得·圣吉的五项修炼模型

彼得·圣吉提出的五项修炼分别侧重的点是不同的，但是相互影响和依存的。“五项修炼”是一个有机的整体（图 10-5）。

个人的自我超越是整个学习型组织的基础，通过建立个人愿景、保持创造性张力（个人愿景与现实之间的差距造成的紧张感）、看清结构性冲突、诚实地面对真相和运用潜意识，实现自我超越。

心智模式不仅是个体和组织对周围世界如何运作的认知，而且影响人们如何采取行动。它深受定式思维局限，是影响对各种事件的认知和自身行为方式。改善心智模式的结果是使组织形成一个不断被检视、能反映客观现实的集体的心智模式。

共同愿景是指组织成员与组织拥有共同的目标，建立共同愿景可以为组织学习提供推动力，产生创造性学习。团队学习是建立学习型组织的关键，开展团队学习可以达到整个组织学习的目的，促进知识共享、传播、创新和利用。

系统思考是一种分析综合系统内外反馈信息、非线性特征和时滞影响的整体动态思考方法。它可以帮助组织以整体的、动态的而不是局部的、静止的观点看问题，为创建学习型组织提供了指导思想、原则和技巧。

系统思考将前四项修炼融合为一个理论与实践的统一体，因而也是建立学习型组织的核心修炼。

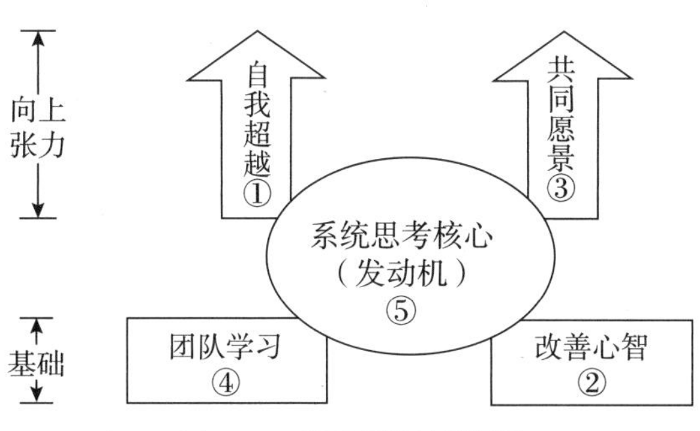

图 10-5 “五项修炼”模型

2.保罗·沃尔纳的五阶段模型

基于终身学习的观点,保罗·沃尔纳(Paul Warner)发现员工在组织中的学习通常会经历无意识的学习阶段、有消费性的学习阶段、有意识的学习阶段、系统化的学习阶段和完全融合的学习阶段等五个阶段。根据学习型组织所处的阶段不同,对组织的影响也就不同(表10-6)。

表10-6 不同阶段学习型组织对组织的影响

阶段	重点	时间跨度	处理冲突能力	适应环境能力
第五阶段	团队 ↑ 个人	长期 ↑ 短期	强 ↑ 弱	强 ↑ 弱
第四阶段				
第三阶段				
第二阶段				
第一阶段				

创立型组织的学习属于第一阶段的学习,是"无意识学习"。在这一阶段,组织面临募集资金、引进技术、购买设备等问题,一般来说,很难充分考虑到如何安排成员从事学习。组织成员基本上处于无意识学习状态,表现为一种自发的、不正规的学习活动。

发展型组织的学习属于第二阶段的学习,是"消费性学习"。随着自身发展和竞争加剧,组织从长远发展考虑需要把成员的学习纳入组织发展规划,拨出专款邀请专家开办讲座,派员工外出培训等等。这一阶段的学习主要是组织出资选送部分员工到组织外进修。

成熟型组织的学习属于第三阶段的学习,属于"学习引入阶段"。成熟型组织需要发展独特的核心能力,形成市场竞争优势。此时组织需要配合发展战略,开发一些核心课程提升成员能力。这种学习不能从外部获得,只能自觉主动地将学习引入组织内部。同时,规模经济也使组织的培训与开发有可能面向更多的员工。

适应型组织的学习属于第四阶段的学习,是一种"被组织纳入日常工作的学习"。如果说第三阶段的学习是被工作推动的学习,第四阶段的学习则是一种"推动工作的学习"。这一阶段,组织的课程设计进一步趋于成熟,并有相应的衡量成员技能提升的指标。组织学习已开始进入高级阶段,它与组织发展战略与经营目标紧密地结合起来。然而,在这一阶段,学习仍然是培训部门的职责,而未能成为各部门主管的职责,这就使组织的学习能力受到一定的限制。

当组织中的学习与工作达到完全融合时,学习型组织才会逐步形成。这就是第五阶段的学习。具体表现为:学习的责任已成为部门主管、工作团队、员工个人和人力资源开发部门的共同职责;工作与学习已不可分割地联系在一起;建立了组织绩效反馈机制;工作团队以自治为主,团队成员之间能互相学习,协同并进,不断地改进工作系统。在这种管理方式下,主管的作用不再是控制和解决问题,而是鼓励和促使成员自己解决问题。

3.迈克尔·马奎特的学习型组织系统模型

美国乔治华盛顿大学教授迈克尔·马奎特(Michael J. Marquardt)认为,学习型组织应具有学习子系统、组织子系统、人员子系统、知识子系统和技术子系统(图10-6)。其中,学习子系统是核心。但这五个子系统相互联系,相辅相成,缺失任何一个子系统,整个学习型组织的效率就会降低。

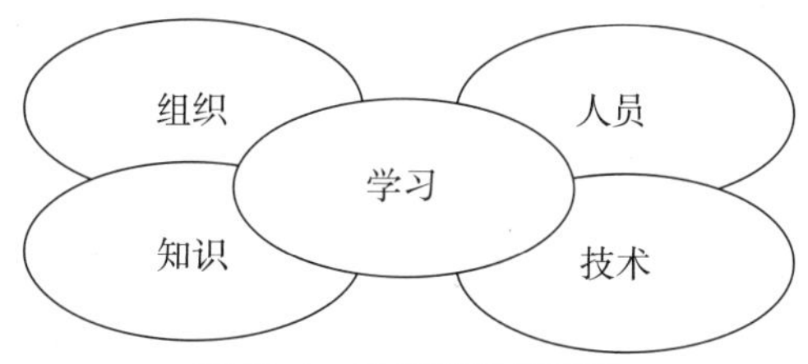

图 10-6　学习型组织模型

学习子系统包括学习层次、学习形态和组织学习技巧三个方面。学习层次有个人学习、团队学习和组织学习。学习形态有单环学习、双环学习、反思性学习、创造性学习等。

组织子系统由文化、愿景、策略和结构四个方面组成。文化指组织价值、信仰及机制。愿景指组织的目标和努力的方向。策略是达到组织愿景的行动方案、方法、程序等。学习型组织的结构应是扁平化的、界限模糊的结构，利于扩大组织内及组织间的合作。

人员子系统指组织中学习的三个载体：个人、团队和组织。这三个层次上的学习都依赖于组织成员的经验和努力。无论是合作学习或是向他人学习及从自己的经验中学习，都离不开个体的参与。

知识子系统指组织的知识管理系统。组织学习是一个螺旋上升的过程，同个人学习一样，组织每一次的学习也是建立在以前学习的基础上，没有以前的知识积累，组织学习是无法进行的。

技术子系统指组织的信息技术系统。信息技术可以组织知识进行管理，可以增强组织的学习能力。

4.陈国权的 6P-1B 模型

清华大学陈国权教授(2006)提出组织学习的过程模型，由发现、发明、选择、执行、推广和反馈等六个阶段(6P：6 Processes)及一个知识库(1B：1 Knowledge Base)组成，简称为“6P-1B”模型(表 10-7)。

表 10-7　6P-1B 模型

过程	“6P－1B”详细描述
发现	组织一般不能自动认识到外部环境中的真实变化，需要建立必要的流程、系统来监测各种变化，尤其是发现各种对组织发展重要的预警或微弱的信号。只有通过有意识、系统和持续的监测及分析活动，组织才能保持对内外环境变化的敏感性，从中认清各种挑战和机会。
发明	发现变化后，组织需要产生新的行为去适应变化方能生存。这意味着组织必须具备自身的核心能力和建立相应系统，以不断开发新的产品、服务，提出新的管理方法和竞争策略，持续改善组织的结构和流程及开发新市场等。
选择	除了针对环境变化提出新的做法外，组织还必须建立选拔机制，使它能从各种创新方案中选出最好的为组织所用。通过选择，组织才可能让最优秀的方法在组织中实施，使下一次创新建立在更高的起点上。
执行	能否将一个好的方法或主意真正有决心、有计划、有系统、可操作性、有始有终地付诸实施，这是好公司与不好公司的真正差别所在。组织必须建立一定的方法、流程、系统，及具备一定的能力，使它能推进真正好的方法和措施。

续表

过程	"6P—1B"详细描述
推广	真正的组织学习来自分享和推广。个人学习要扩展到团队学习,团队学习要扩展到组织学习,甚至还要穿越组织的边界扩展到其他相关组织。只有分享和推广,才能使好的经验和做法传播到更广的领域。
反馈	组织还需要对其结果进行评价,用以调整和改进组织的运作方法、目标,甚至学习过程和方法本身,使学习不断改进和深入。反馈可使组织不断发现新的问题,从而进一步学习。没有反馈的学习是盲目的。
知识库	上述六个过程中都有知识的产生,组织需要建立必要的流程、方法和手段来积累和存储各个阶段产生的知识到知识库中,才能使学习成为一个不断上升的过程。同时组织也要利用知识库中的知识作用于每一个阶段。

该模型认为,组织学习从发现变化和问题开始,进而发明解决的办法,对各种方法加以选择,执行新方法,并在更广的范围上推广,最后通过对全过程结果的反馈做进一步调整和改进。这六个阶段产生的知识以及外部环境的知识要流入组织知识库,组织知识库中的知识又会对每个阶段产生影响,并输出到外部环境(图 10-7)。

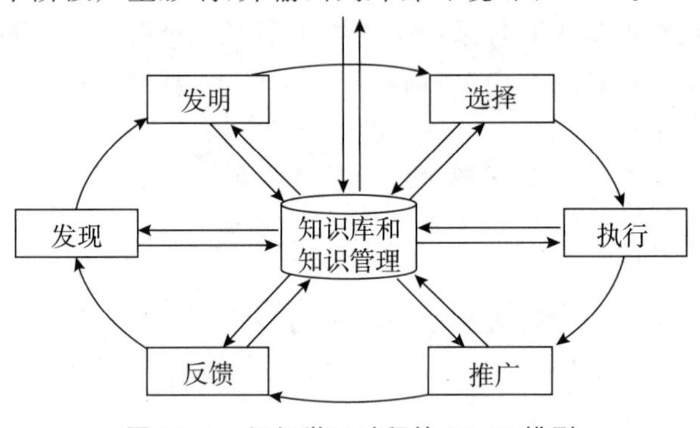

图 10-7　组织学习过程的 6P-1B 模型

EB 广告公司:学习型组织建设

EB 广告公司于 1998 年成立,是全国糖酒商品贸易会的服务商之一。经过多年发展向"互联网+广告"转型,并介入街区营销业务和咨询业务。公司旗下现有四大业务板块,分别为会展业务、媒介资源整合平台(EB 网)、街区营销业务(移动端 APP)以及媒体投放数据库业务。现有员工 100 余人,近 5 年营业额年均达到近亿元。

作为西南地区传媒行业的深耕者,二十多年来,EB 广告公司经历了从媒介附庸代理到独立中介、从独立中介到广告代理、再从广告代理到整合营销传播代理三个发展阶段。而整合营销传播代理阶段,也正是公司发展的瓶颈期。行业市场化的不断提高,竞争越发激烈。公司内部又逐渐暴露出诸多问题,如老员工缺乏活力、新员工离职率居高不下、没有完善的培训体系、更没有对知识的管理……

原有的管理模式已经无法适应复杂局面，建立“以人为本”的学习型企业文化，打造学习型企业组织成为EB广告公司培育核心竞争力的必由之路。EB广告公司构建学习型组织的构建措施如下：

一、塑造学习氛围

组织学习氛围作为企业知识管理活动中重要的软环境之一，对员工的行为具有重要的影响。构建能够有效帮助员工完成学习活动、达成学习目标的氛围，可以最大限度地提升员工的学习积极性及效率，防止“破窗效应”。

首先，创造良好的员工关系氛围。以非强制性的组织团队活动加深员工彼此了解，鼓励员工建立各类兴趣小组，提倡员工组团学习相关知识课程等。除此之外，定期开展座谈会和经验交流会交流工作方法也有效地加强了员工之间的沟通与了解。

其次，倡导同事间相互认可、友善互助来实现公司内部资源利用最大化，包括知识和经验。支持员工的创新构想，允许员工犯错、对员工创新性想法予以肯定甚至给予奖励，激发员工的积极性。创建公平、公正的组织氛围，让员工对组织产生归属感。

二、建立完善培训体系

以组织战略为导向，以调研结果为参考，EB广告公司制定了以下培训系统。首先，全员全程参与，采取不同主体负责不同阶段的形式（图10-8）。其次，EB广告公司培训课程分两个体系：针对专业人才，以工作岗位需求和提升员工技能为导向来开发的课程内容；针对管理者，建立胜任力模型，并根据标准对现有人员进行测评，找出短板，进行提升学习。再次，公司鼓励各部门培养自己的内部讲师并对优秀者设置奖励。最后，坚持培训评估，评估培训效果原则：及时、客观、有据可依。及时体现在培训完成后限时反馈，如小程序填写等。客观体现在培训对工作是否真有帮助，有据可依是为了记录进度以及提供改进方向。

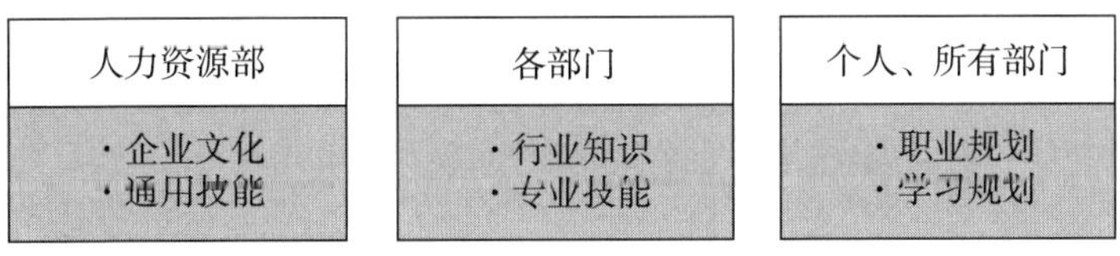

图10-8　不同阶段培训内容及负责部门

三、构建知识管理体系

有效的传播机制、合理的共享机制、完备的学习机制是构成知识层面竞争能力的关键。EB广告公司整合自身的显性及隐性知识，建立具有EB烙印的知识库，在强化知识管理人责任意识的同时利用现代化办公软件建立云端管理平台，实现了各部门随时随地的共享。

资料来源：根据该公司内部资料编写。

第三节　行动学习

组织的战略执行要求组织整体能力发展,而个人能力与团队绩效是构成组织能力发展的核心内容。行动学习作为一种组织学习方式,同时也是学习型组织的学习行为特征之一,可有效提升个人能力、组织绩效发展。

一、行动学习的概念

(一)行动学习概念

行动学习是英国瑞文斯(Revans)教授提出。为改进煤矿工人的绩效,他对其进行培训时发现,每个小组成员都具有自己的专业特长,都能够就其他小组成员在工作中遇到的问题,相互交流讨论,分享知识与经验,通过群策群力找到解决问题的方法。后来他运用这种方法为管理人员举办了管理发展课程。在课堂上,他将管理人员组成管理团队,分享知识和经验,解决棘手的难题,获得了成功,受到了培训与发展领域专业人士的重视,因此,被公认为是一种理论与实践相结合的有效学习方法,并被命名为行动学习法。

瑞文斯认为,行动学习是一种开发手段。通过参与真实的、复杂的和紧迫的问题,参与者投入智力、情感或体力,以期获得在该问题领域上可观察到的行为改进。自瑞文斯提出行动学习的概念后,学者们对行动学习做了相关定义(表10-8)。

表10-8　不同学者的行动学习定义

学者	定　义
佩德勒(Pedler)	一个组织和个人开发的方法,人们以小组的形式一起工作,处理重要的组织课题或问题,并从尝试改变的过程中学习
麦吉尔(Megill)和贝蒂(Beaty)	一个以完成预定的工作为目的,在同事支持下持续不断地反思与学习的过程。个人通过真实问题的解决以及对自己经历的反思,和他人一起学习并从他人身上学习
马奎特(Marquardt)	小组在解决实际问题的同时,不仅关注组员的学习内容,而且关注学习对每个小组成员,乃至整个组织带来益处的过程
达特里奇(Dotlich)和诺埃尔(Noel)	受控环境下的一种"做中学、学中做",除此别无其他

行动学习的本质:以解决业务真实问题为核心,以真实挑战激发团队学习意愿,团队在研讨解决问题方案时与实践活动中不断反思并发展能力,学以致用,用以致学。

行动学习的公式:AL=P+Q+R+I。AL(Action Learning)"行动学习"是过程;P(Programmed Knowledge)"结构化知识"是指通过接受指导,学习已经成型的思路和方法 Q(Questioning Insight)是指富有洞察力的提问;R(Reflection)深刻反思,指提出疑问及见解,反思如何从更多角度思考问题;I(Implementation)贯彻执行,任何方案和行动计划的落地都建立在执行基础上。

(二)行动学习内涵

行动学习主要包括以下四方面内涵(图10-9):

第一,行动学习是一小组人共同解决组织实际存在问题的过程和方法。行动学习不仅关注问题的解决，也关注小组成员的学习和发展，以及整个组织的进步。

第二，行动学习是一个从自己行动中学习的过程。行动学习的关键原则在于，每个人都有潜能，这种潜能会在行动中最大限度地发挥出来。

第三，行动学习通过一套完善的框架，保证小组成员能够在高效解决实际存在的问题过程中实现学习和发展。行动学习的力量来源于小组成员对已有知识和经验的相互质疑以及在行动基础上的深刻反思。

第四，行动学习是一种综合的学习模式，主要包含四类重要的学习过程。学习知识，即从已有知识中学习；体验经验，即从个人经验中学习；团队学习，即从小组其他成员的经验中学习；探索性地解决问题，即在解决实际问题的过程中学习。

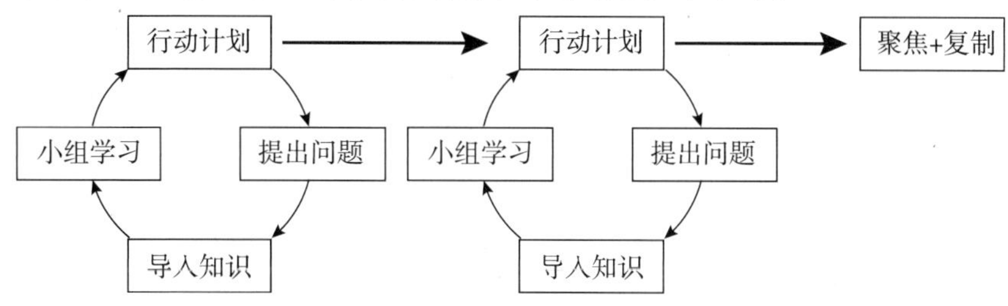

图 10-9　行动学习是一种综合的学习模式

（三）行动学习、组织学习和学习型组织

行动学习是真正意义上的组织学习。行动学习由各个专业人员组成行动学习小组，小组对真实问题共同承担责任和义务，从而促进小组成员间的团结协作。在行动学习过程中，小组成员通过思维的碰撞和反思、质疑，使任务、有效沟通和承诺变得清晰明了，同时提升参与人员的团队协作和共创力。

行动学习小组本身就是一个小规模的学习型组织，小组成员在行动学习过程中持续的学习并收获知识，在自由分享、相互支持和反馈、挑战内心假设中不断提升。当行动学习小组成员回到本职岗位后，他们可以传播这些新知识和技能，逐渐影响整个组织，有利于学习型组织创建。

二、行动学习的理论基础

（一）体验式学习循环理论

体验式学习循环理论是行动学习的基础。库伯（Kolb）指出学习都应遵循体验式学习循环，其过程应该包括体验、反思、概括性判断和检验四个阶段。学习来源于实践中的体验，根据具体经验反思并分享经验。在体验式学习行动中更清醒认识外部世界和自身，将获得的知识进行归纳、总结、反思与整合，将经验逻辑化、条理化，总结出新的见解，并结合一定的理论知识，对反思的结果进行概括性判断，在新情境下进行实践以检验经验是否正确，如此循环反复，直到问题被完美解决（图 10-10）。体验式学习循环理论强调了经验、行动与反思在学习过程中的重要性，摒弃学习是孤立封闭的行为。

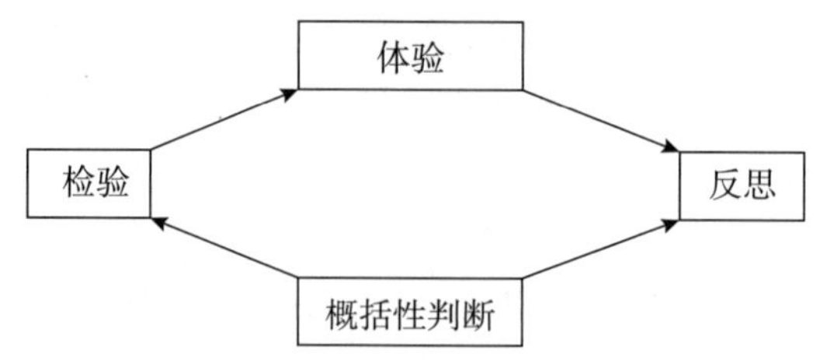

图 10-10　体验式学习循环

(二) 群体动力学理论

心理学家勒温(Kurt Lewin)认为,团队不是个体的简单集合体,而是由不同的角色构成。个体不能脱离群体存在,个体只有在群体中才能发挥其社会性作用。团队中成员具有不同的知识结构、思维模式,团队分工和角色定位也可以增强团队的协作能力,提升团队的整体绩效。团队成员之间的关系,影响到团队整体绩效,因此,建立与维护团队成员的凝聚力是学习取得实效的关键。

"群体动力"是指群体活动的方向,而研究群体动力就是要研究影响群体活动方向的各种因素。群体动力理论的宗旨是寻找和揭示群体行为与群体中的个体行为的动力源,从心理及社会环境两方面去寻找推动群体以及个体行为的力量。

三、行动学习培训特点与效果

杰克·韦尔奇曾说过,GE 向全世界宣布,行动学习是 GE 改变成"全球思想""快速转变组织"的主要策略。群策群力(行动学习)创建了一种每个人都开始积极参与,每个人的想法都开始被注意,领导者更多的是促动员工,而不是控制员工的文化。

(一) 行动学习培训的特点

传统的课堂讲授培训模式暴露出系列问题。行动学习是以解决"问题"为导向的新型学习理论,整个学习都围绕问题的研究和解决来逐步展开,不仅能有效克服传统学习的"弊端",还能够达到解决"问题"的目的。行动学习法越来越多的应用到实践中,成为主流的学习方式、领导力发展和组织发展方式。具体而言,该方法与传统组织培训在学习目标、学习速度、学习方式、学习兴趣和学习效果方面都具有显著不同(表 10-9)。

表 10-9　行动学习与传统的组织培训比较

	传统的组织培训	行动学习
学习目标	知识的获取,培训过程中并没有很明确地要解决某一实际工作中的具体问题	解决组织或个人现实工作中碰到的具体问题,通过互相学习分享经验和反思碰撞解决具体问题,同步提升个人的知识和技能水平
学习速度	根据企业员工的不同层级会有所不同,但总体来说时间相对比较短,也相对固定	时间持续较长,时间不固定。一般最短的也需要两三个月,有些项目有可能是一年甚至两年
学习方式	集中式的授课,老师讲、学员听是最为常见的做法,学员更多的是采取强记的方式	运用学习知识、分享经验、创造性地研究解决问题和展开实际行动四位一体的循环学习方式。学员在"干中学""反思中学"

续表

	传统的组织培训	行动学习
学习兴趣	渐渐失去对学习的兴趣，导致学习效果差	大大地提升学员的学习兴趣，使其从心底愿意去学，认真地去学，才能学有所成
学习效果	效果相对较差	学习效果持久

(二)行动学习培训的效果

在组织应用中行动学习，可以达到以下效果：

第一，解决组织中的现实问题。随着市场竞争的愈发激烈和技术的飞速发展，组织所面临的各种问题呈现出复杂性和混乱性的特点，行动学习围绕组织经营发展过程中的实际问题实施开展，并依靠人际合作在短期内实现问题的解决。

第二，通过行动学习，促进个人发展。在行动学习过程中，参与者将掌握一整套问题分析和解决的工具及方法，并在与团队成员沟通过程中，收获先进经验和方法，强化自我认知，实现个人能力成长。

第三，通过行动学习，可以实现领导力的提升。在行动学习中，"催化师"是必不可少的部分。管理者通过担当"催化师"的角色，对行动学习整个过程进行管理、控制和辅导，实现其领导力的提升。

第四，通过行动学习，围绕某个项目或任务组建团队，以行动为手段解决业务问题，促进个体和组织发展的目标，有利于突破传统的人才培训模式，最大化激发人才潜力，提供组织绩效，促进组织变革及组织发展(图 10-11)。

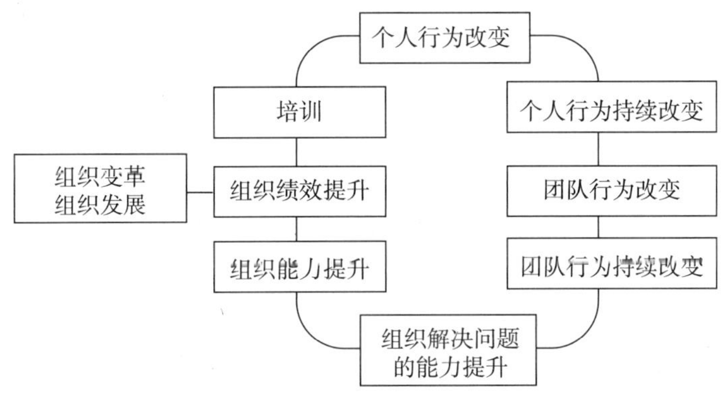

图 10-11 行动学习与组织发展

四、行动学习培训基本模式

(一)行动学习培训生态圈

行动学习培训模式的核心理念是"行动＋学习""质疑＋反思"，围绕核心理念，由支撑、流程、目标和培训生态圈四部分组成(图 10-12)。

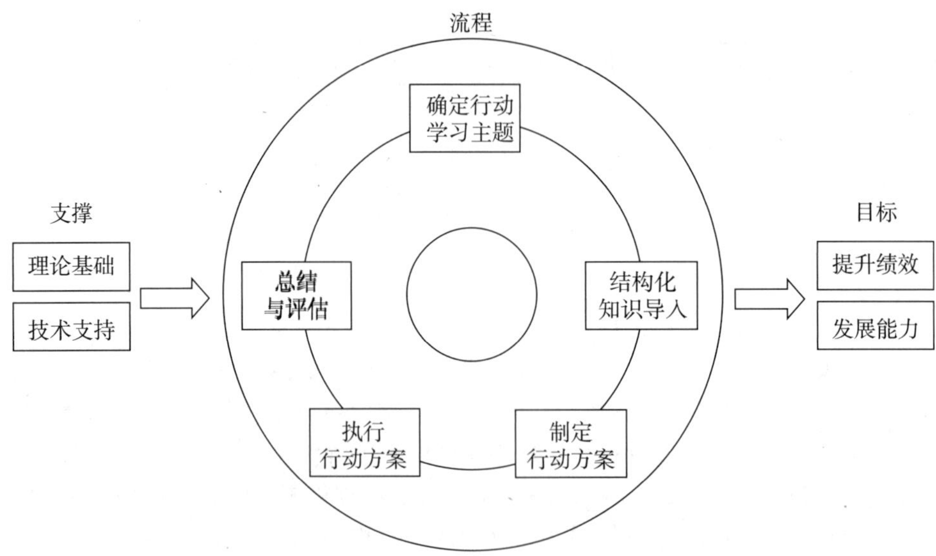

图 10-12 组织行动学习培训模式

培训生态圈是行动学习培训模式实施的支持和保障,参与其中的人员包括项目发起人、召集人、催化师、专家、主管领导和学员;参与其中的组织包括培训机构、培训主管部门、主办单位、业务部门等。培训机构是生态圈建设的责任主体,负责整个生态圈的建设、组织和协调,构建多方参与、多层次沟通、多功能融合的良好运行机制和培训生态。培训生态圈建设有助于培训利益相关方达成共识,建立责任共担机制,实现共建、共享、共赢,为培训工作持续发展、集聚资源提供依据。

(二)行动学习培训模式流程

行动学习培训流程包括确定行动学习的主题、结构化知识导入、制定行动方案、执行行动方案、总结与评估五个关键步骤,其中包括"16 个关键任务"和"13 个核心目标"两条路线(图 10-13)。

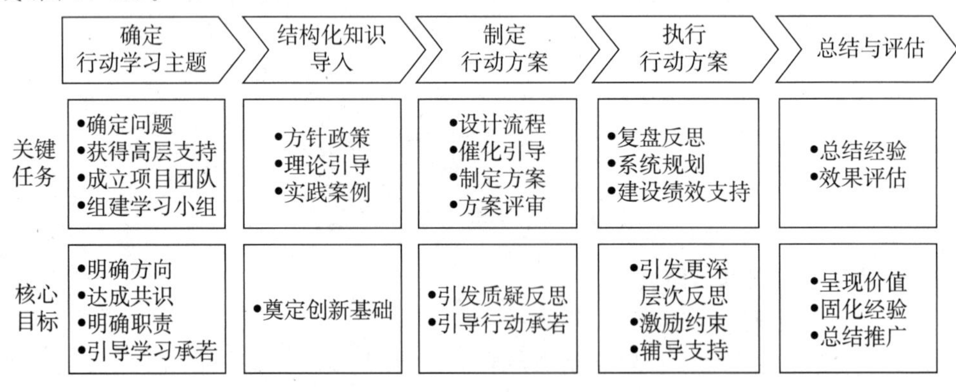

图 10-13 行动学习培训模式基本流程

第一,确定学习主题是行动学习的出发点,选择学习主题时坚持重要性、紧迫性、真实性、可行性四个标准。第二,结构化知识导入是在集中培训学习阶段,围绕行动学习主题设计的结构化课程。第三,行动方案是行动的指南,行动学习方案制定的过程是团队成员群策群力的过程，团队成员在自身管理经验和结构化知识的基础上，经过质疑和反思获得该主题的解决方法。第四，执行行动方案是行动学习的重要组成部分，是团队成员的实践探索过程。第五，总结与评估是行动学习的关键步骤，能帮助组织正确认识行动效果，有效做出改善组织绩效的决策。

行动学习培训具有双重目标：提升绩效与发展能力。根据项目目标侧重点不同，行动学习培训在项目设计开发和实施上具有一定差异，从而形成不同培训模式。

首先，以问题为导向的行动学习培训模式，目标侧重于提升组织绩效，行动学习项目重点关注组织当前面临的、急迫的技术或技术管理问题的解决，具有问题相对集中、培训目标较专一、培训周期较短的特点。

其次，以能力为导向的行动学习培训模式，主要适用于储备人才的培养，即侧重于发展能力。其基本特点是：培训对象是组织某一层级的佼佼者；培训目的是激发个人潜能，完善行为模式；培训时间较长；培训内容广泛。

中国电信浙江分公司：行动学习在培训中的应用

通信技术新旧更替速度快，产品上新频率快，员工培训需求自然就更大。培训工作量大，时间紧，要求高，过渡期时间短，可能导致培训讲师的身心疲惫，培训质量下降。此外，很多培训讲师的讲课模式传统单一，内容固化缺乏创新，难以满足通信行业渠道运营管理工作的多样化培训需求，培训难以起到真正的积极作用。为此，中国电信浙江分公司以行动学习方式推动企业内训发展。

一、过程设计

• 与团队进行沟通，通过访谈或问卷调查等方式，搜集相关信息，了解会议任务的内容、目标和难点；

• 了解参加会议的团队成员，对成员的学习风格进行评估；

• 根据成员特点分组，保证小组多样性（年龄、职务、职能、性别、学习风格等）；

• 在信息搜集和评估的基础上，进行日程设计；

• 日程初步设计完毕后，与团队成员进行交流，听取他们的意见和建议，并在此基础上进行修正和优化，形成最终的会议日程设计；

• 准备会议材料；

• 检查会议地点，并做好相关的后勤工作。

二、过程引导:促进参与

- 使用达成共识的方法确保每个人的意见都得到重视;
- 引导小组研讨过程避免小组离题;
- 忠实记录小组讨论结果;
- 创造信任且积极的氛围,促使团队成员高效研讨;
- 促进小组成员之间的沟通,及时发现并有效管理冲突;
- 适时进行小结和总结,确认观点。

三、过程引导:促进学习

- 鼓励小组成员分享信息、知识和经验,以开放心态接纳不同的意见和建议;
- 捕捉机会,对小组成员提出关键事项,不断层层深入发问,促进认识和理解;
- 确保假设浮出水面并得到验证;
- 进行有效的反馈,引导小组成员对过程和结果进行质疑和反思。

资料来源:根据曹磊(2018)《行动学习在通信企业员工培训中的应用》改编。

(三)行动学习实施的保证体系

组织需要具备三个支持系统,即指导委员会、行动学习拥护者和行动学习项目经理。行动学习指导委员会是一个高级执行小组,对业务目标、学习策略和行动学习预算拥有最终决定权,在塑造组织学习环境方面起着重要的作用。行动学习拥护者是高层管理人员和行动学习之间的关键节点,不断地为组织寻找新的行动学习的机会。行动学习项目经理负责整个项目的质量,使运作过程顺畅进行,并对指导委员会、行动学习拥护者或小组成员的要求做出回应。

1.高层管理人员积极支持认真对待

高层管理人员起到关键带头作用,全力支持与营造善于学习、勇于实践的浓厚氛围,努力把组织建设成学习型组织。各管理层应带头参加有关行动学习的培训班,了解行动学习的基本理论和方法,掌握行动学习的过程和原则,使组织与团队快速地解决其复杂、紧迫的问题。

2.业务专家发挥引导作用

在行动学习过程的决策和实施上,都要有业务部门人员积极参与,建立各部门共同分担责任的机制。聘请相关领域的专家参与到行动学习的实际工作中,保证行动学习的效果。催化师必须仔细倾听各组织业务部门、事业部负责人和业务专家的意见,充分信任和尊重他们的知识及能力。

3.培养催化师,为实施提供人才保证

为顺利推进行动学习,保障行动学习的效果,组织要配备足够数量的催化师。催化师的主要作用是保证行动学习能围绕目标有效运行,促进成员以更具效能的方式思考和对话。催化师的培养是一项长期的任务，要从培训中心的现有专职老师中选拔，制定规划，持续培养。从良好的心理素质、出色的观察与反思能力、清晰简明的语言表达能力和具备组织运作与管理的基本知识和经验等方面选拔催化师。培养过程中，既要着眼于满足当前的组织需求，又要着眼于组织的发展目标，尽快使催化师的数量和质量满足开展行动学习的需求。

4.提倡质疑和反思、激发创造性思维

质疑和反思是行动学习的核心。没有进行质疑的学习，没有建立在质疑基础上的反思都不能算是真正的行动学习。学员的质疑和反思的质量直接影响行动学习过程的质量和最终成果。这方面既需要掌握必要的方法与工具，又需要具备适当的心态和探询的精神。在行动学习过程中，不断反思，激发反思的兴趣，拓宽反思的范围，从更深层次上理解问题，进而寻求具有创新性、突破性的解决方案。

5.制定明确的行动学习项目管理规范

组织要制定明确的行动学习项目管理规范，明确各种角色的职责，并形成一些模板和标准操作程序，加强过程的管理和监控。行动学习的组织者要能够理解行动学习的精髓，有效地、精心地组织行动学习活动，使行动学习产生实效，达到预期的结果。

6.创造良好的学习和创新氛围

组织应尽可能为团队成员创造一个舒适的工作环境。鼓励团队成员在行动学习的过程中创新，宽容失败，让他们有一个和谐宽松的创新环境。行动学习过程中的团队合作能力、协作精神和知识共享水平逐渐成为一种影响创新的重要因素。

7.精心组织、定期开展评估工作

在每个项目结束时，行动学习催化师、业务专家等关键人员，对行动学习小组的整体结果进行总结性评估。分析哪些有效，哪些无效，以及为什么无效。仔细检查所提建议策略的有效性、最重要的学习收获，及这些学习收获转化的程度。完善经验的传承机制。对学习收获进行深入系统地挖掘、总结和提炼，固化为行动学习的管理制度和运作流程，使可行的行动学习经验通过文本化得到提升和有效传承，成为组织内部共享的财富。

8.加大投入、建立支持机制

组织在人才培养中，全面开展行动学习工作是关系组织发展、组织长远利益的重要举措。行动学习的开展涉及方方面面，参与人员广，技术要求高，工作难度大，应有专项经费保证。组织要建立行动学习支持机制，确保经费的投入。

蓝帆学院："技术比武"成就学习型组织

bluesail+
蓝帆医疗

蓝帆医疗股份有限公司经过十多年的发展，已经成为全球规模最大的一次性 PVC

手套生产企业。蓝帆医疗于2010年4月2日在深圳证券交易所成功上市,是该行业中第一家上市公司,至今已在淄博、潍坊、上海、香港、美国等多个地区设立公司。

蓝帆学院作为公司设立的企业大学,举办大型学习项目——“年度技术比武大赛”,不仅为公司发掘培养了一大批技术人才,也成为公司全员学习、技术竞技的最大平台,更成就了蓝帆成为学习型企业组织。

一、赛前培训,全员练兵

(一)培训形式多样化

赛前培训主要是将授课教学、专题讨论、互动分享等学习方式相结合,并借助互联网技术不断创新形式。

(二)学习内容整合化

蓝帆学院在比武大赛前,一方面请内部讲师和技术骨干负责推进、发掘重点难点、提炼核心知识,使其与学院课程深度结合;另一方面借助校企合作平台,聘任高职院校教师到公司授课或者组织学员赴校学习。这样一来,可以帮助学员补充技术知识,提高其理论水平。

(三)参与主体全员化

对于未参加比武大赛的员工,公司也要求其在时间允许的条件下参与进来。学院会将编制好的比赛进程表提前发布,以便全员可以及时掌握信息,适时参与。

二、赛中运营,激发学习自驱力

(一)多维营销提升动力

蓝帆学院为技术比武大赛开发了一套学习项目多维营销模型,让员工在碎片化时间里,感受大赛的愉快氛围,激起学习热情。

(二)“辛苦钱”游戏化设计

蓝帆学院设计了游戏化工具“辛苦钱”。员工可对自己认为学习能力强、表现优秀的同事进行“打赏”。“赏钱”则可兑换奖品。

(三)新员工观摩学习

比赛过程中,新员工观摩赛况,参与赛后点评和示范环节,倾听参赛者的分享与总结,以期快速掌握技术要领,提升岗位技能。

(四)检验培训效果

通过比赛,学院直观地检验培训效果,发现既有的不足,明确未来培训项目的设计方向;员工们则在比赛中加强了交流和探讨,发现短板,为以后的学习找到方向。

三、赛后积淀,成就人才发展体系

(一)输出技术成果

大赛结束后,各项目裁判长着手知识的总结和沉淀,使大赛智慧成果成为生产工艺和设备技术的标准,实现岗位技能培训工作标准化,并应用于日常管理考核中。

（二）挖掘内部导师

比武大赛中产生的各项目冠军，将会进入公司"内部导师库"。新晋的内部导师将在公司内部选择一至两名学员进行培养，将自身知识和技能传授下去。

（三）建构晋升体系

在技术比武大赛中获得优胜名次的员工，均会受到公司重用，并在蓝帆医疗的"双通道晋升机制"中获得技术晋升：由副操升为主操、由一线员工升为技术员、由初级技术员升为中级技术员。

蓝帆学院每年的大赛吸引近百名管理技术骨干，千名员工参加，带动近万人次的学习培训。通过发现人才、重用人才，蓝帆学院让员工认识到技术比武大赛是个人发展晋升的机遇，使员工更加专注于工作和学习，注重提升个人技能；同时，对促进组织内部学习氛围的营造和构建学习型组织也产生了不可估量的作用。

资料来源：《培训》2019 年案例增刊《中国企业人才发展案例》。

第四节　知识管理

知识经济背景下，组织如何获取及运用知识成为组织在激烈的市场竞争中脱颖而出的关键。组织的知识存量以及组织对知识的运用和再造能力构成了组织的竞争优势。无论是组织外部离散状态的知识被引入到组织内部，还是将组织内部具有的知识转化为竞争优势，都需要组织不断付出努力。组织需要应运用各种机制、技术和方法对知识进行整合，提升利用知识的能力。

一、知识管理与知识理论

（一）知识管理概念

霍尔顿（Horton，1979）从资源管理演化的角度最早提出了知识管理这个概念。维格（K.Wiig，1993）认为，知识管理是指对组织内部已有的知识资源全面地、系统地加以利用以达到效用最大化。卡尔·拉普奥洛（Carl Rappuolo，1995）认为，知识管理就是将组织内部所有人具备的知识进行分享，然后将这些知识经过分析、归纳、整合转化为组织内部的资源，并通过不断的技术创新保持组织内的新鲜知识供应。奎达斯（Quitas，1997）认为组织内部通过集结内部人员的各方面知识，并选取对组织发展特别有用的知识进行整合、运用为组织创造利润。蒂斯（Teece，1997）认为知识管理是组织内部开展的创造、获取、整合和配置知识的行为过程。乔普拉（Sunil Chopra，2013）认为组织发展的主要推动力逐渐发展为由知识管理所主导，知识管理在很大程度上能提高组织的整体运行效率，在知识经济时代的要求下，知识管理能力是组织保持持续竞争优势所在。

王伟光（2005）认为，知识管理是将信息、员工和组织活动联系起来形成知识网络，对知识和人进行管理，达到传播和分享知识的目的，改变旧的组织框架，接受组织新的变化。周瑾（2010）认为，知识管理是组织对所拥有的知识资源加以运用和调配。丛海燕（2019）认为，知识从开始就存在于企业要素中，组织知识管理对这些知识进行挖掘和整理，经过系统梳理不断积累，并随实践过程形成一种战略思想。知识管理与组织战略存在协同关系,并不是孤立存在的。

综上,知识管理就是以人、组织以及相应的知识为主体,以提升组织整体业绩和促进个人、组织能力发展为目标,以解决组织中面临的具体问题和激烈的市场竞争为手段,具有多种表现形式的知识转化活动。

(二)组织知识理论

随着组织学习研究的不断深化,越来越多的人认识到隐藏在组织能力背后并决定组织竞争优势的关键是组织掌握的知识,尤其是很难被竞争对手所模仿的内隐知识。正是因为组织所拥有的难以交易和模仿的知识,才产生了组织知识理论。

组织知识理论从知识的角度对组织的基本特征和行为做出全新的解释,并试图对主流组织理论未能解释的问题给予说明。组织知识理论是从分析知识的特性开始的。一般说来,知识具有默会性、分布性、转移性和可占用性等特征。通过分析知识的这些特征,可以很好地解释组织理论的一些基本问题。

组织知识理论认为,组织是一个知识的集合体,组织现有的知识存量决定了组织发现市场和配置资源的能力,并表现为组织的竞争优势;同时,知识尤其是默会知识具有难以模仿性,必须通过具有路径依赖性的积累过程才能获得,新的知识逐渐融入组织之中,成为决定组织未来知识积累的重要力量。组织的知识存量和认知结构又进一步决定了组织配置、开发和保护资源的能力,从而最终在组织产出及市场力量上体现出组织的竞争优势。因此,知识才是组织独特、持久的竞争优势的深层次根源。

二、知识的分类与实施

(一)知识的分类

知识分类是知识管理工作开展的基础环节,关于知识的分类学术界研究较多。

波兰尼(Polanyi, 1962)根据组织知识可表达程度将其分为:表达程度高的显性知识和表达程度低的隐性知识。巴达拉克(Badaracco, 1991)认为,从知识的移动性出发,能够随员工、设备、设计等一起移动的知识称为移动知识,如员工经验技巧、发明设计、设备运行程序等;而依附于组织内部的知识,如组织文化、组织决策、组织愿景等称为不可移动的知识。马克卢普(Fritz Machlup, 2000)认为,从学习者的角度出发,按照学习者对知识的需求将其分为:有用知识、精神知识、学术知识、消遣知识、无用知识。休和奥哈拉(Hew & Hara, 2007)认为,可以将知识分为书本知识(是指纯事实,比如状况、政策、标准和出版物等)、实践知识(是指书本知识在实践中的应用)和文化知识(是指关于事情会是怎样的,包括个人对实践的信念和实践中的职业责任)。

张福学(2001)以知识的应用范围作为横坐标,以知识的传递性作为纵坐标,将组织知识划分为四个象限,每个象限代表一种知识类型,分别是快速存取型知识(容易传递,但无法广泛应用)、宽泛型知识(容易传递且能广泛应用)、复杂型知识(不可传递,但可广泛应用)和个性化知识(既不能传递,又不能广泛应用)。曾伟生(2007)通过两个指标对组织知识进行了划分,一方面按照知识对组织的贡献程度分为高贡献知识、中贡献知识、低贡献知识;另一方面按照知识在组织中的可利用程度可分为高利用知识、中利用知识、低利用知识。韩明华(2011)根据知识对企业的重要程度把知识分为基本知识(完成企业各种活动所必需和最基本的知识)、发展中知识(那些仍处于萌芽阶段,但却无疑会引发企业重大经营变革的知识)、核心知识(影响核心竞争力的知识)和过期知识(那些几乎不再被应用于经营过程的知识)。

（二）组织知识管理途径

组织知识管理一定要跟现有业务相结合。这样可以利用现有的管理工具和资源，让知识管理做起来容易一些，也更“落地”一些。知识管理有很多方法，大致可分为五个流派：

1.组织行为流派

借助组织人力资源管理（HRM）做知识管理。因为人是知识的宿主，通过对人的管理，实现对知识的管理。组织需要知识时，HR 可以通过从外部招聘专家来解决。在企业内部，可以通过培训、“师徒制”等手段实现知识的传递。现实中，很多组织的知识管理部门由 HR 总监领导。现在有些组织将培训办成一个独立组织，比如企业大学。

2.信息技术流派

借助企业信息管理做知识管理。因为 IT 部门管理着知识传播的渠道，借助 IT 工具，可以通过审批流程，要求相关部门或人提交含有指定知识的交付物。通过企业内部的流程库和知识库，员工可以得到需要的知识。企业内部的网络交流社区（SNS），可以方便员工找到专家获取知识。很多企业的首席知识官（CKO，chief knowledge officer）由首席信息官（CIO，chief information officer）兼任。

3.战略管理流派

借助企业战略管理来做知识管理。当企业的战略目标十分明确并层层分解到各个部门时，各个部门领到了明确的任务，为了完成任务，自然会去获取需要的知识，知识管理也就自发地做起来了。知识管理部门一般由总经理办公室直接领导。

4.知识工程流派

如果企业对知识管理的要求很高，通过上述三种“被动式”的知识管理方法难以达成目标，就需要知识工程流派“出场”了。他们通过分析企业的知识需求，主动获取相关知识，加工成需要的形式，推送给需要知识的人。这样做的企业一般会设置专职的首席知识官，并有独立运行的知识管理部门。

5.综合管理流派

综合运用上述四种流派的方法。

中兴通讯：企业培训到知识管理的变革

ZTE中兴

中兴通讯股份有限公司，简称中兴通讯，全球领先的综合通信解决方案提供商，中国最大的通信设备上市公司。中兴通讯作为高新技术企业，企业的知识管理活动也伴随着企业培训的发展而不断演进，基本上可以分为以下三个阶段：企业教育培训阶段、企业培训到知识管理跃迁阶段和知识管理阶段。通过表 10-10 展示的中兴通讯知识发展历程，可以更加明确地看到不同发展阶段中兴通讯采取的措施以及核心点。

表 10-10　不同发展阶段中兴通讯采取的措施以及核心点

发展阶段	具体措施	核心点
企业教育培训阶段	成立用户服务培训中心,建立中兴通讯学院,开发综合培训管理系统	重视技术、知识运维和业务流程培训
跃迁阶段	引入 7-2-1 员工学习发展理念,建立以共同成长为基调的企业文化	激发员工创新能力,对员工培训质量进行评估,尝试将企业隐性知识显性化
知识管理阶段	建立以能力为中心的管理架构,建设泛学习平台,提供企业知识库	以员工为中心,重视员工持续发展,为员工提供便捷的知识获取通道,提高企业整体创新实力

一、企业教育培训阶段

在中兴通讯早期发展阶段,公司人员和业务急剧扩张,公司内部很多流程尚未完善。最早为适应公司快速发展,中兴通讯在深圳大梅沙成立了用户服务培训中心,面向运营商开展通信技术运维和知识培训,并在人力资源部设立了员工培训科,实施新员工培训。作为高新技术企业,公司大力发展相关管理平台,很多事业部都根据自身需要,快速开发了初期的文档管理、流程管理、业务管理等平台。

中兴通讯为满足发展需要,又开发了 E-Learning 平台和综合培训管理系统,开始对培训需求、培训计划、培训课表、培训费用、培训客户等进行统一平台管理。中兴通讯客户培训部和人力资源部员工培训科合并,正式挂牌成立中兴通讯学院。中兴通讯学院作为中兴通讯的"战略合作伙伴",除了完成年逾万计的国内、国际客户技术培训,同时承担整个公司内部新人培养、管理干部培养、销售人员培养、售前售后人员培养等人才培养的方案策划、实施和管理,开始承担引领中兴通讯知识战略的重任。

二、企业培训到知识管理跃迁阶段

中兴通讯学院成立考试评估中心负责中兴通讯培训评估中心、学习实验中心、培训数据中心、认证中心、考试服务中心等核心工作。引入 ISO、CSI 及柯克帕特里克四级评估模型,从反应评估、学习评估、行为评估、成果评估等方面提高培训评估的有效性,构建中兴通讯各类培训评估分析体系,对中兴通讯全球客户培训及企业内部各类培训实施第三方学习效果评估。中举通讯通过培训大数据积累,滚动性向公司各层级提供培训评估报告,对培训教材资料、技术文档、培训组织、培训师资、培训环境等进行全方位持续性的滚动评估,并开展深度专题改进评估工作,促进了中兴通讯各类培训质量提升和人员能力提升。

完善的教育培训方式及评估方法,使得中兴通讯在原有的基础之上开始探讨企业知识管理。在企业知识管理战略上,中兴通讯确立了"企业大学没有围墙"的发展理念。本着知识落地,学以致用,应用为先的原则,合并中兴通讯学院和人力资源部,设立了能力发展管理机构,并在售前和售后体系成立了技能转移部,实现知识组织管理架构的前移,极大地改善了企业知识架构中总部强、市场弱等不均衡的情况。企业培训工作的重点开始逐渐转向知识管理，在学习平台建设方面，随着互联网技术和文化的发展，中兴通讯开始引入“7-2-1”员工学习发展理念。企业推行泛在化学习，在原有E-Learning平台基础上，先后开发了考试平台、评估调查平台、企业内部问答平台、企业内部微博平台等，开始进行企业隐性知识显性化挖掘与分享的探索和实践。使得中兴通讯在知识管理方面有了更加明确清晰的方向，知识管理开始成为中兴通讯学院的工作重点之一。

三、知识管理阶段

在知识管理组织架构方面，为适应移动互联网时代市场快速变化及企业知识更新迅速的特点，中兴通讯在公司知识管理战略上架构了以能力为核心的能力中心架构体系，由人力资源中心与中兴通讯学院构建平台和机制总体牵头能力中心的整体运营，各能力中心具体构建能力建设标准和资源，落实各自能力中心的能力发展。

在泛在学习落地方面，指定中兴通讯总裁、高级副总裁等高级领导作为学习发展第一责任人，利用互联网技术，在中兴通讯内部微博平台上解读战略、传播文化、答疑解惑，成为拥有众多“粉丝”的微博明星。与员工密切相关的人力资源中心、工会、ERP、IT办公等部门，都在平台上建立官微工作平台，领导与员工之间形成有效的扁平化沟通渠道，在传递企业文化的同时，极大地降低沟通成本，降低了信息不对称造成的政策和工作上的理解误差，提高了工作效率。同时，在公司全球化网络平台上构建了各种工作、专业、兴趣等圈子，使分布在全球160余个国家的员工实现多种多样的沟通、信息传递和问题咨询。

在培训教育的学习内容构建上，中兴通讯学院与人力资源中心共同牵头，梳理了中兴通讯近200个关键岗位胜任力标准和测评要求，组织专家开发岗位胜任力课程、学习资料和题库等，经过多年的建设，在中兴通讯E-Learning学习平台构建课程7600门，与岗位匹配课程近5000门，实现了员工岗位课程主动推动到桌面的要求。

在平台建设方面(如图10-14)，为满足企业需求和对外知识服务，中兴通讯学院在2012年归纳总结中兴通讯30余年的学习发展和知识管理历程，以及对互联网知识运营、社区化学习、自主学习的深刻理解，以构建企业学习生态，激活企业创新能力为核心，启动了基于云计算的“中兴学习云”的学习平台开发工作。

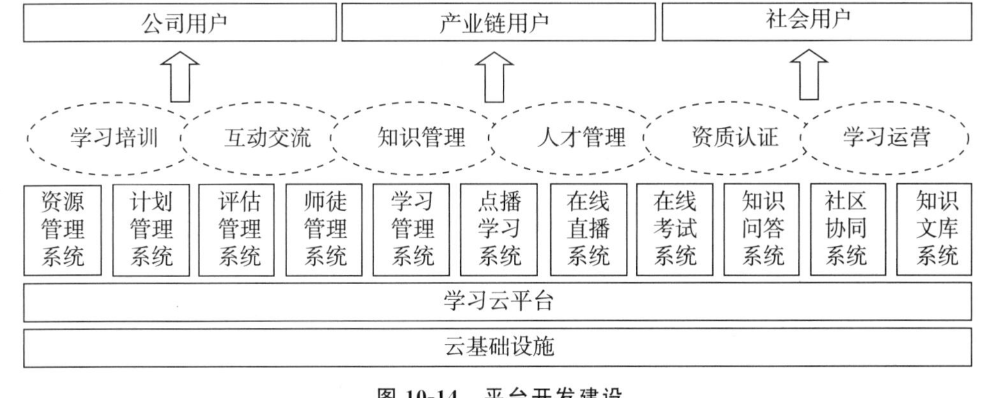

图10-14　平台开发建设

"中兴学习云"涵盖了 ISO 10015 培训管理闭环的传统内容,突出地新增了"互联网+"时代企业知识自生性生态发展和员工泛在化自主学习的特色,强大的互联网学习功能、灵活的模块化配置,能够帮助企业、机构、院校等低成本、快速构建网络学习和交互平台,使中兴通讯增加了为社会进行知识平台服务的能力。

资料来源:根据常金玲(2018)《企业培训到知识管理的变革——以中兴通讯为例》改编。

三、碎片化知识管理

随着信息技术及人们生活节奏的加快,碎片化知识、碎片化时间充斥着现代人的生活,人们越来越无法抽出大段时间进行系统化学习,"碎片化学习"逐渐盛行。另外,学习的现场化也越来越得到员工的青睐,员工希望在工作中遇到问题时能够得到立即解决,以便提高工作效率。碎片化知识管理也就成为组织学习与组织培训中一种重要方式。

碎片化知识是指彼此系统性弱、容量小、形式灵活多变的知识点;既可以是将整块信息瓦解的碎片,也可以是一条单独的知识链接。碎片化知识是与传统知识相对应的,是传统知识中的具体知识点、知识片段、知识细节。

常规培训模式无法覆盖互联网时代内容多、时效强、变化大的知识特点,达不到组织培训的需求,导致培训跟不上业务发展、培训投资回报率低。

(一)组织培训的碎片化知识分类原则

针对组织培训的碎片化知识特征,为便于组织管理者和员工使用,组织培训的碎片化知识采用柔性的分类方法,打破传统分类法"各入其类"的约束,主要有以下几点原则:

1.灵活性

组织培训的碎片化知识类目的设置要简单灵活,要能够满足动态变化的信息需求。这些类目的设置既可以是组织官方自主设定,也可以适当考虑组织各部门员工分类的思想,从而形成互动体系。其中,一级类目需要保持良好的稳定性,以便能够较客观地反映当前知识的总体架构。这种分类方法不强调学科体系的完整性,而更多从员工需求角度出发。

2.浅层结构

为便于员工使用,组织培训的碎片化知识的分类层级不宜过多,设置为三个分类层级,降低浏览信息的复杂程度,有助于员工的记忆和使用。

3.相似性

为便于组织培训的碎片化知识管理,需要根据碎片化知识的内在相似性对其进行分类,如测试题库与复习资料均是为了员工进行组织线下培训考核而设置的,为了便于员工查找使用,应将测试题库与复习资料归为一类知识。

(二)组织培训的碎片化知识形式

目前组织培训中常见的知识资源形式主要可以概括为以下 6 种(表 10-11)。

表 10-11　常见的知识资源形式

形式	特点
短信息	以有限的文本和图片传递学习内容或有关学习的讨论等，资源形式单一，内容比较简洁
电子书	学习资源以文本为主，可用于多种移动设备
网页	以浏览内容页面的方式访问学习资源
微课程	涵盖文本、图片、音频和少量的视频和动画，有完整的学习模块，可以在平板电脑、PDA、手机等终端上运行
网络课程	基于 Web 的课程，具有交互性、共享性、开放性、协作性和自主性等特征
智能交互课程	主要用于户外的探究式和体验式学习，具备良好的查询、检索、存储和交互功能，主要在智能手机、PDA 和平板电脑上运行

组织培训的碎片化知识应是紧密联系组织业务、组织运营过程中切实需要的知识，这样才能对组织的发展具有很强的实用性。因此，在对组织的碎片化知识进行梳理以应用与培训时，必须将知识的实用性放在首位。

腾讯开展行动学习

腾讯公司游戏事业部很早就开始大量引进青年才俊发展自身的游戏业务，游戏业务的管理人员大多都是从专业人才中选拔而来，从基层干部到中层干部大都是“80后”，缺乏足够的管理经验与领导能力。尽管这些干部已经具备一定的项目管理运营经验，但是无论领导力、战略思维、商业能力，还是行业洞察力等都对年轻的他们提出了全新的挑战。游戏业务的快速发展与人员素质能力欠缺之间的矛盾，成为制约腾讯游戏业务布局与发展的最大问题和挑战。

在腾讯公司强调开放、自由的企业文化背景下，强制性的培训在腾讯并不存在。为此，由腾讯游戏事业部高层主导、战略分析部门和 HR 共同参与，制定了未来游戏业务发展的战略计划书以及相应的干部队伍能力素质要求，确定了腾讯游戏业务领导力发展中最核心的两项能力：管理能力和战略思维。经过深度考察，公司决定引入行动学习模式，助力高潜力管理人才加速成长，并确定了行动学习的方案。

一、立体式参与制定真实命题

在行动学习中,选题对于项目的成功至关重要。由游戏相关业务的事业部执行副总裁提供游戏业务发展的产品类别及发展方向;邀请战略分析部门提供未来游戏业务发展的目标及实现目标过程中可能面临的挑战;由HR部门提供实现业务发展战略目标所需要的人力资源支持。然后三方综合确定此次行动学习项目的多个命题。经过第一次筛选后,申报给人力资源管理委员会,经人力资源管理委员会系统讨论之后,再由公司高层进行二次筛选,最终确定相应的命题,诸如如何在有效的时间内制定一款全新的游戏、如何尽快提升领导能力以适应当前岗位的需要、如何运用互联网思维开发新的游戏产品等等。这样的立体式参与、严格的筛选流程,不仅能够保障问题的准确性和实用性,还能够提高参与人员的能力。

腾讯游戏事业部行动学习项目中颇具特色的一环是"创意PK"。公司会选择即将上市的游戏产品给不同的小组进行体验,并赋予共同的命题"假如我是产品负责人将怎样优化、改善这个产品",让骨干员工以此进行汇报比赛。公司领导、产品负责人等作为评审专家,对提出产品解决方案建议的小组成员给予相应的激励。通过这样的方式,不仅能够为产品优化提供不同角度的建议,还能提高小组成员参与的积极性。

二、组建多元化团队及分派任务

参加首期领导力发展行动学习项目的成员近30人,5或6人为一组,组成差异化跨职能小组。在团队分组时,一方面要考虑分组学员的学习风格、经验背景甚至性格差异,另一方面还要有意地打乱不同专业技术学员的序列,包括产品、美术、技术、测试等。这样做的优势在于既可以拓展学员个人在公司内部的人脉,也能使其相互取长补短,并从整体熟悉公司的业务信息。比如市场部的人员能够通过行动学习项目系统了解游戏产品开发的流程,培养他们的全局观;而游戏制作人员能够通过行动学习项目与市场、管理等人员频繁沟通,准确地把握市场需求信息以便更好地满足用户需求。为了真正实现行动学习的效果,还为每个小组安排了一位经验丰富的高管来承担教练员和指导员的角色,不仅能够及时为他们提供建议,也会赋予每个小组安排和配置资源的权限。

经过不断地摸索和优化,腾讯游戏事业部形成了具有自己特色的行动学习辅导团队,各团队都会有三个不同角色的关键人:

发起人:与研究话题最相关的高管,他们会跟学员沟通命题的研究背景、未来发展空间,以及给出游戏产品开发的切实办法。

辅导员:通常为游戏事业部的专家,他们最了解游戏业务发展的方向、存在的挑战和机会,确保学员在游戏设计与开发中找到比较合理的解决方案。

催化师:腾讯游戏事业部为每个小组都配备了一名资深HR作为催化师,确保行动学习的流程、整体节奏不会出错,并在适当的时候给小组成员提供建议。

三、学习过程"3+1"

腾讯游戏事业部行动学习项目共历时近8个月,有四个关键节点,被称为"3+1"。其中,"3"是指小组成员有3次重要的集中学习讨论。

第一次集中的主要目的是小组立项,各个学习小组选择命题,并输出具体的项目立项报告。

第二次集中的主要目的是针对命题进行中期汇报,输出项目的中期进展报告。

第三次集中的主要目的是进行游戏业务的呈现,并输出项目的终期汇报报告。每次集中学习,腾讯游戏业务事业部都会邀请业务代表、中层代表、执行副总裁等担任项目评审,并对各个小组的项目进度报告提供专业的评估建议。

"1"是指行动学习小组向管理层进行系统汇报,这些关键节点能够有效地为项目学习小组提供指导,同时也能积极地获取高层领导的关注和支持。

四、固化、分享与推广

行动学习项目结束后,腾讯游戏事业部积极进行总结,并且让参与项目的领导者与员工分享心得体会,在此基础上,游戏事业部相继开发了多个行动学习项目并且在整个集团内加以推广实施。此外,行动学习项目结束后都会进行复盘,通过多维度的核心人员访谈,以及项目团队对关键成功要素进行的反思和分析,总结行动学习项目的效果是否达到了预期目标,并为下一期项目的开展寻找可优化的行动。

五、效果呈现

首先,骨干员工通过行动学习获得了跨界学习的机会,极大地拓宽了视野,提升了战略思维能力。其次,行动学习项目使各部门的骨干员工建立了良好的合作伙伴关系,在此后的工作中能够彼此相互理解和支持,为跨部门合作或职位晋升奠定了基础。最后,骨干员工通过亲身体会游戏开发与管理的全过程,不仅掌握了解决游戏业务问题的基本方法和思路,也增强了将想法或创意变成实际行动的信心。

资料来源:曾强,王冬冬."行动学习"打造卓越人才库——腾讯游戏的领导力开发培训[J].企业管理,2018.

本章小结

为使组织能够实现其战略发展目标,组织通过吸收和运用各种知识来提升组织核心竞争能力,以更好地适应内外部环境的变化。组织对各种知识来源的识别、消化和运用,即体现了组织的学习过程。组织学习能力的构成要素主要有个人学习能力、组织知识吸收能力、组织知识传播能力和组织合作学习能力。组织学习具有开放性、系统性和互动性等基本特征。组织学习分为探索式学习和利用式学习。

学习型组织是一个学习系统,以共同学习、持续学习、合作学习为核心目标,强调理论运用于实践,将系统学习的知识技能运用于工作中,以便充分开发组织成员的发展潜力,同时提高组织的工作绩效和核心竞争力,最终发展成能快速适应外部环境变化、自我革新的持续发展型组织。

构建学习型组织模型有彼得·圣吉的五项修炼模型、保罗·沃尔纳的五阶段模型、迈克尔·马奎特的学习型组织系统模型和陈国权的6P-1B模型。

行动学习的本质:以解决业务真实问题为核心,以真实挑战激发团队学习意愿,团队在研讨解决问题方案时与实践活动中不断反思并发展能力,学以致用,用以致学。行动学习的公式:AL=P+Q+R+I。

行动学习的理论基础是体验式学习循环理论和群体动力学理论。行动学习法与传统组织培训在学习目标、学习速度、学习方式、学习兴趣和学习效果方面都显著不同。

行动学习培训流程包括确定行动学习的主题、结构化知识导入、制定行动方案、执行行动方案、总结与评估五个关键步骤,其中包括"16个关键任务和13个核心目标"两条路线。

知识管理就是以人、组织以及相应的知识为主体,以提升组织整体业绩和促进个人、组织能力发展为目标,以解决组织中面临的具体问题和激烈的市场竞争为手段,具有多种表现形式的知识转化活动。

知识管理有很多方法,大致可分为组织行为流派、信息技术流派、战略管理流派、知识工程流派和综合管理流派。为便于组织管理者和员工使用,组织培训的碎片化知识采用柔性的分类方法,遵循灵活性、浅层结构和相似性原则。

问题思考

1.互联网时代下学习型组织有什么特点?

2.如何打造学习型组织?

3.行动学习在现代组织学习与组织培训中有何作用?

4.简述构建学习型组织的主要模型。

5.简述行动学习培训模式流程。

6.组织知识管理的主要途径有哪些?

参考文献

[1] 徐修德,李静霞.组织学习与知识管理[M].北京:经济管理出版社,2018.

[2] 刘建湘.研究开放度与组织学习对企业创新绩效的影响研究[D].长沙:湖南大学,2015.

[3] 易寒寒.智能互联网时代制造业企业的组织学习研究——以江苏省为例[D].南京:东南

大学,2018.
[4] 王凤彬,陈建勋,杨阳.探索式与利用式技术创新及其平衡的效应分析.管理世界,2012(3).
[5] 蒋淑慧.战略联盟的组织学习与企业成长 ——运控公司与伺服公司联盟案例研究[J].中国市场.2019(7):76-78.
[6] 张玉华.影响组织学习有效性的关键因素分析[J].中国石油大学胜利学院学报,2014,28(1):81-84.
[7] 徐宁.互联网时代下组织学习机制构建——以联想复盘式学习模式为案例[J].中国人力资源开发.2016(24):58-62.
[8] 彼得·圣吉.第五项修炼[M].张成林,译.北京:中信出版社,1999.
[9] 埃德加·沙因.组织文化与领导力[M].马红宇,王斌,等译.北京:中国人民大学出版社,2011.
[10] 冯红霞,崔丹.学习型组织视野下企业员工体验式培训研究[J].中国成人教育,2016(10):150-153.
[11] 马娜.论学习型组织理论视角下我国 IT 企业培训的完善[D].北京:北京邮电大学,2011.
[12] 王银成.创建学习型企业[M].北京:首都经济贸易大学出版社,2013.
[13] 戴文茜. 学习型组织建设实证研究[D].沈阳:东北大学,2015.
[14] 牛继舜.提升组织学习能力的策略与方法研究[M].北京:经济日报出版社,2014.
[15] 郑钧予.JX 集团学习型组织建设对提升核心竞争力作用的研究[D].天津:天津工业大学,2017.
[16] 纪杰标.NUC 公司学习型组织建设研究[D].北京:北京交通大学,2017.
[17] 朱珊.X 公司构建学习型组织研究[D].株洲:湖南工业大学,2017.
[18] 周志明.企业行动学习培训模式[M].北京:中国经济出版社,2018.
[19] 戴维·L.达特里奇,詹姆斯·诺埃尔.行动学习——重塑企业领导力[M].北京:中国人民大学出版社,2004.
[20] 黄珂.企业培训中的行动学习:理论与实践研究综述[J].华北电力大学学报(社会科学版),2016(6):83-87.
[21] 张鼎昆.行动学习:再造企业优势的秘密武器[M].北京:机械工业出版社,2005.
[22] 张竞.基于行动学习的企业管理技能培训研究[J].科技管理研究,2007,27(2):69-72.
[23] 陈燕妮,王重鸣.创业行动学习过程研究——新兴产业的多案例分析[J].科学学研究,2015,33(3):419-431.
[24] 欧阳忠明,任鑫.行动学习:理论基础与实践[J].河北大学成人教育学院学报,2015(4):40-45.
[25] 王自生.从心始行必成——场景化行动学习银行绩效提升案例集[M].北京:中国言实出版社,2018.
[26] 李兴光.基于学习型组织的员工培训模式创新研究[J].中国管理信息化,2015,18(8):98.
[27] 冯广娟.学习型组织对企业绩效影响的研究[D].济南:山东财经大学,2016.
[28] 卢锐.面向中国制造 2025 的产业知识创新研究:结构、能力和发展[M].南京:东南大学

出版社,2018.

[29] 汪建基,马永强,陈仕涛,等.碎片化知识处理与网络化人工智能[J].中国科学:信息科学,2017,47(2):171-192.

[30] 卢彬彬,许东升,李亚光.知识管理视角下的组织适应能力[M].经济管理出版社,2018.

[31] 郭睦庚.知识的分类及其管理[J].决策借鉴,2001,14(2):11—14.

[32] 王建仁,等.基于业务流程生命周期的流程知识分类及管理[J].情报杂志,2006(2):2-4.

[33] 曾建勋.发展"碎片化"知识组织与服务[J].数字图书馆论坛,2014(5):1-1.

[34] 疏礼兵.组织知识、知识分类和知识特性[J].情报杂志,2008,27(1):76-79.

[35] 马捷,靖继鹏.企业隐性知识分类再探[J].情报杂志,2007,26(9):38-39.

[36] 常金玲,裴阳,任照博.企业培训到知识管理的变革——以中兴通讯为例[J].中国人力资源开发,2018,35(8):126-134.

[37] 曹磊.行动学习之团队共创在通信企业员工培训中的应用[J].经贸实践.2019(6):295-296.

[38] 丛海燕.基于知识管理的企业技术创新管理[J].现代企业,2019(03):14—15.

[439 Bocker L, Meelen A A H. Sharing for people, planet or profit? Analyzing motivations for intended sharing economy participation[J].Innovation Studies Utrecht Working Paper Series,2016,16(2):1-22.

[40] Liao S — H, Hu T — C. Knowledge transfer and competitive advantage on environmental uncertainty: an empirical study of the Taiwan semiconductor industry [J]. Technovation,2007,27(6-7):402-411.

[41] Cheryl Brook, Mike Pedler. A protean practice perspectives on the practice of action learning[J]. European journal of training and development,2013,38(8):828-843.

[42] Alegre J, Chiva R. Linking entrepreneurial orientation and firm performance: the role of organizational learning capability and Innovation performance[J]. Journal of small business management,2013,51(4):491-207.

[43] Daniel R, Marie—Claude B, Gregory MR. Information technology and organizational learning: a review and assessment of research[J]. Accounting, management and information technologies,2000(10):125-155.

[44] Kraaijenbrink J, Spender JC, Groen AJ. The Resource-based view: a review and assessment of its critiques[J]. Journal of management,2010,36(1):349-372.

[45] Krammer S. Drivers of national innovation in transition: evidence from a panel of Eastern European countries[J]. Research Policy,2009,38(5):845-860.

[46] Laursen K, Salter A. Open for innovation: the role of openness in explaining innovation performance among UK manufacturing firms[J]. Strategic management journal,2006,27(2):131-150.

[47] Roper S, Vahter P, Love JH. Externalities of openness in innovation[J]. Research policy,2013,42(9):1544-1554.

[48] Walrave B, Van Oorschot KE, Romme AGL. Getting trapped in the suppression of exploration: a simulation model[J]. Journal of management studies, 2011, 48(8): 1727-1751.